德化年鉴

2017

DEHUA YEARBOOK

德化县地方志编纂委员会办公室 编

方志出版社
Publishing House of Local Records

图书在版编目（CIP）数据

德化年鉴. 2017 / 德化县地方志编纂委员会办公室编. -- 北京：方志出版社，2017.12
ISBN 978-7-5144-2914-5

Ⅰ.①德… Ⅱ.①德… Ⅲ.①德化县—2017—年鉴 Ⅳ.①Z525.74

中国版本图书馆CIP数据核字（2018）第014653号

德化年鉴（2017）

编　　者：	德化县地方志编纂委员会办公室
责任编辑：	王　俊
出 版 人：	冀祥德
出 版 者：	方志出版社
	地址 北京市朝阳区潘家园东里9号（国家方志馆4层）
	邮编 100021
	网址 http://www.fzph.org
发　　行：	方志出版社图书经销中心
	电话（010）67110500
经　　销：	各地新华书店
印　　刷：	福州奔翔包装用品有限公司
开　　本：	889×1194　1/16
印　　张：	26
字　　数：	755千字
版　　次：	2017年12月第1版　2017年12月第1次印刷
印　　数：	001～700册

ISBN 978-7-5144-2914-5　定价：220.00元

《德化年鉴（2017）》编纂委员会

顾　　问：梁玉华

主　　任：刘德旺

副 主 任：陈坚宏　郑荣尊　蒋文强　陈志奋　刘志阳　刘振铭　陈东明　王世言

成　　员：曾昭亮　杨庆丰　周瑞佳　彭钦毅　陈大孝　陈　峰　苏左丹　李仁殿　郑克昌
黄华玲　苏义和　叶长占　刘劲松　李远平　郑文贤　刘建光　苏益铮　王声典
周益国　温明源　黄文和　苏碧江　周启宗　许瑜亮　赖佳忠　郑声威　赖发泽
陈琴堂　陈荣斌　程德强　陈德峰　张朝荣　连硕卿　陈金殿　连　婷　陈宝星
陈能慎　苏奕垲　方文才　黄其树　洪忠建　林耀心　郑文导　涂青云　颜如春
林合虎　张金演　郭昌筑　赖礼锋　王丽红　甘建安　黄炳昌　朱　翔　陈章琳
陈国金　出彩云　周建阳　林大利　周成灿　徐华军　徐永生　黄东晓　陈行泉
郭小强　涂德望　王传换　林思毅　涂世泽　林亮国　林忠营　陈子苹　赖胜德
陈敏坤　林恭兴　林国旺　林让苗　林其粮　黄金沙　蒋声彬　王艳琦　苏开良

《德化年鉴（2017）》编辑部

主　　审：刘德旺

副 主 审：蒋文强　陈志奋

主　　编：王世言

副 主 编：许琼蓉　张骏俊

编　　审：王世言　许琼蓉

审　　校：曹　强

责任编辑：许琼蓉　曾丽茹　邓纪烟

编　　务：苏祥宝　林淑玲　许永汀　黄绳维　曾广淞

设计排版：福建九仙文化传媒有限公司

封面设计：王世言

《德化年鉴（2017）》供稿单位

县委办
县人大办
县政府办
县政协办
县纪委办
组织部
宣传部
统战部
政法委
台工办
外事侨务办
编办
县直党工委
非公企业工委
老干局
文明办
信访局
农办
教育工委
党校
党史研究室
档案局
发展和改革局
经济和信息化局
商务局
教育局
公安局
民族与宗教事务局
监察局
民政局
司法局
财政局
人力资源和社会保障局
公务员局
国土资源局
住房和城乡规划建设局
交通运输局
农业局

林业局
文化体育新闻出版局
卫生局
人口和计划生育局
审计局
统计局
环境保护局
人民防空办公室
安全生产监督管理局
水利局
科技和知识产权局
行政执法局
陶瓷产业园区管理委员会
森林公安分局
戴云山国家级自然保护区
管理局
广播电视事业局
旅游事业局
市政公用事业管理局
方志办
城镇集体工业联合社
供销合作社联合社
教师进修学校
德化一中
物资公司
地震办
国资办
行政服务中心管委会
效能办
招商办
重点办
统筹办
粮食局
老龄办
交通战备办公室
林业实业公司
石龙溪采育场
大张溪林场

法院
检察院
总工会
团县委
妇联
工商联（商会）
侨联
科协
计生协会
文联
残联
贸促会
老年大学
关工委
老促会（新四军研究会）
人武部
泉州工艺美术职业学院
龙门滩引水工程管理处
泉州出入境检验检疫局德
化办事处
国税局
地税局
市场监督管理局
工商局
气象局
公路分局
瓷研所
消防大队
武警中队
国家统计局德化调查队
邮政局
葛坑国有林场
泉州住房公积金德化
管理部
九仙山气象站
人民银行德化支行
泉州银监分局德化监管
办事处

工商银行德化支行
建设银行德化支行
农业银行德化支行
中国银行德化支行
德化农村信用联社
邮政储蓄银行德化支行
泉州银行德化支行
人保德化公司
财保德化公司
国投公司
供电有限责任公司
电力国投公司
电信公司
移动通信公司
联通公司
汽车运输公司
阳山铁矿有限责任公司
双旗山金矿有限责任公司
烟草公司
龙浔镇
浔中镇
盖德镇
三班镇
龙门滩镇
雷峰镇
南埕镇
水口镇
国宝乡
赤水镇
美湖镇
大铭乡
春美乡
上涌镇
汤头乡
葛坑镇
桂阳乡
杨梅乡

德化县地图

德化县地图
图例
县级行政中心
镇、乡
农林场
居委会、村委会
自然村
国家重点风景名胜
省级风景名胜
文物古迹
其他游览点
1856 山峰及高程
国家自然保护区界
设区市界
县级界
乡镇级界
高速公路及互通
在建高速公路
铁路
G355 国道及编号
S215 省道及编号
在建省道
县道
其他道路
水库
审图号：闽S[2017]155号
福建省制图院 编制
比例尺 1:240 000
资料截至2016年12月
德化县
浔中镇
龙浔镇
盖德镇
三班镇
雷峰镇
南埕镇
水口镇
赤水镇
上涌镇
葛坑镇
杨梅
汤头
桂阳
国宝
美湖镇
大铭
春美
龙门滩镇
九仙山
石牛山国家森林公园
石牛山国家地质公园
戴云山自然保护区
涌溪水库
街面水库
龙门滩水库
尤溪县
永泰县
仙游县
永春县
大田县
安溪县
闽清县

城市名片

世界陶瓷之都
千年古县
中国瓷都
全国文明县城
国家卫生县城
中国最佳生态旅游县
国家生态县
全国科普示范县
全国科技进步先进县
全国绿化模范县
全国水电农村电气化县
全国循环经济典型模式示范县
国家智慧城市试点县
全国绿色能源示范县
中国电子商务百佳县
全国电子商务百强县
中国陶瓷之乡
中国民间文化艺术之乡

中国小水电之乡
中国油茶之乡
中国竹子之乡
中国陶瓷历史文化名城
国家生态文明建设示范区
全国低碳旅游示范区
国家全域旅游示范区
国家电子商务示范基地
国家外贸转型升级专业型示范基地
全国版权保护先进单位
中国产业集群百佳
戴云山国家级自然保护区

石牛山国家 AAAA 级旅游景区
九仙山国家 AAAA 级旅游景区
岱仙湖国家级水利风景区
石牛山国家地质公园
石牛山国家森林公园
福建省知识产权强县
福建省优秀旅游县
福建省文化先进县
双拥模范县
福建省最佳人居地
福建省十大醉美县城

数字德化

总面积：2232.16 平方公里
户籍人口：33.64 万人
常住人口：28.70 人
地区生产总值：194.31 亿元
人均地区生产总值：68060 元
第一产业：10.28 亿元
第二产业：112.56 亿元
第三产业：71.46 亿元
第一、第二、第三产业构成：5.3:57.9:36.8
规模以上工业产值：233.28 亿元
陶瓷业产值：1994940 万元
矿业产值：113356.3 万元

旅游业收入：19.11 亿元
一般公共预算总收入：156335 万元
税收收入：125905 万元
一般公共预算支出：252933 万元
固定资产投资总额：111.65 亿元
社会消费品零售总额：671344 万元
外贸出口总额：23734 万美元
外贸进口总额：41.37 万美元
实际利用外资：1001 万美元
金融机构存款余额：188.16 亿元
金融机构贷款余额：167.98 亿元
城镇居民人均可支配收入：28887 元
农村居民人均可支配收入：13015 元
居民消费价格指数：101.7
城镇单位在岗职工平均工资：53049 元
公路通车里程：2791 千米
汽车数：33441 辆
在校学生数：5.53 万人
教职员工数：4092 人
医院床位数：1453 张
卫生技术人员：825 人
全县用电量：14.67 亿千瓦时
全县供水总量：1615.8 万吨

德化县城全景

（图 / 县文明办）

银装素裹九仙山

（图／黄谷莹）

赏荷花胜地——国宝乡云龙谷荷花池　（图／县旅游事业局）

美丽的南埕镇桃花岛
（图／黄谷莹）

旅游淡季里的岱仙溪竹筏漂流　（图／县旅游事业局）

11 月 10—11 日，国家工商总局副局长甘霖（右三）到德化调研　（图 / 林婉清）

11 月 13 日，国务院南水北调办公室副主任蒋旭光（前排左二）到德化调研美丽库区和产业发展情况　（图 / 许华森）

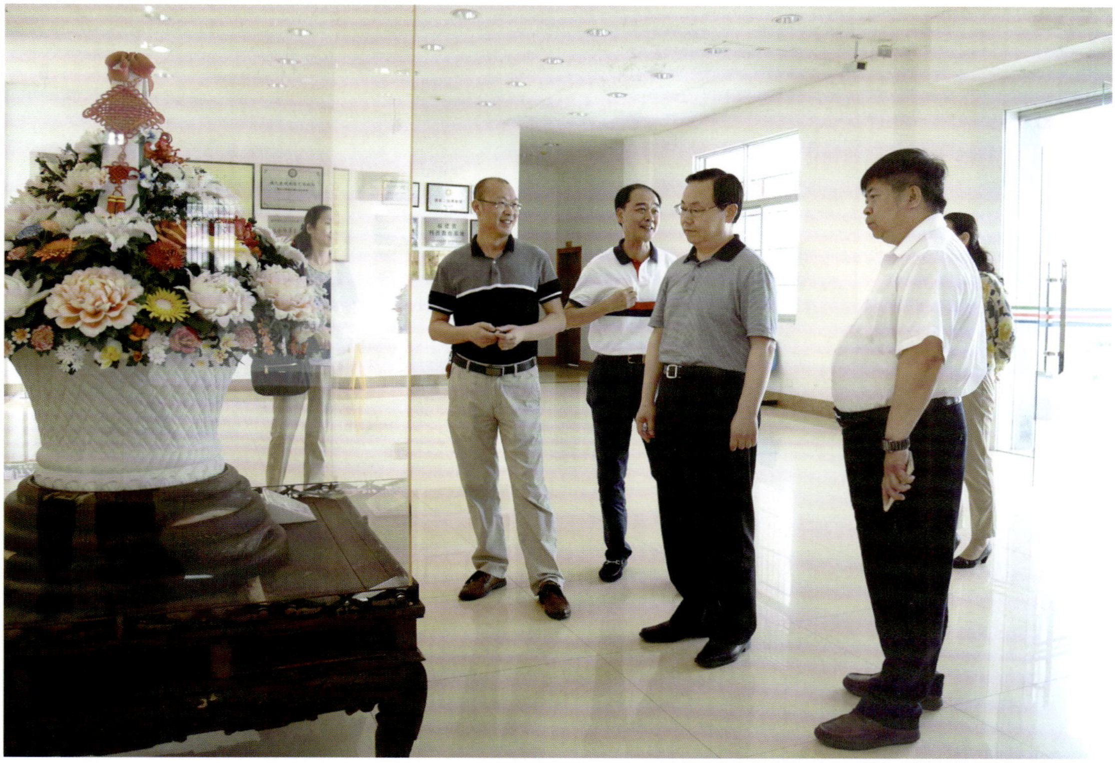

6月11日，中国致公党中央常务副主席蒋作军（右二）到德化调研陶瓷产业发展情况
（图/许华森）

10月1日，市委书记郑新聪（右二）到水口、南埕镇指导抢险救灾工作（图/王双季）

10月6日，市长康涛（左二）到德化检查指导灾后重建工作，并慰问灾区干部群众和参加抢险的部队官兵（图/连江水）

6月22日，县委书记吴深生（中）到南埕镇调研精准扶贫工作（图/县农业局）

4月14日，县长欧阳秋虹（左三）调研城市建设和城区学校扩容提质项目（图/李宏图）

6 月 28 日，县召开领导干部大会。市委组织部副部长庄玉海宣读省委、市委有关人事任免决定：梁玉华任中共德化县委委员、常委、书记；刘德旺任中共德化县委委员、常委、副书记。图为党政新老主要领导合影，从左依次为刘德旺、梁玉华、吴深生、欧阳秋虹　（图 / 王双季）

12月13—16日，德化县第十八届人民代表大会第一次会议在县会议中心召开　（图/王双季）

12月13—16日，德化县第十八届人民代表大会第一次会议在县会议中心召开。图为梁玉华（中）与新当选的县大人常委会主任王传敬（右一）和新当选的县长刘德旺（左一）合影

（图/李宏图）

12月12—14日，中国人民政治协商会议德化县第十届委员会第一次会议在县会议中心召开

（图/李宏图）

12月12—14日，中国人民政治协商会议德化县第十届委员会第一次会议在县会议中心召开。图为县委书记梁玉华（中）、县人大常委会主任王传敬（右二）、县长刘德旺（左二）与新当选的政协主席温文英（左一）、已退任的政协主席苏兴羽（右一）合影

（图/县政协办）

10月23—24日，县委书记梁玉华（左一）调研广交会德化县参展企业　　（图/寇婉琼）

7月15日，代理县长刘德旺（中）调研重点项目建设情况　　（图/吴有森）

1月2日，泉州泉德商会正式成立
（图/张圆圆）

1月27日，县公安消防大队综合楼落成入驻揭牌　（图/连江水）

4月12日，县举行“政银企”对接会暨“瓷艺贷”签约仪式　（图/连江水）

5 月 26 日，德化·中国白陶瓷艺术亮相中法文化论坛，县长欧阳秋虹（前排一）在开幕式上致辞　　（图 / 寇婉琼）

6 月 22 日，泉州网商虚拟产业园德化园区入驻企业揭牌仪式举行
（图 / 李宏图）

8 月 26 日，美图（福建）铝业有限公司工人们操作机器生产铝材产品
（图 / 德化报）

2016年厦门市德化经济促进会
第二届第四次会员大会
暨“中秋佳节心连心、政商话亲清”座谈会

德化县中医药健康产业发展研讨会
2016 · 德化
发改局

保护奖
WIPO-NCAC Award for Copyright Protecti
上海冠勇信息科技有限公司
Shanghai Firstbrave Information Technology Co. Lt
徐州市版权局
Xuzhou Municipal Copyright Bureau
北京搜狐互联网信息服务有限
Beijing Sohu Internet Information Service Co.,Ltd.

①	②

③	④	⑤

① 9月11日，厦门市德化经济促进会第二届第四次会员大会暨“中秋佳节心连心、政商一起话亲清”联谊会举行（图／许华森）

② 12月28日，德化县永春商会成立大会暨首届理监事会就职典礼举行（图／李宏图）

③ 11月28日，县中医药健康产业发展研讨会举行（图／李宏图）

④ 12月5日，德化获“中国版权金奖保护奖”（图／寇婉琼）

⑤ 11月14—18日，中国国家版权局在世界知识产权组织（WIPO）总部举办中国德化陶瓷版权保护优秀成果展（图／德化报）

12月底，世界瓷都陶瓷文化墙在德化县城区浐溪南岸西段建成
（图／县市政局）

水乡渔村水口镇湖坂村

鹏祥开发区全貌　（图 / 县陶瓷产业园区管委会）

（图 / 水口镇政府办公室）

9月16日，丰水期龙门滩水库泄洪　（图 / 彭节铳）

厦沙高速公路德化段蒲坂大桥　　（图/王世言）

5月6日，德化县闽兴公交西门车站至六中7号线开通　　（图/泉州市汽车运输总公司德化公司）

省道 203 线水口路段　（图 / 县公路分局）

蒲坂水厂一期　（图 / 县市政局）

1月1—5日，“松林生辉 珍爱和平”书画展在县文庙举行 （图/连江水）

1 月 1 日，第三届顺美国际陶瓷文化旅游节暨“如瓷生活”迎新 party 篝火晚会在顺美陶瓷文化生活馆举行 （图/李宏图）

3月27日，全县中小学生书法现场比赛在县文庙举行 （图/李宏图）

8 月 25 日，县举办“爱心伴我行”公益助学文艺晚会　　（图 / 吴有森）

10 月 13 日，国家文物局考古人员到德化窑梅岭遗址进行实地调研　（图 / 县文体新局）

4 月 22 日，美湖镇举行“祭樟王”民俗活动　　（图 / 连江水）

10月14日，2016海上丝绸之路环泉州湾国际公路自行车赛德化赛段颁奖现场，哈萨克斯坦阿斯塔纳城市洲际队的车手斯塔诺夫·尼基塔夺得第一赛段冠军。另一名来自RTS—脉腾洲际车队的车手奥特加·拉米雷斯·毛里西奥一举夺得个人爬坡和个人冲刺总成绩第一名　　（图/王双季）

10月20日，“不忘初心 廉政先行”廉政文艺德化专场在县影剧院举行　　（图/寇婉琼）

12月29日，德化县2017年迎新年晚会暨“七五”普法启动仪式在县影剧院举行　　（图/吴有森）

元宵节，葛坑镇葛坑村村民舞纸龙灯　　（图 / 德化报）

10 月 31 日，上涌镇一年一度民俗活动——龙虎旗举行　（图 / 徐艺星）

11 月 10 日，“心手相连 与爱同行”省残疾人艺术团走进德化公益巡演　（图 / 德化网）

2 月 17 日，2016 年德化县春季人才招聘交流会在县第二实验小学举行（图 / 吴有森）

4 月 21 日，县知识产权宣传周活动之一——德化陶瓷产业电子商务知识产权保护讲座开讲（图 / 张圆圆）

1 月 7 日，泉州开元寺（德化）扶贫基金捐赠及发放仪式举行（图 / 连江水）

4月28日，县非公企业党工委、总工会、文体新局在文化广场联合举行庆“五一”趣味运动会

（图/许华森）

5月12日，县老干部（老年人）活动中心项目落成

（图/吴有森）

6月26日，德化县中医院迁址至坪埔新院区 （图/吴有森）

德化县武术协会
2016年武术

欢聚酬重九 宝美古稀宴

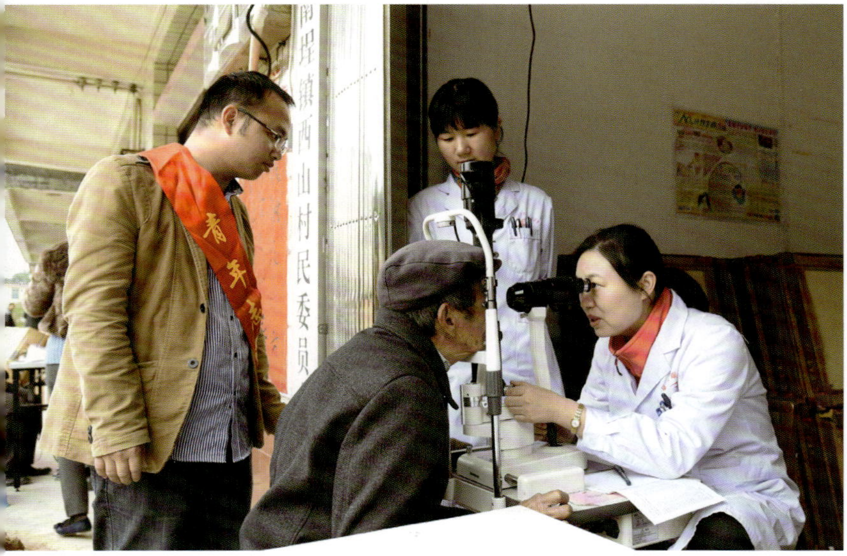

① 7 月 2 日，德化县武术协会举行 2016 年武术汇演　（图 / 吴朝烨）

② 10 月 6 日，龙浔镇宝美村 260 名老人共享“重阳宴”　（图 / 黄谷莹）

③ 7 月 4 日，孙中山铜像在乐陶小学落成　（图 / 许华森）

④ 11 月 30 日，爱心企业为德化二中捐赠体美音教学器材　（图 / 李宏图）

⑤ 12 月 2 日，市残联组织到德化开展宣传“国际残疾人日”和免费送医送药服务活动　（图 / 许华森）

3月13日，“白瓷之光”——德化窑艺术陶瓷作品展在福建海峡民间艺术馆开幕　（图/吴有森）

5月21日，县第六届中小学生现场陶艺比赛举办　（图/李宏图）

7月18日，国家艺术基金资助项目——“陶瓷雕塑与加彩技艺人才培养”在德化启动　（图/寇婉琼）

8月11日，德化县首届手拉坯技能比赛活动举办　（图/许华森

6月18日，洞上陶艺村月记窑　　　　（图/县旅游事业局）

7月6日，2016中外艺术家泉州对话“回归与融合”暨第二届国际当代陶瓷驻地创作与展览举行　　　　（图/许华森）

月23日，“传统的意义”陶艺人才沙龙活动在德化蕴玉瓷
小　　　　（图/寇婉琼）

9月30日，德化首届陶瓷双年展在县陶瓷博物馆举行　　　　（图/寇婉琼）

11 月 19 日，故宫博物院藏德化窑瓷器研讨会暨《故宫博物院藏德化窑瓷器》首发　（图 / 王双季）

11 月 29 日，全国人大外事委员会副主任、国家艺术基金副理事长兼秘书长赵少华（左一）到福建博物院参观由德化在此举办的“瓷・彩”师生作品展　（图 / 许华森）

11月8日，世界瓷都·德化首届陶艺创新大赛在洞上陶艺村举办　　（图/吴有森）

12月30日，李甲栈陶瓷艺术作品在福州展出　　（图/许华森）

5月17日，中国陶瓷电子商务标准化项目启动仪式在德化举行（图 / 吴有森）

“双 11”期间（11 月 1—15 日），七宝网络科技有限公司员工积极备战

（图 / 德化报）

12 月 26 日，德化云图信息技术有限公司常态化举办跨境电商培训　（图 / 王双季）

12 月 12 日，华茂陶瓷有限公司展厅一角　　（图 / 德化报）

6 月 8 日，德化县首届传统企业与电商企业“手拉手”活动举行　　（图 / 许华森）

编辑说明

一、本年鉴以马克思列宁主义、毛泽东思想、邓小平理论、“三个代表”重要思想、科学发展观、习近平新时代中国特色社会主义思想为指导，坚持辩证唯物主义和历史唯物主义的立场、观点和方法，实事求是地记载德化县经济、政治、文化和社会、生态文明的建设发展状况，反映德化县经济建设、政治建设、文化建设、社会建设、生态文明建设的新成就、新经验以及出现的新情况、新问题，为社会各界了解德化、研究德化、置业德化、旅游德化提供尽可能全面、翔实的地情资料。

二、本年鉴采用分类编辑法。主体内容设类目、分目、条目三个结构层次，以条目为表现内容的基本形式。

三、本年鉴记述的时限为2016年1月1日至12月31日。为保持内容资料的完整性和连续性，部分文字资料适当上溯和下延。

四、本卷文字、标点符号、计量单位均依国家现行规范；文中凡简称“党员”均指中国共产党党员，“省、全省”均指福建省，“市、全市”均指泉州市，“县、全县”均指德化县；人物所及男性、汉族均不注。

五、本卷统计数据以德化县统计部门资料为准。统计局统计范围之外的数据出自各供稿单位，因各单位统计口径不尽相同，个别数据可能有差异，读者引用时务请注意统计口径的不同。

六、本卷资料主要由全县各级机关、人民团体、企事业单位提供，酌用报刊、瓷城快讯、德化政讯等资料。

目 录

大事记

专 记

县情概览

世界陶瓷之都

中共德化县委员会

德化县人民代表大会

德化县人民政府

政协德化县委员会

纪检 监察

法 治

军事

民主党派 社会团体

外事 侨务 港澳台事务

农 业

陶瓷产业

工 业

城乡建设与管理

环境保护

建筑业 房地产业

商贸服务业

旅游业

交通 邮政 通信

综合经济管理

科学技术

教 育

文化 体育

社会 民生

乡镇概况

人物 荣誉

附录

索引

CONTENTS

Dehua County Committee, CPPCC

Discipline inspection and supervision

Rule of law

Military

Federation of Industry and Commerce Social Organization

Foreign affairs, overseas Chinese affairs and affairs concerning Hong Kong, Macao, and Taiwan

Agriculture

Ceramic industry

Industry

Urban and rural construction and management

Environmental protection

Society Livelihood

Township overview

People Honor

Touching people

Index

大事记

责任编辑：曾丽茹

1 月

1 日，第三届顺美国际陶瓷文化旅游节暨“如瓷生活”迎新 party 篝火晚会在顺美集团举行。

1 日，以“松林生辉　珍爱和平”为主题的书画作品展在县文庙举行，展出福州大学厦门工艺美术学院“松林社”及海内外 36 位书画家的作品 116 幅。

2 日，泉州泉德商会正式成立，会员 120 位。该商会的成立旨在加强在泉德化籍企业间的交流与合作。

3 日，第二届海峡两岸雕刻艺术大赛“福雕奖”在福州揭晓，德化林彬彬的《小桥流水》、庄少卿的《一轮明月》等 8 件作品获金奖，另有银奖 9 件、铜奖 12 件、优秀奖 17 件，苏献忠的《飞天》获最佳创新奖金奖，陈为坦的《戏龙弥勒》获最佳传承奖金奖。

7 日，县举行泉州开元寺（德化）扶贫基金捐赠及发放仪式，现场发放捐赠资金 20 万元。

8 日，纪念蔡尚思诞辰 110 周年暨蔡尚思生平事迹展在尚思小学举行。

9—29 日，“点瓷化境——当代陶瓷艺术展”在福州融侨艺术中心举行，展出 19 位艺术家 60 余件作品。

12 日，由泉州晚报社、泉州市书法家协会、泉州老年大学、泉州市老年书画研究会、福建广电网络集团泉州分公司、泉州晚报社书画研究院联合举办的第十届“党报送祝福　春联抒真情”第三场活动，走进三班镇紫云开发区枣兴小区，为群众现场书写春联，送上新春祝福。

15 日，县憨鼠网络团工委书记、县憨鼠爱心小分队常务副会长、德化六中教师孙炳章当选团中央候补委员。

17 日，中国古陶瓷学会会长、北京故宫博物院研究员王莉英带领中国古陶瓷学会专家考察组到德化参观考察。

18 日，县委召开第八次新闻发布会，通报县“十二五”发展成就及“十三五”展望和德化县电子商务产业发展成就。

18 日，副省长、省公安厅厅长王惠敏带队到县公安局龙浔派出所调研指导工作。

20 日，省委宣传部公布 2015 年度福建省践行社会主义核心价值观基层“最美人物”评选结果，德化县戴云黑鸡养殖有限公司总经理刘志军、凤凰陶瓷雕塑研究所所长邱双炯分获“最美农民”“最美文化工作者”荣誉称号。

20 日，2015 泉州经济年会重点项目“十佳互联网 + 经济产业园区”名单在《泉州晚报》等媒体公示，德化电子商务产业园入选。

25 日，德化九仙山顶最低气温为 -15.6℃，是九仙山高山气象站建站 60 年以来历史最低温。

27 日，联合国工业发展组织代表梁丹、商务部经济技术发展中心主任姚申洪一行到县陶瓷博物馆、顺美陶瓷文化生活馆等地参观考察陶瓷产业发展情况。

28 日，泉州市第五批市级非物质文化遗产代表性项目完成公示，德化县文化馆选送的德化杨梅刻纸名列其中。

2 月

4 日，安踏集团到德化开展精准扶贫活动，与水口镇祥光村、上涌镇桂格村结对精准扶贫，向两村捐赠款物。

5 日，县医院与福建医科大学附属协和医院结成协作医院，并举行签约及揭牌仪式。

17 日，新疆维吾尔族自治区额敏县县委常委、常务副县长曹春山带领考察团到德化考察支柱产业发展、新一轮扶贫开发攻坚、新型工业化和新型城镇化等方面情况。

18 日，全县农村工作暨扶贫开发工作会召开，会议总结回顾”十二五“德化县农业和农村工作，表彰农村工作先进典型，研究部署”十三五“和2016年工作。

18日，全县企业工作会议召开，会议分析全县企业当前面临的形势，谋划部署全年企业工作，表彰企业工作先进单位和个人。并向18个乡镇分布发2016年工业经济发展目标责任书。

21日，福州德化商会举行首届理监事就职仪式，旨在为旅榕乡亲提供一个合作交流的平台。

23日，福建冠福现代家用股份有限公司荣膺“‘泉州制造2025’年度十佳科技小巨人”。

27日，湖南醴陵市委副书记刘海滨带领考察团到德化参观考察陶瓷产业、陶瓷电商发展情况。

3月

8日，由北京鲁迅博物馆（北京新文化运动纪念馆）和福建民俗博物馆联合主办的“瓷国明珠——福建德化瓷展”在北京鲁迅博物馆展出。

9日，县城市发展务虚会召开。

9日，阿里研究院发布《2015年中国大众电商创业最活跃的50个县》榜单，德化县位居第9位。

9-10日，广东省始兴县考察团到德化参观考察。

11日，全县重大项目前期工作活动年动员部署暨重点项目推进会在县会议中心召开。

13日，由福建省民间文艺家协会主办，福建省海峡民间艺术馆、德化县陶瓷发展委员会承办，福建省雕刻艺术家协会协办的“白瓷之光”——德化窑艺术陶瓷作品展在福州福建省海峡民间艺术馆开幕。

15日，润泽天下网络科技有限公司与福建省创世纪影视文化有限公司在德化县举行注资合作签约仪式，注资3000万元。

16日，省安监局督查组到德化督查德化县安全生产“党政同责、一岗双责”工作落实情况。

22日，海丝申遗专家组到德化考察确定屈斗宫德化窑遗址海丝申遗考察点。

22日，香港培侨小学44位师生到县尚思小学开展文化交流实践活动。

29日，国家中资机构北京华协交通咨询公司专家组到德化县现场可行性研究评估新建兴泉铁路宁化至泉州段德化盖德站点。

31日，吉林通化法院考察团专程到德化法院参观交流家事审判工作。

31日，德化“十八学士”茶花获准国家农产品地理标志登记。

4月

3日，2016年发展中国家酒店管理研修班和2016年非洲英语国家民间组织能力建设研修班，在泉州工艺美院举行海丝情·陶瓷韵国际文化交流活动。

6日，第五批福建省历史文化名镇名村公示名单出炉，水口镇、上涌镇和龙门滩镇霞山村位列其中。

8日，泉州海丝申遗点考察组到德化县考察，先后考察陶瓷博物馆、屈斗宫古窑址、祖龙宫等。

8日，《瓷魂墨韵》世界巡回展在福州三坊七巷开展。

9—10日，省气象局局长董熔到德化调研气象工作。

12日，县继续开展乡镇农业农村工作大拉练活动，对西半片乡镇的农业农村工作成效进行“拉练式”检查、检阅。

12日，县举行政银企对接会暨“瓷艺贷”签约仪式。县陶瓷办、县科技和知识产权局、县农村信用合作联社三方签订“瓷艺贷”合作协议，县农村信用合作联社与3家入驻“新秀园”的企业签订“瓷艺贷”授信协议。“瓷艺贷”金融产品主要是以帮助县有资金需求的市级以上工艺美术大师和入驻“新秀园”的部分传统陶瓷人才解决融资问题。

14日，中国国际工程咨询公司资源与环境业务部专家到德化调研陶瓷产业园区循环化改造工作。

14日至6月11日，多宝堂文化发展有限公司以“中国风瓷计划”的理念，历时5年复原的古代德化窑代表作品。

14日，由市妇联组织开展的“最美家庭”巡回宣讲活动首站走进德化。

18日，全县“两学一做”学习教育工作会议召开。

18日，全县换届风气监督暨廉政集体谈心谈话会召开。

20—21日，省计生协会常务副会长、幸福工程省组委会主任陈光普带领调研组到德化调研幸福工程和计生小额贴息帮扶工作。

28日，省委统战部副部长、省工商联党组书记王玲到德化调研基层工商联开展换届工作、深化理想信念教育、推进“百企帮百村”精准扶贫行动和民营企业转型升级情况。

30日，以“石鼓美食 口服心服”为主题的“原味德化 · 首届石鼓美食节”在浔中镇石鼓美食街开幕。设有德化美食工艺展示、乡土名菜展示、农特产品展销、现场展演、乡土菜展示及特色小吃展销等活动。

5 月

6 日，第十二届海峡旅游博览会在国际会展中心举行，德化陶瓷雕塑艺人向小朋友传授陶瓷拉坯技巧。

12 日，于 2014 年动工建设的县老干部（老年人）活动中心项目落成。活动中心占地 3389.9 平方米，总建筑面积 6331.51 平方米。

14 日，当代“国礼白瓷第一人”——郑少伟瓷雕艺术精品展在太原嘉思图艺术馆开展。

16 日，国家旅游局发布《关于印发 2016 全国优选旅游项目名录的通知》，德化县九仙山旅游度假区名列其中。

16—17 日，由中国发明协会举办的第九届全国“发明创业奖”颁奖典礼在北京举行，德化宁昌陶瓷有限公司董事长苏友谊获得“发明创业奖 · 人物奖”殊荣。

17 日，中国陶瓷电子商务标准化项目启动仪式在县电子商务创业园举行。

18 日，县龙浔镇计生协会在中国计划生育协会第八次全国会员代表大会暨先进表彰会上被评为“全国乡级计生协会先进单位”。全市仅有 2 个乡级协会获此荣誉。

18 日，省高院党组成员、副院长许先丛，民二庭庭长丁仰豪一行到县法院调研指导工作。

29 日，“红星美凯龙杯”首届瓷都健跑活动在瓷都广场开跑，逾 30 家德化知名企事业单位、数千名健跑者参加。

6 月

2 日，省卫计委主任朱淑芳到德化调研医药卫生体制改革发展情况。

3 日，省环保厅党组书记、厅长朱华到德化调研环保网格化管理体系工作情况。

3 日，县关工委、综治办、检察院、法院、公安局、司法局、团县委、妇联、教育局等部门到看守所探视失足青少年。

3 日，山花陶瓷有限公司获得“第九批省级文化产业示范基地”称号。

8 日，厦门市思明区商会“民企联村”精准扶贫行动与美湖镇上岸村结对帮扶。

8 日，县举行首届传统企业与电商企业“手拉手”活动。

9 日，泉州市留学人员暨归国创业人员联谊会“蓝色行动”健康公益行活动在德化举行。

11 日，中国致公党中央常务副主席、全国政协常委、副秘书长蒋作君到德化调研陶瓷产业发展情况。

16 日，福建省企业与企业家联合会授予顺美集团有限责任公司董事长郑泽洽第十六届福建省优秀企业家荣誉称号。

21 日，省残联理事长柯少愚、中国盲协主席李伟洪到德化调研盲人按摩店建设情况及残疾人自主创业工作。

22 日，泉州网商虚拟产业园德化园区举行揭牌仪式，标志着泉州网商虚拟产业园德化园区正式投入运营。

22 日，县举办“忆长征 铸党魂 兴瓷都”纪念建党 95 周年暨中国工农红军长征胜利 80 周年剪刻纸作品展。现场展出“欢庆聚力、艰辛历程、继往开来、瓷都奋起、新梦起航”等五大主题的刻纸作品 168 件。

23 日，仙游县县长郑亚木带领考察团到德化参观考察。

23 日，省委组织部调研组到德化调研“党支部 +”模式在精准扶贫、发展农村经济、关爱农村留守老人等方面工作发挥的作用。

26 日，县中医院病房综合大楼正式落成，搬迁至坪埔新院区，新院区建设有 1 号楼和 2 号楼，总建筑面积 34000 平方米。

28 日，县领导干部大会在县会议中心召开。市委组织部副部长庄玉海宣读省委、市委有关人事任免决定：梁玉华任中共德化县委委员、常委、书记；刘德旺任中共德化县委委员、常委、副书记。

7 月

1 日，2016 年“夏送清凉”公益行志愿服务活动启动仪式在瓷都广场举行。

2 日，三明市三元区电商孵化培训班 50 名学员到德化开展游学活动。

4 日，孙中山铜像在乐陶小学揭幕。

5 日，2016 中外艺术家泉州对话“回归与融合”第二届国际当代陶瓷驻地创作与展览启动仪式在万旗艺术中心举办。

6 日，县举行“民企联村”精准扶贫行动启动仪式。

6 日，17 位来自美国、德国、挪威、新西兰、日本、澳大利亚以及国内的艺术家相聚德化，以“回归与融合”为主题，进行为期 13 天的对话创作。

6 日，“瓷国明珠 · 中国德化——沈阳 2016 德化窑陶瓷艺术展”在沈阳市和平区北市场的宏亿皇寺艺术馆举行。

7—8 日，来自非洲贝宁的 20 位代表到德化县参观考察并开展“海丝情 · 陶瓷韵”国际文化交流活动。

15—16 日，20 多名在中国美术学院参加国家艺术基金 2015 年度艺术人才培养资助项目《当代手工艺创作人才培养》的学员到德化参观考察陶瓷手工技艺发展情况。

18 日，文化部原副部长、全国人大外事委员会副主任委员、国家艺术基金理事会副理事长兼秘书长赵少华，国家艺术基金管理中心副主任王勇到德化参观调研陶瓷文化创意产业发展情况。

18 日，国家艺术基金资助项目“陶瓷雕塑与加彩技艺人才培养”在县山花陶瓷有限公司开班。

23 日，全县普通话水平测试培训班在德化三中开班。

29—31 日，福建省第十四次消化内镜学术会议暨 2016 年中日早期食管癌诊疗研讨会在县医院召开。

8 月

3 日，市委书记郑新聪到德化调研了宝源酒业有限公司、新秀园项目、城东三四期项目、美图铝业生产项目、道畋智慧农业项目和中国茶具城项目。

10 日，省安办安全生产工作专项督查组到德化开展汛期、暑期、G20 峰会安全生产工作专项督查。

11 日，首届陶瓷手拉坯技能竞赛在洞上陶艺村举办。

21 日，县美德电子商务有限公司携手美团外卖正式入驻德化电子商务创业园。

25 日，福州市德化商会精准扶贫行动结对签约仪式在赤水镇小铭村举行。

26 日，县政府与县检察院协作推进生态领域职务犯罪专项预防工作联席会召开。旨在完善政府与检察院预防相互支持机制，相互配合，共创良好工作条件，着重抓好职务犯罪预防。

29 日，县加快项目建设百日大会战动员会在县会议中心召开，就开展加快项目建设百日大会战活动进行全面动员部署。

29 日，县举行不动产权证书首发仪式在县行政服务中心举行。

9 月

1 日，于 2011 年秋季停止招生的德化二中高中部恢复办学，招收新生 108 名。

8 日，建行德化支行、泉州市住房公积金中心德化管理部乔至翰林府邸并举行揭牌仪式。

9—11 日，德化农特产品在南安成功国际会展中心举办的“第九届海峡两岸（泉州）农产品采购订货会”上获评“大陆十大优质农产品”称号。

12 日，福建省知识产权强县复核评审工作组到德化开展考核工作。

20 日，德化成功村镇银行开业运营，该行是德化引入的首家村镇银行。

23 日，“传统的意义”陶艺人才沙龙活动在蕴玉瓷庄举行。

23 日，县迎接“国家三类城市语言文字工作达标评估”推进会召开。

28 日、29 日，市委书记郑新聪、市政府市长康涛先后到水口镇、南埕镇受灾现场指导第 17 号台风“鲇鱼”救灾工作。

30 日，德化首届陶瓷双年展在陶瓷博物馆举行，现场展出 12 位德化陶瓷艺术家创作的 22 件作品。

10 月

1 日，郑新聪到水口、南埕抢险救灾一线，了解和督促第 17 号台风“鲇鱼”灾后恢复重建进展情况。4 日，郑新聪再次到南埕镇塔兜村察看公路抢通情况，并参加水口镇塌方现场抢通通车仪式。

1 日，县公祭烈士仪式在塔尖山革命烈士陵园举行。县四套班子领导及驻德部队官兵和社会各界代表参加公祭活动。

1 日，国庆期间受第 17 号台风“鲇鱼”影响，位于县城东部的石牛山主峰景区、岱仙瀑布景区、桃花岛景区、石龙溪橡皮艇漂流景区全线关闭。

2 日，县医院开展大型义诊和 2016 年福建省医学康复与治疗技术学术研讨会暨泉医论坛活动。

2 日，“莲生妙相”连紫华瓷艺作品展在新加坡中国文化中心举行。

6 日，康涛到德化检查指导灾后重建工作。

6 日，龙浔镇宝美村委会、憨鼠爱心小分队、德化梅园国际大酒店等联合举行由 260 多名宝美村老人参加的“重阳宴”活动。

8 日，中国女性生殖健康服务工程之女性生殖健康公益讲座在德化举办。

8 日，德化丙申年祭孔暨孔子文化教育奖颁奖典礼在文庙举行，为“孔子文化教育奖”获得者颁奖，表彰奖励 56 名在教育、文化领域中工作成绩显著、有突出贡献的先进个人。

8 日，盖德镇有济村举行纪念吴济川真人羽化 650 周年大会。

9 日、10 日、12 日，梁玉华先后到部分陶瓷企业、特色农业项目、矿产企业等实地调研。

9日，德化县乡两级人大换届选举工作会议召开。

11—12日，第二届福建省陶瓷艺术大师暨第二届中国陶瓷技能大赛福建赛区现场创作考评活动在德化举行。

12日，云南省玉溪市红塔区人大主任殷绍焜、区政协主席王文平带领红塔区考察团到德化参观考察陶瓷产业发展情况。

12日，人民检察院知识产权司法保护工作联络室落户电子商务创业园。

12日，县欢送驻德抢险救援武警交通部队官兵仪式在南埕镇举行。

12日，中国民生银行泉州德化支行开业运营。

13日，国家文物局副局长、中国文化遗产研究院院长刘曙光一行到德化调研海丝遗产点申遗监测、标识系统及管理等方面工作。

13日，公安部网络安全保卫局副局长邓宏敏到德化县调研指导网安工作。

13—14日，2016—2017学年度全市中职教育工作例会暨现代学徒制现场推进会在德化召开。

14日，2016海上丝绸之路环泉州湾国际公路自行车赛德化赛段开赛。哈萨克斯坦阿斯 塔纳城市洲际队的车手斯塔诺夫·尼基塔夺得第一赛段冠军。另一名来自RTS—脉腾洲际车队的车手奥特加·拉米雷斯·毛里西奥一举夺得个人爬坡和个人冲刺总成绩第一名。

15—17日，第六期“海丝情·陶瓷韵”国际文化交流活动在泉州工艺美院举行。

18日，全县精准扶贫小额信贷签约仪式在三班镇举行。

18日，由省纪委、省文化厅主办的“不忘初心 廉政先行——八闽清风·全省廉政文艺走基层德化专场”在县影剧院举行。

24日，“戴云山讲台”开学式暨第一期讲座开讲。泉州工艺美院陶瓷艺术系主任张南章作“戴云山讲台”第一讲，题目是“何朝宗瓷塑文化的解读”。

25日，日本美浓陶艺协会会长林恭助一行3人到德化考察交流陶瓷文化。

26日，省农机监理所所长带领考评组，到德化开展创建“平安农机”示范县工作考评。

26日，中国建筑设计院本土设计中心主任郭海鞍带领调研组到德化开展培育特色村镇试点工作调研。

26—27日，省委、省政府脱贫攻坚工作督查组到德化督查精准扶贫脱贫攻坚工作进展情况。

27日，全省政协教科文卫体委员会工作座谈会在德化召开。

27日，全县“两学一做”学习教育现场交流会在浔中镇浔中村召开。

27日，由泉州市总工会主办，德化县总工会、泉州工人文化宫承办的“幸福泉州·情暖职工”慰问演出走进德化。

27—28日，河南省政协副主席靳绥东带领考察团到德化专题考察陶瓷文化产业。

11月

1日，德化入选第二批“国家全域旅游示范区”创建名单。

4日，康涛率市民政、住建、水利部门相关负责人深入德化上涌镇调研台风灾后重建工作。

4日，香港福建希望工程基金会、南九龙狮子会访问团到德化参观考察。

8—30日，“世界瓷都 · 德化”首届陶艺创新技能竞 赛活动在洞上陶艺村举行，120多名来自全国各地的陶艺工作者和爱好者参加了此次活动。最终选手连华贵的作品《相飞相》获得一等奖。

9日，厦门德化经济促进会代表团走进赤水镇岭边村开展精准扶贫活动。

9日，贵州黎平县考察团到德化参观考察电子商务发展情况。

10日，“心手相连 与爱同行”2016年省残疾人艺术团公益巡演走进德化。

10—11日，国家工商总局副局长甘霖一行到德化调研。

11日，“双11”全县网络零售总额突破8200万元，比上年增长36.70%，全县包裹总量近10万件。

13日，国务院南水北调办公室副主任蒋旭光带领调研组到德化调研美丽库区和产业发展情况。

14—18日，中国国家版权局在世界知识产权组织(WIPO)总部举办中国德化陶瓷版权保护优秀成果展。

15日，省扶贫开发协会会长叶继革带领调研组到德化调研精准扶贫工作。

17日，县委组织部选送的《打造致富“火车头” 引领农村发展致富——福建省德化县积极培育农村实用人才带头人引领农业农村发展》在2016年全国基层人才工作创新案例评选中获最佳案例奖。

17日，县启动第三次全国农业普查清查摸底业务培训工作。

17日，福建省黄仲咸教育基金会奖学金发放仪式举行，共捐赠4.50万元。

17 日，全市陶瓷行业职工技能赛在泉州工艺美院举行。

18 日，香港泉州慈善促进总会考察团团长苏千墅一行到德化考察交流。

18 日，国际版权交易中心德化陶瓷专项交易平台揭牌成立。

19 日，故宫博物院藏德化窑瓷器研讨会暨《故宫博物院藏德化窑瓷器》首发式在故宫博物院建福宫举行。

21 日，龙门滩镇龙门湖水利风景区获评为福建省水利厅公布第六批省级水利风景区。

22 日，省商务厅农村电商（泉州市）示范培训在德化开班。

23 日，全县驻村工作座谈会召开，部署 2016 年选派干部驻村任职和驻村蹲点工作，全县 45 名干部被选派驻村任职或蹲点。

23 日，县通过省级第三批节水型社会建设试点验收。

26 日，中国乡土艺术协会艺术发展中心戴云山创作基地揭牌成立。

28 日，县中医药健康产业发展研讨会举行。来自中国中医科学院、国家中医药管理局中国中医药科研开发交流中心、世界中医药学会联合会、福建师范大学等科研院所的专家学者，就中国中医药健康产业的发展现状及市场潜力、德化发展中医药产业的优势和方向等问题进行深入研讨。

29 日，“瓷·彩——国家艺术基金资助项目陶瓷雕塑与加彩技艺人才培养师生作品展”在福建博物院开展。

30 日，《石牛山国际旅游度假区总体规划》（初稿）征求意见会召开。县领导及各个主要部门负责人，就文化、交通规划、资金、体育休闲、特色小镇建设、林业用地审批等方面提出了意见和建议。

12 月

1 日，县迎接 2016 年度全国文明县城测评工作推进会召开。

5 日，在由国家版权局和世界知识产权组织在广州举办的”2016 年中国版权金奖保护奖“颁奖仪式上，德化获得“2016 年中国版权金奖保护奖”。

6 日，全省供销社电子商务工作推进会在德化召开。

7 日，宁夏回族自治区吴忠市红寺堡区区长谭兴玲带队到德化参观考察。

12 日，德化入围“2016 年跨境电商创业最活跃的 25 个县”榜单。

12—14 日，中国人民政治协商会议德化县第十届委员会第一次会议隆重召开。会议选举产生县政协新一届领导班子，温文英当选政协德化县第十届委员会主席，刘志阳、林文昌、颜鸿琪、张晓文等 4 人当选政协德化县第十届委员会副主席，邓玉堂等 29 人当选政协德化县第十届委员会常务委员。

13 日，省文明委测评组到德化测评全国文明县城创建工作。

13—16 日，德化县第十八届人民代表大会第一次会议召开。会议选举产生新一届县人大常委会、政府班子成员、法院院长、检察院检察长和市十六届人大代表。王传敬当选德化县第十八届人民代表大会常务委员会主任；刘德旺当选德化县人民政府县长；苏益铮当选德化县人民法院院长；王声典当选德化县人民检察院检察长。

14 日，泉州市文化创意职业院校联盟成立大会在泉州工艺美术职业学院举行。

14 日，国家质检总局副司长于群利一行到德化开展安全生产大检查督查工作。

15 日，市灾后重建工作督查组到德化开展灾后重建工作效能督查。

15—16 日，泉州市国家三类语言文字工作达标评估组到德化参加国家三类城市语言文字工作达标评估。

16 日，中国铁路总公司工程管理中心、向莆铁路公司、铁一院、铁二院、南昌铁路局有关专家到德化县就兴泉铁路德化段施工图进行审查和现场踏勘。

19 日，县“六五”普法总结暨“七五”普法动员大会召开。

19 日，九三学社德化县小组升格为支社。

20 日，华侨大学政协委员调研组到德化调研水资源保护与利用工作。

20 日，县毒品预防教育示范学校在德化三中揭牌。

23 日，省“治违办”检查组到德化检查“两违”综合治理三年行动工作。

28 日，德化县永春商会成立大会暨首届理监事会就职典礼在县瓷国明珠酒店举行。德化登峰红限公司董事长苏松柏当选第一届商会会长。

28 日，瓷国明珠·德化窑陶瓷精品巡回展在江西抚州市博物馆开展。

29 日，县 2017 年迎新年晚会暨“七五”普法启动仪式举行。

30 日，“大音希声——李甲栈陶瓷艺术作品展”在福建省海峡民间艺术馆开幕。

“两学一做”学习教育活动

4月18日，全县“两学一做”学习教育工作会议召开。县委书记吴深生、县委副书记、县长欧阳秋虹、县人大常委会主任王传敬、县政协主席苏兴羽、县委副书记陈金忠等参加会议。

吴深生强调：全县各级党组织要提升认识，增强开展“两学一做”学习教育的责任感，深刻认识到“两学一做”学习教育是贯彻全面从严治党的政治要务、推进思想政治建设常态化制度化的重要实践、推动管党治党工作向基层延伸的有力举措；要紧扣关键，打牢“学”这个基础，突出“做”这个关键，抓住“改”这个重点，落实“常”这个根本，围绕“促”这个目标，推动干部奋发有为、积极进取，用推动发展的成效来检验学习教育的实效；要加强领导，确保“两学一做”学习教育取得明显实效，严格落实责任，注重分类指导，突出领导带头，加强督查指导，营造浓厚氛围，确保“两学一做”学习教育取得明显实效。

欧阳秋虹要求：全县各级党组织要迅速传达学习上级关于“两学一做”学习教育工作会议精神，自觉把思想和行动统一到中央和省市县委的部署上来；要抓紧部署落实，落实基础在前，关键在做的要求，坚持问题导向，对学习教育内容实施措施做出具体的安排，带动整个学习教育工作扎实有效开展；要统筹兼顾，以学习教育推动实际工作，以改革发展成果来检验学习成效。

会上，县委常委、组织部部长方建生对县“两学一做”学习教育工作进行具体安排部署。

4月22日，县委书记吴深生为党员干部上“两学一做”党规党纪专题党课。县人大常委会主任王传敬、县政协主席苏兴羽、县委副书记陈金忠等和党群系统各支部党员参加。

吴深生强调：要高度重视、警觉起来，把握《中国共产党廉洁自律准则》《中国共产党纪律处分条例》要义，进一步增强政治意识、大局意识、核心意识和

4月18日，全县“两学一做”学习教育工作会议召开　　（图/许华森）

看齐意识“四种意识”，静心认真研读，唤醒党员的党章党规党纪意识，真正知而不犯，注重细节；要强化自律、见贤思齐，筑牢思想道德“高线”，守住法律底线、政策底线、纪律底线、道德底线“四条底线”，为党员领导干部树立看得见、够得着的“道德高线”；要严格他律、反复镜鉴，坚决严守行为“底线”，执行政治纪律、组织纪律、廉洁纪律、群众纪律、工作纪律、生活纪律“六大纪律”，严把管党治党的戒尺，党员的基本底线和遵循；要增强责任、狠抓落实，树立党群部门良好形象，从严从实要求，紧抓“两学一做”，坚持挺纪在前，严肃党内生活，带头发挥模范作用，树立干事创业、清正廉洁、严守纪律的良好形象。认真贯彻《廉洁自律准则》《纪律处分条例》，以忠诚、干净、担当的良好形象为德化各项事业发展保驾护航。

5月5日，县政府“两学一做”学习教育动员会暨专题教育党课召开，县政府党组成员参加会议。县政府县长欧阳秋虹以《加强政府系统纪律建设 争做“四讲四有”合格党员》为主题，上一堂“两学一做”学习教育专题党课，县委常委、纪委书记叶长青应邀授课。

欧阳秋虹要求：各乡镇各部门要继续高举中国特色社会主义伟大旗帜，向党中央看齐，深刻认识纪律建设的重要性；要挺纪在前，保持落实纪律的严肃性，严守政治纪律，重点做到始终与党中央保持高度一致、始终注重党内政治生活、始终严守政治规矩；要严守组织纪律，重点做到强化政府党组领导地位、强化民主集中制落实、强化组织程序遵循；要严守廉洁纪律，重点从主体责任、建章立制、常态监督三个方面入手；要严守群众纪律，坚持立身不忘做人之本，为政不移公仆之心，用权不谋一己之利，把服务群众作为一种自觉、一种标准、一种习惯；要严守工作纪律，重点把握好求真务实、狠抓工作落实，依法行政、规范权力运行，简政放权、促进审批提速，加强监管、严守财经纪律等；要严守生活纪律，时刻保持头脑清醒，坚持严以修身、严以用权、严以律己，处理好新常态下的政商关系，做到一心为民、干净做事、清白做人；要严字当头，增强严守纪律的自觉性，突出纪律教育，突出“两学一做”，学习党章党规、学习系列重要讲话，做讲政治、有信念，讲规矩、有纪律，讲道德、有品行，讲奉献、有作为的“四讲四有”合格党员，自觉接受监督；要以“两学一做”学习教育为动力，以忠诚、干净、担当的良好形象为“五个瓷都”建设保驾护航。会上，县委常委、常务副县长吴顺情就开展“两学一做”学习教育作动员部署；叶长青为与会人员解读《中国共产党廉洁自律准则》《中国共产党纪律处分条例》和相关党章党规党纪，提出当前党风廉政建设反腐败工作的主要任务，并对政府系统开展“两学一做”学习教育提出建议。

5月5日，县政府召开“两学一做”学习教育动员会暨专题教育党课　（图/德化报）

5月12日，县人大常委会主任王传敬为县人大常委会组成人员、乡镇人大主席及人大机关干部职工上“两学一做”专题党课。

王传敬从为什么要开展“两学一做”、学什么内容、如何做合格党员和领导干部等方面进行授课。王传敬指出：在全体党员中开展“学党章党规、学系列讲话，做合格党员”学习教育，是党中央为深化党内教育作出的又一重要部署。人大党组织和全体党员要深入学习贯彻习近平总书记的重要指示精神，深刻认识扎实开展“两学一做”学习教育的重大意义。结合人大工作实际，就如何做合格党员和领导干部，王传敬要求：要讲党性、重品行，有坚定的理想信念、正确对待利益、正确看待幸福，自觉实践“权为民 所用”，慎用权力；要有正确的道德观、价值观，心胸豁达、培养

5月12日，县人大常委会主任王传敬（右一）为县人大常委会组成人员、乡镇人大主席及人大机关干部职工上“两学一做”专题党课　（图/德化报）

良好的境界；要营造干事创业的环境，积极担当履职，主动干事，始终保持干事创业、开拓进取的精神状态，立足岗位，勇于负责，敢于创新，用实际行动干跨越发展实事；要守纪律、改作风，对照实际整改，做合格党员。

5月13日，县政协党组副书记、副主席李金鼠对“两学一做”学习教育作动员部署。县政协党组书记、主席苏兴羽为政协机关全体党员干部上专题党课，县政协副主席刘志阳主持会议。

5月13日，县政协召开“两学一做”动员部署会暨专题教育党课（图/县政协）

5月23日，县委常委会、县政府党组分别开展“两学一做”第一专题学习讨论，以“坚定理想信念，增强‘四种意识’”为主题开展专题学习讨论。县委书记吴深生，县长欧阳秋虹，县委副书记陈金忠，县委常委、常务副县长吴顺情，县委常委、统战部部长温文英，县委常委、纪委书记叶长青，县委常委、组织部部长方建生，县委常委、政法委书记王志安，县委常委、人武部部长沈俊旭等参加县委常委会的专题学习讨论。县长欧阳秋虹，县委常委、常务副县长吴顺情，副县长苏毅君、刘惠煌、张传晖等参加县政府党组专题讨论。

县委常委讨论会上，吴深生强调：要增强政治意识，始终保持清醒头脑和敏锐眼光，坚定政治立场、政治信仰、政治纪律和理想信念，站稳政治立场、保持政治定力、严守政治纪律；要增强大局意识，善于着眼大局、准确把握大局、坚决维护大局、主动服务大局；要增强核心意识，自觉维护以习近平总书记为核心的党中央权威，维护权威、集中统一，在学习上聚焦“核心”、在政治上维护“核心”、在实践上彰显“核心”；要增强看齐意识，向习总书记看齐，向党的理论和路线方针政策看齐，向中央的重大决策部署看齐，保持主动看齐的自觉、保持经常看齐的清醒、保持向我看齐的担当。欧阳秋虹、陈金忠、吴顺情、温文英、叶长青、方建生、王志安、沈俊旭等县委常委围绕“坚定理想信念，增强‘四种意识’”这一主题，结合各自工作谈认识、谈体会。

县政府党组专题讨论会上，欧阳秋虹要求：党员干部要在学深吃透上下功夫，通过学习，增强政治意识、大局意识、核心意识、看齐意识、补好“精神之钙”、“筑牢党性之魂”；要在学做结合上下气力，按照合格党员要求，争做“四讲四有”标兵，同时要在“改”上坚持问题导向，坚持边学边整边改，确保学习教育达到预期效果；要把“两学一做”学习教育与推动经济社会发展结合起来，努力把党的组织资源、组织优势、组织活力转化为发展资源、发展优势、发展活力，在持续提升中检验学习教育的成效，做到学习教育与重点工作两手抓、两不误、两促进。会上，苏毅君、张传晖就“两学一做”学习教育作交流发言。

5月23日，县委常委会开展“两学一做”第一专题学习讨论（图/德化报）

5月27日，县委办党支部“两学一做”第一次专题讨论会召开。县委书记吴深生、县委副书记陈金忠参加讨论会。讨论会上，县委办党支部以“坚定理想信念、‘增强四种意识’”为主题开展专题学习讨论。吴深生强调：要增强“四种意识”，铸牢绝对忠诚之魂，强化政治意识、大局意识、核心意识、看齐意识，用“四种意识”体现绝对忠诚、增进绝对忠诚、锤炼绝对忠诚，保持干事创业、开拓进取的精气神，发挥先锋模范作用，做一名优秀的共产党员；要增强“四种意识”，担起狠抓落实之责，以围绕中心、聚焦职责、创新提效抓落实，抓督促检查、情况反映、综合协调，保持旺盛的精力、蓬勃的朝气，雷厉风行、马上就办、紧抓快办，以大家干工作的激情，点燃全县干部群众干事创业的热情；增强“四种意识”，夯实坚强党性之基，求真务实，无私奉献，廉洁自律，为民服务，在增强“四种意识”上走前列、作表率、当标杆，以铁一般信仰、铁一般信念、铁一般纪律、铁一般担当做党性坚强、县委信得过的党办人、好干部。

8月2日，县委常委“两学一做”第二专题学习讨论会召开，重点围绕学习习近平总书记关于严明党的政治纪律和政治规矩等重要论述，结合《中国共产党廉洁自律准则》《中国共产党纪律处分条例》《中国共产党问责条例》，以“坚定纪律底线、培养高尚情操”为主题开展专题学习讨论。县委书记梁玉华，县委副书记、县政府代县长刘德旺，县委常委、统战部部长林祖传，县委常委、纪委书记林明义作主题发言。

梁玉华强调：要严格遵守党章党规，内化于心，外化于行，带头维护纪律的严肃性和权威性；要坚决严明政治纪律，从严落实“两个责任“，运用好监督执纪“四种形态”，努力营造守纪律、讲规矩的浓厚氛围和风清气正的政治生态；要努力培养高尚情操，常自省、重小节，设防线、划底线，重家教、正家风，善于教化、从严治家，严格管理约束亲属、子女以及身边工作人员，坚决将腐败拒之门外；要强化压力传导，突出基层重点，切实推动工作，按照县第十三次党代会的既定目标，紧密结合年度目标任务、推进重点项目建设、增进社会和谐稳定等工作，把学习教育的成效体现到推动中心工作上。

刘德旺指出：要严明纪律规矩，提升思想境界，永葆政治本色，自觉摆正位置，注重修身立德，强化廉洁从政，坚定理想信念，把牢政治方向，自觉维护县委权威，努力做政治上的明白人；要认真履职尽责，突出发展主线，牢记岗位职责，扛起担当之责，积极主动作为，抓好各项重点工作，争取全年目标任务圆满完成和“十三五”良好开局；要树牢宗旨意识，坚守民生底线，改进工作作风，紧抓民生工程，把保障和改善民生作为一切工作的出发点和落脚点，让群众得到更多实惠和好处。

8月11日，县人大常委会党组以“坚守纪律底线、培养高尚情操”为主题，开展“两学一做”第二专题学习讨论。县人大常委会党组书记、主任王传敬，县人大常委会副主任徐明侃、连继续，县人大常委会党组成员苏惠生等参加专题讨论。

王传敬强调：党员干部要认真学习党纪党规，内化于心，外化于行；要对照新规端正思想、摆正身份，锤炼出过硬的党性修养；要把党规党纪印在心上，把严守党纪党规作为对党忠诚的重要检验；要坚定共产主义理想和中国特色社会主义信念，坚持全心全意为人民服务的根本宗旨，继续发扬党的优良传统和作风，坚持以上率下，层层立标作示范，加强党性修养，影响和感召身边人和广大群众，实现党风、政风、民风的好转，争做合格党员。

10月31日，县委常委开展“两学一做”第三专题学习讨论，重点围绕学习贯彻习近平总书记学习《胡锦涛文选》报告会上的重要讲话精神等重要论述，以“坚持根本宗旨、发挥党员作用”为主题开展专题学习讨论。县委书记梁玉华，县委副书记、县政府代县长刘德旺，县委副书记陈金忠等参加专题学习讨论。

梁玉华要求：要按照中央《决定》和省、市、县委要求，精心组织广大党员、干部认认真真、原原本本学习，深刻领会精髓实质；要真信真用，把以人为本的核心立场、全面协调发展的基本要求、统筹兼顾的根本方法，转化为推动德化发展工作的思路、能力和自觉行动；要提升实效，落实好年度基层党建重点项目，深入实施“党支部+”精准扶贫机制，紧抓“承诺、践诺、评诺”工作，确保学习教育取得实效。

11月14日，县政府党组开展“两学一做”学习教育第三专题学习讨论，“坚持根本宗旨、发挥党员作用”，重点学习习近平总书记在学习《胡锦涛文选》报告会上的重要讲话精神。县委副书记、代县长刘德旺参加学习。

刘德旺指出：《胡锦涛文选》是党理论创新并

11月14日，县政府党组开展“两学一做”学习教育第三专题学习讨论　（图/吴有森）

应用实践的重要成果，作为一名党员领导干部，将认真学习《胡锦涛文选》。刘德旺要求：要坚持学以致用，着力解决好当前德化产业转型、城市建设、项目攻坚、财税增收等最紧迫的现实问题；要坚持实干担当，以谷文昌精神为标杆，把“政府想干的”和“群众想要的”有机统一起来；要坚持模范带头，把“坚持根本宗旨、发挥党员作用”体现在行动上，力争“十三五”实现良好开局；要坚持学习和工作两手抓、两不误、两促进，更好地推动德化科学发展、跨越发展。

9月19日，县委开展“两学一做”集中学习。专题学习干部队伍建设、党规党纪，落实从严治党要求，进一步加强党规党纪教育。县委书记梁玉华，县委副书记、县政府代县长刘德旺，县人大常委会主任王传敬，县政协主席苏兴羽，党组书记温文英，县委副书记陈金忠，县委常委、纪委书记林明义，县委常委、组织部部长黄晓东等参加集中学习。

梁玉华要求：各级干部要争当“想干事、会干事、干成事、不出事”的表率，勇于担当，把心思集中在“想干事”上，尽最大努力把工作做在前、做到位；要勤学善谋，把能力展示在“会干事”上，以干事创业的精气神，确保工作有力推进、取得成效；要善作善成，把目标锁定在“干成事”上，齐心协力把全县各项工作推向前进；要廉洁自律，把底线定位在“不出事”上，不折不扣把中央八项规定精神执行到位、落实到位；全县上下要共同营造正风、正气、正能量的干事创业氛围，营造风清气正的政治生态。

林明义、黄晓东分别围绕党规党纪教育、党员干部队伍建设，为与会人员上专题党课。

6月16日，县政府党组开展“两学一做”法制专题学习活动，邀请县法制办负责人胡天海就集体土地征收程序及应把握的关键环节等内容进行授课。县政府县长欧阳秋虹，县委常委、县政府常务副县长吴顺情，县政府副县长林祖传、苏毅君、苏锡培、刘惠煌、张传晖等参加学习。授课中，胡天海重点介绍集体土地征收程序要求及应把握的关键环节，解释与土地征收有关的问题、征地主要程序等问题，整堂课对德化县相关部门增强依法行政意识，不断提高依法行政、依法办事能力和运用法律手段解决矛盾纠纷的工作水平具有重要意义。

6月16日，县政府党组开展“两学一做”法制专题学习活动 （图/德化报）

9月9日，县委书记梁玉华，县人大常委会主任王传敬，县政协主席苏兴羽、党组书记温文英等赴闽台缘博物馆参观“大道之行——‘两学一做’学习教育廉政书画展”。书画展由福建省纪委主办，并组织赴各地进行巡展。泉州巡展时间从9月6日至9月17日，在闽台缘博物馆开展期间共展出作品近百幅，分为开篇作、三个篇章和压轴作等部分。开篇作以优秀共产党员群像图为引领，号召党员干部向他们看齐，做到忠诚、干净、担当；三个篇章分别是“大象无形”“大音希声”“大道无疆”，深入解读党章党规、习近平总书记系列重要讲话的丰富内涵和深刻思想，诠释新一届党中央治国理政的大境界、大格局；压轴作描绘祖国的壮丽山河，寓意中华民族伟大复兴梦想一定能实现。德化还将组织乡镇、县直党政机关、事业单位等部分党员干部向往参观。

9月9日，县领导赴闽台缘博物馆参观“大道之行——‘两学一做’学习教育廉政书画展”（图/连江水）

精准扶贫

【概况】 2016年，全县完成脱贫1020户2995人（其中，国定274户763人、省定359户1080人、市定387户1152人）。扶贫开发重点村农民可支配收入约1.20万元元，比上年增长8%。50个省定建档立卡贫困村摘帽2个。

制订出台精准识别工作方案，按照“一核查、二入户、三比对、四评议、五清退”的方法精准识别贫困户，逐户逐人重新审核认定，贫困村、贫困户严格“两公示一公告”程序，确保真正贫困的人口、贫困村纳入系统。全县确定贫困户2048户、5887人（其中国定517户1336人，省定799户2300人，市定732户2251人）、省定建档立卡贫困村50个。

采取“两平台一张纸”（全国扶贫开发建档立卡信息系统”和“福建省精准扶贫精准脱贫开发数据平台”，以及一镇一册贫困户信息档案纸质资料）管理办法，通过全国扶贫开发建档立卡信息系统和自主建立的德化县精准扶贫信息平台，以及一镇一册贫困户信息档案纸质资料，规范建立贫困户帮扶信息档案，达到建档立卡规范化、信息查询便捷化、监测管理动态化，实时推进信息化脱贫攻坚。

2016年，全县科级以上领导干部结对帮扶贫困户700多户，落实帮扶资金70多万元，实施项目200多个，带动400多户脱贫；衔接落实省市下派干部52名及乡镇驻村干部45名帮扶制度，帮助贫困户理清发展思路，挖掘发展优势，找准发展路子，促进贫困户增收脱贫；与丰泽区7个街道办事处“山海协作”，实

10月20日，德化县精准扶贫小额信贷签约仪式举行
（图/县农业局）

6月14日，县委书记吴深生（右一）到水口镇榜上村调研精准扶贫工作情况。图为吴深生慰问留守老人
（图/许华森）

施“民企联村”行动，全县45个村487户1422人接受省、市、县共45家企业帮扶等（其中，省结对3个、市结对20个、县结对22个），落实帮扶项目10个，到位物资130万元。推行“党支部+老年协会+互助组+志愿者”模式，全县募集2500多万元设立党员互助、关爱老年人幸福基金，乡镇、村设立助老济贫专项基金33个240万元，重点开展助残助困等。2016年共支出30多万元，为留守老人、贫困户办实事好事100多件。在各类媒体设新闻专栏，广泛传播文明理念。全县建立志愿队伍124支，1.2万人，2016年已开展义诊、理发等服务帮助留守老人1500多人次。其中，憨鼠爱心小分队进村入户扶贫助困700多户，发出善款物100多万元，获省学雷锋优秀志愿服务组织、第四届省青年志愿者优秀组织奖。逐步提高农村最低生活保障标准，确保到2018年低保标准和市定扶贫标准“两线合一”。2016年，将城市、农村低保标准和城市“三无人员”（无生活来源、无劳动能力、无法定抚养义务人的公民）、农村五保供养标准每人每月分别提高到492元、295元、640元、582元，比增10.4%、10.2%、10.5%、4.1%。福利机构集中供养、社会散居孤儿养育标准每人每月为1000元、600元，城市、农村低保人均月补助水平为271元、163元。医疗救助对象的筹集标准提高到每人每年400元。实施社会保险补贴，给予建档立卡贫困对象不低于最低标准养老保险费50%的社保补贴。投入18万元，为全县建档立卡贫困人口购买意外伤害险和住院定额给付医疗保险，每人每年最高补偿9000元。2016年，政府助学春季补助1377名贫困学生计99万元，秋季补助1369名贫困学生计106万元，免除普通高中建档立卡

等家庭经济困难学生的学杂费 90 人，生源地信用助学贷款 1597 人贷款 3640 笔，贷款金额 2289 万元。开展爱心助学、志愿帮扶等活动，利用县慈善总会、学校教育促进会和奖教奖学基金会等各类助学专项基金，为 511 名贫困学生发放助学金 104.49 万。

落实造福工程指标任务，超额完成造福工程易地搬迁任务数，完成易地扶贫搬迁 336 户 1325 人（其中，国定 68 人、省定 102 人）。成立德化县扶贫开发投资有限公司，并在县农业发展银行、国家开发银行福建省分行开设帐户，对接上级财政资金和发放易地搬迁低息贷款，目前完成与省扶贫开发公司及县级主管部门服务协议签订，已争取到位资金 194.5 万元。抓好高阳金城新村集省级造福工程集中安置区建设，总投资 8500 万元，省级补助 200 万元，已完成投资 5030 万元，完成基础设施建设，建成 340 套 3.4 万平方米，项目建成后可解决高阳村铺仔边远角落 5 个生产组 300 多户村民集中搬迁及部分住房困难户搬迁。

成立县小额信贷工作领导小组，制订《德化县扶贫小额信贷实施方案》，设立扶贫小额信贷风险担保金 1200 万元，其中省级扶贫小额信贷风险担保金 800 万元、县级财政配套 400 万元。争取到贫困户小额信贷贴息扶持资金 225 万元。2016 年，全县 90 户贫困户、14 家新型农业经营主体申请小额信贷 732.9 万元，可带动 157 户贫困户发展生产，已办理发放 475 万元，累计带动 97 户贫困户增收。

组织各乡镇对有劳动能力的农村贫困户开展入户调查，建档立卡，摸清职业技能培训、转移就业意愿等情况，确定就业援助对象，建立“帮扶就业、技能脱贫、创业带动”三措并举的就业扶贫工作格局。帮助成立一家家政服务公司（八达好帮手家政服务公司），举办家政从业人员培训班一期，带动就业创业。

农业科技试验示范基地　　（图 / 县农业局）

水口镇光伏扶贫项目　　（图 / 县农业局）

开展农村电商创业从业人员培训，帮助扶贫对象利用互联网就业创业，培训 2000 多人。开展 SYB 创业培训，传授创业知识，提高创业成功率，降低创业风险，今年来举办培训班 8 期，培训 220 人。开展“雨露计划”培训，举办种植、养殖业农村实用技术等培训班 18 期，下达培训补助经费 8.7 万元。培训 554 人次，完成任务 110.8%。

鼓励用人单位大力开发公益性岗位，安置就业困难人员，符合规定的每月给予最低工资标准的 50% 的公益性岗位补贴，期限 3 年。出台稳岗补贴政策，减少企业裁员，鼓励企业吸收扶贫对象就业，增加扶贫对象工资性收入，2016 年来有 4 家企业申请稳岗补贴 48 万元。

制订《德化县旅游村企帮扶专项行动实施方案》，推进 9 个全国乡村旅游扶贫重点村建设，重点支持一批有条件的乡村发展特色旅游，带动有劳动能力的贫困农民增收致富。其中，南埕镇高泶村投入 600 万元发展“香林渔村”休闲乡村游，村民每户年可增收 2000 多元。

结合县“三黑三黄三白三红三菌”（德化黑鸡、黑兔、黑羊，德化梨、黄花菜、油茶，淮山、优质米、白萝卜，红米、红菇、红酒，香菇、巴西蘑菇、竹荪）等特色优势产业发展，推行“党支部 + 合作社 + 基地 + 农户”机制，发挥基层党组织、党员干部、种养能手的作用。通过党支部牵头、党员带动、合作社推动、基地式托养的形式，让贫困户入股合作社、参与技能培训、结对帮扶，与全县 929 家合作社联动协作，实施托养式产业扶贫模式，带动贫困户增收；

10月26日，省扶贫督查汇报会现场　（图/县农业局）

10月26日，省扶贫督查入户　（图/县农业局）

引导鼓励龙头企业、农民专业合作社、家庭农场等新型经营主体积极与贫困户挂钩。如，戴云黑鸡养殖合作社免费将母鸡发放给留守老人、残疾人、贫困农民寄养，每户饲养30～50只，由公司统一收购鸡蛋再包装出售，每户每年可增加收入1.5万元。实施贫困户产业发展贷款贴息扶持项目，在全县范围内实施总投资额5000万元的光伏扶贫项目，年收益率13.4%。试点带动，确定水口镇为光伏扶贫试点镇，完成投资80万元，装机容量100kw，带动省定建档立卡贫困村3个。贫困户8户。职业中专光伏发电项目将发电收入的10%用于奖教助学，优先安排建档立卡贫困户教育扶贫。全县已完成光伏扶贫项目统一招投标及项目发改委备案，各乡镇成立扶贫开发投资有限公司，统一进行项目贷款、管理、建设、还款等，让贫困户每年享受1000～3000元的收益分配。

以村淘落地德化和列入电子商务进农村省级示范县为契机，大力扶持农产品电商，发展贫困村农村淘宝、农超对接、直供直销、连锁经营和“农业众筹+互联网+精准扶贫+生产基地”等新型流通业态，推动“农产品进城、工业品下乡”，带动贫困户增收。全县共有全国淘宝镇3个，淘宝村11个（其中，泗滨村为省定建档立卡贫困村），数量分别居全市首位和第二位。全省首家以“众筹农业”为主题的一亩良田合作社，在“稻米众筹计划”中，优先采购贫困户稻米，销售价格每斤由3元提高到7元，每亩稻田增收500元以上，每户增收近2000元，并由点及面“上线众筹”鸡蛋、淮山、茶油、红酒、黑山羊等一批农产品，形成德化“众筹农业”产品集群。

2016年度，争取市级扶贫开发项目补助资金788万元，组织实施村集体经济创收、基础设施、产业发展项目35个。8个市级扶贫开发重点帮扶村争取资金927万元，实施帮扶项目38个，完成投资846.8万元。2个省级扶贫开发重点帮扶村争取资金651万元，实施帮扶项目8个，完成投资577万元。

成立以县委书记为组长的精准扶贫工作领导小组，下设办公室，统一协调开展全县精准扶贫精准脱贫各项工作。全年召开7场县级专项扶贫开发工作会议，出台强化精准扶贫打赢脱贫攻坚战实施意见等扶贫政策、资金文件27份。完善责任机制，县、乡（镇）、村层层签订脱贫攻坚责任状。制定《德化县扶贫开发工作绩效考评办法》，将脱贫攻坚成效纳入乡镇绩效考核。全年共组织扶贫专项督查6次。

做好年初扶贫预算，根据2015年年底建档立卡扶贫人数安排扶贫资金1000万元，并根据财力状况，不断提高扶贫资金支出比重。向上争取资金支持，尤其从农业、教育、林业、科技、民政、发改等对口部门对接争取政策，2016年共争取上级各类扶贫专项资金5000多万元，均已拨付使用。

防抗“莫兰蒂”“鲇鱼”台风

防抗台风“莫兰蒂”

9月10日下午2时，第14号台风“莫兰蒂”在西北太平洋洋面上生成。11日上午8时，“莫兰蒂”台风的中心位于台湾省花莲县东偏南方大约1690千米的西北太平洋洋面上。15日3时5分，“莫兰蒂”台风在厦门翔安沿海登陆，登陆时近中心风力为15级，为强台风级别，随后迅速减弱，伴随台风而来的狂风暴雨席卷全县。

9月15日，市委常委陈铁晗在县委书记梁玉华的陪同下到龙浔镇宝美村、丁溪村，浔中镇石山村、蒲坂村，彭村水库，国宝乡了解受灾情况，现场检查指导防御台风工作；陈荣洲、季翔峰在县人大常委会主任王传敬的陪同下先后到三班镇东山村、奎斗村、道畈智慧农业基地，实地检查雨情水情、人员转移、山体溜方等情况，并了解各地受灾情况，具体部署抢险救灾工作，力求将损失降到最低。陈铁晗要求：台风期间要重点防风、防雨，台风过后要重点防范地质灾害；镇、村干部要坚守一线，加强巡查，保证人员转移到位，防止转移人员擅自返回，确保群众生命财产安全。台风过后要抓紧时间修复受灾地区的基础设施，及早做到通电、通路、通讯，全力以赴开展灾后重建和生产自救工作。

9月15日，市委常委陈铁晗(前排右二)、县委书记梁玉华(左一)一行到彭村水库检查指导防御台风工作　（图/许华森）

2016年第14号台风“莫兰蒂”是2016年全球登陆风力最强台风，也是历史有记录以来袭击泉州强度最大的台风，给全县电力、交通、水利、农业等基础设施带来严重影响，造成较大损失。截至9月16日14时，此次台风共造成全县直接经济损失43239万元，13957人受灾，提前转移2386人，紧急转移2042人。旅游景区、交通、电力、通讯、农业、水利、村庄民房、工矿企业等都造成重创，全县18个乡镇不同程度受灾，中南部乡镇龙门滩、南埕、上涌、水口、三班、浔中、龙浔、国宝、雷峰等尤其严重，造成部分镇区村庄被淹、公路交通中断、电力通讯中断、房屋倒塌、农田被淹、堤坝冲毁、电站进水等严重灾情。另外，截至9月16日，除南埕镇枣坑村、塔兜村因通讯中断未统计外，全县房前屋后共发生滑坡、塌方等地质灾害458处。

台风“莫兰蒂”到来期间，上涌镇下涌村成片稻田被毁，雨停后农民迅速展开生产自救　（图/连江水）

台风“莫兰蒂”过后，龙门滩镇大溪村村民抓紧修复河道堤岸　（图/黄谷莹）

9月16日，县组织收听收看市台风灾后恢复工作视频会，部署德化灾后恢复工作。会议要求：各级各部门，要继续加强值班，严密监测，持续做好预警、转移和应急处置工作，要发动和组织干部群众对新旧地质灾害点和房前屋后高陡边坡进行全面巡查排查，

9月16日，县委副书记、代理县长刘德旺（左三）到南埕镇桃花岛景区、水口镇村场村石柱角落和涌口水库等实地查看受灾情况（图／李宏图）

发现异常情况，迅速转移危险区域群众，并挂牌示警，及时处理控制险情；要组织力量抓紧抢修受损市政设施、道路、水电线路，清理内涝积水点垃圾、淤泥和淤堵的排水管网，尽快恢复群众正常生活秩序；要突出抓好水毁地段抢修，抓紧落实水、电、通信、交通等与群众生活密切相关的基础设施修复工作，积极开展排水排涝，努力把损失降到最低程度；要组织干部进村入户慰问救济受灾群众，确保群众生活有保障；要组织农技人员深入灾区指导农民开展受淹农田排水、排涝，指导防治病虫害、扶正倒伏农作物，抢种、补种其他作物等生产自救工作。市委常委陈铁晗，市政府副市长陈荣洲、季翔峰，县委书记梁玉华分别作出强调：要突出工作重点，全力抢修水毁设施，加快推进基础设施修复和重建工作，要加快灾后恢复，全面了解受灾情况，全力开展好救助帮扶工作，妥善安置受灾群众，尽快恢复群众的生活和企业的生产。要加强力量做好城市垃圾清理，恢复城市干净整洁，全面做好灾后卫生防疫工作，尽快恢复道路畅通，确保居民供电工作。针对此次灾害中水利、市政、电力、交通、供水、通讯设施受损情况，加快修复、整治和改造。要明确责任，迎难而上，齐心协力，坚持一手抓抢险救灾，一手抓恢复生产，抓好各项帮扶政策措施的落实工作，切实把灾后重建工作做实做好。同日，刘德旺深入到南埕镇桃花岛景区、水口镇村场村石柱角落和涌口水库等实地查看受灾情况。刘德旺要求：要积极抓好灾后恢复生产工作，发扬继续作战精神，组织群众进行灾后自救，加强田间管理和基础设施建设，确保群众损失降到最低；镇村干部要迅速行动，深入一线，统筹兼顾灾后重建和生产自救，并加强受灾情况的调查和上报，及时清理整修受损道路、桥梁、河堤等，尽快组织相关保险理赔；要做好受灾群众走访、安抚工作，鼓励群众重拾信心，对受灾比较严重的景区，进行深入分析、深入研究，为下次防汛抗台工作积累有效经验；相关部门要加强对水库周边安全巡查，做好群众思想工作，谨防出现群众到库区周边冒险捞鱼情况发生。

9月18日，县组织收听收看省市“莫兰蒂”台风灾后恢复重建工作视频会，研究部署灾区灾后恢复重

9月18日，县组织收听收看省市“莫兰蒂”台风灾后恢复重建工作视频会，研究部署灾区灾后恢复重建工作（图／吴有森）

9月19日，全县防抗“莫兰蒂”台风总结暨灾后恢复重建工作会召开　　（图／连江水）

建工作。会议要求：要坚持生命至上，明确责任，不讲条件，领导干部靠前指挥，党员发挥先锋模范作用，不怕困难，连续作战，进一步形成整体合力；要坚持“党委为主导、群众为主体”的原则，发动群众积极自救，全面参与，争取社会力量支持，创造更好的灾后重建条件，尽快恢复生产生活；要强化资金和政策保障，助力农村住房灾后恢复重建、农村饮水工程、工业企业恢复生产和重建等；要科学统筹安排灾后重建项目，争取早动工、早建成、早见效；要深入开展防疫消杀工作，确保不发生区域性动物重大疫情和病虫害流行；要全面普查次生灾害隐患点，全面清查地灾点，动态建帐立卡，加强跟踪防范；要总结防抗台风经验，吸取教训，完善预案，补齐抗灾设施，长抓不懈，强化恢复重建项目的检查督导，确保灾后恢复重建工作又好又快推进。

9月19日，全县防抗“莫兰蒂”台风总结暨灾后恢复重建工作会召开。贯彻落实省、市灾后恢复重建视频会议精神，对德化灾后恢复重建工作进行具体部署。梁玉华强调：当前防灾工作已全面转入灾后重建，各单位部门要按照省里“1+9”、市里“1+11”和县里的方案，真正高度重视，抓紧时间，以高度负责的态度，不怕辛苦、连续作战，坚决打赢这场灾后恢复重建的硬仗；各级各部门要统筹加速推进，做好灾后重建项目的建设方案，尽快推进，提高应对灾害能力；各乡镇要全面清查危险区域，做好受灾群众的思想工作；卫生部门要做好消杀防疫、淹死畜禽无害化处理、垃圾转运、饮用水源质量卫生监测等工作；财政部门要拨出一笔专门资金慰问受灾较重的农户、群众，确保灾后重建资金落实到位、配套到位；要形成整体合力，坚持党委政府为主导、广大干部群众为主体，各方 积极援助、协同作战，服从大局、一心为民，确保圆满完成全县灾后恢复重建各项任务。刘德旺通报全县受灾情况，并围绕农村住房、恢复生产、修复设施、资金保障、关怀群众等五个方面，对县灾后恢复重建工作进行具体部署。

防抗台风“鲇鱼”

9月23日上午8时，第17号台风“鲇鱼”在西北太平洋洋面上生成，其中心位于台湾省台东市东偏南方约2140千米的太平洋洋面上。9月28日凌晨，作为2016年体量最大的台风，“鲇鱼”台风裹挟者强风暴雨正面登陆惠安县，德化受灾严重。

9月28日，市委书记郑新聪带领市军分区政委郑健及320名官兵赶往受灾最为严重的水口、南埕现场指挥抢险救灾工作，并在德化主持召开全市防御台风工作部署视频会；挂钩德化的市委常委陈铁晗，市人大常委会副主任朱团能也在第一时间赶到事发地指挥组织救援。同日，县防抗台风“鲇鱼”紧急视频会召开，部署防抗台风工作。梁玉华要求：各乡镇、相关部门要高度重视，不怕疲劳，连续作战，做好值班值守，深入一线灾区，严格执行24小时值班和领导

9月28日，市委书记郑新聪（右三）带领市军分区政委郑健（右二）到水口、南埕现场指挥抢险救灾工作
（图／王双季）

带班制度，确保信息渠道畅通；要举一反三，认真梳理，深入一线，靠前指挥，再次巡查，做到一级抓一级，把防抗工作责任迅速落实到基层、到群众，到各个环节、各个部位；要做好人员撤离，对居住在临河、低洼易涝地带、地质灾害隐患点、危旧房屋等危险区域的群众要坚决进行转移，并做好安置和服务工作；住建、国土、安监等部门要对水利工程、涉水工程、高速公路、建筑工地等在建工程的再次巡查，并做好施工人员和施工设备转移撤离；交通、公路等部门要不断巡查，对受灾公路提前进行巡查勘探，有必要封闭的路段，要进行坚决封闭；通讯、供电等部门加强设备的巡查，对受损的设备、线路，要加快抢修，确保正常运行；气象、水利部门要加强水情、雨情、灾情的监测预警，及时向社会发布台风移动路径、强度变化、影响范围、降雨强度等预警信息，引导干部群众做好防范台风暴雨灾害工作；要加快河道、鱼塘的清障，确保行洪通畅；民政部门要做好救灾物资和设备的及时供应，各类抢险队伍要立即行动，做好一线抢险救灾的各项工作；宣传部门要及时播出台风最新动态，宣传防台抗灾注意事项，同时做好灾前部署、灾后自救等工作的报道，确保群众知晓德化防抗台风各项工作。同日，梁玉华走访慰问来德支援抢险救灾的部队官兵，梁玉华代表县委、县政府对从南安赶过来的230名部队官兵来德化支援抢险救灾表示衷心感谢。梁玉华说：目前，德化还有多处公路溜方受阻无法通行，各受灾点还存在很多不确定因素，险情很多，各方面情况还不明朗，在这紧急关头，来自南安的230名部队官兵赶赴德化紧急支援抢险救灾工作，极大鼓舞全县干部群众抢险救灾的精气神，德化一定积极做好后勤保障工作。梁玉华希望：广大部队官兵发扬不畏艰苦、特别能战斗的优良作风，在保证自身安全的情况下全力抢险；有关乡镇和部门要积极行动，迅速反应，全力做好后勤保障等各方面衔接工作，为部队官兵抗台防汛提供坚实的后勤保障。

9月29日，市长康涛，县委副书记、代县长刘德旺等到水口和南埕镇实地指导救灾工作。康涛要求：当地政府做好后勤保障工作，全力以赴抢通该段水毁阻断公路；要科学调度，安全高效，在保护人民群众生命财产安全的同时，确保抢险救援人员自身安全；当地干部要做好转移群众的安抚和思想工作，同时物资供应要充足，确保转移群众生活得到基本保障。

9月29日，市长康涛（右一）到水口和南埕镇实地指导救灾工作
（图／连江水）

9月30日，市军分区政委郑健到南埕慰问驻地抢险救灾部队，为在一线抢险救灾的部队官兵带去慰问品和温暖。郑健代表市委、市政府，对支援德化参与抢险救灾的部队官兵在人民群众生命财产遭受损失之际挺身而出作出的贡献，给予充分肯定和衷心感谢，并与部队官兵座谈，了解当前抢险救灾进展情况。郑

9月30日，市军分区政委郑健（中）到南埕慰问驻地抢险救灾部队
（图／许华森）

健希望：广大部队官兵要做到思想不松、斗志不减、标准不降、作风不散，把部队“特别能吃苦、特别能战斗、特别能奉献”的精神带到德化灾区，在全力以赴完成任务的同时，注意安全，坚决夺取抢险救灾的全面胜利。同日，县委副书记、代县长刘德旺到水口指导抢险救灾工作，实地查看灾情。刘德旺强调：挂钩领导及镇村干部要继续发扬连续作战精神，提高警惕，进一步加强地质灾害监测工作，采取有效措施，严防死守，防止滑坡区域出现次生灾害；相关部门要系统规划，尽快拿出长远规划解决方案，并全力以赴投入到抢险救灾工作当中；要在保证安全施工的基础上，加快对损毁道路的抢修进度，确保道路尽早抢通；要加强雨季期间道路隐患排查治理力度，对出现隐患的路段要进行加固和派人值守，及时发现和应对险情，尽快使群众的生产生活恢复正常，努力将台风带来的损失降到最低限度。

截至9月29日16时，受台风“鲇鱼”影响，全县受灾人口3.602万人，紧急转移安置5856人；房屋受损616座，倒塌房屋125间，房前屋后溜方187处；因灾死亡1人；农作物受灾面积622.47公顷；水产养殖损失9公顷；停产工矿企业10家；公路塌方123处、溜方577处，中断13条次，桥梁冲毁5座；供电中断52条次、影响居民用电3万户；通信基站停电中断服务67个；损坏灌溉设施135处、护岸123处、塘坝15处，2座水电站进水。因灾直接经济总损失112357万元，其中：农林牧渔业直接经济损失9374万元、工业交通运输业直接经济损失24593万元、水利设施直接经济损失5702万元。受台风“鲇鱼”影响，德化石牛山等景区旅游道路基础设施损毁严重，为确保旅客安全，国庆期间位于东线的石牛山主峰景区、岱仙瀑布景区、桃花岛景区、石龙溪橡皮艇漂流景区全线关闭。

台风“鲇鱼”到来期间，水口镇梨坑村爆发山洪情况 （图／吴有森）

台风“鲇鱼”到来期间，水口镇湖石线公路中断 （图／张九强）

10月1日，市委书记郑新聪赶赴德化水口、南埕抢险救灾一线，了解和督促灾后恢复重建进展，看望和慰问奋战在一线的武警交通部队官兵。郑新聪说：面对台风，广大官兵不怕辛劳、连续作战，舍小家为大家，以实际行动展现强大的施救能力，彰显双拥“八连冠”城市血浓于水的军民情谊，全市人民感谢你们，为你们骄傲自豪。眼下抢险救灾取得了阶段性的成果，但后续任务仍艰巨繁重，希望官兵们再接再厉，尽快打通公路，为“孤岛”开辟通道，让群众早日恢复正常生产生活秩序，同时要注意科学调度、劳逸结合，确保官兵们的休息和健康。郑新聪要求：各级各部门务必要主动靠前，妥善安排好食宿生活，扎实做好各项服务，为官兵们抢险救灾提供坚强的后勤保障，军地携手，军民一心，坚决打赢这场抢险救灾的“攻坚战”。郑新聪还来到武警交通部队在南埕镇的驻地，与全体在德化抢险救灾一线作战的武警部队官兵共进午餐，共度国庆佳节。

10月1日，市委书记郑新聪（右二）到水口、南埕抢险救灾一线指导救灾工作 （图／王双季）

10月6日，市长康涛到德化检查指导灾后重建工作，并慰问灾区干部群众和参加抢险的部队官兵。县委书记梁玉华，县委副书记、县政府代县长刘德旺等陪同。康涛来到武警交通部队在南埕的驻地，认真听取武警交通部队在德化抢险救灾工作情况介绍。康涛走进受灾严重的水口镇梨坑村集中安置点，询问了解安置群众吃住等基本生活情况。康涛要求：各级各部门要按照市委部署和全市“1+11”灾后重建工作方案，保质保量，扎实推进灾后重建各项工作。要继续妥善安置好受灾群众，保证受灾群众有饭吃有衣穿有住处；尽快恢复学校、医院、农贸市场等公共服务，让群众生活秩序早日步入正常轨道；要开通台风灾害理赔绿色通道，下放理赔权限，简化理赔手续，改善理赔服务，做到应赔速赔、应赔尽赔，促进灾后恢复和重建顺利进行。

10月6日，市长康涛（左二）到德化慰问参加抢险的部队官兵（图／连江水）

10月12日，县欢送驻德抢险救援武警交通部队官兵仪式在南埕镇举行。市委副书记陈奕辉，市委常委、市政府副市长林万明，县委书记梁玉华，县委常委、统战部部长林祖传，县委常委、人武部政委石渊文，县人大常委会副主任提名人选郑荣尊，副县长苏锡培，武警交通第三总队副总队长陈礼锦等出席欢送仪式。陈奕辉说：救灾期间，官兵们心中始终装着人民，所做的一切都是为了群众，让泉州人民感受到“听党指挥、能打胜仗、作风优良”威武之师、文明之师的力量，展现“有血性、有理想、有本事、有灵魂”的新时代军人形象，令人动容，使人铭记。梁玉华指出：在短短半个月时间，广大官兵克服作业强度大、危险重重、阴雨连绵、酷热高温等困难，冲锋在前，连续作战，不怕苦、不怕累，夜以继日抢险、抢修，为受困群众抢通了一条条“生命线”，为德化的抢险救灾立下了汗马功劳，极大鼓舞全县干部群众抢险救灾和灾后重建的士气，成为德化抢险救灾的一支“定海神针”。

10月12日，县欢送驻德抢险救援武警交通部队官兵仪式在南埕镇举行（图／王双季）

三班辽田尖山夏商原始瓷窑址

2016年，该窑址位于德化县三班镇与永春县介福乡交界处，距德化县城13千米，靠近晋江流域，交通方便，附近埋藏着大量瓷土矿，窑址所在坡地海拔674米，地表植被茂盛，为新种植的杉木，林间杂草丛生，周围层峦叠嶂，沟壑纵横交错。

2007年年初，德化陶瓷博物馆接到三班镇一村民报告，在附近山上发现大量古代陶瓷标本，并初步断定这批标本年代久远且很有价值。2007年10月，德化县陶瓷博物馆和泉州市考古队前往辽田尖山现场调查，采集许多印纹硬陶、原始瓷标本，并发现一些红烧土块。当年，德化县陶瓷博物馆选取10件标本，委托复旦大学现代物理研究所承焕生教授进行“PIXE”（质子激发X荧光能谱）检测，结果发现标本中铁、cao成分与原始青瓷中的含量比较相符。2007年11月，福建省考古所郑辉、陈兆善两位研究员对辽田尖山做进一步调查，确认一处窑炉遗迹。在2008年至2009年进行的第三次全国文物普查时，辽田尖山古窑址信息第一次被录入国家文物数据库。

经国家文物局审批，福建博物院文物考古研究所与泉州市博物馆联合德化县文管办，组成泉州原始瓷窑址考古队，对该古窑址进行两次考古发掘。第一次：2014年10月下旬至11月中旬，对德化县与永春县交界的辽田尖山原始瓷窑址进行发掘，发掘面积约50平方米，共发现4座窑炉遗迹，按照发现时间顺序分别命名为：Y1、Y2、Y3、Y4，仅对Y1进行完全的揭露，而其它三座仅局部揭露。第二次：2015年11月底至2016年1月中旬，对辽田尖山原始瓷遗址进行发掘。其中，辽田尖山原始瓷遗址没有再扩大发掘面积，而是在2014年发掘基础上，继续清理Y2、Y3，在此过程中新发现Y5至Y8四座窑炉遗迹，最终完全清理出Y2、Y5、Y6三座龙窑遗迹，其他仅做局部发掘。

两次考古发掘共发现8座窑炉遗迹。窑炉均属于龙窑形制，由火膛和窑室两部组成，长约4米、宽约1米。

辽田尖山夏商原始瓷窑址　　（图/县文管办）

窑炉沿着坡地向上挖穴而建，分布比较密集。从发掘情况看，几乎所有窑炉均在不同程度上受到破坏。

两次考古发掘出土大量文物，其中绝大部分为原始瓷标本，极少数黑衣陶器标本，一件石戈。原始瓷出土时主要为残片，很少见到完整器，从残片的形状判断，主要是生活用品和窑具两类。生活用品器形有尊、罐、钵、豆、纺轮等。窑具为垫片和疑似刮刀的残片，且数量较多。器物胎较多使用手工堆贴和慢轮制作，多呈灰色或黄白色，胎土较细，质地坚硬，也有一部分因火候低致胎质松软。釉多呈青灰、青绿色，部分略偏褐或泛黄。装饰上采用刻划、拍印、戳印、堆贴、镂空等手法，纹饰有弦纹、网格纹、绳纹、戳点纹、鼓钉纹、几何纹、云雷纹、水波纹等，还有一系列的纹饰组合，如弦纹、戳点纹、几何纹组合；网格纹、弦纹组合等。

它是全国发现最早的原始瓷窑址，它的发现将泉州的陶瓷史提早2000多年。该窑址出土的原始瓷标本具有浓重的地域特色，它与福建周边浙江省、江西省，甚至是福建本省闽北地区的原始瓷标本有着较大的差异。该窑址的发掘，不仅清理出多座龙窑遗迹，它们大多结构完整，个别窑炉遗迹保存相对较好；而且这处窑址还出土一批珍贵的原始瓷标本，对于研究中国夏、商代原始瓷窑炉的结构形态、窑业技术及原始瓷发展提供重要的实物资料。

自然地理

【地理位置】 2016年，德化县位于福建省泉州市西北部，北纬25°33′～25°56′，东经117°55′～118°32′之间，东西宽62.10千米，南北长60.4千米，总面积2232.16平方千米。大地构造位于华南褶皱带东部周宁至华安断隆带。地形以中低山地为主。地势西北高，东南低，呈阶梯状下降，千米以上山峰258座，最高点为戴云山主峰，海拔1856米。县城位于戴云山南侧山间河谷阶地之中。

【地质地貌】 概况 德化县地势较高，山脊多呈北东—西南走向，地貌以低中山地为主，部分为丘陵、山间盆地和河各阶地。最高点戴云山，海拔1856米，最低点仅217米。大部分地区海拔700米，素有闽中屋脊之称。德化县中部高耸，往四周呈阶梯状渐降，东南低于西北。海拔在800～1856米的山地，占土地总面积的39.30%，主要分布在赤水、上涌、桂阳、葛坑、汤头、大铭、雷峰、南埕等乡镇；海拔500～800米的山地，占土地总面积的46.50%；海拔在217～500米的山间丘陵、盆地、河谷阶地仅占总面积的14.3%，主要分布在雷峰、浔中、三班等乡镇。全县山岭连绵，河谷剧烈下切，峡谷、嶂谷十分发育，如猛虎格附近河谷深切达400米，谷宽不过百米，两岩坡度50°。散布在群山之中的山间盆地和河谷阶地，面积较大的有浔中、三班、上涌、美湖、水口等乡镇。全县75%以上的村驻地在海拔600～900米；洋坑、金黄、榜上、吾华、铭爱、小铭、吉山7个村都在千米以上，最低的是湖坂村，海拔仅240米。

山脉 德化县地处闽中屋脊戴云山区，全县地势较高、地形复杂，地貌以低中山为主，全县海拔1000米以上的山峰有258座，福建第二大山脉戴云山主峰横亘境内，是典型的山区县。

戴云山曾名迎雪山、佛岭，海拔1856米，是福建省中部主要山脉，走向为北东—南西和北西—南东，由大戴云、小戴云和中尖、白鹿贡、莲花池贡、牛皮尖、大格贡（海拔均达1660米以上）等七座山峰组成，远望仅见五峰，似莲花。主峰大戴云位于北纬25°40′，东经118°11′。1985年5月16日经福建省人民政府批准成立戴云山自然保护区，包括九仙山，隶属德化县人民政府。保护范围位于上涌、赤水、雷峰、大铭四个乡镇交界处，总面积9730.47公顷，约占全县总面积的1/23。自然保护区内地势一般为海拔900米以上的中山地，山体坡度都在40°～60°之间。

九仙山海拔1658米，在赤水、上涌、大铭3个乡镇交界处，位于北纬25°42′，东经118°06′，面积约35平方千米，构成以火成岩为主，地面起伏较大，西北坡陡峭，东南坡较平缓，北西—南东走向。

石牛山海拔1782米，位于水口镇与南埕镇交界处，北纬25°37′，东经118°28′，北西—南东走向。西起南埕，东至秀才山，北起水口，南至石龙溪，面积约140平方千米。山腰石壶寺前池中和顶峰各有石似牛而得名。山巅由火山喷出含镁铁成份多的基性岩浆形成盾形火山锥，地下热水丰富，山陡林密，本材蓄积量大，是德化县重要林区和天然的中草药库。

河流 德化县境内河流以戴云山为中心，向四周分流，分属闽江水系和晋江水系。河流水力资源丰富但河水流量随季节变化，夏季较大。温泉分布在老断裂带，水温高，可利用的价值较大。境内集雨面积在50平方千米、长度在10千米以上的有浐溪、涌溪、大张溪、小尤溪、雷潭溪、双芹溪、梓溪、蕉溪、大溪、下甸溪、岭脚溪、双翰溪等12条，其中以浐溪、涌溪集雨面积最大，河流最长，流量最大。

土壤　德化县境内土壤可归纳为6个土类，其中林业用地土壤有5个土类，以红壤面积最大，占林地土壤总面积的84%；黄壤次之，占16%。成土母岩主要有5类：酸性岩占48.50%，主要为流纹岩、凝灰熔岩、花岗岩；中性岩占27.30%，主要为英安岩、安山岩、石英闪长岩、粗面岩；基性岩占0.1%，主要为辉绿岩、辉长岩；泥质岩占8.70%，主要为粉碎岩、变粒岩、灰绿二云母片岩、石英片岩；砂质岩占12.80%，主要有砂岩，砾岩。成土母质中，山地土壤多为残积、坡积物，部分为堆积物；水稻土，梯田以坡积物为主；山垅田多为坡积、洪积二元结构；河流沿岸以冲积物为主，部分为坡积、冲积二元结掏。

土壤类型有明显的垂直分布，海拔800米以下为红壤分布地带，800～1300米为红壤与黄壤过渡地带，1200～1500米为黄壤地带，1500米以上有粗骨性黄壤和山地草甸土分布。林地土壤土层深厚，有机质含量较高，含水量适宜，质地较疏松，理化性状较好，但磷、钾含量普遍较低或缺乏。耕地主要是水稻土，耕地土壤肥力较低，茶果园地等以红泥土为主。一级肥力田仅占全县耕地总面积1.70%。有机质含量：中等的占41.43%，丰富的占55.42%。

红壤面积847万公顷，是全县最大的林业用地土壤类型，较集中分布于东南部及西北部的低山、丘陵，海拔300～1000米，自然植被为常绿阔叶林，以马尾松、矮灌及芒箕骨等为主的次生林。粗骨性红壤面积649.07公顷，多分布于植被受破坏，水土流失严重的山顶或陡坡。黄红壤面积5.08万公顷，主要分布于赤水、上涌、南埕、水口、雷峰等地。暗红壤面积0.74万公顷，发育于植被茂密的山坡上，土壤深厚达80～160厘米之间，质地为轻壤或中壤，腐殖质层厚0～40厘米，淀质层厚45～140厘米。红土面积0.24万公顷，分布于桂阳、赤水、南埕等乡镇。水化红壤面积0.90万公顷，主要分布于水口、南埕、汤头等乡镇的低山、高丘的中下坡，植被较茂密，多生长马尾松、乌饭芒箕骨、竹、桃金娘、青岗、枫树等。黄壤面积2.11万公顷，分布于海拔1000～1400米的中山坡的中下坡地，植被为稀疏松林，土层厚75～155厘米，质地为砂壤或轻壤，腐殖质厚0～16厘米，淀积层厚40～110厘米。粗骨性黄壤面积0.81万公顷，主要分布于赤水、水口、美湖、葛坑、雷峰等地，海拔1100～1600米的中山山脊或陡坡地带。黄泥土总面积218.30公顷，主要分布于美湖、赤水、桂阳等乡镇。草甸土面积259公顷，主要分布于戴云山、石牛山，海拔1600米以上的孤峰，地势较低的山间洼地也有小块分布。紫色土面积18.67公顷，分布于赤水街、村，由紫色凝灰熔岩构成的中山西北坡中段，海拔835米，坡度26°，坡形平直，生长杉木、马尾松、黄瑞木、芒箕骨等。潮土面积13.67公顷，零星分布于水口、浔中、上涌溪流沿岸，成土母质为冲积、洪积物，土层较厚，剖面中可见到粗细分选的沉积层理，具有不同的质地层次。水稻土德化耕地的主要土壤类型，面积1.22万公顷，占耕地面积的92.70%，从海拔210米的湖坂涌口至1300米的昆坂均有分布，但集中于海拔500～800米的山丘坡地、垅谷、溪谷平地。

植被　德化县属常年暖湿的照叶林地带的南岭东部山地常绿槠类照叶林区，闽中东戴云山鹫峰山绿槠类照叶林小区，即属于南亚热带照叶林区。这里地处南亚热带和中亚热带的交界处，因而植物区和植被类型便具有某些过渡性的特点，原始常绿阔叶林已不多见，而代之以次生阔叶林、针叶林和针阔混交林等。常绿针叶林的马尾松、杉本等遍布全县，以甜槠、米槠、硬斗柯、木荷、梨茶、阿丁枫、楠、樟树等主要组成，与杉、松、竹形成针、阔叶混交林、竹阔混交林。在林下灌木中，通常以杜鹃属、柃木属、冬青属，以乌药、黄杞、石斑木等一些种类为主。草本植物一般都较稀疏、种类也不多，通常以里白、狗脊、蕨类植物，以及乔木科、莎草科的一些种类为多。

针叶林有常绿针叶林和落叶针叶林，多系次生林、人工林。常绿针叶林遍布全县，主要是马尾松、杉木、黄山松、建柏、油杉和柳杉，落叶针叶林面积很小，建群种主要是水杉。马尾松次生林，在海拔1200米以下普遍种植，1200米以上则多为黄山松，林冠低矮。戴云山保护区马尾松分布上限海拔1300 米，在永安岩（海拔1290米）南坡，坡度18°仍生长，一般在1100～1200米为马尾松、黄山松过渡带。

针阔叶混交林多分在海拔1000米以下山地，以红壤为主，较常见的有马尾松、杉木、毛竹、甜槠、米槠混交林和马尾松、木荷混交林。

阔叶林常绿阔叶林、多为次生林，保留于交通不便的边远、偏僻山谷，树种繁多。落叶阔叶树种常见的有南酸枣、拟赤杨、檫树、栓皮栎，还有引种的黑荆树、火力楠、湿地松等热带、南亚热带树种。

竹林有毛竹林、毛竹与针、阔叶混交林。除毛竹外，常见的尚有石竹、桂竹、刚竹、苦竹、麻竹、绿竹、枞生竹、藤枝竹以及少量雷公竹、四方竹、斑竹、紫竹、花竹等，高海拔山头还有箭竹。

次生灌丛有丘陵、低山次灌草丛，中山和林下灌草丛。在较湿润的林地，常见的有水团花、天仙果、变叶榕、掌叶榕、山乌桕、毛冬青等；常混生的有绵毛猕猴桃、山葡萄；较干燥的林地常见的有野茉莉、肖梵天花、映山红、石斑木、狗骨柴等。地被层常见的有芒箕骨、草珊瑚、百两金、老鼠刺、狗脊及其他阴性蕨类。层外藤本植物常见的有忍冬科、菊科和瓜馥木、龙须藤、鸡血藤和藤黄檀等。

荒山草坡主要有禾本科、玄参科、菊科、莎草科，其中芒箕、五节芒分布最为广泛，在村庄附近的丘陵、低山以及中山地带都有。它属于原生植被破坏后而形成的逆行演替的次生植被。

【资源】 *概况* 德化县地处闽中屋脊戴云山区，全县地势较高、地形复杂，地貌以低中山为主，境内资源丰富，拥有“山多、水足、矿富、瓷美”四大优势，素有“闽中宝库”之称。

土地资源 2016年，获批农转用和土地征收15批次103.29公顷，供应土地43宗326公顷（招拍挂出让土地28宗31.27公顷，收取土地出让金46008.25万元；其中，工业用地18宗8.22公顷，收取出让金3354.75万元；普通商品住宅用地3宗10.27公顷，收取出让金27400万元。划拨出让土地15宗294.73公顷；其中，水域水利设施用地1宗258.91公顷）。收储国有土地15宗29.16公顷，征收集体土地22宗35.34公顷；完成房屋征收536宗，建筑面积5.12万平方米。实施并验收土地开发整理项目20个、旧村复垦项目16个，总规模面积891.60公顷，新增耕地面积223.67公顷。

矿产资源 德化县境内有高岭土、煤炭、石灰石、铁矿石、泥煤、叶蜡石、金、铅、锌、铜、钨、锰等矿藏40多种，其中铁矿石、高岭土、石灰石储量均在亿吨以上，已探明黄金储量20吨以上。矿产资源潜在的价值可达几百亿元，开发潜力很大。目前已发现的大小矿产地270多处。2016年，完成探矿投入890多万元，开展普查项目5个，开展详查项目10个，完成钻探6378米、坑探1683米、槽探2158立方米、取样分析923件。

水资源 德化县多年均降雨量在1600～2100毫米之间，河流坡降较大，蕴藏着丰富的水能资源，多年平均水资源总量24.92亿立方米，约占泉州市的四分之一，平均每平方千米产水量111.64万立方米，人均水资源占有量7880立方米，居泉州市首位，是福建省平均水平的2.50倍，全国平均水平的3.8倍。水能资源理论蕴藏量49.7万千瓦，其中技术可开发的31.20万千瓦，已经开发利用27.91万千瓦，开发率高达89.45%，设计年发电量约10亿千瓦时，小水电规模居福建省各县市（区）前列。

生物资源 德化县地处中亚热带季风区，气温条件好，地形、地势复杂多样，动植物和微生物种多量丰，其中有世界特有的树种“活化石”银杏、水杉，世界珍稀的动物角怪。德化珍稀树种有鹅掌楸、福建柏、油杉、黄檀等国家二、三类保护的树种，珍贵树种有三尖杉、南方红豆杉、黄山松、百日青、戴云栎、阔瓣白兰花、木荚红豆树、建宁椴等；还有黄连、土洋参（属国家三类保护的珍稀植物）、瑞香、七叶一枝花、石香薷、大血藤、卷丹、山含笑、杜鹃花及多种兰花等。美湖乡小湖村的古樟树为唐代所植，现树高28.01米，胸围16.70米，地围27.05米，冠幅东西33.80米，南北39.95米，为福建最古老的樟树。淳湖久住村亦尚存几株古樟，永安岩寺庙前有数株大柳杉，其中最大一株高34.60米，胸径1.90米，誉为“柳杉王”。赤水乡戴云村、葛坑乡大正村还有“杉树王”等。

【气候】 *概况* 2016年德化主要气候特点：受超强厄尔尼诺事件影响，全县年景偏差，气象灾害偏重，极端天气气候事件多发频发。主要灾害性天气有：台风、暴雨、寒潮、强对流天气等。年内经历3个主要影响台风（“尼伯特”“莫兰蒂”“鲇鱼”）、多次暴雨天气过程和3次强冷空气（寒潮）。2016年1号台风“尼伯特”正面登陆泉州石狮；第14

号台风“莫兰蒂”是建国以来登陆闽南的最强台风，对德化县造成极其严重的灾害损失；第17号台风“鲇鱼”距“莫兰蒂”登陆后仅半个月时间登陆泉州惠安，造成灾害叠加效应，降雨皆偏多，9月降水量创历史第一，全年降雨量异常偏多，突破历史记录；寒潮过程多，但秋季和年平均气温均异常偏高，其中秋季平均气温位列历史第一。

气温　2016年平均气温19.30℃，比历年平均值偏高1.0℃，属异常偏高，并列历史第二。四季中冬季正常，春季偏高，夏季显著偏高，秋季异常偏高。各月平均气温见附表2。年极端最低气温-4.80℃，出现在1月25日；极端最高气温35.0℃，出现在7月23、27日。

降水　年总降水量2603.70毫米，比历年偏多779.90毫米，偏多43%，属异常偏多。其中冬季、秋季异常偏多，春季、夏季正常。各月降水量见附表2。暴雨日数7天（4月一天，7月一天，9月五天）。日最大雨量为158.80毫米，出现在9月15日。

日照　2016年日照时数1736.90小时，比历年偏少32.40小时，属正常。冬季日照偏少，春季、夏季正常，秋季异常偏少。四季日照时数分别为296.40小时、359.10小时、612.70小时、382.30小时。

表1　德化县2016年各季气温（℃）、雨量（毫米）、日照（小时）及评价一览表

项目/季节	气温	评价	雨量	评价	日照	评价
冬季	11.2	正常	402.6	异常偏多	296.1	偏少
春季	18.5	偏高	663.8	正常	359.1	正常
夏季	26.2	显著偏高	706.2	正常	612.7	正常
秋季	21.4	异常偏高	942.9	异常偏多	382.3	异常偏少

表2　德化县2016年各月、年气温（℃）、雨量（毫米）、日照（小时）及评价一览表

项目/月份	气温	评价	雨量	评价	日照	评价
1月	10.4	正常	207.9	异常偏多	65.3	显著偏少
2月	10.0	正常	69.6	偏少	123.1	正常
3月	12.8	正常	217.8	偏多	107.2	正常
4月	19.7	偏高	299.0	显著偏多	100.5	正常
5月	23.0	异常偏高	147.0	偏少	151.4	正常
6月	25.9	异常偏高	198.7	偏少	180.6	偏多
7月	26.8	正常	233.6	正常	235.9	正常
8月	25.9	正常	273.9	正常	196.2	正常
9月	24.5	偏高	613.8	异常偏多	158.1	正常
10月	22.7	异常偏高	201.7	异常偏多	115.0	显著偏少
11月	17.0	偏高	127.4	异常偏多	109.2	显著偏少
12月	13.3	显著偏高	13.3	显著偏少	194.4	正常
全年	19.3	异常偏高	2603.7	异常偏多	1736.9	正常

人文历史

【建置沿革】 德化建县前疆域分属尤溪县、永泰县管辖。唐贞元年间（785—805年）析永泰县归义乡置归德场，场址设在今德化县城，隶属永泰县，初具德化县雏形。五代后唐长兴四年、闽龙启元年（933年）由永泰县析出归德场置德化县，后晋开运二年、闽天德三年（945年），德化县隶属闽国东都（今福州）。后汉乾祐二年、南唐保大七年（949年）尤溪县析常平、进城二乡归德化县辖，时属南唐清源军（今泉州）。宋属清源军、平海军和泉州。元属泉州路、泉宁府和泉州分省。明属福建布政使司泉州府。清初沿袭明制，雍正十二年（1734年）划属福建布政使司永春直隶州。民国年间，历属福建兴泉永道（南路道、厦门道）之第四、第六、第七、第九行政督察区。1949年11月24日德化解放，属福建省第七专区（后改称永安专区）。1950年10月划归晋江专区；1971年晋江专区改称晋江地区，1985年撤地建泉州市，德化县仍属其管辖。

【行政区划】 2016年末，德化县辖12个镇（龙浔、浔中、盖德、三班、龙门滩、南埕、雷峰、水口、赤水、上涌、葛坑、美湖），6个乡（杨梅、汤头、桂阳、国宝、大铭、春美），23个社区、191个村委会。

表3　　2016年德化县行政区划分类表

乡级行政单位名称	社区委员会（个）	村民委员会（个）	社区、村（居）委员会名称
全　县	23	191	
龙浔镇	13	6	社区：浔东、德新、兴南、南门、金锁、龙鹏、湖前、园丁、浔南、龙井、大洋、鹏都、鹏祥
			村：宝美、丁溪、丁墘、大坂、英山、高阳
浔中镇	9	11	社区：凤池、富东、东埔、龙东、凤凰、金凤、阳光、东顺、吉祥
			村：浔中、乐陶、后所、凤洋、龙翰、石鼓、仙境、祖厝、石山、蒲坂、世科
盖德镇	—	14	村：盖德、下寮、有济、下坑、福阳、大墘、上地、吾华、三福、上坑、林地、仙岭、凤山、山坪
三班镇	—	10	村：三班、泗滨、东山洋、奎斗、儒坑、锦山、龙阙、桥内、蔡径、岭头
龙门滩镇	—	12	村：硕儒、霞碧、碧坑、苏洋、磻坑、石室、湖景、内洋、村兜、朱地、霞山、大溪
雷峰镇	—	14	村：朱紫、蕉溪、潘祠、坂仔、雷峰、格后、溪美、肖坑、长基、瑞坂、李溪、荐解、上寨、双芹
南埕镇	—	12	村：西山、高漈、前锋、半岭、南埕、塔兜、枣坑、许厝、望洋、连山、蟠龙、梓垵
水口镇	—	16	村：亭坑、丘坂、凤坪、上湖、久住、祥光、八逞、樟境、村场、湖坂、淳湖、毛厝、昆坂、梨坑、承泽、榜上
国宝乡	—	8	村：国宝、佛岭、上洋、南斗、祥云、内坂、厚德、格头
赤水镇	1	14	社区：赤水
			村：戴云、东里、苏坂、猛虎、湖岭、岭边、福全、吉岭、永嘉、苏岭、西洋、锦洋、小铭、铭爱
美湖镇	—	8	村：上岸、小湖、美湖、上漈、洋坑、洋田、斜山、阳山
大铭乡	—	7	村：大铭、联春、金黄、上徐、琼英、琼山、琼溪
春美乡	—	7	村：古春、梁春、上春、春美、新阁、尤床、双翰
上涌镇	—	17	村：上涌、黄井、辉阳、后坂、后宅、刘坑、下涌、曾坂、云路、西溪、桂格、传豪、桂林、中洋、下村、门头、东山
汤头乡	—	7	村：汤头、草村、福山、格中、岭脚、汤垵、吉山

续表 3

乡级行政单位名称	社区委员会（个）	村民委员会（个）	社区、村（居）委员会名称
葛坑镇	—	12	村：葛坑、下玲、湖头、漈头、邱村、水门、大岭、蓝田、富地、大正、龙漈、龙塔
桂阳乡	—	9	村：桂阳、溪洋、王春、安章、涌溪、洪田、彭坑、梓溪、陈溪
杨梅乡	—	7	村：杨梅、白叶、西垅、上云、云溪、安村、和顺

【人口】 2016 年，全县总户数 95319 户，常住人口 336374 人。其中：男 178385 人，占 53.03%；女 157989 人，46.97%；人口出生率 18.13‰，人口自然增长率 14.44‰；城镇人口 102540 人，占 30.48%；乡村人口 233834 人，占 69.52%。

【民族】 德化县有畲族、回族、壮族、苗族、土家族、侗族、布依族、瑶族、蒙古族、彝族、满族、高山族、水族、藏族、维吾尔族、傣族、毛南族、锡伯族等 18 个少数民族，其中以畲族为最多。有 2 个民族村和 1 个民族自然村落，分别为龙门滩镇的大溪畲族村、葛坑镇的龙塔畲族村和雷峰镇瑞坂村义民自然村落。其他少数民族一般因工作或婚嫁而迁移，散居分布在全县各乡镇。

【宗教】 德化县现有佛教、道教和基督教三大宗教。除宗教信仰外，民间信仰历史悠久，庙宇几乎遍及每个乡镇的各个自然村落。据 2006 年年底的调查统计，全县建筑面积 10 平方米以上的民间信仰活动场所有 311 处。在 311 处民间信仰活动场所中，始建于秦代的 1 处、汉代 1 处、唐代 10 处、宋代 16 处、元代 7 处、明代 50 处、清代 72 处、民国至解放前兴建的 6 处、解放后兴建的（含部分因重修造成始建年代不可考据的场所）96 处、建造年代无法考据的 52 处。民间信仰在群众，特别是农村群众中的影响，不亚于佛教、道教、基督教三大宗教。

【风俗】 德化地处“闽中屋脊”戴云山麓，境内崇山峻岭，重峦叠嶂，山脉连绵，地貌大部分以低、中山为主，德化人民“农居山谷专事稼穑，妇女辟绩之外无他业，园蔬、池鱼、山果仅取自给，弗鬻于市”；“市无巨商大贾，稍有力者营田积谷，以图温饱，不肯出资营什一之利”；“处万山之中”“舟楫不通”（《德化县志》清·乾隆）。然土地肥沃，宜居宜耕，交通闭塞，社会稳定，成为中原南迁汉人一个重要的安居乐业之地；中原汉人或避战乱、饥荒，或屯田，或随军几经辗转、播迁，进入德化，拓荒垦殖，渐成村落，孕育形成有浓厚中原色彩，又具有地方特色的德化民俗。

德化的衣、食、住、行以中原文化为特征，尤以德化的民居——古式大厝，建有厅堂、住房、厨房、护厝、附有天井、门庭、围墙、花台绣土等配套设施，屋顶有歇山式、硬山式、庑殿式等燕尾脊曲线，明显带有中原特点。德化农业亦带有中原的农耕文化，自给自足的自然经济色彩浓厚，世世代代以农为主，以土为本，以家庭为主要单位，为了丰收，农民们迎春、育种、播种、田管、送灾、祈福、祈雨、占天象测农事等等。先民们在逃避战乱南迁中，为求得精神安慰，得到神灵保佑，德化民间信仰带有中原遗风，他们崇信孔夫子、五谷真仙、玉皇大帝、观音菩萨、释迦牟尼等等。德化的祖先崇拜与早期中原密切相关，家祭、祠祭、墓祭，慎终追远，一般家族在门匾上刻挂有“鲁国传芳”“颍水永泽”“江夏衍派”“清河留芳”等字样，以表郡望，尊崇宗法制度，提倡人们行善举、崇厚德。德化的称谓体现了中原文化的特点，传承中原文化的礼仪，讲究嫡庶之别、男尊女卑、卑己尊人，行为严谨规范、雅俗有别，谦卑恭敬。

文化在繁荣昌盛之时，民俗的地方特色也逐渐形成。由于德化古代交通闭塞，交往不便，处于相对隔绝状态，因而为古文化的保存提供了得天独厚的条件，许多在中原发祥地逐渐式微甚至湮没，而在德化却被较完整地保存下来，或发扬光大。德化的民间信仰除了信奉全国多地的神祇，也形成了自己的民间信仰，对有显迹深受人们爱戴的神祇，从传扬推崇到建宫庙奉祀，如法主公、三代祖师、窑坊公、苏公尊王、陈统军、陈公祖师、史公祖师、吴公真仙等。还有自己独特的对自然现象和动物的崇拜，如四灵崇拜（龙、凤凰、龟、麒麟）、飞禽崇拜（喜鹊、燕子、鸡、乌鸦、猫头鹰）、走兽崇拜（虎、狮、獐、狐狸）以及蛇、鲤鱼崇拜。德化人认为，万物有灵，植物常被人们视为有神灵附着而被人崇拜、敬祀，如樟树、椿树、桃树、竹子等。德化民间艺术带有闽南特色，如提线木偶、布袋戏、梨园戏、高甲戏等；民间舞蹈（八仙舞、拍胸舞、苏岭蚌舞、道士舞、蒲扇舞、龙虎旗）保持古朴、原始风貌；德化山歌种类有劳动歌、时政歌、仪式歌、历史传统歌、情歌，它是由人民在生产、生活、劳动中提炼，激发出来的民间歌谣，它们来源于生活，演唱时均用德化方言，大部分以对答形式表达，具有非常浓厚的民间色彩。在农历五月十六日窑坊公诞辰纪念日，当地制瓷业者、窑主汇聚祖龙宫，设坛隆重庆贺，摆满各窑主新烧制的陶瓷产品供奉。龙浔镇大卿宫在农历三月十五日保生大帝诞辰日，每年均制造糯米大龟12个（闰月13个），每个大龟以糯米40千克精制而成，每个龟与“八仙”桌一样大。祖龙宫陶瓷供品和大卿宫“摆大龟”，成为别具一格的传统供品文化。

民俗的发展演变有其自身的规律，德化民俗也受其规律制约而沿着一定的轨迹发展、演变，婚嫁、生育、丧葬在德化民俗中最具特色。它有一个发展演变的过程：由古朴到文雅，如童养媳、指腹婚、冥婚、纳妾、交换婚、转房婚、冲喜婚等旧式婚姻被取缔，由一夫一妻多妾制，再发展为一夫一妻制，由繁琐到简单，如传统婚礼的“六礼”婚俗，近现代以来趋于简单，婚礼从简、婚事新办，甚至出现旅游结婚的新风尚；又如丧葬习俗，由土葬习俗中的送终、搬铺、守灵、大殓、封棺、哭丧、出殡、下土、回龙、做七、服丧守孝、拾骨等一系列繁文缛节，到21世纪火葬逐渐实行，很多环节被简化或取消；又如生育，传统上有怀孕禁忌、分娩接生、满月、洁月、周岁、命名等繁琐习俗，随着科学知识的普及和少生优生的推行，孕妇保健、生育均在医院，“洗三”也由医院护士代为完成；再如寿庆，要筹办做寿物品、寿堂等，交给酒家办理寿宴。

民俗作为一种文化，一旦形成便世代相沿成习，如德化的陶瓷制作技艺与文化传承密切相关，从唐代颜化采编纂《陶业法》，绘《梅岭图》将制作技艺传给后世开始，至今传承未断，其传承习俗有家传、师承、学校教育三大类。古代德化重视一技之长，孩子长大成人，父母要为他们选择某种职业，以便自食其力，建家立业，因此各类拜师学艺成为旧时人们的一种时尚，流传至今。传统的家教、家规、家训、家范在人们思想和行为规范影响深远，《弟子规》《朱子家训》家喻户晓。孝道被视为诸德之首、百善之先和教化之始，善事父母、勤俭节约、尊师爱生、尊老惜幼、拾金不昧、热心公益、互助救济等美德得到发扬光大。德化的传统节日（春节、元宵节、端午节、中元节、中秋节、重阳节、除夕）、时令（春夏季、秋冬季）等节令习俗丰富多彩。

【人物】

颜仁郁 唐大和年间（827—835)生，卒年不详。字文杰，号品俊。德化县三班镇泗滨村人。唐末归德场场长，后梁开平三年（909），闽王王审知任命颜仁郁为闽国农官。唐代著名诗人，其诗作《农桑》第一首和《山居》第二首入编《全唐诗》。仁郁卒后，民怀其德，建“颜长官祠”“忠应庙”，塑像祀之。

苏奉礼（生卒年不详） 号长源，德化县春美乡人。五代末参谋军事，北宋初礼部右侍郎，北宋建隆三年（962）礼部尚书、仆射，封开国公，受绿袍靴笏。北宋太平兴国二年（977）进士及第。

苏十万（1232—1280） 原名一俟，字万仁，号留义，排行纶千五，德化县雷峰镇长基村人。为宋太中大夫、翰林院太博学士、国师校书郎苏总龟三世孙。官武职忠义军都指挥使，为德化宋末组织义军抗元的著名将领。

凌辉（1389—1461） 又名邦辉，字清峰，德化县葛坑镇田地村人。永乐三年（1405）中举人；永乐十年会试，登进士第，初任广东道监察御史，后改任河南道；升江西按察司副使、都察院监察御史、中宪大夫等职，屡次跟随成祖皇帝出征，居官33年曾参与编修《大明一统志》，廉洁自持，政绩斐然。辞官回乡后，于天顺二年（1458）主修完成德化县第一部县志，惜已散失。

赖垓（生卒年不详） 字宇肩。德化县大铭乡琼溪村人。明天启七年（1627）在顺天府（今北京）考取举人，崇祯元年（1628）中进士。初为浙江平湖县知县，擢为翰林院简讨，转右春坊（太子宫）任右庶子，为太子讲学。其后，请假省亲，得册藩之役，晋升伯宗任学士。未及回京，值清兵入关，遂归琼溪故乡，隐居不仕。清廷差使征召，垓托病固辞，家居近20年。

李道泰（1617—1683） 字子交，号藿思，德化县浔中镇诗墩人。清顺治八年（1651）乡试中试，十八年中进士。任江西南康府建昌县（今江西省永修县）知县，康熙十二年（1673）冬，因平定“三藩之乱”（平西王吴三桂、靖西王耿精忠、平南王尚之信叛乱）有功，战后以功晋升南康府同知，不久擢云南省开化府知府。

邓启元（1699—1733） 字幼季，号蓝阳，德化县浔中镇蒲坂村人。清雍正二年（1723）入京，上《劝学赋》，钦点第二名。雍正五年（1727），邓启元应礼部会试中第九名，殿试榜眼及第。授翰林院编修、武英殿纂修。年少任职，勤勉谨慎，为众人所佩服。雍正十年（1732），主持湖北乡试。乡试结束后，邓启元又将落选的数千试卷加以点评。邓启元回朝后，参与编纂《三礼》，日夜操劳，积劳成疾，终年34岁。

王必昌（1704—1788） 字乔岳，号后山，德化县浔中镇凤池社区人。清乾隆十年（1745）中进士，受赐吏部观政。乾隆十一年（1746）应德化知县鲁鼎梅聘，纂修《德化县志》；乾隆十七年又应台湾知县鲁鼎梅之聘，赴台编修《台湾县志》。清乾隆十八年，任湖北郧西县知县，兼理竹溪县事。

郭鸣高（1774—1843） 乳名瑞，字行祥，号怀莪，别号蔼士，德化县浔中镇世科村人。嘉庆十五年（1810）中举；二十四年（1819）中二甲进士。历任则例纂修、文选司员外郎、监察御史、贵州思南府知府。著有《经史印示儿浅说》及《虫鸟吟诗稿》传世。

苏履吉（1779—卒年不详） 乳名发祥，字其旋，号九斋，德化县春美乡双翰村人。清嘉庆十八年（1813）登拔萃科，十九年（1814）在京参加廷试，以二等第一名入选，钦点知县，签分甘肃；授甘肃省敦煌县知县，安西直隶州知县，提拔哈密知府，广东佛山分府正堂。

王光张（1866—1936） 字金义，号石峰，德化县浔中镇凤池社区人。清光绪二十九年（1903）举人，江西省布库大使，敕授文林郎，钦加五品衔，赠奉直大夫。民国德化县县长。

徐会春（1900—1986） 乳名德旺，别号光宇，曾用名徐英，德化县盖德镇三福村人。民国18年（1929）任国民党军营长，民国25年（1936）任陆军独立37旅109团中校团副，民国26年（1937）任陆军194师581团团副，民国30年（1941）因战功升任194师上校副师长，民国32年（1943）秋因战功被授予“陆军少将”军衔。1949年1月任194师师长。2005年，获由中共中央总书记胡锦涛题词，中共中央、国务院、中央军委颁发的“纪念抗日战争胜利六十周年”勋章。

蔡尚思（1905—2008） 号中睿， 德化县浔中镇诗墩村人。中国当代著名文史学家、思想家、哲学家。曾任复旦大学教授、副校长、社会科学学术委员会副主任、研究生部副主任、中国思想文化研究室主任、上海市政协委员等。蔡尚思研究领域涉及中国通史、中国古典文学、中国文化史、学术史、中国思想史、哲学史。主要学术专著有《中国思想研究法》《中国历史新研究法》等20多部。

经济社会发展情况

【概况】 2016年，地区生产总值194.31亿元，增长6.20%；一般公共预算总收入15.63亿元，增长2.10%；一般公共预算收入10.95亿元，增长2.30%；农业总产值19.69亿元，增长1.30%；工业增加值87.22亿元，增长2.90%；第三产业增加值71.46亿元，增长10.80%；固定资产投资111.65亿元，增长14.10%；实际利用外资（验资口径）1001万美元，增长28.50%；自营出口商品总值（海关口径）2.37亿美元，增长4.0%；社会消费品零售总额67.13亿元，增长10.79%；全体居民人均可支配收入24435元，增长8.20%，城镇登记失业率1.09%；高中阶段毛入学率94.20%，高等教育毛入学率53.50%；每千人医生数1.99人，每千人病床数4.1张；人口自然增长率14.44‰；二氧化硫、化学需氧量、氮氧化物、氨氮排放总量四项减排指标完成市下达任务。

【产业转型升级】 农林业 抓好粮食安全生产，分解落实粮食播种面积15866.67公顷；建设特色现代农业，新增泉州国家农业科技园区示范基地（企业）4家，道畋公司高效生态循环旅游农业示范园列入省级重点建设项目、省级农民创业示范基地，杨梅乡“飞地粮仓”—水稻生产全程机械化示范基地成为全省首创；创建众筹农业企业6家，新增农民专业合作社118家达963家、家庭农（林）场59家达140家，2家企业列入农业产业化省级重点龙头企业；推进省级水生态文明试点县建设，彭村水库、闽江防洪工程德化段、安全生态水系建设等15个水利项目累计完成投资7.25亿元；培育省级林下经济示范基地7个，优仙发铁皮石斛、恋南山黄花远志茶获评第十二届海峡两岸林业博览会金奖，“十八学士”茶花成为全省首个通过国家地理标志认证的林产品，“茶油奶奶”获评中国国际农产品交易会金奖，林下棘胸蛙驯养、深度加工取得新突破，年产棘胸蛙50万只以上。

工业　推进供给侧结构性改革，全县工业总产值268.66亿元，增长6.90%；规模以上陶瓷业实现产值167.88亿元，增长5.60%；顺美3D打印技术列入省级龙头计划“三个一批”项目，2家企业列入省级工业和信息化高成长企业；完成工业技改11亿元，3个技改项目列入省级重点技术改造项目；锦龙、恒忆被确定为省重点上市后备企业，恒忆、阳光创艺成功在新三板挂牌上市，实现新三板挂牌零的突破；冠福兼并重组项目获省资金奖励1000万元；2个项目列入省级两化融合重点项目，3家企业列入省级工业新增长点项目名单；五洲陶瓷获评省级工业设计中心，产品“有机花插”获德国红点奖银奖；新增注册商标916件，马德里国际注册商标8件，全县拥有国内注册商标4459件、国际注册商标18件；累计兑现478.50万元创新奖励资金，新增专利申请2009件，比上年增长36%，授权1057件、PCT国际专利2件，每万人口发明专利拥有量4.90件；新增省科技型企业12家，龙鹏、卓越被评为省创新型企业，4家企业被评为省科技小巨人领军企业；获评省级众创空间1家，市级4家；获省专利奖三等奖、市科技进步三等奖、市专利二等奖、市重大发明奖各1项。

第三产业　实施“第三产业发展年”活动，29个市第三产业重点项目开工建设28个，完成投资21.78亿元；发展旅游战略性支柱产业，完成《德化县旅游发展总体策划和近期行动计划》，回收石牛山景区经营权，九仙山景区、龙鹏大酒店、鑫泓顺休闲旅游等7个旅游项目，完成投资1.79亿元；全县接待境内外游客347.17万人次、旅游总收入19.11亿元，比上年分别增长10.08%、10.12%；继续实行房地产各类扶持政策，加大去库存力度，商品房总销售面积36.81万平方米，销售额21.28亿元，分别增长49.5%、48.8%；出台扶持电商发展措施，开通一站式政务服务平台，主导制定陶瓷电商4项国家标准和1项省地方标准，实现农村淘宝服务站乡镇全覆盖，现有3个淘宝镇、11个淘宝村，淘宝镇、村数量分别居全省首位、全省第三位；金融机构存、贷款余额分别达188.16亿元、167.98亿元，分别增长21.10%、23.10%。

【三大需求带动】　深入实施城乡提升工程，全县143个重点建设项目动工建设138个，开工率96.50%，完成投资78.28亿元，完成年度计划101.53%，其中36个生产性项目完成投资12.35亿元，完成年度计划101.80%；89个一般项目完成投资2.49亿元，完成年度计划100.90%。新增限额以上企业9家，社会消费品零售总额67.13亿元，增长12%。组织参加第十四届海峡项目成果交易会，成功对接项目55个，总投资11.16亿元；新引进工业、旅游、生态农业等项目19个，协议总投资20.14亿元，实际到资4.09亿元；实际利用外资（验资口径）1001万美元。引导内贸企业申请外贸自营进出口经营权备案登记，新增进出口经营权企业64家总数达400家；自营出口商品总值（海关口径）2.37亿美元，增长4%。

【重点领域改革】　加大金融改革力度，开展“瓷金融”（做好陶瓷大师金融服务）活动，设立“双创基金”（创新创业基金），创新“瓷艺贷”（县陶瓷办、科技和知识产权局配合县农村信用联社推出免抵押免担保、三年期、年利率为6.65%的“瓷艺贷”金融产品）、电商互助贷等信贷产品；组建县公共资源交易管理中心，全县行政事业单位资产在交易平台进行转让、出租等交易；推进“医改”工作，引导医疗机构控制成本和合理用药，实行院际托管、片区执业等制度；深化行政审批制度改革，推进“双随机、一公开”和申报材料“瘦身”工作，深化行政事业体制机制改革，成立县不动产登记中心，推进公务用车、县属林场等改革；推进商事登记制度改革工作，启动实施“五证合一”和“两证整合”登记制度，新增市场主体4715户，增长35.60%；完善农村产权交易中心建设，完成农村产权流转交易161宗，交易金额3.42亿元；基本完成南埕镇省级农村土地承包经营权确权登记颁证试点工作。建设乡镇土地流转服务平台，共流转耕地11宗149.86万公顷，深化林权制度改革，全县共完成森林资源流转1466.67公顷。

【民生福祉提升】　开展精准扶贫工作，实施创业就业脱贫等“十项工程”，完成3031人脱贫任务，贫困人口人均家庭收入达4800元；完成县中医院整体搬迁，推进县医院医技楼，上涌、葛坑卫生院环境改造等项目建设，提升医疗卫生综合服务能力；全县新农合参合率达99.99%，享受新农合补偿约13.55万人次；推出“国寿农村小额意外伤害保险”，解决参合群众在保障基本医疗之外的需求；社会保障制度不断完善，机关事业单位养老保险制度、医疗服务价格平移、医保支付等改革顺利推进；社会保障覆盖范围持续扩大，“五险”参保人员达到 17.78 万人，城乡居民养老保险缴费率达 99.63%，失业保险缴费率由 2% 降至 1.50%；社会保障待遇水平不断提高，机关事业单位退休人员基本养老金人均月增资 299.37 元，企业退休人员基本养老金人均增资 145.49 元。着力促进就业创业，新增城镇就业 7254 人，农村劳动力转移就业 4917 人，城镇登记失业率为 1.09%。完成嘉德新苑 100 套公租房室内装修、配租入住；启动灾害应急救助，下拨救灾应急资金 80 万元，紧急转移安置灾民 4.98 万人，清理塌方 32.7 万立方米，抢通道路 39 千米。动工建设 4 所农村幸福院、9 所农村居家养老服务中心、22 户农村低保安居房；城市、农村低保标准提高到 492 元、295 元，城市“三无”人员、农村“五保”对象标准提高到 640 元、582 元，社会散居孤儿养育标准为 600 元 / 人月，福利机构集中供养孤儿的养育标准为 1000 元 / 人月。医疗、慈善、灾害、关爱老年人、留守老人儿童、残疾人等社会救助体系更加完善。

【社会事业发展】 加快阳光小学和幼儿园、丁墘中学等 9 个城区学校项目建设进度，龙浔中心幼儿园竣工投用；高考成绩稳中有升，本科上线率 78%，比上年增长 6 个百分点；职校工艺美术专业被重新确认为市重点专业，工艺美术专业群入选 2016 年省职业院校服务产业特色专业群建设项目。完善公共文化服务体系，参加中法文化论坛，承办海上丝绸之路环泉州湾国际公路自行车赛德化赛段，德化窑梅岭遗址列为“海丝”申遗点；新增市级文化产业示范基地 3 家，3 家陶瓷企业被授予首批市级非物质文化遗产生产性保护示范基地称号，杨梅刻纸被列为第五批市级非物质文化遗产代表性项目名录，新增市级非物质文化遗产项目代表性传承人 13 人。体育工作，德化运动员获 2016 年全国跆拳道锦标赛男子 58KG 级冠军。版权工作，获评“2016 年中国版权金奖保护奖”（全国 5 个、全省唯一）；国家版权局在瑞士日内瓦发布《版权保护促进中国德化陶瓷产业发展的研究》（英文版），向全球推广“德化经验”。全面实施“二孩”政策，人口出生率 18.13‰，政策符合率 91.06%，出生人口性别比 111.92。安全生产形势稳定，6 个乡镇通过省级安全社区考评，12 个乡镇通过市级安全社区考评；完成应急指挥中心和公安技侦大楼建设，平安德化、安全发展县创建取得成效。

【生态建设】 2016 年，推进国家生态文明试点县建设，基本完成生态保护红线划定工作，城区空气质量优于国家二级标准，地表水水质、城关饮用水源水质达标率均为 100%。大力实施“四绿”工程，完成造林绿化任务 780 公顷，在全省率先完成林地占补平衡试点目标任务，出台县属林场改革实施方案，列为省森林经营碳汇项目开发试点单位。全面落实“河长制”，开展重点流域水环境、水土流失综合治理、山美水库流域治理、小流域“赛水质”等专项治理，推进彭村水库、闽江防洪工程德化段等工程建设，列为省级水生态文明建设试点县。全面完成节能减排降耗工作、黄标车淘汰年度任务，启动排污权有偿使用和交易工作，规模以上万元工业增加值能耗下降 14.30%。全面完成农村环境综合整治任务，开展农村污水处理第三方运维工作，加快推进生猪养殖场标准化改造，全面完成禁养区内生猪养殖场（户）关闭拆除任务。

世界陶瓷之都

责任编辑：曾丽茹

综 述

德化陶瓷制作始于新石器时代，是中国三大古瓷都之一、民窑的典型代表。德化陶瓷以“白”见长，瓷雕技艺享誉天下，早在宋元时期就成为“海上丝绸之路”的重要出口商品，被誉为“中国白的故乡、瓷艺术的摇篮”，被列入国家首批非物质文化遗产保护项目。2016 年，现有陶瓷企业 2600 多家，从业人员 10 多万人，2016 年产值 199.49 亿元，是全国最大的陶瓷工艺品生产和出口基地，获评中国瓷都、中国民间文化艺术之乡、中国陶瓷历史文化名城，2015 年被世界手工艺理事会授予首个“世界陶瓷之都”称号。

陶瓷历史

【古窑址】 概况 至 1995 年年底，德化县境内发现有古瓷窑遗址 238 处，分布在 18 个乡镇 68 个村。这些古瓷窑遗址按年代分：唐 1 处，宋元 42 处，明代 30 处，清代 177 处，民国时期 55 处。除此之外，还有三班上寮明清时代瓷泥作坊、南岭水车遗址，浔中东头清代至民国时期的水车遗址。在国外，有爱尔兰发现的德化瓷印章遗址。

墓林窑 墓林窑址（唐至五代）位于美湖乡洋田村上田的墓林。该窑炉长 21 米，宽 1.90 ～ 2.10 米，为长方形龙窑。窑头和窑室分辨不清，窑尾火烧土尚存。经考古发现有青瓷器物壶、罐、碗、花口洗，以及窑具支垫等。主要器型有碗、洗、盘口壶、双系罐、盏、窑具。采集的器物约 50 件，经与中国科技大学、香港城市大学合作，采用无破坏性的 X 荧光仪等现代科技手段对 4 件青釉标本进行分析，化学成分包含常规元素和微量元素。

碗坪仑窑 碗坪仑窑位于盖德乡盖德村，距县城约 5 千米公路右侧的山坡上，窑址面积约 1500 平方米，为宋代瓷窑址。该窑分上、下层，代表了两个不同时期的文化，这两个文化层有传承发展关系。下层有残存的窑头和近似半椭圆形的窑基，长约 3.70 米，宽 1.40 米，高约 0.70 米。窑头顶部已经倒塌，火腔、通火孔及窑壁保存尚好。出土的生产工具有垫托、托盘、垫柱、匣钵、支圈、垫圈、垫饼、钵模、小碟模、带把模具 117 件。出土的器物均为白瓷，有碗、盘、碟、洗、钵、壶、瓶、炉、盒等，其中瓷粉盒的数量最多，品质最好。装烧方法以支烧为主。该层为北宋文化层。上层窑头、窑尾均被破坏，窑炉残长 12 米，宽 2.60 ～ 2.80 米，高 0.15 ～ 0.25 米，窑壁用长方形砖成，两边有残窑门 5 处，青瓷和黑瓷共存。出土器物主要以青灰釉瓷为主，影青釉瓷次之，还有酱褐釉、黑釉、黄釉等 497 件，以碗、盘、碟最多，还有钵、罐、壶、瓶、军持、盒等。生产工具 27 件，有垫圈、垫饼、垫柱、匣钵、筒形垫具、试片（温标）、磨钵和铁刀。还出土 14 枚铜钱，早至唐代的“开元通宝”，晚至南宋的“建炎通宝”。该层为南宋的文化层，窑炉为南宋的龙窑。

屈斗宫窑（甲址） 屈斗宫窑址系宋元时代的窑址，因当地村民为纪念南坡小路边的“奎斗宫”而得名，位于德化县龙浔镇宝美村破寨山西南坡上。该窑址东西宽约 300 米，南北长约 150 米。不同类型的器物标本 6793 件、生产工具 800 多件，标本大部分为残件，仅少部分为完整件。为依山坡而建的分室龙窑遗址（俗称“鸡笼窑”），全长 57.10 米，宽 1.40 ～ 2.95 米，分 17 间窑室，坐北朝南，偏西 15 度，坡度在 12 ～ 22 度之间。出土的生活生产工具有印制铜锣盘、小盘、直道纹洗、莲瓣纹碗、缠枝纹盒、军持印模，有制坯和修坯用的转盘，敲开匣钵的铁窑刀，以及匣钵垫、支圈、莲瓣纹碗、托座、垫底饼、垫圈等。出土的器物有碗、盘、碟、壶、罐、瓶、洗、盅、盒、高足杯等十余种。器物的釉色有两种，一种是近乎影青系的白釉，另外一种是纯白釉。屈斗宫窑中出土的军持、盒、小瓶、飞凤碗、执壶、弦纹洗、高足杯、瓷壶等器物在国外均有发现。1988 年 1 月，经国务院批准，屈斗宫窑址连同龙浔、浔中、三班、盖德 4 个乡镇宋至明代的窑址一同列为全国重点文物保护单位。

屈斗宫古窑址　（图 / 于风亮）

甲杯山窑　甲杯山窑系元明时代的窑址，是全国重点文物保护单位——屈斗宫德化窑址的组成部分，位于龙浔镇宝美村的南环路外。经国家文物局批准，福建省博物馆、德化县文物管理委员会办公室和德化陶瓷博物馆联合组队，于 2001 年 5 月进行考古发掘。该窑址发掘 3 座窑炉遗迹，分别用 Y1、Y2、Y3 表示，均为东西坐向，Y3 大部分遗迹被 Y1 和 Y2 叠压、打破（因要保留Y1、Y2，所以未作进一步发掘）。窑炉的构筑方法与屈斗宫窑相似；砂底，窑墙用砖砌。窑具大多数是漏斗形匣钵，还有少量垫柱以及垫饼和垫块（用于间隔、稳定匣钵柱的作用）。器物均为白瓷，主要器形有墩子式碗、印莲瓣纹洗、印卷草纹盒等。出土的瓷器均为白瓷，其中以明代乳白釉瓷器（即俗称的“象牙白”“猪油白”瓷器）占大多数。日常生活用具有碗、盘、碟、盏、杯、盅、盒、匙等，此外还有钵、罐、洗、勺、水注、执壶、糕模（用于制作糕模饼的模子）等。陈设器有瓶、炉、鼎、觚、灯、砚、砚滴、托架以及笛子、印章等。瓷塑作品有观音、弥勒、土地、文昌、童子、仕女、力士、外国人头像以及狮、兔、猴、蟹、寿桃、荔枝等。有的器形还有多种型式，如杯类就有梅花杯、犀角杯、龙虎杯、龙凤杯、八角杯、花口杯、筒式杯、乳足杯等，其中八角杯、乳足杯上还刻划有文字或图案。

梅岭窑址（南岭窑址）　始于明、清时代的梅岭窑址，位于三班镇泗滨村南岭，俗称南岭窑址。1953 年、1966 年、1976 年，省、地、县有关部门先后组织人员对该址进行普查。该窑址主要器物有碗、盘、碟、杯、洗、钵、盒、瓶、壶等，装饰釉下青花图案，有缠枝牡丹、缠枝双喜、云龙火珠、城楼行船、云龙、牵牛花、鱼、葡萄、灵芝、莲花、兰花、菊花、荷花、花鸟、盆花、花篮、山水、人物、寿字、蝙蝠、秋叶、花草等，内底款有珍、光、合、玉等，外底款有合裕、建全、信玉、石玉、双玉、元、吉、珍等。梅岭窑生产的器物大多为外销瓷。器物的主要图案有牵牛花纹碟、灵芝花纹盘、灵芝花纹碗、盆花纹盘、花篮纹盘、云龙火珠纹碗、云凤纹碗、兰花纹碟等。这些器物在西沙群岛、东南亚的泰国、菲律宾、印度尼西亚、马来西亚等国家的陆上和水下遗址中均有发现。2016 年，德化窑梅岭遗址列入“海丝”申遗点。

【古沉船陶瓷器】 概况　德化窑瓷器自宋代开始大量外销，由于种种原因，一些运载德化窑外销瓷的船只遇难沉入海底。随着世界水下考古事业的发展，有部分运载德化外销瓷的沉船陶瓷器浮出水面。

南海 1 号　1987 年，中国水下考古队在广东省阳江市海域发现一艘宋代沉船，定名为“南海 1 号”。2001 年对该沉船进行搜寻定位。发掘前，从水下考古调查中出水了一大批陶瓷器，经专家鉴定大部分是德化窑的产品，器物以碗坪 窑的碗、洗、盒、罐为主。

泰兴号　1999 年 5 月，由迈克·哈彻领队的澳大利亚水下打捞公司，在南中国海的贝尔威得暗礁附近发现了一艘装满瓷器的沉船。经英国的海难研究专家确认，该船为道光二年（1822 年）一月自厦门港出发驶往爪哇途中触礁沉没的

“泰兴号”。船长50米，宽10米，重1000多吨。经过打捞公司的定位发掘，出土了35万多件的陶瓷器，以德化窑青花瓷数量最多。器物主要有杯、盘、碟、罐、碗、瓶、人物等。2000年11月17日，这些瓷器在德国的斯图加特城中心火车站展馆拍卖，总成交额2240万德国马克。德化县政府也在拍卖现场购回72件。2002年8月，台湾程子朋先生向德化陶瓷博物馆捐赠了236件“泰兴号”瓷器。英国史料上记载，当时船上载有近2000名乘客，该事件被誉为“东方泰坦尼克”。

哥德马尔森号　“哥德马尔森号”，又称“南京号”，沉船遗址位于古代“海上丝绸之路”上的南中国海海域。该船是一艘荷兰东印度公司的贸易商船，经专家考证沉没时间为乾隆十七年（1752年）。1984年7月，迈克·哈彻的水下打捞公司调查发现，并组织实施打捞工作，共出水140000多件陶瓷器和125块金锭，其中有一批德化窑生产的青花瓷和白瓷，产品有碗、碟、杯、瓷塑人物等。这批出水文物于1986年在荷兰的阿姆斯特丹拍卖。

哈彻大帆船　哈彻大帆船遗址位于古代“海上丝绸之路”上的中国南海海域，是崇祯十六年至顺治三年（1643—1646年）间沉没的一艘中国大帆船。1983年7月，澳大利亚的迈克·哈彻第一次发现并成功进行水下打捞，在欧洲被称为哈彻大帆船。船上出水了2300多件陶瓷器，其中有一部分是德化窑生产的白瓷，产品有觚、杯、炉、壶、碗、观音瓷塑、人物瓷塑等。这批文物于1983年在荷兰的阿姆斯特丹拍卖。

泉州湾沉船　泉州湾沉船遗址位于泉州湾后渚港。1974年国家、省、市考古工作者对该船进行考古发掘，出水海船残长24.20米，宽9.15米。复原后长度30米，宽10.50米，载重量200吨，船体结构为尖底造型，呈“V”字型，共有13个隔舱，现在泉州海外交通史博物馆的古船馆内陈列展出。在考古发掘过程中出水了许多陶瓷器，其中有一些是德化窑宋代的器物，有碗、盒、碟等。

东山县东沽湾沉船　该船遗址位于东山县的东沽湾，省水下考古队进行了多次水下考古调查，出水一批文物，其中德化窑的瓷器有明代的碗、杯、碟、匙等。

【古器物】　德化窑古器物主要有唐代青瓷，宋、元时代青白瓷，明代白瓷，清代彩瓷（釉下青花瓷、釉上彩瓷等）。

【陶瓷邮票】　陶瓷邮票发行《中国陶瓷——德化窑瓷器》特种邮票于2012年10月20日成功发行。该邮票是2012年5月福建省人民政府与中国邮政集团公司签订海西战略合作协议后发行的第一套邮票，是泉州有史以来以地方题材独立发行的首套特种邮票，也是中国邮政集团特批增加发行的一套邮票。邮票首发式是全省规格最高的一次首发仪式，共邀请300多名嘉宾，50多家海内外新闻媒体，首发式活动在央视四套、福建新闻联播、福建日报等众多新闻媒体相继报道，被市级以上新闻媒体宣传报道85篇次。

陶瓷邮票详情　《中国陶瓷——德化窑瓷器》特种邮票一套四枚，志号：2012-28图案分别为第一图“德化窑瓷器·白釉夔龙纹双耳三足鼎”，第二图“德化窑瓷器·白釉象耳弦纹尊”，第三图“德化窑瓷器·白釉观音坐像”，第四图“德化窑瓷器·白釉达摩立像”，邮票规格：30×50毫米，设计者：谷玉宝。面值均为1.20元。

白釉夔龙纹双耳三足鼎。明代，高25.40厘米，口径16.20厘米 足距13厘米，为清宫旧藏。鼎仿商周青铜器造型。方唇，深腹，圜底，下承以三只中空柱足。口沿上对称置两耳。胎质洁白坚致。通体施白釉，釉质莹洁，釉色白中略泛象牙黄色。腹部装饰两道凸弦纹，弦纹间以凸雕回纹地夔龙纹装饰，八只夔龙一正一反，相间排列。无款识。

白釉象耳弦纹尊。明代，高26.20厘米，口径11.40厘米，足径10.40厘米，为清宫旧藏。尊阔口，方唇，长颈，颈部置对称的象头耳，扁圆腹，圈足。胎体洁白细腻。通体内外及足内均施白釉，口沿下模印回纹一周。颈的上部、中部各装饰凸弦纹一道，颈、肩相接处凸起弦纹两道。无款识。

白釉观音坐像。明代，高28厘米，底座径13.30厘米。观音低首垂目，面形长圆，饱满丰润，神情慈祥，似在俯瞰尘世众生。其发髻高束，正中插如意形头饰，头戴风帽，身披长巾，胸前璎珞珠佩亦作如意形。双手隐于衣衫下，一足半露，一足屈掩。其衣纹自然，透过垂拂流转的衣褶，隐露出观音的肢体形态。像通体施白釉，中空，背后戳印阴文篆书“何朝宗”三字葫芦形印章款，其工艺成就代表了德化窑的高超水平，是何朝宗传世塑像中的经典之作。

白釉达摩立像。明代，高42

左图为白釉观音坐像　　　　右图为白釉达摩立像

厘米，胎体厚重，洁白坚实，通体施白釉，釉面纯净莹润，呈象牙白色。达摩身披袈裟，前额宽大，鬓发卷曲，双眉紧锁，二目俯视，双手合抱于袖中，赤足立于汹涌的波涛之上，衣袂飘荡。塑像头部刻划细腻，给人有一种缄默深思之感。其雕工深入锐利，衣纹飘逸流畅，浪花翻卷自如，颇富动感。充分表现出制瓷工匠的高超艺术技巧。人像背后刻“何朝宗制”四字阴纹印。

（县邮政局　供稿）

左图为白釉夔龙纹双耳三足鼎　　　　右图为白釉象耳弦纹尊

陶瓷文化

【陶瓷艺术比赛】　第二届海峡两岸雕刻艺术大赛“福雕奖”德化获佳绩　1月3日，第二届海峡两岸雕刻艺术大赛“福雕奖”在福州揭晓。瓷雕类别，德化林彬彬的《小桥流水》，庄少卿的《一轮明月》等8件作品获金奖，另有银奖9件，铜奖12件，优秀奖17件，苏献忠的《飞天》获最佳创新奖金奖，陈为坦的《戏龙弥勒》获得最佳传承奖金奖。

第六届中小学生现场陶艺比赛举办　5月21日，第六届中小学生现场陶艺比赛在尚思小学举办。比赛分小学低年组、小学高年组、初中组、高中组、职专组5个组别，由此促进全县中小学陶艺活动的开展，丰富学生的课余生活。同时，在比赛中培养学生的动手能力、创新能力，提高学生陶瓷艺术兴趣，让学生学瓷、知瓷、研瓷、爱瓷，把历史悠久的陶瓷文化发扬光大。

“五洲杯”海峡两岸研究生陶瓷工业设计大赛在德化举行　8月5日，“五洲杯”海峡两岸研究生陶瓷工业设计大赛暨2016海峡两岸研究生设计工作坊在五洲陶瓷公司举行。来自江西景德镇陶瓷大学、江苏大学、台湾东海大学、台湾中原大学等11所高校的研究生将举行为期10天的陶瓷工业设计比赛。

首届陶瓷手拉坯技能竞赛活动举办　8月11日，由县总工会、人力资源和社会保障局、旅游事业局主办，洞上陶艺村、柴烧协会承办的首届陶瓷手拉坯技能竞赛在洞上陶艺村举行，近50位省内外陶

8月5日，“五洲杯”海峡两岸研究生陶瓷工业设计大赛在德化举行（图／李宏图）

艺家参加。比赛决出创新奖3名，匠人奖5名和新秀奖5名。

第二届福建省陶瓷艺术大师暨第二届中国陶瓷技能大赛福建赛区现场创作考评活动在德化举行 10月11—12日，第二届福建省陶瓷艺术大师暨第二届中国陶瓷技能大赛福建赛区现场创作考评活动在德化举行，来自全省各地的134名参赛选手参加现场创作。

首届陶艺创新大赛举办 11月8日，世界瓷都·德化首届陶艺创新技能竞赛活动在“洞上陶艺村”举行。现场120多名来自全国各地的陶艺工作者和爱好者参赛。选手连华贵的作品《相非相》夺得一等奖。

全市陶瓷行业职工技能赛举行 11月17日，全市陶瓷行业职工技能赛在泉州工艺美院举行，来自陶瓷企业的56名职工选手参加竞赛。技能竞赛通过理论考试和在瓷器釉上彩彩绘的形式进行，再经评委组审定评选出一、二、三等奖和优胜奖，依照比赛规定，获得竞赛一等奖的选手，可向市总工会申报“泉州市五一劳动奖章”荣誉称号；前3名选手可被授予“泉州市技术能手”荣誉称号并颁发高级工职业资格证书；理论考试和技能操作成绩都及格的参赛选手可申报中级工职业资格证书。

【陶瓷作品展览】 **“点瓷化境——当代陶瓷艺术展”在福州融侨艺术中心举行** 1月9—29日，由福建日报报业集团东南网、福建师范大学美术学院、融侨集团、闽派文化投资有限公司主办的“点瓷化境——当代陶瓷艺术展”在福州融侨艺术中心举行，19位艺术家60余件作品参展。

“百态观音 慈航普渡”巡展第九站《慈航101—德化百态观音瓷塑作品展》开幕 1月26日，由佛光缘美术馆总馆与闽台缘博物馆、县陶瓷发展委员会共同举办的“百态观音 慈航普渡”巡展第九站《慈航101—德化百态观音瓷塑作品展》在台湾佛光山开幕，101尊观音瓷塑作品亮相佛光缘美术馆。

“百态观音 慈航普渡”巡展第十站《慈航101—德化百态观音瓷塑作品展》开幕 3月27日，由南通中华文化促进会、福建省德化陶瓷发展委员会主办的“百态观音·慈航普渡”德化瓷艺大师暨全国书画名家作品全国巡展（第十站·南通站）在南通佛教文化展览馆（西寺）开幕。

“瓷国明珠——福建德化瓷展”在北京鲁迅博物馆举行 3月8日，由北京鲁迅博物馆（北京新文化运动纪念馆）和福建民俗博物馆联合主办的“瓷国明珠——福建德化瓷展”在北京鲁迅博物馆展出。展览展出80件（套）德化瓷艺珍贵藏品，其中1件为宋代精品瓷器，其他多为明清及民国时期经典器物，尤以德化窑何朝春的人物瓷塑为主。展览开幕后，福建民俗博物馆馆长、研究馆员朱方芳做《中国白——德化白瓷艺术》知识讲座，展览将持续至5月8日结束。

“白瓷之光”——德化窑艺术陶瓷作品展开幕 3月13日，由福建省民间文艺家协会主办，福建省海峡民间艺术馆、德化县陶瓷发展委员会承办，福建省雕刻艺术家协会协办的“白瓷之光”——德化窑艺术陶瓷作品展在福州福建省海峡民间艺术馆开幕。此次展览以德化白瓷为主，集合了苏珠庄、陈明良、颜松柳、李甲栈等33位德化当代陶瓷艺术家的50余件精品，其中展出的42件精品将无偿捐赠给福建省海峡民间艺术馆收藏，展览将持续至3月28日结束。

《瓷魂墨韵》世界巡回展开展 4月8日，《瓷魂墨韵》世界巡回展在福州三坊七巷正式开展。本次展览为德化超薄瓷画及实心印章首次公开展览，将持续到4月17日，市民可免费观展。在展览期间，展馆内还将举行陶瓷手拉坯表演及体验、瓷花现场制作、陶瓷现场雕塑展示、瓷印章活字印刷、艺术家瓷画绘制、瓷印章雕刻、少儿手绘体验等系列互动活动。

“匠心·守望”——刘铭志陶瓷艺术作品展开展　4月28日，“匠心·守望”——刘铭志陶瓷艺术作品展在县城市规划展示馆开展，展出作品40件，展览将持续到8月份。此次展览是刘铭志近五年来的力作，有观音、达摩、弥勒等宗教人物，也有老子、秦始皇等历史人物以及一些当下题材的创新作品。

德化县代表作《仰望》《思无邪》亮相中国当代陶艺大展　6月8日，第二届中国当代陶瓷艺术大展在中国美术馆开幕。德化县青年瓷艺家兰全盛作品《仰望》、郑清海作品《思无邪》入选展出。

2016中外艺术家泉州对话“回归与融合”暨第二届国际当代陶瓷驻地创作与展览　7月6日，来自美国、德国、挪威、新西兰、日本、澳大利亚以及中国的17位艺术家相聚德化，以“回归与融合”为主题，进行为期13天的对话创作。7月13日，中外艺术家们在万旗艺术中心举行主题报告会和研讨交流会，从创作实践进入理论创新；7月18日，艺术家们在万旗艺术中心展示一大批艺术品，展期截至9月17日。

“瓷国明珠·中国德化——沈阳2016德化窑陶瓷艺术展”在沈阳市举办　7月6日至10月6日，由沈阳市和平区人民政府和德化县人民政府联合主办的“瓷国明珠·中国德化——沈阳2016德化窑陶瓷艺术展”在沈阳市北市场的宏亿皇寺艺术馆举行。展览设在沈阳市北市场宏亿皇寺艺术馆内，展品汇聚德化当代60多位大师的300多件经典作品。

1月9—29日，由福建日报报业集团东南网、福建师范大学美术学院、融侨集团、闽派文化投资有限公司联合主办的“点瓷化境——当代陶瓷艺术展”在福州融侨艺术中心举行
（图／寇婉琼）

德化首届陶瓷双年展在陶瓷博物馆举行　9月30日，德化首届陶瓷双年展在陶瓷博物馆举行，共有12位艺术家的22件作品参展。双年展还举行首场学术研讨会，围绕“我们给德化带来了什么”这一话题，数十位陶瓷界大师对这次展览的意义各抒己见。据了解，双年展展期将持续至2016年11月1日，期间将举办三场学术研讨会。

“莲生妙相”连紫华瓷艺作品展在新加坡举行　10月2日，“莲生妙相”连紫华瓷艺作品展在新加坡中国文化中心举行。展览由中国国际书画艺术研究会、新加坡中国文化中心、福建省工艺美术研究院和德化陶瓷发展委员会共同举办。展览展出福建省工艺美术研究院研究员、福建省工艺美术大师、高级工艺美术师连紫华新近创作的瓷塑艺术精品62件，展出将持续至本月13日。

“百态观音·慈航普渡”德化瓷艺大师暨全国书画名家作品全国巡展第十二站在甘肃酒泉中国收藏文化示范基地举行　10月9日，“百态观音·慈航普渡”德化瓷艺大师暨全国书画名家作品全国巡展第十二站在甘肃酒泉中国收藏文化示范基地举行。展览活动由中国收藏家协会、甘肃省酒泉市文物管理局、德化县陶瓷发展委员会主办，甘肃省酒泉市收藏家协会、中国收藏文化示范基地（酒泉市鑫隆夕阳红文化旅游生态园）、福建省德化金马车陶瓷有限公司承办。“百态观音·慈航普渡”作品展从策划至今，历时近6年。21位德化当代瓷艺大师以“中国梦·德化瓷”为主题，携手创作“百态观音”，其中，已故中国陶瓷艺术大师杨剑民创作《慈航普渡》观音1尊，其他20位大师每人创作5尊形态不同的观音像，全球限量50套，每套101尊。

中国德化陶瓷版权保护优秀成果展举办　11月14—18日，中国国家版权局在世界知识产权组织(WIPO)总部举办中国德化陶瓷版权保护优秀成果展，并发布《版权保护促进中国德化陶瓷产业发展的研究》（英文版），向全球推广德化在陶瓷产业版权保护方面的成功做法。100个WIPO成员国及60多个国际组织的代表参观展览。WIPO副总干事

5月13日，德化县2016年第三期“海丝情·陶瓷韵”国际文化交流活动在泉州工艺美院举行 （图/吴有森）

西尔维·福尔班女士在开幕式上表示：“德化经验”对于发展中国家探索版权保护和经济发展的密切关系有着重要的指导和借鉴作用。

故宫博物院藏德化窑瓷器研讨会暨《故宫博物院藏德化窑瓷器》首发 11月19日，故宫博物院藏德化窑瓷器研讨会暨《故宫博物院藏德化窑瓷器》首发，仪式在故宫博物院建福宫举行。故宫博物院常务副院长王亚民，故宫博物院副院长任万平，县人大常委会主任王传敬、副主任黄耀昆以及从事德化窑瓷器研究的专家学者等20多人参加会议。目前故宫收藏的历代德化窑瓷器共计800余件，尤以明清两代德化窑所产白瓷藏品数量最多。这本《故宫博物院藏德化窑瓷器》特别从中遴选出具有代表性的藏品307件，以明清两代德化窑白瓷雕塑、陈设器、祭礼器、生活用器、文房器具以及德化窑元代青白瓷，清代所烧酱釉、青花、彩瓷品种等为顺序，分上下两卷逐件赏析，为海内外德化窑研究者和爱好者全面展示故宫藏德化窑瓷器藏品的同时，亦弘扬中国悠久灿烂的古陶瓷文化。

“瓷·彩”师生作品展在福建博物院开展 11月29日，“瓷·彩——国家艺术基金资助项目陶瓷雕塑与加彩技艺人才培养师生作品展”在福建博物院开展，一百多件德化陶瓷作品惊艳亮相。全国人大外事委员会副主任委员、国家艺术基金副理事长兼秘书长赵少华，国家艺术基金管理中心副主任张堃，国家艺术基金管理中心规划处处长杨舟贤，省文化厅党组成员、副厅长林守钦、黄苇洲，福建博物院院长吴志跃，县委副书记、代县长刘德旺，县人大常委会副主任黄耀昆，县政府副处级干部徐文福等出席开幕式。展览将持续至12月28日结束。

瓷国明珠·德化窑陶瓷精品巡回展在江西抚州市博物馆开展 12月28日，瓷国明珠·德化窑陶瓷精品巡回展在江西抚州市博物馆开展。抚州市文广新局、博物馆、文博所负责人以及县政府副处级干部徐文福等出席开展仪式。此次展览为期2个月。此次陶瓷精品展，遴选出150件作品代表德化窑从宋、元、明、清、民国到现代60位省级以上工艺美术大师的陶瓷艺术最高成就。作品以“中国白”瓷雕为主，另有青花、玲珑、颜色釉瓷等；造型丰富多样，质地洁白如玉、晶莹剔透，涵盖雕塑、瓶、盘等器皿；题材广泛，涉及人物、山水、花鸟、走兽等，荟萃德化窑大师在不同历史时期的精品佳作，代表德化窑陶瓷艺术的至高境界。

李甲栈陶瓷作品在福州展出 12月30日，“大音希声——李甲栈陶瓷艺术作品展”在福建省海峡民间艺术馆开幕。县委常委、宣传部部长陈坚宏参加开幕仪式。展览将持续到2017年1月8日。本次展览共展出陶瓷、建盏作品179件。在研讨会上，众多专家纷纷从不同角度对李甲栈大师的白瓷、唐彩瓷塑、天目瓷等作品创作角度进行详细解析，对其取得的艺术成就给予较高的评价。

【陶瓷文化交流】 中国古陶瓷学会专家考察组到德化参观考察 1月17日，中国古陶瓷学会会长、北京故宫博物院研究员王莉英带领中国古陶瓷学会专家考察组到德化参观考察。

德化陶瓷雕塑艺人“旅博会”现场授艺 5月6日，第十二届海峡旅游博览会在国际会展中心举行，德化陶瓷雕塑艺人向小朋友传授陶瓷拉坯技巧。在以“海丝泉州”为主题泉州馆，德化陶瓷雕塑艺人现场传授陶瓷拉坯技巧的互动环节，吸引了众多参会客商和观展市民或驻足观赏或参与互动。

德化敦煌共育雕塑人才 5月11日，泉州工艺美术职业学院雕塑班里，11名从敦煌籍学生在教授的指导下学习人体雕塑。2015年，学院向甘肃省招生19名，其中敦煌籍有 11 名，主修陶瓷雕塑。德化职业技术学校与敦煌艺术旅游中专学校也缔结为友好姊妹学校，双方联合开办工艺美术（陶瓷雕塑、陶瓷绘画）专业中专班。

2016 年第三期“海丝情·陶瓷韵”国际文化交流活动举行 5 月 13 日，德化县 2016 年第三期“海丝情·陶瓷韵”国际文化交流活动举行，来自发展中国家民间组织能力建设研修班的 33 位学员到德化交流学习。

德化·中国白陶瓷艺术亮相中法文化论坛 5 月 26 日，以“一带一路：文明对话与融合”为主题的首届中法文化论坛在北京人民大会堂开幕。泉州市市长康涛参加《文化创意产业与城市发展论坛》，与北京、西安以及法国巴黎、里昂、安格鲁姆等其他中法五城市市长展开交流对话并参观陶瓷艺术展；德化县还在欧美同学会和艺术 8 分别举办“德化·中国白——文化交流的使者”和“德化·中国白——艺术的生命力”展览，展出 60 多位德化陶瓷艺术家的 300 多件作品。5 月 26 日“中国瓷路基金——中国白瓷艺术振兴基金”设立，还正式启动“世界陶瓷艺术大奖赛”，各方代表在开幕式之后签署了大奖赛合作框架协议。

第六期“海丝情·陶瓷韵”国际文化交流活动举行 10 月 15—17 日，第六期“海丝情·陶瓷韵”国际文化交流活动在泉州工艺美院举行，来自非洲国家乍得的 20 位外国友人参加活动。

日本美浓陶艺协会到德化考察交流陶瓷文化 10 月 25 日，日本美浓陶艺协会会长林恭助一行 3 人到德化考察交流陶瓷文化，邀请泉州工艺美术职业学院师生参加第十一届日本美浓国际陶瓷作品展，并就委托泉州工艺美术职业学院和德化县现代陶艺家协会共同做好美浓展德化区域作品征集工作达成一致意见。

【陶瓷示范基地】 **山花陶瓷有限公司获评“省级文化产业示范基地”** 6 月 3 日，山花陶瓷有限公司获得“第九批省级文化产业示范基地”称号，泉州市文广新局到德化县为山花陶瓷授牌。至此，德化县获得“省级文化产业示范基地”称号的企业达 3 家。

【陶瓷人才培养】 **国家艺术基金资助项目“陶瓷雕塑与加彩技艺人才培养”在德化启动** 7 月 18 日，国家艺术基金资助项目“陶瓷雕塑与加彩技艺人才培养”在县山花陶瓷有限公司开班。来自全国各地的 30 名从事艺术创作与设计及相关行业的人才将进行为期 2 个月的免费培训。这是德化县第一个被列为国家艺术基金资助的项目，也是国家艺术基金在福建资助的首个陶瓷类项目。

德化 7 人获得国家级大奖 9 月 6 日，在由中国轻工业联合会和中国陶瓷工业协会共同组织的中国陶瓷艺术终身成就奖、第三届中国陶瓷艺术大师评选活动中，德化 6 人获得国家级大奖。其中，获得中国陶瓷艺术终身成就奖的是寇富平，获得第三届中国陶瓷艺术大师的 5 人分别是苏玉峰、陈明良、赖礼同、陈明华、许瑞峰。

“传统的意义”陶艺人才沙龙活动举办 9 月 23 日，“传统的意义”陶艺人才沙龙活动在蕴玉瓷庄举行。县委常委、组织部部长黄晓东参加沙龙。沙龙围绕主题“传统的意义”展开交流讨论。泉州工艺美术职业学院教授张南章和中国陶瓷艺术大师苏献忠分别解读何朝宗作品及艺术形式，讲述个人创作创新心得，提出“传统的意义就是超越”的理念，并互动讨论陶艺传统的传承与创新。

“有机花插”获德国红点奖 7 月，郭建洲创办的德化五洲陶瓷有限公司与德国设计公司 IPDD 联合开发的“有机花插”在全球 50 多个国家、5200 余件参赛产品的竞争中脱颖而出，获德国红点奖。

6 月 9 日，中国民族民间工艺美术家协会授予林鸿福中国传统工艺美术大师荣誉证书 （图 / 寇婉琼）

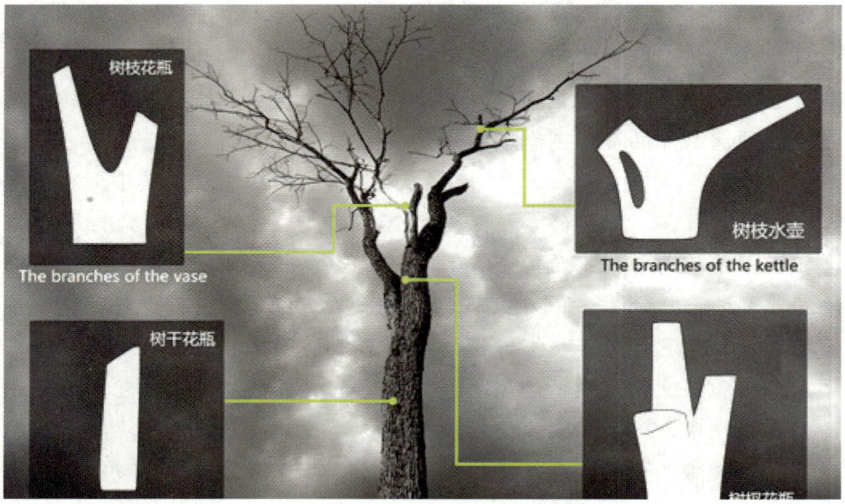

"有机花插"设计灵感图　　（图／德化五洲陶瓷有限公司）

红点奖是国际性创意和设计的认可标志，是全球享有盛誉的设计大奖。

陶瓷人物

【古代人物】 颜化綵（864—933）　又名颜徒纹，德化县三班镇泗滨村人。德化有史记载最早的陶瓷研究名家。颜化綵总结德化先辈制作陶瓷的技术和经验，编著德化第一部陶瓷工艺专著《陶业法》，绘制《梅岭图》，介绍泗滨梅岭制瓷工场和工艺技术。

何朝宗（1522—1600）　又名何来，讳容海，字来观，德化县浔中镇后所村人。明代著名瓷雕艺术家，瓷雕艺术达明代瓷坛艺术高峰，被誉为瓷圣。何朝宗吸收中国泥塑、木雕、石刻等艺术风格，融会于瓷雕，运用捏、塑、雕、镂、贴、接、推、修等技法，独创"何派"瓷雕艺术，作品采用优质胎釉材料烧制，瓷质"如脂似玉、莹润透彻"，是"中国白"（亦称猪油白、象牙白）的杰出代表，被誉为"东方艺术"和"天下共宝之"的珍品。北京故宫博物馆收藏其盘膝观音菩萨、达摩，泉州文馆会收藏其渡海观音，均为国家一级文物，瓷雕艺术达明代瓷坛艺术高峰，被誉为"瓷圣"。

苏学金（1869—1919）　名光铨，号蕴玉，字学金，别号博及渔人，德化县龙浔镇宝美村人。毕生以瓷雕为业，民国4年（1915），苏学金所作"梅花"入选参加巴拿马万国博览会展出，获得金奖，为明代以后德化瓷雕名艺人的杰出代表和德化瓷塑参与大型国际展览评比首次金奖获得者。

【现当代人物】 邱双炯（1932—）德化城关人。高级工艺美术师，中国工艺美术终身成就奖，2010年（第二届）被评为中国陶瓷艺术大师。1977年任德化县委常委，1978年任德化县委副书记，1991年退休；1993年，创办福建省德化凤凰陶瓷雕塑研究所任所长，首创陶瓷薄胎彩塑新工艺。主要作品有历史人物、佛、道、儒等造像，在东南亚地区和国内享有声誉，多次荣获大奖。贵妃醉酒、贵妃出浴和木兰易装等作品被中国历史博物馆、中国工艺美术馆收藏。

许兴泰（1941—2006）　德化县龙浔镇湖前社区人。中国工艺美术大师、高级工艺美术师，2003年（第一届）直接列入中国陶瓷艺术大师。曾任德化县政协委员、政协常委、泉州市政协委员。1990年，被中华全国总工会授予"全国自学成才者"称号。"立龙观音"被中国工艺美术馆珍藏，另有5件作品被中国历史博物馆、国家珍宝馆、福建工艺美术珍品馆收藏。

苏清河（1941—2012）　德化县龙浔镇宝美村人。中国工艺美术大师、中国陶瓷艺术大师，高级工艺美术师，国家级非物质文化遗产"中国白瓷烧制技艺"的传承人。作品12寸"泰国佛"被中国国家博物馆收藏；"提如意坐石观音""立莲观音"被中国工艺美术珍品馆收藏，"坐莲观音""海蚌姑娘"等被福建省工艺美术珍品馆收藏。

杨剑民（1945—2012）　泉州市鲤城区人，定居德化县龙浔镇龙鹏社区。2003年（第一届）直接列入中国陶瓷艺术大师，高级工艺美术师，中国工艺美术协会高级会员，福建省工艺美术协会常务理事，享受国务院特殊津贴，省级非物质文化遗产代表性传承人。1989年9月，国务院授予全国劳动模范称号。代表作品："维纳斯影灯""渡海观音""八仙过海""闽龙出海"。

苏玉峰（1946—）　字长秀，德化县宝美村人．福建省工艺美术大师，高级工艺美术师，中国工艺美术学会会员，首批省级"非遗"项目传承人，德化蕴玉瓷庄第三代传人，2016年（第三届）被评为中国陶瓷艺术大师。代表作有"十八罗汉""相声""济公""十二生肖"等。作品"高白百花争艳28吋瓷塑花篮"入选北京全国人大会堂福建厅饰品，“十八罗汉瓷塑”获全国（成都）星火科技精品金奖，“达摩过江”被中国美术馆列为收藏品收藏。

许兴泽（1947—2014）　德化县龙浔镇湖前社区人。2010年（第二届）被评为中国陶瓷艺术大师，福建省工艺美术大师，高级工艺美术师，享受国务院政府特殊津贴。作品“立龙观音”荣获1984年中国工艺美术百花奖珍品金杯奖，并被中国工艺美术馆、福建省工艺美术馆收藏；“滴水观音”荣获1991年中国工艺美术百花奖珍品金杯奖，并被中国工艺美术馆、福建省工艺美术馆收藏；“戴冠观音”获得2008年中国传统工艺美术精品大展金奖。

柯宏荣（1962—）　德化县龙浔镇人。福建省劳动模范，福建省高技能人才，中国工艺美术大师，2003年（第一届）直接列入中国陶瓷艺术大师，享受国务院政府特殊津贴。现任德化宏益陶瓷雕塑研究所所长，全国古陶瓷专业委员会委员、硅酸盐陶瓷分会第四届理事会理事。2000年，“九歌·山鬼”“三月三”入选“中国文化美国行”活动展品，在美国纽约等5个城市展览，其作品受到时任美国总统克林顿的赞赏，并被中国工艺美术珍宝馆收藏。香港“大紫荆勋章”获得者、华人知名作家、社会活动家金庸称柯宏荣夫妇为“神雕艺侣”，并亲为题字赠之。

陈桂玉（1962—）　德化县龙浔镇人。高级工艺美术师，2010年（第二届）被评为中国陶瓷艺术大师。现任德化宏益陶瓷雕塑研究所副所长。1986年，与柯宏荣结为伉俪，2000年，“九歌·山鬼”“三月三”入选“中国文化美国行”活动展品，在美国纽约等5个城市展览，其作品受到时任美国总统克林顿的赞赏，并被中国工艺美术珍宝馆收藏。香港“大紫荆勋章”获得者、华人知名作家、社会活动家金庸称柯宏荣夫妇为“神雕艺侣”，并亲为题字赠之。

陈明良（1963—）　德化人。高级工艺美术师，中国传统工艺大师，福建省工艺美术大师，2016年（第三届）被评为中国陶瓷艺术大师，享受国务院特殊津贴。现任德化县风池瓷雕研究所艺术总监，中国陶瓷工业协会理事，福建省收藏家协会常务理事。作品“静卧禅思”获中国工艺美术精品博览会获金奖；“成功从这里开始”获中国工艺美术学术奖“华艺杯”金奖。“文昌帝君”被福建省博物院永久收藏；“自在观音”被英国珍宝博物馆收藏，“乐在其中”被中国工艺美术馆收藏；“千年窑火”被中国国家博物馆收藏。

陈明华（1966—）　德化人，现任福建德化明华陶瓷艺术研究所所长兼艺术总监，高级工艺美术师、福建省陶瓷艺术大师、福建省工艺美术大师、福建省民间工艺大师、全国青年民间工艺大师，中国工艺美术学会会员。2016年（第三届）被评为中国陶瓷艺术大师。作品“通花梅瓶”获福建省首届民间艺术品博览会铜奖，“双龙争艳通花瓶”获福建省工艺美术精品“争艳杯”大赛铜奖、中国工艺美术“华艺杯”铜奖，“东方之珠通花瓶”获福建省首届青年民间工艺品制作大赛金奖、全国青年民间工艺品制作“金博士杯”大赛金奖。

赖礼同（1968—）　德化县上涌镇人，高级工艺美术师，福建省工艺美术大师，福建省陶瓷艺术大师，全国劳动模范，2016年（第三届）被评为中国陶瓷艺术大师，享受国务院津贴。现任德化县博古陶瓷研究所所长兼艺术总监，福建省工艺美术学会常务理事。作品“伟大领袖毛主席”“福到眼前”获中国工艺美术大师精品展金奖；“皆大欢喜”获创新艺术金奖；“飞天”获银奖，作品“山鬼”“富贵吉祥”“托起半边天”被中国国家博物馆收藏，“吉祥花瓶”被北京故宫博物院破例收藏，“倚貉披坐提书观音”被中国国家博物馆收藏，

许瑞峰（1969—）　德化县龙浔镇许厝人。高级工艺美术师，福建省工艺美术大师，福建省非物质文化遗产传承人，全国青年优秀工艺美术家，2016年（第三届）被评为中国陶瓷艺术大师。现任福建省德化县泰峰瓷坊董事长兼艺术总监。“中华红”釉艺作品，获国家级金奖1件，铜奖2件，国家级收藏1件；“宝石釉”釉艺作品，获国家级金奖1件、三等奖1件，省级金奖2件，入选全国展2件，省级收藏1件。作品“大富大贵”被中国美术馆收藏。

苏献忠（1974—）　又名苏珠庄，德化县龙浔镇人。高级工艺美术师，国家一级技师，福建省工艺美术大师，2010年（第二届）被评为中国陶瓷艺术大师。德化百年老字号“蕴玉瓷庄”第四代传人，现任德化县蕴玉陶瓷雕塑艺术研究所所长兼创意总监，中国工艺美术学会雕塑委员会会员。作品“蹴鞠”“顶缸”“角抵戏”入选北京2008年奥运主题雕塑汇报展；“汉戏”获中国第二届陶瓷产品设计金奖；“‘误’读水浒”在2010年第九届全国陶瓷艺术创新评比获金奖；“水浒一百零八将”在2005年上海大师精品展获金奖；“思”在2006年中国民间艺术大师精品展获金奖；“听松，闻涛”在2006年第八届全国陶瓷艺术创新评比获银奖。

陶瓷研究

【项目实施】 2016年，国家级火炬计划重大项目“陶瓷新产品研发检测公共服务平台” 9月份通过专家组验收。经过两年多的组织实施已为陶瓷企业提供陶瓷原材料化学成份，产品铅、镉溶出量，制品的膨胀系数、白度和热稳定性检测等服务，为陶瓷企业的科研、开发，产品的前期检测提供可靠的数据。已为70多家陶瓷企业提供540多次检测服务。市级项目“精品高档陶瓷釉”和服务平台项目也按计划进度开展。另外“低温瓷”“高强度日用瓷” “高耐热陶瓷”等项目的研发获得成功。

【技术咨询】 主要通过电话和网上咨询服务，并将长石釉、石灰釉、结晶釉、窑变釉，白云釉、天目釉、铁釉，红壤陶釉、黑里红、碎纹釉等釉种的配方在网上发布（www.qzcks.com），同时将制作工艺技术方法，注意事项加以说明，为企业提供实惠。

【产品研发】 积极开发陶瓷工艺品新样品55件，积极宣传德化陶瓷企业及其产品，在泉州市区设立展示厅宣传展示。组织工艺技术人员参加省级陶瓷工艺美术大师评选活动，魏国强工艺师获此殊荣。

【基础设施建设】 投入85万元，其中仪器设备陶瓷原辅材料45万元、基础设施37万元，改善科研工作环境，提高研究所整体形象。积极筹划中试楼服务平台建设方案，建设规模2500平方米，占地625平方米，建设资金370万元，经费已筹集到位，已报请上级有关部门立项、审核、批准，并以公开招投标的方式对工程建设进行招标，工程于12月20日开工建设。

（泉州市陶瓷科学技术研究所 供稿）

陶瓷品牌

【品牌宣传】 2016年，完成“海丝”申遗点德化窑梅岭遗址的考古勘探调查工作和相关文本制作；完成《屈斗宫德化窑遗址文物保护总体规划》，德化窑遗址被国家文物局列入《大遗址保护“十三五”专项规划》；故宫出版社编辑出版《故宫博物院藏德化窑瓷器》，书中展现307件德化窑瓷器精品；举办故宫博物院藏德化窑瓷器研讨会，20多位与会领导、专家学者在会上进行学术讨论；在北京、欧美同学会和艺术8举办“德化陶瓷精品展”；在西安、江苏、甘肃等地举办“百态观音·慈航普渡”德化瓷艺大师暨全国书画名家作品展；在沈阳举办德化陶瓷精品展；在省美术馆举办“未遂——陈云贵当代雕塑艺术展”；搭建“一带一路”沿线国家贸易平台，组织企业参加华交会、春秋季广交会、德国法兰克福礼品展、香港家庭用品展等知名展会，在广交会设立“世界陶瓷之都—中国德化”主题德化品牌专区；引导企业参加印度国际消费品展览会、马来西亚福建商品展、东盟（曼谷）中国进出口商品展、海峡两岸礼品及文具展等“海丝”沿线国家展会；承办2016年海上丝绸之路环泉州湾国际公路自行车赛德化赛段的比赛，展示“世界陶瓷之都”文化魅力和“海丝”特色。

【版权保护】 参加中法文化论坛活动获全省唯一中国版权金奖保护奖；在世界知识产权组织（WIPO）总部举办中国德化陶瓷版权保护优秀成果展，发布《版权保护促进中国德化陶瓷产业发展的研究》（英文版），向全球推广“德化经验”；新增马德里国际注册商标5件，举办各类大型陶瓷展21场次，中央电视台多个频道专集报道德化陶瓷；赖礼同、陈明良、许瑞峰、陈明华、苏玉峰等5位被评为中国陶瓷艺术大师。

（县委宣传部 供稿）

11月14—18日，中国国家版权局在世界知识产权组织（WIPO）总部举办中国德化陶瓷版保护优秀成果展 （图/县文体新局）

综 述

【经济运行】 2016年，成立经济指标预警研判协调小组，建立“月会商、季协调、半年汇报”的工作机制，推进供给侧结构性改革，全年完成地区生产总值194.31亿元，比上年增长6.20%；一般公共预算总收入15.63亿元，增长2.10%；一般公共预算收入10.95亿元，增长2.30%；工业总产值268.66亿元，增长6.90%。落实上级稳增长政策，全面实行“营改增”，兑现涉企资金1.75亿元，争取上级补助13.02亿元，比上年增长11.70%。提格县陶瓷发展委员会，落实政策、文化、设计、科技、市场“五个引领”的陶瓷产业发展思路，制定实施鼓励陶瓷企业技改、股改上市、科技创新、抓大扶小等政策，列入省市级龙头企业15家，列入省重点上市后备企业2家，恒忆、阳光创艺在新三板挂牌上市，获全国第二个国家级出口陶瓷质量安全示范区，实现陶瓷产值199.49亿元。成立县工业设计协会，举办陶瓷工业设计大赛，获评省、市工业设计中心各1家，五洲陶瓷“有机花插”产品获德国红点奖银奖，全社会研发投入占地区生产总值比重达2.30%，居全市首位。编制《旅游发展总体策划和近期行动计划》《石牛山国家级旅游度假区总体规划》，成功收回石牛山景区经营权，推进九仙山等7个项目建设，龙门湖列入省级水利风景区，获批创建国家全域旅游示范区，全县游客量达347.20万人次，实现旅游收入19.10亿元。推进现代农业示范区建设，完成支农支出5.67亿元，与石狮市合作共建全省首个“飞地粮仓”，19家企业列入市级第八轮农业产业化市级重点龙头企业、市级以上合作社示范社7家，“十八学士”茶花、“黑兔”列入农产品地理标志登记产品，“茶油奶奶”荣获中国国际农产品交易会金奖，优仙发铁皮石斛、恋南山黄花远志茶荣获海峡两岸林业博览会金奖，完成农业总产值20.25亿元。建成市网商虚拟产业园德化园区，在美国、俄罗斯设立陶瓷跨境电商海外仓，主导制定陶瓷电商4项国家标准和1项省地方标准，获评省级电子商务进农村示范县、全省供销系统电子商务示范县、中国快递服务五十佳县，入围全国“2016年跨境电商创业最活跃的25个县”，全县网络零售交易额达19.60亿元。积极做好促进外贸回稳向好工作，新增进出口经营权企业92家总数达428家，自营出口15.68亿元，同比增长11.23%。

【项目攻坚】 2016年，开展加快项目建设“百日大会战”，拿下石牛山景区开发、西门片区改造、王厝山棚户区改造、大洋段征迁、瓷艺城和金龙中心城建设等项目，143个城乡“6+4”提升工程重点项目完成投资70.33亿元，同比增长22.95%。加密召开政银企对接会，组建成立城市投资建设公司、陶艺城投资建设公司，实现项目融资23.25亿元，有效保障项目建设资金需求。制定实施清理闲置用地、鼓励工业项目落地建设等制度，争取土地、林地指标59.20公顷、115公顷，完成供地302.60公顷、获批农用地转用和土地征收103.30公顷、征地434.80公顷、拆迁房屋26万平方米。设立重大项目前期审批服务办公室，推进建设项目并联审批提速增效，开展全方位“月嫂”式服务，总时限压缩至38个工作日以内。围绕陶瓷上下游产业链和适合德化发展的相关产业开展招商选资，强化项目“三维”对接、回归创业、以商招商等工作，专班接洽33个在谈项目，成功引进碧桂园高端地产、美图铝业增资等19个大项目，实际到资4.09亿元，实际利用外资（验资口径）1001万美元。

【城乡发展】 2016年，厦沙高速德化段累计完成总工程量的75.60%，兴泉铁路德化段进行施工图纸设计，德化城关至永泰嵩口高速公路项目列入《福建省高速公路网规划（2016—2030）》，抓好国省干线、镇镇有干线建设，完成农村公路提级改造36.30千米。投入4.67亿元实施34个市政提升工程，实施南北畅通工程，建成停车场5个，新改建城区道路4.50千米、水电气和污水管网管道77.10千米，新开通公交线路2条。抓好“城中村”改造和城东保障房建设，推进房地产去库存，完成商品房销售面积40.01万平方米、销售额23.62亿元，分别增长56.53%、57.05%。加快特色小镇建设，三班镇列入省级特色小镇，上涌镇列入省级农村产业融合试点示范镇，水口镇、上涌镇列入省级历史文化名镇。推进美丽乡村建设，深化“千村整治、百村示范”工程，改造农村危房2.51万平方米、石结构房屋1.56万平方米，拆除违章建筑19.31万平方米，创建县级美丽乡村示范村（社区）10个，霞山村列入省级历史文化名村，新增中国传统村落5个。

【制度改革】 2016年，加快推进37项改革试点和246项具体目标任务，其中100项投资性建设项目完成投资31.95亿元。金融服务实体经济综合改革，成立金融风险防范工作小组，利用企业应急保障周转资金帮助企业周转资金3亿多元，创新艺术大师信用贷款、电商互助贷、瓷艺贷、好康贷、专利权抵押贷款等业务，存贷比提高至89.61%，不良贷款率全市县域最低。行政审批制度改革，推行“两随机一公开”工作，开展申报材料“瘦身”行动，县级行政许可和公共服务事项目全部入驻行政服务中心（分中心）及省网上办事大厅办理。商事制度改革，全面实行“五证合一”和个体户“两证整合”登记制度，新增市场主体5486户。制定落实《德化县“智慧德化”规划》，规划建设数字城管、“智慧德化应急指挥中心”，提升国家级智慧城市试点建设水平。全面实施农村土地承包经营权确权登记颁证工作，基本完成南埕镇省级农村土地承包经营权确权登记颁证试点。启动实施不动产登记制度，累计颁发不动产权证书1302本，发放不动产登记证明3454本。国家知识产权强县工程试点工作，新增授权专利1412件、马德里国际商标8件，获全省唯一中国版权金奖保护奖，国家版权局与世界知识产权组织向全球推广陶瓷版权保护“德化经验”。

【民生事业】 2016年，县财政民生支出21.92亿元，全部完成61件为民办实事项目，城镇居民人均可支配收入28887元，农村居民人均可支配收入13015元。投入1.05亿元推进9个教育重点项目建设，完善“城区小片区+农村校委托”管理，抓好校长和教师两支队伍，高考本科上线率比上年增长6.34个百分点达78.43%，成为全市首个“国家三类城市语言文字工作达标评估”县城，积极创建“教育强县”，高考本科上线率达78%。德化窑梅岭遗址列入“海丝”申遗点，承办海上丝绸之路环泉州湾国际公路自行车赛德化赛段，完成县体育场改建，老干部活动中心建成投用。医药卫生体制改革，开展省级县乡村医疗服务一体化管理试点，完善乡镇卫生院管理制度体系，加快县医院医技楼等医疗设施建设，县中医院整体搬迁投用。城镇职工“五险”参保人数增加7685人次，城乡居民养老保险续保率达99.63%，新农合参合率达99.99%，新增城镇就业7563人，农村劳动力转移就业5068人。全面启动“七五”普法工作，开展网格化服务管理工作，推进看守所迁建、应急指挥中心、公安技侦大楼等项目建设，2016年群众安全感率测评居全省前列、全市首位，以全市第一的成绩被评为“2016年度社会管理综合治理优秀县”。加大食品安全执法检查力度，成为全省首批、全市首个省级食品安全社会共治示范县。成立县扶贫开发公司，设立扶贫小额信贷风险担保金1200万元，投入扶贫资金3497万元，造福工程易地搬迁1337人，9个村列入全国乡村旅游扶贫重点村，3031人实现脱贫。党政军民抗击“莫兰蒂”“鲇鱼”台风，转移群众9403人次，安排县财政资金5000万元抓好灾后重建项目。此外，精神文明、审计、统计、物价、科普、工青妇、地方志、民族宗教、外事侨台、防震减灾、档案等工作取得新进步，党管武装五项工作居全市第一，国家文明县城考评分数居全省第一，2016年绩效考评由全市第9位上升为第3位。

【党的建设】 2016年，严格执行“九个严禁、九个一律”换届纪律，顺利召开县第十三次党代会、县第十八届人民代表大会第一次会议和政协德化县第十届委员会第一次会议，全面完成县乡换届工作。开展“两学一做”学习教育，推进“承诺、践诺、评诺”活动，推进14个软弱涣散村级党组织整顿转化和13个村（社区）活动场所建设。推行干部选拔任用全程纪实制度，完善“五步成像”考察法、县委全委会票决干部办法，由全委会票决产生23名新任乡镇党政正职和县委、县政府工作部门主要负责人。开展“戴云山讲台”干部选学活动，举办科级干部进修班、乡镇初任科级干部廉洁从政专题培训班，提高干部干事创业能力。开设“德化咱厝人”宣传专栏，弘扬正向正气正能量。深化党建工作项目化管理，组织实施56个县级党建工作重点项目，“四个一”和“党支部+”两项精准扶贫机制、“1+3”党建模式等做法得到省委书记尤权、组织部部长王宁和市委书记郑新聪的批示肯定。探索社区“大党委”、园区“大党委”等城市党建工作模式，深化“公益+党建”、“互联网+党建”工作，基层党建工作科学化水平持续提升。坚持党管人才原则，抓好工艺大师、艺术新秀、陶瓷工匠、上下游人才、企业家陶瓷“五支队伍”建设，探索培育农村实用人才带头人助推脱贫攻坚的做法荣获2016年全国基层人才工作创新最佳案例奖。推进公务用车改革，健全落实公务接待、公务用车、办公用房等制度，2016年“三公”经费下降13.70%。支持纪委推进“三转”工作，全面建立县委巡察制度，创新党风廉政建设网格化管理工作机制，推动全面从严治党向最基层延伸。开展拉网式自查自纠和“1+X”专项督查，共查处违反中央八项规定精神问题14起、处理27人，给予党政纪处分10人，开展“正风肃纪在行动”电视宣传4期，遏制“四风”问题反弹回潮。共立各类违纪案件88件，给予党政纪处分85人，移送司法机关4人。

【领导调研】 2月14日，县委书记吴深生带队深入彭村水库征地拆迁现场，实地了解彭村水库项目建设、安征迁进展以及项目办节后上班等情况，并分别召开座谈会，协调解决存在的困难和问题。

2月23至3月24日，县委书记吴深生到全县18个乡镇，分别与镇党政班子成员进行集体谈心谈话，与镇党委主要领导进行个别谈话。

3月3日，县委书记吴深生、县委副书记陈金忠、副县长刘惠煌到九仙山景区现场调研景区项目开工建设情况。

3月30日，县委书记吴深生，县委常委、统战部部长温文英，县委常委、组织部部长方建生到葛坑镇龙塔畲族村、汤头乡汤垓村调研“德化北大门”建设工作情况。

3月31日，吴深生、陈金忠带队到道畋智慧农业科技有限公司调研。

4月14日，县长欧阳秋虹，县人大常委会副主任黄耀昆、徐明侃，副县长林祖传、苏毅君，县政协副主席刘志阳调研城市建设项目和城区学校扩容提质项目建设。

4月21日，吴深生、陈金忠带队调研2016年省委省政府工作检查项目。

4月23日，欧阳秋虹、刘惠煌走访第119届广交会德化参展企业。

4月25日，县长欧阳秋虹，县人大常委会副主任张秋英，副县长林祖传、苏锡培，县政协副主席刘志阳到永泰县嵩口镇参观考察，学习全域旅游、古镇保护开发等经验做法。

4月27—28日，县委书记吴深生、县人大常委会主任王传敬带领考察团到平和、上杭、连城、安溪，参观考察学习美丽乡村建设、生态农业、乡村旅游等经验做法。

4月29日，欧阳秋虹、陈金忠、苏锡培现场办公春秋家庭农场建设项目。

5月5日，欧阳秋虹、陈金忠、温文英、林祖传等，到盖德镇中国陶瓷文化古镇“生态农业”主题园区现场办公。

5月9—11日，欧阳秋虹、苏锡培等到龙门滩、南埕、水口、桂阳等乡镇和东固、涌溪水库检查防汛备汛工作，并走访慰问贫困户。

6月8日，吴深生带队调研2016年省委省政府工作检查项目。

6月14日，吴深生到水口镇榜上村和昆坂村调研精准扶贫工作。

6月22日，吴深生到南埕镇调研精准扶贫工作。

6月22日，欧阳秋虹、连继续等到雷峰镇调研精准扶贫工作。

6月29日，县委书记梁玉华、副书记刘德旺走访慰问中国人民共和国成立前入党老党员。

7月1日，梁玉华、刘德旺、陈金忠、黄耀昆深入部分陶瓷研究所，调研德化县大师经济发展情况。

7月8日下午，梁玉华到龙浔、龙门滩、南埕、水口及龙门滩水库、涌口水库、桃花岛景区，检查指导防御2016年第1号台风“尼伯特”工作；带领有关部门、乡镇负责人，到县青少年校外活动中心走访慰问支援抗灾抢险的武警8714部队官兵。

7月15日，刘德旺、吴顺情、张秋英、苏惠生、陈维启等到闽江防洪工程德化段（城西段）、蒲坂水厂及输配水管网工程、鹏祥中小学、丁墘中小学、城南物流园和龙井片区改造等现场进行实地调研。

7月19—21日，梁玉华、刘德旺等到盖德、国宝、赤水、美湖、大铭、春美、上涌、汤头、葛坑、桂阳、杨梅、雷峰、南埕、水口等乡镇调研。

7月27日晚上，梁玉华、刘德旺等到戴云酒店，看望出席中共德化县第十三次代表大会代表。

8月10—11日，梁玉华、陈金忠、王志安、林祖传、张秋英、陈维启、刘志阳等调研重点项目建设进展情况。

9月16日，刘德旺深入南埕、水口两镇察看台风灾后情况，指导灾后重建工作。

9月28日下午，梁玉华到县青少年校外活动中心走访慰问支援抢险抗灾的部队官兵。

9月30日，刘德旺到水口指导抢险救灾工作，实地查看灾情。

9月30日，市军分区政委郑健到南埕慰问驻地抢险救灾部队。

10月10日，梁玉华到现代农林业企业调研现代农林业发展情况。

10月24—25日，梁玉华、林祖传、徐明侃、徐文福等走访县参加第120届广交会陶瓷企业。

11月1日，梁玉华一行到龙浔镇丁墘村、英山村走访结对帮扶贫困户。

11月2日，梁玉华到龙浔、浔中、三班走访部分陶瓷企业，调研了解陶瓷产业发展情况。

11月26日，刘德旺、王传敬以普通选民身份参加新一届县、乡人大代表选举投票，并分别到相关选区检查指导选举情况。

12月2日，刘德旺、吴顺情带队到县物资公司液化气充装站、王厝山棚户区改造安置房工程、阳光小学、幼儿园及周边道路工程和乐陶安置房工程现场进行安全生产检查。

12月12日，梁玉华、刘德旺到泉州工艺美院国家级出口陶瓷质量安全示范区展厅检查布展情况。

12月13日晚，梁玉华、王传敬、刘德旺、黄晓东等到人大代表驻地，看望出席县第十八届人民代表大会第一次会议的代表。

（县委办 供稿）

组织机构

【领导机构】 2016年7月29日，中共德化县第十三届委员会第一次全体会议召开，会议选举产生中共德化县第十三届委员会书记梁玉华、副书记刘德旺、陈金忠，常务委员会委员梁玉华、刘德旺、陈金忠、吴顺情、王志安、刘惠煌、林祖传、陈坚宏、林明义、黄晓东、石渊文。

重要会议

【全体会议】 4月25日，县委十二届十六次全体会议召开。会上，县委书记吴深生强调三点意见，要统一思想、要精心组织、要严肃纪律、要统筹推进。

7月29日，县委十三届一次全体会议召开。会上，县委书记梁玉华强调五点意见，新班子要有新站位、新班子要有新作为、新班子要有新风范、新班子要有新责任、新班子要有新形象。

12月9日，县委十三届二次全体会议召开。会上，梁玉华强调四点意见，领会精神、把握实质，以更加深刻的认识统一思想行动、维护核心、落实责任，以更加坚定的决心全面从严治党、理清思路、紧抓关键，以更加务实的举措加快德化发展、提振精神、干在实处，以更加强烈的担当扛起发展重任。

【专题会议】 2月18日，全县农村工作暨扶贫开发工作会召开。会上，县委书记吴深生强调三点意见，审时度势，以“清醒的研判”传导共识、凝聚动力、务实求进，以“科学的理念”稳妥践行、谋求突破、守正出新，以“强烈的意识”合力攻坚、狠抓落实。

2月18日，全县企业工作会议召开。会上，吴深生强调三点意见、遵循大逻辑，以底线思维谋划发展、抓住关键点，以战略定力推动发展、把握窗口期，以创新精神突围发展、提振精气神，以实干作风保障发展。

4月1日，全县党的建设工作会议召开。会上，吴深生强调三点意见，牢记使命，增强政治自觉、主动担当，增强行动自觉、守土负责，增强落实自觉。

4月15日，全县全面深化改革领导小组2016年第一次会议暨统筹城乡发展试点工作推进会召开。会上，吴深生强调三点意见，着眼全局和长远，强化改革落地的深度、突出关键和精准，提升改革深化的精度、增强责任和担当，加大改革落实的力度。

4月18日，全县换届风气监督暨廉政集体谈心谈话会召开。会上，吴深生强调五点要求，讲政治、强党性、讲规矩、守纪律、讲大局、有胸怀、讲责任、勇担当、讲廉洁、守底线。

10月9日，德化县乡两级人大换届选举工作会议召开。会上，县委书记梁玉华强调三点意见，高度重视，统一思想认识、突出重点，把握三条原则、强化责任，认真组织实施。

组织工作

【党组织设置和发展党员工作】 全县现有基层党组织655个，其中党委41个，党总支12个，党支部602个，党员17103名；坚持严格标准、严格把关、严格培养、严格管理，推行发展党员交叉预审、发展党员自查、抽查等做法，抽调7名乡镇党委组织干事，交叉预审乡镇发展党员材料，2016年，全县发展新党员251名，其中35岁以下的党员187名，占74.50%；大专以上文化程度的党员128名，占51%；女党员68名，占27.09%；农村党员176名，占70.12%；非公有制经济单位党员20名，占7.97%。

【“两学一做”学习教育】 2016年，抓好“坚定理想信念、增强‘四种意识’”等三个专题学习讨论，紧扣主题，紧贴实际，让党员学得进去、议得起来；县委主要领导带头履行第一责任人职责，带头参加学习、上党课，县委常委会带头组织专题学习研讨；根据农村、社区、非公企业、机关事业单位等不同类型党员实际，分类组织开展党员“承诺、践诺、评诺”工作，把学习教育的任务具体化、精准化、差异化；创新学习教育载体，利用坂里省委旧址等红色资源和“干事创业标兵”、九仙山气象站等先进典型，围绕组织党员重温一次入党誓词等“七个一”开展学习教育，举办“两学一做”知识竞赛，激发党员学习热情，编发《德化“两学一做”学习教育内部情况通报》13期；坚持以学促做，把党员“承诺、践诺、评诺”工作落实到城镇建设、抢险救灾、深化改革、扶贫攻坚等各项具体工作。

【换届选举】 乡镇班子换届　召开全县组织工作例会暨县乡领导班子换届工作业务培训会议，制定县乡党委换届工作方案，实行“两推两荐一公示”办法推选县乡党代表，对乡镇党委换届和县党代表推选工作严格把关；组建11个县委干部考察组，对18个乡镇领导班子、全县845名科级领导干部进行全面考察，开展领导班子换届全额定向推荐，对200多名乡镇换届提名人选，进行干部档案审核和个人有关事项报告核实；成立3个换届纪律督导组，县委书记、县纪委书记、县委组织部部长分别与乡镇党政正职、重点岗位干部进行专题谈话，与全县800多名领导干部和1400名党代表签订“严肃换届纪律承诺书”，完善综合举报受理平台，营造风清气正换届环境；坚持好干部标准，统筹考虑年龄、性别、民族、党派、专业等因素，换届后乡镇领导班子配备221人（其中“六类人员”28名），具有2年以上乡镇工作经历的人员198人，占89.6%；平均年龄40.3岁，比换届前下降0.3岁；大学及以上学历的217人，占98.2%，比换届前提高3.7%，乡镇换届工作全部按时完成。

县级班子换届　改进候选人推荐、提名、核查办法，优化代表、委员结构，完善选举环节流程，配合市委干部考察组，做好县级领导班子和处级干部、市管副处级后备干部人选的推荐、考察，做好市第十二次党代会代表、市第十六届人

7月27日，中国共产党德化县第十三次代表大会在县会议中心召开

（图/县委组织部）

民代表大会代表的推荐和选举工作；组织召开县第十三届党代会，配合做好县人大、政府、政协换届选举工作，选举产生新一届县四套班子领导、县纪委领导和29名市十二次党代会党代表、28名市第十六届人民代表大会代表，市委对德化四套班子换届人事安排方案全部实现。

【干部教育培训】 制定干部教育培训计划，实施“六换工程”（培训换脑、机器换工、电商换市、产品换新、管理换优、股改换骨）；举办科级干部进修班、乡镇初任科级干部廉洁从政专题培训班，协调县、乡党校及各基层党委按照年初拟定的145个培训班次，开展处级干部网络教育培训，选送60多名处级、科级干部参加上级各部门组织的各类培训，选派2名科级党外代表人士到石狮市、市科技局挂职锻炼、2名干部到宁夏对口支援；创新“戴云山讲台”干部选学活动，推出“县绿色发展的未来展望”等3期讲座，发动200多名科级干部参与选学，探索跨部门学习交流平台；结合“两学一做”学习教育活动，发挥红色教育基地先进典型示范作用，开展情景式、体验式、案例式教学；建立干部教育培训工作台账，加强学员管理。

【干部人事制度改革】 完善“五步成像”考察法，坚持县管领导班子和县管干部平时考核及谈心谈话、定期分析研判制度，为县委选人用人提供依据；按照党政领导干部选拔任用“带病提拔”倒查实施办法，推行干部选拔任用全程纪实制度，组织考察对象撰写任前廉政对照检查材料，防止干部“带病提名”、“带病提拔”；制定下发《中共德化县纪委、中共德化县委组织部关于做好2016年领导干部个人有关事项报告工作的通知》，组织全县845名科级干部，按首次填报要求重新填报个人有关事项，对重点对象个人的有关事项进行抽查核实，完成20名市管副处级后备干部建议人选、59名拟提任科级职务及科级非领导职务拟平级转任领导职务人选的个人有关事项核查工作；加强纪检监察干部队伍建设，择优配齐配强18个乡镇、9个县直系统党委的纪委书记；完善县委全委会票决干部办法， 23名新任乡镇党政正职和县委、县政府工作部门主要负责人由全委会票决产生；注重从重点项目建设等急难险重岗位培养选拔干部，换届调整中，5名在基层一线工作的领导干部被安排到乡镇党委书记岗位。

【干部宏观管理】 出台《中共德化县委组织部关于进一步规范科级干部借用工作的通知》，开展重点项目抽调干部情况专题调研，了解各项目办人员抽调、管理、考核等情况，形成调研报告，拟定《规范项目办人员配置若干原则》，规范项目办人员配置；下发《关于从初中教职工转岗到非教育系统人员和被借用教师中遴选部分县乡事业单位工作人员的通知》，联合县委编办、县人社局、教育局发布遴选信息，组织报名审查及统一闭卷考试，对22名遴选入围教师进行入编置岗，强化全县教职工队伍管理；开展对选调生、大学生村官的年度考核工作，对8名2014年大学生村官进行聘任期满考核；开展干部人事档案专项审核工作，对全县1861名公务员、参照公务员管理人员及县委县政府直属的国有企事业单位中层以上干部档案进行全面审核，完成2969多卷档案更换A4盒工作，收录、更新干部档案信息846多人次；制定《关于进一步加强和改进退休干部管理服务工作的通知》，落实老干部的政治、生活等各项待遇，做好科级干部兼任社团领导职务、股级干部任免、机关事业单位工作人员基本工资调整审批等干部日常管理服务工作。

【基层党建工作】 开展乡镇党委书记、机关、村（社区）党组织书记抓基层党建工作专项述职评议，定期约谈各乡镇、县直系统党委书记，组织开好民主生活会和组织生活会，督促各级党组织书记履行全面从严治党责任；制定实施2016年度组织工作重点项目、市级、县级党建工作重点项目，建立党员县领导挂钩基层党建联系点（特色党建项目）制度，推进7项重点任务（党员组织关系排查、党员违纪违法未给予相应处理排查、基层党组织按期换届、党费收缴检查、推进“两新”组织“两个覆盖”、抓党建促扶贫攻坚、领导机关党员干部学习教育），通过列清单、收账单，以“项目化”思维促进党建工作与经济发展、改革稳定、城乡统筹等中心工作互促共融；统筹推进社区、机关、国企、学校等行业党建工作，提升党建工作科学化水平；创新“党支部+”模式，推进党建促扶贫攻坚，在全县范围内开展以“县处级领导挂钩帮扶合作社、科级以上干部挂钩帮扶贫困户”为主要内容的精准扶贫“双挂钩”工作，对相对后进和薄弱乡村党组织进行整顿帮扶；承接和选派省市县99名党员干部驻村开展工作，发挥省市县驻村干部作用，探索“一亩良田”“一碗鸡汤”“一笔资金”“一个手表”的“四个一” 精准扶贫模式；实施“党员精准扶贫工程”，依托党员互助协会开展特困党员摸底调查和精准帮扶行动，发放党员互助基金26.39万元，“党支部+”模式推进精准扶贫和驻村干部“四个一”模式经验，在省、市《组工信息》等刊物刊发；针对农村空心化、老龄化衍生的基层党建短板问题，制定下发《关于推行“1+3”统筹城乡党建工作模式的实施意见》，因村制宜优化基层组织设置，破解党组织政治功能和服务功能弱化、党员教育管理难、作用发挥难等问题，已有43个村在城区设立129个“飞地”党小组，1个村升格党总支在城区设立“飞地”党支部，4个乡镇在城区建立党员教育管理服务中心；村村联建设立党总支或联合体6个，覆盖15个村；7个乡镇21个村跨乡镇建立边界结对共建联合体；依托线下实体党支部组建6个线上网络虚拟党支部，通过线上线下联动开展学习教育、帮扶解困等服务，实现进城党员管理全覆盖。

【村级组织建设】 落实“一定三有”政策，强化村级办公场所、办公经费和村干部待遇保障，采取翻建、翻修、修缮、新建、异地购置等办法，集中力量推进13个村（社区）活动场所建设；探索推广“村自管理”机制，推行农村集体“三资”网络监管和“四议两公开”工作法、党务村务网上公开、“中心户”公开、“六要”群众工作法等做法，规范村级组织运转；落实“一好双强”优秀村级党组织带头人队伍培养措施，实行村干部异地挂职锻炼，先后选派50名贫困村党组织书记参加异地挂职；依托县乡党校等，

9月23日，由县委组织部、县人社局、团县委联合举办的“传统的意义”陶艺人才沙龙活动在蕴玉瓷庄举办 （图/县委组织部）

推行“菜单式”选学，开展农村党员实用技术培训、党规党纪等各类培训班320多班次，培训党员2.50万多人次。

【非公有制企业党建】 成立“中共德化县委非公有制企业与社会组织工作委员会”，实行委员制，统筹负责全县非公企业和社会组织党的建设工作；深化“红色力量·助推发展”活动和非公企业党建“一地一特色”“一企一品”培育，培育憨鼠、山花等一批非公企业党建工作示范点；加大城东、宝美等工业园区党建资源统筹整合力度，建设区域性党群活动服务中心，成立园区党委，理顺园区非公企业党建工作组织领导架构，健全工作机制，推进园区党建工作示范点建设；加强非公企业和社会组织党建工作，集中推进党的组织和工作“两个覆盖”，实现非公有制企业党组织覆盖率70%以上，社会组织党组织覆盖率达52.10%；探索“线上线下联建”模式，深化“公益党建”“互联网+党建”“双联工作机制”等特色项目，促使党员在促进企业生产经营、提高企业竞争力中发挥作用。

【党员服务管理】 实施党员“培源提质”工程，全县新发展党员251人，占全年指导计划数的100.40%；落实党员队伍出口“126”工作机制，处置不合格党员26名；开展党员组织关系集中排查工作，共排查失联党员17名，空挂党员21名；组建南门社区“大党委”，加强流入社区党员教育管理服务；依托全县（乡镇）进城党员管理服务中心、驻城区党支部（党小组），开展进城党员管理服务；开辟“德化咱厝人”专栏，加强“党员e家”建设，完善党员远程教育终端站点管理；开展庆祝中国共产党成立95周年系列活动，组织表彰“一先两优”对象130名；落实党内激励关怀帮扶机制，启动“关爱老年人幸福基金”和“党员互助基金”，利用“两节”“七一” 等，慰问困难党员、困难群众2500多人次；组织1700多名机关事业单位在职党员进社区报到为群众服务，推行“群众点单、支部下单、党员接单”的服务模式，组建法律问答、政策

咨询等服务队 91 支，认领服务项目 3800 多个。

【党员电化和远程教育】 制定下发《关于做好全县党员干部现代远程教育终端站点整改提级有关事项的通知》，对全县 246 个远程教育站点进行全面自查整改，修整站点 78 部，设置县进城党员教育管理服务中心远教站点，完善远程教育平台建设；不断丰富党员教育教学资源，摄制具有本地特色的课件参评全省第四届远程教育课件观摩交流活动，《奏响国歌的第一人——罗浪》专题课件获全省三等奖；制定农村党员干部现代远程教育集中教学计划，开展《筑梦中国》专题学习培训，联合县委农办做好 2016 年全省农村实用技术远程培训工作；完善德化网“党员教育”频道，坚持更新内容，设置专题栏目，发动广大党员订阅使用共产党员微信、易信，不断完善老年远程教育站点建设。

【人才队伍建设】 创建德化新型智库，吸收 460 名正高级职称或博士学位德化籍专家教授入库，健全完善各类人才资源信息库和紧缺人才数据库；继续实施陶瓷艺术创业导师和电商创客孵化计划，择优筛选出 20 名陶瓷艺术创业导师和 10 名电商创业导师，结对帮扶 50 名学员，定期组织开展创业创新咨询、辅导、培训及创业扶持等活动；举办“创新创业”“传统的意义”青年人才沙龙活动、首届“农信杯”憨鼠醉美厨姐创业大赛、首届陶艺创新技能竞赛，组织参加全国、市人才工作征文、摄影、创新案例大赛。实施陶艺人才培养“双导师”模式，通过社会导师和学院导师双渠道对学员进行学术指导或实践训练，35 名陶艺大师结对 328 名学徒，提升陶艺人才创新应用能力水平；创新人才培养交流平台，探索校企、异地联合培养人才模式，优化本土陶艺课程设置，引导县尚思小学与香港培侨小学“结对子”携手开展陶瓷艺术拓展教育，依托泉州工艺美术职业学院、山花陶瓷等培训基地开办德化·敦煌雕塑、惠安雕艺、龙泉雕塑“大师班”、国家艺术基金资助项目“陶瓷雕塑与加彩技艺人才培养”等专题培训班，邀请荷兰艺术家、中央美院师生来德陶艺创作，通过免费培训、人才互访、创作交流，提升本土人才创新创作能力水平。“双导师制”培育本土人才等经验做法在《福建组工通讯》等刊发，培育农村实用人才带头人引领农业农村发展的做法，获 2016 年全国基层人才工作创新最佳案例。举办县人才招聘交流会、人力资源招聘会，组织 33 家企业赴景德镇陶瓷大学、福州大学工艺美院定向招聘艺术总监、高级技师、设计师等急需紧缺人才 87 人，组织 5 家企业报送“6•18”海峡两岸人才交流项目 5 个、清华大学研究生社会实践项目 2 个。打造特色人才合作载体，以陶为媒，举行海丝情·陶瓷韵国际文化交流、“五洲杯”海峡两岸研究生陶瓷工业设计大赛、“百态观音——慈航普渡”全国巡回展等国内外学术交流活动，打造集体验、创作、交流、合作、收藏于一体的陶艺人才合作国际化平台。落实高级人才管理制度，组织优秀人才健康体检、解决子女入学问题，提供大中专毕业生创业资助 39.40 万元，落实市陶瓷艺术领军人才培养对象项目资金 60.7 万元。协助企业申报省高层次人才评价认定，推荐优秀人才参评各级人才荣誉，2016 年新增国家陶瓷艺术大师 5 名、传统工艺美术大师和“万人计划”领军人才各 1 名，省、市“海纳百川”高端人才 10 名，市工艺美术大师 57 名。推荐林禄扬、赖礼同参与“爱泉州·重人才”广播公益报时活动，依托“德化人才”官方微信公众号、瓷都德化、德化网等媒体，宣传本地人才先进事迹，营造尊重劳动、尊重知识、尊重人才、尊重创造的氛围。

【信息和网宣工作】 健全落实信息调研奖惩、考评、通报和部机关干部全员写信息、信息约稿、重大专题信息联合攻关等制度，全年编发《德化组工信息》23 期，向上级报送组工信息 100 多条次，被市级以上刊物采用 57 条次，得到市委和市组领导批示 13 条次，2 篇网评文章被中组部刊载，县组织工作信息调研做法在市组织系统信息调研工作座谈会上作典型发言。

（县委组织部办公室 供稿）

宣传工作

【理论武装工作】 理论学习 2016 年，制订下发《中共德化县委宣传部关于 2016 年全县理论学习安排意见》《德化县 2016 年政治理论学习季度安排表》，对全县政治理论学习进行系统安排；邀请厦门大学软件学院、省委党校、省卫计委、泉州市纪委、监察局、市委党校等举办《运用虚拟现实技术实现陶瓷产业转型升级》《法制视野下基层社会治理问题研究》《实施全面两孩政策》《党风政风监督和落实“两个责任”有关政策解读》《学习贯彻党的十八届六中全会》等系列辅导讲座；规范学习流程，审核基层党委《党委中心组学习情况季度报送表》，做好中心组学习的督查和通报工作；利用“瓷都中心组学习”“瓷都德化”“瓷都德化共产党员”等微信公众号平台，更新学习内容，累计编发理论学习文章324篇；向党员干部订阅和推荐《习近平总书记谈治国理政》《习近平总书记系列重要讲话读本（2016年版）》《胡锦涛文选》《“两学一做”学习教育手册》《全面小康热点面对面》等理论学习资料，向各级中心组编发《政治学习安排》《政治理论学习参考》12期。

理论宣讲　精选理论宣讲人员，组建业余宣讲队伍，到基层开展系列宣讲活动；举办德化县庆祝建党95周年暨“学党章党规、学系列讲话，做合格党员”知识竞赛活动；组织全县干部参加第五届社科知识有奖竞答活动，参与人数在全市前列；组织参加泉州市“两学一做”微宣讲比赛，县选手获三等奖，县委宣传部获优秀组织奖；举办宣委培训班，充实县反腐倡廉宣讲团、县未成年人思想道德建设报告团，组成上下结合的基层宣讲队伍，开展专家学者讲理论、领导干部讲政策、普通群众讲身边事的对象化、分众化、互动化宣讲活动；《增强文化自信　塑造健全人格　践行核心价值》《“呲必中国”者戒》等宣讲文稿在全市“两史三爱”主题教育活动中获三等奖；创建“戴云山讲台”，以“讲好德化故事、促进德化发展”为主题，在全县科级干部中开展选学工作；开展纪念建党95周年暨红军长征胜利80周年系列宣传活动。

理论运用　《德化县加强“三农”和扶贫开发工作的几点思考》《德化县创新“党支部+”模式推进精准扶贫》《践行新理念　开启新征程　为全面建成小康社会而努力奋斗》等理论文章和工作经验在《调研内参》《海峡通讯》《泉州通讯》等刊发；开展“歌颂新辉煌　共圆瓷都梦”主题征文活动，收到征文来稿106篇，分别评出一等奖2名、二等奖4名、三等奖6名、优秀奖15名；《整合资源创机制　形式多样育新苗》《设立基层讲坛　实行互动教学学习教育制度》等案例分获全市二、三等奖并入选《福建省社会宣传教育工作创新案例汇编》。

【舆论宣传工作】　主流宣传　突出中心工作，抓好世界陶瓷之都、“两学一做”“一带一路”“记得住乡愁”“统筹城乡发展”“党建1+3”“美丽乡村”“社会民生”等主题宣传活动；在各大媒体刊发《德化提出打造“五个瓷都”　勾勒未来五年蓝图》《实施“六大计划”　德化在行动》《“五个瓷都”逐浪高》《德化：六大行动建设现代化瓷都》《改革创新做强世界瓷都》等多篇报道；在县电台、电视台、《瓷都德化》、德化网以及《瓷都德化》《观音德化》等微信公众号上开设“德化咱厝人”，继续开设“德化精神德化人”对先进人物进行集中宣传，第一轮集中宣传了20名先进典型；省“最美农民”刘志军在全省公民道德先进典型宣传工作会上作典型发言，德化憨鼠爱心小分队入选2016年省级学雷锋活动示范点候选单位，盖德镇团委和赖鋆分获2015年度全市学雷锋活动示范点和岗位学雷锋标兵荣誉称号；采取发放传单、张贴标语、悬挂横幅、黑板报、宣传栏、专题专栏等形式，组织开展党风廉政建设、统战工作、综治平安、双拥工作、国防教育、“两违”综合治理、科普宣传、交通安全、爱国主义教育、人口与计划生育、科技、食品卫生、安全生产、政策法规、特色农业、环境保护等宣传工作。

对外宣传　邀请新华社、中新社、《经济日报》《福建日报》、中央电视台、福建电视台、《香港商报》《台湾导报》等媒体到德化县围绕海上丝绸之路、陶瓷产业、文化生态旅游等主题进行实地采访；与《台湾导报》合作推介宣传德化，做好第八届海峡论坛台湾媒体访问团到德化的采风工作，《千年瓷都德化陶瓷闻名全球》《福建山中明珠——世界陶瓷之都德化县》《世界白瓷看中国——中国白瓷看德化》等近30篇（条、次）新闻报道在台湾岛各媒体刊播；做好防抗台风宣传报道工作，台风期间，邀请20多家中央、省、市媒体到现场进行采访和宣传报道，防御台风“莫兰蒂”“鲇鱼”以及灾后恢复重建的新闻报道，在市级以上主要媒体（含各类新媒体）刊发（播）1000多条、次，其中，市级以上新闻媒体刊播730多篇（条、次），中央电视台播出22条、次，新华社通稿、新华网刊发14篇，中新社刊发29篇。

县新闻稿件被上级媒体采用、刊播情况　纸质网络方面，在市级以上纸质、网络媒体刊发、转载新闻报道4539篇（条、次），其中，国家级媒体刊发（转载）1579篇、次，《福建日报》刊发467篇；《一个茶叶罐里的“三去一降”经济学》《德化县强化监督呵护生态公益林》《德化：发挥司法保护知产主导作用》在新华每日电讯刊发；《下行中有上行 困难中有办法—闽南民营企业走访见闻》《去产能，各地还有哪些“新思路”》《福建德化加强生态建设与保护》《福建德化的陶瓷艺术世家》《艺术创意“点化”德化陶瓷》在新华社内参、新华网刊发；《读瓷》在《人民日报》副刊刊发；《戴云山深处，有个“北漂”艺术馆》在《工人日报》上刊发；《德化借“海丝”东风逐步成为“世界瓷都”》在中国日报网上刊发；《德化县境内的石牛山峰顶迎来新年第一缕阳光（图片）》等在《福建日报》头版刊发；《台湾果蔬在“道畋”扎根》在《福建日报》6版头题刊发，并配记者手记；《一个产业成就瓷都发展梦》在《福建日报》视点版四分之三版刊发，并配记者手记；《福建画报》2016年第3期10个页面刊发专题《绿色德化 乡土家常》，内容涉及陶瓷文化、民风民俗、特色小吃等。广播电视方面，在市级以上广播电视播出新闻、专题630多条，其中，中央电视台播出新闻、专题41条， CCTV-1综合频道、CCTV-10科教频道大型纪录片《一带一路》，播出世界瓷都德化陶瓷篇幅；CCTV-2财经频道《一槌定音》栏目播出陈明良大师、蕴窑吴志勇等内容，CCTV-2财经频道《经济信息联播》播出《关注版权保护 福建德化：陶瓷仿制曾经危及整个产业》《德化版权保护经验 福建：版权保护为陶瓷产业发展保驾护航》，CCTV-3综艺频道《综艺盛典》播出泉州海丝文化专场，内容涉及瓷都德化陈明良大师，CCTV-4中文国际频道《国宝档案》栏目播出《海丝传奇——远销海外“中国白”》，CCTV-4中文国际频道《中国新闻》“直通台湾”播出《德化百态观音瓷塑作品在佛光山展出》；CCTV-4中文国际频道《国宝档案》海上丝绸之路（共5集）中播出德化陶瓷内容，CCTV-4中文国际频道播出纪录片《穿越海上丝绸之路》八集，第二集《家承》播德化陶瓷文化内容，CCTV-5体育频道播出《2016环泉州湾国际公路自行车赛》，涉及德化陶瓷文化、生态旅游及德化赛段内容，CCTV-7军事农业频道《乡土》栏目聚焦德化白瓷，播出《泥土的蜕变》，CCTV-13新闻频道《新闻直播间》播出《冷空气南下 福建：测风塔变“九层妖塔”美上天 》《日内瓦：中国德化陶瓷版权保护成果展》《德化版权保护经验 版权保护 瓷都德化的新名片》等；省“两会”期间，东南卫视《东南新闻眼》创业创新节目《“十三五”最期待：创业更容易》播出德化大学生林云程创业故事，东南卫视《福建卫视新闻—主播带你游》播出《行走德化山水间 品味特色竹筒饭》，东南卫视《福建卫视新闻》播出《赖礼同：三十年坚守 水火土交融》，东南卫视播出大型季播纪录片《中国梦福建故事》第五集《窑火传千年》，东南卫视、福建电视台新闻频道播出“2016福建苏区行—突出重围特别节目”《千年瓷都：思变图新 奋力赶超》，福建电视台综合频道《2015年福建省基层最美人物发布会》播出德化最美农民刘志军、最美文化工作者邱双炯，台湾人间卫视播出《法成宪铜雕 德化观音 佛光缘双展精彩交流》，AM585东南广播《家园》专题播出《德化蔡径村月记窑：古味氤氲的陶瓷圣地》。

舆论引导　在德化网开设“全国两会”“治国理政进行时”“文明县城大家创”等专题专栏，刊发各类报道8500多条，在微信公众号“瓷都德化”“观音德化”“憨鼠微生活”等平台推送新闻5000多条；加强应急处置，引导舆论，及时启动应急预案，对“尼姑偷孩子”“德化小溪发生重大交通事故”等虚假信息进行权威辟谣，并对涉事微信公众号负责人依法进行处理。

【文明创建工作】　培育践行社会主义核心价值观　落实《泉州市培育和践行社会主义核心价值观的实施意见》，实施宣传舆论导向、文化育人、国民教育、示范引领、道德实践、社会治理等“六大行动计划”；建设社会主义核心价值观主题公园2个，把社会主义核心价值观纳入到文明县城、文明村镇、文明行业、文明单位、文明社区、文明学校等创建活动和评价体系当中；在德化广播电视台、《瓷都德化》、德化网等媒体及城区主干道、商业大街、广场、公园、公交亭等场所播放“讲文明树新风”、图说我们的价值观等公益广告4万余条（次）；开展春节、清明、端午等“我们的节日”，传扬中华传统；加强“诚信瓷都”建设，定期发布诚信“黑名单”；组织志愿者4000多人，到老人院、学校、乡镇、村开展志愿服务活动210余次，慰问特殊群体1000多名，发放慰问金及物资100多万元；实现“志愿云”应用指导100%覆盖。

文明创建常态化机制　做好基层文明创建的指导和实地调研工作；开展城区环境卫生整治行动，高分通过全国卫生县城测评；下发《德化县文明单位（学校、社区）、文明村镇（景区）创建动态管理措施（负面清单和加分项目）》《德化县精神文明创建活动管理办法》

《德化县进一步健全文明县城创建长效机制的意见》等办法意见，规范文明创建工作。

未成年人思想道德建设　健全未成年人工作制度，完善家庭、学校、社会、网络四个工作阵地建设；探索建立德化地方特色与青少年养成教育的良性互动平台，指导建设第一批城市学校少年宫；利用传统节日、重大历史纪念日以及未成年人入学、入团等重要日子，组织开展祭孔典礼、“长征故事我来讲”、经典诵读、优秀童谣传唱、有奖征文等活动。

【文化瓷都建设】　文化惠民活动　完成图书馆电子阅览室整合工作，与欧乐休闲吧共建移动书屋；龙浔镇获评全省农村宣传思想文化工作示范乡镇，南埕镇获评市级示范乡镇；组织开展文化“三下乡”、“到人民中去”、第十六届瓷都广场文化、中国共产党建党95周年及红军长征胜利80周年剪刻纸作品展、“不忘初心　廉政先行——纪念建党95周年廉政文艺演出　”、“文化信息共享工程”摄影作品展、“全闽共舞”激情广场舞、“不忘初心　瓷都筑梦”迎新年晚会等文化惠民活动180多场次；组织部分山歌传承赴厦门参加“第三届闽南山歌邀请赛”表演活动，组队参加泉州市第八届少儿电视艺术节，获舞蹈类一等奖，组队参加2016泉州市青歌赛，获优秀组织奖，组队参加“全闽共舞”首届福建省激情广场舞大赛，获泉州赛区冠军，组织美术、书法、摄影等协会会员参加各级作品评选，获市级以上奖项达31人次；组织评选第二届瓷都文艺奖，31件作品分获各类奖项，对5部优秀文化作品进行奖励；《德化当下的可能》《对联》等书籍正式出版，《友竹山房诗草选萃》在排版编印中。

陶瓷文化产业　培育新兴文化产业，推进曾成钢雕塑创作基地、屈斗宫窑遗址公园，观音山公园建设，丰富陶瓷历史文化街区、文化创意产业园项目内涵；推荐企业争取省、市文化产业专项补助资金及有关奖项参评，新增省级文化产业示范基地1家、市级文化产业示范基地3家，山花陶瓷争取国家文化艺术基金扶持资金180万元，多宝堂、华茂陶瓷、“观音德化”等争取省、市级专项资金87万元；鼓励大师走出国门开展陶瓷文化交流，组织参加首届中法文化论坛，与论坛组委会共同发起“世界陶瓷艺术大奖”，设立“中国瓷路基金”；继续推动“名师带徒”，兑现师徒奖励资金7.40万元；连紫华、颜松柳获首届中国工美行业艺术大师，陈明华、陈明良、赖礼同、苏玉峰、许瑞峰被评为中国陶瓷艺术大师（第三届）；加强版权服务，在世界知识产权组织（WIPO）总部举办中国德化陶瓷版权保护优秀成果展，并发布《版权保护促进中国德化陶瓷产业发展的研究》（英文版），向全球推广“德化经验”。

（撰稿人：孙延燕　审稿人：郑智强）

统战工作

【统战“同心”工程】　精准扶贫　2016年，开展“民企联村”精准扶贫行动，发动46家异地商会、县内外民营企业、协会等与45个贫困村结对帮扶，落实帮扶贫资金130多万元；协助泉州市留学人员暨归国创业人员联谊会到德化县高阳村开展“蓝色行动”健康公益行，捐赠30万元用于高阳村的精准扶贫，捐赠5万元建设爱心图书馆；加强港澳乡贤联络，接洽好港区全国人大代表颜宝铃回乡省新团，对接香港慈善总会对德化捐资20万元港元，香港福建希望工程基金会向三班镇紫云小学捐赠55万元港元。

义诊活动　协助组织泉籍医疗专家回归义诊活动，30多名泉州籍医学专家到县医院参加活动，发放家庭应急爱心医疗包200多个，服务群众800多人；组织“德化县统一战线医疗专家服务队”到浔中东浦社区、赤水镇西洋、苏岭村等开展义诊活动，服务群众400多人，免费赠药2万多元。

助学行动　2016年“铂汉慈善基金助学扶志工程”全程资助15名即将入学的贫困大学生和5名小学生，捐资76000元；开展“铂汉慈善基金助学扶志工程”，该工程2015年开始全程资助17名贫困大学生完成学业，2016年再度全程资助15名即将入学的贫困大学生和5名小学生，捐资76000元；开展侨界助学活动，资助贫困归侨侨眷子女学生32名，发放助学金3.35万元。

【新社会阶层人士统战工作】　与县委组织部、工商联、法院、检察院、经信局等15家单位联合，对拟推荐为市县人大代表、政协委员、县工商联会员等五个批次的非公经济代表人士进行了综合评价，完成280多名非公经济代表人士信息采集和第一轮综合评价工作；泉州泉德商会和福州德化商会成立，上海、成都、莆田等异地商会正筹备中，4年来共成立6家异地商会，基层组织覆盖

5月7日，德化县统一战线医疗专家服务队——走进浔中东埔社区开展义诊活动（图/县委统战部）

面不断扩大；召开“全县异地商会新春茶话会暨招商引资恳谈会”，推进“回归创业工程”，陶瓷自生釉、晟维陶瓷、春秋农场等一批回归项目落地，总投资2亿多元。县委统战部被县委、县政府评为“招商选资”先进单位，县委统战部、县工商联各1名干部被评为先进工作者。

【港澳台及海外统战工作】 接洽香港福建希望工程基金会、南九龙狮子会访问团，世界李氏宗亲总会，香港颜氏宗亲等5个组团100多人次；接待海外华侨华人、港澳同胞等8个团组150多人次；以“海丝情·陶瓷韵”“第二届国际当代陶瓷驻地创作与展览”“第七届海峡两岸生物多样性与森林保护文化研讨会”等为载体，加强交流交往。出台《德化县人民政府关于鼓励和支持台湾青年来德创业就业的实施意见》；以涉台经贸展会为平台，开展农产品采购订货会、海峡项目成果交易会，对接项目55个，投资11.60亿元。下拨补助资金1.50万元，开展“百侨帮百村”活动；走访慰问贫困归侨55人次，发放资金5.97万元；推荐港澳人士担任市政协委员2名、县政协委员9名。成立浔中镇侨联，赤水镇侨联被省侨联首批命名为“侨胞之家”。

【党外人士队伍建设】 通报全县经济社会发展和统战工作开展情况，听取党外代表人士意见建议，解决有关问题；开展纪念孙中山先生诞辰150周年活动，在浔中镇乐陶小学设立孙中山铜像，邀请孙中山孙女孙穗芳现场揭幕；完成统一战线人物调查，收录统战人物190多名，出版印发《德化县统战人物名录》700多本，为全市第一本统战人物名录；协助九三学社泉州市德化县小组升格为“九三学社泉州市德化县支社”，召开成立大会，选举产生第一届领导班子成员；建立党外代表人士“人才库”，党外后备干部19名，占总数15.70%，新提拔1名党外副科级干部，推荐2名党外科级到市干部异地挂职，选送3名无党派人士、3名党外干部参加泉州市社会主义学院无党派代表、党外干部培训班；推荐10名党外人士担任政协泉州市第十二届政协委员，占66.70%；政协德化县第十届委员会委员和常委会组成人员中党外人士分别为108名和22名，分别占61.50%和65%；党外县人大代表72人，占38.70%，党外县人大常委7人，占30.40%。

（撰稿人：黄文山　审稿人：叶剑华）

精神文明建设

【文明创建活动】 全国文明县城创建　2016年，召开迎检动员会、推进会，落实《2016年全国文明县城测评体系》（任务分解）、“门前三包”责任制，加大督查力度和密度，层层压实责任。在单位、学校、社区、公交站亭、公园广场等实现公益广告100%覆盖，在德化电视台、《瓷都德化》报、德化网专题宣传文明县城创建工作情况，进一步扩大公众知晓率。12月，高分通过2016年度文明县城测评，成绩位居省文明委组织测评文明县城序列第一名。

文明行业创建　印发《2016年德化县创建文明行业活动意见》，组织开展创建文明行业竞赛活动。制定《文明创建动态管理措施》，加强文明单位日常管理，改进创建方式。协助做好2015—2017年度全国文明单位、全国文明镇初评工作，做好2015—2017年度省级文明单位初评工作。下发《文明创建薄弱工作清单》，建立问题台账，提升整体创建水平。

文明村镇创建　对照测评体系，前置工作任务，开展各类农村精神文明创建活动。继续推进结对共建工作，在完善基础设施、服务“三农”、开展志愿服务等方面进行共建帮扶。召开全县文明乡镇创建工作座谈会，开展基层调研37次。

10月28日，德化县纪念中国共产党成立95周年暨中国工农红军长征胜利80周年经典诗词诵读比赛活动——“学长征精神 做红色传人”在县影剧院举行

（图／县文明办）

【公民思想道德建设】 模范选树 蒋玲玲入选“网上中国好人馆”，全市仅2人。苏雪华获评福建省“最美志愿者”。林嘉辉入选“福建好人榜”。章明财、林秀香被评为第五届泉州市道德模范。在德化电视台、《瓷都德化》报、德化网刊播模范人物事迹共14期。继续推进“善行义举”立榜活动，在各乡镇、社区（村）、学校公开栏等设立130多个“善行义举”榜。

“我们的节日”主题活动 在春节、元宵节期间，开展新春摄影展、春联迎新春、篮球赛、“大鼓吹”、舞龙舞狮等文体和民俗活动；在清明节期间，全县各单位共计4000多人次到塔尖山祭扫革命烈士墓，参观革命烈士纪念馆，追思先烈的崇高品质，发放文明祭扫宣传材料20000份；在端午节期间，各社区开展“爱心粽子”庆端午、诗歌赏析会等活动；在中秋节期间，开展“发微博，颂中秋”、爱心下乡、关爱慰问孤寡老人等特殊群体活动；在重阳节期间，开展孝文化诗文诵读比赛、“敬老暖心”等爱心活动30多场，为留守老人送上生活用品和节日祝福。

公共文明提升 印发《关于开展“深化创建全国文明县城·公共生活好言行”系列主题活动的实施方案》，编发《德化县市民文明手册》2万本，指导各级文明单位开展遵德守礼、文明规范、优质服务活动，全县各级文明村镇、文明单位、文明学校共开展文明交通宣传教育活动400多场次，开展文明旅游主题教育270多次。开展“八不”行为规范活动，公共场所实现“八不”公益广告100%覆盖，各单位结合实际，开展各类实践活动150多场次。

公益广告宣传 设置“讲文明树新风”、“图说我们的价值观”、中国梦、“八不”行为规范等公益广告，使公益广告宣传日常化，营造“位置显著、版面醒目、类型丰富、密度集中”的宣传强势。

社会诚信建设 德化县人民法院在德化网开设“失信黑名单”，2016年共曝光94期。银行在个人信用信息平台定期滚动信用信息。全县共开展诚信主题实践活动54场次。积极培育典型，弘扬诚信瓷都模范人物，章明财获评第五届泉州市诚实守信类道德模范。

网络文明传播 开展网上精神文明创建活动，各级文明单位全部建立网络文明传播队伍，定期开展培训，规范网上文明传播活动。建立公益性上网服务场所，严格规范管理娱乐场所、网吧、银（荧）屏声频、游艺机经营场所。加强网络阅评员队伍建设，组织网络阅评员开展正面引导180多次，加大对社会热点难点问题的监测和研判，妥善处理县域网络舆情事件。

【志愿服务工作】 健全工作制度 印发《德化县2016年志愿服务工作实施方案》，健全工作机构、保障经费投入、完善活动机制、弘扬志愿精神。在全省率先开展“志愿云”系统应用县级培训会，印发《“志愿云”系统应用操作手册》，文明单位参训率100%。推动社区志愿服务建设，实现社区志愿服务队全面覆盖，完善巾帼、青年、党员、行业等各类志愿者队伍建设。

志愿服务活动 共组织志愿者4000多人次深入乡镇村和老人院、学校等慰问关爱特殊群体1000多名，发放慰问金和物资100多万元。组织志愿者8000多人次，开展文明交通、法律咨询、慈善捐助、义务献血、义演义诊、环境保护等志愿活动210多次。落实文明单位挂钩帮扶制度，实行文明单位与挂钩村、社区点对点承包法律援助、医疗保健、环境整治等服务项目，全面推进“三关爱”志愿服务常态化。

民间志愿服务　引导民间志愿服务团体发展，调动市民参与志愿服务活动的积极性。重点做好憨鼠爱心小分队的品牌建设，帮助协调解决相关问题，引导其健全制度，完善管理。加强对民间志愿服务工作的推报宣传力度，中国文明网、福建文明网、泉州文明网刊发介绍德化县民间志愿服务工作经验共31篇次。

【未成年人思想道德建设】　健全未成年人工作制度　坚持每季度召开一次未成年人联席会议，研究部署未成年人工作。进一步加强未成年人思想道德建设，构建“学校、社会、家庭、网络”四位一体工作机制，合力推动未成年人思想道德建设。组织4所市级文明学校与3所乡村学校少年宫结成共建对子，定期开展送科技、送文化、送知识、送健康和志愿帮扶、帮教等各种活动。

深化未成年人道德实践　2人获评第二届泉州市美德少年，向上级媒体推送人物事迹6人次，扩大宣传影响力。开展“道德模范进校园”活动，以先进人物事迹教育学生崇德向善。举办各类学雷锋演讲比赛、诗歌会、文艺晚会40多场，丰富道德实践形式。在中小学部署开展“清明祭英烈”“百名美德少年展示”“向国旗敬礼”等网上签名寄语主题实践，组织开展“长征故事我来讲”演讲活动、“长征诗词经典诵读”、优秀童谣征集展示活动。

搭建家校合作平台　举办家教讲座和咨询活动50多场次，听课家长4万多人次。在城区7所幼儿园开展社区早教活动，让幼儿家长掌握幼儿教育方法。各学校利用母亲节、父亲节、六一儿童节等重要节日，组织开展“同学习、共成长”亲子读书、“瓷都儿女·幸福家庭”亲子陶艺比赛、“亲子远足”、绘画制作比赛等亲子实践活动；开展“生日问候”感恩行动等，培养学生动手能力，对学生进行感恩教育。

社会教育延伸　开展关爱未成年人志愿服务“牵手行动”，发挥县大学生志愿者联盟作用，组织志愿者到各个社区开展暑期阳光义教，免费为社区未成年人开展音乐、英语培训和课业辅导；组织17名大学生志愿者走进外来务工人员子女集中的兴南、湖前、南门、东埔等社区，开展“青春自护 暑期安全”宣传教育活动。德化县未成年人思想道德建设报告团到各中、小学校开展报告100多场次，受教育人数近7万人次。

（撰稿人：邱振堆）

县直机关党务

【思想建设】　2016年，县直机关各级党组织学习宣传贯彻党的十八届六中全会精神和省市县党代会精神；建立健全县直机关“两学一做”工作示范点24个，其中有9个是典型示范点，并于5月、9月两次对县直机关党组织开展“两学一做”学习教育活动情况进行督促检查；8月份在县职业技术学校举行2016年县直机关入党积极分子培训班开班暨德化县直机关党员教育活动基地启动仪式。

【组织建设】　建立健全述职评议制度　3月份以县委文件下发《建立县直党委书记抓机关党建工作专项述职制度的通知》（德委〔2016〕35号），并于年初召开县直系统党委书记抓机关党建工作述职评议会，由工委书面汇报2015年机关党建工作开展情况，县直机关14个党委书记围绕履职情况和工作亮点、存在的主要问题及原因、下步工作思路和主要措施展开述职。

结对共建活动　持续推进机关与社区、机关与机关、机关与学校、学校与学校、学校与农村、机关与农村党组织结对共建活动，工委党支部带头推进，全县已有80个党支部开展结对共建，逐步实现资源共享、互帮互促、共同提高的目的。

党支部建设　常态化推进“六好”党委、“五好”党支部创建活动，规范党内组织生活，建立健全七项组织生活制度，修改完善考评标准。县直机关新成立党支部6个，合并党支部1个，撤销党支部9个，更名党支部2个；同时，指派专人对县直机关各级党组织发展对象进行审核，共审核发展26人，确保县直机关发展党员的质量。完成县直各党委换届选举工作。12月底，指导县直14个县直党委做好换届选举工作。

【作风建设】　开展主题实践活动　10月31日下午，召开县委常委会议，专门听取县直党工委关于《全市机关学习贯彻市党代会精神暨“机关党旗红，‘五个泉州’在行动”主题实践活动部署会主要精神和县直党工委工作情况汇报》，传达学习部署会议精神，要求全县机关各级党组织和广大党员把思想统一到部署会议精神上来。

6月28日，德化县庆祝建党95周年“学党章党规、学系列讲话，做合格党员”知识竞赛在在县供电公司举行　（图／县直机关党工委）

落实党风廉政建设责任制　深入学习《习近平关于党风廉政建设和反腐败斗争论述摘编》，组织县直各党委与所属党支部、党支部与党员签订《落实党风廉政建设责任制工作责任书》，层层传导责任。同时，将党风廉政建设纳入机关干部教育培训总体工作，对县直机关入党积极分子、新党员进行党风党纪教育，并组织参观反腐倡廉教育基地、勤政廉政建设基地。

【系列活动】　与团县委联合举办“瓷都单身青年联谊活动”、“瓷都好声音”等活动；与县委宣传部、县教育局联合举办“歌颂新辉煌　共圆瓷都梦”主题征文活动；举办“激扬诗篇颂党恩”诗歌大赛，其中2篇获一等奖；与县纪委、县委组织部、供电公司党委联合举办庆祝建党95周年“学党章党规、学系列讲话，做合格党员”知识竞赛活动；与县委宣传部、戴云山国家级自然保护区管理局联合举办“德化人拍德化事”手机摄影比赛。

（县直机关党工委　供稿）

老干部工作

【两项待遇落实】　政治待遇　2016年，对全县离退休党员情况进行摸底，筹备成立离退休干部党工委；以“两学一做”学习教育和学习贯彻《意见》精神为重点，加强离退休干部“两项建设”（思想建设和组织建设）；坚持落实学习日、工作通报会等制度，抓好老干部政治理论学习和思想政治工作；组织老干部开展专项学习和宣传“最美老干部”活动；组织开展纪念中国共产党成立95周年和中国工农红军长征胜利80周年系列活动，传达党的各项方针政策；组织离（退）休干部参加县农村工作和企业工作会议等，让老干部进一步知政、议政、参政。

生活待遇　贯彻执行省、市提高老干部生活待遇和医疗待遇等相关政策，出台县调整离休干部、5月12日，退休干部及县处级退休干部公务费标准（由每人每年800元调整为每人每年1500元），及时、足额发放老干部各项经费；建立健全易地安置离退休干部联系慰问制度，春节、七一等重大节日，县四套班子领导带队走访慰问离退休干部、建国前入党老党员，重阳节慰问“登十”老干部等，2016年在纪念中国共产党成立95周年和纪念长征胜利80周年之际，县领导走访慰问10位中华人民共和国成立前入党的离休老干部，另外安排专项资金走访慰问安置在山东、河北、宁夏的离（退）休干部及遗属；关心特困和患病老干部，开辟就医绿色通道，实行医药费“记账式”管理实报实销、“一免三优先”“结对子”和上门服务等措施，及时到医院或上门探望住院老干部；发动社会力量关心照顾老干部，团县委等单位开展“敬老、助老、爱老”志愿者服务活动，县医院、中医院定期派出医生到老年大学为老干部讲授老年保健知识，县广电网络公司、文体局、自来水公司、公交公司等单位在有线电视收看、旅游景点门票、供水、公交卡办理等方面给予费用优惠或减免。

【活动阵地建设】　加强老干部活动中心工程建设管理，发挥老年大学在全县老年教育中的主阵地作用，加强对基层老校的办学指导，推动基层老年教育健康发展；充实壮大未成年人思想道德报告团队伍，开展爱心助学、帮教转化等活动，实施“百万大手牵小手”关爱活动，促进未成年人健康成长。

【志愿队伍建设】　普及推广老年远程教育，让县乡老年学员共享“福建老年学习网”的网络学习资源；成立由9名退休干部组

5 月 12 日，德化县老干（年）活动中心落成　（图 / 县老干局）

成的网络宣传员骨干队伍，引导离退休干部在网上积极发声；建立以“五老”为主体组成的未成年人思想道德建设报告团，报告团成员 56 人，开展法制教育、心理健康教育、思想道德、家庭教育、师德教育等报告活动；成立老科技工作者科普志愿团（成员 20 人）、憨鼠社区老协爱心小分队（成员 16 人）、老干局志愿服务队（成员 15 人），开展以邻里守望、共筑和谐、生态文明为主题的“三关爱”志愿服务活动；成立老年大学艺术团（团员 72 人），进入社区向群众宣传党的政策，歌颂家乡的发展变化。

【系列活动开展】 全年受邀作报告 58 场次（其中思想道德 8 场，心理健康 14 场，法制教育 16 场，师德教育 5 场，家庭教育 15 场），受教育青少年 4.1 万多人次；开展评选德化 “最美老干部”活动，以颜美斯先进事迹为典型，加大对“最美老干部”的宣传力度；开展党课专题讲座，举办“跟党走”文艺专场演出和“美丽夕阳·敬老爱老”趣味游园活动，联合县中医院开展义诊活动，组织气排球、竞技麻将、乒乓球、趣味钓鱼比赛；老科协、老促会，老协会开展科技帮扶、爱心服务等活动，开展活动 5 场次；甄选一些责任心强、具备摄影和文字功底的退休干部担任网络宣传队伍骨干，利用省老年网等平台，展示德化经济社会发展情况，为德化各项事业发展增添正能量。

（撰稿人：陈志成）

党校

【干部培训】 主体班次培训　2016 年，联合县委组织部联合举办科级进修班一期，培训时间一个月，参训学员 42 名；联合县纪委、县委组织部联合举办乡镇初任科级干部廉洁从政专题培训班一期，培训时间一周，培训初任乡镇科级干部学员 35 名。在办班培训过程中，注重突出党的理论教育和党性教育，紧密结合中心工作和培训对象素质提升的实际需要，开拓创新，精心设置培训课程，组织开展专题讲座、现场教学、异地培训等形式多样、内容丰富的系统培训，培训实效明显。

“戴云山讲台”　“戴云山讲台”由党校和县委组织部联合主办，以“讲好德化故事、促进德化发展”为主题，采取举办讲座的形式，围绕全县发展大局和干部需求，精选相关专题，供全县科级干部选学，全年共举办三次讲座，850 多人次

9 月 19 日，德化县 2016 年科级干部进修班暨乡镇初任科级干部廉洁从政专题培训班在县委党校举办　（图 / 县委党校）

科级干部参加学习，深受好评，开局良好。

理论政策宣讲　围绕中心、开展教学宣讲，结合“两学一做”学习教育、统筹城乡发展、“五个瓷都”建设和党员干部需求，组织教师教研备课，深入杨梅等乡镇和信用联社党委等县直机关，开展理论宣讲8场次，并为进城流动党员上党课。

【教师人才培养】　支持鼓励教师参加听课评课试讲等各类教学教研活动，组织参加全市党校系统第三届精品课教学竞赛活动，选派青年教师参加精品课教学竞赛，获得个人三等奖和优秀组织奖；选派3名教师参加中央党校进行为期一周的师资培训班，组织相关教师参加省、市党校举办的业务讲座5个场次；选派青年教师1名参加县驻村蹲点工作，帮扶和协调解决部分资金，支持所驻村的“美丽乡村”建设和环境整治，服务支持农村发展。

【科研咨政】　组织教研人员开展调研工作，2016年承担“新形势下加强基层干部理论教育的研究”“对德化县精准扶贫工作的思考”2个调研课题；打造“德化陶瓷文化与知识产权保护”“红色革命教育”两个专题现场教学基地；与省委党校共建对接，协助省委党校2个主体班次86名学员到德化开展现场教学活动。

（撰稿人：苏晓岚　审稿人：李远平）

党史工作

【党史征集研究】　2016年，在纪念中国共产党建党95周年和中国工农红军长征胜利80周年之际，收集、整理德化县建立党组织以来党建成就图片资料20张，并撰写《德化县建设成就简介》报送市委党史研究室；参加“泉州市纪念红军长征胜利80周年理论研讨会”，征文《传承红军精神建设‘五个’瓷都》在研讨会上交流；撰写《发展红色旅游 传承党史文化》在《泉州党史》刊发；完成《德化县革命遗址遗迹》的史料征集整理校对；继续做好中共德化党史人物资料的收集；汇总整理2015年县委大事记。

6月3日，县委党史研究室到县政协办赠阅《中国共产党德化历史》第二卷（1949—1978）

（图／县委党史研究室）

【文献编印出版】　完成《中共德化历史大事记》（2010—2014）的出版发行工作，该书力求全面收集整理县委2010—2014年重要活动情况，真实反映这五年县委带领全县人民开拓创新、锐意进取、攻坚克难，保增长、保民生、保稳定，政治、经济、文化、教育等方面取得的成绩，采用编年体例，条目式体裁，按事件发生时间顺序编写，准确客观反映中共德化县委组织开展各项工作的全貌，为加快全面建成“实力、文化、美丽、幸福、清纯”的现代化瓷都提供借鉴。

【党史宣传教育】　向全县各单位、各乡镇、中小学校图书馆赠阅《中国共产党德化历史》第二卷（1949—1978）共1000多本；结合“两学一做”学习教育活动，充分发挥党史教育基地职能作用，先后为前来党史教育基地参观学习的人员5批300多人次解说德化革命发展史，让更多人了解、宣传德化党史，提高德化党史的认知度。完成县委党建调研课题《运用德化红色旅游资源加强党员理想信念教育》；举办以县党史为题材的《铭记历史 开创未来》的专题教育讲座；为党群系统党员讲《学党史、知党情、跟党走》专题党课，进一步增强各级党组织的凝聚力和战斗力，进一步激发广大党员干部爱党爱国的热情。

（撰稿人：康泷玉　审稿人：刘劲松）

【文件资料汇编】　老区村简录编写　按照泉州市老区建设促进会关

5月10日，泉州市老促会、老区办、宁德商会和县老促会在南埕镇枣坑村联合开启第二轮全市老区村挂钩联系工作 （图/县老促会）

于编写老区村简录的工作部署，县老促会组织搜集整理编写全县131个老区村简录，8月份定稿送市老促会汇编。

新四军老同志史料编写　县新四军研究会成立相应的机构，制定工作方案，搜集整理13位老同志简历和抗日时期情况各一份，两次登门拜访了新四军老同志赵银贵（94岁）、赵文广（89岁），形成采访纪录2份；配合市新四军研究会带领泉州电视台前往采访录像、拍照，收集到其中4位老同志悼词各一份，回忆录、信件笔迹4份，发现12位同志珍藏各种纪念章等文物和用过的物品等62件，收集翻拍老同志照片14幅，按要求填写史料征集老同志花名册、抗战老同志登记表等六种表格，于8月上旬报送市新四军研究会。

罗浪史料征集　在德化革命历史纪念馆中开设“罗浪革命史迹（续）陈列室”，并组织收集《罗浪专辑》资料。年初会同县委宣传部向罗老亲属发去“关于恳请协助收集、提供罗浪生前物品资料的函”，得到罗老家人的大力支持。目前已整理部分资料和初定送交陈列室有关物品清单。

【老区村挂钩联系点】　确定南埕镇枣坑村和上涌镇桂格村为县第二轮市、县老促会挂钩联系点，联系时间从2016年至2018年。5月10日，市老促会、老区办、泉州宁德商会和县老促会等单位在枣坑村开启第二轮全市老区村挂钩联系工作。2016年来，县老促会积极配合市老促会多次深入两个村开展调查研究，了解当地经济和扶贫攻坚工作进展情况，同时协助联系有关部门和社会力量共同参与扶贫。对已确定项目市、县老促会每年分别给予5万元、2万元资金补助，市老区办也分别给每年3万元扶持，有效助推了两老区村的发展。

【老区宣传】　订阅、赠阅有关杂志　订购《红土地》《中国老区建设》等呈送四套班子领导和有关部门领导阅读；向会员赠阅《红土地》《战争年代》等杂志；与关工委、教育局联合订购《大江南北》45份赠送给全县中小学。

做好写稿投稿工作　向《中国老区建设》《大江南北》《红土地》《战争年代》等有关杂志报刊投稿16篇。其中《德化县老促会开展教育实践活动》《探索实行林地流转，推动统筹城乡发展》分别登于《红土地》2016年第7、10期；《走出贫困》经《中国老区建设》编辑部删改后以《政策一变　财富滚滚》于2016年在《中国经区建设》第5期刊出。

（县老促会、县新四军研究会 供稿）

德化县人民代表大会

责任编辑：邓纪烟

组织机构

【领导机构】 2016年12月13—16日，德化县第十八届人民代表大会第一次会议召开。会议选举产生德化县第十八届人民代表大会常务委员会主任王传敬，副主任徐明侃、连继续、苏惠生、郑荣尊，委员曾昭亮、寇文策、苏兴坚、苏华廉、林耀雄、陈成模、陈能顺、徐文曙、吴福联、许金标、彭钦毅、连素琼、陈仁海、温雅国、李松川、苏建堆、徐建新、郑永生。

【工作机构】 共7个，德化县人大常委会办公室、人事代表工作委员会、环境与城乡工作委员会、内务司法工作委员会、农村经济工作委员会、财政经济工作委员会、教科文卫工作委员会（华侨民族宗教工作委员会）

重要会议

【人民代表大会会议】 县第十八届人民代表大会第一次会议 2016年12月13—16日召开，会议听取和审议德化县人民政府工作报告，听取和审议德化县2016年国民经济和社会发展计划执行情况与2017年国民经济和社会发展计划（草案）的报告，审查、批准德化县2016年国民经济和社会发展计划执行情况

12月13—16日，德化县第十八届人民代表大会第一次会议在县会议中心召开。图为县委书记梁玉华在会上作重要讲话 （图/王双季）

12月13—16日，德化县第十八届人民代表大会第一次会议在县会议中心召开。图为县人大常委会主任王传敬在会上作县人大常委会工作报告 （图/王双季）

12月13—16日，德化县第十八届人民代表大会第一次会议在县会议中心召开。图为代理县长刘德旺在会上作县政府工作报告（图/吴朝烨）

年预算，听取和审议德化县人民代表大会常务委员会工作报告，听取和审议德化县人民法院工作报告，听取和审议德化县人民检察院工作报告，审议德化县人民政府关于县十七届人大一次、二次会议议案决议执行情况的报告。

会议表决通过县政府、县人大常委会、县法院、县检察院等6个报告的决议；投票选举王传敬为第十八届人民代表大会主任，徐明侃、连继续、苏惠生、郑荣尊为第十八届人民代表大会副主任；刘德旺为德化县人民政府县长，吴顺情、陈祥端、张秋英、苏锡培、陈维启、赖有为、蒋文强为德化县人民政府副县长；苏益铮为德化县人民法院院长；王声典为德化县人民检察院检察长。与会代表向大会提出议案3件，建议、批评和意见263件。经议案审查委员会审查，《关于加快石牛山景区开发建设的议案》2件合并为1件列入大会议程，《关于解决城区"停车难、行车难"问题的议案》转为建议办理。归类合并后，会议共收到代表建议、批评和意见258件。

的报告与2017年国民经济和社会发展计划，听取和审议德化县2016年预算执行情况及2017年预算（草案）的报告，审查、批准德化县2016年预算执行情况的报告及2017

12月16日，新当选的县十八届人大常委会领导合影，从左依次为郑荣尊、连继续、王传敬、徐明侃、苏惠生（图/县人大办）

【常务委员会会议】 十七届人大常委会第三十次会议 2月26日召开，县人大常委会主任王传敏主持会议。会议听取和审议《德化县人大常委会2016年工作要点和监督工作计划》、县人大常委会内司工委关于2015年规范性文件备案审查工作情况的报告。

十七届人大常委会第三十一次会议 4月29日召开，县人大常委会主任王传敬主持会议。会议听取和审议县人大常委会执法检查组关于德化县实施《民用爆炸物品安全管理条例》情况的执法检查报告；开展对《城市房地产开发经营管理条例》执法检查审议意见研究处理情况满意度的测评，经无记名投票测评，结果为基本满意；会议审议通过《德化县人民代表大会常务委员会关于开展部门工作评议的办法（试行）》《德化县人民代表大会常务委员会关于开展专题询问的办法（试行）》；会议还审议有关人事免职议案。

十七届人大常委会第三十二次会议 6月29日召开，县人大常委会主任王传敬主持会议。会议听取和审议县人大常委会执法检

5月4日，县人大常委会主任王传敬（左二）视察重点项目

（图/县人大办）

查组关于德化县实施《中华人民共和国固体废物污染环境防治法》情况的执法检查报告，县人大常委会调研组关于县生态休闲农林业发展情况的调研报告、县社保资金管理使用情况的调研报告；对《中华人民共和国食品安全法实施条例》执法检查审议意见研究处理情况进行满意度测评，经无记名投票测评，结果为基本满意；审议有关人事任免议案并举行宪法宣誓仪式。会议首次开展对县教育发展情况专题询问工作。

十七届人大常委会第三十三次会议　7月15日下午，县十七届人大常委会举行第三十三次会议，县人大常委会主任王传敬主持会议。会议审议有关人事任免议案，并举行宪法宣誓仪式。会议决定：接受欧阳秋虹辞去德化县人民政府县长职务，报县人民代表大会备案；接受洪志强辞去德化县人民法院院长、审判委员会委员职务，报县人民代表大会备案；接受林建平辞去德化县人民检察院检察长、检察委员会委员、检察员职务，报经泉州市人民检察院检察长提请泉州市人大常委会批准后，报县人民代表大会备案。刘德旺任德化县人民政府副县长、代理县长；苏益铮任德化县人民法院审判员、审判委员会委员、副院长、代理院长；王声典任德化县人民检察院检察员、检察委员会委员、副检察长、代理检察长，报泉州市人民检察院和泉州市人大常委会备案。

十七届人大常委会第三十四次会议　8月25日下午召开，县人大常委会主任王传敬主持会议。会议听取和审议县人民政府关于农村扶贫开发工作开展情况的专项工作报告；听取和审议县人大常委会执法检查组关于实施《中华人民共和国母婴法》情况的执法检查报告；开展对《民用爆炸物品安全管理条例》执法检查审议意见研究处理情况的满意度测评，经表决测评结果为基本满意；听取和审议县人民政府关于2016年上半年国民经济和社会发展计划执行情况的报告；听取和审议县人民政府提出的县审计局关于2015年预算执行和其他财政收支审计情况的报告；听取和审议县人民政府关于2015年财政决算和2016年上半年预算执行情况的报告；听取和审议县人民政府关于提请审议批准2016年地方政府债务限额及新增债务限额安排情况的议案；审议通过《德化县人大常委会关于批准德化县2015年财政决算的决议（草案）》《县人民政府关于提请审议批准2016年地方政府债务限额及新增债务限额安排情况的议案》。会议审议通过有关人事任免议案，并举行宪法宣誓仪式。会议决定，接受张传晖辞去德化县人民政府副县长职务；免去林祖传、苏毅君、刘惠煌德化县人民政府副县长职务；赖有为、蒋文强任德化县人民政府副县长。

十七届人大常委会第三十五次会议　9月30日下午召开，县人大常委会主任王传敬主持会议。会议审议决定县、乡两级人民代表大会代表换届选举日为2016年11月26日；审议通过关于设立县乡两级选举委员会及县选举委员会办公室和办事处的决定；审议通过县人民代表大会换届选举工作方案。

十七届人大常委会第三十六次会议　10月28日上午召开，县人大常委会主任王传敬主持会议。会议听取和审议县人大常委会视察组关于视察德化县重点项目建设情况的视察报告；听取和审议县人大常委会执法检查组关于实施《中华人民共和国统计法》情况的执法检查报告；审议通过县人民代表大会常务委员会关于召开德化县第十八届人民代表大会第一次会议的决定。会议还开展德化县城区行车难停车难问题专题询问。

十七届人大常委会第三十七次会议　12月6日上午召开，县人大常委会主任王传敬主持会议。会议听取和审议县人民政府关于县十七届人大五次会议代表建议、批评、意见办理情况的专项工作报告；听取和审议县人大常委会视察组关于视察德化县普法依法治县工作情况的视察报告；听取和审议县人民政府关于“六五”普法工作和“七五”普法规划情况的报告，并作出相关决议；听取和审议县人民政府关于大力实施浐溪流域清水工程议案决议执行情况的报告；听取和审议县人民政府关于提请审议德化县2016年国民经济和社会发展计划主要经济发展预期目标调整方案的议案；听取和审议县人民政府关于提请审议2016年预算调整方案的议案；听取县十七届人大常委会代表资格审查委员会关于县十八届人大代表资格的审查报告；讨论通过县人大常委会工作报告；审议决定县十八届人大一次会议有关事项。

十七届人大常委会第三十八次会议　12月10日上午召开，县人大常委会主任王传敬主持会议。会议审议决定：接受黄武群辞去县第十八届人民代表大会代表职务，并予以公告。

监督工作

【听取和审议一府两院专项工作报告】　2016年8月25日，十七届人大常委会第三十四次会议听取和审议县人民政府关于农村扶贫开发工作开展情况的专项工作报告；12月6日，十七届人大常委会第三十七次会议听取和审议县人民政府关于县十七届人大五次会议代表建议、批评、意见办理情况的专项工作报告；12月6日，十七届人大常委会第三十七次会议听取和审议县人民政府关于大力实施浐溪流域清水工程议案决议执行情况的报告；12月6日，十七届人大常委会第三十七次会议听取和审议县人民政府关于县“六五”普法工作和“七五”普法规划情况的报告；

【听取和审议计划、预算执行情况和审计工作报告】　8月25日，县十七届人大常委会第三十四次会议听取和审议县人民政府关于2016年上半年国民经济和社会发展计划执行情况的报告；8月25日，十七届人大常委会第三十四次会议听取和审议县人民政府提出的县审计局关于2015年预算执行和其他财政收支审计情况的报告；8月25日，十七届人大常委会第三十四次会议听取和审议县人民政府关于2015年财政决算和2016年上半年预算执行情况的报告；12月6日，十七届人大常委会第三十七次会议听取和审议县人民政府关于提请审议德化县2016年国民经济和社会发展计划主要经济发展预期目标调整方案的议案，会议决定批准该议案；12月6日，十七届人大常委会第三十七次会议听取和审议县人民政府关于提请审议2016年预算调整方案的议案，会议决定批准该议案。

【执法检查】　4月7日，开展实施《民用爆炸物品安全管理条例》情况执法检查；4月29日，十七届人大常委会第三十一次会议听取和审议县人大常委会执法检查组关于德化县实施《民用爆炸物品安全管理条例》情况的执法检查报告；5月26日，开展实施《固体废物污染环境防治法》情况执法检查；6月29日，县十七届人大常委会第三十二次会议听取和审议县人大常委会执法检查组关于德化县实施《固体废物污染环境防治法》情况的执法检查报告；8月3日，开展实施《中华人民共和国母婴保健法》情况执法检查；8月25日，县十七届人大常委会第三十四次会议听取和审议县人大常委会执法检查组关于实施《中华人民共和国母婴保健法》情况的执法检查报告；10月13日，开展实施《中华人民共和国统计法》情况执法检查；10月28日，县十七届人大常委会第三十六次会议听取和审议县人大常委会执法检查组关于实施《中华人民共和国统计法》情况的执法检查报告。

代表工作

【专题调研】　2016年2—3月，开展县养老机构建设用地选址情况调研，调研组采取召开座谈会、实地查看、查阅资料、异地学习考察、向社会征求意见和实证分析等形式，分析养老机构建设现状与需求，并提议新寨一期片区、城后坂、炭湖坂作为县养老机构建设用地，其中，新寨片区为建设养老机构首选之地，城后坂和炭湖坂为备选用地；5月，开展县生态休闲农林业发展情况调研，调研组听取县人民政府关于县生态休闲农林业发展情况汇报，并深入龙浔镇英山村江山美人庄园、汤头乡福山村春秋家庭农场等实地察看生态休闲农林业发展情况，到福清市、闽候县调研当地生态休闲农林业发展情况；6月13—14日，开展县社保资金管理使用情况调研，调研组听取县人民政府关于县社会保障资金管理使用情况汇报，深入到县人力资源和社会保

9月20日，县人大常委会主任王传敬（前排左二）组织视察重点项目进展情况（图/吴有森）

障局、卫生和计划生育局、民政局、残联、地税局、龙浔镇、三班镇、成艺陶瓷有限公司等部门、乡镇和企业进行现场调研，又延伸抽查一家医院和一家保险公司，详细了解县社会保障资金管理使用的基本情况、主要做法和成效以及存在的不足，并就如何加强社会保障资金管理进行深入探讨；9月20日，视察县2016年重点项目建设情况，视察组到王厝山安置房建设项目、乐陶安置房、新秀园、美图铝业生产项目、蒲板水厂及输配水管网工程、彭村水库蒲板安置区建设项目、镇镇有干线葛坑至杨梅路段和下涌至汤头路段、厦沙高速德化段B1路段等进行现场视察，了解重点项目建设情况，着重了解重点工程在建设过程中存在的困难和问题，并提出意见建议；11月10日，视察浐溪流域清水工程议案决议执行情况和厦沙高速德化段水保项目、丁溪流域水土流失治理项目、科技园污水管网收集项目、宝美溪、浐溪龙东桥河段、缨溪等清水工程项目实施、任务落实情况；11月15日，视察县普法依法治县工作情况，视察组通过听取汇报、查阅资料、实地查看等方式，了解县普法依法治县工作情况以及存在的问题，并就加强法治宣传和依法治县工作提出意见建议；12月6日，县十七届人大常委会第三十七次会议作出关于开展第七个五年法治宣传教育的决议。

【专题询问】 6月29日，开展县教育发展情况专题询问，专题询问前，组织4个调研小组针对学校建设布局、教育教学质量、学校管理保障等方面情况进行深入调研。在认真分析的基础上，真正找准问题，设计好专题询问的题目。6月29日，采用一问一答、一问多个单位回答等方式开展专题询问，汇总梳理后，认真研究建议意见，形成审议意见交县政府研究处理；10月28日，开展县城区行车难停车难问题专题询问，专题询问前，组织4个调研小组围绕县城区路网规划建设情况及改善方案、停车场所规划建设情况及今后布局，道路交通配套设施规划建设情况及完善措施、交通管理经费情况及比增计划等七大方面的内容展开全面深入调研，10月28日，采用一问一答、一问多个单位回答等方式开展专题询问，并提出审议意见交县人民政府研究处理。

【工作评议】 2016年4月起，对驻德省市垂直管理单位开展工作评议。通过评议调查、会议测评和问卷测评等方式，确定评议结果，对驻德省市垂直管理单位的工作作出实事求是、客观公正的评价。

12月5日，县人大常委会在县会议中心举办新一届县人大代表履职培训（图/县人大办）

【议案办理】 听取和审议县政府关于大力实施浐溪流域清水工程议案决议执行情况的报告，提出“落实目标任务、整改存在问题、完善长效机制”的审议意见，建议县政府持续抓好餐饮业污染、工业项目区和公路工程水土流失、浐溪两岸及周边环境、非法采砂、工业污染源等专项整治，抓好污水管网和污水处理厂建设和县城饮用水源保护，使浐溪水质得到明显改善，保持或超过国家规定的Ⅱ类标准。

【信访工作】 把信访工作作为倾听群众呼声，帮助群众解决问题，维护全县社会和谐稳定的重要工作来抓，对来访来信及时按有关程序做好处理、协调、督办、落实等工作；加强同“一府两院”及其有关部门、乡镇的联系，把信访工作融于日常监督工作之中，促进信访问题解决；常委会主任、副主任亲自过问和阅批信访件，对群众关注的热点信访件做出具体批示意见。2016 年，县人大常委会受理来信来访 97 件（批）（包括上级人大转办、交办），其中来信 64 件、来访 33 批 54 人次。

【视察活动】 2016 年，县人大配合全国、省、泉州市人大到本县慰问基层代表谢利英和开展“海上丝绸之路史迹保护”“市县乡人大换届选举工作”“‘七库连通’工程建设情况”“信访工作”“《中华人民共和国旅游法》《中华人民共和国森林法》执法检查”“城市管理行政执法工作情况”“企业转型升级、城镇规划建设以及文化旅游产业”“县乡两级人大换届选举工作”“征求对泉州人大常委会工作报告和“两学一做”学习教育民主生活会的意见建议”等调研考察 12 批次。接待庐江县人大（是否有误）到本县开展“矿山生产运营、科学管理、生态环保” 1 批次。全国人大常委会委员、省人大常委会副主任邓力平带队慰问基层代表谢利英；省人大信访局副局长郭沁带队到德化县调研、考察。县人大组织外出考察“福利中心建设”“工作测评”“全域旅游发展、旅游特色小镇、主题村庄建设”“企业转型升级、城镇规划建设、文化旅游产业”“停车收费和城市建设”等相关内容 5 批次。

人事任免

【概况】 2016 年 4 月 29 日，十七届人民代表大会常务委员会第三十一次会议审议决定：免去邓瑞珊德化县人民法院知识产权审判庭庭长、审判员职务；免去周志忠德化县人民法院审判员职务。

6 月 29 日，十七届人民代表大会常务委员会第三十二次会议审议决定：陈维启任德化县人民政府副县长；曾昭亮任德化县人大常委会办公室主任，免去其县人大常委会人事代表工作委员会主任职务；寇文策任德化县人大常委会人事代表工作委员会主任，免去其县人大常委会办公室副主任职务；陈能顺任德化县人大常委会教育科学文化卫生工作委员会（县人大常委会华侨民族宗教工作委员会）主任，免去其县人大常委会办公室主任职务；免去陈文辉德化县人大常委会教育科学文化卫生工作委员会（县人大常委会华侨民族宗教工作委员会）主任职务；免去陈煌林德化县人大常委会办公室副主任职务；免去陈建辉德化县人大常委会财政经济工作委员会副主任职务；免去蒋世杰德化县人大常委会农村经济工作委员会副主任职务；陈建辉挂职任德化县人大常委会财政经济工作委员会副主任；蒋世杰挂职任德化县人大常委会农村经济工作委员会副主任；周益国任德化县发展和改革局局长；苏奕垲任德化县商务局局长；赖佳忠任德化县民政局局长；程德强任德化县住房和城乡规划建设局局长；连婷任德化县卫生和计划生育局局长；免去郑信东德化县商务局局长职务；免去陈维启德化县住房和城乡规划建设局局长职务；免去杨厚操德化县卫生和计划生育局局长职务。

7 月 15 日，县十七届人民代表大会常务委员会第三十三次会议审议决定：刘德旺任德化县人民政府副县长、代县长；苏益铮任德化县人民法院审判员、审判委员会委员、副院长、代院长；王声典任德化县人民检察院检察员、检察委员会委员、副检察长、代检察长；接受欧阳秋虹辞去德化县人民政府县长职务；接受洪志强辞去德化县人民法院院长、审判委员会委员职务；接受林建平辞去德化县人民检察院检察长职务。

8 月 25 日，县十七届人民代表大会常务委员会第三十四次会议审议决定：赖有为任德化县人民政府副县长；蒋文强任德化县人民政府副县长；免去林祖传德化县人民政府副县长职务；免去苏毅君德化县人民政府副县长职务；免去刘惠煌德化县人民政府副县长职务；接受张传晖辞去德化县人民政府副县长职务。

（县人大办 供稿）

综　述

【概况】　2016 年，德化县实现地区生产总值 194.31 亿元，比上年增长 6.2%；三次产业结构比例为 5.3:57.9:36.8；一般公共预算总收入 15.63 亿元，增长 2.1%，其中一般公共预算收入 10.95 亿元，增长 2.30%；城镇居民人均可支配收入 28887 元，农村居民人均可支配收入 13015 元。

【三农工作】　农业总产值 19.69 亿元，增长 1.30%；财政支农投入 5.67 亿元，增长 8%。新增“三品一标”认证产品 10 个，德化黑兔、“十八学士”茶花列入农业部农产品地理标志登记产品。建设农业标准化示范基地 7 个，建立市级以上农产品质量安全可追溯体系单位 11 家。新增省市级龙头企业 21 家、市级以上合作社示范社 9 家、市级家庭农场示范场 2 家。道畋智慧农业列入省重点项目、省农民创业示范基地。“茶油奶奶”荣获中国国际农产品交易会金奖、中国林业产业创新奖，优仙发铁皮石斛、恋南山黄花远志茶荣获海峡两岸林业博览会金奖。在全省率先完成国家林地占补平衡试点、实现林业碳汇挂牌交易。县农村电商运营中心被评为国家首批星创天地，获评省级电子商务进农村示范县、全省供销系统电子商务示范县。

【工业经济】　工业总产值 268.66 亿元，增长 6.90%，其中规模以上工业产值 233.28 亿元，增长 7.30%；陶瓷业产值 199.49 亿元，增长 6.20%；规模以上矿业产值 28.98 亿元，增长 10.40%；规模以上电业产值 7.88 亿元，增长 12.0%。工业纳税 5.89 亿元，其中陶瓷纳税 3.43 亿元。新办工业企业 615 家，新增亿元企业 11 家、规上工业企业 9 家，获评省、市工业设计中心各 1 家。完成工业投资 13.69 亿元，增长 16.10%，其中工业技改投资 10.4 亿元，增长 28.50%。兑现涉企资金 1.75 亿元，争取上级补助 13.02 亿元，增长 11.70%；新增市场主体 4715 户，增长 35.60%。列入省市级龙头企业 15 家、省级“两化融合”重点项目 2 个、省级高成长企业 2 家，规下转规上企业 5 家。新增国家知识产权优势企业 2 家、省创新型、科技型等企业 18 家。列入省重点上市后备企业 2 家；恒忆、阳光创艺在新三板挂牌上市，实现零的突破。

【第三产业】　第三产业增加值 71.46 亿元，增长 10.80%。社会消费品零售总额 67.13 亿元，增长 10.80%。九仙山景区、萌典御草园种植基地列入全省首批养生旅游休闲基地示范创建单位；石牛山景区获评省级生态旅游示范区，龙门湖列入省级水利风景区。列入国家全域旅游示范区创建名单。德化窑梅岭遗址列入“海丝”申遗点，德化窑遗址列入《国家大遗址保护“十三五”专项规划》。接待游客、旅游总收入分别增长 10.0%、10.10%。商品房销售 40 万平方米、销售额 23.60 亿元，分别增长 56.50%、57%。金融机构贷款余额 167.98 亿元，增长 23.10%，存贷比 89.30%。

【内外经贸】　新增进出口经营权企业 64 家，总数达 400 家。全社会出口交货值 137.64 亿元，增长 8.5%，其中自营出口 2.37 亿美元，增长 4.0%。举办海峡两岸研究生陶瓷工业设计大赛暨设计工作坊活动，举办各类大型陶瓷展 21 场次。

【项目建设】　全社会固定资产投资 111.65 亿元，增长 14.10%。143 个重点项目完成投资 78.20 亿元，增长 11.70%。争取土地、林地指标 59.20 公顷、115 公顷，完成供地

297.4 公顷、征地 434.80 公顷、拆迁房屋 26 万平方米。成立城市投资建设公司、陶艺城投资建设公司，实现项目融资 23.25 亿元。新引进招商项目 19 个，实际到资 4.09 亿元，实际利用外资（验资口径）1001 万美元。

【品牌建设】 新增授权专利 1057 件、马德里国际商标 5 件。主导制定的全省首个陶瓷电商省地方标准《电子商务交易产品信息描述规范 日用陶瓷》获批发布，获评中国跨境电商创业二十五佳县、中国快递服务五十佳县，成功创建国家级出口陶瓷质量安全示范区。荣获中国版权金奖保护奖，国家版权局与世界知识产权组织向全球推广陶瓷版权保护“德化经验”。

【城乡建设】 实施造林绿化和森林抚育 6733.33 公顷。新设 4 个社区。完成镇镇有干线 26.60 千米，提级改造农村公路 36 千米。完成龙津桥扩建，建成停车场 5 个，新改建城区道路 4.50 千米、水电气和污水管网管道 77.10 千米，新开通公交线路 2 条。改造农村危房 2.51 万平方米、石结构房屋 1.56 万平方米，拆除违章建筑 19.31 万平方米。三班镇列入省级特色小镇，上涌镇列入省级农村产业融合试点示范镇，2 个镇 1 个村列入省级历史文化名镇名村，新增中国传统村落 5 个、市级传统村落 10 个。湖坂村获评市“美丽乡村”，佛岭村、有济村获评全国美丽宜居示范村庄。列入省级水生态文明试点县。

【社会事业】 财政民生支出 21.92 亿元，占一般公共预算支出比重达 82.20%。新增城镇就业 7254 人，农村劳动力转移就业 4917 人。设立扶贫小额信贷风险担保金 1200 万元，发放扶贫小额贴息贷款 475 万元，成立县扶贫开发公司，投入扶贫资金 3957 万元，实施光伏扶贫等一批项目，组织 49 家企业或商协会与 45 个贫困村结对，列入全国乡村旅游扶贫重点村 9 个，造福工程易地搬迁 326 户 1293 人、地质灾害搬迁 49 户 203 人，1020 户 2995 人实现脱贫。有效抗击“莫兰蒂”“鲇鱼”台风，紧急转移群众 9403 人次；安排县财政资金 5000 万元，争取上级资金 4660 万元，有序推进灾后重建，302 户住房重建户春节前全部搬入新居。新农合参合率达 99.99%，城乡居民养老保险续保率达 99.63%，城乡低保基本实现应保尽保，旧村复垦城东安置房 2397 套全部竣工。投入 6620 万元，推进县医院医技楼等医疗设施建设，县中医院整体搬迁投用。投入 3.2 亿元，推进丁墘中学、阳光小学和幼儿园等 14 个教育项目建设。完成县体育场改建，老干部活动中心建成投用。城关至永泰嵩口高速列入《福建省高速公路网规划（修编）(2016—2030)》。群众安全感居全省第二位。

12 月 5 日，在由国家版权局和世界知识产权组织在广州举办的“2016 年中国版权金奖颁奖仪式上”，德化县获“中国版权金奖保护奖”

（图 / 县政府办）

【获中国版权金奖保护奖】 近年来，德化县每年投入创新资金 3 亿元以上，年开发陶瓷新产品 2 万多件，免费为企业开展版权登记，每年登记量以 20% 的速度增长，形成了政府 + 协会 + 司法“三位一体”版权保护体系。11 月，中国国家版权局在瑞士日内瓦的世界知识产权组织总部举办中国德化陶瓷版权保护优秀成果展，并发布《版权保护促进中国德化陶瓷产业发展的研究》（英文版），向全球推广德化在陶瓷产业版权保护方面的成功做法。12 月 5 日，由国家版权局和世界知识产权组织主办的“2016 年中国版权金奖颁奖仪式”在广州举行，德化县获“2016 年中国版权金奖保护奖”。

（撰稿人：阮崇文、陈志胜）

组织机构

【领导机构】 2016年12月13—16日，德化县第十八届人民代表大会第一次会议召开。会议选举产生德化县人民政府县长刘德旺，副县长吴顺情、陈祥端、张秋英、苏锡培、陈维启、赖有为、蒋文强。

12月13—16日，德化县第十八届人民代表大会第一次会议在县会议中心召开。图为新当选的县政府县长刘德旺（右四）和新当选的县政府副县长蒋文强、陈维启、张秋英、吴顺情、陈祥端、苏锡培、赖有为（从左至右排列）合影

（图/王双季）

重要会议

【县政府常务会议】 2016年1月17日，召开县第四十七次常务会议，研究讨论《德化县人民政府关于进一步做好新形势下就业创业工作的实施意见》《德化县重点生态公益林布局优化调整总体规划（2016—2025）》《关于给予林一佳开除公职处分问题》等问题。

2月1日，召开县第四十八次常务会议，会议传达了《泉州市人民政府关于给予许华忠开除公职处分的决定》。

2月25日，召开县第四十九次常务会议，传达学习中央纪委、省纪委、市纪委、县纪委全会精神和德化县初步贯彻意见及《关于深化落实党风廉政建设党委主体责任的暂行规定》，研究讨论《县级前置审批和行政审批中介服务事项目录》《德化县处置涉台突发事件应急预案（修订）》等问题。

3月25日，召开县第五十次常务会议，传达学习市委书记郑新聪、市政府市长康涛在全市领导干部“学习贯彻十八届五中全会精神研讨班”上的讲话精神、中央、省、市政法工作会议主要精神、《健全落实社会治安综合治理领导责任制规定》、全市计划生育工作会议精神，研究讨论《德化县人民政府党组落实党风廉政建设主体责任清单》《2016年对接上级财政资金工作计划》《德化县城市发展2016年工作计划》《德化县2016年“互联网+”工作计划》《德化县关于扶持电子商务发展的若干意见》《德化县2016年陶瓷产业发展工作计划》《德化县新一轮企业技术改造专项行动计划》《关于促进我县工业经济稳定发展的若干意见》《2016年“世界陶瓷之都·德化”品牌宣传工作计划》《关于扶持德化陶瓷品牌宣传的十条措施》《屈斗宫德化窑遗址文物保护规划》《进一步规范全县行政事业单位住房公积金计提范围》《德化县“瓷艺贷”金融业务合作协议》等问题。

4月29日，召开县第五十一次常务会议，传达学习《泉州市关于进一步落实各级党委抓全面从严治党主体责任的实施细则》、中共中央办公厅、国务院办公厅《关于坚持和完善计划生育目标管理责任制的意见》，研究讨论《2015年全县消防工作情况及2016年工作计划》《德化县居家养老政府购买服务问题》《调整县级行政权力和公共服务事项》等问题。

5月24日，召开县第五十二次常务会议，传达学习中共中央纪委《关于十三起侵害群众利益的不正之风和腐败问题典型案例的通报》、《关于三年来泉州市贯彻落实中央八项规定精神情况的报告》《关于给予郑信东同志政纪处分问题》等问题。

8月9日，召开县第五十四次常务会议，研究讨论《德化县属公司林场改革实施方案》《德化县人民政府关于进一步加强扶残助残工作加快推进残疾人小康进程的实施意见》《关于给予苏志坚、陈建炎、陈清峰政纪处分问题》等问题。

9月23日，召开县第五十五次常务会议，研究讨论《德化县“十三五”教育发展专项规划》《城区中小学、幼儿园扩容提质建设工程项目采用政府购买服务模式完成项目有关事宜》《九仙山景区相关镇村利益分成的方案》《修订<德化县土地收购储备管理规定>》《县行政服务中心项目建设的报告》《清理规范行政审批和服务事项申报材料》《关于郭传祖开除公职处分》等问题。

10月28日，召开县第五十六次常务会议，传达学习十八届六中全会公报精神和《中共中央办公厅关于认真学习宣传党的十八届六中全会精神的通知》，研究讨论《乡镇政府权责清单问题》《调整县级行政权力、公共服务事项、前置审批和行政审批中介服务事项目录》《德化县“十三五”生态文明建设专项规划》等问题。

11月28日，召开县第五十七次常务会议，研究讨论《德化县医疗机构设置及区域卫生服务体系规划（2016—2020年）》《德化县中医药发展规划(2016—2020年)》《德化县行政执法单位名单》等问题。

12月7日，召开县第五十八次常务会议，研究讨论《县级政府内部审批事项目录》《德化县政府主导融资担保公司组建方案》等问题。

【县长办公会议】 1月17日，县政府县长欧阳秋虹主持召开第四次县长办公会议，研究《2014德化县城镇基准地价应用方案（验收稿）》《德化县重点产业转型升级路线图》《德化县人民政府关于推广运用政府和社会资本合作（PPP）模式的实施意见》《泉州工艺美术职业学院与黎明职业大学、泉州经贸职业技术学院整合重组问题》等问题。

5月26日，在北京举办的首届中法文化论坛上，德化县举办了“德化·中国白陶瓷”展览 （图/县政府办）

1月25日，欧阳秋虹主持召开第五次县长办公会议，研究讨论石牛山旅游景区整改有关问题。

1月26日，欧阳秋虹主持召开县中医院整体搬迁现场办公会议。研究讨论中医院新院区整体搬迁资金问题、编制、人才招聘及职称评聘有关问题。

2月25日，欧阳秋虹主持召开第六次县长办公会议，研究讨论《县委、县政府2016年度为民办实事项目》《德化县重点产业转型升级路线图》《中共德化县委 德化县人民政府关于强化精准扶贫打赢脱贫攻坚战的实施意见》《落实发展新理念建设特色现代农业的实施意见》等问题。

3月25日，欧阳秋虹主持召开第七次县长办公会议，研究讨论《德化县关于2016年度全县计划生育工作的意见》《德化县生产安全事故灾难应急预案》《关于进一步加强环境保护工作的意见》《2016年招商引企、引智、引资工作计划》《德化县招商考核奖惩实施办法》《德化县2016年度企业、干部培训计划》《德化县审计局关于清理退出议事协调机构的报告》等问题。

4月8日，欧阳秋虹主持召开德化妇幼保健院县长现场办公会，研究讨论德化妇幼保健院项目的有关问题。

4月14日，欧阳秋虹主持召开2016年城区学校扩容提质项目建设现场办公会，研究讨论德化县城区学校扩容提质项目建设中存在的有关问题。

4月14日，欧阳秋虹主持召开城市建设项目县长现场办公会，研究讨论县社会福利中心扩建等11个城市建设项目存在的相关问题。

4月29日，欧阳秋虹主持召开第八次县长办公会议，研究讨论《福建省德化县河岸生态保护蓝线规划（2015—2030）》《德化县河岸生态保护蓝线管理制度（试行）》《德化县精神文明建设创建活动管理办法》《德化县进一步健全文明县城创建长效机制的意见》《2015年度全县绩效评估结果及运用》等问题。

4月29日，欧阳秋虹主持召开春秋家庭农场现场办公会议，研究讨论春秋家庭农场建设有关问题。

5月9—11日，欧阳秋虹分别到龙门滩镇霞碧村、硕儒村，南埕镇高泳村、半岭村、水口镇承泽村、梨坑村，桂阳乡涌溪村、桂阳村调研扶贫开发建设工作，并分别在各村部召开现场办公会，协调解决贫困村扶贫开发建设有关问题。

5月6日，欧阳秋虹在盖德镇陶瓷文化古镇项目办会议室主持召开盖德镇陶瓷文化古镇杜康坝片区项目建设现场办公会，研究讨论《德化县杜康坝高科技生态休闲农业经济园区规划》问题。

5月24日，欧阳秋虹主持召开第九次县长办公会议，研究讨论《版权登记数量奖励政策修订问题》《2015年度全县机关事业单位科级以下工作人员年度考核嘉奖及记三等功人员问题》等问题。

6月22日，欧阳秋虹带队到雷峰镇潘祠村、李溪村调研扶贫开发建设工作，并在李溪村部召开现场办公会，研究讨论贫困村建设发展有关问题。

6月24日，欧阳秋虹主持召开第十次县长办公会议，研究讨论《2016年度德化县绩效评估工作方案》《德化县开展旅游全域化试点工作实施方案》《德化县关于进一步扶持旅游产业发展的优惠政策》《三班镇上寮BT项目解决方案问题》《县广电局局网分营后债务问题》等问题。

8月9日，代理县长刘德旺主持召开2016年度县市政公用事业建设项目现场办公会议，研究讨论2016年县市政公用事业建设项目有关问题。

8月15日，代理县长刘德旺主持召开第十三次县长办公会议，研究讨论石牛山景区股权、承包经营问题、福建省德化县威隆化工有限公司、福建省德化县恭汇餐饮有限公司、陈星煌借款等有关问题。

9月23日，刘德旺主持召开第十四次县长办公会议，研究讨论《关于进一步加快教育改革和发展的实施意见》问题。

10月28日，刘德旺主持召开第十五次县长办公会议，研究讨论《推动工业项目建设奖惩规定（试行）》《中共德化县委　德化县人民政府关于在全面两孩政策环境下进一步加强计生协会工作的意见》《成立德化县城市投资建设有限公司问题》《协发光洋公司科研楼变更为商业酒店问题》《借用浔中镇文技校作为县行政服务中心业务用房问题》《中共德化县委　德化县人民政府关于贯彻落实泉州市实施创新驱动发展战略建设国家自主创新示范区的若干意见》《德化县2016年国民经济和社会发展计划主要经济发展预期目标调整方案》等问题。

11月14日，刘德旺主持召开县政府第十六次县长办公会议，研究讨论《城区区划调整问题》《在全县公民中开展法治宣传教育的第七个五年规划（2016年—2020年）》《德化县人民政府关于“抓大扶小”推动陶瓷产业集群发展若干措施的通知》等问题。

11月28日，刘德旺主持召开第十七次县长办公会议，研究讨论《德化县“十三五”安全生产专项规划》《德化县2017年城乡“6+4”提升工程重点建设项目初步安排表》《德化县生态文明体制改革实施方案》《德化县贯彻落实〈福建省推进供给侧结构性改革总体方案（2016—2018年）〉实施意见》等问题。

12月7日，刘德旺主持召开第十八次县长办公会议，研究讨论《2017年县政府工作报告》。

行政服务

【概况】　2016年4月，县行政服务中心管理委员会完成机构“三定”和转制工作，为县人民政府派出机构，规格为正科级，内设办公室、业务管理股（投诉督查股）、网络技术股3个股室，核定行政编制5名；2016年10月，组建德化县公共资源交易管理中心，核定事业编制7名，隶属县行政服务中心管理委员会。行政服务中心现入驻部门35个、审批服务事项910个，内设独立窗口21个、综合窗口2个，外设分中心9个。全年累计受理各类审批服务事项100104件，办结99387件，按期办结率、当日办结率分别为100%、80.5%。公共资源交易中心全年承接工程、产权等各类交易174宗，成交136宗9.22亿元，节约0.86亿元、增收0.26亿元。

【行政服务提升】　帮办代办服务　完善首办负责、一次性告知、否定报备、即办制度和限时办理承诺等制度，开展协办代办、延时加班1800多件次。

靠前服务　成立重大项目专人挂钩窗口服务小分队，实行责任部门窗口牵头协调制度，开展办件回访985件次、上门服务135件次，召开项目审批协调会、现场办公会10场次，项目审批累计提速272个工作日。

跟踪督查服务　每月对全县21个重大项目前期推进按五个时间节点倒排计划进行跟踪回访督查。对项目前期工作中存在的主要问题，及时梳理分析，提出意见建议；对项目业主提出的问题和需求及时向相关职能部门反馈，做好相关服务协调工作，并跟踪落实问题处理结果；对各责任单位反映的问题，能协调解决的尽量协调解决，确实难以协调解决的及时以呈阅件形式向项目挂钩领导汇报，必要时提请县政府研究解决。

【重点项目审批服务改革】 项目前期推进机制 设立重大项目前期审批服务办公室，组织开展审批业务培训和指导服务，构建专业化、全方位的前期工作服务机制。建立全省投资项目在线审批监管平台并上线试运行，落实《推进建设项目并联审批提速增效实施意见》，限时提速相关审批手续办理，总时限压缩至38个工作日以内，力促重点项目审批提速增效。

会商联审机制 实行“一月一会商，一季一排查”制度，每周召开例会汇报进展情况，每月梳理会商，每季度“回头看”，梳理问题清单，部门共同会诊，协调解决审批服务中梗阻，开展并联审批和全方位“月嫂”式服务，促进重点项目快速落地。2016年来召开周汇报会26次、月会商联审8次，排查问题15个，全部得到协调解决。

倒排倒逼机制 将策划生成和招商引资的项目列入“服务账单”，对每个节点、每个环节定时间、定责任人，定期督查并通报进度，助力“百日大会战”。其中，列入市倒排时间节点重大项目1个——德化蒲坂水厂（一期）及输水管网工程项目提前完成审批节点、开始施工；县倒排时间节点重大项目24个，提前完成审批6个，按计划完成率100%。

个性化服务机制 针对重点项目不同产业类型要求，成立不同挂钩服务团队，制定审批服务倒排进时间节点推进图，建立重点项目挂钩联系制度和市县对口部门审批联动工作机制，“一项一策”促进项目动工建设。

【审批服务“541体系”与监督检查】 审批服务“541体系” 根据县级行政许可、公共服务事项目录清单，构建“五个规范”、“四个统一”和“一个标准”“541”管理体系。“五个规范”即规范审批事项名称、申请材料、审批流程、办理时限、收费项目，督促部门将职能、环节尽可能归并到中心审批股并签订授权书，彻底清理兜底性条款，与省网上办事大厅进行业务对接和统一公开；“四个统一”即统一行政审批事项的统计口径和目录、统一使用行政审批专用章、统一行政服务中心设置、统一行政服务中心工作规则；“一个标准”即行政审批工作标准化，形成按标准办事、按流程运作、阳光化监督，创新标准实施方法和评价机制，严格审批行为和严肃审批纪律，做到清单之外无权力、清单之内必须为，规范和提高行政服务质量。

监督检查 制定窗口办件业务抽查办法，采取每周常态化抽查、每月不定期检查、窗口之间互相查、每季度联合督查等方式，对审批服务事项办件质量进行拉网式的抽查和检查。与县效能办、县委编办（审改办）联合开展简政放权专项检查4次，中心管委会开展常规检查46次，累计抽查办件近万件次。

【简政放权“六项改革”】 申报材料“瘦身”行动 牵头完成申报材料清理工作，取消申报材料368件，形成《保留的县级行政审批和服务事项申报材料指导目录》并在县政府及“中心”门户网站向社会公布。

规范行政审批自由裁量权 牵头对32个县直部门552项事项进行梳理，其中鼓励允许类445项，限制类107项，禁止类0项；需提请局领导签批或研究35项，需公示、检验、鉴定50项，需现场踏勘梳理情况139项，需技术审查梳理情况37项。

商事制度改革 分别于9月1日和10月1日启动实施营业执照、组织机构代码证、税务登记证、社

8月29日，德化县不动产权证书首发仪式在县行政服务中心举行

（图 / 县行政服务中心）

会保险登记证和统计登记证"五证合一"和个体户"两证整合"登记制度，推进部门间信息共享，为企业开办和成长提供便利化服务。共发放"五证合一" 营业执照8011份、"两证整合"营业执照1131份。

实施不动产登记制度　整合国土、住建、林业等部门相关职能，新设立不动产登记窗口，于8月29日启动实施不动产登记制度。累计颁发不动产权证书1300本，发放不动产登记证明3482本。

完善网上办事大厅　完成"中心"审批系统与省网上办事大厅的数据对接，入驻省网上办事大厅的审批服务事项910项，其中"三星级"办事标准824个、"四星级"办事标准86个，实现在线申办事项755个，报送办结业务9521件。

电子证照建设　完成单位证书及电子印章申请、电子证照的复用及事项绑定工作，梳理办件结果证照或者批文的审批事项298项，涉及24个单位，电子印章74个。

（撰稿人：苏金峤 审稿人：郑文欣）

统筹城乡

【概况】　20世纪80年代末开始实施"大城关"发展战略，率先撬开城镇化大门，2016年，德化县城区建成区26平方千米、常住人口28.70万人、城镇化率74.10%，集中了全县三分之二多的劳动力、经济总量、税收和95%的中小学生，开创了以"大产业、大城关、大生态"为主要特点的"大城关"发展模式，被中央党校作为典型案例编成课题丛书，被列为福建省首个统筹城乡发展试点县、新型城镇化试点和国家智慧城市试点县。

【农村产权制度改革】　产权交易平台建设　深化全省首个县级农村产权交易中心建设，为县农村各类产权交易提供场所设施、信息咨询、组织交易、鉴证登记等服务。自运营以来，已开展产权流转交易161宗，交易金额3.42亿元，成为农村产权便捷交易平台；库存招商引资项目181个，已成功引资项目27个，成为招商引资平台。

土地确权　推进土地承包经营权、农村宅基地和集体建设用地使用权确权登记发证试点，明确农村产权权属。南埕镇省级土地承包经营权确权登记颁证试点完成953.33公顷承包土地确权登记发证，全县确权工作也已全面启动，正在稳步实施过程中。硕儒村市级农村宅基地和集体建设用地使用权确权登记发证试点，已完成300多宗房屋的外业调查和内业资料整理，正在开展收尾工作。

土地流转　开展土地承包经营权流转试点，建设18个乡镇土地流转服务平台，建立县、乡、村三级土地流转指导、激励、验收及服务机制。目前，全县共流转耕地1089宗2026.67公顷、涉及土地承包农户1999户，主要用于种植农作物、经济作物、培育花卉苗木等。深化省级林权制度改革，推动林地流转，已完成森林资源流转面积8000公顷，已开展森林资源流转1333.33公顷。

林下经济示范基地省级试点　2016年来，林下种植黄花远志、铁皮石斛、金线莲、竹荪等69.33公顷；新办驯养繁殖许可证，新建棘胸蛙生态养殖池5000平方米以上，棘胸蛙养殖达50万只以上。

户籍管理　制定出台一系列吸引人口聚集、促进城镇化发展的户籍制度改革措施，全面放宽落户条件。2016年来落户城关两镇有1395人。制定出台《流动人口申领居住，享受二十四种政策待遇》，全面采集登记流动人口和出租房屋信息，为符合条件的流动人口办理居住证，截止目前，全县共登记流动人口2.07万人，今年来办理居住证2831张。

【城镇布局优化】　宜居城市建设　推进浐溪清水工程和城市绿化美化花化彩化，城区绿地率39.70%，绿化覆盖率43.22%，人均公园绿

12月19日，戴云山生态文化教育基地等综合业务用房动工建设

（图/戴云山国家级自然保护区管理局）

地面积13.70平方米。加快推进“智慧城市”建设试点，建立数字化城管平台，推进“数字城管”，实现资源共享，提高管理效率和水平。推进三班镇构建中国茶具城、“陶瓷重镇、绿色新城”，水口镇打造“海西生态休闲旅游度假强镇”，南埕镇创建生态名镇，提升上涌镇省级历史文化名镇创建水平。

教育布局规划　投入2亿多元扩容提质城区学校，迁建、新建、扩建中小学和幼儿园16所，建筑面积10.90万平方米，增加学位3000多个，满足进城务工人员随迁子女就学。开展教育“管办评”管理改革试点，教育管理和教育资源公共服务平台正在进行应用软件系统数据库和应用软件各个子系统建设，不断提高教育信息化管理水平。

医疗保障　持续推动将外来务工人员及其配偶子女纳入新农合参保对象工作，与本地群众享受同等的医疗保障待遇和基本公共卫生服务。深化省级县乡村医疗服务一体化管理试点，实行片区执业制，院际托管、人员互助互帮。加快华侨大学附属德化医院建设，组建孕产妇、儿童健康管理服务团队和工作。

食品监管　对全县12家视频生产企业进行风险等级评定。开展食品生产环节、药品流通环节信用体系建设试点，已在食品生产环节、药品流通环节逐步开启信用分级分类监管模式，全县14家食品生产企业，67家药品流通企业均完成“一户一档”信用档案建档，初步完成信用等级评价工作。11月，德化县高分通过省级食品安全社会共治示范县考核验收，成为全省首批、全市首个省级食品安全社会共治示范县。运用“互联网+”技术，将综治、卫计、民政、城管、环保、水利、校安、消防、林业、安全生产、公安视频监控和村镇平安视频监控等12个已建和在建的部门系统平台纳入网格化管理。

【投融资机制创新】　信贷产品　至11月末，县建行创新推出“艺术大师”信用贷款，已发放25家陶瓷艺术大师企业贷款2218万元，税易贷8户915万元。县中行创新开展“陶瓷通宝”业务，已发放1.78亿元。县联社继续推广适合小微陶瓷企业信贷产品“创业贷”，已发放贷款118户，余额3.03亿元。县联社与科技局签订“电商互助贷”金融业务合作协议，已发放29家电商陶瓷企业贷款922万元。县联社与科技局、陶瓷办签订三方协议，建立400万元双创资金池，推出“瓷艺贷”，用于支持大众创业、万众创新，已办理41家陶瓷企业贷款授信3915万元。县农行、中行开展专利权抵押贷款业务，共办理3户，金额3600万元；针对小微企业筹集“过桥贷款”，还旧借新的资金和成本压力，创新推广“无间贷”“续贷宝”等业务，实现小微企业“无还本续贷”的金融服务模式。截至11月末，泉州银行已办理“无间贷”业务79笔，金额1.4亿元。县联社办理“续贷宝”104笔，金额2.16亿元。

服务“三农”　德化农信社、农商行已通过德化县农村产权交易中心办理农村产权登记，试点发放农村住房所有权抵押贷款3笔、56万元，土地承包经营权1笔、5万元、林权抵押贷款2笔、70万元；各金融机构已发放保障性安居工程按揭贷款余额2.30亿元，中小套型普通商品房按揭贷款余额20.98亿元，其中农民购建房按揭贷款余额13.20亿元，农村住房装修小额贷款1.40亿元；德化农信社积极服务贫困户创业资金需求，已发放计生贴息贷款321万元、生源地助学贷款2283万元、再就业小额贴息贷款539万元。配合政府相关部门设立扶贫小额信贷风险担保金1200万元，由农信社按10倍杠杆发放扶贫小额贴息贷款。首批对能带动贫困户发展的四家新型农业主体授信共200万元，发放贷款2户，65万元。对17户贫困户发放贷款79万元；至11月末，农业发展银行德化县支行对城东整体城镇化建设等民生基础设施项目授信32亿元，已发放农村土地复垦项目贷款8.80亿元，工业园区开发投资公司3.80亿元，德化自来水公司0.70亿元。德化农行、工行、中行对厦沙高速贷款授信18亿元。泉州银行德化支行、德化农行对彭村水库贷款贷款授信5亿元。

（县统筹城乡办　供稿）

农村工作

【精准扶贫】　精准帮扶到户　2016年，确定全县贫困户2048户、5887人（其中国定517户、1336人，省定799户、2300人，市定732户2251人）。采取“两平台一张纸”管理办法，通过“全国扶贫开发建档立卡信息系统”和“德化县精准扶贫信息平台”，以及贫困户信息档案纸质资料，规范建立贫困户帮扶信息档案。建立县四套班子领导每人结对帮扶2户贫困户、科级以上干部结对帮扶至少1户贫困户制度，落实一户一方案、一户一策等措施；落实省市下派干部及乡镇驻村干部帮扶制度，衔接落实省市领

8月19日，县农业局技术人员到南埕镇指导土地实地测绘（图／县农业局）

导干部挂钩帮扶贫困户制度；深化7个扶贫乡镇与丰泽区7个街道办事处结对帮扶，实施“民企联村”行动，全县45个村487户1422人接受省、市、县共45家企业帮扶等（其中省结对3个、市结对20个、县结对22个）。

三项扶贫重点　造福工程扶贫搬迁，今年上级下达的县造福工程易地搬迁任务1200人，已完成上报1275人（其中国定38人、省定70人），完成率达106.25%。扶贫小额信贷，争取到贫困户小额信贷贴息扶持资金225万元（已发放65万元），向贫困户提供5万元以下、3年以内无抵押担保贷款，目前三班镇4家农民专业合作社与农村信用联社签订合作意向书授信200万元，三班镇、上涌镇、桂阳乡4户贫困户、1家农民专业合作社申请小额信贷70万元，已办理发放65万元，设立扶贫小额信贷风险担保金1200万元，其中争取省级扶贫小额信贷风险担保金800万元、县级财政配套400万元。技能技术培训，“雨露计划”培训10期372人次，完成培训任务的74.40%。

扶贫政策措施　实行产业扶贫，结合县“三黑三黄三白三红三菌”等特色优势产业发展，引导鼓励龙头企业、农民专业合作社、家庭农场等新型经营主体积极与贫困户挂钩，带动贫困户增收；强化金融扶贫力度，为低收入农户从事种养业、家庭手工业及发展农村服务业等提供优惠贷款。实施贫困户产业发展贷款贴息扶持项目。发展“互联网+”，发展贫困村农村淘宝、农超对接、直供直销、连锁经营和“农业众筹+互联网+精准扶贫+生产基地”等新型流通业态，推动“农产品进城、工业品下乡”，带动贫困户增收。加强资金保障，成立德化县扶贫开发有限公司，注册资金30万元，专项用于异地扶贫搬迁，并在县农发行、省国开行各设两个帐户，对接上级财政资金和发放易地搬迁低息贷款，已到位资金63万元。

【土地确权】　试点工作　2015年3月至2016年1月，完成南埕镇12个村100个村民小组2793承包户952.67公顷承包土地确权登记工作，实现数据入库、建立登记簿，新的证书已印制完成，近期打印后即可发证。

全面工作　全县（除南埕镇）涉及17个乡镇180个村1619个村民小组，截至12月底，接收DOM制作项目资料5期、157个村有完整影像，完成工作底图制作157个村，基本完成土地确权调查摸底工作；完成130个村的权属调查、53个村的调查结果公示、28个村的勘误修正公示工作。组织26名技术人员分赴各村组进行地块勾绘和指认。已

4月22日，美湖镇举行“祭樟王”民俗活动（图／连江水）

基本完成调查摸底工作，公示157村，完成87%；14个乡镇54个村开展权属调查，葛坑、桂阳、汤头、水口等乡镇有39个村21567个承包地块的指认基本完成，调查面积2044.6公顷，完成内业上图21个村。

【美丽乡村建设】　2016年3个市级美丽乡村（宜居）示范村，7个市级环境整治村，累计完成投资12270万元，落实建设项目47个。9个县级美丽乡村，累计完成投资2040万元，落实建设项目35个。水口镇湖坂村获评“泉州市美丽乡村”，盖德镇有济村获评“泉州市美丽乡村入围村”。

【农村集体“三资”管理】　开展农村集体资产和财务管理情况专项督导检查，规范村级工程建设招投标，制定出台《德化县人民政府办公室关于进一步加强村级工程建设项目管理的通知》，落实一事一议相关工作，没有违背农民意愿、超范围超标准现象。注重农民负担反弹监管，没有发现乱收费、乱摊派等问题，但存在个别村报刊订阅“限额”超标准等问题。

（县农业局 供稿）

机构编制

【行政审批制度改革】　完善“六张清单”　2016年，县前置审批和中介服务事项清单：经梳理和调整，保留县级前置审批事项140项，精简率23.1%，保留县级中介服务事项100项，精简率31%；乡镇政府权责清单：10月份梳理公布乡镇政府权责清单，法律法规授权乡镇政府权责事项保留197项、县级委托乡镇人民政府权责事项保留20项、县直部门派驻乡镇机构权责事项小城镇机构改革试点镇（龙浔、浔中）保留1003项、一般乡镇保留976项；县级“三张清单”：5月、10月份对县级行政权力清单、公共服务事项清单、责任清单进行两次调整，调整后，保留行政权力事项3898项、公共服务事项261项、责任事项5314项，多部门监管责任事项91项。

“双随机一公开”监管　督促相关监管单位加强与上级主管部门对接，及时制订本单位随机抽查工作实施方案，建立随机抽查事项清单、市场主体名录库、执法检查人员名录库。水利局、林业局、旅游局等20余部门已制订“双随机”实施方案上报备案，水利局、卫计局等部门已开展双随机抽查。

精简申报材料　会同县行政服务中心管委会、效能办对590项行政许可事项、公共服务事项和涉及群众、企业及其他社会组织申请办理的相关行政权力事项涉及的6054项申报材料进行清理，使申请人的申报材料尽量“瘦”“少”，取消申报材料368项，保留申报材料5686项。

政府内部审批事项目录梳理　对36个县直部门政府内部审批事项进行梳理，涵盖县直部门对其他机关及其下属事业单位的人事、财务、项目、外事等“对内”审批事项，保留64项。

【机构编制管理】　坚持控制总量、盘活存量、优化结构、动态调整原则，实现行政编制不突破中央核定的总额、机构编制总量比2012年底统计数减少、机关事业工勤人员编制只减不增目标。围绕社会发展大局，对职能减少和弱化的部门相应核减编制或进行清理整合；对职能增加和强化的部门及时调整增加编制，不断满足经济社会发展重点项目、民生领域的需求。整合原“县食品药品执法大队”、原工商局“检查大队”、原质监局“监督稽查股”职责，建立一体化、广覆盖的县市场监督管理执法大队；撤销县水利电力技术队、村镇规划勘察设计室等职能弱化的单位，撤销事业机构12个，新设立9个。根据上级的部署和要求，对相关单位的编制进行精简，行政、事业精简比例达到5%以上。

【体制改革】　行政体制改革　将县行政服务中心管理委员会调整为县人民政府派出机构，并在全市率先完成行政服务中心管委会的“三定”规定；推动政法部门优化职责配置，成立县公安局上涌市际公安检查站，为县公安局派出机构，强化治安查控工作；将住建、林业、农业部门承担的不动产登记职责统一划转到县国土局，成立县不动产登记中心，建立不动产统一登记制度；推进纪检监察、公共资源平台建设、医疗卫生等行业和领域体制改革，调整县纪委（监察局）内设机构，优化内设机构和职责设置；将全县公共资源交易管理职责整合到县行政服务中心管委会，组建县公共资源交易管理中心；完成县级和乡镇妇幼保健和计生服务机构整合，促进县、乡医疗卫生资源融合共享、优势互补。推进龙浔、浔中小城镇机构改革试点工作，组织制定两镇试点方案，稳步推进小城镇试点工作。

事业单位分类改革　推进事

业单位“三证合一”登记制度改革，做好机关事业单位统一社会信用代码赋码工作。将事业单位统一社会信用代码赋码工作与事业单位法人年度报告公示工作同部署同开展。3月底，全县296家事业单位全部完成法人年度报告公示及换发赋有统一社会信用代码的新版法人证书。为推进机关、编办直接管理机构编制的群众团体赋码换证工作，要求全县机关、群团于8月底前要全部完成统一社会信用代码赋码工作，并印发《服务指南》给各个单位，规范操作流程，提高赋码工作效率。

【中文域名注册】 按照上级要求，继续抓好机关事业单位中文域名注册或续费工作。全县424家机关事业单位注册中文域名，70家网站通过审核，并加挂网站标识。

（撰稿人：苏伟鸿 审稿人：李仁殿）

人事人才

【人事管理】 机关事业单位招考 2016年，全县招考公务员21人，录用特警2人。招考事业单位工作人员49人。组织开展“点对点”招聘，签订《就业协议书》18人。完成4名临床医学专业本科毕业生政审考察聘用工作和2011—2013级临床医学专业签约本科毕业生培训期满返回乡镇卫生院报到工作。戴云山国家级自然保护区管理局面试招聘博士生1名。不动产登记中心招录编外工作人员20名。

事业单位岗位聘任管理 完成县市政公用事业管理局等5个事业单位岗位设置管理工作。办理事业单位专业技术职务聘任1325人次。增加教育系统中高级岗位职数237个（高级52个、中级185个），组织开展细分等级晋升工作，新增岗位数568个。

干部职工培训 组织6800多名机关事业单位工作人员参加网络继续教育培训，选送7名晋升科级领导职务的公务员参加公务员任职培训，24名工勤人员通过技能等级升级考核。

干部管理任用 完成2015年机关事业单位工作人员年度考核工作，给予509人嘉奖，给予57人记三等功。以县政府名义任免干部22次233人，办理人事调动121人、股级干部任免69人、转正定级101人、学历更改42人、职级晋升25人、机关事业单位工作人员辞职6人，安置军转干部3名、随调家属1名。

【人才队伍建设】 高技能人才 继续推动国家级高技能人才培养基地建设。建成陶瓷装饰工、陶瓷工艺师两个工种技师、高级技师的社会化考评试题库。7月26-27日，举行首场社会化考评，全年共有85人（技师12人、高级技师73人）通过考评。新增省级技能大师1名（林禄扬），市级技能大师1名（苏杜村）。

专业技术人才 批准确认初级专业技术职务任职资格36人，评审通过非公有制经济初级专业技术职务任职资格276人，上报评审通过专业技术职务任职资格82人（高级34人，中级23人，初级15人）。推进中小学幼儿园教师职称改革试点，上报过渡高级教师364人、一级教师1452人；审核过渡二级教师1471人、三级教师37人。联合泉州工艺美术职业学院举办工艺美术专业技术人员培训班，优化从业人员知识结构。

人才扶持政策 组织开展2015年度泉州市民营企业高层次人才贡献奖励申报工作。9人通过智能制造产业集群高端人才认定，获得奖励13.5万元。“名师带徒”深入实施，4位师傅与9名徒弟新签定师徒协议，兑现奖励资金7.4万元。实施陶艺人才“双导师”制度，5位师傅与16名徒弟签定“双导师”带徒协议书。提供免费人事代理和保管毕业生档案，办理人事代理手续39份，新接收大中专毕业生档案1594份。

（县人社局 供稿）

信访工作

【信访基本情况】 2016年，全县群众来信来访296件次，下降10.40%。到县来访264批1945人次，比上年批次上升34.40%、人次上升28.4%，其中集体访95批1705人次，批次上升26.30%、人次上升25.90%。

【领导接访】 2016年，县委、县政府领导班子成员参加接访204人次，共接待来访群众35批60人次，受理35件信访件，已办结32件。

（县信访局 供稿）

政协德化县委员会

责任编辑：曾丽茹

组织机构

【领导机构】2016年12月12—14日，中国人民政治协商会议德化县第十届委员会第一次会议召开。会议选举产生政协德化县第十届委员会主席温文英，副主席刘志阳、林文昌、颜鸿琪、张晓文，常委委员杨庆丰、许原培、郭玉旭、林宜兴、林大利、陈永忠、陈峰、陈国金、徐永生、施能其、程德强、苏沂尧、郭金发、颜俊杰、苏明芳、许德永、赖宏忠、苏进全、赵正根、陈春塔、冯忠义、许瑞峰、邓玉堂、曾晓红、林东星、郑圻增、李志毅、郭建洲、郑永章。

【工作机构】 共4个，分别为政协办公室、专门委员会办公室、提案与文史办公室、经济科技与人口资源环境办公室。

重要会议

【常委会议】 县政协九届二十二次常委会议 2016年3月16日，县政协主席苏兴羽主持召开九届二十二次常委会议。会议协商通过《九届县政协常委会2016年工作要点》《县政协2016年专题协商、调研、视察、专题活动课题》，并部署县政协当前相关工作。县政协副主席陈明灿、李金鼠、刘志阳、林文昌等出席会议。

县政协九届二十三常委会议 7月19日，县政协召开九届二十三次常委会议。会议听取县委常委、常务副县长吴顺情通报县2016年来经济社会发展情况；就"建设德化智库"进行专题协商，县人社局、工商联、泉州工艺美术学院等单位负责人和县政协常委、受邀委员积极建言献策。

县政协九届二十四次常委会议 10月11日，县政协召开九届二十四次常委会。会议听取县政府副县长赖有为通报2016年来委员提案办理情况；就"城市公共交通建设与管理"进行专题协商，县住建局、交通局、市政局、龙浔镇、浔中镇、交警大队等单位就如何推进县城市公共交通建设与管理作专题发言，与会委员围绕议题积极建言献策。

12月12—14日，中国人民政治协商会议德化县第十届委员会第一次会议在县会议中心召开。图为县委书记梁玉华在会上作重要讲话 （图/黄谷莹）

县政协九届二十五次常委会议 11月30日，县政协召开九届二十五次常委会议。会议听取县委常委、纪委书记林明义通报县2016年度反腐倡廉建设工作情况；协商通过新一届县政协委员和县政协十届一次会议有关事宜；县政协主席苏兴羽就九届县政协常委会认真履职、务实创新、团结协作等主要特色工作进行总结。县政协领导温文英、陈明灿、刘志阳、林文昌、颜鸿琪、张晓文等参加会议。

【县政协十届一次会议】 12月12—14日，政协德化县十届一次会议在县会议中心召开。县委书记梁

12 月 12—14 日，中国人民政治协商会议德化县第十届委员会第一次会议在县会议中心召开。图为县政协第九届委员会主席苏兴羽在会上作报告 （图 / 吴有森）

玉华作开幕式讲话；九届县政协主席苏兴羽代表县政协常务委员会向大会作题为《主动作为 服务发展 为全面建成“五个瓷都”做出积极贡献》的工作报告；县政协副主席刘志阳向大会作九届一次会议以来提案工作情况报告。会议采取无记名投票和等额选举的办法，选举温文英为政协德化县第十届委员会主席，刘志阳、林文昌、颜鸿琪、张晓文为政协第十届德化县委员会副主席，并选举产生 29 名政协常务委员。闭幕式上，县政协副主席张晓文向大会作十届一次会议提案初审情况报告；审议通过县政协十届一次会议决议。会议期间，政协委员积极建言献策，共收到提案 133 件，意见建议 60 多条。

政治协商

【全面协商】 2016 年，发动和引导全体政协委员围绕全县工作大局，开展全面协商活动，提出涉及企业发展、农业工作、旅游开发、城市建设、社会事业等五大方面意见建议 35 条，并以呈阅件形式送县四套班子领导。县委、县政府主要领导对此作重要批示，要求以切切实实办理落实政协委员建议的具体成效取信于民，树立政府尽心履职、勤勉尽责的良好形象。

【专题协商】 选择事关全县经济社会发展的问题进行专题协商，会前组织人员深入一线调研，到外地学习考察，会上积极讨论，把专题协商的问题议深、议透、议准。根据协商专题需要，邀请县委、县政府领导、部门负责人和相关委员列席常委会，分别通报相关工作情况，使委员们咨情明政更有目的性，提出意见与建议更有针对性。如针对县地理位置、发展水平、创业条件以及城市功能不够完善、教育医疗资源相对缺乏等因素限制，难以引进和留住高端人才的现状，县政协围绕“建设德化智库”进行专题协商，分析智库建设存在的不足、建设德化智库的必要性，并从“智库功能定位、目标任务、运行机制”提出可操作性的意见，为建设现代化瓷都提供智力支撑。

【调研协商】 将群众关心关注热点问题作为重点协商内容，协调相关部门开展联合调研协商，先后围绕城区交通管理、食品安全、环境卫生、低保社保等热点问题开展调研协商活动，推动政府及有关部门解决民生底线问题，使民主协商更接地气。如涉及千家万户民生工程的公共交通建设与管理存在的困难和问题，深入现场调研座谈协商，提出“科学规划建设、优化公交线路、提高站点覆盖率、加大投入力度、保障安全有序运行”等建议。

民主监督

【日常监督】 2016 年，先后围绕医疗卫生、生态环境、低保社保等热点问题开展民主监督活动，推动政府及有关部门解决民生底线问题。

【重点监督】 县政协领导班子成员挂钩全县重点工程瓷都大道大洋段两侧改造一期、二期，城东三期、四期，泉州陶瓷文化古镇等项目建设，并选派机关工作人员参与重点工程建设和督查工作，推进工程建设。

【委派监督】 完善委派制和聘用备案制相结合的监督机制，委派“政治素质硬、监督能力高、参与意识强”的委员到县直执纪执法单位担任民主监督员，推荐敢讲话、讲真话的委员到相关单位担任民主监督员。县政协撰写的《发挥职能作用，提高监督实效》的民主监督工作经验交流材料，在全省政协工作座谈会上作典型发言，成为在会上发言的 4 个县（市、区）之一。

提案工作

【提案立案与办理】 县政协九届

12月14日，新当选的县政协第十届委员会主席温文英（左）和县政协第九届委员会主席苏兴羽（右）合影
（图／县政协办）

五次会议期间立案85件提案，通过列入职能部门绩效考评内容、深入承办单位协商办理、召开提案工作协商座谈会等方式，所有提案在63个承办单位的共同配合下，均在法定5个月的办理期限内全部答复完毕，委员对提案答复的满意和基本满意率达100%。加大重点、热点提案办理的督办力度，精心筛选4件重点提案和10件热点提案，成立提案督办小组，由班子成员分别牵头负责，通过专题调研视察等方式，狠抓政协提案的办理和落实，提升提案协商工作实效。

参政议政

【调研考察】 2016年，针对群众反映的城区地热供水能力差问题，组织开展“关于充分发挥地热水资源效益”专题调研，提出“回购城区地热水户头，改变商服用户地热水输送方式”等建议。围绕重大民生工程、学校扩容提质工程、养老服务体系、现代农业发展等课题，组织委员深入一线、深入基层开展专项调研视察、座谈走访等活动，形成重点课题调研视察报告8份，提出意见建议40条。如：组织视察调研生态环境领域职务犯罪预防和养老服务体系建设情况，组织委员和相关单位到赤水镇开展义诊和科技下乡活动；组织县直有关部门到龙门滩镇石室村调研村际公路拓宽改造，落实龙门滩镇“兜底式”贫困户脱贫帮扶措施和建设资金；组织委员开展结对帮扶、捐资助学等扶贫济困活动。

【民意反映】 全年收集社情民意50件，单独或综合刊发24件。其中《关于及时更新党务政务公开栏的建议》《关于降低进城务工人员购买安居工程住房资格条件的建议》《关于对龙津桥往土厝格方向的十字路口进行交通安全疏导的建议》等得到县政府及相关部门重视，及时予以解决。

交流联谊

【异地交流】 2016年，承办好全省政协教科文卫体委员会工作座谈会，协助组织好市政协委员异地视察活动；加强与外地政协的联系交往，组织到潮州、东山等学习考察；加强与驻外地县政协委员联系，到深圳、成都、郑州、厦门等走访外地委员和部分乡贤，传递乡音、联络感情；接待广西福建总商会、香港福建希望工程基金会等异地商会和民间社团到德化考察，以及驻外地委员回乡考察，寻找商机、对接项目、以商引商。

【视察活动】 2016年，县政协配合泉州市政协到本县开展“如何打造‘21世纪海陆新瓷路’”“美丽乡村建设”“彭村水库、闽江防洪工程德化段城东试验段”“汤头乡福山村春秋家庭农场”等调研考察或结对帮扶、义诊活动7批次。接待各省、市、县政协和广西福建总商会、香港福建希望工程基金会、南九龙狮子会到县开展“电子商务发展情况”“园林绿化建设和养护工作”“农村电商发展情况”“陶瓷产业发展和生态保护管理”“文庙建设及管理”“德化县陶瓷的发展历史、艺术成就和产业现状”等和顺美陶瓷文化生活馆、恒艺陶瓷等企业和乐陶片区、霞田文体园区、国际陶艺城等三个招商项目、紫云小学办学条件、扩建规划及生源等调研12批次。

文史工作

【出版文史专辑】 2016年，坚持政协文史的地方特色和资政作用，征编、出版第34辑《民国时期德化历史人物》文史专辑，编辑《德化政协工作实践2015-2016年材料汇编》。

（撰稿人：谢绍欣 审稿人：杨庆丰）

党风廉政建设

【责任落实】 2016年，协助制定《落实党风廉政建设党委主体责任的暂行规定》《县委、县纪委落实党风廉政建设"两个责任"清单》，明确县委领导班子主体责任25项、纪委领导班子监督责任23项。由党员县领导带队开展年度责任制检查及"回头看"，有针对性地约谈乡镇领导班子成员。协调做好省委、市委责任制检查"问题清单"的整改落实，涉及县纪委需整改的问题全部按要求完成。

【追责问责】 落实"一岗双责"，加大责任追究力度，对责任制落实不到位的16名干部实施责任追究，其中给予党政纪处分7人，诫勉谈话9人。贯彻落实《问责条例》，用好问责这个"杀手锏"，对工作中不正确履行职责的，敢于亮剑，严肃查处，共对12名干部进行问责，其中党政纪处分7人，诫勉谈话5人。

【换届纪律】 开展换届风气监督检查，核查党代表、人大代表、政协委员资格，对4名党员采取"停权"措施。同时，要求新提任科级职务和非领导职务转任领导职务的人选，对照《中国共产党廉洁自律准则》和《中国共产党纪律处分条例》，撰写任前廉政对照检查材料。对54名拟任职的科级干部个人有关事项报告情况进行核查。

作风巡察

【日常检查】 2016年，紧盯重要时间节点，着重检查公款吃喝、公车私用、违规发放津补贴、公款购买赠送节礼等问题。2016年，开展明察暗访36次，开展"正风肃纪在行动"，制作播出节目4期。加大违反中央八项规定精神问题的查处力度，共查处14起27人，给予党政纪处分10人、诫勉谈话12人、通报批评5人，通报曝光7期11起22人。

【专项督查】 组织财政、审计等10个职能部门，在全县范围内开展"1+X"专项督查，开展检查70次，检查单位674个，发现问题线索256个，并对问题线索逐一核实、督促整改，处理3人。

【例行巡查】 从8月下旬开始至9月底，以7个纪检监察巡察工作室为单位，组成7个检查组，采取交叉互检的方式，对全县18个乡镇及54个村（社区）、65个县直单位及15个下属单位，落实中央八项规定精神情况和财务支出情况进行全面巡察，共发现各类问题63个，对37名相关人员进行批评教育，对7名人员进行诫勉谈话。11下旬，由县纪委、农业局抽调人员组成6个检查组对156个村（社区）进行全面检查，对存在的问题督促整改。

反腐工作

【执纪审查】 2016年，受理各类信访举报191件（次），其中检控类初信初访97件（次）；立案88件，涉及乡科级干部9人；结案85件，结案率96.59%；给予党政纪处分85人，移送司法4人。

【基层贪腐整治】 严肃查处扶贫领域虚报冒领、截留私分、贪污挪用、挥霍浪费、资金滞留、失职渎职、违反财经纪律等问题，共发现问题线索22个，已核查21个，立案9件，对33人进行严肃问责，其中党政纪处分 12 人。坚决查处群众身边的腐败问题，共查处案件 16 起，处理 25 人，给予党政纪处分 20 人，组织处理 5 人，其中严重违纪涉嫌违法移送司法处理 6 人。开展涉农资金“最后一公里”专项督查，发现问题 12 个，已整改 11 个，正在整改 1 个，对工作中存在问题的 2 名单位领导进行批评教育。

【纠风治理】 2016 年来，“百姓热线”栏目播出 176 期，受理咨询投诉 174 件，已办结 172 件，办结率 98.9%；“政风行风热线”受理群众咨询投诉 331 件，办结 289 件，其余 42 件正在办理中。同时，坚持把纪律和规矩挺在前面，对苗头性问题早发现、早处置，针对党员干部不同违纪情形，及时采取批评教育、诫勉谈话、函询等方式处置。2016 年来，开展谈话函询 152 人次，第一种形态（批评和自我批评、约谈函询）和第二种形态（党纪轻处理、组织调整）占处理总人数的 90.71%，第三种形态（党纪重处分、重大职务调整）占 7.43%，第四种形态（严重违纪涉嫌违法立案审查）仅占 1.86%。

廉政宣传教育

【党规党纪教育】 结合“两学一做”学习教育，开展“五个一”党规党纪教育，在《瓷都德化》开设“党规党纪”专栏，联合举办建党 95 周年“两学一做”知识竞赛活动。邀请市纪委、监察局领导作专题辅导讲座 2 场，县委、县纪委主要领导为全县科级干部上专题党课，县委反腐倡廉宣讲团到各乡镇各单位开展讲座 63 场（次），增强党员干部的党规党纪意识。

【廉政文化活动】 配合省纪委成功举办“不忘初心 廉政先行——八闽清风·廉政文艺走基层德化专场”活动。县四套班子领导和各乡镇各单位党员干部到泉州参观“大道之行——‘两学一做’学习教育廉政书画展”，更新完善县反腐倡廉教育基地，组织开展任前廉政法规知识测试 5 场 60 人、召开任前集体谈话 1 场。加强反腐倡廉新闻报道力度，被中国纪检监察报等中央媒体采用 14 篇，福建日报等省级媒体采用 26 篇，省、市纪委网站分别采用 32 和 92 篇。

10 月 20 日，“不忘初心 廉政先行”廉政文艺德化专图场举行 （图 / 寇婉琼）

政法委及综治

【概况】 全县有136个村实现刑事"零发案"，其中刑事"零发案"村占比为63.55%。全县没有发生重大安全事故、火灾事故和死亡事故。据省、市综治委2016年公众安全感调查结果通报，德化县上、下半年群众安全感率为97.02%、97.26%，分别位列全省第八、第二，连续四季度群众安全感率均位居全市第一。

【打击"盗抢骗"等专项行动】 2016年，全县共立刑事案件1784起，比上年度下降3.36%，其中抢劫案下降25%、抢夺案件下降55.60%、电信诈骗案件下降25.88%，下降幅度较大；共破获各类刑事案件557起，其中八类暴力案件破案率达95.3%，居全市前列，发生命案3起，破3起，实现命案全破目标。检察机关加强对刑事案件的批捕、起诉和诉讼监督，共批准逮捕各类刑事案件犯罪嫌疑人140人，提起公诉356人。县法院加大对刑事案件的审判力度，共审结各类刑事案件269件318人。

【道路交通安全专项整治】 加强道路安全隐患排查整治，开展城区停车难、行车难调研，新增停车场2个、停车位100多个，有效缓解停车难问题。

【社会治安防控体系建设】 治安防控体系建设纳入"十三五"规划和"智慧德化"建设，完成城市安全信息系统4期建设，共建成高清视频监控920个。投入3500多万元，建设集全县视频监控、网格指挥、服务管理为一体的社会治理联动中心，整合收编平安视频监控1586路；投入300多万元建设村镇平安视频监控探头303个，现县城区有27个村（社区）已投建并使用村镇平安视频监控，覆盖率超过81%，均并入县应急指挥平台。推进村镇平安视频监控和城安5期建设，实现城区、重点乡镇、主干道主路口、重点区域部位视频监控全覆盖。加强治安联防队、特警队、巡防队等社会面的巡逻。加强"网安警务室"建设，建立网络舆论监测、研判、预警、处置机制，提高情报信息的搜集、预警和预防预控水平，发挥网络舆情引导队伍作用，加强对微信、微博、网站等新兴媒体的管理。

【社会治安环境治理】 严重精神障碍患者肇事肇祸问题专项治理2016年，县综治委实施以奖代补

6月17日，德化县召开综治平安建设业务培训会　（图／县委政法委）

细则，确定每位患者看护管理奖金为一个奖补年度3000元，并列入县财政年度预算。县财政单列人均1.5元，共45万元专款用于严重精神障碍患者救治保障，该款划拨县民政局，确保县政府兜底保障特殊患者救治保障。创建县、乡两级“严重精神障碍患者专项治理”微信群和随访走访工作制度。在浔中镇城东4期后所村南岭选址1.7公顷规划设计重建县精神病医院。

寄递物流安全管理专项治理 落实从业人员信息系统及实名收寄系统工程，推进视频监控系统建设，要求各从业单位重点作业区视频监控接入县指挥中心信息系统平台；企业内部专职安全员队伍，县公安、消防、交通、物流协会等联合对140名专职安全员进行培训；定期开展各类寄递安全专项检查，组织对全县88家寄递、物流企业明查暗访400家次，发现并整改安全隐患42处。

危险物品安全监管专项治理 建立完善管理制度，实行爆破作业报备、全程建档、定期不定期抽查倒查制度，对爆破作业过程中违法违规行为根据情况进行批评教育、处罚、停业。建立集中清缴排查活动制度，定期在城区和各乡镇全面开展排查、清查收缴工作，彻底追查收缴涉案爆炸物品，深挖收缴爆炸物品及原材料。建立安全监督管理，将民爆仓库监控视频逐步接入泉州城市安全信息系统，实现对民爆储存仓库实时监管，全县11家涉爆企业仓库监控全部接入城安系统，现场作业情况实现实时监管，全县21家加油站点散装汽油全面使用实名登记系统。同时，依托公安大数据，通过警务通对民用危爆物品出库、运输、使用、清退、入库等环节进行全流程、动态化、可追溯管理系统。

毒品问题专项治理 始终保持对毒品犯罪“零容忍”，把禁毒工作纳入对党政领导班子和领导干部政绩考核评价、政府绩效考核、综治考评和文明创建考核的重要内容。规范易制毒化学品管理，加强易制毒化学品经营、使用等环节监管，健全易制毒化学品信息化管理和审核审批制度，防止流入非法渠道。

电信诈骗和金融风险专项治理 2016年，全县共立电信诈骗案件275起，比上年度下降25.88%，共破获电信诈骗案件32起，打掉“伪基站”2个，捣毁电信诈骗窝点4个，抓获电信诈骗犯罪人员24名，追赃挽损50多万元；通过“电信诈骗案件侦办平台”，接警止付29起，涉案金额48.10万元；成功拦截电信诈骗19起，挽回群众损失52.40万元。

“执行难”专项治理 推进网络查控、失信公示、网络拍卖、“跨域”联动等“四个系统”建设，运用“互联网+诉讼服务平台”，提高执行效率。利用全国、全省失信被执行人公示系统以及德化网、法院官方微博、微信、LED灯等媒介，发布失信被执行人名单3378人次。完善县法院与公安交警大队建立查扣被执行人车辆协调联动机制，以建立“黑名单”、发布“悬赏令”的形式，形成打击“老赖”的协同战线。制定出台“执行清积·清纯瓷都”工作实施方案，全面清理5693件历史积案。

【审判工作】 强化知识产权司法保护，审结著作权、商标权等知识产权纠纷40件，发布全省首份陶瓷产业知识产权保护状况白皮书，邀请厦门大学教授为陶瓷企业授课，切实保护企业创新成果。版权司法保护“德化经验”得到世界知识产权组织充分肯定，并作为典型经验在瑞士日内瓦世界知识产权总部展出，在中央权威媒体予以报道；创新家事审判，化解各类家庭纠纷；加强商事审判，依法审理金融借贷合同、商业保险纠纷155件，标的6483.20万元；加强诉讼服务中心建设，积极推行网上远程立案等便民措施，进一步提升审判实效。2016年，县法院共受理各类案件12135件，结案9544件，与上年同期相比分别上升8%和6.93%。

【职务犯罪预防监督】 2016年，检察机关共监督立案3件6人，发出检察建议书38份、纠正违法通知书6份。构建多元化预防职务犯罪网络，借助“互联网+”预防职务犯罪新平台，开展生态环境领域职务犯罪专项预防工作，加大生态资源犯罪打击力度。

【法律服务工作】 2016年，开展各类法治宣传教育1700多场次，法治文艺汇演56场次、法治报告会68场次、法律知识竞赛50场次、演讲比赛72场次、编发普法短信7万多条。完善“唐寨山法治文化广场”“青少年法治教育基地”等建设，创建“中国瓷都德化普法”微信公众平台，设县级法律服务中心1个，乡镇法律服务站18个，村（社区）法律服务联系点85个，律师担任党政机关、事业单位、村（社区）法律顾问176家。2016年共办理各类法律援助案件1120件。

【平安创建活动】 *综治责任落实* 完善综治平安建设半年调研督导和

12 月 15 日，县委常委、政法委书记王志安（右三）带领部分县人大代表参观县社会治理联动中心 （图 / 县委政法委）

年底考评机制，健全和落实沟通警示、诫勉谈话、挂牌督办、黄牌警告、一票否决等综治问责措施。2016 年，县综治委共对 6 个“三率”未达标的乡镇发出整改通知，并责令限期整改；对 2 个单位因综治责任落实不到位进行通报。

社区网格化建设　目前，已建成具有全省先进水平的县级网格化服务管理中心。此经验做法在全市社会治安综合治理创新工作会议上作典型发言，并在《八闽快讯》《建设“平安福建”工作简报》等刊物发表推广。县城区以村（社区）为单位，共划分 33 个村（社区）网格，农村由相邻的 1—3 个行政村设立 1 个村级网格，共划分 74 个村级网格，按照“1+3+N”（即网格长 + 专职网格员、网格协管员、网格管理员 + 志愿者）模式配备管理队伍，共配备村（社区）网格长 107 人，专职网格员 166 人，网格协管员 166 人，专兼职网格管理员 257 人，村（社区）志愿者 658 名。同时，加快网格化服务管理信息平台和社区服务窗口整合建设，实现信息汇聚共享和多级业务联动，综治、公安、环保、食品药品、民政、消防、人社等 13 个专业模块已相继整合。

平安创建领域拓展　延伸平安创建活动向林区、景区、矿区、库区、工地以及新经济组织、新社会组织等领域，拓宽平安建设服务保障大局的作为空间。加强与相邻县的乡镇沟通联系，及时解决边界治安和矛盾问题，确保边界地区和谐稳定。开展“村际联防联调”工作，建立经常性的治安巡逻和联调机制，确保农村治安问题和矛盾纠纷及时妥善处置。

平安建设常态化宣传　定期开展“深化平安建设、提升综治三率”集中宣传活动，组织镇（村）干部、公安民警、专职网格员、治安联防队等入户走访，宣传发放《平安瓷都—安全知识大全》《春牛图》等宣传品 30 万多份。创建“平安瓷都德化”公众号和微信群，在县有线电视台、德化网等媒体开辟“平安德化”宣传专栏，创办平安德化简报内部刊物。

（县委政法委 供稿）

法治政府建设

【行政复议】　2016 年，县级领导共接待上访群众 29 批 54 人次，受理信访事项 29 件，已办结 27 件，正在办理 2 件；全县各级各类调解组织成功调处各类纠纷 825 件，调处率 100%，成功率 97.5%；各级法院受理以县政府为被告的行政案件 9 件，上级复议机关受理以县政府为被申请人（第三人）的复议案件 6 件；召开府院联席会 2 次，组织执法单位旁听行政审判 120 多人次。

【行政审批制度改革】　梳理权责清单，保留前置审批事项 140 项，精简 23.10%，中介服务事项 100 项，精简 31%；梳理保留行政权力事项 3906 项、公共服务事项 266 项、责任事项 5434 项，梳理乡镇政府保留权责事项 197 项。对 776 项行政许可事项、公共服务事项和涉及行政相对人依申请办理的 5686 项申报材料进行清理，取消 368 项，形成县级行政审批和服务事项申报材料指导目录，并在网上公告。2016 年，受理各类审批服务事项 83791 件，办结 83302 件，按期办结率、当日办结率分别达 100%、76.90%。

【行政执法监督】　做好行政执法主体资格确认和执法人员清理，梳理形成有行政执法主体资格行政机关 43 个、法律法规授权组织 18 个，依法接受委托实施行政执法行为的行政机关或组织 9 个；持有合法行政执法证件的行政执法人员 606 名；向市政府及县人大常务会报备县政府及其办公室规范性文件 37 件，均未出现被撤销或退回的情形；开展执法单位执法案卷监督检查2次，完善网上行政执法平台建设，累计录入职权信息4328条，法律法规1300条，执法人员942人。

【政府信息公开】 全县49个信息公开责任单位共制作、获取政府信息总数2164条，累计主动公开政府信息1520条，其中，主动公开重大行政决策、财政预决算、公共服务等重点领域信息865条。

【法治教育】 坚持党委（党组）中心组每月一课，依托“瓷都讲坛”举办《政府信息公开条例》《法治政府建设》《集体土地征收》等法制讲座2期，领导干部和公务员每年学法不少于40学时；加强对领导干部和公务员学法用法情况考试考核，落实领导干部、新进、新任人员法律知识考试制度。开通“德化普法”微信平台，建设法治文化广场、“法治长廊”等法治教育基地8个，通过手机短信普法平台累计编发普法短信73000多条；持续开展“法律六进”活动，开展各类法治宣传教育760多场次，法治文艺汇演28场次、法治报告会34场次、法律知识竞赛16场次、演讲比赛29场次。

（县法制办 供稿）

公安

【社会稳定维护】 2016年，完成中共十八届六中全会、G20杭州峰会、2016海丝环泉州湾国际自行车赛等重大活动期间安保工作；做好彭村水库、九仙山美食街建设安保；协助化解厦沙高速等政府重点项目土地征用、拖欠工程款等矛盾纠纷50起，妥善处置群体性事件8起；对3起恶意欠薪立案侦查，刑拘3名犯罪嫌疑人，追回欠款1000万元；配合人社局等有关部门调解企业欠薪122件，涉及1231人、涉案金额1550万元；建设上涌市际治安检查站，6月正式投入使用，全县辖区形成二层布控堵截圈；调解征地拆迁、医患、祖坟等各类矛盾纠纷1082起，没有发生民事转刑事案件。全年发生非正常死亡案60起62人，全部查清事实并妥善调解。2016年上半年，德化县群众安全感曾位居全省第八位、全市首位。

【刑事犯罪侦查】 及时破获2016年发生的“2•26”浔中镇城东开发区故意杀人案、“4•15”富东街公厕抢劫杀人案、“11•5”故意杀人案等3起杀人案，破案率100%，其中“11•5”杀人案是德化公安局首起以调查核实人员失踪警情立线侦查成功破获的凶杀案。全年破获涉拐案件13起，成功侦破两起部督打拐案件，其中“1999.2.2”案件已沉积近20年，“2016.6.8”专案共抓获犯罪嫌疑人16名，解救被拐儿童12名。11月30日，德化公安局在专项研判行动中的工作成效得到公安部专项办的充分肯定。注重侦破入室盗窃、盗车、盗窃农村家禽牲畜等影响群众安全感的侵财“小案”，突出打击影响群众满意率的网络电信诈骗和涉众型经济犯罪。1—11月，破获各类刑事案件490起，比上年增长0.82%，其中破八类暴力犯罪案件37起，破案率88.10%，居全市前列；破获侵财犯罪案件289起，其中诈骗40起、盗窃246起，抓获犯罪嫌疑人330人，提捕126人、移送起诉307人，增长19.56%、35.48%、35.84%。2016年刑事案件立案1629起，比上年下降0.18%；立抢劫案6起，下降25%；立抢夺案4起，下降55.60%；立电信诈骗案件252起，下降25.20%。

【社会治安防控】 整治治安问题 重点打击故意伤害、寻衅滋事、打架斗殴等违法行为，整治“黄赌毒”等治安热点问题。全年受理行政案件1265起，比上年增长32.60%；查处1246起，查处率98.50%，查处违法人员894人，增长13.50%。其中查处殴打他人672起、故意伤害42起、寻衅滋事19起、偷窃113起、故意毁损财物150起。

基础信息化建设 加大科技建设投入，完成城安系统第4期建设，安装前端探头372个、光纤线路186条，完成系统接入城区2个镇9个社区视频监控摄像头300个。2013—2016年，先后投入2160万元，完成城市安全信息系统1至4期建设，搭建920个高清探头、22个治安卡口、12个智能流媒体，实现城区、重点乡镇、主干道主路口、重点区域部位视频监控全覆盖。购置133部“警务通”，刑侦、治安、交警和派出所等一线执法民警人手一部，提升执法信息化水平。

社会面整体防控 坚持屯警街面、显性用警，巡特警在重点路段、部位动态巡逻，派出所在瓷都广场、车站等人员密集部位驻点执勤。推行社区警务网格化、民警专职化、社区民警兼任村官制度，全县划分33个社区警务网格、16个农村警务网格，相应配备专职社区民警和协勤人员，与乡镇计生管理员、网格员互相配合，加强治安要素动态管控，全县32家旅馆业实名登记率85%以上，11家网吧实名登记率100%。出租房屋申报、备案和责任状签订率83%。

人口户籍登记管理 2016年全县人口33.64万人，办理出生申报6060人、死亡注销232人、迁入5985人、迁出6519人、注销双重户口24个，清理纠正户口登记项目逻辑错误898个，收缴假出生证6张，受理居民二代身份证38910张、办理临时身份证2262张。

出入境与往来港澳台管理 受理公民出国境申请12097人次，其中：受理公民出国申请2632人次、公民往来港澳地区7868人次（其中香港探亲130人次、商务15人次）、到台湾探亲、居留、旅游1597人次，办理台湾居民往来大陆签注、居留签注10人次；登记管理境外人员4865人次；查获非法居留案件4起4人。

网络安全监察 开展网上巡查处置、舆情导控、互联网安全技术保护措施、案件侦查等工作，打击网上违法犯罪行为，全力做好网上维稳工作。推进电子数据取证和移动通讯终端信息采集，投入180万建设电子数据取证实验室。2016年度上报网上有害信息、社会维稳、民生类事件等舆情信息140条、拘留散播谣言3人、受理配侦刑事案件70起、抓获CCIC网上在逃人员9名、协助刑侦等办案部门抓获嫌疑对象61人、破获刑事案件250起。

交通安全管理 强化道路交通安全管理，全面排查整改道路安全隐患，针对渣土车、二轮摩托车等重点车型，严查交通违法行为；重点加强对国道355线（原省道203线）、省道215线（原省道206线）及旅游线路的交通指挥疏导和恶劣天气的巡逻管控，全县道路交通形势持续平稳。2016年，查处各类交通违法行为为53011起，其中，酒后驾驶94起、醉酒驾驶87起、涉牌涉证1884起、超员1447起、未系安全带1510起、货车超载30%以上50起、查处违法停车31931起。1—11月，全县发生道路交通事故3428起，造成死亡29人、受伤1030人、直接经损198万元，比上年分别下降2.03%、27.50%、5.07%、25.15%。

基层基础建设 投资2500万元，建设全县应急指挥中心和综合接处警指挥调度、城市应急指挥、社会管理服务三大平台及智慧德化云存储数据中心，10月1日试运行；投入4000万元，完成公安技侦大楼建设并投入使用；投入3600万元，完成一期（含县看守所、拘留所、武警中队、办案中心）主体内外室装修，进入智能化安装阶段；二期工程（县训练中心）完成基础及地下室主体建设。

【禁毒工作】 开展“飓风肃毒”会战、易制毒化学品专项治理，破获毒品案件6起，抓获犯罪嫌疑人7人，缴获冰毒40.5克、K粉3克。建立龙浔镇浔南社区戒毒（康复）集中管理站，在德化三中建立毒品预防教育示范学校，在原南埕中学建立毒品预防教育社会实践基地。协助做好戒毒康复工作，全县二级管控吸毒人员91人，其中社区戒毒人员11人、康复人员1人，均未发现复吸现象。

【专项行动】 *严重精神障碍患者肇事肇祸专项治理* 全县列入公安重点人员管控平台精神病人224人，对其中确诊为3级以上精神病人55名，配合镇村逐人落实管控措施，与病人亲属签订监护协议，困难家庭纳入低保补助，10个出现肇事肇祸苗头的强制送医治疗，没有发生个人极端暴力案事件。

危险物品安全监管专项治理 加强危爆物品审批、运输、使用、存储等环节监管，全县11家涉爆企业仓库监控接入城安系统，现场作业情况录像备查（推广使用4G执法记录仪将图像无线传输到指挥中心），实现实时监管，全县21家加油站点散装汽油全面使用实名登记系统。2016年，全县使用炸药1784.20吨、雷管133.20万发、索类69.96万米。

寄递物流安全管理专项治理 加强检查、督促，全县11家寄递企业均落实实名登记、开箱验视、过X光机安检“三个100%”制度，寄递业管理逐步规范。

电信诈骗和金融风险专项治理 建立警银、警信协作机制，成立工作专班，1—11月，破获电信诈骗案23起，打掉诈骗窝点4个、伪基站2个，抓获犯罪嫌疑人24名，通过破案追赃挽回损失50万元，通过“电信诈骗案件侦办平台”，接警止付29起，涉案金额48.1万元；成功拦截电信诈骗19起，挽回群众损失46.60万元。

【队伍教育管理】 2016年来，查处民警违法违纪案件1件、党政纪处分2人，落实教育问责“三项制度”打招呼1人、谈话3人、告诫3人，廉政提醒谈话5人，轻处分比例占77.80%。

（撰稿人：危建全）

【消防工作】 消防安全管理 2016年全县发生火灾126起，死亡2人、受伤1人，直接财产损失20.94万元。火灾起数比上年下降4.55%，死亡人数增加2人，受伤人数增加1人，直接财产损失上升226.53%，无重、特大火灾事故发生。下发《德化县2016年“三合一”场所消防安全专项整治工作方案》《2016年德化县夏季消防检查工作方案》等文件，部署各专项工作。3月31日、4月26日、8月31日及10月31日，县政府先后四次召开消防工作联席会，在第二次消防工作联席会上，县政府副县长林祖传与18个乡镇签订消防工作目标责任状，向19个县直部门下达消防工作主要责任目标，明确责任和任务分工。各乡镇也定期组织召开消防工作联席会议，全面开展消防巡逻、消防防火、消防宣传、消防灭火等工作，进一步促进乡镇消防安全防控工作。2016年，全县检查单位1417家，督促整改火灾隐患1549处，下发《责令改正通知书》642份，挂牌督办重大火灾隐患单位1家（现已摘牌销案），责令“三停”27家、临时查封19家，下发《行政处罚决定书》75份，处罚97.13万元，拘留2人。

9月15日，县消防大队在防抗台风“莫兰蒂”中，救出被洪水围困群众 （图/县消防大队）

后勤保障 县政府支持消防部队建设，2016年县财政局拨款576.70万元（专项经费129.20万元、正常经费447.50万元），其中，合同员经费244万元、业务经费183.50万元、执勤补助55万元、高危补助20万元、三合一经费3万元。县政府还将执勤补助纳入财政预算。至2016年年底投入850万元建设城东消防站，包含室外训练场、消防车库、官兵宿舍楼、办公、食堂等建筑，已建成并投入使用。投资2000万元，建设县综合应急救援大队指挥中心及训练中心，完成工程立项工作。投入42.50万元对龙浔中队营房进行局部修缮和场室建设，购置一些家具。同时，县政府还按每人每月400元标准，为在岗一线官兵发放高危补贴，并为大队全体官兵办理保额50万元的意外伤害保险，每半年组织全体官兵及合同员进行体检，并建立健康档案。2016年，投入147.70万元购置一部8吨水罐消防车，用于浔中中队执勤工作。同时，还投入97.27万元购置消防头盔、消防员灭火防护靴、佩戴式防爆照明灯、数字常规防爆手持对讲机、二级化学防护服、多功能消防腰斧、球形气动起重气垫等消防器材。

强化监管 8月1日，三班镇政府专职消防队正式揭牌成立并投入使用。该专职队配置执勤消防车1辆，配齐机动消防泵、空气呼吸器、水带、水枪等常规灭火器材及灭火防护装备，配备专职消防队员15名、兼职消防队员18名，与消防部队现役中队“训战一体化”。推广简易消防设施安装工作，抓住独立式感烟火灾探测报警器，以孤寡老人、学生两个群体为重点，立足辖区实际，统筹安排部署。至2016年年底，全县投入专项经费15万元，安装独立式感烟火灾探测报警器1833个。要求龙浔、浔中、三班、上涌等乡镇及陶瓷管委会对已建成的区域适当增补相应的消火栓，按照规划要求（建成路面120米/个）进行建设，对正在建设的区域要确保市政消火栓设施建设同规划、同建设、同实施，及时增设应有消火栓数量。推行微型消防站和区域联防机制。全县16个社区及83家消防安全重点单位“微型消防站”建设已全部完成并投入使用，并配齐灭火防护服、抢险救援服、干粉灭火器等个人防护装备及灭火器材。各微型站已形成常态化消防巡查、入户防火检查、消防安全提醒、宣传培训、灭火救援等“防、消、宣”一体化运作模式。同时，依托55家微型消防站初步建设8个区域联防小组，并统一建立区域联防小组工作例会、联防互查、定期报告、宣传培训、资源共享、应急演练六大工作制度。至2016年底，共组织微型站队员开展培训5次，组织区域联防小组开展培训1次、演练1次。

宣传教育　在德化电视台《综合频道》《生活频道》连续播放消防公益宣传片及安全提示。在瓷都广场户外电子显示屏播放《纲要》宣传、《福建省消防条例》、消防安全知识等为主要内容的公益视频广告。县消防大队联合县教育局开展暑期消防安全宣传教育行动、“消防安全示范课”征集活动、“我是小小消防员”作文及绘画竞赛活动。评选出“消防安全示范课”11个，优秀消防作文、绘画作品20件。利用“3•5”雷锋日、“3•15”国际消防者权益日、安全生产月等时机，通过上街入户、发放资料、培训演练等形式，推动消防宣传“七进”活动。同时，充分利用电视、网络、报纸等新闻媒体，手机短信、微信、QQ、LED屏等载体，向广大人民群众宣传消防安全常识。2016年，全县开展消防培训60次，消防演练50次，微信公众号发送各类信息量已达600条/篇，发放宣传资料2万份，发送手机短信5万条。

（县消防大队 供稿）

检 察

【服务发展大局】　维护法治经济环境　2016年，制订《开展陶瓷电商知识产权保护“四个三”活动的实施方案》，搭建检企联络平台、设立检察联络室，为德化陶瓷版权保护提供司法保障，经验做法刊发在省委《八闽快讯》。开展厦沙高速公路德化段“三安一廉”专项预防活动，被评为全省检察机关优秀预防项目，经验做法获《检察日报》报道。健全治理商业贿赂长效机制，提供行贿犯罪档案查询230次。

民生司法保障　针对食品药品安全及环境污染等群众关切的突出问题，牵头联合有关部门开展专项监督活动，审查行政处罚案件50件，发出检察建议书3份。严厉打击发生在群众身边、损害群众安全感和幸福感的信息诈骗、“黄赌毒”等犯罪，批准逮捕利用“伪基站”实施诈骗犯罪1件3人，对涉毒犯罪2名犯罪嫌疑人提起公诉。开展打击涉农犯罪、维护农民工合法权益系列专项行动，批准逮捕拒不支付劳动报酬犯罪嫌疑人1人。支持提起民事诉讼1件，帮助当事人追回抚养费人民币27.45万元。落实检察环节司法救助制度，为5名生活确有困难的刑事被害人及其近亲属提供救助1.20万元。

生态文明建设　围绕国家级生态县建设，强化打击生态资源犯罪职能，批准逮捕破坏生态资源犯罪嫌疑人5人，提起公诉23人。对彭村水库等重点工程实施生态保护专项预防，严防水土流失，最快速度恢复被破坏的植被，经验做法获省水土办肯定推广。开展“补植复绿”工作，依法监督恢复林地5.33公顷。拍摄微电影《戴云山上我的家》获第九届泉州市广播电视艺术奖微视频三等奖。与县政府联合召开生态环境领域职务犯罪专项预防工作联席会，与林业局等单位制定《德化县生态环境领域职务犯罪专项预防“六个一”活动实施方案》，推进预防端口前移，守护瓷都绿水青山。

【社会稳定维护】　刑事案件　严厉打击盗抢骗、黄赌毒及拐卖妇女儿童等严重刑事犯罪，批准逮捕刑事案件犯罪嫌疑人140人，提起公诉356人。进一步完善提前介入机制，对5件重特大案件提前介入引导侦查取证，推动案件侦破、侦结。深化刑事和解、检调对接工作，对符合刑事和解法定条件案件不批准逮捕21人、不起诉15人。

信访改革　探索多元化纠纷解决机制，建立邀请第三方参与涉检

12月27日，德化县检察院“加强侦查监督 维护司法公正”开放日举办

（图/县检察院）

信访案件化解工作机制，聘请5名涉检信访案件调解员。开通远程视频接访系统，方便群众就地反映诉求。完善举报电话、网上信访、来访、来信“四位一体”工作机制，建立信访事项审查甄别、诉访分离等制度，及时将信访案件导入司法程序。开展举报宣传周和“法律六进”“12•4”国家宪法日系列宣传活动、“检察开放日”“检察长接待日”等活动，妥善处理群众来信33件，接待来访15人（次），继续保持涉检零申诉、零上访。

涉罪未成年人帮教　开展“法治进校园”巡讲活动，派出10名干警担任法制副校长，实施校园精准普法。联合县关工委等单位创建瓷都青少年阳光之家，为涉罪未成年人提供就业技能培训、普法教育、心理辅导等帮教服务。2011—2016年帮教涉罪未成年人30人，其中有13人重返校园后考上大学，17人自主创业或就业。在《福建日报》报道的《11名失足少年终圆大学梦》获评福建省政法综治优秀新闻作品三等奖。2016年6月，中央综治委“预防青少年违法犯罪”督导组对德化县检察院做法予以充分肯定，并推荐参加全国青少年维权岗创建。

12月4日，县检察院举办入额检察官宪法宣誓仪式　（图/县检察院）

【职务犯罪查办和预防】　职务犯罪查办　开展查办发生在群众身边、损害群众利益职务犯罪专项工作，查办执法司法、涉农惠民等领域职务犯罪案件8件8人（泉州市检察院交办4件），其中贪污贿赂犯罪案件6件6人、渎职侵权犯罪案件2件2人，涉案金额160余万元。

职务犯罪侦查方式完善　与医疗机构建立办理职务犯罪案件医疗保障协作机制，开通涉案人员医疗救助“绿色通道”，为涉案人员健康检查、安排就医提供方便。推进职务犯罪侦查信息化和装备现代化建设，加强专项培训，提高干警侦查能力。树立规范文明安全办案理念，注重人权司法保障，保障职务犯罪侦查阶段律师会见权，严格落实同步录音录像制度，慎用查封、扣押、冻结款物等措施，维护发案单位正常的生产、经营和工作秩序。

职务犯罪预防　编发《筑牢换届选举防线　尽责站好警戒岗——换届选举中的渎职侵权案例警示手册》1000册。开展预防调查3件，县政府主要领导就其中的《关于德化县水利局办理行政处罚案件预防调查的报告》作出重要批示。开展预防咨询17次、职务犯罪案例剖析3件，向发案单位发出预防职务犯罪检察建议书3份。到有关单位举办法制讲座17场次，组织77家单位参观“德化县反腐倡廉教育基地”，开展庭审警示教育1次。落实惩治和预防职务犯罪年度报告制度。开展厦沙高速公路德化段“三安一廉”专项预防，借助“互联网+”构建预防职务犯罪新平台，制作《瓷都•爱廉说》H5微片及廉政宣传视频，被评为全省检察机关十佳H5廉政微片。

【诉讼法律监督】　刑事诉讼活动监督　强化侦查活动监督，监督立案8人、追加逮捕2人、纠正漏诉17人、改变定性19人。对侦查活动发出检察建议书7份，纠正违法通知书4份；加强审判活动监督，提出纠正意见5次、发出纠正违法通知书2份、检察建议书6份、提出量刑建议153份。

民事行政诉讼监督　办理民事、行政执行监督案件15件。针对行政机关执法不规范问题，发出检察建议书5份。积极开展行政非诉执行监督工作，向相关行政机关发出检察建议书21份，督促追回行政罚款55万余元。开展公益诉讼试点工作，《关于加强公益诉讼工作内部协作配合的规定》被最高检察院作为先进经验材料进行推广；与县环保局会签的《关于环境公益诉讼协作配合的若干意见》被省检察院院作为经验材料转发。

办理公益诉讼诉前程序案件13件，督促收回国有土地面积2万余平方米、没收地上建筑物面积1300余平方米，督促相关部门对污染环境、毁林占地6名违法行为人作出行政处罚决定。

刑事执行监督 开展集中清理判处实刑罪犯未执行刑罚、刑事裁判涉财产部分执行专项执法检察，开展看守所羁押期限、安全检查等监管执法专项检察，针对发现问题提出安全防范等整改建议37次、发出检察建议书1份。对精神病人的强制医疗执行活动进行检察监督3人。深入各乡镇开展社区矫正法律监督，监督收监1名监外执行罪犯。

【司法改革】 *规范执法* 积极探索认罪认罚从宽机制，制定《刑事案件认罪协商制度实施方案（试行）》，简化流程，节约司法资源。开展刑拘后未报捕未移送审查起诉案件专项检查，完善对限制人身自由强制措施和侦查手段的监督机制。

改革发展 推进检察人员分类管理、检察官职业保障、完善司法责任制、省以下检察院人财物统一管理等司法改革工作，遴选员额检察官23人，完成财务预算、资产清查等工作。建设检察监督指导中心，扩大检察监督覆盖面，推动法治、廉洁政府建设。建设集远程指挥、视频会议、视频庭审、机关安防等功能的信息集控中心。

检务公开 构建“互联网+检察工作”模式，打造阳光检务平台，在检察信息公开系统上公开案件程序性信息548条、法律文书262份，发布重要案件信息3条。依托互联网提供司法便民服务，完善“两微一站”建设，推出案件信息查询、律师接待等功能。依托互联网传递检察正能量，运用动漫视频、图解新闻等方式宣传，通过微信公众号推送检察微文52篇。

【法律法规宣传】 选送检察人员参加国家检察官学院等各类培训48人次。举办职务犯罪侦查技能比武、公诉案件听庭评议、各类案件评查等司法业务竞赛活动15次。加强检察官青年志愿服务队建设，3月22日，联合县关工委到鹏祥中学开展以“中学生心理健康与犯罪预防”为主题的系列活动；3月28日，到上涌镇开展法律宣传活动；4月18日，联合县关工委、综治办、教育局、团县委在县第三中学举行青少年法制巡回教育活动启动仪式；4月26日，联合县市场监督管理局、科技局、法院、文体新局等部门开展“4•26”知识产权宣传活动；6月3日，同县关工委、法院、综治办、教育局、团县委、县妇联等单位对羁押在看守所的青少年在押人员进行慰问和法制教育；6月20—24日，举办“加强举报人保护、惩治群众身边腐败”为主题的全国第十八个“举报宣传周”系列活动；12月27日，举办以“加强侦查监督、维护司法公正”为主题的检察开放日活动。接受人大监督，办结并反馈人大常委会交办事项3件。

（撰稿人：陈琼梅 审稿人：冯忠锦、徐福江）

法院

【概况】 2016年，收案（受理）12135件，结案9544件，法官年人均办案量289.2件。

【刑事审判】 审结刑事案件269件318人。审理故意伤害、抢劫、抢夺、盗窃等案件61件75人，审结贪污、贿赂、渎职等职务犯罪案件14件14人，受理虚假信息诈骗案件3件7人。探索轻微刑事案件快速审理机制，审结危险驾驶、交通肇事等案件135件135人。完善生态司法保护机制，审结失火、盗伐国家珍贵林木等林业刑事案件12件19人。

【民商事审判】 审理涉及劳动就业、社会保障、教育医疗等领域民商事纠纷5082件，标的6.70亿元。设立诉调对接中心，完善多元化纠纷解决机制，形成“国家主导、司法推动、社会参与、多元并举、法治保障”的现代纠纷解决模式，以调解、撤诉方式结案2691件，调撤率53%。审理涉及农业、农村等涉农案件34件。探索提升“亲情修复六步工作法”“反家暴五环维权工作法”，努力化解家庭纠纷。健全完善速裁机制，快审快结民间借贷纠纷2594件，标的3.90亿元。审慎审理买卖、承揽、租赁等涉及企业合同纠纷622件，标的6955万元。审理电子商务、物流、第三方支付、互联网服务等新类型纠纷，依法平等保护各类市场主体的合法权益。加强版权司法保护，审结著作权、商标权等知识产权纠40件，诉前证据保全23件。深化“1小时证据保全”“以保促用”“‘申请+介入’诉前简易调处”和专家辅助审判工作模式，发布全省首份陶瓷知识产权保护状况白皮书，推动陶瓷产业走创新发展之路。版权司法保护“德化经验”得到世界知识产权组织充分肯定，并作为典型经验在瑞士日内瓦世界知识产权总

12 月 16 日，新当选的县人民法院院长苏益铮在县第十八届人民代表大会第一次会议上进行宪法宣誓 （图 / 陈公照）

部展出，中央电视台、新华社等中央权威媒体相继予以报道。

【行政审判】 贯彻新《中华人民共和国行政诉讼法》，落实行政案件相对集中管辖机制，协助南安法院做好送达、调查、协调等辅助工作。建立府院良性互动平台，完善信息共享、联合调研等机制，召开联席会议，解答法律问题 58 个。举办行政案件庭审观摩活动 3 场次，县公安、国土、住建、市场监管等部门和部分乡镇负责人 236 人次应邀旁听。

【案件执行】 受理执行案件 5210 件，执结 3813 件，执行到位标的 1.10 亿元。深入开展“执行清积·清纯瓷都”活动，全面清理 5693 件历史积案。试行“跨域”执行新模式，与交警部门建立完善查扣被执行人车辆协调联动机制，扣押涉案车辆 182 部。完善联合惩戒机制，推动组织、发改、公安、银行等部门在各自管理领域内开展全方位、立体式信用惩戒。创设“悬赏举报”制度，发动群众力量举报被执行人下落及财产线索。通过德化电视台、德化网、微博、微信等媒介发布失信被执行人名单 3378 人次。

【司法改革】 法官员额制 开展首批法官入额遴选工作，选拔出 30 名审判员、3 名助理审判员成为首批入额法官，12 月 4 日进行宪法宣誓。

司法责任制 推动院领导参与办案，院长、副院长、审委会委员、庭长直接审理案件 4366 件，占结案总数 45.75%。在基层法庭推行办案责任制，由主审法官签发裁判文书，切实做到让审理者裁判，由裁判者负责，改判、发回重审率仅 0.80%。组建专门审判团队，对金融纠纷、知识产权纠纷、婚姻家庭纠纷、交通事故纠纷、民间借贷纠纷等五类案件实行快速分流、专人审理，试行“类案”专业化审判，服判息诉率 96.32%。

改革创新 刑事审判方面，积极推进以审判为中心的诉讼制度改革，完善轻微刑事案件快速审理机制，深化量刑规范化改革，实现在押被告人均去除囚服出庭受审；民商事审判方面，推进多元化纠纷解决机制建设，推行知识产权案件“三审合一”工作，落实裁判文书说理改革，切实做好释法说理取信；行政审判方面，贯彻新《行政诉讼法》，落实行政案件实行相对集中管辖机制；执行方面，试行审执分离，完善执行办案责任制，优化执行权力运行机制，建立执行警务保障体制。

【普法宣传】 利用反家暴日、知识产权日、宪法日等重要节点，开

2 月 16 日，全国人大代表谢利英（左一）到县法院调研“跨域”立案工作情况 （图 / 陈公照）

展普法宣传 7 场次，联合中国教育电视台《法治天下》栏目录制法官访谈节目 2 期。4 月 21 日，县法院、县科技和知识产权局、县市场监督管理局、县文体局在县电子商务产业园联合举办“德化陶瓷产业电子商务知识产权保护”专题学术讲座。强化新闻宣传和舆情应对，发布微信 785 条、微博 1138 条。5 月 11 日，在全省基层政法单位座谈会上，德化县法院作为八个单位之一作经验交流，省委常委、政法委书记陈冬对德化县法院党风廉政建设工作给予高度肯定，新华社、《法制日报》、《福建信息》等刊物也进行报道。

（撰稿人：陈公照　审稿人：曾华海）

司法行政

【普法宣传】　2016 年，启动“七五”普法规划　编《制德化县“七五”普法规划》，12 月 19 日召开“六五”普法总结暨“七五”普法动员部署大会、12 月 29 日举办“七五”普法启动仪式。

法治宣传　4 月，“中国瓷都德化普法”微信公众平台正式开通运行。7 月，“大铭法治长廊”“南埕青少年法治教育基地二期”建成投入使用。12 月，以“谁执法谁普法”为主题的“唐寨山法治文化广场三期”建设完工。“手机短信普法平台”累计编发普法短信 7 万条。全县各乡镇、各单位围绕重点时段开展各类法治宣传教育 1700 场次、法治文艺汇演 56 场次、法治报告会 68 场次、法律知识竞赛 50 场次、演讲比赛 72 场次。

创建“法治德化”　推行县、乡、村（社区）法治建设“三级联创”，全县被命名为“全国民主法治示范村”1 个、“全省民主法治示范村（社区）”10 个、“全市民主法治村（社区）”29 个。

【人民调解】　开展专项活动　开展“服务大局解民忧、春风化雨促和谐”“矛盾纠纷大排查及重点人员管控”等专项活动。2016 年全县各级各类调解组织排查调处矛盾纠纷 1075 件，调处率 100%、成功率 97.50%。

强化示范引领效应　开展人民调解规范化建设年活动，重点抓好龙浔镇兴南社区、浔南社区，浔中镇凤池社区、龙东社区，盖德镇有济村、三班镇蔡径村、水口镇村场村、上涌镇后坂村、雷峰镇焦溪村、南埕镇塔兜村、国宝乡国宝村、赤水镇猛虎村等 12 个调委会示范点建设；推荐评选 5 星级调解员 2 人、4 星级调解员 4 人、3 星级调解员 9 人、2 星级调解员 40 人、1 星级调解员 36 人，形成统筹推进的人民调解规范化建设工作新格局。

完善多元调解衔接机制　制定《关于进一步完善矛盾纠纷多元化解机制的实施方案》，巩固加强县人民调解中心建设，发挥多元调解衔接平台作用，推进“诉调对接”“公调对接”“援调对接”“大调解”工作格局逐步完善。4 月，德化县首家物业纠纷调委会在“阳光山庄”小区挂牌成立。

宣传报道调解案例　全年被省电视台综合频道“调解有一套”栏目采用刊播的调解案例 5 件；12 月，“德化县健全人民调解体系筑牢基层维稳防线取得成效”的经验交流文章被市委办“侨区快讯”增刊全文刊发。

【矫正帮教】　规范社区矫正　1 月，司法局“社区矫正与安置帮教股”正式更名“社区矫正管理局”，同时联合财政部门下发《关于进一步加强社区矫正经费保障工作的通知》；3 月，成立暂予监外执行罪犯病情审核领导小组、暂予监外执行罪犯疾病诊断专家组，规范暂予监外执行罪犯的社区矫正工作。严格执行社区矫正各项规定，坚持日

12 月 29 日，县 2017 迎新晚会暨“七五”普法启动仪式在县影剧院举行。图为县委书记梁玉华（中）、县人大常委会主任王传敬（右二）、县政协主席温文英（左二）参加启动仪式　（图 / 县司法局）

12月6日，县司法局在瓷都广场开展“德化县2016年度国家宪法日暨全国法制宣传日”活动　　（图/县司法局）

常排查、节假日必查、重要敏感时期严查等排查机制，依法严格规范管理社区矫正人员。其中，将国学经典教育和义工服务等引入社区矫正的经验做法在多家刊物、网站刊发。至12月底，全县累计接收社区矫正人员1169名，累计解除社区矫正人员1030名，在矫人员139名，没有出现脱漏管现象。

落实安置帮教　实行派出所、司法所、村（社区）、家庭“四帮一”模式和必访、必帮、必控“三必”制度，落实包管理、包教育、包转化“三包责任”，刑满释放人员安置帮教工作扎实有序推进。至2016年年底，全县设帮教安置组织229个、帮教小组1608个、安置帮教基地2个，并与1家企业建立挂靠联系，提供过渡性安置、就业信息，全县1608名刑满释放人员基本得到妥善安置与帮教。

【法律服务】　搭建法律服务平台　县本级依托行政服务中心司法局分中心设立县级公共法律服务中心1个，乡镇依托司法所设立法律服务站18个、依托村（社区）设立法律服务联系点85个，打造“一站式”公共法律服务平台。

法律援助及“12348”法律热线　全年受理指派法律援助案件1120件，其中，民事案件1041件、刑事案件79件；免收受援人法律服务费242万元，为受援人挽回损失或取得利益1181万元；“12348”法律服务专用电话接受群众咨询422人次，接待来访咨询502人次，解答咨询引导当事人依法妥善处理纠纷120件。

公证服务　全年办理公证事项626件，其中：国内公证事项421件、涉外205件。

律师及基层法律服务　引导律师参与重点工程建设、信访、调解、群体性案（事）件处置；推动县、乡两级以政府购买方式聘请律师担任法律顾问；选派律师进村（社区）担任法律顾问，打造律师公共法律服务品牌。引导基层法律服务参与公共服务体系建设，协助基层司法所开展公共法律服务。全县律师担任机关事业单位、乡镇及村（社区）法律顾问176家，其中村（社区）法律顾问154家，覆盖率73.3%。各律师所代理诉讼案件1243件、中心法律服务所代理诉讼事务75件。

【基层基础】　完善司法办公场所　4月，县司法局业务用房主体封顶，进入装修阶段；分批次开展规范化司法所创建活动，全县规范化司法所创建面100%；选择6个有条件、有能力的村（社区）开展司法行政工作室试点工作，把司法行政职能下移至村一级，进一步满足群众对“近在眼前”的法律服务需求。

制定工作考评机制及落实经费保障　建立工作考评机制，制定考评指标和考评办法，强化对基层司法所工作考评，统筹推进基层司法行政业务；联合财政部门出台相关经费保障文件，确保人民调解“三项经费”、社区矫正、法律援助等工作经费落实到位；向上争取到县级业务用房建设省级配套资金77.5万元、浔中司法所业务用房建设省级配套资金1.5万元。

（撰稿人：涂福星　审稿人：蔡伟明）

人民武装

【双拥共建】 2016年，组织全县民兵应急分队拉动演练3次，“莫兰迪”“鲇鱼”台风袭击德化期间，累计组织民兵应急分队320人次参加应急抢险救灾人物，清理塌方150方、抢通道路22千米、转移受困群众700多人。6月1日，慰问育英幼儿园和实验幼儿园困难学生1.15万元；9月23日，向慈善总会捐助10万元用于灾后精准扶贫工作；10月19日，在大铭乡琼溪村召开精准扶贫现成会，给予琼溪村2万元产业扶贫资金；看望特困群众5户2500元（每户500元），支持贫困大学生1人6000元。

【军事训练】 制订年度训练计划，确保年度各项军事工作的完成。积极参加军分区组织的“练将练官”集训，组织7人次参加军分区“抓头练官”考核。抓好“大练兵”活动，提高现役干部能力素质。4月29日军分区对德化县民兵应急连及公路运输和重要目标警戒分队进行集结点验，进一步提高民兵应急分队和专业分队的应急处突能力。2016年，做好专武、民兵干部骨干的集训培训、工程抢修分队集训、民兵应急分队训练等任务，完成市赋予县的征集任务。

【安全治军】 全年组织各项安全法规学习12次，强化条令意识、纪律意识和法律意识。严格落实安全工作责任制，认真落实每季度1次安全形势分析、每周1次安全保密检查等制度。认真落实轻武器装备清理清查，2016年检查兵器室52次。抓好车辆管理，对2名驾驶员进行安全行车教育12次。9月27日，在军分区统一部署下，“百日安全活动”工作同步展开，成立工作领导小组，制定《安全隐患排查工作检查实施细则》，确保“百日安全活动”扎实有效推进。

（县人武部 供稿）

人民防空

【人防审批管理】 2016年，开展以“真诚服务、企业满意”为主题的“干部服务创业竞赛年”活动，优化服务职能、办理条件、办事流程、办结时限等内容，全面推行“预约服务”“上门服务”“代办”等“保姆式”全方位服务，凡是手续齐全的审批项目，当天内办理完毕。对窗口设置和人员进行整合，人防审批在窗口受理一次性办结。

【人防宣传教育】 组织开展多形式、广泛性的宣传活动，在县有线电视台、《瓷都德化报》、德化网、建设信息网等媒体提前5天发布试鸣通告，在瓷都广场设置彩虹门、展板等开展宣传。试鸣日当天共发出防空警报试鸣宣传彩页、人防法律法规宣传册1000多份。部分机关企事业单位、城区中小学、社区成功组织开展人员疏散演练。

（县住建局 供稿）

九三学社德化县支社

【支社成立】 2016年12月19日，九三学社德化县小组在瓷国明珠酒店召开“九三学社泉州市德化县支社成立暨第一次社员大会”。会议选举产生九三学社泉州市德化县支社第一届委员会，郑向阳当选为主任委员，王培景、洪泉泉当选为副主任委员，赖宏忠、赖礼同、周冬菊、颜庆旻当选为委员。

【提案建言】 1月19—21日，社员赖礼同参加市政协第十一届五次会议，提交提案《关于支持“世界陶瓷之都·德化”发展的建议》。3月9日，社小组组长郑向阳向九三学社泉州市委员会提交《关于减免闲置厂房部分税费的建议》的社情民意反映件。3月16日，叶志强、张国森撰写的社小组团体提案《关于传扬何朝宗瓷雕艺术成就，打造瓷都文化品牌的建议》列为2016年县政协主席督办的重点提案，郑向阳撰写的提案《关于加快建设德化县全国基层名老中医传承工作室的建议》列为2016年提案委和县政协各办督办的热点提案。3月17日，郑向阳向社市委提交《加快省市药品招标采购工作 缓解公立医院“药品荒”》的社情民意反映件。3月25日，郑向阳向县委办秘书科呈送《关于减免闲置厂房部分税费的建议》的社情民意反映件。8月25日，郑向阳向县政协提交《关于尽快修整石龙溪皮划艇下码头道路的建议》《关于尽快整治城关途经上寮至三班道路交通的建议》两份社情民意反映件。12月12—14日，社员赖宏忠、钟秋锂参加政协德化县十届四次会议，提交社小组团体提案4篇，个人提案6篇。其中个人提案分别是郑向阳撰写《关于落实德化县全国基层名老中医传承工作室经费的建议》《关于建设德化县电子移动警察的建议》、陈能玺撰写《关于加强旅游开发的建议》，赖宏忠撰写《关于翻建德化一中办公楼的建议》《关于增加农保病人康复治疗医保项目的建议》、钟秋锂撰写《关于提高图书馆服务治疗的建议》。

（九三学社德化县支社 供稿）

总工会

【工会组织建设】 2016年，实施“基层工会建设落实年”活动，组织开展农民工入会专项行动。新组建基层工会11家，覆盖企业12家，吸收农民工入会3521人，工会组建率、职工入会率分别为92%和91%。落实《关于印发基层组织建设工作规划（2014—2018年）的通知》，开展“工会干部下基层进企业抓组建促提升”行动，推进基层工会规范化建设，卓越陶瓷有限公司、广安天然气有限公司、协发光洋陶器有限公司等5家企业被评为市级“示范企业工会”。开展“职工之家”建家、评家、验家活动，开展“1+X”带创工作，基层工会建家覆盖率保持90%以上，至2016年底，全国模范职工之家1个、职工小家5个，省模范职工之家15个、小家14个，市先进职工之家31个、小家21个。

【职工合法权益维护】 职工服务中心规范化建设 县职工服务中心通过省级示范服务中心标准验收，完善35个职工服务中心（站、点）；完善帮扶基础工作，健全全县700多名困难职工档案，对帮扶档案实行动态化管理。

劳动保护 启动职工“七五普法”宣传教育咨询活动，全年开展学法、普法宣传活动4场。组织开展“安康杯”竞赛、“安全生产月”

8月11日，由县总工会、人社局、旅游事业局主办，洞上陶艺村、柴烧协会承办的首届“世界瓷都”陶瓷手拉坯技能竞赛在洞上陶艺村举行

（图 / 县总工会）

等活动，获“安康杯” 竞赛先进单位：全国2个、省级5个、市级8个、市级优胜班组6个、优秀组织奖3个、优秀个人6个。督促落实职工劳动安全卫生、职业病防治检查整改4次，参与工伤事故善后处理5起。到15个单位慰问高温、户外一线职工2100多人，发放慰问品 6万多元，建设6个环卫工人爱心饮水点。

职工来信来访　参与处理企业欠薪17件，涉及职工206人，追回被拖欠克扣工资305.6万元。

【职工经济技术创新活动】　开展技术攻关41项、技术革新23项目、推广新技术34项、开发新产品2000多项，创造效益1.35亿元；组织31个项目参加全省“五小”创新评比活动国际发明展，获“五小”创新一等奖1个、二等奖2个、三等奖5个；参加中、韩、法三次国际发明展获3金、7银、4铜；县总工会为2016年创新项目发放奖金、补贴6万多元。

【基层民主管理】　全县已签订行业性、区域性集体合同和工资专项集体合同235份，覆盖企业1500多家，职工6.50万多人。下发《2016年德化县厂务公开民主管理工作要点》，制订网上厂务公开工作方案，在全县企业中大力推行网上厂务公开。

【劳动模范管理】　获评省五一奖状1个、五一劳动奖章3名；组织全县307名劳模健康体检，组织7名劳模参加省市工会组织的劳模疗休养，慰问一线劳模17名、9.44万元，为58名退休市级以上劳模发放津贴9.35万元。推进劳模创新基地“三年规划”建设，创建示范劳模创新工作室省级2家、市级1家，市级劳模创新基地2个。在县有线电视台开辟“劳模风采”专栏，营造劳动光荣、劳动伟大的浓厚氛围。

【扶贫帮困】　职工服务项目　工会服务卡、妈妈小屋建设、职工书屋建设、职业道德双十佳、道德模范等职工服务项目扎实推进，工会四季服务活动成效明显。4名科级领导结对帮扶赤水镇戴云村贫困户4户，帮扶资金1.10万元。举办2场人力资源招聘交流会，130家企业提供3000个岗位，达成就业意向1000多人次。

农民工创业扶助工程　筛选推荐9个农民工创业扶助工程列入市、县为民办实事项目，每个项目补助5万元，并组织参加市

7月1日，由县委文明办、县总工会、团县委等单位联合举办的德化县2016年“夏送清凉”公益行志愿服务活动启动仪式在瓷都广场举行

（图 / 县总工会）

总工会举办的百名农民工创业培训班学习。

“两节”送温暖活动 对710名困难职工档案进行入户调查核实，着力精准帮扶。“两节”组织慰问困难职工、劳动模范、老工会工作者328名、发放慰问金37.15万元。

职工医疗互助活动 组织377个单位2.01万人参加医疗互助活动，归集互助金98.32万元，发放医疗互助补助1080人次126.42万元，发放“大病补助”57人次15.55万元，减轻职工医疗费负担，增强职工抵御大病风险能力，提高职工医疗保障水平。

“金秋助学”活动 筹集助学金29.73万元，资助困难职工子女94人。

女职工“关爱行动” 印发《女职工劳动保护特别规定》2300份，开辟女职工先进事迹宣传专栏，举办女职工健康知识讲座，与计生协会、人社局联合举办全县计生家庭妇女育婴师培训班；建立“女职工书柜”和“妈妈小屋”5个，走访慰问非公企业困难女职工10名、到4所小学（幼儿园）开展“六一”慰问活动。

【职工素质工程】 组织发动企业开展120多场次岗位练兵活动，举办全县岗位竞赛活动6场，举办全市陶瓷行业职工技能竞赛1场；参与5个市级行业技能竞赛；泉州电视台大型电视竞技综艺节目《兵来“匠”挡·德化篇》在德化县拍摄；开展“名师带高徒”活动，实现师徒结对300对，其中85对参评市“好师徒”活动；推荐3名陶瓷工匠参评首届“泉州工匠”。开展职工技能晋级奖励活动，奖励26名获得技师、高级技师职工资格证书的职工5万元。

（县总工会 供稿）

共青团德化县委员会

【基层团建工作】 *基层团组织建设* 2016年，加强企业、农村、学校等传统领域团建工作，新建国土资源局、市场监督管理局等县直团组织2个，建窑陶瓷研究所、夏里巴人合作社等企业团组织8个。目前，共有憨鼠网络、电商、陶瓷街、农村专业合作社、金融等5个特色团工委。推进青年岗位能手、青年突击队、青年安全生产示范岗等品牌项目，不断提升团的基层组织活力。加强对“两新”、公益类、互助类青年社会组织的吸纳，吸收驴友协会、德化稻草人音乐社、憨鼠爱心小分队、瓷音艺术文化社成为团属社团。

机制体系建设 稳步推进“数字共青团”建设，完成县所有团委、团支部网上系统的创建，逐步完善共青团员数据库；积极开展星级团支部创建、共青团联系农村青年服务月、“1+100”团干部直接联系青年制度等工作；落实县财政拨补村（社区）团支部书记津贴政策，确保县所有村（社区）团支部书记每月享有100元津贴待遇。

督查指导 联合县委督查室、教育局，对学校团队工作进行督查，积极推动《关于进一步加强少年儿童和少先队工作的实施意见》的落实，落实中学团委书记纳入学校中层干部管理，享受中层干部待遇政策；召开全县少先队工作会议，部署2016年少先队工作，聘任县少先队总辅导员、副总辅导员，同时邀请省少工委副主任、省少先队总辅导员陈晓华为全县小学校长、少先队总辅导员进行少先队活动课专题培训；开展2015—2016学年学校团队组织规范化创建工作考评；下发《德化县“雏鹰争章”活动实施方案（实行）》，在全县中小学深入开展“雏鹰争章”活动；组织开展“红色基因 我们传承”德化县庆祝少先队建队67周年主题队日活动，集中观摩少先队入队仪式，表彰首批县级“雏鹰金章”，为新成立的“德化县少先队方金辉名师工作室”揭牌；下发《关于进一步推进少先队活动课程建设的指导意见》，围绕每周1课时的少先队活动课的落实情况开展重点督导；探索乡镇团干部兼职农村小学少先队志愿辅导员工作机制，通过开展“五个一”活动（一堂少先队活动课、一次课业辅导、一次心灵交流、一趟家庭走访、一次爱心帮扶），关心关爱农村留守儿童身心健康发展。

【主题实践活动】 *“美丽瓷都”建设* 开展“家园清洁”“保护母亲河”“文明出行·利家宜业”等行动，组织23支志愿者服务队300多名志愿者集中开展“3·5青春雷锋 美丽瓷都”志愿服务活动。组织100多名团员青年到城东开发区开展植树造林活动，走进上涌镇辉阳村种植樱花和楠木200多株。

精准扶贫 与泉州农商银行联合发行“青创卡”，开通青年创业贷款办理“1358”绿色通道，帮扶10名贫困青年贷款100万元；积极发动学校团队组织开展“城乡手拉手”行动，构建“城关学生、家庭+学校+团队干部+农村学生、

家庭”帮扶体系，带动家庭及社会参与扶贫行动，县已有14所学校建立帮扶对子；积极发动全国、省、市各级青年文明号开展“爱心助力脱贫攻坚”行动，以“号户结对”为载体，1个青年文明号集体结对至少1户事实孤儿贫困户，并通过采取心理引导、学业辅导、学费资助、就业帮扶、技能培训、政策宣讲等方式开展结对帮扶，目前第一期已推动10家青年文明号集体结对帮扶10名事实孤儿贫困户；积极发动青商会、憨鼠爱心小分队、海西义工联盟等社会组织开展“公益扶贫”行动，截至2016年年底，已发动8家青商会企业与8个扶贫村进行“企村结对”，资助31名贫困家庭学生3.05万元。

青年文明号创建　在县57家青年文明号单位中广泛开展“优质服务示范月”等活动，住建局行政服务窗口被命名为“全国青年文明号”。开展首期“青年文明号爱心公益观影”活动，组织11家单位的省、市级青年文明号集体50名青年志愿者与41名贫困儿童共同观影。

“青年之声”平台建设　6月，依托团中央“青年之声”云平台和微邦软件，搭建县共青团与青年交流互动、服务青年需求的“线上+线下”互动平台，组建县团干志愿服务联盟、机关青年志愿服务联盟、憨鼠爱心小分队联盟、青少年社工服务联盟、学习成长助力联盟、大学生志愿者联盟、金融服务联盟、青年就业创业联盟等8个服务联盟，建设一支在成长、就业、志愿、心理、维权等方面的专家团队309人，线上解答青年问题100多个，开展线下服务活动10余场次，并在共青团门户网站、官方微信、微博、德化电视台等媒体宣传报道20余次，切实帮助青年解决反映较多或普遍关注的各类问题。

青少年活动平台搭建　寒暑假期间，帮助由德化籍返乡大学生组建的“大学生志愿者联盟”（2004年成立），开展“春运·志愿我先行”、阳光义教、“奔跑啊·青春”、“大学路上　你我同行”等丰富多彩的活动；举办第十六、十七期少年军校（2007年7月被授予“全国少年军校示范校”荣誉称号）、“瓷都好声音”少儿歌唱比赛、“青春相约·与爱同行”单身青年交流活动、青年原创微视频大赛等品牌活动。

关爱困难青少年群体　开展“青春同行”助孤行动，对县78名6～18岁的在校孤儿建档入库，联系市青年志愿者协会等公益组织为60名孤儿送上慰问金达3万多元，为7名孤儿提供每年6000元的资助金和每月1次课业辅导等；开展“手拉手”关爱留守儿童行动，联合6家单位先后走进7个乡镇，为贫困儿童、留守儿童送去“爱心礼包”140套；开展“希望工程”圆梦助学行动，在县12所中小学开展“微捐赠·微公益”活动，募集爱心善款12849.70元，积极对接省、市“希望工程·圆梦行动”，为10名家庭贫困、品学兼优的高中毕业生发放助学资金3万元；

青年志愿服务　深化“共青团员义务星期六”行动，开展环保、助孤助医、贫困帮扶等志愿活动，在“12•5”国际志愿者日开展“奉献爱心　传递温情”活动，为城区环卫工人、孤寡老人、留守儿童等发放牛奶200箱；联合憨鼠爱心小分队走访慰问贫困团干部2名，走进5个乡镇慰问留守老人400多人，发放物资近20万元，为各类特定对象筹集爱心善款80多万元。10月，联合县公安局、泉州工艺美术学院组织培训120多名青年志愿者骨干，招募1000多名大学生志愿者，为2016环湾国际自行车赛承担宣传引导、竞赛服务、后勤服务、安全保卫等多项工作。

重点青少年群体　4月，承接团省委2016年重点青少年群体社会工作项目，争取专项经费5万元，引进“泉州市圆梦社会工作服务研

4月20日，县委组织部、团县委、县人社局联合举办创新创业青年人才沙龙活动
（图/团县委）

究中心”专业社工机构，成立“德化县重点青少年群体社会工作事务站”，以“团组织＋专业社工＋县预青工作领导小组成员单位志愿者”为模式，为六大类重点青少年群体提供“三个一”服务（每周‘一对一’个案帮扶、每月一场小组活动、每季度至少一场社区活动），实施“四个帮教”项目（心理矫正项目、回归帮教项目、护航维权项目、创业助推项目）。工作站配备专职社工、心理咨询师、招聘志愿者等40余名，入户走访50户，建档50个，开展个案21个，组织开展法制教育、防拐专题讲座、国学教育、家长公益课堂等小组活动和社区活动20余场，服务对象617人次。

预防青少年违法犯罪　联合公检法等部门开展“模拟法庭”“送法进校园”“庭审进校园”、法制巡回教育、到看守所探视帮教、禁毒禁赌、校园周边环境整治、青春自护教育等活动；联合关工委等部门组成“未成年人思想道德建设报告团”，动员“五老”人员，特邀法律界专家、政法干警、教师进修学校优秀教研员、各学校有心理健康教育专门研究的教师加入队伍，2016年来，深入各学校开展法制教育、心里健康教育、思想道德、家庭教育和师德教育专题讲座58场次，受教育青少年达4.1万多人次。6月29日，中央综治委“预防青少年违法犯罪”全国检查督导组到德化县检查督导第三轮重点青少年群体服务管理和预防犯罪工作，充分肯定了县预防青少年违法犯罪中所采取的措施和取得的成效。

【就业创业服务】　青年创业行动　开展首届县青年创业大赛，评选带动性强、具有示范引领作用的优秀青年创业项目45个，发放奖金62.50万元；举办“创业把握现在　梦想点燃未来”青年创新创业人才沙龙活动，为30多名优秀创业青年提供交流经验、答疑释惑、共谋发展平台；举办“传统的意义”陶艺人才沙龙活动，为30多名青年陶艺人才提供学习交流平台。

职业技能培训　开办陶瓷雕塑、电子商务、公考辅导等技能培训班10余场次，依托冠福家用等11家“青年创业就业见习基地”为大中专毕业生提供社会实践、勤工俭学平台，培训实习青年600多人次。

青年创业保障扶持　联合人社局、财政局等部门，开展大中专毕业生创业补贴申报工作，为44名大中专毕业生发放补贴39.40万元；深化“团银”合作，开发“团银”专属信贷产品，协调各类金融机构向28名创业青年发放贷款419万元。5月5日，共青团泉州市委与德化农村电子商务运营中心有限公司签署农村青年电商创业见习基地合作协议并为基地授牌。

电商人才培育　举办“百城千校　百万英才”跨境电商人才孵化宣讲会，积极与泉州工艺美院、阿里巴巴联系，建立“学习—培训（考证）—实习／就业”模式，打造德化“跨境电商人才培育基地”。

【思想政治教育】　主题教育实践活动　开展“我是共产主义接班人”“向红色先锋学习”“我的中国梦”、18岁成人礼等团队日活动及“奋斗的青春最美丽”系列分享会、“网上祭英烈”签名寄语、“高举团旗跟党走　红色基因代代传”等各类主题教育实践活动。

宣传引导　加强团属网站、微博、微信等新媒体阵地建设和管理。2016年来，通过微信编发《瓷都青年》微刊60余期350余条，发布微博60余条；开展“五四，我与团徽团旗合个影”新媒体活动，吸引600多名社会青年参与互动交流；组建一支200多名青年的网络文明志愿者队伍，向社会发出“打造清朗网络·凝聚青年力量”的倡

5月3日，团县委组织县一实小部分学生到德化爱国主义教育基地——中共德化支部旧址，开展“高举党旗跟党走　红色基因代代传”主题实践活动

（图／团县委）

议，引导青少年在“赵薇戴立忍事件”“面对南海，我们不沉默”等网络热点话题中亮剑发声，弘扬网上正能量，发出青年好声音。

（撰稿人：陈晓星 审稿人：陈国全）

妇女联合会

3月10日，县妇女第十四次代表大会在县会议中心召开（图/县妇联）

【妇女创业就业】 创业帮扶 2016年，举办“女性创业（电子商务）”系列免费培训班，邀请淘宝大学知名老师授课，培训妇女156人，选派一名妇联干部全职参与“农村淘宝”建设，积极发动12名女大学生和进城妇女返乡创业参与农村电商发展，引导城乡妇女顺应“互联网+”经济发展新趋势。与相关部门联合举办“农信杯”醉美厨姐创业大赛，20名优胜者免费在憨鼠购平台上销售产品。深入推进“春风送岗位”行动，为广大求职者提供500多个岗位。协调县农业银行发放“巾帼创业”贷款41笔1600多万元，解决妇女自主创业资金问题。

技能培训 与农业、林业等部门联合举办“三黑三黄”、蔬菜栽培、香菇种植等种养技术培训班15期，培训农村妇女1200多人次。联合计生协会举办育婴师培训班60多名，依托金豪薇月子中心、中华月嫂、现代电脑学校、发兴职业技术学校等社会培训机构举办月嫂、电脑技术就业技能培训班3期，免费培训城乡待业妇女220人。指导“八达”好帮手家政服务公司创办家政培训学校，开展家政服务培训。

巾帼示范基地 引领农村妇女参与建设“巾帼示范基地”，德化县绵远林下种养专业合社、德化县丽玉生态农林专业合作社被命名为省级巾帼示范基地，德化县绿海生态农庄、泉州集源林果有限公司被命名为市级巾帼示范基地。

巾帼文明岗 新创建市级“巾帼文明岗”3个，县级“巾帼文明岗”2个。陈丽玲、郑珍珍、苏美花、林丽荣被评为市级巾帼创业创新典型，组织陈明华、曾映雪等33名美术大师参加泉州市巾帼巧匠工艺美术精品展，展品一百多件占展馆三分之一，展现瓷都女性的工匠精神和艺术水平。

【妇女儿童维权】 普法宣传 深化“三八”妇女维权月活动、妇女普法宣传月，配合综治、公安、司法、卫生等部门做好普法、禁毒、防艾等宣传工作。在“三八”节期间、“12•4”宪法日举办《中华人民共和国反家庭暴力法》等普法讲座7场，举办宣传咨询活动5场，培训妇女390人次，开辟社区普法宣传栏41期，发放各种普法宣传资料1万多份，进一步营造全社会共同关注妇女维权工作的良好氛围。

信访工作 规范信访受理办理程序，全年接待办理群众来信、来访、来电58件，帮助调解58件，陪审18件，对涉及侵犯妇女儿童合法权益的重点案件及时介入、有力发声、跟进服务。充分发挥“婚姻家庭纠纷调解室”、县妇联法律服务中心和家事审判庭的作用，为妇女群众提供心理调适、情感倾诉、法律咨询、法律援助等服务。针对家暴信访，协调县法院开出人身保护令16份，主动与公安局沟通协调，解决家暴案件的出警问题，并要求对加害人给予批评教育或者出具告诫书。深化“平安家庭”创建活动，建立工作考核制度，明确具体指标，落实创建工作责任，引导广大群众以家庭小安促进社会大安。

《中国妇女发展纲要（2011—2020年）》《中国儿童发展纲要（2011—2020年）》实施 做好迎接国务院妇儿工委中期检查准备工作，多次召开《妇女儿童发展规划》重点难点指标推进会，更新各项数据，完善统计监测数据库信息，完成“两纲”中期监测统计和评估报告。县妇女发展纲要可量化指标59个，提前达标 6个，预期达标

23个，预期可达标13个；儿童发展纲要可量化指标42个，提前达标13个，预期达标16个，预期可达标5个。组织实施县流动留守儿童保护机制省级示范项目，促进纲要目标落实。

【家庭文明建设】 评选表彰　常态化开展寻找“最美家庭”活动，让村民共同讲家事、议家风、谈家规，讲家庭和谐故事、晒家庭幸福生活、展家庭文明风采，从多个角度展示“最美家庭”的感人故事，传播家庭美德正能量，在中小学、老年妇女、旗袍协会、村社区等不同群体中评选表彰“最美家庭”10类别173户，县“文明和谐家庭”60户，美丽家庭等360户，引导妇女做新时期的慈母、孝女、贤妻。浔中镇东埔社区被评为市级“美丽家庭”创建示范社区，龙浔镇英山村被评为市级美丽家庭示范村。

宣传引导　先后开展“善行义举”榜、举办瓷都女性讲坛、家庭道德公益大讲堂等230场次，传授婆媳相处与夫妻沟通技巧，促进夫妻和美、亲子融洽、婆媳和顺、家庭和睦。创新宣传载体，利用网络、微信、广场和两岸步行绿道，传播与张贴家庭美德标语、宣传画120多幅，在德化广播电视台播放家庭公益广告1560条次。

活动举办　在实验幼儿园、城关幼儿园开展“最美家庭”亲子才艺大比拼活动和“小手拉大手·最美一家亲”亲子操表演比赛，密切孩子和父母沟通交流的亲子关系。充分发挥妇女儿童活动中心校外活动阵地作用，举办少儿舞蹈、跆拳道、围棋、书画等培训班12期600多人次。建设县妇女儿童中心“四点半”学校，开展“同读一本书”、课业辅导等各项亲子活动，解决县直机关干部后顾之忧。开展“护卫春蕾”活动，举办“护卫春蕾”志愿者服务活动，发放宣传手册2000多份，增强女童安全保护意识，促进儿童健康成长。

家庭教育　开展家庭教育进学校、进社区、进机关、进企业，邀请省、市讲师团开展教育讲座沙龙11场次，讲授亲子教育、备孕二胎等知识，组织县家庭教育讲师团巡回宣讲109场，受惠家长7.11万人次。全市2个县被市妇联评为家庭教育示范县，德化县居其中，并且有2个学校被命名为家庭教育示范校。

8月26日，由县妇联、团委、关工委联合主办的“我们和留守儿童在一起‘爱心伴我行’”公益助学晚会在瓷都广场举办　（图/县妇联）

【关爱妇女儿童】 贫困妇女扶贫帮困　实施关爱妇女健康为民办实事项目，为3200多名已婚低保妇女、农村妇女进行免费“两癌”筛查和妇科病检查；深入开展“母亲健康1+1”公益募捐等活动，筹集捐助善款3.62万元，为35名宫颈癌患者送去救治金5.75万元。在春节、“三八”节、母亲节期间，组织带领女企业家、巾帼志愿者深入乡镇、村（社区）走访慰问单亲母亲、贫困妇女和孤寡老人，送去慰问金8.2万元及食用油、毛毯、大米等生活用品。

贫困儿童结对帮扶　继续实施“春蕾计划”，走访爱心人士，积极牵线搭桥，多方募集爱心资金，发放助学款约15.84万元，帮助贫困女童108人。联合团县委在盖德、春美、上涌、国宝开展“有爱 童行”志愿服务活动4场，送去爱心礼物206份，价值2.06万元；联合阿里巴巴在三班开展“我们和留守流动儿童在一起”关爱活动，为200名农村留守流动儿童发放爱心书包、字典等文具用品，价值4万元；举办“爱心伴我行”公益艺术晚会，县旗袍协会会员与26名女大学生、贫困儿童结对帮扶，帮扶资金3万元，琴韵艺术中心为80名留守儿童、贫困儿童免费提供一年古筝、手风琴、舞蹈培训，价值16万元。

精准扶贫　为20户挂钩扶贫户、台风受灾户送去生产自救金10万多元。开展结对帮扶，创建巾帼扶贫基地——夏里巴人黑鸡养殖合作社，为6户贫困户免费提供鸡苗、技术指导、代销。

【组织建设】 换届选举 3月9-3月10日，县妇女第十四次代表大会召开，民主推荐选举25名县妇联执委，其中来自基层一线的执委有14名，选举出彩云为县妇联主席，黄金梯、颜敏属为县妇联副主席，赖宝彬、池珠香为县妇联兼职副主席，在泉州市首次配备2名兼职妇联副主席。

新媒体工作 实施“一站一号”上网工程，暨运营“德化县妇联”网站和微信公众号，在微信公众号设置微课堂，定期刊发婚姻、家教、维权、健康等微课堂，让广大妇女学习幸福家庭、家庭教育、法律、养生保障等科学知识；建立妇联系统微信工作群、女能人联谊会、旗袍协会工作群，方便上下沟通联系工作，向各乡镇妇联开通网上报送信息后台端口，引导全县各级妇联干部知网、懂网、用网，推送微信文章200多篇，受众5万多人次，初步形成线上线下相互促进的妇联工作新格局。

基层组织建设 建立15个县直系统妇工委，进一步拓宽妇女工作领域。举办乡镇、村、社区妇联干部培训班，共132名妇干参加，开展妇联业务、压力调适、妇女健康等培训，有效提高基层妇干的能力素质。召开会议部署乡镇妇联换届和村妇代会改村妇联工作，制定下发换届指导文件，县妇联领导班子分片挂钩指导，如期完成18个乡镇妇联换届选举，选配乡镇妇联兼职副主席18名，执委119名，推进65个村妇代会改建妇联工作。做好女能人联谊会、老年妇女联谊会换届工作，组建两个联谊会班子成员，选好带头人，推动3个妇女社会团体健康有序发展。以“党建带妇建”为抓手持续深化“妇女之家”建设。制定德化县先进“妇女之家”评选标准，层层建立示范点，定级分类，加强指导，做到以点带面，整体推进。目前，全县有82个妇女之家达到先进标准，初步形成社会化、枢纽型、开放式的妇女组织网。

（县妇联 供稿）

归国华侨联合会

【华侨服务】 精准扶贫 2016年，全县贫困归侨71人，2人列入民政低保对象，3人为“五保”户，残疾14人，重病11人，大部分归侨年龄很高，无法从事体力劳动。县侨联制订《德化县精准扶贫结对帮扶工作实施方案》，对挂钩村贫困户将采取资金帮扶、技术培训、协助市场营销等措施，发挥侨界力量，鼓励侨亲、侨领、侨商、侨企开展“手拉手”“一对一”精准帮扶。

扶贫济困 春节前夕，争取“黄仲咸教育基金会”慰问金13000元，走访慰问贫困归侨26人，另外拨出工作经费4500元，慰问贫困归侨15人；争取省侨联救助金7200元慰问贫困孤寡老人7人；走访贫困归侨侨眷20多户，慰问市侨联精准扶贫对象7人，发放贫侨救助专项资金35000元。

金秋助学 争取“骏马育才”助学金4500元，资助3名贫困高中学生；争取第八届（2016）“海西春雨·侨青助学”助学金29000元，资助品学兼优的贫困归侨侨眷子女学生29名。

“百侨帮百村”活动 龙浔镇英山村、三班镇龙阙村作为县侨联“百侨帮百村·共建美丽乡村”结对帮扶村，在“淮山基地建设”“黑鸡产业提升规划”“村庄绿化美化”等共建项目中，县侨联前期已筹措资金20多万元扶持两个帮扶村的项目建设。2016年，为“淮山基地建设”争取省侨联帮扶资金

11月4日，福建希望工程、南九龙狮子会德化访问团考察工作座谈会召开 （图/县侨联）

5000元，县侨联另从经费中支出10000作为该基地苗木补助款。目前，英山淮山基地建设正在走上专业化、产品销售网络化、产品加工精细化、多元化道路，成为县农业精品产品的典范；龙阙村绿化美化建设有序进行，其中绿化带改造已完成，金钟山公园“侨心亭”建设已完成部分工程。

侨企服务　2016年，县侨资企业8家：水电企业1家、日用高档餐具业1家、出口工艺陶瓷企业6家，均为纳税50万元以上企业。县侨联深入侨资企业进行调研，了解并协调解决企业存在的困难和发展过程中面临的问题。并将顺尔美陶瓷有限公司、芳盛工艺制品有限公司列为市侨联和县侨联的“侨企挂钩联系点”。

侨益维护　推荐1名干部作为县法院人民陪审员，在涉侨案件中协助和配合法院做好调处工作，及时化解矛盾纠纷，切实维护侨界群众合法利益。2016年，为归侨侨眷出具涉侨房屋拆迁、子女就学等方面证明14份。

依托“平台”寻根谒祖　“南洋华裔族群寻根谒祖综合服务平台”是省、市、县侨联的重点工作。该项目将建立以谱牒方志为核心，包括姓氏宗祠、宗亲社团、海外华侨华人社团、侨商侨智和归侨侨眷等方面信息的海量数据库，建成集姓氏族谱查询、寻根谒祖服务、宗亲联谊互动、社团交流往来、商贸投资引导服务等功能于一体的综合服务平台。县侨联高度重视该项工作，组织人员参加“平台”业务培训，已收集5套（册）族谱、村志供市侨联扫描入库。据统计，至2016年，县已编纂族谱85本，收藏37本。

【组织建设】　换届选举　7月12日召开十二届二次全委（扩大）会议，选举新的县侨联主席周建阳，并增补1名常委，2名委员。

“侨胞之家”建设　全县现有龙浔镇、赤水镇两个基层侨联，按照“有组织、有队伍、有经费、有阵地、有活动”的要求，县侨联协助基层侨联推进组织建设，2016年2月赤水镇侨联被省侨联首批命名为“侨胞之家”。

完善侨情资料数据库　对海外华侨华人社团及其主要成员信息进行采集，建立和完善信息资料库，积极做好新华侨华人、华裔新生代和重点人士、重点社团的交友联谊工作，引导鼓励新侨专业人士带技术、信息、团体回德创业、捐资助学、捐赠公益事业，为县招商引资和招贤引智做好牵线搭桥工作。

【联络联谊】　接待来自马来西亚、菲律宾等国家回乡谒祖、观光旅游的海外华侨华人等7个团组130多人次，期间陪同他们参观考察陶瓷企业，游览美丽风光，见证瓷都新貌、感受德化发展变化，做好各项接待服务工作，加深侨联组织与海外侨胞之间的感情。

（县侨联 供稿）

科学技术协会

【科普创先】　2016年联合县全民科学素质领导小组成员单位，实施“基层科普行动计划”，开展科普宣传活动、科技培训等创先工作。调整充实县全民科学素质行动纲要工作领导小组成员，全面完成18个乡镇科协换届选举工作。以县人民政府办公室名义制定下发《德化县全民科学素质行动计划纲要实施方案（2016—2020）》，县财政每年增加全民科学素质行动计划纲要工作经费10万元。

【科普宣传】　利用阵地开展科普宣传　2016年编辑出版《德化科普》报刊2期、印发3000多份，免费赠送给县直各单位、各乡镇、村（社区）、学校阅读；定期（2个月）更新科普画廊的科普宣传内容，丰富公众科技文化生活；利用《德化科普》网站传播科技新技术、新知识和科学养生等，提高公众科学素质。

科普惠农兴村计划　加强对全县29个农技协、18个农村科普示范基地进行指导，发挥典型辐射作用，提高农民群众科学素质。2016年“德化县食用菌专业技术协会”获得中国科协、财政部“基层科普行动计划”奖补表彰。德化县绿园农业综合科普示范基地、德化县戴云花卉苗木科普示范基地、国宝乡祥云村黄启树科普带头人获得市级2016年“科普惠农兴村计划”优秀项目认定。

科普益民计划　加强社区科普宣传工作，浔中镇龙东社区获得2016年泉州市社区科普益民优秀项目认定。

【科普活动】　知识产权日科普宣传活动　4月26日，县科技和知识产权局、科协、文体新局、法院、检察院、市场监督局、版权协会等县直部门联合在瓷都广场举办第12个世界知识产权日科普宣传活动，通过展板展示、发放宣传资料、现场咨询等形式，向公众宣传知识产权的相关知识及法律法规，

5月份开始，县科协、教育局联合在县城区中小学校开展“流动科技馆巡展”活动，每校巡展时间为一周（图/县科协）

接受群众关于伪劣假冒产品的辨识与维权等的咨询。

流动科技馆巡展活动 争取上级资金投入20万元购买中、小型巡展科普展品40件，联合县教育局下发《关于开展流动科技馆巡展活动的通知》（德科协〔2016〕8号），从1月份开始在县城区中小学校进行巡展，每所学校巡展时间为一周。

“5•12”防震减灾纪念日系列活动 5月12日，联合县地震办等部门到龙鹏社区等开展科普宣传、咨询、播放《蟾童》、《地震奥秘》等科普宣传片和发放宣传材料活动；到宝美开发区银晟陶瓷厂等开展科普进企业宣传活动。

全国科普日系列活动 9月19日晚，组织县科技和知识产权局等10个县直有关部门在瓷都广场开展以“创新放飞梦想，科技引领未来”为主题的2016年全国科普日大型科普宣传活动。浔中镇、葛坑镇、上涌镇、南埕镇等乡镇利用墟日等开展农业、林业、卫生健康等科技知识的科普宣传活动；兴南社区、南门社区、龙东社区、浔南社区、湖前社区等社区开展科技实践、科普讲座、参观科普展等活动；顺美集团、江山美人茶园、芹峰淮山等科普示范基地开展考察体验、科普讲座、技术培训等活动。

【青少年科技活动】 6月份，联合县教育局、科技和知识产权局、环保局、关工委下发了《关于举办第七届德化县青少年科技创新大赛的通知》（德科协〔2016〕10号），组织、发动全县各中小学、幼儿园开展科学探究、科技实践和科技创新、科学幻想等活动，并进行科技创新项目的筛选与制作，提高未成年人的创新意识和动手实践能力。9月24至25日，举办县第七届青少年科技创新大赛竞赛，共有科技作品150项（幅）参赛，经专家评委评审，分别评出一、二、三等奖若干名，并推优选送103项（幅）科技作品参加市第十三届青少年科技创新大赛。在市赛上，有51项（幅）获得，其中，科技创新项目一等奖1项、二等奖8项、三等奖12项，科技创意作品获一等奖1项、二等奖5项、三等奖3项，科技实践活动项目获二等奖3项、三等奖3项，科幻画获一等奖1幅、二等奖1幅、三等奖13幅；组织中小学生参加第31届福建省青少年科技创新大赛。省赛上学生组获得二等奖1项、三等奖3项，科技辅导员项目获得二等奖1项，科幻画获得三等奖1幅；5月份选送14名科技教师分别参加全市青少年科学影像节活动辅导教师、科技创新教育骨干教师培训班培训；组织发动全县科技教师撰写科技教育论文参加市级评选活动，选送的38篇科技教育论文有30篇获奖。组织在校中小学生参加“生态文明、绿色发展”为主题的第三届全省青少年科学素养网络竞赛活动；注重加强青少年科技活动平台建设，进一步完善“县科技活动中心”和龙浔镇兴南社区、南门社区、宝美村、浔中镇龙东社区等校外科学工作室和尚思小学校园创新工作室的设施，规范工作管理等制度，定期免费对外开放，为青少年在节假日开展科学体验和科技实践活动提供便利服务。

【农函大工作】 年初制订2016年科技培训方案，以培养高素质、懂技术、善经营的新型农民为目标，组织开展实用技术培训。联合县关工委等县直有关部门在星辰雕塑职业培训学校、现代职业技术培训学校、发兴职业技术培训学校等举办青少年劳动技能培训、电子商务创业、青少年陶瓷雕塑培训等培训班，劳动力转移培训人数300多人次；依托农村专业技术协会举办农村实用技术培训班，县花卉苗木专业技术协会举办花卉种植培训班，参训人数52人次，永德生态农业专业合作社举办葡萄种植及管理培训班，参训人数56人次。

【学会（协会）工作】 邀请台湾农村专业技术服务协会会长廖树宏到江山美人科技有限公司考察2次，促成江山美人科技有限公司与台湾农村专业技术服务协会于6月12日在“2016海峡科技专家论坛分会场——海峡两岸现代生态农业发展研讨会”签订《闽台共建植物工厂合作协议书》，促进闽台科技交流与合作；9月6日，县广善茶业有限公司成立了企业科协。

（撰稿人：颜夏锌 审稿人：徐永生）

工商联

【参政议政】 提案建言 2016年，县工商联深入企业、基层，对县非公有制经济现状、发展情况进行调查研究。在县政协会议上，组织工商界政协委员提出涉及县非公有制经济的发展和广大会员关注的热点、难点问题的提案50多条（件），为县委、县政府研究制定经济社会发展规划和发展目标提供重要参考依据。

会议建言 2016年，县工商联先后参加国家级出口陶瓷质量安全示范区创建碰头会、电商座谈会、陶瓷产业发展务虚会、世界瓷都品牌宣传务虚会、招商工作务虚会、企业及干部培训务虚会、精准扶贫务虚会、“互联网+工作计划”“碰头会”等会议，提出意见建议30多条。此外，积极向德化籍全国政协委员郭文圣提供“关于支持德化县争创国家级新型城镇化试点县的建议”提案素材，从更高层面为县经济社会建设争取政策支持。

【组织建设】 换届选举 县工商联（总商会）第十二次会员代表大会于12月26日召开，会议选举泉州龙鹏集团公司董事长兼总经理苏建堆为县工商联（总商会）第十二届执委会主席、总商会会长，并选举县工商联（总商会）第十二届执行委员会执委169名，其中常委委员35名、副会长以上领导班子25名、执委委员109人。

商协会创建 年初分别成立福州市德化商会、泉州市泉德商会。12月28日，德化县永春商会成立，并举行首届理监事会就职典礼。会议审议通过商会章程，选举产生德化县永春商会第一届理事会成员，选举产生会长、常务副会长、副会长、秘书长，聘请名誉会长及顾问。县登峰红木家具有限公司董事长苏松柏当选第一届商会会长。会议还举行授牌授印仪式，并为当选理事、监事会人员颁发牌匾，德化县永春商会及部分商会企业还分别向德化县教育局、永春县教育局捐赠现金和物资。

【会员服务】 理想信念教育活动 先后邀请省工商联王光远主席、厦门大学软件学院姚俊峰教授到德化讲座；先后组织企业家参加阿里跨境电商研修班、转型升级（深圳）研修班学习和到广东大埔县、潮州市，晋江市纳金网科技信息公司考察学习；召开专题会议，学习习近平总书记重要讲话精神和省市县重要会议精神。并通过微信公众号、QQ群、门户网站、《德化商界》等媒介及时向会员发送各项大政方针和扶持企业发展的优惠政策。县工商联与县物价局联合在县从事商品销售及提供服务的经营单位中开展“明码实价示范店”创建工作。福建省泉州龙鹏集团有限责任公司和福建省德化县铭思艺文化发展有限公司被授予“明码实价示范店”。

商贸经济联络 2月12日、2月27日，四川福建商务考察团和湖南醴陵市考察团到德化参观考察陶瓷产业、陶瓷电商发展情况，考察促进两地之间在产品技术创新、

12月26日，德化县工商业联合会（总商会）第十二次会员代表大会在县会议中心召开 （图/县工商联）

知识产权保护、市场开拓、陶瓷文化创意产业、电商产业发展、人才引进培养等方面的交流合作；组织市泉德商会部分企业家到厦门考察和交流学习，同时配合县政府组织有关部分陶瓷企业、电商企业负责人到广东潮州、大埔等地参观考察，学习其他陶瓷产区企业经营理念、产品创新思路，以及电商发展规划、战略重点等先进经验做法。

助力企业招贤纳士　县工商联分别于5月16日、5月24日，与县人社局、县经信局联合组织县部分陶瓷企业，赴江西景德镇陶瓷大学和福州大学厦门工艺美院，开展“福建省德化县陶瓷企业现场招聘会”活动。两场招聘会上，县各陶瓷企业提供包括总经理、技师、设计等岗位57个，现场达成就业意向60多人。

【企业服务】　银企对接活动举办　4月12日，县工商联、经信局联合泉州农商银行德化支行举行政银企对接推介会，县委常委、常务副县长吴顺情出席，100多家中小微企业负责人参加对接活动。活动会上，现场6个客户通过微信平台提交普惠卡业务申请获得65万元贷款，3个客户签约授信390万元。泉州农商银行与中信保公司签署了合作框架协议，跨行业横向联合，共同为县小微企业和城乡居民量身定制“适销对路”的金融产品，推广普惠金融，提供融资、保险、理财、结算“一揽子”服务。泉州农商银行向德化陶瓷产业集群整体授信5亿元，携手中国出口信用保险公司共同支持德化实体经济发展，拓展具有地方特色的外贸业务。

举办“手拉手”活动　6月8日，与县商务局、经信局、市场监管局、电商协会联合承办传统企业与电商手拉手活动，充分发挥县陶瓷产业优势和电商先发优势，让传统陶瓷企业的“好产品”与电商的“好平台”更好地融全，优势互补，达到企业合作、互动共赢的目标。

举办陶瓷作品展活动　6月20日，协同德化陶瓷同业公会、德化柴烧陶艺协会在福州三坊七巷海峡民间艺术馆举办以“火之魂、土之魄”为主题的“陶视界”柴烧陶艺作品展。

职称评审　2016年来，整理初级职称材料65份，收集中级职称评审资料43份，上报高级职称评审材料17份；5月份　，省人力和社会资源保障厅下文确认省非公有制企业高级专业技术职务考核委员会评审通过的一批高级职务任职资格人员，县2人获高级工艺美术师职务任职资格，3人获建筑工程管理高级工程师职务任职资格。截止目前，有高级职称82名（其中，高级工艺美术师53名、高级工程师25名、高级经济师4名）、中级职称650名（其中，工艺美术师541名、工程师93名、经济师16名）、初级职称998名（其中，助理工艺美术师542名、助理工程师450名、助理经济师6名）。

宣传推广　完善德化县工商业联合会网站，为县非公企业会员提供了一个方便、快捷的网上交流平台，同时增进了工商联与社会各界的联系与交往，增强了工商联与会员之间的沟通，促进了会员与会员之间的相互了解与协作，使工商联的服务工作更具有时效性和针对性。

陶瓷文化创意服务平台（世界德商瓷都总会馆）建设　该项目是县重点工程项目，占地0.37公顷，总建筑面积2.10万平方米。主体工程已于9月份封顶，工程进入外墙干挂、消防工程施工，完成投资3600万元。

【交流加强】　异地商会组建　1月2日、2月21日，成立了泉州市泉德商会和福州市德化商会，两地商会的成立，为在外德化籍企业家

11月6日，市工商联（总商会）副主席黄振骞（中）到泉州泉德商会调研。图为市、县工商联（总商会）领导合影　（图/县工商联）

搭建了一个交流与合作的平台，为德化县在榕在泉搭建了宣传的窗口，将更好地服务于全县经济社会建设。

缔结友好商会 6月7日，县总商会与思明区商会缔结友好商会，标志着两地商会将加强联系、密切往来、深化协作。

【典型推荐】 2016年，宁昌陶瓷有限公司董事长苏友谊在中国发明协会开展的第九届全国“发明创业奖”评比中获得“发明创业奖·人物奖”；得盛集团董事长颜竞峰被省政府在第五届世界闽商大会上授予的“福建省非公有制经济优秀建设者”称号；顺美集团有限责任公司董事长郑泽洽被福建省企业与企业家联合会评为“第十六届福建省优秀企业家”等等。

【招商引资】 2016年，县工商联引进了福建省德化县晟维陶瓷制品有限公司、德化翼思隆商贸有限公司、泉州美筑软瓷生态建材有限公司3家企业，其中，泉州美筑软瓷生态建材将填补德化县没有软瓷这个品种的空白。

【精准扶贫】 *重点村帮扶* 在省“百企帮百村”精准扶贫行动中，县水口镇祥光村、上涌镇桂格村与福建省安踏集团公司结对。2月3日，县工商联配合做好安踏集团的首次捐赠（物资各15万元、资金各2万元）；春节上班后，及时走访两个村，了解两个村的基本情况，指导两村有针对性地寻找、确定扶贫项目，以便更好地结对帮扶。3月8日和3月30日，又分别与水口镇、上涌镇的领导到晋江、厦门向安踏集团汇报对接扶贫项目。据了解，现桂格村已投入资金24.50万元，种植桂花3200多株（其中，四桂、金桂各500株，丹桂2100多株），建设桂花苗圃约3.33公顷；祥光村新种植大果油茶约13.33公顷。5月17日，配合鑫桥联合（福建）融资租赁有限公司到上岸村了解村情，探讨结对帮扶项目，具体后续工作镇村正继续跟踪。6月8日，思明工商联又带领企业家到美湖上岸村开展“民企联村”精准扶贫工作，与村签订结对帮扶协议。

市“百企帮百村”精准扶贫行动 县工商联积极动员企业参与开展精准扶贫行动，5月27日，组织县6家企业（龙鹏、佳美、陶瓷文化古镇、银厦建筑、春秋农业科技、戴云大酒店）出席全市“百企帮百村”精准扶贫行动启动仪式。截至6月28日，又有16家企业和6家商协会参与开展精准扶贫行动，完成县省定建档立卡的贫困村都有企业（商协会）结对目标。2016年度到位扶贫资金110多万元。

（撰稿人：程清水 审稿人：雷雪莲）

计划生育协会

【生育关怀】 *开展慰问救助活动* 2016年1月26日，在浔中镇政府举行春节送温暖活动暨进城务工困难计生家庭慰问金发放仪式，共慰问计生户161人，现场发放慰问金16.20万元。其中计生特殊家庭，住在乡下和行动不便的困难计生户上门慰问；2016年元旦和春节，县委书记吴深生、县长欧阳秋虹等四套班子领导亲自参加失独家庭慰问活动；5月24日，县计生协会会长林华武和常务专职副会长宋荣勋看望计生特殊家庭冯秀祝，并送去了1000元慰问金；2016年1月-11月共救助34人，县级救助金额6.5万元。其中27户因患重病，病情严重，经村、镇、县救助之后上报市计生协会进行救助。

关爱计生特殊家庭 2013年开展这项工作以来，全县累计发现（发生）计生特殊家庭50户，其中失独家庭34户，独生子女伤残家庭16户。因再生育或抱养等原因已退出计生特殊家庭18户，其中退出失独家庭14户，退出伤残家庭4户。目前仍有计生特殊家庭32户，其中失独家庭20户，伤残家庭12户。2016年新增失独家庭4户。其中，新发生3户，新增1户（按照《省卫生计生委 省财政厅关于将有第三代的失独父母纳入省独生子女伤残死亡家庭特别扶助范围的通知》，将浔中镇1户2015年底有第三代的失独家庭纳入了特别扶助对象）。继续开展“五送助孕”行动，即“送安抚”“送健康”“送技术”“送资金”“送孕期指导”。协调公安民政等部门为失独家庭抱养子女办理县社会福利中心集体户口和为失独家庭办理收养手续。

推进幸福工程、小额贴息和计生家庭意外伤害保险工作 2016年共投入56万元幸福工程项目救助资金帮扶31户贫困母亲家庭发展帮扶项目；2016年计生小额贴息帮扶101户，贷款金额为303万元；计生家庭意外伤害保险将所有计生二女户家庭、计生特殊家庭和计生低保家庭确定为重点对象全覆盖，并按县50%、乡镇村40%、个人10%出资比例承担保险费用，同时，鼓励乡镇发动计生户自费参保。目前全县已有11445户计生家庭参加意外伤害保险，缴纳保险金

7月18日，瓷都女孩走进国学——计生家庭女孩暑期国学班在县文庙开班 （图/县计生协会）

114.45万元（其中个人投保4820户），理赔案例77例，理赔金额48.18万元。

资助计生女孩户女儿上大学 8月24日，举办计生女孩户女儿上大学助学仪式，现场为58名困难计生女孩户女儿发放助学金16.20万元。2016年，考取大专以上的计生女孩户女儿共有265名（其中低保3人、贫困户21人、病灾户7人）。县计生协会对参加2016年高考考取高等院校的低保户、建档立卡贫困户和近两年家庭遭受重大病灾致贫致困的计生户中的独女户、二女户女儿及父母双亡的孤女均给予全程资助。其中本科每人每学年资助5000元，连助4～5年；专科每人每学年资助4000元，连助3年。资助对象为除建档立卡贫困户外，家庭生活较为困难的独女户、二女户女儿，给予每人一次性资助3000元。家庭特别困难的计生女孩户在校生给予跟踪资助。其中低保户、“五保”户、建档立卡户等给予2000元资助，其他对象则给予1000元资助。

精准扶贫 县计生协会挂钩3户对象为汤头乡吉山村村民，均为因残疾致穷，其中省定识别标准2户，市定识别标准1户。10月25日县计生协会常务专职副会长宋荣勋带领计生协会一行4人到吉山村走访，帮助解决实际困难，同时每户发放帮扶资金2000元。

【计生宣传】 集中宣传 指导各乡镇在重要纪念日，广泛开展内容丰富的人口计生宣传教育活动，尤其注重宣传十八届五中全会之后国家生育政策的调整、“全面两孩”政策实施的意义和措施。两节期间，各乡镇均结合当地特色举办了丰富多彩，形式各样的宣传活动。

重点宣传 5月26日，县计生协会联合县妇联、城关幼儿园在城关幼儿园举办以“小手牵大手·最美一家亲”为主题的幸福家庭亲子操比赛。此次比赛由100多个家庭组成5支参赛队伍，现场评出一等奖1个、二等奖2个、三等奖2个；6月20日至23日，县计生协会联合县人社局、工会、妇联共同举办计生家庭妇女育婴师培训班。此次培训班共有63人，颁发结业证书63本；7月18日上午，72名计生家庭女孩齐聚县文庙参加由县计生协会、县妇联、县文庙管理处共同举办的“瓷都女孩·走进国学”暑期计生家庭女孩培训班。本期国学班为期5天，主要教授《论语》《弟子规》《三字经》等国学经典，每年举办一期，面向全县计生家庭女孩。

特色宣传 在“协会梦·我的梦——纪念中国计生协成立35周年”征文活动中，春美乡选送的作品《我的梦想在深山》入选中国计生协会成立35周年优秀征文集《情怀·沃土》，全市仅有1篇。

【组织建设】 开展“四联创”活动 2月26日，召开全县“四联创”工作迎检工作会，目前已有12个乡镇达到先进乡镇计生协会标准，占乡镇数的66.67%，170个村（社区）被确认为一流村，占97.60%，合格村210个，占100%，851个小组被确认为五好协会小组，占92.10%。

经费保障 2016年，县财政拨款县级生育关怀资金25万元、关爱计生特殊家庭专项资金20万元、计生小额贴息帮扶资金14万元、计生助学款10万元、计生家庭意外伤害保险资金33.21万元。各乡镇村计生协会也能积极争取本级资金投入，充实壮大生育关怀资金规模，目前乡村两级生育关怀资金总金额已达390多万元。县生育关怀基金列入县财政预算，并每年参照地方财政收入的增长幅度予以保障。

队伍建设 10月31日，县委常委会研究决定，县计生协会增加1名编制，解决乡级计生协会专职人员编制，从核定乡镇卫生计生服务中心事业编制总量中安排 20 名供乡镇计生协会专职使用（其中龙浔镇、浔中镇计生协会编制各 2 名，其他乡镇计生协会编制各 1 名）；7 月 26 日，召开学习贯彻中国计生协“八代会”精神暨乡、村计生协会会长培训班，邀请了原省计生委副主任、人口福利基金会理事长苏富达进行生育政策解读，共 266 人参加了培训会。2016 年是乡镇计生协会换届年，全县 18 个乡镇协会会长均为分管计生领导担任，副会长由卫生计生办干部担任，秘书长由在职在编人员担任。

基层群众自治 为推动县计生基层群众自治示范创建工作，要求各乡镇至少选择一个条件较好、工作规范的“六好”示范村把创建工作的组织机构、规章制度、工作职责、创建标准、服务承诺等内容进行上墙公开，同时美湖镇计生基层群众自治的典型经验作为全市唯一的乡镇级代表进行了发言交流。目前，73 个村被确认为“六好”示范村，达标率为 34.76%。

（县计生协会 供稿）

文学艺术联合会

【文艺作品创作】 2016 年，协同有关部门做好第二届瓷都文艺奖、德化县孔子文化教育奖评选表彰工作。邀请省摄影家协会等 250 多名各地文艺家进行“世界陶瓷之都—德化” “美丽德化山水”等主题采风活动，组织文艺家协会会员 2000 人次、邀请外地艺术家 300 多人次到戴云山、石牛山、九仙山等景点和有关乡镇、企业采风。

8 月 22 日，由县委宣传部举办的德化县纪念建党 95 周年暨红军长征胜利 80 周年剪刻纸作品展在县图书馆开展 （图 / 县文联）

县作家协会会员作品在省级以上刊物发表的以及被辑入文学作品集的文学作品有 150 多件，获市级以上奖项 31 项。书协会员 4 人次作品入全国书法展。美协会员 2 人次获“中国工艺美术百花奖大展”金奖。县摄协会员作品多次在全省摄影大赛中得金奖。县陶瓷文化研究会会员基本囊括德化艺术瓷在国家级评比中的各项金奖银奖。由省委宣传部联办的首届省激情广场舞大赛泉州赛区复赛德化县选送的《瓷国明珠》获得冠军，聚玉堂德化陶瓷艺术创作基地 2016 年创作的中国梦系列瓷雕作品被省文联向中国文联推荐列入“中国精神·中国梦 ”主题文艺创作工程。县各文艺协会团体或个人出版书籍《德化当下的可能》等 6 部。

【文艺活动开展】 协同有关部门举办“德化风采”“德化人拍德化事”手机摄影大赛、第十六届陶都广场文化节、首届福建省激情广场舞大赛德化赛区、2016 年秋祭郎君暨中秋南音会唱等文艺活动，举办“忆长征 铸党魂 兴瓷都”——德化县纪念建党 95 周年暨红军长征胜利 80 周年剪刻纸作品展、“金鸡报晓 中国茶具之乡”刻纸作品展、德化摄影家协会 2015 年度会员作品展、“文化共享工程杯”摄影作品展、“松林生辉 珍爱和平”为主题的书画作品展、陈启星书画展、“相约美丽三班”涂荣建摄影作品展、瓷都情——何燕丹书画篆刻作品展、大美德化—林文明书画作品展、“美丽德化·卢美彬美术作品展”等本地作者摄影、美术、书法作品展览 23 场，协同有关部门举办元宵小型灯会，南音艺术家、音乐家协会会员在村、社区、广场、公园等地常年开展各种形式的演唱会，经常邀请各地艺术家到德化开展创作交流笔会及文艺下基层活动，定期邀请全国各地书画艺术名家在瓷品上创作作品，提升瓷品价值。

【文艺创作基地建设】 2016 年，采取“企业 + 基地” “研究所 + 基地” “名师工作室 + 基地” “学校 + 基地”等模式建立一批陶瓷艺术创作基地，新增中国乡土艺术协会艺术发展中心戴云山创作基地、中书协书法考级中心德化江山美人书法考级工作站。完善12个全国、省、市文艺创作基地的软硬件建设，吸引省内外知名艺术家前来采风、创作以德化自然风光、陶瓷艺术为题材的优秀文艺作品。

【文艺志愿服务】 2016年，组织文艺志愿者免费赠送书籍、春联、为留守老人孩子拍照3000多册(件)，300多人（次）文艺志愿者走遍德化的59个村（社区），参与各种爱心公益活动40多次，慰问困难对象60多户，累计为全县弱势对象募集、发放善款善物总值20多万元；到学校为学生们讲授文艺知识11场，开展文艺讲座、培训50多场，协同有关部门举办“写好中国字，做好中国人”中小学生现场书法比赛、市第八届少儿电视艺术节歌唱比赛德化赛区比赛，中国书法家协会福建省书法考级；做好音乐家换届工作，成立剪纸艺术研究会。

（县文联 供稿）

残疾人联合会

【康复工作】 2016年，县残疾人联合会积极实施省、市为民办实事项目——“助残工程”，深入基层做好县贫困白内障患者的调查摸底和术前筛查工作，全年实施免费复明手术363例；为42名需康复救助的残疾儿童提供救助；为15名（15例）贫困残疾人提供辅助器具适配救助；免费配送轮椅、助视器、盲杖等辅助器具526件；配合市残联康复中心开展假肢矫形器调整活动，为5名残疾人装配假肢矫形器进行调整，对15名适配残疾人进行随访和跟踪服务。举行“福建省残疾人福利基金会‘积善伴我行’成人轮椅项目德化县发放仪式”，向福建省残疾人福利基金会争取轮椅30部，集中发放给30名贫困肢体残疾人。向贫困精神病患者发放5.48万元医疗救助，推进精防工作扎实开展。

【就业工作】 贯彻落实《残疾人就业条例》《福建省残疾人就业保障金征缴管理暂行办法》等残疾人就业法律法规，配合地税部门做好残疾人就业保障金地税统一代征工作。向1900个单位征收残疾人保障金340万，安置残疾人就业37人；实施政府购买残疾人服务项目，将残疾人就业培训工作作为政府购买 残疾人服务的试点，委托社会职业培训机构和残疾人种养基地，开展残疾人实用技术培训，免费为190名适龄残疾人提供陶瓷雕塑、电子商务、竹藤工艺和农村实用技术培训，使残疾人掌握一技之长。组织2家企业和15名残疾人参加泉州市残疾人就业招聘会，拓宽残疾人就业渠道。积极开展残疾人就业示范基地和盲人按摩示范店创建活动，加大创业典型扶持培育力度，县联春生姜种植专业合作社和省德化非凡农业专业合作社被确认为2016年市农村残疾人扶贫基地扶贫单位，县章录按摩中心被确认为市盲人按摩店扶持机构。

【扶贫工作】 实施省委、省政府为民办实事“重度残疾人居家托养”项目，为132名智力、精神和其他重度残疾人居家托养对象提供每人2000元的补助金；实施机构托养补助项目，为26名在县福乐家园托养的对象提供13万元补助金；实施省委、省政府为民办实事“扶助贫困残疾人就业创业”项目，为60名贫困残疾人提供每人5000元补助金；在第26个助残日期间，县委常委刘惠煌走访慰问残疾人贫困户，全县共慰问残疾人贫困户128户，发放慰问金2.50万元；在国际残疾人日期间，县残疾人联合会组织慰问贫困残疾人75户，发放慰问金 3.75万元，配合市残疾人联合会组织专家深入到龙浔镇高阳村、南埕镇西山村开展义诊活

6月1日，县残疾人联合会到县特校开展关爱残疾儿童活动（图/郑锦贵）

动，市残联副理事长陈纳新、市物价政策法规科科长李智嘉到德化县慰问10户重度特困残疾人户；国际儿童节期间，县残疾人联合会到特殊教育学校开展“同在蓝天下·共筑中国梦——2016福建省关爱残疾儿童行动”活动，向100名残疾儿童和贫困残疾家庭儿童每人发放一份价值569元爱心礼包，让残疾儿童过上一个愉快的节日；中秋节期间，向40户农村建档立卡重度残疾贫困户赠送月饼；落实残疾人社会保障政策，共有2363名残疾人领取了困难救助金和重度残疾人护理补贴，配合民政、劳动、卫生部门将贫困残疾人纳入最低生活保障范围、重度残疾人参加“新农合”“新农保”享受政府补贴工作；开展助学工程，为209名贫困残疾学生和残疾人家庭子女就学提供19.15万元的助学金；建立残疾人自主创业社会保险补贴制度，为29名残疾人发放社保补贴5.46万元；为600名特困重度残疾人发放18万元一次性临时价格补贴；做好挂钩乡镇、共建社区工作，向挂钩龙门滩镇提供建档立卡贫困残疾人光伏电站建设扶贫资金5万元，向挂钩的5户建档立卡贫困户各提供1000元扶贫资金，向共建社区湖前社区提供扶持资金5000元。

【权益保障】 加大对修订后的《中华人民共和国残疾人保障法》《残疾人就业条例》等残疾人法律法规的宣传力度，提高残疾人的法律意识；落实省政府对残疾人实行的各项优惠政策；积极为残疾人提供形式多样、方便有效的残疾人法律服务和法律援助；协调有关部门做好无障碍建设，为105户贫困残疾人家庭无障碍改造对象提供12.50万元的补助金；组织开展残疾人机动轮椅车调查摸底，向97名对象发放2.52万元燃油补助资金；落实残疾评定新规定，联合县卫计局组织县医生参加全市残疾评定培训会，规范残疾评定、残疾人证核发，开展上门评定办证活动，方便残疾人，已办理二代证9408本。

【专项调查】 开展精准扶贫残疾人调查核实，初步确定全县865名贫困残疾人进入建档立卡；开展成年无业重度残疾人按单人户实施低保调查摸底，全县成年无业重度残疾人总数1895人，其中享受低保1095人，未享受低保800人；开展一户多残调查摸底，全县一户多残614户，涉及残疾人1257名，其中重度残疾人377人；开展残疾人危房户调查，与建设部门对175户疑似危房户进行深入核查，已核实并上报28户；联合财政部门开展残疾人创业情况进行全面调查摸底，全县残疾人创业人员437人，享受创业补助304人；配合综治部门开展精神残疾人情况调查，做好215名精神病患者信息采集录入；配合卫计部门做好因病因残致贫的精准扶贫对象调查核实，核实残疾人73名；开展全国残疾人基本服务状况和需求信息数据动态更新工作，制订县全国残疾人基本服务状况和需求数据动态工作方案，举办业务工作培训班两期，各乡镇残联理事长，乡镇、村社区残疾人联络员等240多人参加，全面部署县全国残疾人基本服务状况和需求数据动态工作。

【文体宣传】 承办“心手相连 与爱同行”福建省残疾人艺术团走进德化公益巡演活动，共800多人观看演出；组织残疾人参加全市残疾人艺术作品展，获银奖1件、铜奖3件、优秀奖4件。配合省、市残联及省专家组做好县“残疾人运动苗子和特殊艺术人才”选拔活动。组织参加市“迎国庆 展风采”盲人保健按摩技能赛，获得一等奖1名、优秀奖2名的较好成绩。围绕助残日活动主题，《德化新闻》《德化报》等新闻媒体播放、报道助残日期间各级领导走访慰问贫困残疾人及残疾人自强自立和社会各界扶残助残等典型事迹，向省、市残联网站及德化网、《德化政讯》等报送信息30多条。

（撰稿人：张美蓉 审稿人：徐华军）

国际贸易促进委员会

【经贸交流】 2016年，精心制作德化县情、陶瓷、旅游三幅中英文易拉宝宣传资料，供市领导参加在阿尔及利亚召开的世界贸易中心年会时宣传所用，进一步提升世界陶瓷之都——中国德化的知名度。

【市场拓展】 组织永德信陶瓷有限责任公司、五洲陶瓷股份有限公司、卓越陶瓷公司、明英华陶瓷公司等30多家企业参加非洲埃及消费品展、欧洲波兰礼品展、亚洲印度家居装饰用品展、中国香港国际茶叶展等；在首届北京国际园艺及家庭装饰展览会上设立德化陶瓷展区，并组织30家陶瓷企业、2000多种陶瓷产品参加。争取在北京国际园艺及家庭装饰展览会上门票票面采用一半印制德化陶瓷观音瓷头像和德化县城全景图，这是德化县在参加的展览会门票上首次印上德化陶瓷元素；在中国国际展览中心集团公司微信平台上推送

7月8日，北京国际园艺及家庭装饰展览会上的德化陶瓷展区

（图/县贸促会）

"世界陶瓷之都——中国德化"视频宣传片，在展会现场活动中宣传德化陶瓷，在LED屏幕上循环播放"世界陶瓷之都——中国德化"视频宣传片，现场销售额90多万元。

【法律服务】 指导和帮助企业开展国际商帐追收，县永德信陶瓷有限公司在与埃及一些客商做生意时被拖欠货款20多万美元折人民币达100多万元，县贸促会采取法律手段帮其追讨回20多万美元的货款。宣传扩大原产地证注册登记，鼓励企业使用电子证书，确保企业通关贸易便利化。2016年，新增注册登记4家，办理原产地证107份，与韩国、澳大利亚签署的自贸区2016年生效的优惠原产地证7份，出具国际商事证明10份；组织威尔陶瓷公司、协发光洋公司等10多家企业参加市政府举办"泰国投资机遇推介会"和市贸促会举办"助力出口企业剖析欧美市场相关法规和验厂要求"等各种法律知识培训班，帮助企业了解最新法律知识，规避企业贸易风险；贯彻落实省、市海上丝绸之路核心区、先行区建设方案，抽调专人参与在石狮举办的第二届海丝国际品牌博览会。

【会员联络】 发挥国际商会优势，加强会员企业沟通联系，支持会员企业走出去，帮助会员企业积极应对国际贸易壁垒，做好反倾销案件的应诉工作，着力激发国际商会新活力。2016年来共走访会员企业30多家。

（县贸促会 供稿）

红十字会

【应急救护培训】 2016年，参与县消防大队在新华都广场开展的消防知识宣教、现场灭火技术演练；参与实验小学五年（1）班地震疏散演练；进陶瓷厂、电力公司培训急救员187人，争取急救经费22650元；进佳新幼儿园、源益电力、陶瓷企业开展红十字急救公益普及7场，参与人数566人，266人取得急救员证；指导源益电力一线工人参加省供电公司职业技能竞赛获团体一等奖；增强居民和学生的安全意识，提高自救互救和应急避险能力。

【人道主义救助】 受第14号台风"莫兰蒂"影响，德化县多个乡镇受灾严重。全县造成民房倒塌132间，受损227座，大量农作物被淹没。县红十字会第一时间将灾情向上级红十字会报告，获中国红十字会、福建省红十字会、泉州市红十字会下拨包括棉被、食用油、大米及衣物等价值10多万元的救助物资。

【博爱周系列活动】 2016年春节，组织到杨梅乡、葛坑镇等进行慰问，向困难群众放家庭博爱箱30箱，棉被70床，棉衣100件，同时走访慰问一些重大疾病贫困患者、低保户；为患重病患者举行专项爱心募捐，募集爱心款6850元；将德胜集团、泉港红十字会捐赠的棉被和衣服发放到困难群众手中。

【无偿献血宣传】 配合县卫计局依法进行无偿献血宣传，参与预防控制艾滋病的宣传教育工作。2016年度全县完成市里下达的献血任务3000人次，完成率连续几年在全市各县（市）中名列前茅。

【器官捐献】 7月1日，10岁的陈依霖因病去世，成为德化县首例眼角膜捐献者，她的眼角膜将会给2～4人重新获得光明的机会，她妈妈也当场签下了器官捐献志愿书。现在在正式登记自愿捐献器官者8名，遗体捐献2人。

【青少年工作】 7月7日，福州大学阳光学院管理系团委、学生会、阳光学院红十字会等9人到德化县佳欣幼儿园开展为期一天支教活动。

（县红十字会 供稿）

外事 侨务 港澳台事务

责任编辑：曾丽茹

外 事

【经贸合作】 2016 年，做好“6•18”海峡项目成果交易会德化县企业技术需求和对接项目报送工作及“9•8”中国国际投资贸易洽谈会客商邀请及拜访工作，推动海外专业人才技术项目与德化县企业的产业和人才有效对接，促成更多的海外公司到德化投资兴业，本届交易会德化县共对接项目 55 个，总投资 11.16 亿元。

【联络联谊】 *亮相首届中法文化论坛* 5 月 26 日，德化县在首届中法文化论坛活动中举办以“德化·中国白——文化交流的使者”为主题的瓷器展，并携手中法文化艺术机构，共同签订合作框架，启动世界陶瓷艺术大奖赛。

打造“海丝”特色交流品牌 县工艺美术职业学院连续举办了 7 期以“海丝情·陶瓷韵”为主题的援外培训项目，共有来自埃及、巴拿马等 95 个国家的 258 名学员参加。7 月 5 日，以“回归与融合”为主题的“第二届国际当代陶瓷驻地创作与展览”活动在德化县启动，来自美国、德国、挪威等国家的 17 名陶瓷艺术家参加。艺术家借助当地特有的粘土材料的窑烧工艺，独立完成各自的艺术表达，实现东西方陶艺的碰撞与融合。7 月 20—23 日，韩国 MBC 电视台摄制组一行 3 人到德化拍摄介绍陶瓷历史的专题纪录片《瓷器文化》。7 月 29—31 日，福建省第十四次消化内镜学术会议暨 2016 年中日早期食管癌诊疗研究会在德化县医院召开，大会邀请日本消化内镜专家井上晴洋教授参加。10 月 14 日，配合做好 2016 海上丝绸之路环泉州湾国际公路自行车赛第一赛段“绿色生态赛段”相关工作，来自世界各地的 15 支参赛队伍参加。

（县台工办 供稿）

侨 务

【联络联谊】 5 月 14 日，马来西亚银河高科技集团创办人兼首席技术官刘国泰、马来西亚福建社团联合会总秘书刘国泉一行 4 人到德化参观考察。6 月 9 日，泉州市留学

1 月 9 日，世界泉州青年联谊会会长丁水波（左四）一行到德化慰问郑珠、陈欣等 2 名贫困归侨

（图 / 县台工办）

人员暨归国创业人员联谊会（泉州留联）一行70多人到德化县徒步瓷帮古道，参观古窑址，追寻海丝遗迹，同时开展精准扶贫活动，留联会长许清水代表许书典慈善基金向高阳村捐赠30万扶贫基金、泉州留联捐赠5万元建设高阳小学图书馆，并走访慰问村里10户贫困户。7月21日，马来西亚雪隆泉州公会会长拿督李万行一行10人到德化参观考察。11月5日，旅居印尼泉州市知名侨领施柏松及夫人廖彩珍一行11人到德化参观访问。

【侨务宣传】 结合“六五”普法相关活动，落实好侨务政策，走访侨资企业、归侨侨眷，加大《中华人民共和国归侨侨眷权益保护法》宣传力度。

【侨企侨胞服务】 以开展“促进项目落地、帮扶企业发展”活动周为载体，领导干部带头深入侨资企业联系点，协调解决困难和问题，切实做好侨商的服务保障工作。两节期间，为17名遭遇大病大灾的贫困归侨发放补助金4万元，为18名贫困归难侨发放慰问金1.08万元。认真做好归侨低保户及遭遇大病大灾贫困归侨的调查摸底工作，为2016年度纳入低保的5名贫困归侨争取补助金6000元。

（县外事侨务办 供稿）

港澳台事务

【联络联谊】 5月，泉籍旅港乡贤、医学科学家陈文岩带领访问团到德化参观了解陶瓷产业发展、陶瓷历史文化渊源；6月15日，来自中国港澳地区22个主要闽籍、泉籍社团的50多名青年精英到德化参观访问；11月4日，旅港乡亲徐志诚率香港福建希望工程基金会、南九龙狮子会访问团一行17人到德化实地考察三班镇紫云小学；11月5日，全国人大代表、全国侨联常委、香港保良局主席、飞达帽业控股有限公司副主席兼董事总经理颜宝玲女士率颜氏家族组团回德化参加赤水街乡亲联欢晚会，并捐赠赤水街同乡会150万元用于购置同乡会会所；11月18日，香港泉州慈善促进总会董事局主席苏千墅先生率团到德化参观考察，并捐赠20万港元给县慈善总会，助推德化县精准扶贫工作深入开展。

【经贸合作】 1月11—15日，台湾大学实验林管理处处长蔡明哲、台湾杉林溪游乐事业股份有限公司董事长刘瑞都一行7人到德化考察森林游乐产业，德台双方在森林文化创意产业和林下经济方面签定六项合作协议。7月13日，台湾无党团结联盟荣誉主席、大甲镇澜宫董事长颜清标一行7人到德化考察三班镇奎兜村和龙门滩镇苏洋村农业项目。7月22—23日，台湾三三企业交流会顾问、台湾统一集团前总裁、闽台促进会副主任林苍生一行4人到德化参观考察，商谈法蓝瓷与德化白瓷合作，打造两岸陶瓷品牌，共同开发国际市场。9月9—11日，第九届海峡两岸（泉州）农产品采购订货会，德化县6家合作社参加；第十四届海峡项目成果交易会，华夏金刚科技有限公司和康瓷陶瓷有限公司等2家企业入选泉州馆参展，此次交易会德化县对接项目55个，总投资11.16亿元。

【文化交流】 陶瓷文化交流 通过举办陶瓷工业设计比赛及组织陶瓷工艺大师及陶瓷企业参加两岸陶瓷文化艺术赛事和交流展，搭建两岸陶瓷文化交流合作新平台。1月3日，李甲栈等工艺美术大师参加第二届“福雕杯”海峡两岸雕刻艺术大赛。1月26日，德化县与闽台缘博物馆、台湾佛光缘美术馆总馆共同举办“百态观音·慈航普渡”巡展，

11月18日，香港泉州慈善促进总会董事局主席苏千墅（左五）捐赠20万港元给县慈善总会

（图/许华森）

德化21位省级以上大师创作的101尊百态观音在台湾佛光缘美术馆总馆展出。3月13日，“白瓷之光”——德化窑艺术陶瓷作品展在福建省海峡民间艺术馆启幕，苏珠庄、陈明良等33位当代陶瓷艺术家的50余件作品在该艺术馆展出。4月20日，德化县瓷燚文化传播有限公司和龙窑旅游开发有限公司等两家企业赴台湾参加“2016年台湾文博会”。9月2—5日，大元陶瓷公司、华达陶瓷有限公司等30家德化陶瓷厂商赴台北参加“茶文化暨文创美学展”及“国际佛事用品暨雕刻艺术品展”。8月3日，“五洲杯”海峡两岸研究生陶瓷工业设计大赛暨2016海峡两岸研究生设计工作坊在德化五洲陶瓷公司启动，大赛邀请来自景德镇陶瓷大学、台湾东海大学等11所高校的研究生参加。

学术交流　9月21—26日，以福建省湿地保护管理中心调研员何建源、戴云山国家级自然保护区管理局局长涂青云为正、副团长的“大陆赴台生物多样性与森林保护文化学术交流团”一行19人，赴台参加“第七届海峡两岸生物多样性与森林保护文化研讨会”。研讨会上，两岸的专家学者紧紧围绕本届研讨会的既定主题生物多样性与森林疗愈（康养）”展开深入探讨，并就各自在学术上研究的状况展开交流和讨论。

基层交流　5月1日，世界李氏宗亲总会理事长李文龙率新加坡、马来西亚、中国台湾地区等李氏宗亲总会秘书长一行15人到德化走访英山奎兜李氏祖祠，9月24日，再次到德化县参加祭拜李氏圣祖老子暨奎兜堂重光庆典。9月中旬，金门陈氏宗亲陈永禄一行到龙浔镇高阳村探亲。5月中旬、6月初，

6月15日，来自港澳地区22个主要闽籍、泉籍社团的50多名青年精英到德化参观访问　　（图/县台工办）

德化县王审知研究会、太原德化县王氏宗亲联谊会一行7人和高阳陈氏宗亲会一行100多人分别组团赴台开展宗亲交流。11月17日，中国国民党台北市文山区委员会主任委员高义秀、台北市高姓宗亲会常务理事高健宏一行8人到德化参观访问。12月2日，澎湖县马公市里长联谊会会长陈清接率澎湖县马公市、湖西乡、白沙乡3个市（乡）村里长一行19人到德化参观访问，并到相关镇村座谈交流。

出台创业政策　2016年7月，县出台《德化县人民政府关于鼓励和支持台湾青年来德创业就业的实施意见》，通过优惠政策的制定和实施加快推进德台现代农业合作示范区、福建海峡两岸安成青年创业园、闽台修学旅游德化陶瓷创意体验基地等德台青年创业、交流基地建设。

【舆论宣传】　6月12—13日，台湾媒体记者访问团到德化县参观采访，通过参观、听取介绍、采访等形式深入了解德化县陶瓷发展历史和精湛的陶瓷制作工艺，并表示将把在德化县的所见所闻所感带回台湾，深度报道德化县悠久的制瓷历史和陶瓷文化魅力，让更多的台湾朋友了解德化县，促进两地之间的艺术文化交流。9月4日，德化张氏跳刀第36代传人张金溪创新运用台湾陶瓷釉水研发的陶瓷新品受到台湾导报社的极大关注，并专刊刊发一篇题为“福建德化张氏跳刀第36代传人张金溪到台参加茶文化展”的文章。

【服务优化】　做好《德化县处置涉台突发事件应急预案（修订）》的起草工作，完善涉台婚姻、宗亲和台企等数据库建设，抓好涉台寻根、信访、维权等服务，及时协调台胞投诉求助案件，维护台胞台商合法权益。开展老龄台胞和困难台胞的调查工作，确保每一位符合条件的台胞都能获得应有的补助；协调解决台资企业天强农林科技有限公司与上涌村二组林氏村民关于山地承包的纠纷。

（县台工办 供稿）

综述

【概况】 2016年，优越的自然生态环境培育了“三黑三黄三宝”（“三黑”指黑鸡、黑羊、黑兔；“三黄”指黄花菜、德化梨、茶油；“三宝”指铁皮石斛、黄花远志、金线莲）等生态安全绿色农产品，拥有黑鸡、黑兔、淮山、黄花菜、十八学士茶花等5个国家农产品地理标志，获评中国早熟梨之乡、中国油茶之乡、中国竹子之乡。

【农业生产技术服务】 全县建设设施大棚38公顷，耕、种、收综合机械化优质稻基地20公顷、省级葡萄标准示范园13.33公顷。德化黑兔通过农业部农产品地理标志登记专家组评审。推广测土配方施肥技术，建立肥料试验点7个，“配方肥”示范片45个，示范面积186.67公顷，推广应用测土配方施肥1.62万公顷，平均每亩比习惯施肥节本增收30元以上。推广商品有机肥料3333.33公顷，做好33.33公顷山垅田复垦改造工程项目实施指导，加强省级3个耕地地力监测点（英山、雷峰、朱紫）监测；开展农产品产地环境监测45个点采样，协助县国土局做好旧村复垦改造项的验收。加强水稻种子供应管理，强化种子市场监管，对8个供种单位实行种子调入备案制，开展农业“三项补贴”改革工作，兑付农业支持保护补贴（支持耕地地力保护）资金1473.55万元，完成县级粮食安全应急储备种轮换与转商。实施泉州市农作物新品种实施工程，在龙门滩镇苏洋村建立抗病优质稻新品种展示示范区14.67公顷，配合市农科所在示范区内建立“桐优039”百亩示范片，经现场产量实割验收，“桐优039”品种加权平均干谷亩产601.10千克（目标亩产550千克），推进新品种推广工作。

【农业示范基地】 道畋农业列入省级重点建设项目、省级农民创业示范基地，新增农民专业合作社市级示范社6家、市级家庭农场示范场2家；19家企业列入市级第八轮农业产业化市级重点龙头企业，其中2家企业列入农业产业化省级重点龙头企业。

【休闲农业】 培育汤头福山春秋家庭农场、浔中仙境连政农民专业合作社、雷峰焦溪绿海生态农庄等3个集观赏、自采、休闲等为一体观光果园，面积33.33多公顷。英山淮山观光园依托13.33多公顷淮山种植基地，建设休闲亭、观光步道、向日葵油菜花观赏园等项目，结合休闲旅游和农家乐，延伸了农业产业链。江山美人茶业生态茶庄园依托33.33公顷茶园，建设游客服务中心、茶叶体验及观光、茶叶表演及商品销售中心、茶餐厅、茶园枕木栈道，打造聚体验观光、旅游、度假为一体的生态茶庄园。

（县农业局 供稿）

种植业

【粮食】 水稻旱育秧、超级稻、优质稻推广 2016年，在全县推广规范化旱育秧5333.33公顷，由于旱育秧秧苗素质好，能早生快发，亩增产粮食10%左右；推广超级稻4000公顷，主推宜优673、甬优15、两优616等超级稻组合，主推超级稻高产栽培技术；推广优质稻6666.67公顷，主推宜优673、中浙优8号、泰丰优656、广8优673等优质稻品种，提倡健身栽培，做到良种良法。

种粮大户五新技术推广项目任务完成 完成市农业局下达的

2016年泉州市种粮大户五新技术推广项目任务，引导种粮大户林金盾在杨梅乡云溪村、绿园农业综合专业合作社在龙门滩镇苏洋村各建设1个百亩以上水稻高产创建核心示范片，种粮大户陈高明在雷峰镇雷峰村建设1个百亩以上马铃薯高产创建核心示范片，陈高明2015年种植马铃薯6.93公顷，2016年种植马铃薯7公顷，建设高产创建核心示范片7公顷。主推品种兴佳2号。主推技术是重点推广脱毒种薯、稻草包芯栽培、晚疫病综防等技术。创建目标是核心示范片平均亩产鲜薯2000公斤以上，较上年增产2%以上，辐射带动全县马铃薯均衡增产。林金盾2016年种植水稻45.67公顷，建设高产创建核心示范片20.8公顷，绿园农业综合专业合作社2015年种植水稻20公顷，2016年种植水稻20公顷，建设高产创建核心示范片20公顷。主推桐优039、荟丰优3301、丰优22等品种。主推技术是精确定量栽培、机械化栽培、测土配方施肥和病虫害统防统治。创建目标是核心示范片亩产600公斤以上，较上年增产2%以上，辐射带动全县水稻均衡增产。马铃薯、水稻高产创建核心示范片通过认真组织实施，达到创建目标，经现场测产验收，陈高明马铃薯示范片平均亩产鲜薯2210.90千克，较上年增产2.10%，林金盾、绿园农业综合专业合作社水稻示范片平均亩产分别为606.7千克和611.9千克，较上年分别增产6.30%和6.60%。

德福米种植推广33.33公顷 2016年汤头乡推广德福米种植33.33公顷，其中东方奇迹有机农业发展有限公司承包福山村耕地6.80公顷种植，其余26.67公顷运作方式是公司免费给农户提供种子、有机肥和生物农药，产品由公司统一收购，收购价每百斤干谷400元，每亩保底1600元；

引导农民发展红米生产 在龙门滩、雷峰、美湖、南埕、上涌等乡镇推广红米种植133.33多公顷，引导企业加工、包装、销售，提高产品附加值和生产效益，辐射带动周边村落红米发展；

推广脱毒马铃薯2333.33公顷 马铃薯主推兴佳2号、紫花851等品种，通过推广脱毒种薯、稻草包芯栽培、晚病病综防等技术，促进马铃薯单产提高。在水口镇村场村推广马铃薯稻草包芯栽培6.67多公顷，结合农业生态旅游，游客到田间地头体验采收马铃薯的乐趣，在返程时顺便捎上无公害、新鲜的马铃薯，扩大马铃薯销路。

种植优质稻和水稻种植保险工作 引导种粮大户、家庭农场等农业经营主体流转耕地进行适度规模种植优质稻。中和农场在美湖镇美湖、小湖、上岸村和协盈科技种养场在杨梅乡云溪村分别流转耕地26.67公顷和20.80公顷种植优质稻，实现耕、种、收综合机械化，提高单位面积经济效益；做好水稻种植保险工作，配合县财产保险公司在全县开展水稻种植保险工作，通过宣传发动，在规定时间内完成投保面积8291.33公顷，总保费149.24万元。

【水果】 *果树新品种引进与新技术试验研究* 2016年春，从湖南、浙江、云南、重庆、建宁等地引进种植刺葡萄、红梨、新玉梨、红心心猕猴桃、黄桃、沃柑、百香果等十几个果树新品种进行品试和适应性试验，部分品种已开花结果，正在继续观察试验；与省农科院果树所进行技术合作，引进果树栽培新模式、新树形与配套技术试验研究，在雷峰蕉溪绿海生态农庄、上涌辉阳翠冠科技示范场进行山地高密度种植、适度密植栽培新模式和“双臂”、“单臂”新树形的试验，获阶段性成果，可促进水果产业向高产、优质、高效和省力化发展。

示范推广实用技术 建立“南方早熟梨高优栽培技术示范推广”核心示范片66.67公顷，亩增产12.80%；推广矮化栽培技术333.33公顷、配方施肥技术133.33公顷，每亩节约用工投资180元，亩增收320元；进行桔小实蝇综合防控技术试验研究，与植保站合作开展桔小实蝇发生规律、防治药剂、综合防控技术试验研究，引进聪绿、果瑞特等药剂定点观察试验，有一定防效，取得阶段性成果。桔小实蝇是一种检疫性虫害，其食性杂、繁殖量大，对大部分水果都发生危害，近几年来的暖冬气候，加剧了桔小实蝇爆发危害，急需加强桔小实蝇防控，确保德化县水果生产安全；进行梨早期黄化落叶病矫治技术试验研究，区分梨黄化病害及生理病害缺镁等症状，有效指导果农防控矫治梨早期黄化落叶病，有一定效果，确保早熟梨丰产稳产。

项目典型辐射带动 组织实施“果树结构调整”项目，在上涌镇辉阳村、门头村、汤头乡福山村、浔中镇仙境村，分别新植早熟梨3.33公顷、葡萄4公顷、刺葡萄10公顷、猕猴桃3.33公顷；完成验收2015年度上涌镇辉阳村创建省级早熟梨标准化示范园基础建设；实施汤头乡福山村创建省级葡萄标准示范园13.33公顷；实施生态茶园建设项目7个示范基地基础

建设；目前基本实施完成，都准备将在年底验收。

做好抗灾、减灾工作　1月中旬罕见冰雪冻害，常绿果树柑桔类枝梢遭受冻害；3月中旬低温寒害，落叶果树梨、桃、李等花期寒害，果实产量减产32%；7月抢在第一号台风“尼伯特”登陆前，组织技术人员深入果园指导果农进行德化梨抢收工作；14号台风“莫兰蒂”、17号“鲇鱼”台风过后，及时带领技术人员深入上涌、葛坑、美湖、国宝、龙门滩、雷峰等乡镇了解灾情，并指导受灾农户抓住停雨有利时机，进行灾后补救措施，降低果农的经济损失。

抓好黄龙病防控工作　深入柑橘园指导果农加强防治工作，有效抑制柑橘黄龙病的蔓延。据不完全统计，2016年利用柑橘园改种油桃、李等其他果树33.33公顷。

【茶叶】　抓好生态茶园建设，进一步提升茶叶产品质量。培育“两减一增”示范点13.33公顷，促进茶叶品质提升。完成7个重点茶叶生产基地的旧茶园改造，共133.33公顷，其中茶园主干道9.75千米、支干道步行道水泥硬化5.80千米、建设木栈道0.25千米、建设蓄水池总容积310立方米、茶园内种植油茶、樱花等绿化苗木共12多万株。

【食用菌】　全县种植木生类食用菌300万袋，草生类食用菌5万平方米，总产量2000吨，总产值1800万元。引进新品种栽培，巩固香菇、巴西蘑菇、平菇等食用菌生产基地，同时，利用戴云山麓高山气候优势，在石山村种植反季节香菇30万袋，可解决农村剩余劳动力20多人，引进竹荪、灵芝试验栽培，在南埕、水口、雷峰、英山林下淮山园套种1.47公顷，具有较好的经济效益和社会效益。在葛坑镇水门村建立“巴西蘑菇无公害标准化生产示范区”，示范栽培巴西蘑菇3万平方米，辐射带动国宝乡上洋村种植巴西蘑菇1万平方米、双孢蘑菇1万平方米，产鲜菇300吨，产值300万元。实现产地环境无害化，基地建设规模化，生产过程规范化，质量控制标准化，生产经营产业化。

9月21日，县农业局土肥站技术人员到赤水镇锦洋茶场采集土样，指导配方施肥　（图/县农业局）

【蔬菜】　开展新品种引进试验　县农科所与泉州市农科所合作在雷峰镇蕉溪村建立淮山项目科研基地100公顷，引进20多个淮山新品种进行品比试验，并对不同的栽培方法（如不同播种密度、繁殖方法等）、科学施肥、病虫害综合防治等配套栽培技术项目进行合作研究，从而提高淮山高产优质栽培水平，促进淮山产业快速发展。在上涌镇辉阳村建立农业试验园，开展淮山（陇山药1号）、香芋、秋葵、向日葵、甜玉米、黄花菜等种植试验，淮山种植并采用高垄栽培和定向槽浅层栽培两种栽培模式。另外还从明溪县引进了紫玉淮山等淮山品种在英山、蕉溪、上涌等基地进行试验，效果较好。

淮山、佛手瓜、黄花菜、生姜基地建设　全县淮山种植面积666.67多公顷。龙浔镇英山村建立绿色食品示范基地33.33公顷、雷峰镇蕉溪村建立无公害淮山基地33.33公顷，并大力开发淮山深加工产品，提高了产品附加值；佛手瓜，又名合掌瓜，是德化县特色蔬菜品种之一。全县佛手瓜种植面积333.33公顷，重点抓好赤水、汤头吉山等高海拔基地建设工作，推广绿色栽培技术；巩固发展全县1200公顷黄花菜基地，推广高优栽培技术和无公害综合防治病虫害技术，提高产品质量，利用春美“十八格”商标的品牌，引进台湾烘干、加工、包装等配套技术，扩大产品销路，提高经济效益。建立国家级黄花菜标准化示范区提升工程示范片66.67公顷，全面推广黄花菜标准化生产技术，提高黄花菜产量及产品优质率，推动了农业产业化进程；生姜是德化县种植的主要经济作物之一，虽然近年来姜价低迷导致减

7月20日，县农业局农技人员到龙浔镇英山村淮山生产基地指导淮山种植 （图/县农业局）

少一些种植面积，但很多种植户认为姜价已形成周期性变化，全县仍种植533.33多公顷，主要分布在春美、大铭、美湖、赤水、上涌等乡镇。其中大铭乡种植66.67多公顷，建立了无公害生姜示范片20公顷，同时在全县大力推广无公害标准化栽培技术，大大提高生姜的产量和质量，提高了经济效益和生态效益。

蔬菜、反季节蔬菜基地建设 在龙门滩苏洋村、美湖乡美湖村、上涌镇桂格村、奎斗村等建立大棚蔬菜基地26.67多公顷，主要种植西红柿、大白菜、空心菜、白花菜、甜椒等品种。其中苏洋基地推广无土栽培6.67多公顷，配套水肥一体化滴灌、冬天多层保温覆盖、夏季遮阳等设施，每亩年产值3～5万元。德化县龙腾农业有限公司在龙门滩镇苏洋村建立了高优蔬菜基地10多公顷，种植生菜、白菜、花菜、黄瓜、丝瓜等30多个蔬菜品种，配套喷灌、遮阳网、地膜等设施，一年可种植3～4季蔬菜，增加蔬菜产量和产值。福建省道畋智慧农业科技有限公司已建设智能温室大棚约13.33多公顷，种植多种蔬菜，浇水施肥实现智能化；在赤水、美湖、盖德、春美等乡镇建立反季节蔬菜基地400多公顷。推广高畦栽培、覆盖保湿、平衡施肥、科学管水、植株调整、综合防治病虫害等配套技术。主要栽培甜椒、辣椒、白花菜、大白菜、结球甘兰等品种。

（县农业局 供稿）

林　业

【造林绿化】 2016年，全县完成造林绿化任务780公顷，占市下达任务数746.67公顷，103.50%，其中人工造林更新面积666.67公顷，完成任务数653.33公顷的102.60%，完成义务植树65万株；培育马尾松、木荷、杉木及乡土阔叶树等造林绿化苗木2.67公顷、培育苗木250万株；完成城镇一重山森林景观提升34.67公顷、重点生态区位林分修复1400公顷；实施乡村生态景观林6公顷、建设樱花村7个、在6个村开展珍贵树种入村活动，种植珍贵树0.60万株；开展林分修复和树种结构调整，抓好浐溪上游的水土流失治理，在县城饮用水源上游的三班、龙浔、浔中、盖德、国宝、赤水等6个乡镇实施人工造林更新80公顷，在浐溪流域两侧一重山实施封山育林2566.67公顷；全面实施森林抚育，争取到中央财政森林抚育和封山育林项目资金600万元，开展中幼林抚育4000公顷。

【林业改革】 推进全国林地占补平衡试点，补充林地达866.67公顷，成为全省5个试点市（县）中率先完成目标任务的试点县，有力保障了全县经济建设用地需求，也为泉州市增加了可用林地定额指标约266.67公顷；开展全省林业碳汇项目试点，德化县林业碳汇挂牌上线首日成功交易量达10.66万吨，成交金额达199.85万元，成为全省率先在海峡股权交易中心挂牌上线并交易成功的县份；拟定《德化县属公司（林场）改革实施方案》上报市政府、省林业厅，并得到批复；做好天然商品林停伐补助工作，做好前期调查摸底、签订行政责任书和管护补助协议等工作；完善林业服务窗口建设，整理发布各类农村产权供求信息71条，涉林招商选资项目31个，完成森林资源流转面积2066.67公顷。

【资源保护】 各乡镇政府与林权单位等签订管护责任书183份，签订管护合同374份，开展第四次全县森林资源规划设计调查（二类调查），做好全县1104个样地的调查准备工作；打击各种涉火违法犯罪行为，张贴分发宣传单5万张、悬挂宣传条幅220条、群发短信8.50万条，组建（半）专业化、“实用型”消防队66支；开展森林消防队伍扑救森林火灾技能练兵与考核活动，全面提升应对和处置森林火灾能力；做好松枯死木清理工作，加强以生物防治为主的森林病虫害综合治理，组织开展“长剑”“绿盾”林业检疫执法行动，购置松木天牛诱捕器400套、苏云菌杆菌4吨、白僵菌1.60万发，防控松毛虫1000公顷；全县查处各类林业行政案件447起，没收木材296.80立方米，为国家挽回经济损失217.20万元。与县检察院联合开展生态环境领域职务犯罪专项预防“六个一”活动；抓好涉林矛盾纠纷调处及维稳工作，确保林区安定稳定。

【精品示范工程】 连续4年争取到省级林下经济发展项目，全县培育省级林下经济示范基地21个，实施市级林下经济示范项目8个，市级林业游憩示范项目3个，市级种苗花卉项目8个；培育林下棘胸蛙驯养繁殖基地7个，生态养殖面积达1.90万平方米，年产棘胸蛙50万只以上，棘胸蛙保健品研发取得突破，“石冻王”棘胸蛙食材入选2016年环球美味全国“卓越厨师”烹饪大赛上海总决赛；建设了一批林业精品示范工程，从2012年起持续投入资金4700多万元，实施林业精品示范工程项目148个，其中县级示范工程建设项目49个，乡镇级99个，包括林下经济、花卉苗木、合作社、花化彩化等项目。同时，策划包装生成招商引资项目11个，加快实施城东茶油加工产业园、三班观音海森林文化创意等林业招商项目，到位资金达3500万元以上；打造了一批林业特色品牌。全县培育国家级专业合作社3家，省级4家，市级5家，家庭示范林场2家，省级林业龙头企业4家，市级以上龙头企业8家。“德化十八学士”茶花通过国家地理标志认证，成为全省首个通过国家地理标志认证的林产品、全国首个获准国家农产品地理标志登记的山茶花品种。德化县祥山大果油茶有限公司取得QS生产许可证、ISO14001等认证，被授予福建省第八轮（2016-2020年）农业产业化省级重点龙头企业，获评第十四届中国国际农产品交易会金奖，获得第三届中国林业产业创新奖。优仙发铁皮石斛、峦南山黄花远志茶获评第十二届海峡两岸林业博览会金奖。绿源花卉苗木场培育的山茶花及鹏发中草药培植农民专业合作社提炼的山苍籽精油、香茅草精油获评第十八届海峡两岸花博会银奖。

【涉林服务和安全生产】 受理林业行政审核、审批、许可、便民服务项目441件，其中审核林地审批林地46个项目、49.60公顷，办理商品材伐区780公顷、8.58万立方米。开展安全生产专项整治，健全安全生产隐患排查治理的长效机制，排查企业30家，下发整改通知书30份，查处安全隐患54处，现场整改43处，下发整改通知书后整改11处。制定出台《关于进一步加强全县营造林管理工作的通知》，对年度营造林工程计划任务、项目招投标、竣工验收、资金结算等情况严格按照有关规定进行公开公示，最大限度地减少腐败行为的发生。

（撰稿人：林启灵 审稿人：赖淑瑜）

【林区治安管理】 严打整治 全年受理各类森林案件386起（其中刑事案件25起，治安案件1起，林政案件360起）；查处各类森林案件375起，其中破获刑事案件14起，查结治安案件1起，查结林政案件360起；抓获犯罪嫌疑人19名（其中网上逃犯6名），摧毁犯罪团伙2个，林政处罚370人次，依法收缴罚没款196.70万元。

源头防范 加强情报预警，深化警务合作，强化森林资源巡查，化解涉林矛盾纠纷，维护林区治安稳定。全年出动警力426人次，摸排重点整治区域75处，化解矛盾纠纷42起，按期查结反馈信访件22件。

强化宣传 广泛宣传护林防

3月2日，县林业局组织森林防火演练 （图/县林业局）

12月5日，县公安局森林分局到德化县城区餐馆、饭店等餐饮经营场所，对违法经营和出售野生动物进行突击检查　（图/林礼杰）

火、野生动植物保护、缉枪治爆等相关法律法规知识，通过“身边人、身边案”以案释法的方式对林区群众进行普法宣传教育；借助电视、报纸等新闻媒体和微信、微博、短信等网络宣传平台加大宣传，全年开展法律宣传咨询活动15场次，悬挂横幅18幅，张贴标语76张，举办图片展3次，分发宣传材料3000多份，提供法律咨询127人次。上报各类信息287条，被采用283条，其中：中国绿色时报、福建省林业杂志等国家、省、市各级报刊采用5条，中国森林公安公众微信采用1条，省森林公安局采用27条，市森林公安局采用118条，泉州电视台采用2条，县有线电视台新闻栏目播出1条。

【基层基础建设】 投入资金8万余元，更新电脑、执法记录仪、防护装备等一批单警装备和办公办案设备；分局完成公安网由百兆到千兆的升级改造工作，森林派出所完成公安网由十兆到千兆的升级改造工作；8月份，分局信息化建设项目完成招投标工作。目前，应急指挥中心项目建设正在施工中，10个林区道路视频监控卡口前端建设进展顺利；分局业务用房与县司法局、人防办、龙浔法庭等单位合建，总体布局为一栋，地面上9层半，其中森林分局面积2000平方米，4月份主体封顶，现正在进行内外部装修，即将竣工。

（撰稿人：张莉　审稿人：苏鹏达）

表4　**经济指标完成情况**

单位：万元

项目 名称	经济总收入	木材收入	多种经营收入	销售利润	木材利润	多种经营利润	营林生产投资	基建专项工程
计划数	237.43	169.43	68	156.53	88.53	68	84.3	104.51
实际数	245.57	169.41	76.17	181.21	105.33	75.89	129.43	105.1
完成比例	103.40%	99.90%	112%	115.80%	118.90%	111.60%	153.50%	100.60%

【葛坑国有林场】 经济指标完成情况

木材产销　全年生产木材781立方米，完成计划784立方米的99.60%，其中：主伐148立方米，抚育间伐502立方米，其它采伐131立方米；销售木材1874立方米，完成年度销售任务1879立方米的99.70%。

营林生产　完成造林360公顷，完成计划100%，造林成活率达95%以上；完成大田育苗0.17公顷，完成计划100%；完成中幼林抚育454.67公顷，完成年度计划100%；完成1.53公顷造林地准备，质量合格；年度幼林进阶考核面积22.93公顷，实际进阶18.33公顷，进阶率为80%。

项目建设　继续做好秃杉无性良种繁育基地抚育、树体管理、品系识别挂牌等后续管理工作；对已建34.67公顷绿化苗木采用修剪、压枝等人为方式，培育富于观赏性的树形，提升绿化苗木附加值；完成中央财政林木良种苗木培育补贴项目，培育闽楠、红豆杉、秃杉、红椎等苗木26万株；完成新建8.67

公顷林苗一体化建设项目，主要种植闽楠、秃杉等珍贵乡土树种，完成续建8.27公顷的除草、施肥等抚育管理任务；新建14.33近公顷自然林业经营项目，现完成林下补植林地准备，择机造林；40公顷续建任务按作业设计已完成实施；完成136.47公顷森林经营示范林建设、136.40公顷省级森林抚育和101.40公顷中央森林抚育；水泥硬化美洋工区、龙塔工区与主干道连接线路面，局部修缮场部、工区房屋，修缮场部、龙塔工区2.70千米饮水线路；开通IPTV，优化网速，整合改善文化体育设施。

科研和技术推广　继续开展“秃杉优良种源和家系选择及培育技术研究”课题年度试验项目;“秃杉优良种质筛选和测土配方施肥试验”完成规定的研究内容；开展近自然林业经营试验研究，布设试验验样地22个；按省第五期油茶攻关项目设计方案要求，做好普通油茶和小果油茶优良单株筛选及闽杂优品系在闽中高山区（海拔850米以上）表现测产工作；秃杉初级种子园和秃杉优良种源“9318”经福建省林木品种审定委员会审定通过；秃杉育苗方法和提高秃杉种子园保存率方法，向国家知识产权局申请专利通过初审。

安全生产　落实《护林员目标管理责任制考核办法》，场部人员下挂工区指导协助护林员开展护林宣传工作；利用圩日在葛坑镇街道开展安全宣传咨询活动；在春种秋收时节、防火戒严期和各个节假日等重要时间节点，瞭望台全天候在岗值勤，加强林情火情监测；加大防火安全装备投入，配足配齐必要的消防设施和器材；与尤溪县坂面森林派出所及当地乡村护林队开展联防活动；对秃杉种子园、秃杉幼林和绿化苗木开展病虫害防治；给从事木材生产、营林生产的“三工”人员办理人身简易保险；开展安全隐患排查整治。

（撰稿人：张先动　审稿人：林文锋）

【大张溪林场】　造林育林　完成造林更新面积12.67公顷，抚育生物防火林带11千米，开展中央财政补贴试点项目森林抚育300公顷；在格中工区建立杉木大径材4.67公顷，申报林业碳汇项目备案866.67多公顷。

资源保护　坚持限额采伐和凭证采伐、运输、经营加工制度，伐区监管人员适时深入伐区山场，开展检查监督和验收；全年设计6块商品材伐区，面积12.8公顷，出材量2186立方米；制定《大张溪林场工区领导森林防火责任书》，划分场部人员森林防火责任区，做到责任到人、到山场地块，规范林场和工区一级领导的森林防火责任，与林区重点农户签订森林防火责任书35份，一级抓一级，加强防火宣传，分发防火年历200张，张贴森防宣传材料300张，新制作森林防火宣传牌30块、森林防火警示牌4块，增强群众的防火意识，健全和完善野外用火审批制度、痴呆症人的管护管理制度，做好防控工作，配齐森林消防专业装备，抓好森林防火物资储备库管理，对森林消防人员进行专业技术知识培训，全年未发生森林火灾火警；按照《德化县生态公益林管护责任考评验收办法》，对全场生态公益林管护责任主体落实管护责任制情况进行了全面检查，开展生态公益林护林员管理试点工作，探索生态公益林护林员管理的长效机制，发挥护林员能动作用；投入人力物力，重点防治马尾松松毛虫、毛竹枯梢病等主要病虫害，

（大张溪林场　供稿）

【石龙溪采育场】　“二大体系”工程　管护好省级生态公益林891.8公顷，促进林分生长，培育后续资源；严格执行森林资源限额采伐制度，管好用好森林资源，提高森林的社会效益、生态效益和经济效益。

伐区作业管理　6月，完成林地工区13.33公顷木材生产任务，9月份进行采伐迹地造林招投标，2017年2月前完成造林。

培育林场经济实体　完成森林防火林带抚育33.33多公顷；调整林分结构，促进森林生长速度，正在实施森林抚育73.33多公顷；完成林地碳汇调查333.33多公顷，已在碳汇市场进行交易。

护林防火　发放护林防火宣传单300多份；对采育场13人森林消防队伍进行定期培训考核，提高森林火灾的应急处置能力；全年没有发生森林火警。

（石龙溪采育场　供稿）

【林业实业公司】　生态公益林管护　按照“调重调优调高”原则，优化生态公益林布局，尽量做到科学界定、连成一片，久住林场新调入生态公益林面积19.67公顷；通过划定，公司生态公益林管护面积935公顷（其中省级803.93公顷，县级131.07公顷），调入面积分布：水口久住林场276.87公顷，南埕梓垵林场278.40公顷，桂阳洪田林场167.60公顷，水口淳湖林场212.13公顷；对梓垵林场、久住林场内生态公益林中的低效稀疏林

分采取补、疏、抚、封、管等并举措施，科学经营，加快形成树种多样、层次复杂的森林植被。

消防、护林员队伍建设与监管　4月、10月份开展森林防火及火灾科学扑救知识培训及现场实际操作，提高预防和现场火灾扑救处置能力，投入20000多元，完成森林消防体系建设，该体系建设包括森林防火宣传、业务培训、扑火工具、器材装备、队员保险等；落实公司各股室工作人员挂钩林场负责制，做好各林场日常工作的开展与护林员的管理监督工作，健全护林员的绩效考核工作，推动安全生产责任制的落实，林场秩序安全稳定，全年无森林火警和火灾情况发生。

商品林经营　按照《德化县人民政府关于加快转变林业经营模式做大做强林业产业推进统筹城乡发展的实施意见》精神，通过买断、承包、租赁、股份和兼并等形式，扩大经营范围，提升林分质量，增加林木蓄积量，提高市场竞争力，实现规模化、集约化经营；加强人工林的联合经营，在淳湖、洪田、上湖林场，与场内的个体林权者联合经营人工林面积34.47公顷，完成木材办证采伐蓄积量4444立方米，采伐出材量2979立方米；指导上湖村、久住村村民开展林下经济项目，对上年建设的13.33公顷黄花远志等中草药种植基地进行现场栽培技术指导，该基地已初具药用和经济规模；协助淳湖村加强森林消防队伍建设，规范队伍器材设备配备，配发风力灭火机2台，提高队伍的扑火处置能力。

木材战略储备生产基地建设　在东南沿海地区（福建）木材储备动员中心（简称：动员中心）木材战略储备生产基地，进行示范林规范化建设，抓好基地营、造林，强化森林消防队伍建设，改善林区交通基础设施，努力把基地培育成为生态功能多样、经济效益显著、动员支前保障有力的新型精品林业示范基地，2016年来，完成幼林抚育21.20公顷，完成上湖林场防火林带全面锄草抚育1.71千米。

示范基地建设　在上湖林场半岭仔山场，建设精品油茶林丰产培育示范基地，对林场9.07公顷大果油茶林幼林，进行全面锄草去杂灌抚育，开沟施肥，促进油茶生长，建立示范片标志牌，提升示范片建设成效；在梓垵林场牛角垵山场，建设自然林业造林示范基地，实施面积16.4公顷，利用天然林择伐伐区，结合当地自然条件，仿照天然速生林分结构，选择乡土珍贵树种福建山樱花、枫香、红楠、楠木、黄枝润楠、虎皮楠、红椎、尖叶水丝梨、厚皮香，进行林下套种；在梓垵林场东固水库山场，建设林下花卉种植示范项目基地，实施面积8.33公顷，种植福建山樱花、红楠、黄花远志等观赏性植物药物12000多株。

木材生产经营　至12月底，公司完成生产销售木材2858立方米，销售收入271万元，上缴税金20.50万元。

（德化县林业实业公司　供稿）

畜牧业

【概况】　2016年，全县生猪存栏6.94万头、出栏10.95万头，牛存栏1.20万头、出栏0.60万头，羊存栏3.12万头、出栏2.03万头，家禽存栏54.60万羽、出栏107.30万羽，兔存栏10.60万只、出栏22.60万只；其中德化黑鸡、德化黑兔、戴云山羊存栏数分别为41.03万羽、9.30万只、2.36万头，全年出栏分别为87.60万羽、17.80万只、2.60万头。肉类总产量为2.95万吨。

【保种选育】　开展德化黑鸡、闽西南（德化）黑兔、戴云山黑羊等地方品种资源的保护和开发利用，不断完善畜禽地方品种资源的保种技术方案，做好保种场的提纯选育和保种的技术指导。积极向省农业厅争取保种项目资金，2016年省厅支持“三黑”保种经费30万元。

【畜禽养殖污染整治】　制定年度生猪养殖场标准化改造任务计划，完成年度生猪养殖场标准化改造任务；督促乡镇完成非禁养区内存栏10～250头生猪养殖场（户）的自行改造，进行统计和总结；配合相关部门做好禁养区内生猪养殖场关闭拆除的巡查。

【动物疫病防控】　及时核查盖德村病死猪事件，规范处置阳性样品，兽医化验室顺利通过评审考核，开展德化黑鸡原种场重点鸡病本底调查。落实防控措施，免疫禽流感90.70万羽，猪、牛、羊口蹄疫分别为9.71万头、0.88万头、2.55万头，猪瘟和高致病性猪蓝耳病各免疫9.71万头。开展新城疫、狂犬病的免疫工作，组织做好小反刍兽疫、布鲁氏菌病等防疫工作指导，全县无发生重大动物疫情。2016年来检测禽流感H5免疫抗体

3038 份，合格率为 95.40%；检测鸡新城疫免疫抗体 2207 份，合格率 94.37%；采集棉拭子 323 羽份检测禽流感 H7 抗原，化验结果均为阴性；采集猪、羊血清 952 份，O 型口蹄疫合格率达 93.30%；检测牛羊亚洲Ⅰ型口蹄疫 367 份，合格率 92.22%；送检小反刍兽疫检测样品 750 份检测猪瘟免疫抗体 739 份，合格率 94.40%；检测高致病性猪蓝耳病免疫抗体 739 份，合格率 91.15%，确保免疫抗体常年处于有效状态。

【动物卫生监督】 2016 年来检疫生猪 1843 头，猪肉 106020 头，禽肉 82823 只，牛肉 869 头，羊肉 1543 头，兔肉 21813 只，病死猪无害化处理 1973 头。加大瘦肉精检测力度，共检测 16848 头份，检测结果均为阴性。

（县农业局 供稿）

渔 业

【概况】 2016 年，全县水产养殖面积 1281.73 公顷（不含稻田养鱼），其中池塘面积 91.13 公顷，山塘、水库、溪段养鱼 1190.60 公顷，另有网箱养鱼 6000 平方米，稻田养鱼 311.33 公顷。水产品总产量达 1780 吨，比上年增长 0.56%。

【渔业发展模式】 *开展小山塘＋撂荒田养殖* 建设小山塘 2 口 0.67 公顷，在不改变水田性质的前提下，利用小山塘周边的撂荒田约 6.67 公顷，分别建设育苗、暂养和稻田养鱼示范，采取小山塘＋撂荒田的养殖模式，对撂荒山垅田进行综合开发利用，挖掘农村撂荒山垅田的潜力。经试验测产，每亩撂荒田可放养草鱼、鲤鱼苗种 300 尾，年可增产纯野生鱼 200 斤，每亩可增收 4000 元。

仿生态养殖棘胸蛙 全县养殖面积达 1.80 万平方米，养殖棘胸蛙种蛙达 2 万只，商品蛙 90 万只，孵化蝌蚪 200 万只，年产商品蛙 30 吨。

【渔业生产效益】 引进大鲵养殖面积 7200 平方米，养殖大鲵 20 万尾。引进赤眼鳟试养，面积 0.33 公顷，投放苗种 4 万多尾。发展山区中、小型水库的渔业生产，引进优良品种——匙吻鲟更替鳙鱼，每亩可增收 5000 元，提高了大水面的渔业单产和经济效益，优化库区鱼类种群结构。全县中、小型水库共投放大规格苗种 250 多万尾，预计年产商品鱼在 650 吨以上。投放倒刺鲃鱼种 8 万多尾，养殖面积达 10 公顷。对大中型水库给予技术讲解，降低养殖密度，提高商品鱼的个体体重和质量，提升商品鱼的价格和生产效益，每斤市价可提高 1 ～ 2 元。

【渔业生产稳定】 组织实施桂阳倒刺鲃高产养殖示范、飞凤育苗暂养和稻田养鱼示范、农伯情赤眼鳟试养、龙景生态小河道养殖甲鱼和鳗鱼试验、红洋水库经济鱼类与家禽混养试验等项目，申报项目资金 20 万元，并逐项检查验收；确定稻田养鱼示范片 2 个 2.67 公顷，深入田间指导稻田的整理、田岸加固、进出水口防逃、水稻播种间隔和施用有机肥等工作，并组织验收；配合养殖户调运鱼苗、鱼种 60 多万尾，投放池塘进行养殖。做好养殖技术咨询工作，指导养殖户鱼病防治，正确使用鱼药等；受“莫兰蒂”等强台风的影响，遭受暴雨袭击，养殖设施遭受严重的破坏。台风前，配合全局对各乡镇下发了做好防灾减灾的通知，并向各养殖户发送做好防灾减灾预警和措施的信息，深入养殖户指导预防措施，灾后深入一线指导恢复生产，向市级申报了救灾补助项目 11 个。

【渔业生产安全】 组织巡查 25 次，出动人员 75 人次。做好渔政管理宣传工作，设立《中华人民共和国渔业法》宣传牌 27 块。抓好水库网箱清理工作，与环保局联合张贴公告 20 张，发放网箱清理通知书 3 批 45 张，清理网箱 149 个共 6200 多平方米；配合市局开展 2016 年度国家级和省级产地水产品质量安全监督抽查取样工作，抽取东风水库养殖场等 4 家单位的鳙鱼、倒刺鲃、鲤鱼等样品 6 份。完成市级下达德化县水产品药物残留快速检测工作任务，共检测氯霉素、孔雀石绿、硝基呋喃代谢物等样品 40 份；做好市级渔业发展项目补助资金及市级特色渔业发展专项补助资金申报工作，德化县双全农业有限公司等三家企业列入泉州市 2016 年度水产品质量可追溯体系建设试点，组织企业人员参加省厅举办的可追溯体系建设系统操作培训班 6 人次，同时申报项目资金补助资金；加强对无公害水产品生产基地的水产质量安全监管，与市支队开展联合执法，对生产企业的生产记录、销售记录和用药记录进行检查，确保记录规范、连续，及时纠正不足之处，使生产记录和用药记录制度落到实处。

（县农业局 供稿）

汤头乡春秋农场一角　　（图／许华森）

农业机械化

【农机装备总量情况】　2016年，全县农机总动力达9万千瓦。新增各类机具651台套（其中：耕整地机械485台、收获机械2台、田间管理机械161台、动力机械2台、排灌机械1台）；机械植保面积8666.67公顷，农副产品加工12万吨；农业运输5000多万吨千米。

【农机作业水平】　完成机耕作业面积6666.67公顷，水稻机插面积达到1066.67公顷，水稻机械化收获面积1000公顷，粮食机械发展较快，粮食烘干能力快速提高，提升了抗御自然灾害的能力。2016年，全年未发生农机安全事故。

（县农业局 供稿）

水　利

【概　况】　2016年，流域内植被良好，雨量充沛，全县多年平均降雨量在1600～2100毫米之间。河流坡降较大，蕴藏着丰富的水能资源，年平均水资源总量24.92亿立方米，约占泉州市的四分之一，平均每平方千米产水量111.64万立方米，人均水资源占有量7880立方米，居泉州市首位，是全省平均水平的2.50倍，全国平均水平的3.80倍。水能资源理论蕴藏量49.70万千瓦，其中技术可开发31.20万千瓦，已开发27.91万千瓦，开发率89.45%，设计年发电量约10亿千瓦时，小水电规模居福建省各县市（区）前列。

【水电站管理】　2016年，全县平均雨量2336毫米，比上年增长40.72%；全县水电发电量12.86亿千瓦时，增长72.40%；电力业税收1.196亿元，增长94.50%。出台《德化县水利工程小额补助资金使用管理办法（试行）》，采取县水利局技术审核、乡镇组织验收两张表模式；印发《德化县小微型水利工程参考图集》，为乡镇、村委会、合作社等基层单位省去了工程设计环节；提供综合预算单价，为工程招投标时提供价格参考；印发《德化县小水电安全管理简明手册》，提升水电站安全生产管理水平。至10月，全县平均雨量2153毫米，比上年同期增长43.30%，1-9月，全县水电发电量8.79亿千瓦时，比上年同期3.87亿千瓦时增127.30%；电力业税收8957万元，去年同期4127万元，增长1170%。

【防汛减灾】　调整充实县、乡防汛抗旱指挥机构成员，落实县、乡、村三级防汛责任人AB角以及全县59座小（二）型以上水库和50座山塘有关人员的责任制，确保防汛工作预警到乡、预案到村、责任到人；1月25日，举办全县防汛工作培训班，就防汛基本知识、汛前检查、小型水利工程安全管理和水利工程建后管护等进行培训，8月5日，举办防汛业务培训班，围绕乡镇预警平台及预警设备使用、气象基本知识、地质灾害防治等内容进行培训，9月9日，举行全县突发地质灾害应急演练；修订4座中型水库《大坝汛期防洪调度运用计划》和《防汛抢险应急预案》，完善56座小型水库的《大坝汛期防洪调度运用计划》和《水库抢险应急预案》；与县安办、农业局联合下发《关于加强河道（水库）养殖企业安全生产监督管理的通知》，与县旅游局联合开展水上旅游安全检查，与县安监局联合对辖区内水利工程、河道开展安全隐患排查，组织维保单位对自动水、雨监测系统进行全面检查，督促各乡镇及县广电局对视频会议系统、卫星电话和村级预警广播、预警铜锣等存在的问题及时抢修，确保防汛应急设施关键时刻调得出、用得上；派出3个检查组，对全县的水利工程开展“地毯式”排查，共检查各类水利工程281处（其中电站170座），对存在安全隐患的5个问题登记造册，制定整改方案，迅速抓好整改，把隐患消除在萌芽状态。

【基础设施建设】 2016年，全县完成水利投资7.63亿元（包括彭村水库4.50亿元，不包括冬春修），争取上级水利补助资金1.98亿元。预计全县完成水利投资2.75亿元（不包括彭村水库4.50亿元），至11月底，争取上级水利补助资金1.10亿元（不包括彭村水库7000万元）。

彭村水库建设　至年底，累计完成投资13.33亿元，其中2016年完成投资4.50亿元，力争于2017年元旦前水库下闸蓄水；完成高92.50米的大坝钢筋砼面板浇筑、长402米的引水隧洞洞挖和衬砌、发电厂房和厂区管理房建设等。

闽江防洪工程德化段建设　累计完成投资2.25亿元，其中2016年完成投资8500万元，占年度计划投资8000万元的106.30%。项目分4个标段：主城区疏浚标段、城东试验段已完工；城西标段，于2015年1月动工，完成防洪堤建设4500米；城东化工段，于2015年8月动工，完成防洪堤建设2800米。

全国小型农田水利项目县建设　2015年7月德化被列为全国第七批小型农田水利建设项目县，连续实施3年。至2016年年底累计完成投资2541万元，2015年7月至2016年7月在盖德、美湖、国宝等乡镇建设小型水源工程43处、灌溉渠系工程48.27千米、排水工程7.52千米、高效节水灌溉工程85.33公顷；2016年度项目，8月份开工建设，在三班、上涌、葛坑、汤头、杨梅、桂阳6个乡镇整治河道5条，改造水源工程24处，改造灌溉渠道6.75千米、配套渠系建筑物41处，改造排水沟2.73千米；2017年度项目，已完成设计招标，正开展项目设计等前期工作。

城区饮用水水源工程　项目总投资5298万元，累计完成投资2280万元，其中2016年完成投资1500万元，共完成隧洞开挖1500米。（由市政局实施）

节水改造　7月，德化县被列入全国高效节水灌溉项目县（全市2个），并获得中央财政补助600万元。全国高效节水灌溉项目县以汤头乡、三班镇、龙门滩镇为主，连片建设节水灌溉226.67公顷，完成投资750万元；浔中镇祖厝村节水改造工程建设，节水灌溉面积10公顷，完成投资60万元。

水电增效扩容改造　“十三五”期间计划改造电站10座，总投资约3100万元，已全部完成项目初步设计编制、审查等前期工作，并获省水利厅审批；醒龙桥、龙须港、长潭等9座水电站增效扩容改造，完成投资1200万元。

节水型社会试点县建设　试点时间为2014-2016年，2016年为项目验收年。完成投资180万元，建成了一批有示范作用的节水型农业、节水型企业和节水型公共机构，举办节水宣传书画比赛和展览，向全县小学生分发节水宣传作业垫板5000张，基本完成《德化县节水型社会建设规划》确定的各项目标任务，通过省水利厅组织验收。

水利工程建后管护　组织修订《德化县农村小型水利工程管护实施细则》并以县政府办名义印发实施；完成全县524千米灌溉渠系工程和420个农村饮水安全工程管护日常工作；抓好龙浔等5个乡镇农村饮水安全工程净水器管护购买服务试点工作；完成18座公益性水库维修养护。

水利设施灾后重建　成立县水利设施灾后重建领导小组，制订《德化县水利设施灾后恢复重建实施方案》，按“先急后缓”，“先生活、后生产”的原则，将重建工作分成“应急抢修、全面修复、重点整治”三个阶段，计划实施重建项目359个，总投资3.72亿元；市下达给德化的60万元中央特大防汛抗旱补助经费和550万元市级救灾补助资金已下拨到受灾较严重的乡镇，用于灾后水利设施重建，

龙门湖水利风景区一角　（图/彭节铣）

县财政紧急拨款28万元，用于购买防汛设施和防汛培训；损毁水利设施应急抢通阶段实行一日一报制度，修复重建阶段实行每周一报制度，至12月底，全县损毁水利设施修复127处，完成投资3236万元。

其他项目　完成投资852万元，实施冬春水利及水毁工程修复、39个农村饮水“补缺提升”工程、5个山地水利项目、山洪灾害防治非工程措施补充完善、桂阳乡暗安山塘除险加固、红洋水库和龙津橡胶坝安全鉴定等水利项目建设。

【水生态文明建设】　4月，德化县被省水利厅列入第一批省级水生态文明建设试点县（全省共10个）。

安全生态水系建设　投资1321万元，实施在浐溪流域彭村水库至龙凤桥建设安全生态河道10千米，新建滨溪亲水岸线、生态护岸、水利文化墙，清淤河道，划定河道岸线和河岸生态保护蓝线等。

水土保持工作　完成投资3300万元，开展水土流失治理2886.67公顷，其中水利部门投资2670万元，完成水土流失治理1826.67公顷。实施项目：全国坡耕地水土流失治理项目，龙门滩、雷峰、南埕3个乡镇治理水土流失266.67公顷，完成投资900万元；省级水土流失综合治理项目，龙浔、盖德、葛坑、汤头、大铭5个乡镇治理水土流失1260公顷，完成投资940万元；市级重点流域水环境综合整治、市级面上水土流失综合治理、山美水库流域生态环境保护试点项目，浔中、盖德、三班、龙门滩、国宝5个乡镇治理水土流失208公顷，完成投资630万元；涌溪水土保持生态村及面上水土流失治理项目，治理水土流失90公顷，完成投资200万元。

污染治理　完成投资4004万元，实施污水处理厂配套管网工程（续建）、生猪养殖污染源治理、坡改梯和坡地经果林治理、农村生活污水和生活垃圾处理等6个项目，其中：坡改梯和坡地经果林治理工程，完成投资795万元，实施坡改梯工程211公顷。

水利风景区建设　岱仙湖国家水利风景区，实施提升工程；龙门湖（龙门滩水库）省级水利风景区，11月11日通过省水利厅认定；银瓶湖（涌溪水库）省级水利风景区，完成投资850万元，硬化涌溪水库库区环湖休闲道路2千米，在水库消落带试验引种饲料桑40万株10公顷，建成观光与通行并用的长181.6米、净宽2.1米人行悬索桥，水库消落带生态修复工程被省水利厅列入水利科技推广项目。

水资源管理　出台《德化县河岸生态保护蓝线规划（2016-2030年）》《德化县河岸生态保护蓝线管理制度（试行）》《德化县实行最严格水资源管理制度（河长制）考核工作方案》，对乡镇落实水资源管理制度和河长制情况实行考核；开展入河排污口设置监督管理和审批；抓好水功能区水质监管工作；推进项目水资源论证、用水总量和用水效率控制；实施水资源有偿使用制度，严格水资源费征收、使用和管理，今年征收水资源费700多万元。

行政执法　实行采砂许可，强化河道巡查，打击河道非法采砂行为，安装远程监控探头1个，巡查66次，发出《责令改正通知书》23份、《责令停止水事违法行为通知书》4份，取缔8处非法采砂点，立案查处浔中镇乐陶村非法采砂1起，南埕镇前锋村非法违建1起；审批开发建设项目水土保持方案报告书12份、报告表14份，收取水土保持补偿费17万元。开展水土保持执法检查29次，监督检查各类开发建设项目30个，发出整改通知书23份，责令停止违法行为通知书5份；督促业主投入水保资金392万元，修建挡土（渣）墙3.7千米、拦土（渣）坝6座、沉沙池13个、排水沟5.3千米，种树种草18.67公顷。

（撰稿人：苏建宁　审稿人：洪忠建）

【龙门滩引水工程】　概况　2016年受强厄尔尼诺影响，龙门滩流域来水量比常年同期偏多4成。全年降雨2587.6毫米，比上年1870.3毫米增加717.3毫米，增长38.35%；入库水量72060万立方米，比上年36386万立方米增加35674万立方米，增长98.04%；发电量2.41亿千瓦时，比上年1.29亿千瓦时增加1.12亿千瓦时，增长86.8%；实现利润2736万元，纳税1838万元，经济社会效益显著。同时，积极争取市物价部门的支持，龙门滩一、二级水电站供永春和德化方向电价由0.30元／千瓦时调整为0.32元／千瓦时，每年可为管理处增加收入近200万元。

彭村水库建设　省重点工程彭村水库超额完成年度投资计划，12月底完成枢纽工程施工任务，已进入下闸蓄水倒计时阶段；1月15日完成主要机电设备安装，拟于春节前召开下闸蓄水安全鉴定会，4月份（初汛期）择机下闸蓄水；水资源保护项目于2016年底完工；5层防汛调度综合楼已封顶等。彭村水库被水利部推荐为全国（仅10个）水利系统唯一一个国务院政府

3月4日，市长康涛（中）到德化城关浐溪流域治理城东段现场视察防洪工程建设情况

（图/县水利局）

信息公开试点工程项目；

调水发电　调水发电首次突破历史纪录，至年底龙门滩累计调水5.80亿立方米，占年计划调水量4亿立方米的145%；发电2.41亿千瓦时，为去年全年1.29亿千瓦时发电量的186%，为2010年最高2.03亿千瓦时的118.20%，均创历史新高。同时，至12月29日，累计调水量首次突破100亿立方米；

增效扩容工程　3月，总投资4920万元的龙门滩水库电站增效扩容工程顺利完成，是省获“十二五”国家补助最多的水电站增效扩容项目，项目的实施将龙门滩一、二级电站机电设备全部更新，提高了机组完好率和发电效率，使龙门滩电站焕发了青春。

基础设施建设　加强房产出租管理，改善职工生活环境；做好龙门滩冶炼有限公司接管、人员安置、依法维权等相关工作，取得阶段性成果，新一轮发包正在进行中。投入近40万元建设城关职工食堂，并于7月14日投入运行，同时，加强基层站所食堂管理，大大改善职工生活条件。

安全生产　安全生产首次突破4000天，截至12月31日，一级电站实现安全生产4317天，二级电站实现安全生产4300天，均创历史新高，水库已连续27年安全度汛。

（龙门滩管理处 供稿）

【水文】　概况　德化县水文局下辖2个水文站（凤洋、水口），1个水位站（德化），15个雨量站（赤水、格头、盖德、英山、德化、凤洋、龙门滩、雷峰、荐解、枣坑、涌口、涌溪、东固、葛坑、双翰），6个国家级水功能区水质监测点（水口、龙门滩、尾厝、凤洋、相垵水库、国宝）和3个省级水功能区水质监测点（店仔坂桥、涌溪四级、东固水库）。凤洋水文站于2016年1月1日往上游1千米乐陶村搬迁，是国家二类精度水文站，控制流域面积270k平方米。

水文要素　2016年全县平均降水量2575.10毫米，是多年平均的1.4倍，平均降雨日数183天，各站降水量在2222.50毫米（涌溪）～2933.0毫米（枣坑）之间；辖区内最大日降雨量284.0毫米，发生在9月15日枣坑站。凤洋水文站发生超警戒水位（464.0米）的洪水5次，9月15日出现年最高洪水位465.04米，相应流量667立方米/秒；年径流量5.1亿立方米，径流深度1905.6毫米，平均输沙率14.9千克/秒，平均含沙量0.9千克/立方米。

（撰稿人：陈志恒）

11月28日，龙门滩管理处二级电站1号机组转子吊装

（图/龙门滩管理处）

陶瓷产业

责任编辑：曾丽茹

综 述

【概况】 2016 年，全县陶瓷企业 2600 多家，从业人员 10 多万人，2016 年陶瓷产值 199.49 亿元，比上年增长 6.20%，陶瓷用电 7.08 亿千瓦时，比上年增长 4.40%，天然气供应量 4710 万立方米，同比下降 1.90%。陶瓷产业纳税 3.43 亿元，纳税前十名陶瓷企业分别为：协发光洋（1353 万元）、冠福控股（1266 万元）、华夏金刚科技（971 万元）、顺尔美工艺品（892 万元）、三峰陶瓷（573 万元）、佳美工艺品（571 万元）、龙峰陶瓷（544 万元）、恒忆陶瓷（411 万元）、华茂陶瓷（320 万元）、阳光创艺（314 万元）。

【陶瓷企业技术创新】 集聚发展 全县 90% 的陶瓷企业聚集在城关 7 个总面积近万亩的工业项目区，为进城农民提供就业岗位 10 多万个。建设众创空间，电子商务创业园被评为省互联网孵化器，建窑被评为省级众创空间，顺美被评为市级众创空间。

机器换工 出台政策鼓励企业引进自动化生产线，对购置陶瓷生产加工先进设备 80 万元以上的，按购置发票总额（不含税）的 30% 给予奖励，逐步提升自动化生产水平。顺美、协发光洋、美图铝业、坤泰机械、丰弘机械等 5 家企业被泉州市认定为 2016 年智能制造示范企业；顺美集团获评市级数字化车间并获资金奖励 50 万元。

技术换新 出台《德化县新一轮企业技术改造专项行动计划》，完成工业技改投资 10.40 亿元，比上年增长 28.50%。全县规模以上工业单位增加值能耗比上年下降 14.30%。引进市比邻三维科技有限公司到县搭建 3D 打印公共服务平台、厦门彩虹设计网来县搭建技术研发开放平台，为企业提供开放式研发设计服务。积极与高校、科研院所交流，上报企业技术需求项目 10 个，完成产学研合作协议 14 个。

产品换优 强化关键技术研发，成功研发 3D 数控全自动陶瓷雕刻机、电窑节能技术、自吸水陶瓷内胆等新技术、新产品；五洲陶瓷设计的产品“有机花插”获德国红点奖银奖（二等奖）。

创新企业示范点 新增国家知识产权优势企业 2 家、省创新型企业 2 家、省知识产权优势企业 1 家、省科技小巨人领军企业 4 家、省火炬创业导师 6 人、省科技型企业 12 家。新增省专利三等奖 1 项、泉州市科技创业奖 1 家、重大发明奖 1 件、市科技进步三等奖 1 项、市专利二等奖 1 项，评出县科技进步奖 15 项、专利奖 9 项，发放奖励 55 万元。新增高新技术企业 4 家、市级研发机构 8 家（市工程技术研发中心 5 家、市行业技术开发中心 3 家）。成立德化县工业设计协会，五洲陶瓷获评省级工业设计中心、顺美获评市级工业设计中心。持续推进众创空间示范点建设，获评省级众创空间 1 家、市级 5 家。

【陶瓷文化创意】 新增山花陶瓷“福建省文化产业示范基地”，市级文化产业示范基地 3 家，佳美、顺美、龙鹏等 3 家企业获评“2016-2017 年福建省文化出口重点培育企业”。参加首届中法文化论坛，成功推介海上丝绸之路与德化陶瓷；在中法文化论坛框架下，设立中国瓷路基金，启动世界陶瓷艺术大奖赛，继续推动“名师带徒”，兑现师徒奖励资金 7.4 万元等，洞上陶艺村文化创意园项目入驻创业工作室 25 家，实施孵化项目 32 项。梅岭窑遗址成为“海丝”申遗点，新增市级非遗传承人 13 人（德化瓷烧制技艺）。

【知识产权保护管理】 版权保护

2016年，参加中法文化论坛活动获全省唯一中国版权金奖保护奖；在世界知识产权组织（WIPO）总部举办中国德化陶瓷版权保护优秀成果展，发布《版权保护促进中国德化陶瓷产业发展的研究》（英文版），向全球推广“德化经验”。深化市级版权登记试点，推进作品版权网络登记平台建设，实现网上申报，代理作品版权登记近4000件，为企业节约成本50多万元。开展国家知识产权强县工程试点工作，成立全国首个由政府与司法机关联合推动建立的陶瓷知识产权保护教育基地，发布全省首份陶瓷产业知识产权白皮书，在全省首推“1小时”诉前证据保全机制，在全市首创“以保促用”工作模式。

专利申请　新增专利申请2009件、授权1057件，专利申请比上年增长96.20%，每万人口发明专利拥有量达4.23件；新增国家知识产权优势企业2家、省创新型企业2家、省科技小巨人领军企业4家、省科技型企业12家、省市级众创空间5家。新增省知识产权优势企业1家，PCT国际专利2件，职务发明创造专利申请数量占专利申请比例达50.70%，授权3件以上专利企业42家，兑现专利奖励资金174.90万元，5家企业利用专利权质押获得银行贷款6782万元，2家企业通过《企业知识产权管理规范》认证，为全市第一批通过认证企业。

品牌建设　新增马德里国际注册商标5件，举办各类大型陶瓷展21场次，在第119届中国进出口商品交易会第二期设立“世界陶瓷之都—中国德化”专区，全力打响世界陶瓷之都品牌。

【陶瓷电商发展】　开展电子商务试点示范建设，建立电商孵化园，截至2016年12月底，全县电子商务运用企业6500多家，直接从业人数近3万人。发展跨境电子商务，积极引入跨境电商第三方服务机构，在美国、俄罗斯设立陶瓷跨境电商海外仓，获评中国跨境电商创业二十五佳县，中国跨境电商创业最活跃县，创建国家级出口陶瓷质量安全示范区。全社会出口交货值137.64亿元，比上年增长8.50%；自营出口商品总值2.37亿美元，比上年增长4%。全县拥有跨境电子商务企业100多家，年销售额达5000多万元。新增备案登记进出口经营权企业大幅增长已达88家，总数达424家。开展传统企业与电商企业手拉手活动，建立“世界陶瓷之都·德化”陶瓷交易撮合平台，组织477家企业751个展位参加德国法兰克福展等境内外知名展会，主导制定的全省首个陶瓷电商省地方标准《电子商务交易产品信息描述规范日用陶瓷》获批发布，实现农村淘宝服务站乡镇全覆盖，新增淘宝镇3个、淘宝村11个，淘宝镇村数量分别居全市第一、二位。

【示范试点建设】　国家循环化改造示范试点“德化陶瓷产业园区”　自2012年年底启动以来，共实施310个项目总投资10.08亿元，已完成投资8.88亿元，其中2016年完成投资9500万元，累计下达资金2638万元，项目中期评估报告顺利通过专家评审，完成11家企业县级预验收。

国家新型工业化产业示范基地“陶瓷制品·福建德化”　该基地2016年已争取获得省级新型工业化示范专项资金300万元；恒忆陶瓷、坤泰机械2个项目列入省级两化融合重点项目。

国家知识产权强县工程试点县　持续开展青少年知识产权教育普及专项行动。新增发明专利申请2185件，授权1300件，其中发明专利36项，PCT国际专利申请2件，提前完成市下达年度专利工作任务。每万人发明专利拥有量达4.2件，超过全市平均水平。新增国家知识产权优势企业2家、省知识产权优势企业2家。

省级代理作品版权登记试点　德化县荣获“2016年中国版权金奖保护奖”，国家版权局、世界知识产权组织向全球推广陶瓷版权保护“德化经验”。做好代理作品版权登记工作，共代理作品版权登记4000多件，为企业节约成本60多万元；加强版权执法，协调解决版权侵权纠纷14起，涉及侵权产品数量44.35万件，案值127.60万元；销毁侵权陶瓷产品200多件，价值2万多元。

国家资源综合利用“双百工程”示范基地　加强示范基地建设跟踪管理，开展矿产综合利用、工业固体废物综合利用、资源替代与高效利用、节能和城市垃圾综合利用等5大类项目建设，完成示范基地建设中期评估，初步建成资源消耗低、环境污染少、经济效益好的产业废物综合利用示范基地；积极争取中央预算内投资专项支持“双百工程”示范基地建设，2015年以来，7家企业获国家发改委资源节约和环境保护专项补助3685万元。

【帮扶企业发展】　政策落实　制定陶瓷产业转型升级路线图、陶瓷产业发展计划、品牌宣传、招商选资、“互联网+”等年度专项计划，配套出台了促进我县工业稳定发展、新一轮企业技术改造专项行动计划、电子商务发展等配套政策，编印政策汇编3000多册，县财政兑现涉企资金1.75亿元，争取上级补助13.02亿元，全力稳增长、稳信心。

融资服务　调整充实县金融办，举办7场政银企对接洽谈会，利用1500万元企业应急保障周转专项资金帮助29家企业35次累计周转资金24296万元。

信贷产品创新　至11月末，县建行创新推出“艺术大师”信用贷款，已发放25家陶瓷艺术大师企业贷款2218万元，税易贷8户915万元。县中行创新开展“陶瓷通宝”业务，已发放1.78亿元。县联社继续推广适合小微陶瓷企业信贷产品“创业贷”，已发放贷款118户，余额3.03亿元。县联社与科技局签订“电商互助贷”金融业务合作协议，已发放29家电商陶瓷企业贷款922万元。县联社与科技局、陶瓷办签订三方协议，建立400万元双创资金池，推出“瓷艺贷”，用于支持大众创业、万众创新，已办理41家陶瓷企业贷款授信3915万元。县农行、中行开展专利权抵押贷款业务，共办理3户，金额3600万元。

要素保障　锦龙、恒忆被省确定为用电峰谷时段企业，593家次企业获市用电、用气奖励529.46万元。

实施产业龙头促进计划　顺美列入省级龙头企业，2家企业列入省级工业和信息化高成长企业，14家企业列入市级产业龙头企业名单。组织8家传统企业和电商企业举行“手拉手”活动，为传统企业与电商企业搭建沟通交流平台。锦龙、恒忆被确定为省重点上市后备企业，恒忆、阳光创艺、华夏金刚等3家企业列入市级场外挂牌后备企业，恒忆陶瓷、阳光创艺成功在新三板挂牌上市，实现零的突破。冠福围绕能特科技兼并重组项目获省兼并重组专项资金补助1000万元。

中国茶具城、国际陶瓷艺术城等项目建设　全县完成工业技改投资10.40亿元，3个项目列入省级重点技术改造项目，艺韵等4个项目列入市级重点技改项目库。

人才队伍建设　恒忆陶瓷林鸿福入选第二批国家“万人计划”领军人才，荣获“2015年度泉州市企业经营管理领军人才”，得胜集团曾华晔、工艺美院郑小平获评泉州市工业设计“十佳精英人物”。赖礼同、陈明良、林建胜、连紫华等4个工作室获评全市“优秀大师工作室”。赖礼同、陈明良、许瑞峰、陈明华、苏玉峰等5位被评为中国陶瓷艺术大师。

【陶瓷品牌宣传】　2016年，完成“海丝”申遗点德化窑梅岭遗址的考古勘探调查工作和相关文本制作；完成《屈斗宫德化窑遗址文物保护总体规划》，德化窑遗址被国家文物局列入《大遗址保护“十三五”专项规划》；故宫出版社编辑出版《故宫博物院藏德化窑瓷器》，书中遴选307件德化窑瓷器精品予以展现；举办故宫博物院藏德化窑瓷器研讨会，20多位与会领导、专家学者在会上进行学术讨论；在北京、欧美同学会和艺术8举办“德化陶瓷精品展”，在西安、江苏、甘肃等地举办“百态观音·慈航普渡”德化瓷艺大师暨全国书画名家作品展，在沈阳举办德化陶瓷精品展，在省博举办“未遂—陈云贵当代雕塑艺术展”；搭建好与“一带一路”沿线国家的贸易平台，组织企业参加华交会、春秋季广交会、德国法兰克福礼品展、香港家庭用品展等知名展会，在广交会设立“世界陶瓷之都—中国德化”主题德化品牌专区；引导企业参加印度国际消费品展览会、马来西亚福建商品展、东盟（曼谷）中国进出口商品展、海峡两岸礼品及文具展等“海丝”沿线国家展会；承办2016年海上丝绸之路环泉州湾国际公路自行车赛德化赛段的比赛，做好全方位对接、全媒体宣传，充分展示“世界陶瓷之都”文化魅力和“海丝”特色。

（县委宣传部、县经信局、县统筹城乡办供稿）

陶瓷产业园区

【概况】　全县陶瓷产业园区总面积113.33公顷，分为两个区块，其中区块一面积73.11公顷，区块二面积40.22公顷。园区主导产业由日用陶瓷、工艺品、树脂等，逐步发展成高档日用陶瓷、生态陶瓷、特种陶瓷等高新精细陶瓷产业。截至2016年12月底，累计入园企业1635家，就业人数8.60万人，实现工业总产值128亿元。

【重点项目建设】　城东三期　投资9800万元，完成水泥路面建设2.10千米、挖运土石方95万平方米、拆迁房屋210户约39000平方米、迁移坟墓702穴；完成首期支路道路过渡路面、排水沟、涵洞工程设计及预算、财审；完成A、B路人行道路灯设计及预算；完成A、L、F、J、D路水泥路面设计；完

诗敦一角　（图/县陶瓷产业园区管委会）

成G、M、N路水泥路面设计；完成滨江南路设计；凤洋片区基础设施工程进入施工阶段。

城东四期　投资5230万元，完成项目的控规、可研、水保、地灾编制等前期工作，组织首期德化县城东物流中心建设和第二期古洋片区开发前期工作。首期城东物流中心完成征迁工作，道路及停车场配套设施首期工程动工建设，挖运台地土石方60万立方米。第二期古洋片区完成控规初步方案。

城东一二期　投资1550万元，完成诗泰路东段中央绿化带绿化和后所片区人行道、路灯工程；诗泰路与诗墩连接线和隧道口边坡治理进入施工阶段；完成指路牌、后所片区标志标线、千福寺前挡墙设计；浔北东路挡墙进入招投标阶段。

新秀园　投资5020万元，完成主体工程建设，进入室外装修阶段；完成前后门、室外道路、排污排水、挡土墙等工程预算。

城东新区格仔片区改造工程　完成投资28000万元，房屋、祖厝全部收储；山地全部征收；所有厂房全部签订收购合同；用地红线内所有坟墓全部迁移；一期5.88公顷地进入主体工程建设阶段：完成东侧地块的1#楼主体13层，2#楼主体10层，11#楼主体封顶（17层），12#楼主体13层，13#楼主体14层；完成西侧地块勘探和台地平整工作。

瓷土集中加工区　投资1015万元，完成基础设施配套设计、预算，进入路基换填阶段；挖运台地土石方25万立方米。

四个公园　投资1220万元，优化街旁公园方案；阳光名城公园完成施工图纸设计；何朝宗公园进行方案设计及招投标前期准备工作；鑫泓顺大山公园完成7个凉亭、1个公侧、1个咖啡厅、2个长廊和登山道建设，漫步道建设路基约2千米。

上寮项目区　完成现状测量工作，并指派专人衔接各项相关事宜。

（撰稿人：苏巧虹　审稿人：郑文导）

城东一、二期一角　（图/县陶瓷产业园区管委会）

电力工业

【概况】　2016年，全县发电量2490万千瓦时、售电量2400万千瓦时、实现销售收入654万元，其中水电销售581万元、赔电收入73万元；投资收益1512万元，营业外支出9.52万元，营业外收入37.73万元，净利润1476.03万元，上缴税收100万元。

【国有电力投资经营】　小水电站管理　制定小水电管理制度，选派得力干部加强小水电管理，公司直接管理的小水电站年发电量2490万千瓦时。

参股企业监管　加强对涌溪水电、龙门滩水利水电的监管，全面了解公司的运行管理和财务经营情况，2016年两个公司的投资收益为614万元、300万元；对公司参股、控股的梓溪、瓮口水电站，采用对外承包方式，保证电站投资收益；双二电站收回83.83万元，占全年应收投资收益的100%；投资占股10%的福建省万旗非金属材料有限公司对外承包。

资金筹措运作　至10月份，公司在银行的一年期流动资金贷款余额7039万元，平均每个月有近600万元的贷款到期需要“转贷”，从资金筹措、担保单位确定、放贷规模确认、利率水平认可、放款转帐等多个环节，公司一一逐个落实，确保资金运转。

（撰稿人：陈仁魏　审稿人：曾福礼）

【供电建设】　经营概况　2016年，完成电网建设投资约1.05亿元；售电量12.89亿千瓦时，比上年增长2.62%，全年纳税6056万元；最大运行负荷21.80万千瓦，增长2.83%；综合线损率5.0%。

电网建设　建成投产110千伏诗墩变二期主变扩建工程、220千伏金锁变10千伏金英III、IV回新建工程等一批重点工程，增强主网供电保障能力；加快德化城乡配电网建设，新建、改造10千伏线路178千米，配电容量1.61万千伏安，完成投资8966万元。

安全生产　规范安全管理工作，开展周督办评价；推行“互联网+”安全管理新手段，建立安全执规微信群，实时监控安全现场；建立“旁站式”安全执规工作机制，严肃查纠违章行为；实施创“无违章班组”建设工作，全年评选出48个“无违章班组”；开展安规、现场急救、安全技能、消防等安全知识教育培训11场次，参加人数

11月19日，德化县供电公司与德化新秀园战略合作框架暨“以租代建”示范项目建设签约仪式举行　（图／县供电公司）

693人次；实现年度安全生产目标。

优质服务　建立“提速提质业扩服务”管理平台，打通业扩配套项目建设流程，落实客户回访、服务质量评价、投诉举报的闭环管理，杜绝体外流转，防止隐性、个人“三指定”等问题发生。2016年公司报装服务时限达标率、“1+1”预约派工完成率100%；居配工程和零散低压新装工程统一收费、统一运维，定期检查保障重要用户用电，建立停电危机公关机制；拓展能源市场，公司“以租代建”电能替代新模式成功落地，完成4家陶瓷企业建设，实现电能替代容量2910kVA，实现年替代电量1500万kWh。

（撰稿人：周晓丽　审稿人：黄志勇）

矿　业

【概况】　2016年，全县主要矿山企业产值11.33亿元，比上年下降3.17%，纳税2941.73万元，下降58.70%。其中，阳山铁矿原矿产量28.42万吨、精矿产量10.53万吨，产值3864万元，纳税766万元；鑫阳铁矿原矿产量49.80万吨、精矿产量21.58万吨，产值26673万元，纳税2110万元；双旗山矿业（双旗山矿区、邱村矿区）原矿产量5.05万吨、精矿产量1407.25吨，产值78030万元，纳税1143万元。

（县国土局 供稿）

【阳山铁矿】　概况　2016年采收矿石总量34.20万吨（其中：I采场露采3.30万吨、新田矿地采25.30万吨，回收矿5.60万吨），原矿入磨品位TFe42.88%，选比3.22，全年生产铁精矿11.13万吨，品位65.14%。资产保值增值率89.48 %，净资产收益率-11.38%，销售结算数11.23万吨，营业收入4107.18万元，实现利润-2330.56万元，上缴税费845.11元，财务费用-300.08万元，管理费用2519.54万元，销售费用4.33万元。全年无安全环保事故发生。

提高采收质量　重点治理矿硐、采场的矿石质量和超标大块矿石，明确禁采区域开采范围、加大硐口堆矿平台督查力度，加强露天采场开采的管理等各种举措，全方位有效管控。全年平均选比3.22，比上年3.84降低0.62，节省成本500.18万元；与预算3.65降低0.43，节省成本347.95万元。

源头管理　注重回收质量源头管理，及时跟踪矿石质量变化，适时调整回收点，全年共回收低贫混杂矿22.5万吨，生产矿石4.61万吨，综合品位TFe31.47 %，MF23.31%，回收比为4.88，增加了矿石来源。同时加强管理降成本，积极与承包方谈判，降低承包费0.5元/吨，共计降成本11余万元。注重维护保养，加大修旧利废力度，维修费与上年同期比减少了3万元。拓宽废石废渣销售渠道，根据市场需求情况，及时调整价格全年销售收入达60万元，销售收入同比去年增加30万元。选矿车间持续推进成本管控，实现“多破少磨，优质高效”的目标，完成了全年11万吨生产任务。

严控采购成本　加强大宗材料采购管控，着力降库存，降成本。年末公司物资库存为236万元，较2015年底库存284.50万元，减少了48.50万元；注重市场调查，跟踪市场价格变化情况，紧贴市场降低采购成本，如钢球承包费承包基价与2015年相比下降2.80元/吨，球磨机衬板采购价在上半年下降600元/吨的基础上，下半年再次下降200元/吨。通过降低承包费及比、询价采购，全年共节约采购成本28.80万元（其中钢球承包费下降21.80万元）；进一步完善领用料审批程序，防止领用料的随意性和不必要的浪费，努力节约生产成本。

增收减支　切关注铁精粉市场价格变化情况，跟踪铁精粉销售价格波动情况，力争实现销售效益最大化，销售增利20万元；根据油价变化，中矿及铁精矿运费分别下调0.20元/吨，节约运费支出5.60万元。2016铁精矿完全成本是580.32元/吨，比2015年666.33元/吨，下降86.01元/吨；与预算591.31元/吨下降10.99元/吨。

资金管理　全年财务费用净额为-300.08万元，上年同期-369万元，减少了主营业务的亏损额。积极配合主管税务机关做好纳税评估工作，完成以前年度预缴税款1500多万元的退还工作，减轻了现金流压力。积极推行“营改增”，抓好进项税抵扣，降低公司费用。采取相应措施衔接7月1日起实施的资源税改革，节约成本近30万元。全年业务招待费及其他可控费用较2015年有不同程度的下降。2016年管理费2519.54万元，比上年节省554.20万元。

安全环保　重点抓好安全隐患排查治理，全年排查并整改安全隐患257条；在汛期期间，特别是3次重大台风登陆时，加强地质灾害点和采空区的监控管理，确保矿区安全稳定；根据相关规定要求完成I采场、第一排土场截洪沟的开挖工作，防止水土流失；完成I采

场 +960、+970、+980 闭坑台阶和第二排土场的生态治理覆土工作，同时加强 I 采场 +990 水力预选废碴沉淀池、磨选车间水洗排碴场和排土场的监控管理，防止环保事故发生；积极推进狮头新田采矿证合并办理工作，并证相关工作有序推进；开展民爆物品经常性安全检查，严格落实民爆物品领用、使用、清退及登记制度，确保民爆物品使用安全。

（阳山铁矿有限责任公司 供稿）

【双旗山金矿】 概况 2016 年矿山处理矿量 45.67 万吨，产出含量金 517.45 公斤 ，冶炼厂产出黄金 590.83 公斤。实现主营业务收入 14850 万元，比上年减少 3434 万元，下降 18.78%；实现经营性利润总额 1928 万元，减少 400 万元，下降 17.18%，上交税费 1484 万元，其中税收 1088 万元。完成实际选矿量 19.45 万吨，实际掘进 5983.63 米；邱村金矿实际选矿量 26.22 万吨，实际掘进 6888.25 米。

生产、地质探矿 双旗山金矿 2016 年投入坑探工程 4162.70 米，井下探矿增储 333 级别矿石资源储量 11.08 万吨，平均地质品位 1.70 克／吨，新增金金属量 188.03 千克。截至 2016 年 12 月底，双旗山金矿保有资源量 649711.25 吨，其中可利用资源量 321236 吨，平均品位 1.94 克／吨，金属量 623. 千克。暂不可利用资源量 328475.25 吨，平均品位 1.87 克／吨，金属量 613 千克。按年消耗矿石量 17 万吨计算，可利用资源量保有年限 1.88 年。邱村金矿采矿区内生探、地探工程合计 3035.43 米，超额完成 1238.43 米。2016 年邱村金矿采矿区探矿增储矿石资源量 28.01 万吨，平均品位 1.18 克／吨，金金属量 330.07 千克。截至 2016 年 12 月底，邱村金矿保有 332+333 类型矿石资源储量 59.35 万吨，平均地质品位 1.12 克／吨，金金属量 662.02 千克，保有年限 2.7 年。其中：开拓矿量：38.36 万吨，平均地质品位 1.11 克／吨，金金属量 425.22 千克，保有期限 1.7 年；采准矿量为 12.23 万吨，平均地质品位 1.10 克／吨，金金属量 134.2 千克，保有期限半年。

安全环保 全年组织季度安全大检查 4 次、尾矿库专项安全检查 3 次、汛期安全大检查 3 次，提出安全隐患整改项 235 项，落实安全隐患排查治理，全年无发生安全生产死亡事故与重伤事故。抓好重点环境风险单元冶炼厂渣场、邱村金矿尾矿库、双旗山金矿溪柄尾矿库、各矿洞涌水排放的监督检查；对冶炼厂新渣场渗滤液外排口废水进行自行监测；对两矿一厂废水外排口进行日常环境监测；加强危险废物管理，年初对氰化尾渣进行浸出毒性鉴定、金精矿含铜监测，采用蒸压除氰处理氰化尾渣，满足环保要求；加快推进氰化尾渣无害化项目，已获 80 万元资金支持；加强环保突发事件演练，提高应急处置能力。

降本增效 在新增投资单位（非金属、鑫阳）借款的情况下，年末与年初比降低贷款金额 1946 万元，通过表内理财业务、协定存款增加利息收入 11.30 万元。黄金销售小组寻机开展黄金租赁套期保值业务，在 287 元上方操作 25 千克套期保值业务，获得 32.90 万元收益。2016 年接待费用 47.87 万元，比上年下降 50.08 万元；全年安全行驶约 25.63 万千米，较上年减少 7.87 万千米；产生维修费、保险费、油耗等费用 44.38 万元，较上年减少 19.65 万元。邱村金矿回收率超额完成增加金属量 7994.49 克，增加效益 2117501.30 元；冶炼厂吨矿成本 307.95 元／吨，比上年下降 37.01 元／吨，同比成本下降 405547.81 元。2016 年双旗山节省钢球成本 28.20 万元、钢球二次倒运费用 1.42 万元。2016 年邱村节省钢球成本 30.90 万元、钢球二次倒运费用 1.49 万元。处理呆滞物料，有效降低库存，2016 年库存 270 万元，比上年下降 74 万元。

风险防控 完成了 2015 年第四季度和 2016 年第一、第二、第三季度财务现金流量内部审计和不定期的现金盘存内部审计，开展了考勤和工资的内部专项审计；把握好合同的招标关、合同谈判关、合同签订关和合同履行关，规范了合同的条款，完善工程招标、合同签订的工作程序。2016 年，邱村金矿井下运输合同中标价比工程预算价下降 103.60 万元，下降幅度 13.34%；冶炼厂炉渣销售，以竞标方式进行二次竞标，最终成交价比公司最低控制价高出 61 万元。加强内部监察，堵塞管理漏洞，防止各种腐败问题发生，2016 年，未发生贪污、腐败或受贿案件。

（双旗山矿业有限责任公司 供稿）

城镇集体工业

【企业发展服务】 2016 年，指导木器厂开发款式新颖、艺术性强、符合时代潮流的木家具和茶盘产品，并选择性购进美观实用木制产品投入本地市场销售，2016 年度木器厂销售额150万元。指导塑料厂主动跟踪日用陶瓷品种变化，加强日用陶瓷环保型塑料配件的衔接与研发，抢占市场份额，2016年度生产销售额108万元。年度完成二轻工业生产目标258万元。认真贯彻《中华人民共和国安全生产法》和《中华人民共和国消防法》等，6月积极帮助竹艺物业管理部搭建隔热层排水管，解决仓库天棚漏水问题，减少石楼安全隐患；8月超强台风"莫兰蒂""鲇鱼"过后协调下属企业和承包者及时修复损破屋盖、清理厂后溜方，确保鹏祥二轻大厦承租方企业尽快恢复生产秩序。

2月，赖礼同（中）工作室被泉州市人民政府授予优秀工艺美术大师工作室
（图/县城镇集体工业联合社）

【结构调整优化】 下属8家集体企业的经营管理模式包括生产型和物业租赁型。对生产型的企业加强服务指导，主动参与市场竞争；对物业租赁型的企业，加强监管，督促其进入县公共资源交易中心进行公开招投标，规范集体资产出租流程，下属企业累计21间店面进入县公共资源交易中心进行公开招投标。强化资产和收入资金使用监管，避免发生资产私自流转、贱租以及不正常资金使用行为。要求所属各企业每月如实向联合社报送二轻企业生产完成情况和收入支出明细表，及时掌握企业运转情况和资产运行状况；年初联合社设立二轻集体企业集中记帐中心并正式投入使用，方便物业租赁型且无办公场所的企业集中记帐和档案管理。

【工美发展服务】 大师管理和服务　不断充实完善工艺美术大师、名人信息库，截至2016年12月底，全县中国工艺美术大师1名、省级工艺美术大师33名、省级工艺美术名人39名、泉州市工艺美术大师97名。组织2016年获评的56名市大师参加第二届市工艺美术大师颁证仪式，组织获评"天工奖"作品在闽台缘博物馆参加特展。继续创建大师工作室和优秀大师工作室，2016年王顺、李锦峰、李璋高、朱芳芳、欧阳兆坤等5个工作室被市城镇联合社命名为工艺美术大师工作室，获评者分别获1万元专项资金补助，至2016年全县共有45个大师工作室，占全市总数的34.6%。2月连紫华、林建胜、赖礼同、陈明良等4个大师工作室被市政府命名为"优秀大师工作室"，每个工作室获10万元奖励金。

培养新秀　组织申报2016年度工美大师带徒授艺培训补贴，共42名大师获批，带徒124名，补助资金60万元，促进技艺传承发展，壮大高层次工美技能人才基数。宣传发动工美工作者踊跃参加"2016年海峡两岸工艺美术高级研修班"和各类评展活动等，加强工美理论学习与技艺研讨，以提高创作水平与能力。与陶瓷办共同组织县工艺美术企业、大师参加第十一届莆田"艺博会"，全县共26个展位。组织发动德化县75件作品参加2016中国工艺美术"百花奖"评选，收获金奖10个、银奖14个、铜奖3个，优秀奖3个；70件作品参加第十一届艺博会优秀作品评选，收获金奖24个。配合市社等举办"巾帼建功，筑梦海丝"2016年泉州市巾帼巧匠工艺美术精品展。

（撰稿人：林牡丹）

城市规划与建设

【城市规划】　概况　2016年，县城建成区面积25.98平方千米，其中居住用地8.53平方千米、公共管理与公共服务用地1.55平方千米、商业服务业设施用地1.65平方千米、工业用地4.46平方千米、物流仓储用地0.43平方千米、道路交通设施用地3.88平方千米、公用设施用地1.41平方千米、绿地与广场用地4.07平方千米。

规划编制　做好县城总体规划修编前期工作，总规实施评估完成评审方案；做好控制性详细规划编制及审查工作，城西片区控规完成评审方案，大坂片区控规完成征求意见方案，盖德片区控规通过专家和各部门评审；做好城乡专项规划编制及审查工作，完成城市景观风貌专项规划报批工作，公共停车设施建设专项规划完成评审稿方案；配合铁塔公司做好县城移动通信基础设施专项规划，配合交通部门做好公共交通专项规划，配合市政部门做好县城区排水防涝专项规划，配合消防部门做好德化“十三五”消防工作专项规划，配合电力公司做好县电网设施布局规划；配合交通部门做好盖德火车站、县城大外环道路初设方案，配合市政部门做好盖德市政道路初设方案。

规划审批　依法按照审批程序办理“一书两证”（选址意见书、建设用地规划许可证和建设工程规划许可证）等规划管理工作。2016年出具规划意见函21宗、核发建设项目选址意见书51宗、核发建设用地规划许可证110宗、建设工程设计方案审查42宗、核发建设工程规划许可证125宗、完成建设工程验线81宗、核发建设工程竣工规划核实意见书132宗。

方案审查　受理百盛广场、新秀园（二期）、宝美中小企业园（二期）、高阳小学、英山龙兴小区、龙浔中心小学、荣昌幼儿园、彭村水库土坂移民安置小区新村建设、凤凰山市民广场、城东中心幼儿园、闽兴公交大厦、德化第八中学、德化鹏祥中学、鹏祥小学、德化县陶源路／陶源西路／陶源北路市政道路、三班镇上寮工业区（国际陶瓷创意园）市政道路及配套工程等21宗建设工程方案审查，重点审查项目容积率、绿地率、建筑密度、建筑高度等主要经济技术指标，并召开方案评审会。

【城市建设】　省道203线德化环城路（东段）暨乐陶片区改造项目签订房屋征收协议261份，腾空面积27854.74平方米；完成第一批安置地安置，签订供地协议319份；安置地台地完成安置地防护工程护

观音岐公园建设中　（图／县市政公用事业管理局）

坡钻探、设计方案专家评审和施工设计图纸审查，进入安置地施工用电、用水及施工便道建设阶段；陶源新居安置房进行基础及地下室施工；闽江防洪工程德化化工段工程进行隆泰化工段工程建设。

西门至陶瓷学院片区改造项目（二、三期） 二、三期改造基本完成，二、三期店面及安置房完成交房。

南后街片区改造项目 浔阳桥（原南环天桥）完成桥箱梁吊装，进入桥面伸缩缝、挡土墙施工阶段；浔阳桥南侧至金锁小学段进入人行道基础施工阶段；坪埔至世科景观桥进入桥面铺装及栏杆施工阶段。

瓷都大道大洋段改造项目 房屋征迁方面：B4 地块、中学地块和 18 米路用地范围内的地上物清理工作基本完成；完成环外安置地第 2、4、5、6 生产组山地征收、征地款发放及林木砍伐工作。工程建设方面：庠柄小区 B8 地块安置房正进入外墙装修阶段；B4 地块完成临时用水施工、临时用电线路架设和办公区活动板房施工及施工许可证办理工作，土方外运 32.40 万立方米，7# 楼完成基坑支护工作，人工挖孔桩（共计 1347 根）浇筑完成 34 根，冲孔灌桩（共计 45 根）浇筑完成 13 根。罗昌洋安置地：完成罗昌洋（荣昌小区）挡墙与排水箱涵工程场地内土方回填及护面砼墙浇筑 100%、人字骨架 100%，边坡土石方工程进场施工，岩石爆破成孔，岩石爆破，石方外运 14.40 万立方米。凤曙小区：土方工程完成招投标和合同签订，土地报批手续办理中，其中第二、第三标段施工单位已进场进行清表，完成土方外运 10.05 万立方米。儒林小区：地块二完成地勘、施工图纸审查。科技局至环宇工业园道路：完成主路路面砼浇筑，进入配套设施建设阶段。

（县住建局 供稿）

村镇建设

【小城市培育试点工作】 2016 年，三班镇、水口镇两个市级小城市培育试点镇确定建设项目 35 个，年度计划投资 4.35 亿元。三班镇以打造“陶瓷重镇，绿色新城”为目标，构建集聚力和辐射力强的现代化新市镇，2016 年获评省级特色小镇瓷都茶具特色小镇；水口镇以“创建海西生态旅游度假强镇”为目标，建设内容主要包括“三边三节点”、连片示范区、产城融合、基础设施、旧镇区改造提升、村庄整治等项目，完成投资 5.15 亿元，2016 年获评省级历史文化名镇，

【宜居环境项目建设】 抓好美丽乡村建设“千村整治、百村示范”工程，包括赤水镇戴云村、水口镇梨坑村，盖德镇下寮村、三福村，南埕镇高淙村、枣坑村，春美乡梁春村、美湖镇上漈村、葛坑镇龙塔村、杨梅乡杨梅村、雷峰镇李溪村、桂阳乡桂阳村、浔中镇龙翰村、龙门滩镇碧坑村，上涌镇、上涌镇云路村，国宝乡内坂村，三班镇龙阙村、泗滨村，大铭乡大铭村等 20 个村，年度计划投资 7024 万元，累计完成投资 7938 万元，建设内容主要包括裸房整治、垃圾处理、污水治理、村道硬化、村庄绿化等方面；上涌镇、水口镇、龙门滩镇霞山村列入第五批省级历史文化名镇名村；打造环龙门湖和英山村南海一号至芹山观光道美丽乡村景观带，累计投入资金 1562.80 万元，对沿线村庄进行整治，环龙门湖美丽乡村景观带获得上级补助 300 万元；做好石结构房屋改造工作，实施石结构房屋改造 1.75 万平方米，完成投资 1278.92 万元；做好传统村落申报工作，三班镇三班村、桥内村、泗滨村，龙门滩镇碧坑村、上涌镇曾坂村入选第四批中国传统村落名录，上涌镇曾坂村被列入 2017 年中央财政支持范围的中国传统村落名单；做好农村危房改造工作，完成农村危房改造任务 583 户（其中省为民办实事 50 户，中央首批下达农村危房改造任务 533 户），争取上级农村危房改造补助资金约 1300 万元。

（县住建局 供稿）

市政建设

【概况】 2016 年，城区新增道路 4.50 千米，道路总长 106.10 千米，道路硬化率 98.20%；新安装路灯 217 盏，路灯总数 15166 盏，亮化率 98.90%；完成路灯夜景智能监控终端扩建 93 处，监控终端总点数 341 处；新建或改造污水管网 13.30 千米，城区污水收集管网 104.44 千米，污水处理率 90.15%；新增绿地面积 17.64 万平方米，绿地率 40.02%，绿化覆盖率 43.25%，人均公园绿地面积 14.10 平方米；生活垃圾无害化处理率 100%。

【城区路桥建设】 道路方面：龙湖路、浔北路、世纪城沥青加铺工程投资 600 万元，完成沥青加铺 2.8

浔中镇凤洋村高内坑生活垃圾卫生填埋场渗滤液处理工程

（图/县市政公用事业管理局）

万平方米；观音岐至车碓岭道路完成新世盛至观音岐路段道路工程财政结算；完成宝美红绿灯至新世盛路段拆迁工作（台地 0.77 公顷，厂房 2543 平方米），完成施工图设计并送交财审等待招投标；北环路完成 349 县道连接线路面建设，年底完工通车；S310 土坂至盖德（火车站）路段道路工程（北环路延伸）已完成施工图初设评审和初步设计。桥梁方面，龙津桥两侧地下人行通道 2016 年 7 月完工，投资 300 万元；盛凤桥完成方案设计、招投标等工作，2016 年 12 月 1 日动工建设，投资 200 万元。

【市政设施建设】 高内坑生活垃圾卫生填埋场投资完成1400万元，完成垃圾渗滤液工程土建建设及设备安装；垃圾渗滤液处理工程日处理渗滤液 150 吨，预留二期渗滤液处理设备空位。至 2016 年 12 月完成垃圾渗滤液工程开工相关手续；完成工程场地平整、土建施工、设备采购安装调试等扫尾工作。高内坑石板材集中加工区投资 500 万元，进行标准化厂房建设。完成石板材集中加工区土地、林地报批手续、项目立项、土石方开挖、场地平整，地质勘查，施工图纸设计；编制工程预算书。炭湖坂完成浔北路西段及北环路交房安置和回迁工作，完成二实小扩建项目的征迁工作。魁榜、南雁、荣昌、墨苑安置房完成电力配套工程 80%（投资 700 万元）；墨苑安置房完成安置 20 套，合计约 1700 平方米；完成墨苑环卫公租房验收，完成两座清洁楼建设；完成自来水管线约 1100 米并安排安置户入户安装；完成道路硬化、路灯、人行道、绿化等配套工程约 45% 工程量（投资额 600 万元）。新华玉瓷文化产业园投资 2900 万元，完成第二批土地报批、房屋征收协议书的签订及房屋拆除工作，完成两批次安置地供地。城区中转站和公厕，新建或改造压缩式垃圾中转站 4 座、公厕 4 座，投资 500 万元，完成阳光名城边、凤凰山庄、石鼓村、世盛厂边压缩式中转站、坪埔沿溪路公厕建设。投资 500 万元，完成隆中路老干老年活动中心、南环路、金凤街、新中医院等 1 万平方米人行道改造。投资 500 万元，完成德事利、城北路、龙津路、东头加油站、三班路口等路段 5.80 千米排水管网改造。完成南环霞田、西苑大厦、寨头新村、教育局旧址等停车场，新增停车位 250 个。龙东桥至火电厂桥沿溪绿道投资 300 万元，完成征迁、方案设计、招投标等工作，于 2016 年 12 月动工建设。

【广场公园】 观音岐公园完成选址意见书、建设用地规划许可证、

蒲坂水厂引水隧洞建设中　　（图/县市政公用事业管理局）

县城区西门旧房拆除　　（图／王世言）

项目可行性研究报告、水保等的批复和林地可行性报告书、初勘、地质灾害报告的编制及进园道路、停车场场地整平等工作。

【供水供气】　蒲坂高位水厂工程2016年投资10930万元，占项目计划的37%。其中：城区饮用水水源工程引水隧洞已完成2400米；厂区已完成前期工作及土石方开挖，主体工程已动工建设。城区配水管网工程设计供水管网达41.70千米，已完成安装及预埋管道26千米，环城路完成闭合。完成供水管道投资700万元，建设DN100以上供水管道10412米，净增管网长度24156米。2016年，自来水共完成售水1206.30万吨，比上年增长2.38%，地热水售水总量19.80万吨，比上年下降7.04%。投资295万元，完成供气中压管线管网建设11千米，天然气销售总量4237万立方米。

【污水处理】　污水配套管网建设投资1609万元，完成城东防洪堤配套污水管网825米、城西防洪堤配套污水管网1950米、科技园片区污水管网3820米、后井路片区污水管网1825米，宝美溪污水管网550米，南三环及进程大道污水管网3600米，龙湖路两侧污水管网150米，龙鹏集团文化产业园污水管网580米，累计完成13.3千米。2016年，完成污水收集和达标处理排放1265.56万吨，比上年增长51.09万吨，日污水处理达到3.45万吨以上，完成各项指标减排任务。

（撰稿人：陈丽君）

市容管理与执法

【市容环境卫生整治】　城区重点路段占道经营专项整治　2016年，采取不定期突击清理整顿，并安排专人站岗执勤。湖前路（旧环保周边）和诗墩路（诗墩宫周边）经过整治，取得一成效。南门市场投资3.5万元，合理规划摊位，建设132个铁结构摊架供自产自销的本地菜农使用，并引导原有的蔬菜、肉类等商贩到龙南市场或租店经营，进一步缓解隆中路交通堵塞问题。2016年，共纠正占道经营行为26714起。

露天烧烤和流动餐饮车综合整治　通过先期发布公告，采取严防死守，逐个击破和不定期突击清理等措施对露天烧烤和流动餐饮车进行综合整治，特别是加强夜间值勤人员的配备，及时查处夜间烧烤和餐饮车摊点占道行为。2016年，纠正流动餐饮摊点8791起，其中：查处烧烤和流动餐饮车摊点258起，扣押烧烤架31件，配套物品485件。

户外广告专项整治　2016年，开展城区两条主干道路牌广告专项整治11次，拆除店外小广告1036块、寄杆广告牌8977块、布条和横幅815条，清理墙体立式广告166块，清理“牛皮癣”广告62010余处。

渣土车专项整治　加强对施工工地的检查管理，及时了解运载动向，陶瓷园区安排2名队员24小时对园区内时常有偷倒渣土现象的地点进行彻夜巡查。2016年，协同县渣土办等相关部门开展81次的专项整治活动，完成渣土车运输路线审批并划定运输路线205辆次，深入工地现场开展执法检查40多场次，现场督促清洗路面189起，检查路面运载车辆157部，立案查处“滴洒漏”污染路面、乱倾倒建筑垃圾案件17起、罚款9800元。

便民摊位资金投入　在宝美工业区、陶瓷产业园区及各社区合理区域分类增设便民摊点、临时市场，引导便民摊点加强行业自律，推选便民摊点业主代表，负责协助社区实施规范管理。同时，加强对已投入使用的便民摊位进行管理，修

11 月 2 日，县行政执法局召开数字城管二期建设方案专家评审会
（图 / 县行政执法局）

复破损的便民摊位。2016 年投入 27.30 万元，新建 8 处 330 个摊位，修复旧摊架 122 摊。

【违法建筑清理】 *日常巡查监控及源头整治* 完善“两卡”（“两违”跟踪管理卡和巡查路线登记卡）制度，建立“两违”（违法用地和违法建设）跟踪管理卡和巡查路线登记卡，建立健全巡查登记、检查监督、定期回访机制，实施严密监控。2016 年，共集中整治零星违建、小区违建 11 批次，查处违建企业 8 家，冻结产权证 5 批 118 本，停水停电 13 批 205 户。通过集中整治，业主整改率达 98.60%，自拆比例超 95%。对抢建户自有的工厂、作坊等，组织国土、环保、住建、市场监管等部门联合督促抢建户自行拆除。2016 年，全县共拆违建 327 宗，建筑面积 13.49 万平方米，腾出土地面积 10.18 万平方米，拆后土地利用面积 7.95 万平方米，总利用率达 78.13%。

“无违建”综合治理 2016 年，德化县被泉州市政府推荐为省“无违建”示范县，全县 18 个乡镇 210 个行政村（社区）被确定为 2016 年省级“无违建”创建活动示范点，县“两违”综合治理专项行动领导小组办公室制定《德化县“无违建”创建活动示范点“两违”认定及分类处理工作程序》，并对 18 个示范乡镇进行初步考核，均符合达标条件。

查处厂房改建 2016 年加强对陶瓷产业园区厂房的巡查和监管，及时制止改建、扩建行为，共查处职工公寓违建 85 起，建筑面积 17.62 万立方米；办结超规罚款 1761.23 万元。

宣传“两违”治理 2016 年，县“治违办”在各类媒体宣传报道量突破 100 期，其中：编发“两违”综合治理工作简讯 22 期，《手机报》58 期，在《泉州晚报》《东南早报》发布专题报道两期，公示“四重点、六先拆”典型案例 48 宗，在县电视台、广播电台刊播“两违”专题报道 11 期，网络报道 39 批次。

（撰稿人：邓秀清 审稿人：潘腾腾）

生态建设

【生态文明创建】 2016年，成立了以县委书记为组长的生态文明创建工作领导小组，推进国家生态文明试点县建设，2016年来，对县生态文明试点示范县创建工作进行了阶段性总结，制定《德化县“十三五”生态文明专项规划》，对工作的不足进行分析，指出了德化县在水土流失、工业污染、监管能力、社会意识等方面存在的问题和不足，并针对性的规划62个重点项目。目前，国家生态文明试点示范县38个考核指标中，德化县已达标的已有22个。

【水环境综合治理】 *重点流域整治* 2016年投入7583万元，实施整治项目37个：整治分散式饮用水源地4处，建设防护栏3300米，清淤1100立方米。改水改厕安装一体式化粪池1281座，建设微动力污水处理站7座，铺设污水管网（含支管网）50千米，新增污水处理能力2100吨／日；新建压缩式垃圾中转站13座，垃圾屋208座，建设容量10万吨的工业垃圾填埋场1座；拆除涌溪、涌口水库网箱220个；河道清淤疏浚综合整治21.20千米，建设生态护岸17.70千米，设置环保公益宣传牌2块。

贯彻落实“河长制” 及时调整德化县“河长制”工作实施领导小组成员，更新全县47块“河长制”宣传牌，开展全县9条主要溪流水质摸底监测，组织完成18个乡镇的26个点位的采样监测。同时加大监督检查，落实“月巡查、季督查”工作机制，定期不定期开展河长制专项督查，召开河长制专题反馈会议2次，制作河长制专题短片2部，曝光问题41处，通过“微信群”落实整改涉水问题21起。

山美水库流域治理 2016年在浔中镇、国宝乡、赤水镇、龙门滩镇、盖德镇开展农村面源污染综合治理工作，投入1284万元建设100吨／日微动力污水处理站5座，50吨／日微动力污水处理站1座，改水改厕安装一体式化粪池209座，新铺设污水管网15.50千米，续建污水收集管网11.50千米，新增污水处理能力750吨／日。建设压缩式中转站4座，购置垃圾箱150个、建设垃圾屋30座，添置垃圾（桶）箱1560个，保洁手推车20辆。

第三批小流域“赛水质”活动 2016年重点对均溪（德化段）、大张溪（大铭乡镇区段）、浐溪（相垵大坝－龙津桥段）等三段参赛河道进行水环境综合整治。累计安装一体式户用生活污水处理设施180座，建设压缩式垃圾中转站1座、垃圾屋75座，拆除沿溪猪舍、鸡舍5座，河道垃圾清理、清淤2.50千米，建设生态护岸1.50千米，设置环保公益宣传牌2块。

环保资金争取 争取各级补助资金2322.69万元。做好市级专项资金申请，组织各单位开展市级环境保护专项资金项目申报工作，上报环境空气自动站建设等13个项目以争取专项环保资金，推动项目进展，缓解各单位资金压力；争取上下游补偿资金。2016年，开展37个流域整治项目建设，其中闽江流域项目12个，晋江流域项目25个。已争取下达省级重点流域生态补偿资金2157.69万元。

【环保110社会服务联动】 2016年，接到环保投诉105起，按时调查处理率100%，2016年度环保110投诉案件比上年下降15%，其中烟气污染投诉减少约四成，废水污染投诉减少约三成，噪声污染投诉增加约二分之一，新增固废污染投诉8起。

（县环保局 供稿）

表 5　　2016 年度德化县环保 110 投诉案件与去年同期比较

年份	案件数（起）	案件类别				
		烟气（起）	噪声（起）	废水（起）	固废物（起）	其他污染（起）
2016 年	105	42	31	24	8	0
2015 年	124	71	20	33	0	0

环境质量

【概况】 2016 年，德化县城区环境空气质量优良率 96.40%，在市 11 个县（市、区）环境空气质量综合指数排名第一；全年降雨采样量为 2164 毫米，pH 平均值为 6.08，较 2015 年上升了 0.24 个 pH 单位；区域地表水水质达标率 100%；城关饮用水源地水质达标率 100%；县城区域声环境质量和道路交通噪声均达到相应的国家标准；县内重点污染源监督监测达标率为 100%。

【环境空气】 环境空气质量状况　按照《环境空气质量标准》（GB3095-2012）评价，德化城区环境空气质量持续保持优良水平，可吸入颗粒物（PM10）、二氧化硫（SO_2）和二氧化氮（NO_2）年均浓度达一级标准，细颗粒物（PM2.5）年均浓度达二级标准，一氧化碳（CO）日均值的第 95 百分位数和臭氧（O_3）日最大 8 小时平均值的第 90 百分位数均达到年评价指标要求（见表 1）；空气质量指数（AQI）年均值为 43，空气质量优良以上天数为 353 天（其中 199 天优），占实际监测天数的比例为 96.40%，污染天数为 13 天，超标天数比例为 3.60%，主要污染物为 O_3(8h)。

表 6　　2016 年度德化城区空气质量指标

年份	月份	综合指数	SO_2 mg/m³	NO_2 mg/m³	PM10 mg/m³	PM2.5 mg/m³	CO（95 百分位）mg/m³	O_3(8h)（90 百分位）mg/m³	达标率 %
2016 年度	1	2.90	0.007	0.021	0.038	0.023	1.80	0.097	100
	2	3.11	0.007	0.013	0.045	0.029	1.70	0.124	96.60
	3	4.03	0.011	0.026	0.054	0.033	2.00	0.158	93.50
	4	3.25	0.007	0.015	0.042	0.026	1.40	0.170	86.70
	5	2.69	0.007	0.010	0.037	0.022	1.20	0.137	96.80
	6	2.45	0.006	0.011	0.032	0.019	1.00	0.131	100
	7	2.54	0.005	0.009	0.034	0.019	1.00	0.154	90
	8	2.30	0.006	0.009	0.030	0.016	1.00	0.135	96.80
	9	2.37	0.006	0.009	0.029	0.017	1.20	0.136	96.70
	10	1.98	0.006	0.010	0.024	0.013	1.00	0.107	100
	11	2.66	0.008	0.017	0.037	0.020	1.30	0.110	100
	12	2.99	0.009	0.024	0.044	0.023	1.20	0.104	100
	年均值	2.83	0.007	0.015	0.037	0.021	1.40	0.136	96.40

说明：由于数据需要，SO_2、NO_2、PM10、PM2.5、O_3（8h）（90 百分位）保留小数点后三位

酸雨　2016 年度降雨采样总量为 2164 毫米，其中 9 月份降雨量最多为 584 毫米，全年酸雨采样监测 72 频次，有 1 次 pH 值小于 5.60，最低值为 5.48，出现在 3 月 9 日，酸雨频率为 1.40%，全年 pH 平均值为 6.08，较 2015 年上升了 0.24 个 pH 单位。

【水环境质量】 德化区域晋江水系水质　2016 年德化区域晋江水系水质状况良好，各监测断面的主要水质指标均达到功能区（III类）水质要求，达标率为 100%，与 2015 年持平（见表 7）。

表 7　　2016 年度德化区域晋江水系水质监测评价结果

断面名称	评价标准	水质类别						达标率 %	所属流域
		1 月	3 月	5 月	7 月	9 月	11 月		
初溪	III	II	I	I	I	II	I	100	晋江流域
奎斗桥	III	III	III	III	III	III	III	100	晋江流域
冷水坑	III	II	I	I	II	II	II	100	晋江流域

德化区域闽江水系水质　2016 年德化区域闽江水系水质状况优，监测断（横龙桥）的主要水质指标均优于功能区（III类）水质要求，达标率为 100%，与 2015 年持平（见表 8）。

表 8　　2016 年度德化区域闽江水质水质监测评价结果

断面名称	评价标准	水质类别											达标率 %	所属流域
		1 月	3 月	4 月	5 月	6 月	7 月	8 月	9 月	10 月	11 月	12 月		
横龙桥	II	II	II	II	II	II	II	II	II	II	II	II	100	闽江流域

集中式饮用水水源地水质　德化城市集中式生活饮用水水源地 1 个，III类水质达标率为 100%，与 2015 年持平，其中，II类水质比例为 33.3%，III类水质比例为 66.7%（见表 9）。

表 9　　2016 年度德化城市集中式生活饮用水源地水质监测评价结果

断面名称	评价标准	水质类别												达标率%	超标因子
		1 月	2 月	3 月	4 月	5 月	6 月	7 月	8 月	9 月	10 月	11 月	12 月		
德饮	III	III	III	II	III	III	III	III	III	III	II	II	II	100	

（县环保局 供稿）

环境管理

【污染减排】　2016 年，做好结构减排、工程减排、管理减排等各项减排工作，截至 5 月份，已完成“十二五”减排项目排污权的储备工作，共收储 COD1111.47 吨、氨氮 99.79 吨、SO2710.11 吨、氮氧化物 61.74 吨。督促海峡水泥严格执行“三同时”制度，加强对鑫阳公司脱硫设施运行情况监管，督促企业加强对在线监测监控设备的维护保养，进一步补充、完善生产运行档案台账。完成燃煤锅炉环保达标情况监测，督促企业主动淘汰在用燃煤锅炉。落实黄标车淘汰政策，进一步扩大黄标车限行区，定期开展路面执法，推进黄标车淘汰。截至 10 月 31 日，已淘汰有效黄标 344 辆，完成淘汰任务的 78.20%。

【环境评价】　严把项目环保审批关，严控污染物排放总量，积极推进环评登记表备案制度，简化企业办件流程。2016 年，共完成各类新、扩、改建项目环境影响报告审批审查 119 件、竣工环保验收（审查）75 项、核发排污许可证 120 本。对权力清单中 11 个事项开展审批服务申报材料“瘦身”，精简申报材料 51 项，修改申报材料 3 项。2016 年，德化县率先在全市完成未批先建环保违规项目的清理工作，已批未验违规建设项目也已完成竣工环保验收。

【环境监测】　2016 年，完成对横龙桥断面水体水质联合监测 10 期；奎斗桥断面水体监测 5 期；冷水坑桥断面水体监测分析 5 期；区域地表水断面监测 5 期；监测项目 24 项。完成城区集中式饮用水源地水质监测10期，乡镇级集中式饮用水源地水质监测3期，水质达标率均为100%。按日公布AQI数值，完成城区空气环境月报9期。完成重点污染源监测9家（次），重点污染源比对监测9家（次），建设项目环保设施竣工验收监测58家（次），监督执法监测和委托监测60家(次)。

（县环保局 供稿）

8月12日，县环保局组织人员到九仙山气象站开展环境分析交流活动

（图/县环保局）

环境监管

【环保检查】 2016年，加强环保设施运行检查，先后出动执法人员750多人次，检查企业环保设施运行情况285家，发出环境违法改正、限期改正通知书及责令改正违法行为决定书66份。处理完成举报、投诉案件78起，及时办理并反馈各级督办件、转办件和信访投诉件13件。共立案处罚环境违法企业12家，处罚款42.50万元，办理查封案件7起，移送公安部门处以行政拘留的违法案件2起。对存在严重环境违法行为的企业责令停止生产7家。

【环保监管网格化】 环保网格化与“河长制”紧密结合，形成“五同三化”（同领导、同责任、同落实、同考核、同奖惩、全域化、信息化、常态化）模式，并作为经验在全省进行推广，建立起个人“手机APP掌上监管”-社区、乡镇 “视频监控平台”和“数据信息库”-县直职能部门“在线监控信息中心”-全县“指挥中心信息平台”线上四维立体网格化监管，实时在线监控全域状况，实现快速处置和及时反馈机制。

【专项行动开展】 以浐溪清水工程、“清水蓝天”等各类专项行动为载体，深入打击各类环境违法行为，精准整治各类环境污染问题。2016年，餐饮业油污治理专项行动共出动执法人员70多人次、监察车辆30多辆次，发出环境监察现场记录单20份、限期整改决定书13份，当场处罚决定书1份；“浐溪清水工程”专项整治行动对违法排放废水和乱倾倒工业垃圾的企业进行查处、曝光，共出动执法人员320多人次，发出《责令改正违法行为决定书》21份，立案处罚3起，简易处罚8起，曝光企业5家；“清水蓝天”专项行动重点对辖区内50家企业（加工点）进行现场检查，共发现问题企业5家，办理查封案件3件，移送公安部门处以行政拘留的违法案件2件，处以行政处罚的案件1件。

（县环保局 供稿）

5月2日，县环保局开展关爱环卫工人志愿活动 （图/县环保局）

建筑业管理

【概况】 2016 年，建筑业全年实现产值 11.67 亿元，纳税 4967.81 万元；全县房地产开发累计完成投资 14.67 亿元，纳税 2.89 亿元。

【质量安全监管】 质量安全现场管理　2016 年，检查工程项目 124 个次，发出责令整改通知单 120 份，整改质量安全隐患 598 条；发出《违规事实确认与违规计分告知单》120 份，对 39 个项目经理共记 891.11 分，对 35 个总监共记 647.4 分，对 25 家监理单位共记 217.16 分，对 39 家施工单位共记 504.8 分；配合县政府实施远程信息监控管理，督促未按规定到位履职的项目机构人员执行扣罚违约金 703 人次，涉及金额 125.15 万元；新建、在建工程积极推广使用施工新工艺、新技术，提高工程质量安全水平。

特种设备监管　检查 318 台（次）施工升降机、248 台（次）塔吊，其中 8 台施工升降机、4 台塔吊被责令暂停使用，切实消除安全隐患，杜绝群死群伤事故。

高大模板工程、深基坑、高边坡监管　对 14 个涉及高大模板工程的项目，21 个次深基坑、高边坡进行检查，发出责令改正通知 8 份。

排查消防安全隐患和防汛备汛工作　开展建筑施工夏季消防安全检查，加强消防安全基础建设；组织开展防汛安全大检查，做好防台防汛工作。

【建筑市场管理】 建筑材料监管　开展建筑工程钢筋、水泥、建筑用砂等建筑材料专项整治，抽测钢筋原材及焊、连接件 135 组，抽测水泥 21 组、建筑用砂 29 组。

建筑起重机械专项检查　3 次聘请市特种设备专业检测人员参与检查，共检查 318 台（次）施工升降机、248 台（次）塔吊，其中 8 台施工升降机、4 台塔吊被责令暂停使用。

建筑渣土运输管理　与各在建工程责任主体签订了 52 份《2016 年度德化县建筑施工现场渣土车安全管理暨清水工程责任状》；组织开展 16 次联合执法行动，查处渣土车违法违规行为 6 起。开展建筑施工现场扬尘治理。

工程招投标　全面实行全程式网上招投标及网上远程评标，评标专家从省专家库中随机抽取，提高建设工程交易活动操作的透明度，确保了所有项目招标过程的公正合法。2016 年，进行招标备案的建设工程项目 46 个，标底总价（最高控制价）4.75 亿元，中标总价 4.28 亿元，应招标工程招标率达 100%。

执行法定建设程序　2016 年，办理建筑工程施工许可证 31 份，受理工程竣工验收备案 18 宗。

建筑节能　全县所有新建受监项目全面执行了居住建筑或公共建筑节能设计标准，执行率达 100%，有 11 个项目按绿色建筑标准设计并通过施工图审查，建筑面积 39.1 万平方米，动工在建项目 8 个，建筑面积 21.81 万平方米。

维护民工合法权益　严格落实国家、省、市关于解决企业工资拖欠问题的有关规定，建立工资保证金制度，对有欠薪记录和县外建筑施工企业或重点监控的建筑施工企业，实行工资保证金制度，对不按规定预存工资保证金，不予发放施工许可证。组织开展创建“无欠薪项目部”活动，结合日常建筑工程质量、施工安全检查和季度综合检查，对可能存在农民工工资支付问题的项目加大监督力度，利用省建设工程质量安全动态管理系统，强化对项目责任人“网上动态管理”，规范项目责任人行为。

凤凰国际小区夜景一角　　（图／林润源）

【创建安全文明工地】　推行安全文明标准化施工，开展安全文明施工标准化整治，提升建筑工地安全文明施工标准化水平。2016年，创建市安全文明施工示范工地有5个，创建省安全文明施工标准化示范工地有3个，申报评审《刺桐杯》市优质工程3个。无发生等级以上质量安全事故。

【勘察设计】　2016年，建设单位通过设计招标引进福建省建筑轻纺设计院、福建省三明地质工程勘察院、泉州泉成勘察有限公司、福建省闽东工程勘察院、福建东辰综合勘察院、福建省现代工程勘察院、福建岩土工程勘察研究院、福建省泉州市水电工程勘察院、福建泷澄集团设计院有限公司、嘉博（福建）联合设计有限公司、北京市工业设计研究院、北京东方华太建筑设计工程有限责任公司、福建晨光建筑设计院、北京中外建建筑设计有限公司、林产工业规划设计院、福建省建专岩土工程有限公司、福州交科工程勘察设计有限公司、中国城市建设研究院有限公司、福建省东南建筑设计院、泉州市城市规划设计研究院、深圳市东大国际工程设计有限公司、厦门市住宅设计院有限公司、海口市城市规划设计研究院、福建省千亿建筑设计有限公司、安徽艺源建筑艺术设计有限责任公司、中国市政工程西南设计研究总院有限公司、厦门中福元建筑设计研究院、福建省华地建筑设计有限公司等28支外来建筑设计队伍参与设计竞标。

（县住建局 供稿）

房地产业管理

【市场管理】　推进房地产供给侧结构性改革，加强宏观调控和指导，开发不同类型的高、中、低档次住房。依托房地产业协会，推动行业诚信守法，公平竞争，依法经营。优山美地、美伦·山景叠苑、城市花园、华骏东方城、城东翁苑、红星美凯龙等房地产开发项目加快建设；鹏祥花园、影城华园、冠益·凤凰国际、百德·畔山云海、城东保障性住房等房地产开发项目陆续竣工交付使用。全年全县房地产开发投资14.67亿元，比上年下降31.57%；办理商品房预售许可23起，建筑面积24.13万平方米；商品房销售40.01万平方米，比上年增长56.53%，销售金额23.62亿，比上年增长57.05%。其中，住宅销售3824套，比上年增长52.9%，销售面积39.1万平方米，比上年增长60.77%，销售金额22.67亿，比上年增长66.81%。做好房地产开发企业信用评价工作，对城东保障性住房、鹏祥花园和优山美地等17个商品房销售楼盘进行巡查，及时了解住房销售情况，加强跟踪指导，确保房地产市场有序运行。办理9家房地产开发企业资质年检初审，18家房地产开发企业暂定资质申报；办理物业服务企业暂定三级资质申报2家；对全县房地产中介市场开展专项治理，组织人员进行现场检查，要求各中介公司将经纪服务项目、服务内容和收费标准在显著位置进行公示，执业人员应持证上岗，对未备案的要求尽快办理备案手续，重点查处群众投诉举报、哄抬房价、炒卖房号和怂恿客户签订“阴阳合同”等中介机构，不断规范房地产经纪经营行为。

【住房保障】　2016年，新申请获批住房保障家庭12户（其中廉租房8户、人才房4户），腾退不再符合享受住房保障条件家庭17户（其中人才房9户、廉租房8户）；停止发放63户不符合领取廉租住房补贴家庭。积极向上争取资金，2016年，争取中央城镇保障性安居工程专项补助资金1306.57万元、省级保障性安居工程专项补助资金85.98万元、省保障性安居工程工作补助经费9万元，共计1401.55万元。加大保障性安居工程住房建设步伐，截至12月底，炭湖坂危旧房改造工程221套、墨苑聚兴安置房100套、凤凰新城（西陶片区三期安置房）308套全部竣工；城东新区进城务工人员安居工程170套建筑工程已完工，进入室外景观绿化、公共配套设施施工阶段；宝美项目区（二期）进城务工人员安居工程246套进入基础施工阶段；庠柄小区B8地块1#～4#楼289套进行建筑装修工程施工；B4地块979套进行基础施工；王厝山棚户区改造安置房工程项目665套、乐陶安置房（陶源新居）项目795套进行基础施工。完成申购第三批进城务工人员安居工程家庭选房顺序号确认工作。73户申请家庭通过村（居）委会、乡镇、住建、民政、公安、交警、工商、税务、人社、卫生、计生等部门联席审核，其中有54户家庭条件符合、19户家庭不符合。54户符合申购条件的申请户中，有2户放弃抽号，最终确定52户申购对象选房顺序号。

【物业管理】 建立“县、镇、社区（村）”三级小区物业管理协调体系，加大物业管理宣传力度，重点做好已竣工小区的物业管理工作，协助指导嘉德新苑、嘉盛花苑、宝龙花园、国际公馆等小区成立业主委员会，选聘有资质的物业公司开展有序的小区物业管理工作。办理3宗前期物业管理招投标工作，办理7宗物业承接备案。

【房屋征收】 组织房屋征收管理工作人员和各重点工程项目办房屋征收人员参加培训学习，每月及时上报全县房屋征收情况，同时配合西门至陶瓷学院片区、浔阳路拓宽改造和瓷都大道大洋段两侧等片区改造项目拆迁工作。

【房屋安全管理】 做好房屋灾害援救预警的工作，处理好突发事件，确保社会安定稳定，对受损的公房及时进行检查修缮，确保了住户的人身和财产安全。制订《德化县县城中心城区老旧危房土地和房屋征收补偿安置实施方案》，切实解决老旧危房户安居问题，消除安全隐患，从根本上改善危房户的居住条件，提高人民群众的生活质量。

（县住建局 供稿）

12月2日，代县长刘德旺（右一）带队到阳光小学、幼儿园及周边道路工程进行安全生产检查（图/吴有森）

国内贸易

【概况】 2016年，全县实现社会消费品零售额67.13亿元，比上年增长10.80%。开展“比落地、比促销、比服务、看实效”活动，新型商贸流通业新华都、永辉、好多多、汇都等超市和156家农资农家店先后落成开业，建设或改造南门、龙南、城后供销社、水口、三班、国宝、春美等7个城乡农贸市场，农村市场体系建设成效显现；推动企业限下转为限上，增强内贸企业入统积极性，抓好行业样本监测、企业统计服务跟踪指导，提高三产统计数据报送的及时性和准确度，全县现有限上批零住餐企业56家，其中批发零售企业19家、住宿餐饮企业22家、电子商务企业15家；冠福、富贵红、佳美等规模以上陶瓷企业在国内较大城市组建的专卖店数量不断增多，陶瓷市场较快发展；利用元旦、春节等节假日消费需求较大的时间节点，引导大中型商场、超市开展各类促销活动。

【“菜篮子”工程建设】 加大农业龙头企业培育力度，重点优化提升15个省、市级无公害副食品基地和完成2520头县级生猪活体储备任务。组织筛选推荐德化县夏里巴人黑鸡养殖农民专业合作社等6个基地申报市级“菜篮子”工程建设项目，推荐泉州市德化县吉胜农民合作社等3个基地申报省级城市副食品调控基地改造建设项目，累计向上争取“菜篮子”扶持补助资金81万元。

【商务行政执法】 强化对商场、超市、成品油、酒类、单用途商业预付卡、再生资源回收等商务领域的监督管理，全面落实单用途商业预付卡管理，依法严厉打击商贸领域各种违法经营活动，规范和维护市场经济秩序。全年开展执法检查32次，出动执法人员75人次，检查市场经营单位96家次，依法取缔非法柴油经营点3个。

（撰稿人：陈月萍 审稿人：潘鹭生）

对外贸易

【市场开拓】 2016年，外贸出口总额23742万美元，比上年增长3.98%；实际利用外资1001万美元，比上年增长28.50%。积极引导内贸企业申请外贸自营进出口经营权备案登记，新增备案登记进出口经营权企业已达92家，总数428家。2016年，组织442家企业716个展位参加德国法兰克福展、拉斯维加斯消费品展、波兰礼品及家居用品展、波兰农产品展览会和中国香港展、台北展、春季广交会等境内外知名展会。为进一步加强“世界陶瓷之都”品牌宣传和推广，连续在第119届、第120届广交会二期展馆A区北平台上设立德化专区（面积200平方米），以“世界陶瓷之都—中国德化”为主题集中宣传展示德化陶瓷产业优势和世界瓷都风貌，参观人数超万人。

【企业出口奖励和补助金兑现】 兑现68家企业出口增量奖励95.76万元，兑现8家企业出口信用保险保费补助18.42万元，兑现97家企业出口信用保险统保保费补助58.5万元，兑现110家企业县级出国（境）展销展位费补贴260.97万元。向上级争取扶持企业资金851.51万元。6月1日，邀请省厅专家开展“企业如何应对国际贸易摩擦”专题讲座；9月24日，引导企业做好土耳其反倾销调查对接工作；10月11日，邀请中国轻工工艺品进出口商会及环球律师事务所开展反倾销调查座谈会。

（撰稿人：陈月萍 审稿人：潘鹭生）

第119届广交会德化专区　　（图/县商务局）

招商工作

【概况】　2016年，新引进项目19个，协议总投资8.91亿元，实际到资20.14亿元；在谈项目33个，协议总投资53.16亿元。其中，成功村镇银行，总投资8000万元，已开业运营；福建省玉瓷发展股份有限公司，由福建省618海丝基金、香港嘉源矿业集团公司联合德化县第五瓷厂创办，已到位资金1000多万元，着力自生釉专利技术推广和产业发展；海丝文化广场项目，已投入资金5000多万元，完成项目初步规划方案；卓达绿色装配式建材生产加工、协发光洋雅乐轩高端酒店等在谈项目均洽谈进展顺利。

【招商引资】　宣传交流　县主要领导带队到北京参加中法文化论坛活动，宣传德化陶瓷文化历史，增加德化知名度；到浙江丽水考察学习全域旅游先进经验，助力德化旅游事业发展；到江苏苏州、河北对接考察银科环企、卓达集团，为发展智慧旅游、新型绿色建材项目奠定合作基础；组织招商小分队到福州、晋江、厦门拜访在谈意向企业，宣传德化投资环境，增进合作互信；邀请碧桂园集团、大洲集团、卓达集团、银科环企、英蓝集团、普天集团、福建海峡疗养基金会、台湾富有村集团、中国文化传媒集团、厦门万佳东方公司等意向企业到德化参观考察，增加企业投资信心。

引导乡贤回归创业　乡贤刘国泰带领苏州银科环企公司拟到德化县发展智慧旅游项目；乡贤林文昌带无锡灵山文化发展公司到德化对接“世界陶瓷小镇”项目；上海万润集团郑宝芳女士拟回乡建设酒店陶瓷用品生产基地；福州商会林明春拟回乡投资软瓷建筑材料生产基地等；美湖乡贤引导台湾富有村到美湖镇发展有机茶种植。

推介旅游项目　各乡镇发展乡村特色旅游，如赤水卧龙潭旅游避暑山庄、劲德农场等；江苏无锡灵山文化旅游公司拟到盖德建设“世界陶瓷小镇”项目，重点开发陶瓷工业文化旅游，项目策划方案初稿已完成。

园区招商　上海红星美凯龙、厦门生活构思陶瓷公司、国宝香业等招商项目通过招拍挂分别在城东三区、宝美工业区竞得4块宗地，其中红星美凯龙一期5.33多公顷用地已摘牌，缴纳土地款9400多万，第一期商品房预售已完成；拓牌陶瓷、缘宏城市雕塑、山东鲁花仓储项目和上海万润酒店陶瓷用品生产项目申请用地正在办理；倍思达生物饲料项目、祥山大果油茶加工项目、隆丰粮油项目等建设进展顺利；美图（福建）铝业有限公司项目投入资金2.5亿元，研发技术中心正式使用，挤压生产、深加工生产已投产，熔铸车间、氧化车间土建部分完成，设备正在安装。

（县招商办 供稿）

电子商务

【概况】　2016年，全县电子商务交易额70.80亿元，比上年增长18%；网络零售额19.60亿元，增长22.5%；限额以上电商零售额3.94亿元，增长82.10%。全县淘宝镇3个，淘宝村11个，分别居全市首位和全市第二位。在阿里研究院发布的《2015年中国县域电子商务报告》和“2015年中国电子商务百佳县”榜单中，德化县在百佳县中位居全国第9位、全省第2位；2015年中国大众电商创业最活跃的50个县中位列第9位，同时入榜中国大众网购消费最活跃50个县、快递服务五十佳县；入围2016年中国跨境电商创业25佳县（市）榜单。

【政策环境优化】 制订出台《德化县2016年"互联网+"工作计划》和《德化县扶持电子商务发展的若干措施》，优化和完善电子商务发展政策环境；引导县金融机构创新金融产品，探索县域电子商务金融服务模式，56家电商企业通过"电商互助贷"解决1880万元资金难题；整合县工商、质监、司法、人事、知识产权等政府资源，开通与电子商务相关的一站式政务服务平台（德化县电子商务公共平台、泉州市陶瓷产业集群窗口服务平台、德化县电商投诉服务平台），设立检察工作室和知识产权保护中心联络室。制定2016年电子商务培训计划。发挥中国国际电子商务中心培训学院泉州分院、电商协会等机构作用，2016年开展电商创业特训营等各类培训12场（次）、培训1500多人次。

6月8日，德化县首届传统企业与电商企业"手拉手"活动举办（图/县商务局）

【电商园配套服务提升】 加强园区建设，继续巩固和推进城东电商园、三班蔡径电商孵化园、建窑青年电商孵化园，进一步完善园区仓储、物流、培训等配套服务体系建设；建设完成泉州市网商虚拟产业园德化园区，已有35家电商企业入驻。提升物流配套能力，全县物流快递行业初具发展规模，物流企业70多家，从事物流运输的车辆450多部，从业人员近400人。快递企业17家，从事快递车辆100多部，从业人员近1000人等。引入"菜鸟"物流网络，打通农村电商"最后一公里"问题。与顺丰速递合作，延伸乡镇配送网络。同时，注重搭建公共平台，整合工商、质监、司法、人事、知识产权等政府资源，开通与电子商务相关的一站式政务服务平台（德化县电子商务公共平台、泉州市陶瓷产业集群窗口服务平台、德化县电商投诉服务平台），并设立检察工作室和知识产权保护中心联络室。

【农村电商】 对接阿里巴巴农村淘宝项目，促进"工业品下乡"和"农产品上行"渠道双向流通，至12月份，全县村淘宝销售总额达到1030多万元，服务2.3万名村民，设立28个村级服务站实现全县18个乡镇全覆盖；培育"电商镇"、"电商村"、"淘宝村"等电商聚集区，全县有淘宝镇3个，淘宝村11个，分别居全市第一、二位；与阿里村淘合作，依托阿里村淘1.0版本，推动工业品上行，有3家企业加入，针对德化梨特色农产品，实施线上线下营销，首次在阿里缤纷水果节上线推介。

【跨境电子商务】 引入跨境电商第三方服务机构，通过动员企业抱团，在美国设立海外仓，全县拥有跨境电子商务的企业100多家，年销售额达5000多万元。截至12月底，德化企业通过阿里巴巴国际站做B2B出口客户数86家，一达通客户数新增38家。1—12月，一达通线上累计出货283万美金，线下出口约7000万元。积极搭建跨境交流沟通平台，邀请跨境电商大咖到德化经验分享，有8家企业加入市跨境电商协会。

【传统企业"触网"】 6月8日，组织8家传统企业和电商企业举行"手拉手"活动，建立传统企业与电商企业"手拉手"联席会议制度，建立常态化工作机制，推进撮合交易平台建设，促进传统企业拓市场，电商企业拓品类。

（撰稿人：陈月萍　审稿人：潘鹭生）

供销合作

【农资供应】 2016年，全县农资供应采取"统一进货、统一配送、统一定价、统一标志、统一服务承诺"方式，开展化肥冬储和春耕备耕工作，储备各种化肥8100多吨；配合开展农资产品质量监督检查，打击不符合国家和行业标准、有效含量不足、掺杂、掺假、以次充好、以假充真等行为；开展农资下乡活动，在国宝乡举办以“深化综合改革、提升服务能力”为主题的供销社送化肥、送科技、送信息下乡活动，向供销社领办的15家农民专业合作社、种植大户，120户低保户，30户“二女户”赠送有机肥、复合肥40吨，向农民群众分发《农技实用知识》等农资信息资料500册，并赠送新化肥新药样品等；庄稼医生现场坐诊，接受群众用肥用药咨询。

3月18日，省、市、县供销社联合在国宝乡开展送化肥、送科技、送信息下乡活动

（图／县供销社）

【专业合作社】 2016年，全县农民专业合作社45家，农民专业合作社联合社2家，2016年新领办农民专业合作社5家，拥有国家级示范合作社1家、省级示范合作社6家、市级示范合作社3家；拥有2个省著名商标，戴云花卉苗木农民合作社的“德化十八学士茶花”获国家农产品地理标志登记，祥源大果油茶专业合作社申报国家农民合作社示范社，已获省社推荐公示；组织九龙茶叶专业合作社、十八格黄花菜专业合作社、祥意茶油合作社等参加厦门、福州、上海等地展销会，提高产品知名度。

【电子商务】 6月，开通“德化供销电商”网站PC端、“智慧戴云”APP端，实现农产品信息发布、同城销售、同城服务、二手交易、庄稼医院、维修服务、农业生产资料等网上综合服务；在提供便民超市、农资代销等传统服务基础上，增加网上代买农耕用具、家电、服装、日用品等，网上代售农特产品等，网上电信缴费、快递收发、产品整合、信息发布等功能；改造12个乡镇服务网站，配置电脑设备，开通上网功能，培训网点人员，网点统一使用供销社电商标志，进行逐一编号，划定相应电子商务服务区域；主动对接德化梨专业合作社和种植大户，与阿里巴巴农村淘宝事业部、顺风快递等合作，通过线上线下推广宣传，在北京、上海、江苏、黑龙江、广州等地，打开德化梨销售渠道，平台销售德化梨4吨多；指导合作社加快品牌化建设，祥源大果油茶专业合作社的“茶油奶奶”品牌，线上在淘宝网、供销e家、1号店、京东等网站开设网店，线下参加第二届中国（厦门）国际婴童产业博览会、第十届中国（广州）国际食用油及橄榄油产业博览会、上海第十六届国际高端进口食品展览会等，受到中央电视台健康之路栏目组的专访；与共青团泉州市委签署农村青年电商创业见习基地合作协议，为农村青年电商创业者提供进驻见习、创业辅导机会。

【维修服务】 向省、市社上报《德化县供销社农村社区综合维修服务体系示范县建设实施方案》，全面升级改造各级网点，改造项目包括1个县级农村社区综合维修服务中心、16个乡镇服务站、14个村级综合维修服务点，配备高、中、低级专业维修技术人员，维修服务涉及汽车、农用车、小农机具、家用电器、炉具等。全年接受群众咨询2000多人次，提供零配件20万元，维修各种电器、农用车农机具等2500多台套。

【农业服务中心】 8月份登记成立供销社农业服务中心，工作人员进驻县农村产权交易中心办公大厅，服务三农发展；组织指导绿康生态油茶专业合作社申报总社2017年德化县1万吨农产品仓库物流新建项目，已完成相关材料填报，通过省社组织的专家组评审，报送全国总社立项。

（撰稿人：赵伟斌　审稿人：王丽红）

物资流通

【概况】 2016年，县物资公司实现销售收入7440万元，实现利润202.50万元；上缴税收313万元。被市国税局、地税局授予“纳税信用A级纳税人”，被县委授予“德化县先进基层党组织”等荣誉称号。

【市场拓展】 调整液化石油气供应策略，保证本县市场需求和稳定，同时辐射周边外县地区供应，2016年销售液化石油气16415吨，比上年增长32.40%，促进公司快速发展；用优质服务和灵活的运作手段扩大民爆物品销售量，实行阶梯价位策略，争取到更多的民爆物品供应，提高市场占有率。2016年销售炸药1196吨；销售雷管62万发；与物资供应厂家建立新型合作伙伴关系，建立专营代理营销和网上销售等营销模式，扩大销售量，提高市场占有率；做好物资配送，根据客户需求及时送货上门，服务到家，并做好售后跟踪服务。

【安全管理】 与各部门签订综治创安、消防安全责任状，落实安全责任；完善安全生产预案，开展预案演练，提高安全生产水平；加强日常管理和值班保卫工作，规范安全操作规程，定期对安全防护、生产设施进行检查、保养，做好巡查记录，保持设施完好；开展液化石油气、民爆物品安全生产隐患的排查整治专项工作，堵塞安全漏洞，加强安全知识培训，提高职工安全防患意识和技能。

（撰稿人：胡志明　审核人：许金昭）

6月24日，县物资公司开展消防演练　（图/县物资公司）

粮食贸易

【地方储备粮轮换】 2016年，按照储备粮“推陈出新、及时轮换”的管理要求，及时对县级储备粮进行轮换，全部完成5370吨稻谷的轮出任务，等量轮入县级储备粮5370吨，完成新增储备任务500吨，现全县粮食总库存为稻谷14645.30吨，其中县级储备粮10132.30吨，食用油100吨，鲤城区代储粮4513吨。

【储备粮订单签订】 核实全县种粮大户的耕种面积并造册登记，与290户种粮大户签订1800吨的订单合同，预计12月底完成粮食订单收购。

【“危仓老库”维修改造】 做好“粮安工程”规划，梳理全县粮食流通基础设施的存在问题，涉及5个粮食库点，维修改造仓房7栋，仓容0.23万吨；对中心粮库进行功能提升，配置空气呼吸器10台，他救呼吸器1台，电动充气泵1台，完成投资55万元。

（撰稿人：陈月萍　审稿人：潘鹭生）

烟草专卖

【概况】 2016年，查处案件80起，查获各类卷烟52.90件，案值26.77万元，罚没款1.28万元。辖区共有入网零售户1647户。企业获评“福建省‘安康杯’竞赛先进单位”、“福建省安全文化建设示范企业”称号；城关专卖所获“泉州市烟草系统先进专卖所”称号；《缩短客户有效服务的节拍》课题获福建省优秀质量管理小组；单位员工获“福建省烟草专卖局第四届综合性材料写作竞赛（工作汇报类）”一等奖、泉州市“优秀共年团干部”称号。

【专卖管理】 净化市场　专卖所每月更新客户分类管理信息库，对不同诚信度的客户采取针对性检查，稽查中队加大对重点户、重点区域，以及烟酒专营店等特殊场所的走访频率；所队结合，开展错时检查、突击检查，集中检查，打击涉烟违法经营活动；开展“两违”

治理，梳理辖区124户“两违户”名单，监控经营动态，2016年查处“两违户”案件26起，查获涉案卷烟23.39件，案值8.36余元，取消1户“两违”烟草零售资格；召开公安、综治、物流快递企业联席会，与物流快递企业逐一签定《拒绝承载非法烟草专卖品承诺书》。每季度对辖区76家物流快递企业进行上门走访、检查，2016年查获1起利用物流快递企业运输假冒注册商标且伪劣卷烟案件，查获涉案卷烟4件，案值11.50万元；联合高速交警、县交通执法大队，错时对重点交通干道和路口的设卡检查12次，查处非法运输真烟案件6起，查获涉案卷烟11.88件，案值14.33万元。

打假打私　推动县政府下发《德化县卷烟打假打私工作联席会议制度》，成立联合工作小组，下发至18个乡镇政府及6个县直有关单位，确保责任分解到位；强化市场专项整治，开展“百日行动”“清网打非”等市场专项整治行动，联合多部门执法，打击涉烟违法犯罪活动，联合市场监督管理局开展清理整治8次，查处2户无证经营卷烟案件，涉案卷烟46条，案值0.43万元；联合永春、大田县局召开边界联动打假工作座谈会，探讨信息共享和联合排查工作，每季度联合永春县局开展边界排查，严防制假窝点向两县渗透、转换；联合县森林公安、林业站，开展林区卷烟制假排查6次，向护林员及当地群众分发打假宣传材料80余张；开展涉烟案件举报奖励宣传，通过电视台字幕滚动、森林公园户外宣传牌、“3•15”法制宣传活动等多种形式，开展制假售假信息举报宣传。

行政审批窗口建设　设立行政审批窗口，推行网上办证工作。利用实地走访、所部LED显示屏字幕滚动等方式，宣传网上办理平台，全年通过网上办理平台受理办结零售许可证16本，对辖区特营场所逐一走访检查，符合办证条件给予办理零售许可证6本。

【营销网建】　*重点品牌培育*　推广“有图有真相”宴席推介法，制作宴席上桌SOP推广流程，加大宣传推广力度；采取“错时助销、整街助销”等方式，驻店助销向“瓷厂、社区、低星级客户”延伸，提高客户库存去化率；建立18个民俗活动节日清单，指导客户利用传统节日、民俗活动以及借助社会热点和焦点开展事件营销，组织优质客户“抱团”自主促销；制作40多个新品卷烟档案宣传单，为客户订购新品卷烟提供参考，指导突出陈列和主动推介，开展新品培育能手评选活动；

终端服务　制定每周客户拜访计划表，拜访计划围绕“获利体验”为中心，从客户订货情况，跟客户算好“经济账”，提高客户的粘性和提升客户经营引导有效性；开展终端5S活动，引导客户自觉做好终端形象；推行终端客户素质培训，客户总体培训面达86%；划分67个最小单元格，针对单元内共性问题，做好规范经营的宣传引导，发挥价格自律小组作用，监控卷烟零售价格情况；扩大营销活动和服务覆盖面，加大对中小、弱势客户和农村客户的扶持力度，打造9个标准店，提升客户的卷烟经营能力和盈利水平；组织营销技能鉴定集中学习和技能竞赛选拔，组织开展首席客户经理、内训师专项教育培训和授课活动，促进营销人员的市场分析能力和实战能力；加强绩效考核，发挥“工作看板”作用，引导营销队伍重视过程管理，提高工作效率。3名客户经理获评一线优秀营销人员、客服部发布的QC课题获省优称号、精益改善案例获全市第6名。

【管理规范】　*精益管理*　开设精益工具讲堂4次，梳理部门关键工作项目97项；拟定各岗位员工应掌握的工作技能项目，开展培训64人次，完成中层干部、基层部门负责人、基层员工培训；全年精益改善项目立项20项（其中市局层面2项），完成20项，提报合理化建议131条，人均提案数2条；启动“全员改善”活动，开展“每天10分钟”5S活动，不定期开展5S检查和“红牌作战”，巩固5S成效。

安全管理　落实“一岗双责”，组织签订安全责任书61份，将隐患考核纳入每月绩效考核，提高全员对安全达标工作的重视程度；开展重点安全隐患治理，全年排查隐患数48条；开展安全文化建设，在公共区域粘贴安全行为标示，收集并提炼特色安全文化理念10条；强化安全生产教育培训、安全宣誓和119安全宣传教育活动；做好电工等特种作业人员的证件管理，确保按时年检，持证上岗。

监督检查　全年开展各类监督检查14次，发现问题53项，下发整改建议书10份，提出整改建议36条；落实“一年两查”要求，开展年度“三重一大”决策制度执行情况专项检查，检查项目59项，发现问题4项，提出建议3条；开展现代终端建设经费使用及管理等3项专项效能监察，发现问题31条，提出整改建议17条，推动制度建设1项；开展风险防控措施执行情况检查12次，发现问题4项。

（县烟草专卖局 供稿）

金融监管

【概况】 2016年，全县银行业金融机构各项存款余额188.16亿元，比年初增加32.83亿元，增长21.14%；各项贷款余额167.98亿元，比年初增加31.51亿元，增长23.09%；存款、贷款同比增幅均位居全市首位，存贷比89.28%；不良贷款余额1.26亿元、占比0.75%，均持续保持全市县域最低水平。

【监管督导】 信贷增速 拓展新的信贷领域，服务实体经济，持续增加优质信贷客户，壮大信贷总量，确保实现“三个不低于”目标。至12月底，小微企业贷款户数高于2015年同期1434户，小微企业申贷获得率高于2015年同期1.05%。

转续贷工作 加强政银企合作互信，共同做好转贷、续贷工作。至2016年12月底辖区办理无还本续贷299笔、金额5.68亿元。

多元融资 督导辖区银行业机构协同县经贸局、县人行组织开展10场政银企融资洽谈会，现场融资意向签约6.83亿元；至12月底，全县各项贷款余额167.98亿元，比年初增加31.51亿元，全县各项存款、贷款分别比年初增长21.14%、23.09%，比上年分别超全市平均增幅18.45%、15.05%；存贷比86.87%，超全市平均数2.25个百分点。

【法人监管】 督导县信用社坚持支农定位，至12月底，该社资产总额89.14亿元、负债总额81.13亿元、所有者权益8.01亿元，分别比年初增长22.65%、 23.04%、18.83%，其中：各项存款、贷款余额77.89亿元、43.45亿元，分别占全县43.13%、25.86%的市场份额，不良贷款0.66亿元，不良率1.51%，比全市农信系统低0.73%，是全市农信系统八家行、社中不良低位运行的联社之一。该社各项监管指标完成良好，被省联社评为2015、2016年度“业务增长十佳社”。

【支农服务】 农村金融服务 督促推进“三大工程”和农村金融服务“村村通”建设，加大网点资源、信贷资源的倾斜力度，解决“融资难”问题；加大涉农信贷投放，重点加大对现代农业、新型农业生产经营主体、小城镇建设、农村电子商务等重点领域和薄弱环节的信贷支持，实现涉农信贷投放持续增长。至12月底，全县涉农贷款余额140.94亿元，比年初增加22.08亿元，增长18.58%。

金融精准扶贫 主动对接扶贫卡单，单列信贷资源，加大对建档立卡贫困户扶贫的小额信贷发放，提高扶贫小额信贷覆盖率，发挥扶贫小额信贷的扶贫作用。

普惠金融创新 单独设立普惠金融部门，推进产品与服务创新，继续推广农村“三权”抵押贷款抵押；推动农信社做好计生贴息贷款、生源地助学贷款、妇女创业贴息贷款、再就业小额贴息贷款等民生领域金融产品。

【“引银入德”工程及金改工作】 持续推进“引银入德”（引导银行机构入驻德化）工程，不断丰富德化银行业机构种类，民生银行德化支行、成功村镇银行如期开业；扶持、指导新设立的机构融入当地经济金融圈子，农发行、泉州银行、泉州农商行等德化支行在同行考评中均位居前列，被德化县委县政府评为“2015年度招商选资先进单位”。

引导银行业金融机构加大对德化统筹城乡发展和小城镇建设的金融投入，督导辖区银行业在扩大金融支持小城镇建设范围、增强涉农金融服务功能等方面先行先试。

7月26日，县2016年政银企对接会（农行专场）召开

（图/中国农业银行德化支行）

【风险管控】 不断完善不良贷款防控工作机制，提升信贷管理水平，至12月底，不良贷款余额1.26亿元，不良占比0.75%，分别比年初上升0.47亿元、0.17个百分点，但比全市（2.92%）低2.17个百分点，不良贷款总量和占比均处于全市县域最低水平，辖区没有出现大的企业主失联、跑路事件，连续18年保持零案件。

（泉州银监分局德化监管办事处供稿）

银行业

【中国人民银行德化县支行】 概况 截至2016年12月底，德化县金融机构本外币各项存款余额188.16亿元，比上年（下同）增长21.13%；各项贷款余额167.98亿元，增长23.09%，存贷款增幅均位居全市首位。

供给侧结构性改革 开展以“瓷金融”为主题的金融服务，牵头举办工行、农行、中行、建行等政银企对接会7场，推动县科技局设立“双创基金”助保资金池，由县信用社按20倍发放陶瓷小微企业创业贷款“瓷艺贷”，支持陶瓷工艺美术大师或入驻“新秀园(创业园)”的传统陶瓷艺术人才创新创业，至12月底，为42家陶瓷企业授信4045万元，实际放款32家、1996万元。

精准扶贫 推动设立扶贫小额信贷风险担保金1200万元，由信用社按10倍发放扶贫小额担保贷款。指导、推动县信用社与三班镇政府签订《精准扶贫结对共建合作协议》，建立“三个单列”机制（单列信贷计划、单列利率定价、单列贷款审批），首批给予能带动贫困户发展的四家新型农业经营主体授信200万元，至12月底，发放贷款2户65万元，并对17户贫困户发放贷款79万元。配合县政府与国开行、县农发行对接，做好县棚户区改造、城东新区整体城镇化建设、农村土地复垦、蒲坂水厂及配水管网工程等项目建设资金需求，至12月底，县农发行对德化相关基础设施项目贷款授信32亿元，已发放贷款15.5亿元。支行行领导分别结对帮扶三户省定贫困户，并为每户贫困户送上3000元的扶贫启动资金。

民生服务 加强对县信用社8000万元支农再贷款使用管理，发挥支农再贷款导向、帮扶作用；为就业困难人员、农村妇女、残疾人、高校毕业生等提供促进就业再就业的金融支持与服务，至12月底，发放计生贴息贷款110户321万元，生源地信用助学贷款1578户2258万元，再就业贷款68户539万元；做好“两权”抵押贷款试点，至12月底，有6户农民以林权、农村住房所有权、土地承包经营权等为抵押获得贷款131万元；引导金融机构加大对保障房建设资金支持，至12月底，发放保障房个人按揭贷款余额2.37亿元，中小套型普通商品房按揭贷款22.12亿元，其中农民购建房按揭贷款15.21亿元。

“宏观审慎评估体系”（MPA） 组织做好辖内法人机构2016年各季度广义信贷增量（包括贷款、证券及投资、回购等）季前规划、季中预评、季后评估工作。针对三季度县信用社资本和杠杆以及资产负债两个指标不达标，评为C级机构，约谈联社经营班子，要求认真领会宏观调控要求，合理规划信贷增量，确保MPA执行到位。

存款保险制度实施 成立存款保险投保机构评级工作小组，开展县信用社存款保险评级，做好投保机构风险评级和差别费率实施的相关工作。做好县信用社保费交纳基数测算核对及保费上缴工作，及时上报《投保机构被保险存款申报表》《投保机构情况统计表》《投保机构保费交纳基数统计表》等统计报表。

利率市场化改革 督促县信用社完善定价机制，增强自主定价能力和风险管理水平。按季做好县信用社利率定价评估工作。继续深化利率市场化改革，发挥市场利率定价自律机制的自律和协调作用，加强对辖区各金融机构利率定价的窗口指导，引导社会融资成本有效下降。

支付结算服务环境改善 联合县公安、电信等部门开展打击电信网络新型犯罪活动，建立电信网络新型犯罪银行账户快速止付冻结机制，截至12月底成功拦截止付诈骗14笔，挽回群众损失52.43万元。开展支付结算检查，对县农行开立单位银行结算账户未及时报备等行为给予警告并处罚款1万元。推动人民币单位银行结算账户互联网年检平台推广应用工作，全年网上年检2114户。做好“三证合一”（工商营业执照、组织机构代码证和税务登记证三证合为一证）登记制度改革有关支付结算管理工作，做好通过自助机具、电子渠道开立的个人结算账户核实工作。大力推广电子商票，截止12月底全辖电子化率达到84.95%，比去年提升18个百分点。规范“农村金融服务站”建设，促进改善农村支付服务环境。

人民币净化工程建设 县信用

社、县工行分别投放硬币自助兑换机一台，较好满足临近农贸市场、超市等人流集中区域硬币兑换需求。加强对残损人民币的回收管理，落实现钞全额清分制度和冠字号码可查询目标。开展县信用社、民生银行、中行、农行、工行人民币流通管理明查暗访，对县农行对外支付不宜流通人民币的行为给予警告并处罚款1000元。举办反假货币业务知识讲座，开展反假货币宣传下乡进社区等活动，全年收缴假币1009张、金额8.4万元。

国库服务管理 严守国库资金和国库系统运行安全两条底线，确保国库资金安全高效运行；全年共办理批量出口退税业务888笔、金额 5433万元，缩短了退税资金在途时间，有力支持出口企业发展；全年共办理集中支付4608笔、金额12.3亿元；开展对县建行、农行、中行经收处国库执法检查，促进经收处规范办理国库业务，提高国库核算质量；开展国库调研工作，到财政、税务部门沟通，做好“地方政府债券”“营改增”等问卷调查工作。

反洗钱监管 加强与公安、检察等部门的沟通协调和案情会商，构建反洗钱协调长效机制；举办反洗钱业务知识讲座，培训县信用社、成功村镇银行、人寿保险德化县支公司等反洗钱工作员120人次；推动法人金融机构开展洗钱风险评估工作；开展对太平洋财险德化支公司、建行德化支行反洗钱监管走访，并发出监管意见书；加强可疑交易线索筛选、分析，全年上报可疑交易线索2条，提高反洗钱工作成效。

金融统计、金融研究和信用体系建设 召开季度金融运行分析会3次，加强对经济金融运行分析研判和监测。全年上报《德化陶瓷产业升级存在的问题及建议》《发展跨境电子商务助推德化陶瓷产业转型升级对策探讨》等调研报告15篇，《金融时报》采用1篇、市中支（泉州市中心支行）采用9篇。做好个人信用报告查询服务工作，全年共办理个人信用报告查询2031人次。做好福建省征信业网上服务大厅的推广运用，全年办理发放机构信用代码1821份、变更1054份。继续做好农户信用体系建设试点工作，指导涉农金融机构做实银村共建，探索将农村信用体系建设与完善“三农”金融服务有机结合起来。

金融消费权益保护 组织银行业金融机构开展“3•15金融消费者权益日”“金融知识普及月”宣传。针对网络金融诈骗高发情况，制作《中国人民银行德化县支行金融消费警示》，并参加县消协组织的瓷都广场集中警示宣传。开展2015年度金融消费权益保护工作评估，评出“好”的单位两家、“较好”单位4家、“一般”单位2家。对民生银行德化支行开展金融消费权益保护工作回访，针对存在不足提出整改要求。受理金融消费者林某渊、陈某境投诉两起，及时调查核实并促使两起金融消费投诉得以圆满解决。

金融维稳 加强对不良贷款、企业资金链、房地产、互联网金融、民间融资、准金融机构等风险监测，做好监测数据研究分析。关注辖区经济金融运行中法人金融机构流动性风险、影子银行和业务风险等影响金融稳定风险因素，及时向政府、金融机构、企业、各职能部门发布金融信息提示，实现维护金融稳定关口前移；配合县经信局对3家准金融机构开展季度检查，配合政府部门参与打击非法集资、金融诈骗等非法金融活动，防范不良风险向金融体系传导和渗透；对县中行开展综合执法检查，促进银行业金融机构规范经营行为。做好新设金融机构央行管理与服务工作，加强开业辅导，促进成功村镇银行正式开业运营。加强对金融机构重大风险事项和重要信息报告的管理，确保重大事项和工作信息及时准确报送和妥善处置。

外汇管理 召开购汇规模较大银行主要负责人座谈会和专题通报会，做到银行大额、异常购付汇业务与外汇局点对点直接报备，按业务类型分条线进行专项窗口指导，结合跨境收支形势对银行开展全面政策指导，实现净收汇增加；做好外商投资企业的政策辅导，为德化协发光洋陶器有限公司办理借入外债650万新加坡元用于固定资产投资的签约登记，解决其固定资产投资建设资金不足问题。主动协调商务、银行等部门，为美图（福建）铝业有限公司办理增资5500万元人民币变更手续，支持企业发展。贯彻落实总局简化A类企业贸易外汇收入管理，加快企业收结汇速度，促进企业提高资金使用效率。

外汇改革 走访外汇企业58家，加强外汇管理政策法规宣传。配合市中心支局争取福建自贸试验区部分试点在泉州金改区落地实施。深化直接投资外汇管理改革，开展直接投资存量权益登记，存量权益登记率为100%。支持银行开展外汇产品创新，满足市场主体用汇需要。整合外汇账户种类，清理已停止或极少使用的账户，全年共注销名录48户。扩大县农村信用合作联社结售汇综合头寸下降，头寸下限调整为-0.5亿美元，支持地方法人金融机构开展外汇业务。

监测分析预警　对县农行、中行等4家银行开展国际收支申报统计和银行结售汇统计业务现场核查，促进依法合规经营。加强数据核查，重点对重要交易项目、容易漏报项目和易混淆指标及报表进行专项核查。加强经常项目监测管理，开展货物贸易与服务贸易外汇流出专项核查，其中：非现场核查295家企业，现场核查29家企业，引导企业提高出口收汇率，收汇率达到96%，同比增长2个百分点。推进辖区监测分析和事后核查常态化，探索以银行差别化动态分类管理为核心的事中事后监管措施，全年开展资本项目事后核查13次，共核查资本金结汇、外债结汇78笔、金额675万美元。

（撰稿人：蔡佳圳　审稿人：张志东）

【中国工商银行德化支行】　概况　截至2016年12月底，支行各项存款余额144343万元，比年初增加11120万元，日均存款余额142468万元，比上年增加14907万元，同类支行第一。其中，储蓄余额85697万元，比年初增加187万元；对公存款58646万元，比年初增加10933万元；各项贷款日均余额114608万元，增加18241万元；各项贷款余额114235万元，比年初增加4067万元，同类支行第二。其中，公司贷款余额93292万元，比年初减少4953万元；个人贷款余额20943万元，比年初增加9021万元；全年实现中间业务收入1733万元，比上年增加162万元，完成任务115.53%；全年实现拨备前利润3891万元，比上年增加334万元，完成任务108.08%，拨备后利润3550万元，增加383万元，净利润2662万元，增加287万元，全市直管支行排名第三；不良贷款余额1142万元，比年初增加1127万元，占比为1%，其中：个人贷款13万元，公司贷款1129万元。

业务开展　支持厦沙高速项目，2016年新发放贷款11600万元，累计发放41100万元。同时为方便标段发放工人工资，主动为A3、A5、A6、A7提供上门开卡服务，累计上门开卡21次，办理工资卡2348张；对涌溪水电项目到期贷款进行置换，完成2850万元的贷款提款和置换工作；对正常经营、资金周转困难的中小企业采取无还本续贷政策，给予转贷，全年累计办理60笔，金额19779万元；对县纳税50万元以上企业、用电稳定、日均存款10万元至100万元的无贷户、POS机商户等进行筛选，建立预选客户库，加大对小微企业、个体工商户的个人经营贷款业务的营销和投放；为企业提供方便灵活的融资渠道“网贷通”（网络循环贷款、高效自主、随借随还、循环使用）；做好按揭贷款楼盘，增配客户经理，做大做强个人贷款，全年累计发放231笔，金额10007万元。同时对有合作意向的另外三个按揭贷款楼盘，做好对接及准入申报工作，确保个人按揭业务持续发展；积极介入二手房按揭业务，和两家中介公司签订合作协议，已发放11笔，金额338万元。

风险防控　对新增客户坚持把好准入关，对存量客户不定期召开风险分析会，做好贷后管理。年末，不良贷款余额1142万元，占比1%，完成县政府下达的不良防控任务。加大对个人贷款和信用卡逾期客户的催收力度，将拖欠信用卡和个人贷款的公职人员名单报送县政府，由县效能办协助督促还款。

个金零售业务　上门走访单位，重点推介薪金卡、驾驶员通卡、存管通、理财等优势产品，争取获得单位认可；锁定厦沙高速公路德化段，争取2016年新标段落户工商银行德化支行；同时，对已代发工资单位的回访维护，加强全产品营销；重点营销十三类客户办理驾驶员通卡；加强与已拓展的11家

11月2日，工商银行德化支行组织人员上街开展反假币宣传活动

（图/工商银行德化支行）

汽车经销商合作，做到汽车分期专人营销、专人办理；积极介入家装市场，争取小康分期实现突破，增加中收来源。2016年共办理汽车等分期付款14,004万元；和海通、东兴等证券公司进行联系沟通，通过多种渠道介绍宣传存管通产品优势，引导客户办理第三方存管账户和签订存管通协议；做好厦沙高速A3、A5、A7项目部代发工资工作，引导新办卡工人办理薪金卡和签订协议，重点走访国库代发工资单位，大力宣传办理薪金卡；全员营销融e联，通过二维码营销、推荐码营销、短信邀请等方式，做好产品推介、新客户捆绑和客户维护工作。积极推介个人金融资产质押业务，采集购买别墅客户清单和陶瓷大师名单，组团上门营销，理财业务和私人银行业务取得新突破。

国际业务 对存量客户大力推广对公网银结售汇、结构性融资理财组合、远期结售汇等产品，积极维护和争揽中高端客户，对日均资产50万元以上客户，定期走访维护。为企业相关人员发送汇率信息，满足企业基本结算、融资、理财、避险需求，提高客户粘性和国际业务贡献度；通过拓宽渠道获取并筛选未介入大户及新设立企业名单，为其量身定做业务方案吸引客户；加强国际业务重点产品和新产品的营销推广，建立健全了上下联动的产品创新机制，积极推介利率互换业务；对客户进行跨境人民币业务营销，推介客户试办并体验，通过办理跨境人民币业务让客户得到实惠。同时，将做好重点客户的国际贸易融资业务。

基础设施建设 对支行营业厅和地下一层重新布局改造，将地下一层改造为停车场和自助银行；在地下一层自助银行外面增设人行道和摩托车通道，规划摩托车停放区，方便客户进出自助银行和摩托车停放。7月份完成改造后，新增客户小车停车位9个、摩托车停车位26个，满足了客户停车需要。8月份在支行营业厅原自助银行区安装并投产智能银行，柜面非现金业务几乎可在智能终端办理，减少了客户等待时间，解决了客户排长队问题。11份完成了瓷都支行搬迁，新网点功能设施齐全，竞争力得到进一步提升。

金融知识宣传 各营业网点通过LED显示屏、液晶电视等自有媒体资源宣传金融知识，通过营业网点内外设立宣传服务架、宣传展区、摆放宣传资料等；定期在支行大门口设立宣传咨询台，现场解答咨询，分发宣传资料，普及金融消费者日常所必要的金融知识、金融风险的辨识与防范知识；组织人员深入企业、德化三中、瓷都广场、南门公交车站点开展宣传活动。2016年成功堵截2起电信网络诈骗，挽回客户资金损失19万元。

【中国农业银行德化支行】 **概况** 截至2016年12月底，本外币各项存款余额29.29亿元，比上年（下同）增加4.16亿元，增幅16.55%；本外币各项贷款余额34.97亿元，增加4.35亿元，增幅14.21%。不良贷款余额51万元，较年初下降258万元，不良率为0.015%，比年初降低0.09个百分点，不良贷款实现双下降。农行德化支行作为全省唯一一家支行被农总行授予2016年度中国农业银行信用管理工作“先进集体”。拨备前利润10953万元，拨备后利润10662万元，增幅5.87%、18.61%，实现拨备前后利润双破亿。其中中间业务收入1614万元，增幅18.94%；人均创利拨备前116.52万元、拨备后113.43万元，分别增长4.07万元、15.73万元。被农行省分行授予2016年度全省农行十大人均创利贡献支行。

营销强化 先后营销厦沙高速、自来水公司、彭村水库项目用信各1亿元、中医院流贷资金2000万元，实现对公贷款的有效投放；积极对接新一届县委、县政府确立的教育、旅游、陶瓷等优先发展行业的重点项目，营销了教育行业政府购买服务贷款授信3亿元；营销小微企业贷款客户2户，新增用信合计1600万元；营销辖内省级农业产业化龙头企业2户，给予专业大户贷款2笔，金额合计200万元。

个人贷款 出台《2016年个人贷款业务专项考核办法》，在个人购房贷款方面，除做好18个存量按揭准入楼盘一手房贷款外，还新准入百盛花苑、城东花苑和红星时代广场三个楼盘，针对二手住房贷款业务单独设立投放贡献奖，以巩固和扩大在二手房贷款的市场份额。截至2016年12月底，个人按揭贷款比年初净增3.16亿元，其中二手房贷款余额比年初净增8516万元，二手房贷款余额1.86亿元；个贷存量、增量分别占“四大行”的61.80%和47.14%，居“四大行”第一。

三农服务 截至2016年12月底，对接支持农村创业妇女51位，发放农户经营性贷款1464万元；对春美乡油茶种植专业大户和省级农业产业化龙头企业祥山大果油茶有限公司各发放农户保证贷款100万元；对建档立卡贫困户调查摸底，支持贫困户贷款11户，借款金额

8月30日，中国农业银行德化支行举行2016年金融扶贫“爱心助学”资助仪式（图/中国农业银行德化支行）

153.2万元，主要支持贫困户生产经营周转和购房安居；对接市政府副市长陈荣洲和市政协副主席骆沙鸣挂钩帮扶的县四户贫困户，以“爱心帮扶”形式进行对接，每户分别送上“爱心帮扶”资金1000元，共计4000元；8月底举办一场金融扶贫“爱心助学”资助仪式，为10名受助学生发放助学金2.3万元。被县委、县政府评为“2016年度农业和农村工作先进单位”。

（中国农业银行德化支行 供稿）

【中国银行德化支行】 概况 截至2016年12月底，中国银行德化支行各项存款折人民币76730万元，较年初增长17767万元；人民币各项存款70314万元，较年初增长15284万元，日均新增10973万元；其中：公司存款增长13001万元，日均新增9518万元；储蓄存款增加2283万元，日均增长1491万元。各项外汇存款925万美元，较年初增长358万美元，日均新增350万美元；人民币各项贷款106515万元，较年初增加22329万元。其中：公司贷款较年初增加8359万元；零售贷款余额较年初增加13046万元；实现净收入4271.99万元，比上年（下同）增长7.66%；实现拨备前利润3009万元，增长16.76%；实现税后利润1431.22万元，增长47.24%；公司贷款五级分类不良余额1350万元，零售贷款五级分类不良余额155万元，比年初增加10万元，零售贷款不良率0.38%；信用卡不良余额329万元，比年初减少295万元，不良率3.06%，较年初下降3.08%。

营销强化 加强行政事业存款力度；加强对授信客户的贷存考核和深度合作，通过加强对中小授信客户结算及存款的考核，提升存款贡献度；理出目标，明确任务，由个金牵头，公司、国业、小企业一道联动，大力拓展代发薪营销业务，通过有效的代发业务逐步带动个人存款的稳步提升。

合作强化 与厦沙高速项目合作，加强跟进能源集团对联美集团美伦项目贷款审批进展，投放7000万元开发贷款，带动存款和个人按揭贷款业务联动发展。加大个人住房贷款投放，加强百德地产、鹏祥花园、美伦地产投放速度，至12月底累计投放17542万元，净增加13046万元；开展中小微企业营销，举办中小微银企产品对接会；至12月底叙做国际结算9376万美元，比上年同期增加2022万美元，同比增长38.35%，国际结算量市场占有率34.4%，比上年同期增加3.8%，市场占比第一位；加大对东大路支行网点的指导帮扶，至12月底，日均新增存款3919万元，网点日均余额达2.12亿元，摆脱低产低效；拓展各项业务产品，紧抓百日重点基金销售544万元。拓展电子银行产品，至12月底新增个人网银3010户、手机银行2490户；加强拓展卡分期业务，至12月底卡分期累计交易7917万元，办理专项卡分期业务791万元。

风险防控 对大阳公司贷款1350万元按要求转入次级类，跟进帮助该公司恢复生产的后续情况；并加强后续清收处置和起诉工作。

9 月 22 日，中国银行德化支行到泉州工艺美院开展 2016 年“金融知识普及月”宣传活动　（图 / 中国银行德化支行）

与县融资办、法院协调，将 2 户贷款金额 370 万元已经逾期近 90 天的公司贷款客户通过信用恢复方式进行化解。加大银行卡不良的催收力度，至 12 月底清收化解 674 万元，信用卡不良余额 329 万元，比年初减少 295 万元，不良率 3.06%，较年初下降 3.08%。

【中国建设银行德化支行】 概况　截至 2016 年 12 月底，中国建设银行德化支行一般性存款余额 162679 万元；各项贷款余额 156532 万元；全行不良贷款余额 124.18 万元，不良贷款率 0.07%。客户部李候灯被省建行评为 2016 年“中国建设银行福建省分行十大杰出青年”，王曦阳被省分行评为 2016 年度全省建设银行“新机遇·新效益——百佳先锋”机构业务劳动能手，行长陈德伦被泉州分行推荐参加全国五一劳动奖章评选。

服务环境改善　购置西门翰林府邸 6 号一二楼为新支行综合办公大楼，以全新的营业环境为客户提供更好的服务。支行还加大自助取款机和助农取款点的铺设，进一步拓宽了服务半径。

特色产品拓展　加大“公安便民龙卡”和“信用卡分期业务”（汽车分期、装修分期、车位分期、现金分期和账单分期）的宣传推广；开展善融商务、跨境人民币、建行手机银行、建行网上银行等电子产品的综合服务能力，方便电商企业；做好大师信用贷、税易贷、造价咨询业务、黄金租借等特色业务的服务拓展；发展“快贷”产品，加大个人“快贷”和企业“小微快贷”的产品宣传。

内控管理加强　加强现金管理，压缩无效资金占用，防范和化解现金结算风险。严格大额、可疑支付交易的报备制度，开展人民币反假防假的宣传，定期开展反洗钱和反假知识的培训，增强支行整体反假能力和反洗钱工作水平。

（中国建设银行德化支行　供稿）

【中国邮政储蓄银行德化县支行】 概况　2016 年，中国邮政储蓄银行德化县支行累计实现收入 4288 万元，居全省收入排名第 21 位。利润累计完成 2970 万元，比上年（下同）增长 18.23%，全省排名第 19 位。2016 年度一级支行综合绩效评价全区第一，收入和利润指标完成率列全区第一。截至 2016 年 12 月底，全行各类存款余额 10.24 亿元，较年初增长 25400 万元，增长 33%；

9 月 8 日，常务副县长吴顺情（左一）和中国建设银行泉州分行行长孙国强（右一）为中国建设银行德化支行乔迁揭牌

（图 / 中国建设银行德化支行）

3月15日，中国邮政储蓄银行德化县支行在瓷都广场开展“3·15”国际消费者权益保护日宣传活动　（图/中国邮政储蓄银行德化县支行）

各项贷款余额82900万元，较年初增长32100万元，年增长率63%；存贷比81%，同时，跟进筛选政府建设项目，新增授信厦沙高速7亿项目贷款。至12月底，五级分类贷款不良40户，金额504.21万元，较年初增加21.19万元，不良率0.61%，较年初下降0.34%。不良贷款全部为个人贷款，公司贷款保持“零”不良，其中，小额贷款不良203.11万元，个人抵押类贷款不良301.1万元。至12月底，各类贷款结余完成率126.87%，列县域内银行业第一，各项贷款增幅也列县域银行业第一，不良率0.61%，低于防控指标0.02%。涉农贷款结余金额67266万元，较年初增长42818万元，年增长率175%。涉农贷款增速高于各项贷款平均增速（63%），增量高于上年同期增量（18144万元）。小微企业贷款结余金额50159万元，较年初增长20535万元，年增长率69%。小微企业贷款增速高于各项贷款平均增速（63%）；贷款户数（999户）高于上年同期户数（799户）；申贷获得率不低于2015年同期水平；增量高于2015年同期增量（7064万元）。

民生服务　把农户、农村小企业作为信贷优先支持的重点，做好现代农业的信贷资金扶持。扶持德化淮山、棘胸蛙、“三黑、三白、三黄、三红”（黑鸡黑兔黑羊；淮山上涌大米白萝卜；茶油黄花菜黄花梨；红菇红酒红米）等特色农业。对符合相关条件的农民专业合作社，建立农业贷款绿色通道，提供便利服务。参与德化县银农对接座谈会活动，现场参观各农业基地并与农业合作社、农业企业代表面对面交流座谈，了解农户金融服务需求。与农业局扶贫办对接了解县域内贫困户情况及扶贫资金落实情况，与相关部门探索扶贫贷款方案，提供金融支持。

住房贷款服务　对接一手房楼盘，洽谈一手房贷款事项，截至2016年12月底准入4个楼盘（优山美地、山景叠院、裕正城市花园、城东花苑）。贯彻落实差异化房地产信贷政策，对首套房在贷款成数、利率方面均有优惠，对于居民家庭首次购买普通住房的商业性个人住房贷款，最低首付款比例20%；执行利率最低打九折，做好住房金融服务。

陶瓷产业支持　成立专项领导小组，开展陶瓷小微路上“贷你行”的主题活动，主要以快捷贷为核心，实现快速受理、快速审批、快速抵押、自主支付、快捷放款的流水化作业。做好“贷你行”品牌宣传，通过网点、网站、媒体、微信等线上线下平台与渠道展开，创立邮储银行“贷你行”主题品牌服务形象。

宣传活动开展　组织开展“3·15”金融消费者权益保护知识，发放消保宣传手册和各类金融知识单册，为群众解决普遍关注的金融消费知识热点、难点问题。如消费者的八项基本权利、新消法和网购纠纷调解机制等、真假币辨别、防范电信诈骗的四十种方式。同时，积极参与县政府打击治理电信网络新型违法犯罪的各项工作及活动，做好警银联合。

防范化解不良资产　制定辖内风险限额控制目标，定期开展贷款资产风险分类偏离度检查，实现资本收益与风险管理互相平衡；开展“除隐患、提能力”支行建设集中整治活动；实行风险客户名单式管理，对于产能过剩行业客户进行名单制管理，准入名单以外的客户严禁提供任何形式的新增授信支持，跟踪督导落实小企业高风险客户退出管理。

清收成效提升　对新增小企业、个商逾期（金额50万以上）的客户，开展上门催收，制订专项催收方案，实行“一户一策”，户户有人跟踪落实催收；加大对信用卡不良管控力度，与公安部门持续开展联合上门催收；规范委外催收工作，开展现有委外公司回款率考核，优胜劣汰，择优准入当地催收机构，督促开展有效催收。

资产保全　不定期向金融办、监管部门汇报目前资产质量情况、客户处置过程存在问题、客户逃废债等相关情况，通过政府的绿色通道，加大不良贷款的处置力度；加大核销力度，按季度提前筛选符合核销条件不良贷款，加快诉讼流程，做到应核尽核，加快核销进度，释放不良空间；尝试资产重组、抵债资产变卖等资产保全新手段，寻求省市分行的协助与支持，全面熟悉资产重组、抵债资产变卖等保全工作的处理流程，压降不良。

（撰稿人：张青荔　审稿人：刘旭龙）

4月，县农村信用合作联社举办瓷艺贷对接会（图/县农村信用合作联社）

【农村信用合作联社】　概况　截至2016年12月，联社资产总额891412万元，比上年增加164608.57万元，增长18.46%；各项存款778863万元，比上年增加143036万元，增幅22.5%，市场份额43.12%；各项贷款余额434464万元，比上年增加37677万元，增幅9.5%；存贷款市场份额均居全县金融系统第一位。不良贷款余额6563万元，占比1.51%。实现各项收入48818万元，比上年增加1512万元；实现利润16126万元，增加1326万元，增幅8.96%；全年纳税4310万元，居全县企业第二位、金融机构第一位。获全省农信系统2016年"业务增长十佳"、省先进基层党组织荣誉称号。

支农支小　至2016年年末，联社涉农贷款余额391018万元，涉农占比90%，农户贷款19153户，比上年增加4230户；小微企业贷款6570户，比上年增加1126户，申贷获得率达到100%，小微企业贷款余额340218万元。为兴泉铁路德化段、厦沙高速德化段、省道310城区过境公路、中国茶具城开发建设等诸多项目提供金融服务。推出"瓷艺贷"产品，授信42户4045万元，推出"税立贷"产品，发放28户48笔14000万元；推出专利权质押贷款，为科技型中小企业提供一条全新的融资途径。推出金融扶贫信贷产品——"好康贷"，单列信贷规模12000万元，用于支持有劳动能力、有贷款意愿和还款能力的农村贫困户增收脱贫，确保扶贫贷款需求满足覆盖率100%，发放贫困户贷款169户金额864.34万元。

普惠金融　推出"微信申贷"，节省客户时间；升级改造集金融服务、电商服务、物流服务、社会服务、信息服务于一体的"福万通"普惠金融便民点；推广手机银行、网上银行等电子银行业务，推进金融便民，全年电子交易占比91%，比上年增加2.23个百分点；提高自助机具的服务能力，对业务量小的自助服务终端进行换机，在自助服务交易量大的地方增设机具，布设德化首台硬币兑换机，推出了移动自助柜员机；新增普惠金融卡10319张，存量20406张，授信额度19.09亿元，用信额度9.13亿元，用信余额比上年增加2.98亿元；新增南门分社、鹏祥分社、阳光分社3个办贷网点，增配客户经理，方便群众办贷，扩大服务面。

征信教育　继续开展信用户、信用村镇评定工作，新增20个信用村、1个信用乡镇；开展贫困人口信用建档工作，完成国定、省定建档立卡扶贫困难户1315户、人口3636人，市定建档立卡扶贫困难户733户，人口2251人；开展征信教育活动，提升社会公众和联社客户的征信意识；与公检法机关合作，对恶意逃避债务的客户采取失信名单曝光、限制高消费等措施，用反面案例加强征信教育。

扶贫帮困　为德化八中教育促进会捐资3万元，通过福万通慈善基金，捐助10名学生上大学5万元，为"尼伯特"台风受灾地区、

“慈善一日捐”、各中小学校运动会、结对帮扶贫困户等捐资；发放生源地助学贷款2282.68万元，帮助1592名贫困学生圆了大学梦；发放下岗再就业贷款539万元，帮助68名下岗失业人员解决了就业问题；发放计生小额贴息贷款321万元，帮助110户农村困难计生户发展生产。

（县农村信用合作联社 供稿）

【泉州银行德化支行】 经营情况 2016年，各项存款余额98379万元，比年初增加31465万元，完成计划任务的154.9%，其中：公司存款余额80958万元，比上年（下同）增加31450万元，增幅63.5%，小微企业存款余额805万元，减少501万元，降幅38.4%，零售存款余额16617万元，增加518万元，增幅3.2%。各项贷款余额40885万元，比年初下降6112万元，降幅13%。贷款下降主要是土储中心归还贷款9500万元，企业贷款100%按“无间贷”办理，不良贷款余额525万元（小微企业1户计500万元、公务卡7户计25万元），增加202万元，增幅62.5%，贷款不良率1.28%，上升0.59个百分点，收息率99.32%，尚有116万元贷款利息未收回。支行公司贷款余额21240万元，减少9310万元，降幅30.5%；小微企业贷款余额10718万元，减少1068万元，降幅9.1%（其中：企业贷款余额8630万元，增加240万元，增幅2.9%。个人经营性贷款余额2088万元，减少1308万元，降幅38.5%），小企业申请贷款获得率达100%，小微企业贷款增速高于全行增速40.7%；个人消费贷款余额8927万元，增加871万元，增幅10.8%。

收支与利润 各项收入3069万元，减少1024万元，降幅25%，其中：利息收入2263万元，同比减少1469万元，降幅39.4%，主要原因：贷款总量减少和利率降低（彭村水库2亿元贷款利率少浮15%和土储中心归还贷款9500万元）；实现中间业务收入322万元，同比增加126万元，增幅64.3%。各项支出2499万元，同比减少123万元，降幅4.7%，主要原因：内部拆借利息支出减少510万元。实现账面利润516万元，减少969万元，降幅65.3%，主要原因：利息收入减少1469万元，核销贷款367万元。

产品销售 销售理财产品10.4亿元，代理销售保险产品124.8万元，销售基金7185.9万元，营销公务卡1175张，其中：超能卡1026张，办理借记卡1685张。

“无间贷”与不良贷款 全年发放“无间贷”79笔共8203万元，增加1105万元，贷款客户100%享受到“无间贷”的好处，真正降低了企业融资成本，深受客户好评。化解不良贷款4笔共1250万元，收回不良贷款267万元和欠息65万元，核销贷款11笔共367万元，为地方经济发展营造良好氛围。

（泉州银行德化支行 供稿）

【中国农业发展银行德化支行】 概况 截至2016年12月，新增贷款5笔、获批金额6.86亿元，累计发放贷款19.18亿元，各项贷款余额34.39亿元，比年初增加16.07亿元，增长87.7%，贷款日均余额28.72亿元，比上年（下同）增加14.83亿元，增幅106.77%，全年无增加不良贷款率；对公存款余额8.28亿元，实现对公存款日均余额11.08亿元，增长6.19亿元，增幅126.63%，实现账面盈利7068万元，增加3536万元，增长100.1%，实现了业务的快速增长。

项目营销 立足山区财力较弱的实际，把符合政策导向、当地政府急需、上级补贴资金来源多的项目作为营销重点，与政府部门沟通，宣传农发行的优势特征、信贷政策，推介公司类贷款的运作模式

11月5日，农发行泉州市分行德化支行开展第二届职工趣味运动会

（图/中国农业发展银行德化支行）

及政策规定，让政府了解业务融资运作的新模式。至12月份，对接营销中长期贷款项目6个，其中：审批通过永春项目4个，获批金额178600万元，审批通过德化项目2个，获批金额20000万元。

风险防控　落实联网身份核查、机构信用代码、账户管理、征信等六大业务系统的强化培训和应用，防范操作风险；落实“盯住土地、卖地还贷”等管理措施，确保土地出让收入及时偿还贷款；督促落实项目委托代建购买服务协议，确保项目纳入政府财政预算管理，委托方及时拨付项目资本金、委托代建资金和代建服务费等，从而使项目贷款本息偿还有所保障；做好贷后管理工作，对存在的问题及隐患应加强管理，落实整改。至12月份，不良贷款率由原0.9%下降为0.5%，降幅0.3%。

（撰稿人：黄逢年）

9月10日，泉州农商银行德化县支行开展“重阳节”金融知识宣传活动　（图/泉州农商银行德化县支行）

【泉州农商银行德化县支行】　概况　截至2016年12月31日，各项存款余额51689万元，比年初增加4784万元，增幅10.2%，任务完成率247.48%，日均存款余额42222万元，任务完成率215.37%。其中储蓄存款余额7977万元，比年初增加1005万元，增幅14.41%；对公存款余额43711万元，比年初增加3779万元，增幅9.46%。截至12月31日，各项用信总余额25593万元，其中贷记卡用信余额4785万元；各项贷款余额20808万元，比年初增加3485万元，增幅20.12%。涉农贷款余额18284万元，比年初增加2920万元，增幅23.17%，其中农户贷款余额15629万元，增幅31.83%；其中小企业贷款余额2655万元，比年初增加11万元，增幅0.41%。截至12月底，小额贷款户数1362户（含普惠卡），其中2016年新增613户，新增余额7673万元。小企业9户，贷款2655万元。虽目前暂无不良贷款，但贷款逾期现象开始显现，其中监测风险贷款3笔合计629万元，贷记卡3笔，合计79.2万元。办理无还本续贷累计4笔金额657万元；其中动用政府企业应急保障周转资金转贷两笔金额688万元，有效缓解企业资金压力。

惠民便民　通过e平台2.0阳光效能平台，以普惠金融卡、青创卡等为推手，将金融扶贫的评级授信、放款和收回各个环节全面公开，实行阳光化操作，推进阳光信贷服务，提升客户体验度，2016年e平台申贷工作全面推广。完善服务价格信息披露机制，提升服务收费透明度，量身定制多样化、低收费的服务套餐；推广“活利贷”自主定价贷款，力争户数、金额、占比持续提升；浮息惠民，科学合理定价，适度上浮存款利率，保持客户认同存款利率较高的心理趋向，满足农民“储蓄与理财”兼得的需求。

银社合作　利用扶持农民专业合作社的方式，做好对口帮扶、挂钩帮扶等工作，发放社员贫困户小额贷款，精准对接贫困户创业和产业化扶贫项目需求，确保资金精准投放。重点开展普惠金融卡进村入社区活动，因地制宜推广“简易贷”“活利贷”“分期贷”等产品系列，打造便捷、安全、实用的信贷扶贫“工具箱”。截止2016年底，涉农贷款余额18284万元，比年初增加2920万元，增幅23.17%，其中农户贷款余额15629万元，增幅31.83%。

服务“三农”　建立支农工作宣传系列资料，形成各具特色的支农典型，将扶贫工作与金融服务进村入户、送金融知识下乡、银企对接洽谈会相结合，进行广泛的宣传；开展金融知识进万家等宣传活动共18场，发放各类宣传折页5000多份；建立志愿者队伍，联合多方共同主办公益活动，开展慰问帮扶活动，提供免费义诊、义剪等福利及免费金融服务，并通过流动服务车现场办理业务，

10 月 20 日，中国民生银行德化支行开业。图为该行员工在开业式上集体宣誓 （图 / 中国民生银行德化支行）

不出村不出社区就轻松办理金融业务；通过“福万通慈善基金”无偿捐助特困学生，为成绩优秀的贫困大学毕业生搭建就业、创业、展业平台，实现“输血式”扶贫向“造血式”扶贫转变。

（撰稿人：陈文剑 审稿人：陈文阳）

【中国民生银行德化县支行】 概况 作为新成立的机构，截至 2016 年 12 月 31 日，各项存款余额 2.24 亿元，较年初新增 2.22 亿元；贷款审批额度 1.86 亿元，贷款余额 1.12 亿元，全部为今年新增，贷款不良率为 0。个人客户数 1.15 万户，对公户数 185 户，在较短的时间内积累了一定的客户群体。

税单贷与网乐贷 税单贷是与泉州国税局合作，根据企业的纳税记录给予的主动授信，免抵押免担保，鼓励企业依法纳税。目前已审批 3 笔，金额 230 万元；网乐贷是与互联网金融相融合，基于大数据信息的主动授信，担保方式灵活，通过手机银行或网上银行即可申请，无需提供纸质材料，操作简单，审批效率快，用款自助循环，减轻融资成本，为大众创业提供金融支持。目前网乐贷已审批 15 笔，金额 191 万元。

企业服务 免除企业的账户管理费、短信通知费、跨行跨区域转账手续费等收费，积极向分行争取针对德化地区的区域性贷款利率优惠（同品种贷款月利率较行内其他区域机构下降 1 ～ 2 厘），并于 9 月份获得分行审批通过。这是泉州分行首次出台的区域性贷款利率优惠政策，也是目前泉州分行唯一的一家享受区域贷款利率优惠的机构。降价后，贷款业务增长明显，上半年贷款余额 3226 万元，9 月份 6436 万元，12 月份 1.12 亿元。降低了企业融资成本，服务了更多的实体企业。

（中国民生银行德化支行 供稿）

【福建德化成功村镇银行】 概况 截至 2016 年 12 月，各项存款余额 8932.26 万元，其中对公存款余额 6601 万元，占比 73.90%，储蓄存款余额 2331 万元，占比 26.10%；同时，2016 年年底日均存款余额 4129.07 万元。至 2016 年 12 月，各项贷款余额 2426.8 万元，贷款户数 64 户，贷款户均 37.92 万元。其中，抵质押类贷款 2152.45 万元，占比 88.69%；涉农贷款余额 1842.8 万元，占比 75.94%。目前不良贷款余额为零，风险把控方面较为理想。

电子银行 至 2016 年年底，发放借记卡 474 张；办理短信银行 424 户；办理手机银行 381 户。

9 月 20 日，福建德化成功村镇银行开业 （图 / 德化成功村镇银行）

增收节支 2016年，财务总收入377.69万元，财务总支出468.12万元，经过三个多月的经营，使账面利润控制在-81.35万元，并计提贷款拨备64万元。

“三农”服务 贷款投放坚持以农户为主。至2016年底，涉农贷款余额1842.8万元，占比75.94%。创新“成功系列”信贷产品，推出具有德化特色的“瓷都成功贷”“瓷都容易贷”“瓷都合家欢”等八项针对德化本地市场的特色信贷产品，力求实现贷款服务差异化和本土化。

防范风险 制定出台了《授权经营管理办法》《风险管理委员会议事规则》《授信管理基本制度》等主要规章制度，基本实现信贷、财务、风险、行政、安保等各业务管理条线的制度全覆盖；进行法律风险培训；定期开展消防及案件防控预案演练；实行定期检查的内控检查机制。总行营运管理部、风险管理部通过现场与非现场对柜面业务、信贷业务进行检查，找出内部控制的关键点和薄弱环节，并制定相应整改方案，积极实施整改。

（福建德化成功村镇银行 供稿）

保险业

2月7日，中国人保财险德化支公司开展“I传递”——泉州人保公益在行动活动 （图/中国人保财险德化支公司）

【中国人寿保险德化支公司】 **概况** 截至2016年12月31日，完成保费总收入1.146亿元，首次突破亿元大关，比增12%。长险首年期交保费2903.12万元，比增44%，完成93.65%；10年期及以上期交1735.57万元，比上年增长79.81%，完成105.19%；长险首年标准保费1203.97万元，增长39.6%，完成93.33%；长险首年风险型保费4328.61万元，增长16.64%；短期险保费940.28万元，增长17.95%，完成96.74%；续期保费6098.79万元。

个险渠道 个险渠道首年期交保费2266万元，预算完成率90.13%，增长68%，增长全市排名第二。标保1047万元，预算完成率90.11%，增长46.65%，增长全市排名第二。十年期1547万元，完成率102.3%，增长86.26%，增长率全市排名第一。短期险214万元，完成率104.9%，全市排名第三，增长16.8%。互动业务395万元，预算完成率132%，增长92%，增长率全市排名第二。队伍指标：季均有效人力187人，完成率108%。月均增员率10.87%，全市排名第一。季均晋级率2.59%，全市排名第一。三晋率超55%，完成率全市排名第一。收展持证22人，完成率64%。月均综举率28.94%。个险渠道锁定双领先的工作重点，确保“双领先”工作的全面达成。规模保费以118%领先340万元，持证人力以154%领先152人。实现双领先。

团险渠道 短期险保费收入726.69万元，完成率95.62%，同比增长19.57%。其中：农村小额意外险98.37万元，建工险129万元（其中平台业务83.84万元），学平险保费274.70万元（其中校意险保费3.8万元），计生险116万元（其中：政保业务66.81万元，多级缴费45.16万元），精准扶贫险15万元，信贷险0.87万元（其中：农行小额借意险0.72万元，农行安心贷0.15万元），员福业务81.18万元，卡折式业务1.96万元，E门店销售私车意外险1.63万元。2016年新拓计生多级缴费、扶贫险、车意险业务，被评为市分公司业务开拓先进单位。

银保渠道 首年保费2311万元，其中首年期交保费536.83万元，完成率89.47%，增长70.2%；十年期及以上期交145.11万，完成94.74%，增长29.88%；标保达成138.09万，完成率98.64%，增长65.38%；短险达成20.58万，完成率171.5%。全年累计新增95人，其中客户经理3人，理财经理92人；

超额完成市公司下达增员目标。位列省公司30强营业单位第21位，成为全市B类公司唯一一家达到省标八类理财区部。银保渠道借助市县公司会销平台，自营4场，搭个险平台12场，市公司基因检测峰会1场，共签下180万鑫福年年。进入一季度，结合德化个险渠道举办的基因检测、钻石账户开户等平台，银保部先后参加了25场平台，签下50万保费，其中鑫福年年十年期25万。2016年全年共举办102场各种平台，邀约客户680人，取得保费收入超300万元以上，实践证明，只有通过平台才能实现自营、渠道期交业绩的双丰收。

客服中心给付情况　共处理案件2147件，增加614件，增长40.05%；给付金额达838.12万元，增长20.7%；处理各类保全件13861件，增长40.39%，其中：2016年满期给付2287件，增长154.39%，2016年保单借款225件，下降36.88%，2016年保单退保923件，下降21.45%。

业务拓展　抢占学平险市场份额，学平险共收取保费274.7万元，较去年同期增收23.8万元，稳中有升，提升认知度；推进“农村小额险”拓展　团体业务部2016年年初收取98.37万元保费；签订“计生保险”合作协议，并借此开展乡镇多级缴费模式，2016年计生险增收近50万元；服务三农，中标贫困户意外险，2016年收取保费15万元。

扶贫帮困　与桂阳乡王春村贫困户黄兴添、黄华厦结对帮扶，公司在有限的费用里挤出帮扶资金4000元；5月18日，与德化县憨鼠爱心小分队联合开展“十年汇聚爱心溢满瓷都”基金捐款活动，公司111名职工、销售人员共捐款14930元；开展“奉献爱心 慈善一日捐”活动，共捐款3440元；资助“贫困计生女孩户女儿上大学”活动，捐赠善款五万元。

（中国人寿保险德化支公司 供稿）

【中国人保财险德化支公司】 业务经营　2016年，实现保费收入5834.52万元，比上年（下同）增长14.84%，为我县经济建设和人民生活提供风险保障219.6亿元，共处理各类保险事故案件5052起，已决赔案支出2658万元，未决赔案赔款1700万元。2016年全年纳税780万元。

客户服务　加大承保内勤管理，提升承保服务效率。2016年，全险种案件处理率99.05%；车险一小时通知赔付率99.6%，件数结案率96.26%，同比提高2.06%。

农险工作　全县承保水稻保险全县承保水稻保险8293.33公顷，承保农房保险71761户，承保自然灾害公众责任保险30.84万人，承保森林保险15.46万公顷，承保能繁母猪保险480头，育肥猪5000头。至12月底，接到涉农业务报案数510起，处理已决赔案数495起，已支付赔款金额1147万元，未支付赔款金额32万元。

风险管控　严格遵守统一授权经营制度，认真贯彻落实各项业务规定，建立科学严密的内部管控体系，有效提升依法合规经营水平。定期开展风险排查，全面摸清各领域风险底数，深入查摆各领域、各环节自身存在的或可能存在的风险点或风险隐患，抓早抓小、防范未然，预防各类违规风险和涉嫌侵占、挪用、诈骗、商业贿赂、非法集资、洗钱、传销案件的发生。

（撰稿人：石宝玲 审稿人：郑晶晶）

旅游业

概　况

【经济收入】 2016年，全县共接待境内外游客347.17万人次，旅游总收入19.11亿元，比上年增长10.08%、10.12%。

【资源情况】 2016年，全县旅游资源可开发8个主类，28个亚类，70种基本类型，共计自然类旅游资源单体141个，人文类旅游资源146个。其中五星级旅游资源，即特级旅游资源1个，四级旅游资源12个，三级旅游资源40个，二级旅游资源94个，一级旅游资源144个。

【旅游基础配套设施】 2016年，全县旅行社（含营业部）9家、星级旅游饭店6家、非星级住宿单位36家，床位3000多张；旅游车队1家、各类娱乐健身场所20余家、旅游购物商店有千家。

【品牌情况】 2016年，全县拥有“五区两园”（戴云山国家级自然保护区、岱仙湖国家级水利风景区、石牛山国家AAAA级旅游景区、九仙山国家AAAA级旅游景区、云龙谷国家AAA级旅游景区、石牛山国家地质公园、石牛山国家森林公园）7块“国”字号生态品牌、国家二级博物馆1个、国家AAAA级旅游景区2家、AAA级旅游景区1家、省级观光工厂2家、省级工业旅游示范点3家、四星级乡村旅游经营单位1家、省级红色旅游景区1个、省级水乡渔村1个；还有以德化“三黑、三黄、三红、三白”为主要食材的乡土美食。2016年，德化获得“中国最佳生态旅游线”“最值得向世界推荐的中国文化旅游大仙”“福建省优秀旅游线”“福建最佳旅游目的地”“福建省最适合人居住地”和“中国大学生最喜欢的旅游目的地”等称号。

（县旅游事业局 供稿）

景区景点建设

【戴云山国家级自然保护区】 基础设施建设　2016年对接自然保护区基础设施二期工程建设项目，中央财政补助资金1558万元，其中2016年度下达958万元，初步设计方案获省林业厅批准并部分实施；做好戴云山生态文化教育基地等综合业务用房项目建设前期工作，完成世科村0.13公顷多农田的征地协议，完成建设项目环境影响评价编制及批复、施工图设计及审图、预算及送财政评审中心审查、监理和施工招标等工作，10底动工建设；组织实施戴云山林业有害生物防控体系基础设施项目连山格检疫哨卡、厦沙高速保护区沿线部分野生动物隔离栅栏。

资源保护管理　2016年，定期组织森林火灾隐患排查，开展森林防火宣传，制定并完善森林防火应急预案及责任体系；根据本辖区森林资源和公益林护林员分布等情况划定10个片区、10条巡查线路，在高森林火险期间实行分级响应、联合执法、对重点时段、重点区域进行重点巡查；建立森林高火险期局领导带班督查制度，运用手机智能定位系统、微信等科技手段加大对护林员在岗在位、巡查等情况的督查管理；组建环保护区11支村级森林防火队，以管理所为单位，组织护林员、森林消防队员业务培训和实战演练，进行现场考核，提高应变和作战能力；抓好林业有害生物和野生动物疫源疫病的防控、监测工作，加强对九仙山景区外调松木制品的植物检疫管理，在保护区内安装200套新型松墨天牛诱捕器，未测出松材线虫。

9月30日，第七届海峡两岸生物多样性与森林保护文化研讨会参会人员合影
（图/戴云山自然保护区管理局）

科研交流合作　2016年，以“生物多样性与森林疗愈”为主题，协同中国台湾在台湾南投杉林溪生态园区举办第七届海峡两岸生物多样性与森林保护文化研讨会，60多名两岸专家学者（大陆19名）参会；承办省野生动植物保护协会2016年学术年会，保护区选送的论文获学术年会论文评比一等奖3篇、二等奖4篇、三等奖7篇；完成环保部生物多样性鸟类、两栖动物观测德化样区二个监测项目年度野外监测工作，10条鸟类观测样线发现鸟类72种899只，比2002年综合科考时增加11种。在两栖动物观测中，时隔50年重新发现小竹叶臭蛙；在区内首次发现国家一级保护植物钟萼木，保护区记录的一级保护植物由3种增加到4种；继续与福建农林大学、南京环境科学研究所、南京师范大学、福建师范大学、泉州师范学院等高校及科研机构合作，开展黄山松种群本底调查与评价、戴云山模拟大气氮沉降对森林生态系统固碳、CO_2、N_2O和CH_4排放的影响合作研究、可溶性有机质对中亚热带森林土壤碳氮循环关键过程的驱动机制等多个项目的科研工作；实施科研合作项目8个，得到上级及有关单位科研经费补助20余万元，“戴云山自然保护区两栖动物多样性研究”获市科技立项。

科普宣传教育　2016年，生态科技馆日常开放日及管理工作，采取“公众开放日”和预约参观相结合的方式，与相关单位联合开展“一月一主题”宣教活动；开展“爱鸟周”、纪念中国自然保护区成立60周年暨“5•22”国际生物多样性日等主题活动，普及生态文明知识；与县摄影家协会联合拍摄戴云山形象片《守护戴云》，并在第七届海峡两岸生物多样性与森林保护文化研讨会上播放宣传；2016年，戴云山保护区获“中国森林氧吧”称号。

（戴云山自然保护区管理局　供稿）

【旅游项目建设】　2016年，九仙山旅游景区、大龙湖旅游项目、鑫泓顺休闲旅游、龙鹏大酒店、唐寨山酒店、城东商务酒店和地质灾害研究基地及骏锦酒店等7个城乡旅游提升工程重点建设项目累计完成投资2.25亿元。其中，九仙山景区累计投入3450万元，完成美食购物街设计方案评审，九仙乐园项目及度假木屋休闲配套、酒店、美食街停车场等项目等有序推进。大龙湖旅游项目累计完成投资1600万元，完成游客服务中心改造、漂流河道整治及民宿装修等配套服务项目。石牛山景区收归政府主导开发经营，成立景区管委会和项目办，启动景区提升工程，邀请专业旅游

竹筏漂流　（图/黄谷莹）

策划规划团队编制石牛山景区总体规划和瀑布、主峰、漂流等重要节点详细性规划。

（县旅游事业局 供稿）

旅游宣传与活动

【旅游宣传】 2016年，着力突出"世界瓷都·润养德化"旅游品牌形象宣传，深化"互联网+营销"，结合德化旅游产品形象定位，在德化旅游官方网站、微博、公众微信等平台发布旅游资讯300多条，全方位、多渠道对德化旅游资源及产品进行网络推介和营销。编印《润养德化》中英文版德化旅游指南，制作《千年瓷都·山水德化》英文版宣传片；与福建交通广播、泉州889广播连线，专题推荐德化旅游；对接深圳卫视、温州电视台、金华电视台等旅游专题片拍摄，协助市旅游局做好"海丝源头　古韵泉州"旅游形象宣传片拍摄。

【旅游活动】 2016年，组织开展"原味德化·首届石鼓美食节"、庆祝"5•19中国旅游日"，重走德化"瓷帮古道"等宣传营销活动；组织旅游景区、乡村旅游企业及特色商品企业参加第十二届海峡旅游博览会、2016春季广交会等展会，在宣传推介德化旅游资源的同时，进一步提升旅游品牌知名度。

（县旅游事业局 供稿）

旅游策划与管理

【旅游策划】 2016年，通过多次组织实地考察、召开座谈会，广泛征求相关部门、乡镇及行业专家的意见和建议，加强与规划编制单位的沟通对接，重点做好细节的修改完善和旅游招商手册的编制以及旅游招商宣传片的拍摄等工作，6月份完成《德化县旅游发展总体策划和近期行动计划》编制工作并提交使用。对石牛山景区、南埕龙潭生态休闲旅游度假区等重点项目进行规划和建设指导，研究制定《2016年旅游工作计划》《关于进一步扶持旅游产业发展的优惠政策》《德化县开展旅游全域化试点工作实施方案》等工作措施，进一步推动全县旅游业健康稳步发展。

4月30日，原味德化·首届石鼓美食节举办　（图／县旅游事业局）

【旅游管理】 旅游安全管理　2016年，强化旅游安全责任制落实，层层签订旅游安全生产目标管理责任书，每月份至少召开一次安全生产专题会议、开展一次企业内部安全大检查；利用德化旅游网站、微信平台宣传安全生产法律法规和安全常识，全年共悬挂宣传标语58条，编印《外出旅游温馨提示》《消防安全防范知识》《道路交通安全知识》《漂流安全须知》等各类宣传资料800份；每季度召开三年行动专题会议，组织企业开展各类安全培训，及时报送各类安全信息。2016年，完成7家旅游企业提升工程，完成率100%；下发通知要求企业每月开展自查自纠，建立安全生产隐患台账，认真落实智慧安监信息平台建设，全年完成6家星级酒店的系统录入，坚持每月报送安全隐患。联合公安、消防、安监、文体新、民宗、市监等相关职能部门，对全县各旅游企业进行系统检查。全年组织安全大检查12次（其中联合检查5次），下发检查通知书136份，排除安全隐患278处，现场整改170处，限期整改108处，整改率100%。

旅游市场监管　2016年，制定下发《德化县提升旅游服务质量加强旅游市场综合监管实施方案》《关于开展联合执法检查打击违法经营行为工作方案的通知》，积极配合国家、省、市旅游局做好"12315""12301"旅游投诉平台分办、转办旅游咨询、投诉、

6 月 30 日，全县酒店技能大赛举行　（图 / 县旅游事业局）

5 月 19 日，县旅游事业局开展热烈庆祝"5·19""中国旅游日"暨"丝路"旅游年·德化"踏古寻迹"活动　（图 / 县旅游事业局）

举报等相关工作，有效解决扰乱旅游市场秩序、侵害旅游者权益等问题，保障旅游者和旅游经营者合法权益；引导全县旅游企业文明经营、诚信经营，鼓励旅游企业争创文明景区，保障活动经费，营造良好的文明旅游氛围。

（县旅游事业局 供稿）

陶瓷文化旅游

【陶瓷街】 位于龙浔镇龙鹏街的陶瓷街，是瓷都德化的形象窗口。为了汇集德化陶瓷精品，展示德化陶瓷风采，方便游客购买，德化于 2002 年开始有意识地把这条街整合成陶瓷商品专营街，店铺专门经营陶瓷商品，产品涉及日用陶瓷、传统雕塑工艺瓷、西洋工艺瓷、红壤陶等四大类近万个品种，是德化陶瓷产品的大观园。

【屈斗宫古窑址】 位于德化县龙浔镇宝美村破寨山西南坡上。窑长 51.70 米，宽 1.40 ～ 2.95 米，有 17 间窑室，1976 年，出土了 800 多件生产工具和 6790 多件完整的和残缺的瓷器标本。其产品以纯净莹润的乳白色为特征，其造型和烧制方法具有明显的宋元时代瓷器的特点。出土的器物中，品种有碗、盘、碟、壶、罐、瓶、高足杯等，在日本、菲律宾和印度尼西亚等国家发现有不少同类器物，证实为外销瓷生产的重要遗址。屈斗宫古窑址对研究宋元时代中国的民窑体系，以及瓷业的生产规模、窑炉发展、烧制工艺和外销状况具有重要的价值。发掘以来，日本、英国、美国、荷兰、德国、丹麦、澳大利亚等一些国家的考古专家、学者以及香港地区，国内 20 多个省、市、自治区的考古工作者先后前来参观考察。

【德化陶瓷博物馆】 位于唐寨山森林公园内，毗邻陶瓷学院，是福建省第一家资料齐全的陶瓷专业馆，占地 5.47 公顷，大楼建筑面积 5700 平方米，为框架结构两层仿古建筑，内设六个展示及学术报告厅、陶吧、资料室、库房、监控室室等。该馆于 2003 年 10 月动工建设，投入资金 1200 多万元，2006 年 10 月完工，现有藏品 5000 多件，其中国家一级文物 10 件、二级文物 5 件、三级文物 408 件。博物馆一楼大厅镶嵌有一幅长 13 米，宽 2.60 米，由 520 块德化白瓷制作而成的高浮雕壁画，展示了德化窑拱制、德化瓷制作生产以及对外贸易的状况。

【洞上陶艺村】 位于三班镇蔡径村，距城区 2 千米，实际面积 59 公顷。景区以德化瓷烧制技艺非物质文化遗产和古龙窑（月记窑）柴

德化县龙浔镇陶瓷街　　　　（图 / 县旅游事业局）

德化县陶瓷博物馆　　　　（图 / 县旅游事业局）

烧、传统手工制作为主题，以当代国际陶瓷艺术创作、交流、展示等陶瓷文化活动为载体，整合蔡径古村落的农耕文化、民俗风情、天园风光等自然资源。陶艺村拥有综合服务区、月记窑当代陶艺家创作中心、陶艺家工作室、两岸大学生陶艺工作区。在这里可以与有 400 多年历史的龙窑的活化石——月记窑对话，感受乡村最传统的陶瓷制作和烧制的工艺；大学生创意工作室有最具创意的时尚与古朴的陶艺作品；陶艺 DIY 的体验区可以让每位游客体验与瓷泥互动带来的快乐；农耕民俗文化和家庭农庄可以让每位游客回味孩提时的生活情境和绿色美食。

【顺美陶瓷文化生活馆】 位于德化县浔中镇城东工业园，于 2010 年投建，建筑面积 20000 平方米，其中文化创作场所 5000 平方米、文化产品展示中心 10000 平方米、其他配套设备 5000 平方米。该馆是一个多元化的国际陶瓷文化创意公共服务平台区，是国际陶瓷创作大师、中央美院、福州大学、华侨大学等学院的师生创造实践基地。主要包括陶瓷文化大师创作基地、陶瓷国际文化礼品区和中国陶瓷文化礼品区、海丝陶瓷文化历史博物馆等，是德化陶瓷传统雕塑、陶瓷传统绘画与书法装饰、陶瓷瓷花制作、陶瓷漆线雕、西洋工艺品创作、个性茶具（手工柴烧瓷器）等多元素、全方位的陶瓷文化创意创作中心。

（县旅游事业局 供稿）

山水生态旅游

【戴云山国家级自然保护区】 素有“闽中屋脊”之称的戴云山地处北纬 25°38′07″ ～ 25°43′40″，东经 118°05′22″ ～ 118°20′15″，因戴云峰“一柱撑空”，高出云表，常被云雾所盖而得名；又因戴云山顶峰常有积雪，故又名迎雪山，是福建省中部主要山脉。山体由大戴云、小戴云、中尖、白鹿贡、莲花池贡、牛皮尖、大格贡等七座海拔均达 1660 米山峰组成，其中主峰——大戴云海拔 1856 米，为福建省境内第一高峰，故古时有“天下无山高戴云”之说。戴云山景色秀丽，奇峰异石，使人神移目迷，叹为观止。明代张助曾把戴云山的风光景物概括为“戴云秋献”“迎雪春潮”“三山耸秀”“一柱擎空”“七里盘谷”“六朝真僧”“石帽顶冠”“凤髻通玄”“云窝古寺”“涧畔石舟”“天池丽雪”“石壁悬松”“云中石厂”“天外线泉”“山西石鼓”“岩东石钟”等十六胜景。

【岱仙湖国家水利风景区】 概况　位于水口和南埕两镇，包括岱仙湖、岱仙瀑布、石龙溪漂流和塔兜温泉四个区域，形成“一水带四区”的

南埕镇石龙溪橡皮艇漂流 （图 / 县旅游事业局）

景观组合。“一水”以贯穿水口镇和南埕镇为主线，将岱仙湖休闲区、岱仙瀑观光区、漂流探险区和温泉度假区“四区”相连接，集湖静、瀑绝、溪险、泉奇等特色为一体。2008 年 9 月，被批准为国家水利风景区。

岱仙湖休闲区　为景区水资源景观中心依托点，拥有 1433 平方千米流域面积，植被覆盖率 80% 以上，湖面宽广，面积 2.40 平方千米，水质清澈，湖岸林木葱郁，山青水碧，环境优美。景区由环船岛山、下狮山、背腰里内湖、大云山内湖、葫芦坑内湖、虎尾山田园等景点连成一体。

岱仙瀑观光区　岩层断裂发育，落差大，形态奇异，是景区内一道靓丽的风景线。溪水经飞仙山峰，分成两股飞泻直下。东为岱仙瀑布，高 184.05 米，宽约 30 米，西为油漏漈瀑布，高约 110 米，宽 80 米。枯水期时，山泉叠成一条宽 1～3 米的流瀑缓缓而下，从远处看，像一缕油水在光滑的悬崖上流淌，颇具情趣。

漂流探险区　分为石龙溪橡皮艇冲浪和桃仙溪竹筏漂流两个河段。石龙溪橡皮艇冲浪，全程 4 千米，落差 36 米，有 69 个弯，88 个急流点，历时近 5 个小时，沿途水流湍急，溪水清澈，森林茂密，野生动物众多。桃仙溪竹筏漂流，全程 6 千米，历时 1 个多小时。沿途有天然小岛、千年石寨、苏潭映月等名胜古迹和秀美风光。

温泉度假区　位于南埕镇塔兜村，有大小温泉眼 10 多个，水温高达 92℃，日出水量约 50 吨，可溶性 SiO_2 含量较高，属偏硅酸温泉水质，有助于提高人体皮肤弹性、儿童骨骼发育，防止老年人骨质疏松作用，具有保健、美容、护肤、疗养的功效。蕉溪温泉位于雷峰镇蕉溪村，距德化城关 10 千米，交通便利。自古以来，蕉溪村就以温泉闻名遐迩，该温泉处于主要地热异常即东南沿海地热活动带中部，地热异常显示较明显，水热活动强烈，补给充足，地下热水以上升泉群形式出露地表，是福建省低温温泉分布带之一。已探明 7 处天然地热水喷口，出水量大，日出水量约 5000 立方米，水温最高达 82℃，具有水温高、出水大、埋存浅、泉质优、分布广、含硫低、富含偏硅酸、氟等微量元素的特点，是休闲疗养的胜地。

【石牛山国家 AAAA 级旅游景区】

位于德化县的东北部，地处戴云山脉中段，主峰位于水口镇，海拔 1782 米，总面积 86.82 平方千米，由石牛山、岱仙、浐溪 3 个景区组成。公园以极具科学性、稀有性的地质遗迹，优美的地貌景观，良好的生态环境和源远流长的人文景观为其特色，是集旅游观光、休闲度假、科研及科普教育于一体的综合性地质公园。2003 年石牛山被国家林业部授予“国家森林公园”称号，2005 年 9 月被国土资源部授予“国家地质公园”称号，是我国第四批国家地质公园。2011 年，石牛山获评国家 AAAA 级旅游景区。

【九仙山国家 AAAA 级旅游景区】

九仙山风景区位于德化县西北部，景区面积约 13.6 平方千米，分为九十九洞景区、仙峰寺景区、弥勒洞景区、只有天景区、天池景区等四大景区。九仙山是闽南地区的宗教圣地，景区内文物蕴藏丰富，有至今保持完好的省级文物保护单位唐代弥勒石刻造像及戴冠观音石刻造像等，景区内奇岩兀立，怪石遍布，峰峦叠嶂，幽洞密布，万木竞秀，四季各异，年均雾天、相对湿度、风速均居全国第二位，山上常年云遮雾绕，风云变幻、经常出现云海、佛光、雾凇等气象景观，是一座集观光、朝圣、避暑、疗养、度假为一体的旅游胜地。2014 年 12 月，九仙山正式获评国家 AAAA 级旅游景区。

【云龙谷国家 AAA 级旅游景区】

国宝云龙谷是国家 AAA 级旅游风景

九仙山日出　　（图／县旅游事业局）

区、省级水利风景区，位于德化的中部略偏西南，省道206线旁，距城关15千米，交通便捷，是戴云山麓最理想的山水田园休闲旅游驿站，是天然的森林氧吧。景区按“一带四区”布局，即峡谷游憩带、田园体验区、宗教观光区、休闲度假区、生态探险区，总面积333.33公顷。景区内有1200多种高等植物、100多种大型真菌、100多种内陆栖脊椎动物，呈现出戴云山独特的生物多样性，是天然的森林氧吧。2014年，佛岭村入选国家第三批传统村落名录，2015年入选第二批省级特色景观旅游名村和中国乡村旅游模范村。

【石牛山国家森林公园】 位于福建省中部腹地，属戴云山脉的第二高地，森林公园境内的最高峰海拔1782米——石牛山，素以风险、石怪、树奇、洞幽闻名，是中国两处放射状古火山爆发口之一，有龙泉洞、碧虚洞、龙凤石、老龟征途等一百多处景点，山岗石林遍布，成片的原始红豆杉与数十种国家保护珍贵树种郁郁葱葱。景区具有丰厚的旅游资源，主要部分有：地文景观、水文景观、生物景观、人文景观、天象景观。森林公园境内森林景观、动植物资源丰富，分布着10多种国家一二级保护珍贵树种和12种国家重点保护野生动物，有着浓郁的森林生态旅游景观资源。公园境内人文荟萃、渊源深厚，文物古迹灿若繁星。森林公园有“山古、石奇、水秀、壑幽、峰峻、林茂、树怪、史悠”的风景物点，风景资源质量等级达到二级标准。2003年，石牛山被国家林业局授予“国家森林公园”称号。

【石牛山国家地质公园】 位于德化县与永泰县、仙游县三县交界处，地处戴云山脉中段，主峰海拔1782米，由石牛山、岱仙、浐溪3个景区组成。主要地质遗迹有：水蚀花岗岩石蛋地貌、崩塌堆积地貌、石牛山复活式破火山口、晚白垩世石牛山组层型剖面、粒状碎斑熔岩、潜火山岩的垂直分带及瀑布、溪流。以峰险、石怪、树奇、洞幽闻名，有龙泉洞、飞凤石、老龟征途等景点百来处。山岗石林遍布，成片的原始红豆杉与数十种国家珍贵树种郁郁葱葱，山中名观——石壶祖殿是闽台两地的道教圣地，流传着甚为广泛的神奇故事。2005年9月被国土资源部授予“国家地质公园”称号，成为中国第四批国家地质公园。

（县旅游事业局 供稿）

交通 邮政 通信

交通运输

【概况】 2016年，全县交通基础设施建设完成投资18.60亿元，兴泉铁路、德化城关至永泰嵩口高速公路取得突破，厦沙高速德化段、镇镇有干线工程杨梅至葛坑公路和汤头至下涌村公路建设稳步推进，完成农村公路提级改造36.30千米、危病桥改造2座，开通城区公交7号线。全县共完成公路运输总周转量1323056万吨千米，比上年增长7.10%。

【兴泉铁路建设】 该方案由中铁二院负责设计，采用国铁一级标准，单线，设计时速160千米/小时，限制坡度单机6‰，双机13‰，电力牵引，在德化县境内里程长28.52千米，总投资约22.82亿元。6月，兴泉铁路宁化至泉州段可行性研究报告获国家发改委批复，至12月底完成设计外业定测、现场调查、环境公众参与测评、社会稳定风险评估，初步设计已通过国家铁总评审，完成施工图纸设计，扩大站房建设规模申报材料已上报国家铁路总公司并获批准，完成施工图纸设计现场勘查，其中宁化至泉州段先行工程于9月26日在三明市清流县开工建设，标志兴泉铁路开工建设。

【公路建设】 *德化城关至永泰嵩口高速公路* 该项目规划方案由省发改委、交通运输厅负责编制，全长约63千米，总投资约65亿元。12月20日，省政府办公会议研究通过的《福建省高速公路网规划（修编）》（2016—2030），正式将该项目列入省高速公路“六纵十横”的一纵规划。

厦沙高速德化段 德化县境内里程54.29千米，概算投资48.28亿元，2016年度完成投资17.60亿元，占年度计划的135.40%，累计完成投资36.53亿元，占概算总额48.30亿元的75.60%。其中，工程建设方面：1—12月累计完成投资17.60亿元，累计完成路基工程98%、桥梁工程99%、隧道工程95%、路面工程50%、房建、60%、机电15%。安征迁方面：项目征迁工作基本完成，转入安置建设阶段。完成沿线零星安置130户，面积1.35公顷。规划建设集中安置地18处，面积16.30公顷（新增3.78公顷），征收集中安置地15.34公顷，完成94.10%。收集整理内业资料房屋拆迁协议413份。

镇镇有干线 杨梅乡至葛坑镇公路：已完工通车，总投资19958万元，建设里程17.20千米。截至12月底，完成土石方挖方218万立方米、填方145万立方米、砌体76665立方米、涵洞60座、桥梁2座、路基17.20千米、路面、17.20千米，累计完成投资19958万元，占总投资的100%；汤头乡至联三线（下涌村）公路：总投资10500万元，建设里程8.88千米。截至12月底，完成土石方挖方72万立方米、填方56万立方米、砌体32940立方米、涵洞36座、桥梁1座、路基8.88千米、路面完成8千米，累计完成投资9915万元，占总投资的94.43%。

农村公路提级改造工程 2016年总投资2106万元，完成提级改造36.30千米，占年度投资计划的156%。

危病桥改造 总投资135万元，实施危病桥改造2座，即三班镇塔岭脚桥和杀猪石桥。

农村公路安保工程 投资798万元，实施农村公路安保工程7条66千米。

公路养护 对全县群养公路590条1948.72千米进行日常养护。

加强监督 10月20日，德化县交通基本建设工程质量监督检测

站成立，挂靠在县农村公路养护管理所，进一步加强交通工程质量、安全监督工作。

【道路客运】 2016年，全县从事道路客运企业4家（其中旅游客运1家）、货运企业5家、城区公交企业1家、城乡公交企业1家；二级客运站2个；从事机动车维修企业19家（其中一类1家、二类4家、三类14家）；B级综合性能检测站1家；驾培机构4家、教学车辆265辆，教练员323人，年培训能力达5200人。全县共有货车983辆、班线客车172（旅游客车9辆、农村客车29辆、城乡公交车7辆）、城区公交车50辆，出租车66辆。2016年，全县完成公路客运量129.76万人、客运周转量7528.08万人千米，与2015年基本持平；道路货运量596.60万吨、货运周转量122735万吨千米，比上年增长7.50%、7.40%；城区公交客运量900.67万人，比上年增长6.17%。拥有省际客运班线3条、省内市际班线19条、市内县际班线20条、农村客运班线11条。

【运输市场管理】 春运工作　2016年春运（1月24日至3月3日）期间，全县日均投放客运车辆160辆，总座位4530座，发送8750班次，组织加班75班次，累计运送旅客13.15万人次，比上年下降20.80%；投入公交车50辆，累计运送旅客69.90万人次，下降3.83%；投入出租车162辆。没有发生任何客、货车运输交通事故和长时间大面积旅客滞留现象，道路运输总体正常、安全、有序。

城市公交发展　2016年新增20辆电动公交车。开展城区公共交通专项规划，完成初稿编制，进入修改完善阶段。新开通城区公交线路7号线，延伸调整公交线路3条。规划建设公交车辆停车场，占地1.50公顷，总投资2800万元，设计方案已上报住建部门审批。

行政审批服务优化　开展行政审批和服务事项梳理，对进驻县行政服务中心的保留的行政许可和公共服务事项实行标准化管理，进一步改进、优化行政审批环节和流程。年审道路运输证773本、货车迁出29辆、个体许可90户；更新教练车5辆、新增教练员10名。

2月19日，副市长林伯前（中）到德化调研厦沙高速公路德化段建设情况　（图/县交通局）

质量信誉考核　根据省交通运输厅及市道管处有关质量信誉考核文件要求，分别对县客、货运企业及驾培机构进行综合考核，考核结果为：AAA级客运企业4家、AA级货运企业5家，驾培机构：AAA级1家、AA级2家、A级1家。

【安全生产工作】 隐患排查治理　开展交通行业安全生产检查，经常性组织开展明查暗访，加大对重要场所、重点部位及春运、春节、“两会”、清明、五一、中秋、国庆等重点时段的督查，狠抓隐患排查治理，从源头上有效防范各类事故发生。2016年，组织专项整治检查组21个，参检人员121人次，检查单位159个次，现场提出工作建议86条，当场整改安全隐患18个，发出整改通知书12份，发现隐患15个，已全部整改完成。强化道路隐患排查治理，实施农村公路提级改造工程36.30千米，对2座危病桥进行加固改造，对全县590条群养公路1948.72千米进行日常养护，实施生命防护工程7条66千米。

安全生产管理　加强营运车辆动态管理，严格落实动态监控平台24小时值班制度，监控车辆安全运行状况，杜绝超速、超载违法行为；严格落实“三不进站，六不出站”（危险品不进站、无关人员不进站、无关车辆不进站，超载客车不出站、安全例检不合格客车不出站、驾驶员资格不符合要求不出站、客车证件不齐全不出站、出站登记表未经审核签字不出站、乘客和驾驶员不系安全带不出站）制度；督促各客运企业教育营运驾驶员在车辆行驶过程中不得有拨打、接听手持电话、看短信等妨碍安全驾驶的行为；推进“平安交通”建设，加强“两客一危”车辆的安全监管，严格执行车辆行驶安全管理规定，严格消防、应急设施装备的配置使用，道路客运运输企业安全生产标准化达标率100%；加大安全生产标准化创建力度，实施部颁标准化建设企业14家，其中客运（含旅游）企业4家、客运站2家、出租汽车企业1家、货运企业2家、维修企业3家、公交企业2家，其中一级达标企业1家、三级达标企业13家；与公安、安监部门联合开展危险化学品道路运输安全路面专项执法行动；开展道路运输平安年活动；强化治理超限运输工作和路政执法力度，以出租汽车、非法营运“黑车”、货车超限运输、客运班车为整治重点对象，以无证经营为重点整治内容，强化路面一线执法，重点检查车辆配员、安全例检、驾驶员资格、营运牌证、安全带配备等情况。

交通安全宣传教育 2016年，开展各类宣传5次，发放《致春运驾乘人员的一封信》等各类交通安全宣传材料约2000份、发送手机警示短信约6000条、制作宣传条幅35条，及时通报恶劣天气、交通事故和路况信息，提醒驾驶人安全驾驶；持续开展“安全带-生命带”专项行动，各客运企业、客运站在客车边窗及座位前张贴“请系好安全带”标识、在车载播放设备和车站候车大厅的显示屏幕上播放安全宣传片；组织客运（含旅游）、货运、二类以上维修企业负责人、车辆技术管理人员和运管人员计26人召开宣贯培训会，进一步提高车辆技术管理水平。

【综合行政执法】 持续保持对“六车一船”（旅游包车、班线客车、危险品运输车、教练车、出租车、公交车、校车和船舶）和路、厂、站、校的高压监管态势，确保辖区交通运输市场的平稳有序发展。全年出动执法人员4443人次，检查客货运车辆10474车次（包括春运服务岗联合检查登记），检查企业、场站256次，查处违法案件353起，行政罚款93.56万元。将“两客一危”（从事旅游的包车、三类以上班线客车和运输危险化学品、烟花爆竹、民用爆炸物品的道路专用车辆）作为重点，深入开展规范出租车运营、严打“黑车”等行动。严整维修业、严查无证经营、严格超限治理，严整路域环境、严管内河水域安全等安全监管行动。重点打击非法营运、无从业资格证驾驶营运车辆、非法改装车辆从事道路营运的、客运车辆不按核定线路行驶、旅游客运车辆超范围经营、超限运输车辆擅自行驶公路、擅自从事危险货物运输、未取得从业资格证从事危货运输押运等违法非法行为。2016年，查处非法运输经营案件31起（危货案件9起、非法客运17起、非法货运5起），查处违法案件56起（无从业资格证驾驶货运车辆35起、客运班车不按线路行驶或站点停靠18起、旅游包车违法案件3起）。

【交通战备】 加强国防交通基础设施建设，贯彻落实交通战备工作正规化建设相关规定，开展交通战备动员潜力核查评估，完善应急作战交通保障方案预案，开展民兵整组工作，配合开展夏季征兵工作，落实各项安全保密措施。

（撰稿人：陈晓秋 审稿人：陈神谋 梁福华 蒋剑麟 周光辉）

【泉州市汽车运输总公司德化公司】 主要经济指标完成情况 2016年，站点营收累计为1637万元；上缴税金为205万元。

行车安全基本情况 公司营运车辆79部，集体行驶里程累计达：

11月30日，县交通综合行政执法大队开展全市治超统一行动

（图/县交通局）

7.79 百万千米，无发生一般（含）以上行车事故。行车安全四项指数严格控制在总公司年初下达的指标内（行车事故次数频率 0.64 次 / 百万车千米、行车事故伤人频率 0.26 人 / 百万车千米、行车事故责任死亡频率 0 人 / 百万车千米、行车事故直接经济损失频率 0.78 万元 / 百万车千米），无发生机件、工伤事故和治安刑事案件。

业务经营管理　投入 170 多万元建设德化首个电动汽车充电站并投入使用；推进城东公交站大楼及停车场项目工程建设，完成土地平整和图纸设计等工作；化解德化至石狮、德化至泉州快运和德化至泉州普客等客运专线因客运市场下滑引发的经营矛盾纠纷；根据民众出行需求，组建成立德化县闽泰汽车租赁有限公司，建立工作机制、组织机构、办公地点、岗位设定和人员配置等工作程序和规章制度。

安全生产教育管理　全年召开安全会议 36 次，参加人数 1070 人次；举办安全教育培训 51 次、3496 人次参加；发布安全简报 22 期刊出墙报 22 期悬挂标语和横幅 90 条；发布安全警示短信 46238 条；开展消防知识讲座和实地灭火演练活动 1 次。不定期对公司所辖家属生活区、出租店面进行安全检查；加强危险品检查力度，及时消除安全隐患。全年共组织安全检查 113 次、开展各类隐患排查 97 次、排查车辆 2998 辆次、物业排查 16 次，累计发现安全隐患 50 项，已全部整改。

运输业务管理　利用联网售票系统送票上门，车站设置学生及外来工购票窗口，春运营收 253.70 万元，比上年减少 17.91%，运行班次 5739 班，比上年增长 0.54%，运行人数 5.62 万人，减少 17.13%；与县公安局联合开展“2016 年德化县春运启动日暨‘情满旅途’文明交通宣传活动”；与县共青团联合开展“青春志愿行、温暖回家路”主题实践活动；8 月份恢复运行德化至泉州高铁站的运输客运班线；加大宣传手机网络订票、手机微信查询、自动售票机等服务功能；质量信誉考核评分为 84.5 分，获得 AAA 级。

5 月 6 日，县闽兴公交西门车站至六中 7 号线顺利开通

（图 / 泉州市汽车运输总公司德化公司）

公交旅游生产经营状况　至年底，公交车辆 50 部，运行线路 6 条。2016 年 1 月、5 月，先后开通坪埔中医院至乐陶小学第 6 号公交线、德化汽车站（西门）至第六中学 7 号公交线路。对 3 号线进行延长，优化并延长公交 5 号线、6 号线。2016 年，公交车辆安全行驶里程 398 万千米，运送市民 812.68 万人次，办理各类公交卡 2756 张。

（泉州市汽车运输总公司德化公司供稿）

公路管理

【公路养护管理】　公路小修管理　2016 年度，公路养护质量综合优良率 92.5%、干线优良率 97.8%。投资 1240 万元完成深海格隧道渗水处置 11.70 米 /5 处、桥梁检查通道 550 米 /12 座、涵洞检查通道 300 米 /14 座、更换桥梁伸缩缝 31.50 米、更换桥梁伸缩橡胶缝止水带 76 米、修复涵洞进出水口 12 座，进行玻纤维圆管涵损坏注浆处置 6 座；修剪枯死绿化枝干约 300 株、清除冻死绿化苗木约 5000 株、绿化物全面追肥 1 次及除虫 3 次、补植绿化灌木 5600 株、爬藤植物 3300 株；集中全面清理排水系统 4 次、修复局部损毁排水系统 498 米 /97 处；做好水泥路面的清灌缝作业，根据水泥路面接缝的使用周期及接缝材料损坏情况，2016 年来共完成 X346、X354、X351、X357 线的水泥路面清灌缝作业 64.97 千米；集中组织对 S206 线、X346、X354、X353 线易产生落石病害的公路上边坡采用人工清理、高压水车冲洗等方式清除隐患；对公路沿线的路树、路沿、涵帽等进行刷白，对桥梁护栏、防护栏、警示柱等安保工程设施进行清洗修复；做好路面保洁工作，结合市、县“美丽乡村”环境卫生考评标准，将路面日常保洁列为公路站月份考核重点，采取机械化作业和人工清扫相结合的方式，及时清除路面垃圾和落叶杂物，实现全天候、全方位、全路段保洁，维护干净靓洁的通行环境。

路面中修或改造工程　S203线K197+600-K197+700路段调坡整治工程完成投资59万元；X354线及Y136线汤头乡至联三线（下涌村）路段镇镇通干线建设工程投入配套补助资金590万元；X354线杨梅乡至葛坑镇大正路段镇镇通干线建设工程投入配套补助资金1175万元。

桥梁中修工程　S203线村场大桥、南埕大桥、双交林大桥3座桥梁病害修复工程完成投资15万元；S206线龙涤大桥病害修复工程完成投资9.5万元；专养公路桥梁检查通道完善工程完成投资20万元。

安保工程　完成钢筋混凝土防护栏760延米、交通标志牌130面，交通标线253平方米。X354线K111+800-K121+800路段安保完善工程完成投资4.50万元；X346线K38+100-K57+956路段安保完善工程完成投资39.54万元；X346线K23+800、S206线K100+000、S203线K208+800 3处乡村交叉路口整治工程完成投资3.85万元；德化境内专养公路交通指示牌完善工程完成投资65万元。

边坡灾害防治工程　X346线K52+185-K52+265路段边坡灾害防治工程完成投资45万元；X346线K52+360-K52+590路段边坡灾害防治工程完成投资305万元；X354线K119+200-K119+300路段边坡灾害防治工程完成投资36万元。

排水系统整治工程　X351线K28+000-K33+500路段排水系统整治工程完成投资54万元；X354线K97+334-K111+700路段排水系统整治工程完成投资180万元。

公路站改造工程　城关、赤水、葛坑、南埕、雷峰5个公路站标准化改造工程完成投资83万元；上涌公路站附属设施建设工程完成投资33万元。

公路应急体系管理　完善应急预案，公开抢险应急电话，加强防汛抢险值班，加强应急物资库存储备管理，及时做好物资采购补库工作，不断完善各种配套物资，提高应急物资储备效能，做到物资、管理、人员三到位；做好应急抢险机械、抢险设备的管理工作，实行定岗定责，专人管理，保养及时，不断提高应急抢险能力；加快路网中心建设，路网中心于12月1日建设完成并投入运行。2016年投资1005.36万元，清理土石溜方149161.50立方米/191处、增设挡墙7229.50立方米/26处、塌方改路123米/1处、修复损毁停车区1处。

安全生产　全年安全生产、内部保卫无事故，安全生产率100%。

【重点工程建设参与】　抽调3名技术人员参与厦沙高速公路建设，抽调2名技术人员参与“镇镇通干线”工程建设。其中“镇镇通干线”工程总投资30458万元，共配套资金1765万元，截至11月30日，汤头乡至联三线（下涌村）路段的“镇镇通干线”建设工程（建设里程8.88千米）拨付配套资金590万，完成路基工程8.88千米、路面工程8千米；杨梅乡至葛坑镇大正路段的镇镇通干线建设工程（建设里程17.15千米），拨付配套资金1175万，完成路基工程17.15千米、路面工程13千米。

【公路路政管理】　全年上路巡查262车次、669人次，开展联合整治行动33次，纠正、制止各种路政案件150起，受理审批路政许可13件、协议式管理案件1件、办理路产赔偿案件34件，收取赔、补偿

省道203线英山路段　（图/县公路分局）

费 25.55 万元，办结率 100%，群众满意率 100%。开展联合巡查 33 次，维护养护施工路段秩序 42 次；5 月 13 日，县政府办公室下发《关于确定公路用地和划定公路建筑控制区等范围的通知》，为县境内国省干道和县乡公路的保护和路政管理打下良好基础；严格按照许可审批的程序、权限、时限实施路政许可审批，认真落实行政服务中心窗口制度，执行一次性告知、限时办结、马上就办等规定加强窗口建设；5 月份以“路政宣传月”为契机，深入开展“三走进”活动（即走进校园、走进社区、走进村镇）广泛宣传；9 月份结合新《超限运输车辆行驶公路管理规定》的施行，开展治超新规的宣传，设立宣传点，向过往车辆分发宣传资料；利用新闻媒体、宣传标语等多种形式大力宣传公路相关法律法规。全年共发放宣传资料约 4700 份，在《泉州晚报》《东南早报》、中国交通新闻网、中国公路网等媒体发表文章 20 篇。

（县公路分局 供稿）

邮 政

【概况】 2016 年公司累计完成邮政总收入 2354 万元，完成年度指标的 109.50%，比上年增长 20.4%。

【金融业务代理】 累计完成收入 780.54 万元，完成率 96.36%，泉州市各市县区排名第五。截至 12 月 31 日，代理金融网点期末余额为 41306 万元，平均余额为 38297 万元。

【速递物流类业务】 累计实现收入 830.08 万元，完成年度指标的

3 月 28 日，德化邮政公司开展夕阳红俱乐部南音交流汇演

（图 / 县邮政局）

169.40%，比上年增长 118.61%，完成率和增幅均居全市第一。其中，快递包裹完成收寄 95 万件，累计实现业务收入 791 万元，提前 181 天完成快递包裹全年任务指标，为全市第一个率先完成全年指标的单位。

【邮政传统业务】 基础函件业务完成收入 174.63 万元，完成率 129.36%，全区排名第一。分销业务完成收入 67.77 万元，完成率 33.88%。增值业务完成收入 38.31 万元，完成率 63.85%。集邮业务完成收入 188.99 万元，完成率 130.34%，全区排名第一。报刊业务完成业务收入 134.44 万元，完成率 89.63%。

【邮政网络建设】 配合电力部门做好空白网点的建设，制定网点布点发展措施，完善电力空白点便民站建设。成立农村电商运营团队，做好邮政农村电商相关平台（如邮掌柜）的运营管理工作，截至 12 月底建设网点 10 个，并在三班开发区建设一个农村电商邮掌柜旗舰店展示中心，同时以农产品进城为重点，帮助农民通过搭载邮乐购平台进行农产品销售。

【服务“三农”】 连续七年协助政府做好大化肥冬储工作；加强与政府部门合作，对接政府化肥配送等服务三农项目，全年配送化肥、药肥 165 吨；利用网络优势，在果品成熟期做好德化梨分销配送，将德化梨销往全省各地，打开销售市场，累计配送德化梨一万多斤，帮助果农解决德化梨的销售及配送工作，实现农资、农产品“双向物流”双创收。优化 3 个村级三农服务站，提升服务三农能力，同时提供支农小额贷款服务，帮助农村种植养殖大户和中小企业主解决“贷款难”问题。

（撰稿人：陈田生 审稿人：卢清墩）

中国电信德化分公司

【概况】 2016 年，完成预算口径考核收入 9405 万元，比上年增

幅 3.37%；缴纳地税 83.40 万元，国税增值税额 190 万元；城乡电话用户 4.30 万户，天翼用户 8.70 万户，宽带用户 4.10 万户，ITV 互动电视用户 2.10 万户。

【项目建设】 “智慧城市”建设 2016 年投入 1000 万用于智慧城市、智慧政务、智慧经济、智慧民生等项目拓展。10 月份持续以智慧城市为中心，推进办公应用软件、全球眼、物联网、云计算等信息化产品应用建设，推进智慧校园、智智企业、智慧物流、智慧政务、智慧民生等信息化发展；已完成墨苑小区、炭湖坂危旧房改造等项目的综合布线工作，进入验收及送审阶段。

“全域光网县”建设 实现城关区域及各乡镇镇区 100% 覆盖光网络，行政村 ODN 光网络 100% 建设完成，成为“全省首个全光县”，光宽带用户占比超过 90%。2016 年在原“光网城市”的基础上主动规划，加大投资，实现城关区域内所有 ADSL 宽带用户 100% 迁移到光速宽带，现有窄带用户及新增宽带用户 100% 具备光宽带接入能力，促进现代办公、商务移动化、智能化，助推电子商务发展。

“居家养老项目”建设 5 月 24 日县政府下发《德化县人民政府办公室关于印发德化县居家养老政府购买服务实施方案的通知》，6、7 月份进入登记建档、实名认证阶段，由老龄办安排每日行程入村入社区进行实名登记，“互联网 +”居家养老综合服务分两批启动，八月底完成首批 3000 户服务受理，九月份完成首期 18 个乡镇手机发放。

“翼支付城”建设 实现“一卡通”与“翼支付”的对接，用翼支付充值一卡通，让群众享受便利与优惠。分公司立足于以为民、便民、利民为服务宗旨，不断加快翼支付商家拓展，截至 12 月，德化线下商家消费点累计到达数 190 个，翼支付年度活跃用户数达到 6.4 万余户，翼支付生活圈已初具规模。

“实名制”登记 持续推进用户实名制工作，按承包责任田把工作明确细化到岗到人，所有渠道网点、客户经理务必知晓此次检查工作，知晓实名入网要求，截至 12 月份，实名制完成 99.89%。

【网络建设】 4G 建设 加快无线宽带城市建设，2016 年 1—10 月完成投资 1780 万元，完成 2016 年 4G 建设站点规划，站点选址 97 个、开通 4G 基站 77 个、建设配套光缆 2141 纤芯千米。把服务群众的宽带服务五项承诺列入重点考核指标，打造“金牌”宽带服务。2016 年宽带服务满意度在 90% 以上，分公司还开展体验式、顾问式、自助式等营销模式，客户综合满意度在 85 分以上。

渠道体系化建设 2013 — 2016 年，投入百万元开展社会渠道体系化建设，完成凤池、浔中、宝美等营业厅硬件升级，开设南门、东大路、城东开发区等商圈新建网点，进一步完善渠道网点布设及硬件设施。

（中国电信德化分公司 供稿）

中国移动德化分公司

【概况】 2016 年，中国移动德化分公司收入 1.30 亿余元，其中无线上网收入 6000 万元，比上年增长 30% 以上，增幅居泉州市所有县市的第 1 位。截至 11 月，德化移动通信用户达 18 万户，其中 4G 用户突破 10 万户，占德化全部 4G 客户的 69%。4G 手机终端数据流量在 4G 网络承载比例达到 89%，较 2014 年提升 24PP。

【移动 4G 网络建设】 截至

9 月 17 日，中国移动德化分公司组织人员抢修通信设施

（图 / 中国移动德化分公司）

2016年12月，累计投入8000万用于移动4G通信网络建设。2016年累计新增4G基站330个，4G现网规模近710个，覆盖人口超过27万，占全网基站61%。已实现主城区、县城城关、发达乡镇全境、普通乡镇镇区以及旅游景区热点区域的4G网络覆盖，行政村覆盖率100%，VLR覆盖率100%。2016年14号台风“莫兰蒂”、17号台风“鲇鱼”给德化通信造成重创，德化移动迅速启动抢险抗灾保通信工作，在最短时间内给受灾严重的水口、南埕等送去救援的生命信号。积极做好网络优化调整提升工作，共对34个天线较低的站点加塔进行射频升高，改善网络覆盖。

【信息化建设】 投入2000万元用于支持县“智慧城市”建设，在公安城市安全视频监控、社区网格化建设、智慧林业、智慧旅游、智慧校园、智慧医疗等建设项目中充分发挥移动的信息化专家作用。截至12月底，公司共计建设公安城市安全监控线路350余条；建设“校讯通”家校互联平台；搭建智慧林业护林员森林防火定位监控平台；搭建县医院双活数据中心；建设浔中镇政府、兴南社区综治网格化平台等。截至2016年年底，共投入6000万元用于打造德化县光网县城，新增5万个FTTH端口，移动光纤宽带用户达2万户，增幅达31%。实现城关、主要行政村和全部旅游景区全覆盖。

【实名制换卡】 与公安等部门紧密合作，结合实名制的落实，全量换卡率超97%，实名制近100%，新入网号码实名达100%，排名泉州市所有县市前列。2016年，配合县公检法有关部门查获重大伪基站通讯诈骗案4起。

（撰稿人：郑丽芬 审稿人：连朝灵）

中国联通德化分公司

【概况】 截至12月，累计电话用户3.90万户、宽带用户0.90万户，其中2016年净增 0.10万户；全年业务收入2025万，累计比上年提升3.80%。

【4G网络建设】 加快4G规模扩张，全面导向真4G销售，新增用户4G网络附着率占比从2015年12月13%提升至48%；加快存量用户4G化，4G用户规模从2015年12月占比14%提升到2016年12月份占比32%，定比提升151%。共开通141个4G基站，为德化用户提供高达百兆的手机上网体验。完成25个基站共建共享。加大丁溪、三班等3个环网18千米传输优化建设，完成广电附挂15千米改造进度，完成县城两镇15个光交的纤芯整治工作，结合县政府的道路改造工作新建管道路由约12千米左右，传输隐患整治66段，增强德化联通的网络健壮性。开展中医院移动诊疗、教育智能化、信息化、智慧工地、驻地网等项目。

（中国联通德化分公司 供稿）

6月26日，中国联通德化分公司组织人员到泉州工艺美术职业学院开展校园促销活动 （图/中国联通德化分公司）

宏观经济管理

【年度目标编制】 2016年，加强新经济增长点项目调查摸底，提出2016年国民经济和社会发展主要预期目标，编制《德化县2015年国民经济和社会发展计划执行情况与2016年国民经济和社会发展计划（草案）的报告》；组织实施“十三五”规划纲要，及时跟踪17个部门19个专项规划编制工作进展；修改完善“多规融合”初稿。配合市里做好能源利用和充电桩等规划编制工作。

【经济运行监测】 2016年，加强经济运行的月、季分析，走访恒瀚、三峰等36家纳税50万元以上工业企业，了解企业运行情况，撰写全县经济运行情况报告，强化对经济社会发展主要预期目标完成情况的监测预警，重点针对经济社会发展重点领域的变化情况，加强对关键性、苗头性和倾向性问题的跟踪分析，及时提出有针对性和可操作的对策措施；加强短板指标监测，实施主要指标月通报制度，每月对规模以上工业产值、第三产业相关指标完成情况进行通报，协调指导推进短板指标推进工作。

【主要课题研究】 围绕县委、县政府发展战略和经济运行中的热点、难点问题开展调查研究，就陶瓷产业转型升级、统筹城乡发展、“海丝”先行区建设等课题进行广泛深入调研，完成《德化县陶瓷产业供给侧改革思路》《德化县陶瓷产业转型升级工作汇报》《德化县新型城镇化工作推进情况汇报》《德化县“世界陶瓷之都”对外交流合作情况汇报》等材料，为县委、县政府提供决策参考。

【重点项目建设】 制定下发《德化县2016年城乡“6+4”提升工程重点建设项目实施意见》《德化县推进建设项目并联审批提速增效的实施意见》《2016年德化县城乡“6+4”提升工程重点项目分级分类管理名单》等文件，调整充实143个重点建设项目年度目标任务和挂钩项目领导、责任单位，细化项目建设主要节点目标；3月份，召开全县重大项目前期工作活动年动员部署暨重点项目推进会，开展“项目前期工作活动年”活动；8月底，召开全县加快项目建设百日大会战动员会，在全县范围内开展重点项目建设百日大会战活动，提速重点项目建设。至2016年12月底，143个城乡“6+4”提升工程重点项目，动工建设138个，开工率96.5%，完成投资78.28亿元，比2015年同期完成投资额增加7.95亿元，同比增长11.3%，（其中14个省市重点项目，开工12个，动工率85.7%，1—12月完成投资39.3亿元）；89个一般建设项目动工建设68个，完成投资2.49亿元。

【政策项目对接】 紧抓“一带一路”和德化纳入赣闽粤原中央苏区振兴发展规划的政策历史机遇，对接上级资金投向，做好资金争取工作。储备上报“十三五”中央项目222个、省级项目21个；申报2016年度中央、省、市投资项目124个，总投资76.17亿元；已下达中央、省、市资金项目58个，总投资12.31亿元，下达补助资金1.76亿元；筹备参加“6•18”项目成果交易会，全县征集上报项目对接55个，总投资11.16亿元，其中，合同项目44个，总投资9.36亿元，协议项目11个，总投资1.8亿元，征集技术需求10项，邀请专家5名，组织2家企业参展及30家企业参会。

【行政审批审核】 落实重点项目挂钩联系制度和部门审批联动工作

机制，深化行政审批改革，用好“绿色通道”“马上就办”制度，开展审批前置清理、服务申报材料“瘦身”工作，精简申报材料44项，保留申报材料61项；窗口接受咨询500多人次，办结各项行政审批事项621件，其中项目审批378件、核准4件、备案239件，审批、核准全部提前办结，备案按要求全部即时办结。

【经济体制改革】 推进民营经济改革、供给侧改革等经济体制改革工作，起草《德化县生态文明体制改革实施方案》《德化县贯彻落实〈福建省推进供给侧结构性改革总体方案（2016—2018年）〉的实施意见》；做好加快产业转型升级、重点产业转型升级路线图等工作；牵头做好经济体制和金融服务实体经济综合改革专项工作；组织20家企业参加省发改委举办的5场培训会，指导企业做好碳排放交易市场的前期工作。

【国防经济动员】 组建县水电保障分队30人和加油站分队10人两支基干民兵队伍；完成东南沿海（福建）木材储备动员中心（国家级）潜力和全县经济动员的潜力调查。

【公务用车改革】 制定下发《关于调整充实德化县公务用车制度改革领导小组成员的通知》，成立车改实施阶段5个工作组，组织审核各参改单位《具体实施方案》，出台《德化县公务用车制度改革具体实施方案》，启动县直机关公务用车服务平台推进车改各项工作。

【“海丝”先行区建设】 调整充实德化县21世纪海上丝绸之路先行区建设工作领导小组，协调、推进县“海丝”申遗项目建设和“海丝”先行区建设工作。

【统筹城乡发展】 承担陶瓷产业转型升级有关工作；配合统筹办，推进国家统筹城乡试点县申报工作；配合上级部门，做好中海油海西天然气管网德化支线和福建省天然气管网一期工程（仙游—永春—德化支线）的项目立项、可研、初设审批等前期工作。

（撰稿人：郑志阳 许云彪 审稿人：周益国）

财政

【概况】 2016年，全县一般公共预算总收入15.63亿元，比上年增收0.33亿元，增长2.10%。其中一般公共预算收入10.95亿元，占公共财政总收入的70.10%，比上年增收0.25亿元，增长2.3%。全县一般公共预算支出25.29亿元，比上年增长1.70%。

【企业扶持】 会同有关部门制定出台关于支持陶瓷业、矿业、旅游业、建筑业和房地产业等发展的相关政策；兑现涉企资金1.75亿元，推行营改增、提高起征点、资源税从量计征改从价计征、停征育林基金和价格调节基金、阶段性调低失业保险费率等结构性减税降费政策，减轻企业负担；逐步减少直接补助补贴，采取资本性、有偿性投入方式支持各类创新主体和产业集聚创新发展，出资1500万元，成立政府主导的融资担保公司，建立企业应急保障周转专项资金；出资400万元，设立“瓷艺贷”助保资金池8000万元；出资1200万元，建立扶贫小额信贷风险担保基金；出资900万元，设立新型农业经营主体合作发展基金，缓解企业“融资难”“融资贵”问题；会同经信等部门实施陶瓷产业园区循环化示范试点改造，参与企业235家345个项目，总投资10.08亿元，完成投资8.88亿元，完成总投资的88.1%，累计下达资金8750万元。完成《福建德化陶瓷产业园区循环化改造示范试点中期评估报告》，并通过中国国际工程咨询公司专家组评审。

【税收与债务】 加强对重点行业、重点企业能源消耗、销售申报等异常分析监管和一次性大宗税源动态管理，做好应对营改增实施后建筑业部分税款缴交由劳务发生地向机构所在地转移等问题，从源头上堵住征管漏洞；规范土地出让金、国有资产收益等收缴行为，做好契税、耕地占用税和非税收入征管；在做好本地财源征管的同时，加强外地施工企业、外来税收等的征管，努力挖掘增收潜力；合理调整安排一般债务和专项债务，将债务率和偿债率控制在合理区间；争取省财政厅核定2016年政府债务限额53.83亿元，留足债务空间；向上争取政府债券资金14.24亿元，其中新增债券2.66亿元用于保障性住房、公路、旅游和城乡基础设施公益项目建设，置换债券11.58亿元用于置换存量债务，减少利息支出，减轻还本付息压力。

【政策对接】 抓住省政府将德化列入统筹城乡发展试点县机遇，纳入新一轮（2014—2018）县级基本财力保障县的有利契机，主动对接推动德化城镇化发展等各项政策项目，充实县级基本财力保障县、生态财力转移支付补助等一系列上级支持内容；会同各乡镇各部门争取上级对德化工资改革转移支付、基础设施建设、生态保护、民生改善、经济发展等支持，省级各部门新出台的政策及原政策提标扩面补助，德化均享受第一档（最高档）补助待遇，年增加财力性补助资金1亿多元，年到位生态财力补助资金3000多万元。

【财政保障】 年度预算优先保证各部门、各单位人员工资和运转需要，优先保证农业、教育、科技的法定投入，确保法定部门财政投入高于财政经常性收入增幅。保障教育、科技、农业、文化、医疗、社会保障、城乡基础设施建设、维护社会安定稳定等支出。年初，拼盘安排74个项目资金22.88亿元，重点支持学校扩容建设、闽江防洪工程、公路改造、市政设施、工业园区、保障性住房等重点项目建设；配合相关部门做好全县财政性融资工作，为重点项目建设提供资金保障。

【财政管理】 健全资金拨付程序和内部监督管理制度，从严控制财政专户开设，强化财政资金使用管理，规范经费支出渠道；加强行政事业单位国有资产管理；做好全县公务用车制度改革、使用管理、车改经费、交通补贴等相关工作；分析、跟踪现行县对乡镇财政体制运行情况，谋划新一轮县对乡镇财政体制，保障乡镇运转的资金需要；加强预决算管理工作，做好国库集中支付电子化管理各项准备工作，全县110个预算单位全面纳入福建省财政一体化信息管理，推动乡镇实行国库集中支付改革，完善预算执行监控体系；盘活财政存量资金，对连续结转结余2年及以上的财政存量资金，及时收回上缴县财政部门；鼓励和提高单位清理存量资金工作积极性，对收回的资金原则上优先安排用于原单位必须的相关支出，全年清理盘活资金1.19亿元；将体育场、城东陶瓷园区配套基础设施等28个涉及民生和政府性重点项目纳入年度绩效管理，涉及资金3.58亿元，占一般公共预算项目支出预算的53.6%；加强预算绩效管理成果的运用，把绩效评价结果作为项目核销、资金安排和部门专项统筹考虑的重要因素。

【财政监督】 开展“1+X”专项督查，对行政事业单位三公经费等日常开支进行常规监督和重点抽查；开展会计信息质量检查和省级涉农资金“最后一公里”专项督查，及时发现和纠正资金管理使用中的不规范行为；通过政府公开招标采购方式，建立政府投资项目财政评审社会中介机构备选库，发挥财政投资评审领导小组、专家库作用，开展财政性投资项目联合评审工作，全年开展直接送审项目148个，送审金额9.38亿元，净核减0.79亿元，净核减率8.5%；完善政府采购管理制度，推进政府购买服务，全县完成政府采购1.13亿元，节约资金0.15亿元，节约率11.7%。

（撰稿人：危荣北）

国家税务

【概况】 2016年，组织税收收入59926.1万元（其中营改13834.2万元），比上年增收13257.7万元（含营改增），增长28.4%；办理出口退（免）税13550万元，其中：办理退税6050万元、免抵调库7500万元（增减因素：水电增收5100万，矿业抵、退减收3088万元）；加强对年纳税额在50万元以上、所得税纳税额50万元以上的重点税源企业监控，并分户建立登记台账，对冠福股份有限公司、阳山铁矿和部分电商大户等重点企业进行专题调研，有针对性的制定税收预案；跟踪“营改增”的房地产业、建筑业等重点企业，及时掌握收入变化情况。

【税务稽查】 重点查处虚开（抵）增值税专用发票、骗取出口退（免）税等涉税违法行为。2016年确定指令性检查项目：黄金交易、农副产品抵扣增值税；与地税、公安等部门联合开展打击发票违法犯罪专项行动，2016年检查企业5户，稽查结案4件，查补税款430.37万元（含自查补税106.3万元，增值税进项转出55万元）并全部入库，入库率100%。

【税务改革】 “营改增”推进制订《德化县国家税务局全面推开营改增工作实施方案》《德化县国家税务局全面推开营改增应急预案》等文件，确认核对营改增试点纳税人信息，应接收确认2949户，已确认接收2630户，未能确认接收319户；面向四大行业（房地产行业、建筑业、金融业及生活服务业）纳税人开展专题业务培训和政策辅导7场次，累计培训900多户次；加强国地税协作，对地税窗口代征人员进行全员培训，协调完成对地税代开系统的税控设备安装、调试和发票发售等前期工作。5月1日开出首张增值税普通发票；分行业开展营改增效应分析，按时完成4户总局确定样本企业申报和税负分析测算任务。

“金三”正式上线运行　成立“金三工作”（金税三期工程，负责对金税三期工程优化版推广工作的全面统筹、领导、组织、协调和监督，及时研究解决推广工作过程中的重大政策和管理问题等）领导小组，出台《德化县国税局金税三期工作实施方案》，分阶段开展“异常数据”指标的清理工作；2月4日至5月13日开展“金三”定向演练和真实业务场景模拟演练；6月2日起开展“金三”网上办税系统双轨工作；6月6日起同步开展核心征管全业务全量双轨试运行工作；加强宣传辅导，做好纳税人的解释工作，自7月8日“金三”单轨上线后，系统运行平稳顺畅。

税收征管　对接《税收征管规范（1.2版）》和《纳税服务规范（2.2版）》，结合对应的业务模块，着手开展对现有征管事项、工作流程和相关文书进行梳理；举办《全国税收征管规范（1.2版）》专题培训；将规范要求潜移默化为日常工作，将执行情况纳入绩效考核范围；3月至11月期间，对纳税服务科、四个税源管理分局落实市局“两个指引”工作开展税收执法专项督查。

税源风险　继续推行陶瓷行业“双控”（能耗管控及发票管控）管征办法，规范陶瓷行业管征，减少陶瓷税源流失；利用第三方电力、天然气、液化气等部门的相关数据，并加强同财政、发改、住建等部门的协作，筛选出144户能耗占比高于30%的企业进行核实，对疑点企业推送纳税评估任务，全年通过第三方信息查补税收收入373.11万元。全年完成纳税评估63户，入库税款566.32万元、滞纳金18.24万元，调减留抵金额78.87万元，进项税额转出24.65万元，未经过风险平台辅导纳税人自查补税66万元，合计744.65万元，风险应对完成率100%，风险分析识别命中率79.37%；落实促进泉州市产业转型升级、新型业态发展和税源回流工作，全年完成11户，入库税收3273.8万元。

税种管理　加强货物劳务和出口退（免）税管理，防范和打击虚开发票、骗税行为发生；做好A、B、C级增值税一般纳税人以及5月1日纳入营改增增值税一般纳税人取消增值税专用发票认证的相关工作，至2016年12月底有近90%的一般纳税人享受到此项便利。2015年企业所得税应汇算清缴3546户，实际参加汇算清缴户数3503户，汇算清缴面达到100%，补税717.87万元。

商事制度改革　落实“三证合一、一照一码”登记改革要求，做好一照一码户信息采集等各项工作，全年办理新增主体1749户、变更业务2745户；加强与工商部门沟通联系，在个体工商户推行“两证整合”工作，全年办理新增主体769户、变更业务499户。从2016年12月1号起全面推行实名办税信息采集工作，做好宣传解读、操作流程培训、设备调试安装等前期准备工作，至12月30日采集142户实名办税纳税人相关信息。

【服务提升】　个性服务周到　引导纳税人通过网络自助办理涉税事项，2016年电子税务局涉税业务基本情况：网上申报6463户、51631笔，分别占90%、80%，高于全市平均水平；网上申领发票118户、285次、7164份，分别占4.06%、2.49%、0.76%。

国地税合作　贯彻落实《深化国税、地税征管体制改革方案》；设立地税全职能办税服务点，7个综合服务岗受理各类地税涉税业务；建立国地税信息交换平台；联合办好纳税人学堂，全年累计举办各类纳税人学堂12场（次），参与人数超过1500人；建立联席会议机制，3月25日、4月27日、8月30日先后召开3次合作联席会议。

税收福利　与县地税局和县农村信用社联合签订《银税互动业务合作协议》，解决小微企业轻资产、信息不对称的信贷难题，共有县浔中延丰瓷厂等23户小微企业获得信用社——“税立贷”贷款1.36亿元。2016年，小微企业共减免增值税8704户次，减免税额1638.8万元；减免企业所得税1482户，减免税额962.23万元（含2601万元）；2016共办理出口退（免）税13550万元，其中：办理退税6050万元，办理免抵调库7500万元。

（县国税局 供稿）

地方税务

【概况】　2016年，组织各项收入9.15亿元，其中税收收入入库6.6亿元，扣除“营改增”因素后比上年增收1247.84万元，增长1.93%；一般公共预算总收入入库6.21亿元，扣除“营改增”因素后增收324.33万元，增长0.52%。社保五险收入2.12亿元，增收1605.73万元，增长8.21%。

12月9日，县委书记梁玉华（右一）到县地税局调研指导工作

（图/县地税局）

6月28日，县国税局、地税局联合县信用联社共同推出银税互动产品——"税立贷"。图为三个单位举行签约仪式　（图/县地税局）

【征收管理】 围绕"营改增"试点准备工作和"金税三期"上线运行工作，通过摸清家底、分析排查、深入宣传，保证了"营改增"工作全面按时推进和"金三"顺利上线；推行国地税联合定额、联合清理欠税、联合办税、联合信用评定，申报信息共享等，与县法院联合下发，建立法院协助地税清理欠税非诉执行机制；加强2015年度企业所得税汇算清缴工作，715户纳税人参加2015年度汇算清缴，入库企业所得税1892.79万元；引导税源回流，回流税收1875.69万元，其中外出建安回流所得税1595.69万元，对外投资分红个人所得税280万元；开展个人建安申报专项清缴工作，受理个人建安纳税申报452户，征收税款814万元。

【纳税服务】 推进国地税联合办税，配合"金三"上线需求，在国税局设置4个窗口、1个管理审核岗，方便纳税人"进一家门，办两家事"；开展纳税人学堂培训，举办纳税人培训14期，参加人数超过1250次；扩建自助办税服务区，添加10台网上办税操作电脑，设置电子填单台；打造"银税互动"服务平台，与信用社等多家银行联合推出"税立贷"等产品，合力解决小微企业融资难、融资贵等问题。2016年，德化县农村信用合作联社向23家纳税信用B级以上纳税发放贷款1.36亿元；借助税邮通平台，对350户年度纳税额50万元以上的企业寄送纳税信用提醒书；依托纳税人学堂开展纳税信用等级评定专题培训，向纳税人发放1058份调查表，征求意见建议问题158条。

（撰稿人：许鸿伟　审稿人：朱翔）

国土资源管理

【地籍管理】 土地使用权登记　2016年，办理土地使用权登记发证16批次4522本，面积88.56万平方米；办理抵押登记2292件，抵押金额30.69亿元。

农村个人建房审批　分季度审核批准村民住宅建设用地796宗760户，面积1.3589万平方米。

不动产统一登记　全面推进不动产统一登记落地实施，正式实现停发旧证、颁发新证，整合设立登记窗口8个，进驻工作人员34名，并完成不动产信息系统建设。2016年，已累计办理不动产权籍调查入库3405宗，颁发不动产权证书1300本、不动产登记证明3446本（其中预告登记2341宗，抵押登记1105宗，抵押金额10.14亿元），出具不动产查询证明1540份，与地税、民政、组织等部门共享信息

950 条。完成龙门滩硕儒村农村地籍和房屋调查试点工作，启动第二批调查工作的招投标工作。

【耕地开发】 逐级分解下达补充耕地任务，再次提高工程补助和奖励资金标准，加大往年项目清理验收，高质量、高标准、高要求实施土地开发和土地整理项目。累计实施并验收土地开发整理项目 20 个、旧村复垦项目 16 个，总规模面积 891.6 公顷，新增耕地面积 223.67 公顷。

【地质灾害防治】 对灾害点、隐患点进行全面摸底、排查，掌握滑坡、崩塌、地面塌陷、高陡边坡等灾害隐患情况。共排查地质灾害隐患点 493 处，发放地灾点防灾明白卡、避险明白卡 3478 份；分期分批实施地质灾害危险点居民搬迁安置，投入资金 1400 多万元，完成市委市政府为民办实事项目 49 户 203 人的地质灾害搬迁安置工作。

【执法监察】 2016 年，通过巡查发现并制止土地违法行为 19 起，立案查处土地违法行为 25 起；检查矿山点（硐）68 处，制止非法采矿行为 5 起；开展土地批后监管巡查 170 多次，发出开竣工预警提醒 14 次。核查整改卫片图斑 52 个，面积 12.78 公顷。

【参与城建项目】 2016 年，承建城乡“6+4”提升工程重点项目 4 个，累计完成投资 35900 万。其中，王厝山棚户区改造安置房建设，完成投资 10050 万元，完成 1# ～ 6# 楼地下室土石方挖运、地下室基坑支护、桩基工程和桩基静载检测，正在进行地下室底板施工。城东保障性住房建设项目，完成投资 18600 万元，二期东区、西区已完成自来水、园林、消防、周边道路等配套工程施工，完成工程竣工验收准备。累计配售旧村复垦安置房 3 个批次 2663 套，配售“林权两换”限价房 117 套，用于廉租房 100 套、海峡水泥安置 37 套，进城务工人员安置 140 套，灾后重建安置 46 套，双旗山项目安置 67 套。国际陶瓷艺术城项目，完成投资 6500 万元，已腾空房屋 137 户 68 座 4.5 万平方米，完成项目规划选址意见书、用地预审审批，并成立业主瓷艺城投资建设有限公司，正在大力推进招商引资。八中扩建安置房及配套设施建设项目，完成投资 78.6 万元，完成二期土地挂牌出让以及乐陶凤美堂安置用地施工图纸设计，岭头贡安置小区一期新村建设项目已动工建设。

8 月 29 日，德化县不动产权证书首发仪式在县行政服务中心举行
（图 / 县国土资源局）

【库区移民帮扶】 以生产开发、环境综合整治等为扶持重点，着重解决移民生产生活中急需解决的困难。累计申报实施库区移民后期扶持扶助项目 33 个，获上级补助资金 1418.08 万元、直补资金 186.48 万元，可惠及 53 个自然村 57079 人；完成施工项目 29 个，投入资金 1142.02 万元。

【办事环境优化】 数字德化地理空间框架建设项目，完成投资 736.28 万元，已完成项目招投标采购并签订合同，正在有序推进各子项目施工；不断完善和落实信访包案责任、信访事项限期办理等制度，解决信访人合理合法诉求，维护合法权益。累计处理土地征收行政诉讼应诉 7 宗，办理行政复议答复 7 宗，受理国土资源听证案件 1 起，办理涉地涉矿信访件 90 件，办结 84 件。

（撰稿人：黄华程 审稿人：陈荣斌）

国有资产管理

【经营情况】 2016 年，县国投公司所属店面及车位租赁收入计 79.47 万元；对外投资项目中，德化县双旗山矿业有限公司、鑫阳矿业有限公司、泉州银行、涌溪水电等，利润分红500多万元；至12月底，公司实现净利润902.27万元，纳税319.27万元；上缴利润700万元，资产总额为12.38亿元，负债总额为6.66亿元，所有者权益5.72亿元。

【国有资产监管】 定期对各企业的从业人员情况、财务状况和企业经营情况等开展基层企业财务检查；理清所属企业财务资产管理流程和权限，加强对各企业财务状况的监测分析和重大事项管控；与各企业签订《经营责任书》，明确责、权、利关系，让资产管理有章可循，确保全面、完整、准确反映企业财务状况、经营成果和国有资本保值增值情况。

【对外投资项目】 2016年，参股德化县成功村镇银行并拟参股东洋金矿开发；6月，经县政府同意，承接扶贫开发投融资业务，成立投融资平台子公司——德化县扶贫开发投资有限公司；12月，由县政府主导组建戴云融资担保有限公司，公司投资注册资金3000万元。至2016年年底，公司先后参股福建省双旗山矿业有限责任公司、泉州晋江国际机场股份有限公司、德化县民益建设投资公司、福建省冠福现代家用股份有限公司、泉州银行股份有限公司等12家企业，对外投资14698万元，投资额增值为25331万元。经县委、县政府同意，2016年公司出售“冠福股份”股票45万股，均价18.32元/股，回收资金824.6044万元。

【应急资金管理】 筹集资金，做好企业应急保障周转专项资金的发放、回收和管理，至2016年年底，已使用应急资金60笔，企业35家，累计资金4.12亿元，其中2016年使用应急资金37笔，企业29家，累计资金2.60亿元。

【重点项目融资】 与国家开发银行和农发行签订了9.95亿元资金的贷款合同，已累计贷款到位资金9.20亿元，贷款到期还款3.47亿元（其中2016年还款0.76亿元），贷款余额5.74亿元；与国家开发银行、省城市建设投资公司签订棚户区改造项目（乐陶安置房、大洋片区改造、王厝山棚户区改造安置房）贷款合同9.3亿元，已发放资金4.75亿元。融资资金用于工业项目区、道路等重点民生工程项目。

（撰稿人：赖增煌 审稿人：郑义先）

审计

【概况】 2016年，县审计局共完成30个项目（单位）的审计或审计调查，查出管理不规范资金7366万元，上交财政2万元，审计发现非金额计量问题84个，提出审计建议90条，提交审计报告和专项审计调查报告48篇，提交信息简报87篇，工作报告、信息被批示采用62篇次。

【城镇保障性安居工程跟踪审计】 对县2015年城镇保障性安居工程建设资金管理使用、保障性住房分配、公共租赁住房、经济适用住房、廉租住房、棚户区改造等情况、目标任务完成情况和以往年度审计发现问题整改情况进行审计。重点调查县住建局、财政局、农业局等部门，并延伸调查6个村22户农村危房改造，对3个安居工程项目的建设管理情况进行检查；跟踪审计县2014-2016年5月职业技能培训与促进就业创业政策落实情况和县2015年“社会保障和就业支出”（代码208）科目的就业补助、残疾人事业款使用情况。

【预算执行情况审计】 完成对县财政局、经信局、人社局、林业局、交通局、科技局、戴云山国家级自然保护区管理局等部门的预算执行情况审计，并就审计发现的问题提出审计意见和建议，初步形成年度县级财政预算执行和其他财政收支的审计结果报告；县林业局、科技局预算执行情况审计报告得到县长批示。

【领导任期经济责任审计】 2016年完成了对县委编办等7位县直单位部门主要负责人、浔中镇等12个乡镇8位党委书记和11位乡镇长任期经济责任审计。

【公务支出和公款消费审计】 完成了对2016年度实施所涉及的30个部门单位2014年、2015年度公务支出和公款消费情况审计，针对公务支出预算、会议和培训、公务接待、公务用车配置、因公出国（境）、办公楼等楼堂馆所建设、机构编制等管理情况，重点检查各项制度规定是否落实到位、各项开支是否合理、合规，分析对比相关费用的变化趋势，提出加强管理、促进建立健全加强公务支出和公款消费管理监督的制度体系和政策规定的建议。

【审计督促整改落实】 对审结项目开展后续审计，督促被审计单位

1 月 22 日，水口镇祥光村老人协会向省审计厅赠送锦旗（图 / 县审计局）

落实审计意见建议，促进整改落实有关问题资金 838 万元，其中促进拨付资金到位 836 万元。

2016 年，审计促进整改落实有关问题资金 1645 万元，其中：上交财政 2 万元、归还原渠道资金 1090 万元、调账处理 553 万元。

（撰稿人：郑登山 审稿人：陈宝星）

统 计

【统计服务】 2016 年，做到年度有《统计年鉴》，月度有《统计月报》《主要经济指标监测报告》等统计服务产品；结合各专业实际状况，调研形成《新常态下经济增长新动力探析——第三产业助推德化县经济发展》《“十二五”期间德化县社会经济指标变动简析》《“十二五”期间德化县房地产发展回顾分析》《2015 年德化县纳税 50 万元及以上企业变动情况简析等课题报告，至 12 月底，编撰《德化统计》27 期，供领导决策参考；对统计信息网站进行改版，开通“瓷都德化统计”微信公众号，及时发布统计信息，使得统计信息服务内容更加直观、全面。配合相关部门做好统筹城乡推动城镇化健康发展、创建全国文化先进县、国家生态文明建设试点示范县建设及政府绩效考评等工作；对企业在申报各级名牌产品、驰名商标以及免检产品中出现的各种问题，及时报告处理，为企业提供各种数据信息服务；审核企业申报省、市节能减排技术改造项目补助和市级促进电子商务专项资金资料，为近百家企业提供相关统计数字证明；配合县教育局，为产值增幅居前的规模以上企业员工子女照顾入学（小学、初中）提供相关统计证明。

【常规统计调查】 统计年定报对重大、敏感性数据进行审核把关，增强基础数据的匹配性和支撑性；加强与相关部门和上级统计部门的沟通、衔接，掌握第一手资料，确保统计数据有理有据、真实可信；完善主要统计数据质量评估机制，确保各项经济指标符合经济走势。

统计专项调查　开展妇女儿童发展纲要监测、“四众企业”创新调查、非公有制人才资源状况抽样调查、人口变动情况抽样调查等，为上级党委政府了解民意、科学决策提供数据参考；持续做好相关绩效指标数据采集指导工作，为绩效考评工作奠定基础；协助县综治办做好综治“三率”专项测评；完成科技发展主要指标跟踪统计。

【第三次全国农业普查】 成立县第三次农业普查领导小组和办公室，

12 月 6 日，县统计局在瓷都广场开展德化县第三次全国农业普查宣传活动

（图 / 县统计局）

抽调 10 名人员充实县农普办；农业普查所需经费，列入各级年度财政预算；县农普办结合本地实际情况，制定了第三次全国农业普查主要宣传活动计划，下发到各乡镇普办。

【“四上”企业申报】 利用第三次中国经济普查数据成果，对符合上报标准的企业进行实地核查；加强部门联动，畅通数据收集渠道，梳理、摸排、确定重点企业进行跟踪、监测，对达到标准的企业，帮助其尽快完善法人营业执照、税务登记证、纳税申报表、组织机构代码证书等认证条件，及时纳入“四上”企业统计范围。

【专项治理与权力公开】 根据《国家统计局关于开展“数据造假、以数谋私”专项治理的通知》及省、市统计部门的相关文件要求，开展“数据造假、以数谋私”专项治理自查自纠工作；根据《国务院关于第二批取消 152 项中央指定地方实施行政审批事项的决定》要求，取消公共服务事项 1 项；对行政服务中心网站及门户网站办事流程做出更改，做到公开化、透明化，主动接受社会监督。

（县统计局 供稿）

调 查

【农业普查】 2016 年，组织实施县第三次全国农业普查农作物面积遥感测量工作，完成了县石室村、苏洋村、铭爱村、梁春村、新阁村、下坑村、曾坂村、琼溪村、双芹村、大岭村等 10 个村共 50 个样方的农作物面积遥感测量工作。8 月 24 日，在盖德镇下坑村举行泉州市第三次全国农业普查夏播面积无人机遥感测量开机仪式。2016 年 9 月至 2017 年 1 月，组织实施 2016 年度县政府绩效评估公众评议调查。

8 月 24 日，泉州市第三次全国农业普查夏播面积无人机遥感测量仪式在德化举行

（图 / 国家统计局德化调查队）

【常规调查】 粮食单产抽样调查 抽选 5 个国家样本点、5 个省样本点进行调查。

主要农作物播种面积调查 抽选 16 个国家样本点，35 个省样本点进行调查。

主要农产品中间消耗调查 抽选 5 户普通农户和生产单位调查样本进行调查。

主要畜禽监测调查 对主要畜（生猪）禽生产大中小型饲养户共 11 户以及抽中的 8 个调查小区的饲养户进行调查。

【居民收支调查】 居民收支调查 抽选 15 个调查点 150 户家庭户进行调查，其中国家样本点 10 个（浔中镇凤凰社区、富东社区、浔中村、后所村，龙浔镇丁溪村、丁墘村、宝美村，三班镇三班村，水口镇淳湖村、龙门滩镇苏洋村），省级样本点 5 个（浔中镇金凤社区、龙浔镇金锁社区、葛坑镇湖头村，三班镇东山洋村、奎斗村）。2016 年，全体居民人均可支配收入 24435 元、人均消费支出 17073 元，比上年分别增长 8.2%、7.7%。

农户固定资产投资调查 抽选龙浔镇丁溪村、丁墘村、宝美村，浔中镇浔中村、后所村，三班镇三班村，水口镇淳湖村、龙门滩镇苏洋村等 8 个调查点（村）进行调查。

农民工监测调查 抽选龙浔镇丁溪村、丁墘村、宝美村，浔中镇浔中村、后所村，三班镇三班村，水口镇淳湖村、龙门滩镇苏洋村等 8 个调查点的农民工户进行调查。

农民工市民化进程动态监测调查 抽选龙浔镇丁溪村、德新社区，浔中镇东埔社区等 3 个调查点各 15 户外来农民工户进行调查。

【价格与企业调查】 流通和消费价格调查 抽选 695 种商品与服务项目价格采取定点、定时、定规格品方式进行直接采价。2016 年，全县居民消费价格总指数（以上年同期为100，下同）为101.7，其中：服务项目价格指数为100.4，消费品价格指数为102.4。

生产投资价格调查 抽选18家包括矿产、陶瓷制品、电力、林产化工等涵盖全县主要工业类别的规模以上工业企业进行调查。

规模以下工业调查 抽选全县14家工业目录企业、4个样本村（居）内的全部8家工业非目录企业和168户工业个体经营单位进行调查。

限额以下批发和零售业、住宿和餐饮业调查 抽选14家企业及4个样本村（居）、市场的61户个体经营户进行调查。

规模以下服务业调查 抽选27家规模以下服务业企业进行调查。

产品市场占有情况调查 抽选50个样本单位进行调查。

新设立小微企业和个体经营户跟踪调查 从2014年3月至7月新设立的小微企业和个体经营户中抽选15家小微企业和8户个体经营户进行调查。

（撰稿人：李小燕 审稿人：曾荣华）

市场监督管理

【商事制度改革】 2016年，推进“五证合一、一照一码”“两证整合”、电子营业执照、企业年报等四项改革，新增内资企业1897户，同比增长35.5%；新增农民专业合作社131户，同比增长15.6%；新增个体工商户3456户，同比增长25.5%；发放电子营业执照5725户。全县市场主体25224户，其中：内资企业7270户、农民专业合作社970户、外资企业65户、个体工商户17014户；全县企业、农民专业合作社、个体工商户年报率分别为89.41%，81.64%，69.13%，三项年报率均排在全市前5名。全力推进网商虚拟产业园建设，6月22日正式启动运营。截至12月31日，入驻园区企业85家。继续深化“集群注册”“一址多照”“住所托管”创新举措，有效解决网商无法办理工商登记的问题，为没有资金、没有办公场地的创业者提供注册登记便利。已通过“集群注册”“住所托管”为85户网商办理营业执照。

【品牌发展管理】 建立“商标孵化库”，指定专人跟踪指导“德化白瓷”“德化瓷艺”等7件地理标志商标的申请注册工作；开展名牌培育重点企业摸底调查活动，帮助、指导企业做好申报工作。2016年来，新增国内注册商标916件，省著名商标6件，马德里国际注册商标8件，省名牌产品2个。全县拥有国内注册商标4584件、国际注册商标22件，其中驰名商标6件、著名商标50件、知名商标69件、地理标志商标3件；国家地理标志保护产品2个、省名牌产品28个。对申注驰名商标、著名商标、国际商标及6家体系认证企业、15家参与标准制修订企业、25家使用地理标志产品保护专用标志企业进行表彰奖励，共兑现奖励资金235.5万元。加强对省级淮山农业综合标准化示范区建设工作的指导，目前示范区已确立核心示范片区6.67公顷，指导上涌镇政府申报德化梨省级农业综合标准化示范区建设项目。

【惠民惠企服务】 *消费维权* 2016年共受理消费者各类咨询、投诉、举报468件，其中商品类376件、服务类88件，疑似职业打假人举报投诉151件；争议涉及的金额33.21万元，为消费者挽回经济损失约11.87万元。

计量惠民 利用报刊、电视等宣传媒体，宣传计量、节能法律法规和计量基本知识。开展血压计的免费检定活动，免费检定血压计（表）377台（件）。开展食用油、月饼等节假日热销的定量包装产（商）品计量监督抽查，以保证定量包装商品净含量的计量准确，共出动执法人员36人次，检查产（商）品生产经营单位46家次，抽检定量包装商品27批次，合格22批次，立案查处1起，责令整改4起，处理计量投诉2起。

陶瓷产业服务 投入20多万元，启动国家实验室认可工作，从硬件软件不断优化规范省级陶检中心建设，提升检测水平。在电子商务创业园设立服务窗口，定期、不定期开展免费检验、上门抽检等服务。开展省、市级抽检200、150批次，合格率分别为98.5%、98.6%，为企业节省费用52.5万元；受理委托送检陶瓷411批次；加大产品质量的检验检测，实现全县制造业质量竞争力指数达到85以上，产品质量高于全国平均水平。成立《电子商务交易产品信息描述规范 陶瓷类》国家、省地方标准起草工作领导小组，与中国标准化研究院高新技术与信息化研究所合作，邀请国家、省、市标准化研究所等单位专家到德化，对电商标准化项目进行调研，举行陶瓷类电子商务标准化项目启动仪式。推进《电子商务交易产品信息描述规范 日用陶瓷》《电子商务交易产品分类及代码 日用陶瓷》《跨境电子商务多

语种产品分类的命名　工艺陶瓷》和《跨境电子商务多语种产品信息描述　工艺陶瓷》等4项国家标准和《电子商务交易产品信息描述规范　日用陶瓷》1项省地方标准的制定工作，已完成省地方标准送审。

市场主体抽查　开展了“企业公示信息抽查”“企业年报、即时信息抽查”“企业登记事项、经营行为双随机抽查”“个体工记户和农民专业合作社年报抽查”等抽查工作。2016年，共完成市场主体信息抽查835户，经抽查列入经营异常名录6户。

【食品安全监管】　加大食品安全执法检查和抽检检测力度，打击食品安全违法违规行为；将食品安全系列创建工作列入县委县政府为民办实事项目，建设2个农贸市场食品安全检测室（南门、龙南）、2条餐饮服务食品安全示范街（石鼓村、蕉溪村）、20家示范店、3所示范学校及1个食品安全社会共治示范社区；制定实施《德化县食品药品网格化监管工作实施方案》，规范建设食品药品监管专业网格运用模块，实现与全县社区网格化服务体系人员、终端、数据的共享和业务流程的协同，在南门、凤池社区试点实施食品药品网格化监管；将餐饮服务“明厨亮灶”示范街、示范点及示范学校创建工作与视频监控平台建设相结合，扩大监控范围，45家食品生产企业、大型餐饮服务单位和学校食堂接入监控平台；针对食品安全的热点问题，开展对外调蔬菜农残、注水牛肉、家禽脱毛蜡、问题猪血等的专项整治。

【特种设备安全监管】　县特种设备总数为2171部（在用1920部）。其中，锅炉59台（在用22台）、压力容器249台（在用161台）、电梯1397部（在用1335部）、起重机械279台（在用224台）、场（厂）内专用机动车辆27辆（在用21辆）、大型游乐设施10台。另有压力管道134.37千米，气瓶5万多只。全年共出动执法人员328人次，检查使用单位1234家次，发出监察指令书25份，查处特安违法违规行为1起，罚没款8万元。

3月15日，县市场监督管理局在瓷都广场开展“3·15”国际消费者权益日宣传活动。图为该局执法人员现场为群众传授辨假识假知识

（图/县市场监督管理局）

【药品药械安全监管】　疫苗专项检查　对辖区内的相关单位进行全覆盖的检查，要求全县药品零售企业开展自查并上报自查情况表，将检查疫苗接种单位中发现的问题以书面函告卫计部门，责令其改正。共出动执法人员269人次，检查单位数220家次。

“三品一械”监管　开展“三品一械”日常监管，规范药品票据管理，杜绝“走票”“挂靠”等违法行为的发生；集中开展了大型医疗器械、中药材中药饮片、体外诊断试剂、含特殊药品复方制剂、终止妊娠药品、疫苗类生物制品、校园及周边环境药品安全等专项检查。

药械不良反应监测工作　强化全县药械不良反应监测工作，结合日常监管，督促县医院、中医院加强ADR、MDR的上报工作。加大ADR工作教育培训力度，提高上报频次和质量，共收集并评价药械不良反应269例，其中药品不良反应报告217例，医疗器械可疑不良事件报告52例。

【产品质量监管】　集中开展液化气软管、电饭煲、儿童玩具、家具、旅游鞋、休闲服装、日用陶瓷、定配眼镜等消费品专项整治，达到摸清一批消费品质量安全状况，推进一批消费品生产企业实现“同线同标同质”；开展超标电动车专项整治，召开全县19家摩托车经营单位负责人参加的整治会议，明确整治要求和整改期限。全年共出动执法人员125人次，检查196家次，发放告知书50份。组织对陶瓷产品、文具等产商品开展专项质量监督抽检活动，及时掌握辖区产商品质量

7月26日，县市场监督管理局食品安全检测室揭牌

（图/县市场监督管理局）

状况，并做好抽检后处理工作。配合上级局抽检日用陶瓷产品160批次、文具商品20批次、陶瓷砖商品10批次、婴幼儿用品商品5批次、日用陶瓷产商品风险监测90批次。立案查处2起、责令整改6起。

【执法办案】 专项整治　在食品、药品、特种设备、旅游、汽车等领域的各类违法行为的查处力度；以高知名度商标、地理标志、涉外商标为重点，严厉打击制售侵权假冒行为。组织开展虚假违法广告专项整治工作、不正当竞争突出问题执法行动、大容量注射剂、中药注射剂、中药饮片、高风险医疗器械等品种的专项整治。以关系民生的儿童用品、食品相关产品、汽车及其配件、家用电器、汽柴油以及电子商务产品等为重点，开展“质检利剑”行动，严查彻办大案要案，严厉打击各类质量违法行为。2016年，全局执法办案工作继续保持良好态势，共立案147起，结案138起，罚没款109.73万元，入库94.3万元。

“1+X”专项督查　9月、11月、12月三次联合县纪委开展“1+X”专项督查，采取查阅订单，销售台帐、相关票据资料等形式，重点围绕发现“定点消费、使用公款定期支付、出入不对外开放的高端隐秘场所”等线索，对辖区内宾馆饭店、商场超市、烟酒门市、国有企业进行实地重点检查，共实地检查企业109家次，发放企业告知书32份，签订承诺书32份，约谈企业32家。

【全省一张网建设】 牵头制定下发《德化县推进福建省先行建设国家企业信用信息公示系统（福建）实施方案》，指导相关单位将本部门涉企的行政许可、行政处罚信息、依法应当公示的抽查检查信息通过信息采集和录入，实现了信息一网归集，形成跨部门、跨区域、全覆盖的涉企信用信息大数据汇聚。截至12月31日，全县有43个单位参与，计有20个单位录入行政许可信息437条、行政处罚信息383条、抽查检查信息325条、小微扶持信息157条，合计1302条。

（县市场监督管理局 供稿）

价格管理

【价格监测】 2016年，做好43种副食品和农副产品的常规价格监测，抓好价比三家和民生价格信息发布工作；春节期间启动5家平价商店运行机制，拨付差价补贴35.48万元；协同县财政、民政等部门，对困难群体发放一次性春节临时价格补贴152.82万元；推进蔬菜、生猪目标价格保险保费补贴试点工作，对有参保意向的生产经营户开展宣传发动和调查摸底工作。加强成本监审和农产品成本调查，完成九仙山旅游风景区门票价格、污水处理费成本监审工作，做好中籼稻、生猪等农产品成本调查工作。

【价格管理】 加强取消行政事业性收费工作的事中事后监管，对全县56个行政事业性收费单位基本情况进行审核，将有收费资质的单位名单及收费项目以公告形式印发到相关收费单位，并在网站予以公告；核定全县医疗机构停车场机动车停放服务收费标准；加强教育收费管理，制定2016年春季普通中小学课本费和作业本费标准，调整南埕职业中学中小学生社会实践基地、国宝中小学生社会实践（云龙谷）基地收费标准，做好民办幼儿园收费报备工作；强化中介服务收费监管，全面清理行政审批前置服务收费；贯彻《福建省人民政府办公厅关于印发提升旅游服务质量、加强旅游市场综合监管实施方案的通知》精神，加强旅游市场综合监管和旅游门票价格管，未出现游客投诉现象。

【价格检查】 加强市场价格监管，开展春运客运票价、商品和服务明码标价、旅游行业价格等检查；开展药品价格和涉企收费专项检查；引导电商企业规范价格行为；通过“12358”价格举报信息系统平台受理价格举报、咨询43件，办结率达100%，责令经营者退还消费者多收价款130元。

【价格改革】 全县公立医院实行药品、耗材零差率销售，基层医疗卫生机构按实际购入价格实行药品零差率销售；对城区重污染耗水行业实行差别水价政策；实施居民阶梯水价政策；召开县污水处理费调整听证会，将调整方案报县政府审批，自12月1月起，县城区居民污水处理费收费标准由现行0.80元/吨调整至0.85元/吨，非居民污水处理费收费标准由现行0.80元/吨调整至1.20元/吨。

【依法治价】 对6个公共服务事项进行“瘦身”，取消3项申报材料；开展“价格监督检查法制建设年”活动，落实网格化监管和“双随机”抽查制度，规范事中事后监管，编制随机抽查事项清单，并网站公示；做好价格行政执法主体资格确认和行政执法人员清理工作，规范价格执法行为。开展“价格认定工作法制建设年”活动，办理涉案物品价格鉴证案件56宗，标的总额99.74万元；结合纪念《中华人民共和国价格法》颁布实施十八周年和“3•15”消费者权益日，宣传价格法律法规；完善价格服务网点建设，开展“价格服务进万家”活动；按时办理县人大代表的建议4件(其中主办1件、协办3件)、政协委员提案1件。

（县物价局 供稿）

安全生产监督

【安全生产责任体系】 下达2016年安全生产目标责任，将较大事故控制“一票否决”和重点工作要求，分解下达给各乡镇和县直有关单位；根据换届期间人事调整，及时调整各级安委会班子成员，建立层级分明、责任明确的安全责任体系；实行县领导挂钩指导重点安全生产隐患整治制度，着力整治涉水旅游安全、双旗山溪柄尾矿库安全隐患、厦沙高速德化段A5合同段7号弃土场安全隐患整治等6个重点安全隐患。2016年年初对2015年度通过省级安全社区命名的5个乡镇、落实安全生产目标管理责任制25个先进单位、45名先进个人进行表彰，落实奖励资金30万元。

【安全监管执法】 行政审批制度改革 建立审批事项事中事后监管制度，优化行政审批工作流程、缩短审批时限11项，安全生产行政审批事项全部进驻县行政服务中心办理。

安全生产大检查 深入开展安全生产大检查、建筑施工安全大排查大整治、道路交通隐患、对乡镇、部门、企业安全生产工作检查指导，对全县所有乡镇、所有行业领域，所有生产经营企事业单位和人员密集场所开展全覆盖的安全检查，检查情况及时录入“智慧安监”信息系统。大检查开展以来，全县共组织检查组268个，派出检查人员1468人次，检查企业1457家次，发出责令整改通知书429份，发现安全隐患1290条，已完成整改1231条，行政处罚罚款46.2271万元，责令停产停业整顿7家，大检查成效明显。

重点领域专项整治 开展道路交通安全综合整治、危险化学品和烟花爆竹专项整治、瓶装液化石油气专项整治、油气输送管道安全隐患整治、粉尘涉爆企业安全生产专项整治、劳动密集型企业消防安全专项治理；加强对厦沙高速工程德化段、彭村水库建设等在建重点工程的安全监管；强化职业病危害防治工作。

安全综合检查 对旅游、建筑施工、交通安全、水利水电、城镇燃气等重点行业领域开展综合督查5次，检查企业61家，发现安全隐患232条，全部隐患均列入整改计划。

事故查处 全年查处结案一般生产安全事故1起，群众来访投诉、举报案件5件，追究事故相关责任单位1家、事故相关责任人员4人；办理行政处罚案件8起，行政处罚罚款46.48万元。

【隐患排查治理】 制定《德化县生产安全事故灾难应急预案》，并以县委、县政府名义颁布实施，督促各乡镇、各有关部门对本辖区、行业领域事故应急预案进行修订，完善各项应急制度；与县住建局、教育局等有关部门和海峡水泥公司、双旗山矿业公司、鑫阳矿业公司、自来水公司、中石油德众加油站等企业，联合开展应急演练21次，提升应急救援处置能力；落实岗位清单、安全生产诚信体系“黑名单”制度，通过智慧安监平台开展隐患自查自报的企业178家，自查自报隐患1708条，全部完成整改，各乡镇和县直行业主管部门累计检查平台内企业161家，检查覆盖率90.45%。

【安全宣教培训】 开通“德化安全生产”微信公众号，组织开展2016年“安全生产月”活动，先后举办了“局长论安全发展”“非煤矿山企业家谈安全生产”、瓷都广场“6•16”安全生产宣传咨询日、《中华人民共和国职业病防治法》宣传周等活动；各乡镇利用墟日，结合综治平安宣传、道路交通安全宣传等，广泛开展安全生产宣传咨询活动；县广安天然气公司、教育局开展“大手牵小手 燃气安全进校园”活动，普及燃气安全常识。强化安全生产教育培训，共举办各类培训20多期，参加培训人员1500多人次。

【标准化提升工程】 开展标准化建设提升工程三年行动，各培植10家典型示范企事业单位，着力发挥典型示范作用。落实奖励激励措施，对县安全生产标准化建设达到国家标准的规模或限额以上的64家工业企业每家给予奖励1万元。全县应参加标准化提升的企事业单位783家，其中一级26家、二级36家、三级435、不分等级286家，已全部评审达标；规模以上企业应达标63家，已全部评审达标；此外，小微企业200家，个体工商户3893户，都已全部实现评审达标。

【安全发展县创建】 全县18个乡镇均已通过安全社区考评，龙浔镇、浔中镇、盖德镇、三班镇、美湖镇、上涌镇6个乡镇通过省级安全社区考评，其余12个乡镇通过市级安全社区考评；县政府对获得省、市安全社区命名的乡镇分别给予奖励5万、3万元。县住建局已通过市安全发展行业考评，其他行业主管部门多数已向上级主管部门申请考评验收。积极推进省级安全文化建设示范企业创建活动，县烟草公司于2016年4月通过省安办组织的考评。

【职业健康安全监管】 做好危险化学品、非煤矿山、易爆粉尘、陶瓷制造、耐火材料等职业病危害严重行业领域的摸底建档、职业病危害项目申报和基础建设工作，已完成用人单位职业健康基本情况摸底139家、完成职业危害项目申报企业103家、开展陶瓷制造职业病危害专项治理企业109家。推进职业卫生基础建设活动，有80家企业参加基础建设活动，其中示范企业2家。开展安全生产与职业卫生一体化综合监管，加强职业卫生监督执法和重点行业领域职业病危害专项整治，截至2016年年底，共检查企业53家，发出执法文书15份，发现问题36条，已整改25条，对一家未按规定开展作业场所危害检测的企业给予行政处罚罚款5万元。

（县安委办 供稿）

检验检疫

【概况】 2016年，泉州检验检疫局德化办事处共受理检验检疫业务2345批次，货值3169万美元，比上年（下同）分别下降12.99%和20.38%；其中出境日用陶瓷1243批、货值2258万美元，分别下降14.28%和20.96%，出境竹木藤草制品1093批次，货值896万美元，分别下降11.99%和19.57%；全年签发各类原产地证书2563份，货值5642万美元。区域性原产地证份数和货值分别增长138.42%和195.37%，为出口企业获得进口方海关减免关税约400万美元。

【检验监管】 加大辖区出入境货物的检验监管力度，提升了企业的质量安全意识，对涉及陶瓷铅镉的产品进行产前把关，大大降低不合格产品数量，减少企业损失，检验出不合格日用陶瓷5批，货值8万美元，不合格批次和货值分别下降85.71%和90.03%。德化办事处检验出口的所有出口产品均未被国外通报，有效地维护德化出口产品的安全和在国际市场上的信誉。

【出口陶瓷质量安全示范区建设】 2013年12月，德化出口陶瓷质量安全示范区通过省级验收，成为全国首个省级出口陶瓷质量安全示范区，建区后，经过三年建设，形成了以质量、品牌、技术、服务为核心的出口竞争新优势。至2016年年底拥有“中国驰名商标”6枚、福建省著名商标33枚、泉州市知名商标49枚，品牌拥有量居全省山区县首位。2014年以来，德化县政府组织区内企业赴美国、英国、泰国等多个国家和中国香港等地区参展，示范区内企业出口远销欧美、东南亚、中东、非洲、南美等国家地区，质量安全水平不断提高；示范区通过网站，QQ群、示范区通报、报刊、电视媒体等广泛宣传；在全国陶瓷出口萎缩情况下，德化陶瓷出口2014年、2015年、2016年连续三年实现量价齐增，其中2016出口陶瓷137.64亿元、比上年增长8.47%，单价2.96美元/千克、增长16.53%，县政府于4月底安排76万元专项资金用于示范区建设，德化出口陶瓷质量安全示范区于12月通过国家质检总局专家考核组现场考核验收，成为全国第二个国家级出口陶瓷质量安全示范区。

（泉州检验检疫局德化办事处 供稿）

科技规划与创新

【科技规划】 2016年，制定《中共德化县委 德化县人民政府关于贯彻落实泉州市实施创新驱动发展战略建设国家自主创新示范区的若干意见》，实现陶瓷产业跨界创新，促进传统陶瓷精品化、工艺陶瓷日用化、日用陶瓷艺术化发展。依靠创新驱动培育新动能，发展新经济，全县生产总值超过272亿元、年均增长7.8%以上；高新技术产业增加值占地区生产总值比重9%。财政科技投入稳定增长，全社会研发经费投入(R&D)占地区生产总值比重2.3%。年专利申请量和授权量每万人发明专利拥有量5.6件以上。高新技术企业20家，科技小巨人领军企业20家。形成崇尚创新创业的文化氛围和制度环境，公民具备基本科学素质比例10%以上。

【科技创新】 资金投入与奖励 全县财政科技投入占财政一般预算支出比例提高至2.5%，投入比例位居全市前列。设立“双创基金”，配合金融机构推出“瓷艺贷”，对“新秀园”入驻企业发放贷款3875万元；累计对190家企业（个人）兑现创新奖励资金478.5万元；对高新技术企业、创新型企业、孵化器、知识产权优势企业、工程技术研究中心、行业技术开发中心等奖励109万元；对2015年度获授权的专利给予奖励176.9万元；对县科技进步奖和首届创新大赛及专利奖奖励55万元。

人才培育 德化恒忆陶瓷艺术股份有限公司董事长、艺术总监林鸿福被列为中组部“万人计划”科技创新创业领军人才；恒忆股份获泉州市科技创业奖；佳美集团公司王培景获得泉州市科技创新领军人才称号。

创新企业群体壮大 国家火炬德化工艺陶瓷产业基地通过科技部复评；协发光洋、华夏金刚、嘉顺艺品、康瓷等企业被评为高新技术企业；龙鹏集团、卓越陶瓷两家企业被评为省创新型企业；恒忆股份、协发光洋、双旗山金矿、龙鹏集团等企业被评为省科技小巨人领军企业；五洲陶瓷等12家企业被评为省科技型企业；主动对接福厦泉国家自主示范区建设，申报省级国家自主创新示范区建设项目8项。

众创空间建设 基于“互联网+陶瓷”特色，培育文化创意、智能制造、产学研协同创新等新型众创空间。建窑被评为省级众创空间，顺美集团、建窑、洞上陶艺村、安

4月21日，德化陶瓷产业电子商务知识产权保护讲座开讲（图/张圆圆）

成青年创业园、电子商务创业园被评为市级众创空间。

研发机构建设 成艺陶瓷、嘉顺陶瓷、宏顺陶瓷、创捷窑具、双旗山金矿被评为市级工程技术研究中心；五洲陶瓷被评为市级行业技术开发中心；引进厦门彩虹设计网和泉州比邻三维建立工业设计、陶瓷3D打印等公共服务平台；研发平台建设和公共服务内容涵盖陶瓷检验检测、技术研发、技术服务、“互联网+”、工业设计、3D打印、文化创意、智能制造、产学研协同创新等领域。

数控一代推进 坤泰机械被评为泉州市工程技术研究中心，与中科院合作的STS项目获省科技项目经费35万元，推广应用陶瓷自动滚压生产线12条，成功研发陶瓷异形机自动生产线；获市科技项目经费10万元。丰弘机械与华中科技大学智能制造研究院开展产学研合作，获市科技项目经费20万元。

技术创新 实施科技小巨人专项9项、成长型企业28项、专利产业化3项、小微企业技术创新15项及重点项目8项；先后研发出陶瓷蓝牙音箱、电器陶瓷、陶瓷水龙头、陶瓷无线加热器、陶瓷灯丝、陶瓷地漏等新产品。

（县科技局 供稿）

8月30日，县科技局引进3D打印、工业设计等高端人才，完善科技公共服务平台建设。图为湖南源创高科有限公司高新技术研发团队在德化进行3D打印技术指导 （图/县科技局）

科技成果与专利

【科技成果】 2016年，嘉顺艺品、恒星陶瓷、恒忆股份等企业通过国家知识产权管理体系标准认证；恒忆股份、万旗非金属两家企业被评为国家知识产权优势企业；双旗山金矿被评为省知识产权优势企业；6家企业通过专利权质押贷款获得6782万元融资；持续开展青少年知识产权普及教育专项行动，面向全县3027名初一年段学生，开设知识产权课程；推进国家知识产权强县工程试点县建设，2016年通过省知识产权强县复评；新增省专利三等奖1项、泉州市科技创业奖1家、重大发明奖1件、市科技进步三等奖1项、市专利二等奖1项，评出县科技进步奖15项、专利奖9项，发放奖励55万元。

【科技专利】 至2016年12月底，新增专利申请2316件，授权1412件，PCT国际专利申请2件。每万人发明专利拥有量达4.2件。

（县科技局 供稿）

农业科技

【农业科技项目实施】 2016年，推动英山淮山与省农科院蔬菜研究所、群芳合作社与湖南省农科院果树研究所、戴云黑鸡与省农科院畜牧所等产学研合作，实施农业类科技项目30项，向上争取农业科技项目经费241万元，下达农业研发经费82万元。开展德化黑鸡生态养殖、油茶分子蒸馏、德化梨顺臂式栽培、德化黑羊提纯复壮、淮山新品种选育等技术研发16项，引进紫秋葡萄、蓝莓等新品种试验9个。

【国家级星创天地创建】 县农村电子商务运营中心有限公司建立的德化特色农业星创天地被评为国家级首批星创天地（农业类众创空间，2016年12月通过认定，全省仅20家上榜），全年开展创业培训、农业实用技术培训，提供孵化、培育、创业、投资等辅导讲座、交流沙龙、培训课程等5场次。

【农业创新企业培育】 对接国家农业科技园区建设、省特色现代农业科技创新行动计划等农业科技专项。英山淮山、祥山油茶公司被评为市级行业技术开发中心；春秋农业刺葡萄种植基地、辉豪山樱花培育基地被评为泉州市科技特派员示范基地；永德生态合作社、供销社珍禽合作社被评为市级科技型合作社；春秋农林科技、农伯情种养合作社、永德生态合作社、广善茶叶公司、九龙茶叶合作社、为民农林合作社等6家农业企业被评为泉州国家农业科技园区示范企业。

（县科技局 供稿）

科技交流与合作

【科技资金下达】 2016年下达19万元科技扶贫资金，支持高漈村、上徐村、龙阙村等创新发展；下达经费6万元，支持龙井、阳光、东顺社区智慧社区建设；下达科技拥军经费11万元，支持县武装部、武警德化中队、县公安消防大队创新项目。

【科技合作】 组织参加“蓝火计划”、中国（无锡）国际设计博览会等产学研对接会，推动与中科院海西分院等科研院校签订12个产学研合作项目，以高校院所专家为技术负责人，引进科研院校合作共建科技研发机构。完成产学研合作协议19个，推进政产学研用金对接。

（县科技局 供稿）

防震抗灾

【地震监测】 台站的维护与管理 2016年，按观测程序每天收取前兆数据，整理周、月、年会商资料；按时向省、市地震局报送观测数据的日、月报表，为省、市地震趋势分析预报提供第一手资料；配合省在德建设地震监测预警与社会服务系统工程项目，配合省地震局做好投建GPS基准站（三班镇桥内村）的各项设备安装与调试。

宏观观测 指导、督促县两处宏观观测点，准时上报地震宏观观测日报表，对宏观观测异常事件及时处理，备案存档；建立宏观管理数据库，及时更新“三网一员”信息，每季度进行确认，实现动态管理。

信息化系统管理 完善、充实“泉州市防震减灾信息化管理系统”内县信息节点系统的各项功能，健全各类基础数据库；完善远程会商视频系统运行管理机制，每周对系统进行测试。

【震灾预防】 地震安评工作 对接上级做好县重要工程的地震安全性评价及抗震设防标准办理规程的各项工作；参加县新、重建项目图纸会审，并提出建议和意见；配合做好省地震预警系统在德化的终端安装。

地震科普宣传 5月6日起，以“减少灾害风险 建设安全城市”为主题开展系列宣传活动，活动期间，摆放防震减灾宣传展板30多块，发放材料3000多份、发送手机短信500多条、宣传扇子100多份；指导全县各中小学进行消防、防震等专题演练38场次；开放县地震馆，各中小学校自行组织到馆参观5次，观众500多人；开展乡镇干部防震减灾专业讲座一场，发放宣传册100多份。

防震减灾教育基地宣教 指导各学校师生参观“德化县防震减灾教育基地”，学习防震减灾知识，年均接待师生4200多人次。

【应急体系】 避难场所建设 对全县11处应急避难场所进行动态自查、整改，确保所有应急避难场所能随时启用；每季度安排专人对县二期避难场所内的专业设备进行检测与巡查，确保应急发电机组工

9月19日，县地震办在瓷都广场开展2016年德化县“全国科普日”主场宣传活动

（图/县地震办公室）

作正常；落实《泉州市地震应急避难场管理人员岗位职责（试行）》制度上墙工作。

应急疏散演练　指导各中小学校，利用学期开学的安全教育、“安全教育日”，开展地震应急疏散演练。

应急救援队伍建设　配合消防大队，增购地震救援设备，协助县、乡（镇）两级地震灾害紧急救援队、地震应急救援志愿者队伍开展培训演练，开展专业救援知识讲座3场。

（县地震办公室　供稿）

9月9日，县气象局到水口镇开展县突发地质灾害应急演练活动

（图／县气象局）

气　象

【气象工程建设】　2016年，完成德化国家气象观测站的主体、室外建设工作并投入使用；气象灾害防御体系和山洪地质灾害防治气象保障工程，风廓线雷达系统于汛前正式运行，完成新站观测站、气象会商、业务平台、机房网络等建设，构建省市县预报预警业务新平台，开展山洪地灾气象风险预警服务。

【气象服务】　决策气象服务　在全年2场低温寒潮、8场暴雨、3个台风严重影响等灾害性天气过程中，密切关注天气形势，准确及时向县提供预测预报信息，全年通过广播电视、电子显示屏、微信、“12121”专题信箱、手机短信等多种方式，向县委、县政府及相关单位报送《重大天气预警信息报告》44期，发布各类气象预警信号214次、服务短信255条。

农事季节、重大活动气象服务　做好节假日、春耕春播、森林防火、夏收夏种、秋收秋种、汛期气象服务及高考、中考、“海丝”国际公路自行车赛等重要社会活动的气象保障服务工作。

应急气象服务　9月9日，参加县政府组织多部门开展地灾应急演练活动；年内启动39次重大气象灾害（台风、暴雨）应急响应命令，执行24小时值班制度，及时汇总报告各乡镇天气实况及灾情，做好相关气象服务。

“三农”气象服务　建立以681人组成的农业气象短信服务信息库，面向农业示范基地、合作社、种、养植专业大户、农业企业等新型农业经营主体，不定时开展重大灾害性天气、转折性天气、关键农时等天气短信服务；与农业局联合选定道畋农业科技有限公司等6家重点农业基地为省设施农业小气候监测示范基地；编制完成《德化县太阳能资源评估》，为农村光伏发电建设服务；组织人影安全管理和培训，完成人影弹库防爆箱建设、装备年审、人影资质及作业点地理信息申报审核；加强人影作业设备更新和作业点标准化建设，为实施人工影响天气作业做准备。

【台风“莫兰蒂”“鲇鱼”灾后各部门重建救助情况】　农业生产恢复方面　县农业局在灾后迅速开展重建，向上争取救灾资金155万元并下拨到各乡镇和受灾企业主体；抽调技术指导员组成4个指导组，开展灾后重建技术服务；抓好农药、肥料、种子、饲料、消毒药、疫苗等物资储备，保证应急和灾后恢复生产需要；开展秋冬种，引导利用冬闲田种植芥菜、包菜、白菜等蔬菜；修复加固农业设施大棚8公顷；协助保险公司做好478.47公顷水稻种植保险理赔工作；协助住建局、民政局对受台风影响倒塌的住房、危房、受地质灾害威胁的住房等完成重建，确保2017年春节前搬入新居；制定《德化县美丽乡村灾后恢复重建实施方案》，并组织实施。

武警官兵出动方面　县人武部累计组织民兵应急分队320人次参加应急抢险救灾，清理塌方150立方米、抢通道路22千米、转移受困群众700多人。

水利抢修方面 县先后召开防汛抗旱暨水库安全度汛工作视频会议、防汛减灾工作会议、防汛抗洪抢险救灾和安全生产工作会议等，部署防抗台风暴雨工作；市、县领导第一时间赶赴现场指导抢险救灾，武警交通部队迅速调集120名官兵、44台（套）大型机械紧急驰援，连续奋战13天，排除溜方等险情86处，清理塌方30.4万立方米，抢通道路39千米，拓宽道路9千米，解救被困群众近600人，建立防汛抢险应急队伍116支1968人（其中县级1支30人），县级防汛仓库储备编织袋2.45万条、救生器材220件和应急灯、锄头、铁锹等一批防汛物资；县委书记梁玉华、代县长刘德旺对防汛抗灾工作多次作出重要批示，并亲临重灾区指挥抗灾。

道路交通抢修方面 县公路分局出动抢毁人员147人，投入装载机15部、挖掘机7部、照明设备3套、编织袋3000条、警示标志370面、锥形标志460个、发电机3台、油锯10台、运输车辆47辆，到水口、南埕等受灾现场进行防台抗汛工作，全县专养公路受灾期间未出现长时间的交通阻断。灾后投入1005.36万元完成省道203线南埕、水口路段等受灾严重的专养公路修护工作。截至12月底，县交通局完成清理溜塌方195万立方米、完成总量的100%，砌筑挡土墙31.05万立方米、完成总量的90%，修复涵洞15座，需重建桥梁10座，其中5座已完成施工图设计进入招投标阶段，5座完成施工设计文件审查并进行修编。累计完成投资13867万元；重大水毁工程195处（含重建桥梁10座），动工185处、完成170处，修复挡土墙13.85万立方米，完成投资4850万元，修复率达87.20%。

通信恢复抢修方面 中国电信德化分公司累计出动车辆64车次、维护人员161人次、CDMA基站发电53次、油机16台；除南埕镇塔兜村、水口镇淳湖村等重灾区因道路受阻外，其他灾区的基础通信设施均得到及时恢复重建。此外，公司还为受灾最严重的水口镇、南埕镇政府送去天翼手机，确保抗击“鲇鱼”工作指挥调度顺畅。

卫生应急方面 县卫计局成立3支医疗救治队伍、2支消杀防疫队伍、4支监督监测队伍，积极应对防汛抗灾和灾后防病工作；组织卫监、疾控专业人员对群众安置点和严重受灾点的饮用水进行监督监测，对12处饮用水点进行应急检测，确保灾区居民饮用水安全；出动36人次，对受灾严重点，并协助部队卫生员对安置点进行消杀消毒，消杀面积近3600平方米；投入6万元购买应急物资，储备喷雾器32台、含氯消毒剂310公斤、漂白粉450公斤、漂白精片2万片。

社会应急救助方面 县民政局向省市民政、财政部门争取救灾资金1130万元（其中：灾后重建补助资金813万元），已下拨乡镇330万元（其中：灾民生活补助金110万元；根据房屋建设进展情况，向各乡镇下拨，灾后重建补助金181.20万元，每户0.60万元；房屋受损修缮资金7.98万元；购买救灾储备物资30.82万元）。2016年，向中保财险德化支公司支付农房统保保费231.89万元、自然人公众责任保险保费256.26万元，2451户农村灾民获得保险理赔金864万元，8人获得自然人公众责任保险理赔金80万元。同时，加强防灾减灾设施建设，向省市争取资金110万元，改造提升22个避灾场所。购买城东保障性住房二期西区9号楼一层、二层店面，建筑面积804.38平方米，房屋土地产权采取行政划拨方式，房屋价格按成本均价3300元/平方米，共265.50万元（其中：省厅补助100万元）。

【防雷安全监管】 将气象行政审批内容纳入相应审批制度、审批流程和联合审批范围，按照建设“四张清单一张网”要求，公布本部门权力清单、责任清单；制定《德化县气象局防雷社会管理工作方案》，下发《关于开展防雷安全专项检查的通知》，加强雷电灾害防御重点单位管理，建立随机抽查工作机制，强化事中事后监管；加强对防雷重点单位进行安全检查，确保防雷措施落实到位。

【气象科普宣传】 在“3•23”气象日、“5•12”防灾减灾日、“10•13”国际减灾日，通过决策短信平台、显示屏、微博、微信、天气预报节目开展科普宣传，普及气象防灾减灾知识；组织气象科普队伍进社区、进学校、进农村，开展科普活动10余次。

（县气象局 供稿）

综 述

【概况】 至2016年年底，全县有中小学、幼儿园118所，其中幼儿园71所（公办园14所、民办园46所、集体办园11点）、完全小学18所、教学点16个，特教学校1所、中学11所（初中校8所、完中校2所、独立高中1所）、中职学校1所，学生50232人，其中在园幼儿12442人（城关两镇11443人，占92%；城郊两镇899人，占7.20%；农村其它乡镇100人，占0.80%），小学生21558人（城区两镇20140人，占93.40%；城郊两镇1216人，占5.60%；农村其他乡镇202人，占0.90%），特殊教育学生92人、初中生9180人（城区8647人，占94.20%；城郊两镇434人，占4.70%；农村其他乡镇99人，占1.10%）、高中生5301人、职校学生1659人，全县教师3320人。

【硬件建设】 机构成立与撤销 9月22日，德化县教育发展服务中心成立（德委编〔2016〕26号），为教育局下属正股级单位，核定事业编制21名；德化县阳光幼儿园、德化县第三实验幼儿园成立，隶属于县教育局；德化县新寨幼儿园成立，隶属于浔中中心小学；德化县后所小学与在建的城东小学合并，更名为德化县城东实验小学，隶属于县教育局；撤销德化县春美小学、德化县美湖中学、德化县桂阳中心小学、德化县汤头中心小学。

学校建设 2016年，投入资金600万元，扩建第二实验幼儿园，校舍建筑面积2500平方米，增加6个教学班，新增幼儿学位240个，已建成并投入使用；投入资金800万元，建设龙浔第二中心幼儿园，建设面积3000平方米，新增幼儿学位320个。丁墘中学、阳光小学幼儿园、鹏祥中小学、荣昌幼儿园、龙浔中心小学扩建、城东中心幼儿园、城东小学、高阳小学、紫云小学扩建相继开工建设，约需投入资金2.40亿元。其中，城东中心幼儿园、阳光小学幼儿园主体已封顶进行内外装修。

教学装备 2016年，投入资金580万元，建设德化县教育管理公共服务平台；投入资金397万元，为8所学校配备课堂录播系统设备，并为9所学校改造网络机房设备；投入资金180万元，完成金锁幼儿园智能化系统建设；全县中小学幼儿园技防设备已安装完成并投入使用；省教育厅统一采购配备的230套“班班通”设备完成安装使用。

【德育工作】 立德树人 3月23日、10月12日两次召开全县德育工作会，12月27日召开全县名班主任工作座谈会，加强德育队伍和首届50名名班主任队伍的管理。8月5—10日，组织全县50名首届名班主任到深圳龙岗区进行培训；8月16—19日，组织50多位高中班主任在教师培训基地进行班主任培训，邀请龙岗区教师进修学校培训团队进行培训；选派18位小学班主任参加泉州市2016年小学班主任岗位培训。

素质教育 先后组织开展中小学生汉字听写大赛、泉州市第八届少儿电视艺术节德化赛区比赛、中小学生硬笔书法大赛、第六届德化县青少年科技创新大赛、首届中小学生校外教育艺术素质展演等各类比赛或活动30场次。先后组织参加2016年市中小学生啦啦操联赛、第二届“海峡杯”闽渝台少儿歌手大奖赛泉州地区选拔赛暨2016年市中小学校园歌手独唱比赛等各类比赛和活动19场次。南埕社会实践基地被评为省示范性实践基地，获省、市补贴奖励21万元。尚思小学被评为市中小学劳动教育特色学校，获奖励3万元。开展未成年人思想道德讲座40场、心理健康讲座20场、法制教育讲座30场、师德教育讲座10场、家庭教育讲座30场，受教育人数达15.60万人次。

教育宣传　2016年刊发在省、市教育网站的德化教育简讯198篇，刊发在德化教育动态上的简讯1297篇，在德化电视台《瓷都教育》播出新闻专题报道216条，在德化广播电台播出128条，制作教育专题片两个——《规范语言文字，彰显瓷都魅力》《瓷国名珠》。

梦想课程　召开4次梦想课程座谈会，布置任务和总结工作。期初、期中、期末对各校开展情况进行督查、检查、考评；加强梦想课程研究，立项梦想课程课题7个。4月、12月，先后在第二实验小学、第三实验小学举行梦想课程研讨活动2次，参训人员170人。2016年，9位教师通过国家级梦想种子教师培训。6月，在实验小学举行梦想课程说课比赛，14人参赛。11月，在第二实验小学和第三实验小举行梦想课程县级赛课。2015年12月，县实验小学郑秀霞参加全国梦想赛课获一等奖。2016年德化县梦想沙龙被上海梦想想基金会评为非常优秀沙龙（全国18个）。

【语言文字工作】　3月24日，县委、县政府召开迎接“国家三类城市语言文字工作达标评估”动员大会，成立以副县长林祖传为领导小组组长的工作机构，德化县成为泉州市第一个启动“迎评”工作的县城。7月启动全县四大领域从业人员普通话水平培训，举办六期、培训1386人。在8月6—8日，泉州市普通话测试站首次采用“送测到县”的形式为全县1203人进行测试，三甲以上达标率92%。8月，县人大常委会副主任、县政府党组成员张秋英兼任县语委会主任，并于9月23日主持召开“德化县迎接国家三类城市语言文字工作达标评估”推进会。12月，县语委办对全县各“迎评”单位进行测评，总得分252.7（总分260分）。12月15－16日，省市语委组成评估组对县四大领域共14个单位及一条繁华街道进行实地检查，德化县以246.6的高分通过评估验收，德化县成为全省第26个、泉州市第1个通过“国家三类城市语言文字工作达标”评估验收县城。

【教育督导】　2016年1月，德化县“基本均衡”通过国家认定，10月通过国家复检。教育督导室扎实开展责任区督学随机督导工作，通过“德化县教育管理公共服务平台”通报督导结果，促进学校提升管理水平。有效开展春秋季开学、初中“控辍保学”、校园欺凌专项治理、教师有偿补课治理、“全面改薄”等专项督导检查。德化县开展初中“控辍保学”专项督导情况在国家、省市教育网站得到报道。出台《德化县中小学实施素质教育工作第五轮督导评估方案》，正式启动第五轮督导评估工作，对鹏祥中学、霞溪分校、金锁小学等3所学校开展督导评估，督导结果纳入学校目标管理考评。

【校园安全】　积极落实各项学校安全工作措施，加强督促检查指导，深入开展标准化建设提升工程三年行动和“平安校园”等级创建活动，扎实做好校园治安综合治理和安全保卫工作。新增“学校安全标准化建设提升工程”达标校24所，至2016年底全县达标校69所，完成创建达标率100%。25所学校在“平安校园”等级创建中获得3A及以上称号，共有49所达标，创建达标率达71%。在“安全教育实验区”项目建设中，县教育系统依托“福建省安全教育信息化网络平台”，开设在线安全教育课程，组织线上安全教育活动，探索新媒体信息化条件下学校安全教育教学新模式。教学过程和教学效果均居全市前列。在省中小学生安全知识网络竞赛活动中，学生、家长和教师参赛率实现100%“全覆盖”，参赛率居全省前列，全县教育系统无发生重大安全事故，校园安全稳定。

（县教育局 供稿）

学前教育

【公办教育】　2016年，全县3-5岁适龄幼儿13993人，入园13541人，入园率96.77%，其中学前一年入园率99.80%。实施《关于第二期学前教育三年行动计划的实施意见（2014—2016年）》，强化政府职能，加大财政投入，创新办园体制，优化资源配置，新寨幼儿园（公办幼儿园）租用厂房作为临时过渡招生上课。8月组织幼儿园教师岗位技能比赛，评出一等奖2名、二等奖4名、三等奖6名。12月，第二实验幼儿园通过福建示范性幼儿园评估验收，逐步提高“示范性幼儿园”比例。鹏祥幼儿园、湖前幼儿园、双鱼幼儿园和城东幼儿园开展示范性幼儿园开放活动。依托县园际教研中心组深入贯彻《3-6岁儿童学习与发展指南》精神，持续推进幼儿园各类游戏开展，防止和克服“小学化”倾向，加强家园共育，提升区域学前教育质量。开展城区公办民办幼儿园结对帮扶工作，12 所公办幼儿园分别与 33 所村、民办幼儿园结对，对参加帮扶幼儿园的帮扶情况进行考核。

【民办教育】 规范办学 对下辖无证民办园和教育培训机构全面开展摸底筛查，加强无证教育机构的管理，规范办学行为；通过印发传单、显示屏、网站、宣传栏、集会、信息等渠道进行宣传，告知全县幼儿、学生不得到无证民办幼儿园和教育培训机构上课；对未经批准、非法开展各种教育教学活动的所有无证民办园和教育培训机构进行曝光；对各民办幼儿园明确整改项目和要求，制定整改对策，限定整改时间；做好全县民办幼儿园年检和等级评估工作，检查民办幼儿园的依法办学、办学条件、常规管理及安全管理等方面情况并向社会公示；12 月 22 日，县教育局、财政局、物价局联合印发《德化县普惠性民办幼儿园认定和管理暂行办法》，加强对民办幼儿园管理，引导民办幼儿园向社会提供普惠性服务，增强学前教育的公益性和普惠性。

公布办园资质 8 月 18 日，在德化教育网发布《关于德化县 2016 年秋季民办幼儿园办园资质的通告》，公布 46 所民办幼儿园办园资质（其中优秀幼儿园 9 所、合格幼儿园 12 所、基本合格幼儿园 20 所、不合格幼儿园 5 所）；有证民办幼儿园 27 所（其中 2016 年取得办学许可证 12 所），无证民办幼儿园 19 所。

（县教育局 供稿）

义务教育

【小学教育】 评估认定 1 月 5 日，县通过义务教育发展“基本均衡县”国家督导检查组检查认定。实验小学、第三实验小学作为“义务教育管理标准化学校”建设与评估的试点、示范点，10 月底分别以 94.50、92.50 高分通过市级评估认定，12 月通过省级实地抽查。

片区管理 1 月将全县所有小学、教学点重新均衡调整为 6 个片区，制定《德化县义务教育“城区小片区＋农村校委托”管理捆绑考核工作实施方案》及其考核细则，并在年底进行全面考核，再次推动成员学校主动参与片区工作，促进包括“袖珍型”教学点在内的每所学校共享发展。3 月 17 日，县小学“城区小片区＋农村校委托”管理工作经验《坚持共享发展 推进优质均衡》在全市初等与学前教育工作会上交流，并作为典型案例被推荐到省教育厅进行推广。

撤点并校 撤并大铭、龙门滩中心小学教学点，及时调整片区建设规划，城区学校不断扩容提质，后所小学升格为城东实验小学并启动东校区建设工程，加快阳光小学、龙浔中心小学、高阳小学等新改扩建步伐。7 月份通过电脑派位解决随迁子女一年级新生 1508 名，全部安排到公办小学就读，入学率 100%，全县小学生总数 22290 名。

办学特色 4 月 28 日，省第二届中小学特色办学暨海峡两岸交流会在尚思小学召开，会上尚思小学做了《陶艺，打造办学特色》的经验交流，成为全省中小学品质办学、特色办学的典范，进一步推动闽台教育交流与合作。

【初中教育】 控辍保学 出台《德化县教育局关于进一步加强义务教育阶段控辍保学工作措施》，落实学籍管理、出勤点名、动员复学、辍学学生汇报等制度，建立“控辍保学”工作责任制。2016 年，初中辍学 26 人，辍学率 0.82‰。2016 届初中学生三年巩固率 99.11%，比上年增长 0.38%，居全市前列。

初中部晚自修恢复 充分利用学校寄宿设施资源，鼓励、引导家庭学习条件差的学生到校寄宿或参与晚自修，为进城务工随迁人员子女提供学习场所，改善学习条件和环境。

电脑派位就学 通过电脑派位，1350 名外来工子女和进城务工人员子女全部安排到公办中学就读。2016 年秋季全县报名就读初一生数 3189 人，其中在农村学校就读 179 人，在城区学校就读 3010 人，其中需电脑派位人数 1350，已全部安排到公办中学就读。

网上阅卷 2016 年春季，与科大讯飞智学网联合在一中、三中、五中、六中、八中设立 5 个标准网上阅卷场地，认真组织省市质检及初中期末质量检测网上阅卷工作，依托信息化手段，用好大数据，做好分析诊断工作，进一步建立完善学业质量监测、反馈、指导系统，提升科学监测能力。

学科竞赛辅导 出台《关于加强德化一中学科竞赛辅导工作的实施意见》，从职称奖励等政策扶持推进德化一中拔尖学生培优工程建设；以校外活动中心为载体，办好初中学科辅导班。

理化生实验考查改革 印发《2016 年德化县初三物理、化学和初二生物实验考查方案》，组织全县理化生统一实验考查，6072名学生参加统一考试（初三年3148人、初二年2924人），考查成绩作为录取一级达标中学的必备条件之一。

（县教育局 供稿）

普通高中教育

【概况】 2016年，参加高考1530人，高考本科上线人数1200人，本科上线比率78.43%，比上年增长6.34%；本一上线人数达328人，上线率21.43%，增长3.86%。其中理科庄伟焕同学以699高分被清华大学录取；文科郑霖豪同学620分居全省48名，创学校2007年以来最好成绩；文科张琳同学英语单科成绩148分，进入全省前3名；录取“985”（中华人民共和国政府为建设若干所世界一流大学和一批国际知名的高水平研究型大学而实施的建设工程）名校37人，“211”（为了面向21世纪，迎接世界新技术革命的挑战，中国政府集中中央、地方各方面的力量，重点建设100所左右的高等学校和一批重点学科、专业使其达到世界一流大学的水平的建设工程）名校51人。黄静文同学的《一种离心式节能喷釉装置》获第九届国际发明展览会金奖；曾慧端同学获全国中学生物理竞赛省二等奖；徐宇鸣、王志文、李金星三位同学获全国中学生物理竞赛省三等奖；徐宇鸣同学获全国中学生数学竞赛省三等奖；江德扬、郭炜铖同学获2016泉州市高中数学竞赛一等奖；颜磊鑫同学荣获2016泉州市高中化学竞赛一等奖。

【德化一中】 概况 2016年德化一中48个教学班，学生2686人，教职工221人。2016年，高考本一上线321人、本二上线801人，600分以上22人，640分以上5人。理工类庄炜焕同学录取清华大学，文史类郑霖豪同学以总分620分的高分进入全省前50名，文史类张琳同学英语单科成绩148分，进入全省前3名。张雅珊同学获由中国科协、教育部、香港特区政府等共同主办的第30届全国青少年科技创新大赛二等奖，赖钰薪、庄炜焕同学分别获第32届全国中学生物理竞赛复赛福建赛区竞赛二、三等奖，林国梁同学荣获第21届全国青少年信息学奥林匹克联赛福建赛区复赛二等奖。学校图书馆购入10万元图书，同时投入12.6万元对主考会议室、礼堂进行修缮。

德育工作 组织学习《中学德育纲要》，制定《德化一中德育工作目标》《德化一中德育成长目标》《德化一中德育工作专业培训计划》，分期分批多形式开展全员德育培训，组织教师参加“百校千师未成年人思想道德建设骨干教师培训”“全国中小学班级管理艺术与班主任魅力养成高级研修班”“德化县德育专题培训”和校内各种专业培训。成立以副校长为组长的心理健康教育指导小组，逐步培养心理健康教育兼职教师，努力构建合理有效的“三位一体”、家校协作等的德育网络。制定《德化一中学生手机管理办法》，完善《德化一中值日制度》，值班行政巡查校园填写《学校安全工作日志》《行政人员值日情况登记表》。倡议全校各班自行成立班级家委会，制定家委会章程，形成家长队伍配合学校教育的合力。要求全校各班建立班级家校微信群，优化家校沟通联系方式。编写《预见·遇见——家长心育手册》读本，为家庭教育提供资源和案例，进一步提高学生家长的家教水平。

教育科研 制订“集中培优，冲击一流名校”的培优方案，培优的对象重点是有希望冲击名校、年

3月8日，德化一中举行教师聘用合同签约仪式 （图/德化一中）

12 月 25 日，德化一中邀请西安交通大学陈玲莉、田皓两位教授到校做专题讲座 （图 / 德化一中）

级总分前 20 名的学生。每周进行一次集中辅导，定人、定时、定内容、定地点。校长、挂钩行政亲临现场进行督导。开设数学、物理、化学、生物、信息等学科竞赛辅导班。坚持科研兴校，邀请全部高考学科专家（每科 1-2 名）为全县各高中校毕业班教师解读年度《考试说明》，组织全校高考科目教师参加“全国一张卷”网络培训。组织开展高中校际教研活动，与“中学学科网”合作，引进中科大旗下的智学网网上阅卷系统，形成统考网上阅卷的常态。组织修编初高中衔接校本教材（语文、数学、英语、物理、化学等学科），编印《教育通讯》2 期（第 35、36 期），承担国家级课题 8 个，省级课题 46 个，市级课题 8 个，教师发表 CN（或相当）45 篇，扎实开展竞赛和优秀生学科扶优工作，学生获市级以上奖项共 16 人次。

校园文化　创立的 12 个学生社团是办学的一大亮点。举办“科技节”“文化艺术节”“体育节”，投入人力、物力扶持“文学社”“艺术团”“电视台”“广播电台”“环保协会”“英语协会”“读书协会”“辩论协会”“摄影协会”等学生社团组织，并注重以之为载体培养学生的实践能力、组织能力和管理能力。

师资队伍建设　推进“名师工程”建设，设立“名师工作室”，评选“优秀教师”“优秀班主任”，重视对年轻教师和骨干教师的培养，举行师徒结对、学科练兵、教学基本功比武、骨干教师培训、新老教师教学经验交流会、新教师任见习班主任等多种形式的师训工作。德化一中、德化八中互派部分教师支教和跟班学习。支教和跟班学习教师每学期考核一次，考核主要由三部分组成，即师德、教育教学业绩、接收学校综合评定，最后确定总评等次。

（县教育局 德化一中 供稿）

【德化二中】 规范办学　2016 年秋季，德化二中高中部恢复招生，学校规模扩大，学校各项规章制度进一步完善，中层干部管理也进一步加强，实现管理制度化、人本化。

德育工作　利用政治学习、班主任例会、德育工作会议，加强对教师职业道德教育；发挥课堂主渠道作用，建立以“激励”为中心的德育管理机制，利用宣传栏、广播站等载体和国旗下讲话、主题班会、演讲会、报告会、军训、宣传板报、征文等形式，挖掘“升旗仪式”“教师节”“国庆节”“元旦”等教育机会，加强对学生的思想教育；加强校园文化建设，开展形式多样、内容丰富的校园活动。如师生篮球赛、校田径运动等。

校园安全　加强学生的安全教育，实现了无安全事故发生的目标；加大投入，增加技防设施，提高技防水平；加强办公区、宿舍区、教学区、饮食区、功能教室、午休、晚就寝、学生集中离校时间的安全管理；政教处管理人员、班主任、有关值班人员跟管到位，落实好领导干部 24 小时值班制度和教职工夜间值班巡逻制度；建立安全隐患报告制度，做好安全检查记录，及时归档。

办学特色　继续将艺术体育教育做为特色教育项目进行重点建设。加强对书法、美术、音乐、体育兴趣小组的建设与管理；文艺体育特长生的培养是高中教学的重点特色之一，指导老师探索研究新的培养方法和培养模式，广泛组织课外活动，不断提高“两操”和特色教育水平。

【德化三中】 概况　2016 年德化一中保送生考试中，60 人参加考试，录取 44 人，位居全县第一，其中 7 人进入全县前十名，12 人进入全县前二十名，24 人进入全县前四十名，徐亿萱同学获全县第一名，张娴婧荣全县第二名。2016 年高考，本一上线9人，本科上线292人。

德育工作　5月9日，举行了2015—2016学年度“优秀学生”表彰大会，激励全校学生向先进集体和先进个人学习；开展了“名班主任”经验交流活动，分享学生养成教育的经验做法；举行高二年十八岁成人仪式，使学生学会感恩，增强责任意识；开展了家长志愿者活动，每天安排5位家长志愿者到校值班，参与校园巡查、监考巡视等；3月21—4月3日，5月9—5月22日，分别组织初二年、高二年到南埕实践基地进行社会实践活动；开展网上祭英烈等爱国主义教育活动；3月14日，举行女生青春期健康教育活动；5月，开展了“心理健康活动月”系列活动；开展了全面家访活动，5月4日，举行了首次家长开放日活动，家校零距离接触；9月9日，校领导为432位高一新生家长上了“家长学校”第一课；11月16日，举办了第七届体育节暨第二十八届田径运动会，共有1000多名运动员参与；举办了第十八届校园文化艺术节；3月7日，学校法制副校长、龙浔法庭庭长郑聪养为全校学生上法制教育课；4月18日，德化县青少年法制巡回教育启动仪式在德化三中举行。

素质教育　严格执行省颁课程计划，开齐开足体卫艺课程，初中每周开设体育与健康课3节；实施《国家学生体质健康标准》并及时上报监测数据，开展阳光体育、体育艺术2+1项目、跳绳活动；2014年中考体育测试及格率达99.80%；实验教学工作稳步推进，全体理化生教师均能按要求做好演示实验和分组实验，初、高中理化生实验考查合格率达98 %以上；9月25-26日，县第七届青少年科技创新大赛举行；在12月的第十三届泉州市青少年科技创新大赛上，德化三中选送的作品，获得1个一等奖、4个二等奖、2个三等奖；组织参加2016年县中小学生围棋比赛，获初中组团体总分第一名，高中组团体总分第一名；参加2016年县中小学生中国象棋比赛，获初中组团体总分第一名，高中组团体总分第二名；参加2016年泉州市中小学生啦啦操联赛，获初中组花球舞蹈项目比赛二等奖，初中组课间示范项目三等奖。

校园安全　成立安全工作领导小组，坚持每月一次校园安全隐患大检查，对校园内各种线路、电器设备、食堂、学生宿舍、图书馆、电脑室等重点部位进行隐患排查，发现问题及时整改；组织开展净化书包、班级矛盾纠纷排查、手机及禁带管制刀具检查等活动；组织校园及周边安全隐患排查，并与龙浔派出所、综治办配合，加强校园周边安全整治；开展了严禁骑乘超标电动车、助力车、摩托车专项整治；投入24.59万元实现校园视频监控全覆盖，确保校园安全稳定。4月，学校被命名德化县第一批“平安校园”。3月28日，开展以“提升安全素养，共建平安校园”为主题的第9个省学校安全教育日、教育宣传周活动，推进学校综治、安全、普法工作；4月26日，开展了游泳“六个一”活动及交通、防汛教育活动；开展了“5•12”防灾减灾宣传教育活动，并组织全校师生及家长参加安全知识网络竞赛活动；开展了校园欺凌专项治理活动。谢文炜、李艳梅同学在“第21个全国中小学生安全教育日”专题节目观后感评选中分别获一、二等奖；施明霞、陈雅君、连宇轩、赖月理同学在2015年度青少年普法教育征文分别获得一、二、三等奖。12月21日，县毒品预防教育示范学校揭牌启动仪式在德化三中举行。

【德化八中】　德育工作　开展师德形象塑造工作，提高教师职业道德水平；抓好班主任队伍建设，开展班主任工作系列讲座，师徒结队活动；探索学校主导、家庭配合、社会协调“三位一体”德育工作新途径；整合各类教育资源，通过微信、互联网、电话等服务平台，畅通家校联系渠道，形成家校共育合力；加强德育科研，提高德育工作的科学性；通过讲座、报告会、微信等形式，给学生宣传心理健康知识，通过咨询形式，帮助学生排除心理障碍，解决心理健康问题。

校园文化　组建学校艺术团体和兴趣小组。如：以学生为主体的艺术团体和兴趣小组有：广播站、文学社、篮球队、田径队 、足球队、象棋 、围棋队，艺术团、太极表演队，书法、美术、编导、摄影兴趣小组等；以教师为主体的艺术团体和兴趣小组有：太极拳协会、足球协会、排球协会、篮球协会、乒乓球协会登山协会、教工之家等。

安全教育　通过层层签订安全责任书，进一步完善安全工作规章制度等措施，切实落实学校的安全主体责任；定期组织安全大检查活动，对校舍、楼道、教育教学设施设备、消防设施设备、食品卫生、集体活动等易引发群死群伤事故的各类隐患进行检查；加强安全宣传教育培训，做好师生安全法律法规和校内安全制度、应急预案的宣传教育。

（县教育局 德化二中 德化三中 德化八中 供稿）

职业教育

【泉州工艺美术职业学院】 招生就业 2016年，学院录取647人，报到530人；五年专招生143人、函授大专录取新生45人。举办2016届毕业生供需见面会，29家用人单位前来招聘，提供就业岗位1000多个。全面落实好学生"奖、勤、助、贷、减、免、补、缓"八位一体的学生资助工作体系，2015—2016学年学生资助工作投入115.12万元，推进学生资助工作精准实施。

专业建设 结合二轮评估工作，全面启动专业剖析和说专业活动，教师进一步明确专业定位、专业结构、专业人才培养目标和方案。规范教研室活动，推进专业课教室理实一体化建设。聘请高职教育专家潘家俊、省教育评估研究中心主任柏定国教授对学院专业进行全面调研、分析、诊断，并提出具体指导意见。牵头组建泉州市文化创意职业院校联盟，与泉州市有开设文化创意相关专业的福建经贸学校、泉州市华侨职业中专学校等10所中高职院校联盟。

课程标准启动建设 部署启动学院新一轮课程标准修订工作，制定各专业教学标准实施方案和核心课程课程标准，聘请戴延寿、唐耀红等专家到校开展课程标准建设专题讲座。手拉坯技艺课程成为省首批职业教育精品在线开放课程；校本教材《大学人文素养教程》《手拉坯技法》《日用陶瓷设计》和校企合作教材《质量管理》的编写工作有序推进；出版《文化审美与世推移》、《陶瓷材料色料及装饰》等专著。

教学改革 申报成为福建省"二元制"技术技能人才培养模式改革试点，2016年秋季与顺美集团联合举办"二元制"教学试点，开设陶瓷设计与工艺、电子商务2个专业，71名学生就读，结合企业和员工点发展需求，科学制定人才培养方案，推行工学结合、招生即招工、入校即入企的人才培养模式；持续开展"大师班"教学工作，总结凝练"大师班"教学工作经验，探讨固化拓展"大师班"教学模式。深入对接浙江经济职业技术学院、长沙民政职业技术学院等国家示范骨干高职院校，选派师生前往学习交流。

技能竞赛 组织开展院级职业技能竞赛，结合省级技能大赛项目和学院课程开展现场陶艺创作、图形创意设计、建筑CAD绘图、现代物流、企业沙盘模拟经营、英语口语、秘书职业技能等22项技能竞赛。在第一届全国职业院校陶瓷类专业学生职业技能大赛中获一等奖2个、二等奖2个、三等奖3个，并被授予"团体一等奖"和"优秀组织奖"；在第四届全国高校数字艺术作品大赛中获得一等奖1个、二等奖2个、三等奖2个；在2016年福建省职业院校技能大赛中获二等奖2项、三等奖3项、优秀奖5项；在2016"奥派杯"全国移动商务技能竞赛福建赛区选拔赛中，2支代表队获得三等奖，其中1支还获得"最佳创新奖"。

产教融合 协同县经信局等单位成立德化工业设计协会，举办2016德化县工业设计与产业创新论坛，聘请王明旨教授、赵阳教授、韩冬楠副教授作专题讲座，为地方从事工业设计的人员和爱好者提供培训，推动产学结合。与德化当代文化传媒公司达成合作协议，设立"国画大师班"，共同培养国画技术技能人才，探讨培养"精品学生"，提升培养学生能力；与顺美集团有限责任公司、德化安成陶瓷有限公司等合作，搭建创新创业教育平台；与福建老工匠珠宝科技开发有限公司达成合作协议，开展订单式人才培养；与厦门布塔信息技术股份有限公司、厦门万天合创资产管理有限公司达成组建"泉州工艺美术职业学院——厦门布塔游戏设计中心、工艺设计中心、产品艺术设计中心"的合作协议；与高戎文化艺术经纪公司达成合作协议，筹划开展实训基地挂牌、"高戎"杯创业设计大赛、艺术品鉴定师考评培训等活动，全面推进校企深度合作，推动产教深度融合。

创新创业教育 举办"艺术梦·创业梦"创新创业教育系列讲座，邀请有创业经验的优秀毕业生和企业老板到校开展《小泥巴·大旅游》《成功不是偶然的》等4场讲座；与德化安成陶瓷有限公司共建"海峡两岸大学生创意孵化园"，选派12支在校生创新创业队伍入驻，建设创业培训服务中心暨创新学院，配备创业导师，加强创新创业教育。举办"井盖彩绘设计大赛""书签设计大赛""2016年大学生文化创新创意设计大赛"等创新创业大赛、2016届艺术类毕业作品展；组织学生参加首届福建省大学生文化创新创意设计大赛、德化首届陶艺创新大赛。在第十届全国陶瓷艺术与设计创新评比大赛中，获得2金1银7铜3优秀的成绩；在第七届"外研社杯"全国高职高专英语写作比赛福建赛区选拔赛，2名学生分获公共英语组的二等奖、三等奖；在第二届中国（厦门）大学生创新创业大赛中，学院代表队获现代青年创新奖；在第五届福建省陶瓷艺术与设计创新大赛中，学生获4金3银7铜12项优秀奖的成绩；在第六届海峡两岸信息服务创新大赛暨福建省第十届计算机软件设计大赛中，获得二等奖2项、三等奖2项；在首届福建省大学生文化创新创意设计大赛获得1银1铜的成绩；在2016年泉州市大学生创新创意作品大赛中，获得一等奖1名、二等奖2名、三等奖1名、优秀奖4名的成绩。在“2016年泉州市旅游商品设计创作大赛”中，学生作品《寻景》和《书香泉州》分获金奖、铜奖。

1月5日，泉州工艺美术职业学院与长沙民政职业技术学院举行战略合作框架协议签约仪式。图为泉州工艺美术职业学院院长钟发亮（右一）与长沙民政职业技术学院院长刘晓（左一）在长沙民政职业技术学院签订校企合作协议（图/泉州工艺美术职业学院）

科研立项与服务 2016年度立项15项，其中教育厅中青年教师教科研项目10项，泉州市科技重点项目3项，泉州市教育科学“十三五”规划研究课题2项。加强陶瓷新材料福建省高校应用技术工程中心建设，与龙岩高岭土有限公司合作，开展“龙岩高岭土矿石综合利用及配方横向课题研究”，研发产品已小批量生产，并研发陶瓷釉水80多种；组织建设3D工作室，筹建3D技术研究中心、传统技艺传承研究中心，建设3D技术公共服务平台和服务基地，推动3D技术在陶瓷产业发展和传统技艺传承的推广应用；组织建设电子商务实验室，探讨引进“猪八戒网”，合作筹建大学生电子商务创业基地。参与国家财政部、发改委下达的德化陶瓷产业园区循环化改造项目的企业调查、子项目立项考察、技术指导。举办7期“海丝情·陶瓷韵”国际文化交流活动，培训外籍学员278名。优化职业技能鉴定站的软硬件，开展职业技能鉴定3期733人。组织开发高技能人才考核题库通过省中心审核列入省级题库，组织开展2期技师、高级技师人才培训和鉴定工作，74人顺利通过该考评。协同县人社局、商务局等部门组织开展学院服务企业人才培训需求调查，举办6期“中国国际电子商务中心培训学院泉州分院”电子商务培训班，培训493人；举办“陶瓷坯及釉料配方技术培训班”，培训24人；举办“龙泉青瓷行业从业人员陶瓷雕塑技艺提升研修班”，培训学员41人；举办“建阳区陶瓷工艺美术培训班”，培训43人；举办2期“工业设计培训”，培训110人，为服务社会经济发展作出积极贡献。

平安校园建设 举办安全法制专题培训8场、学生安全管理工作培训2场、宣传教育图片展览2场、法治宣传演讲4场、应急疏散演练5场，进一步丰富“安全教育”校园网站，建立学院微型消防站，学院连续3年获得“泉州市落实学校综治安全目标管理责任先进学校”和泉州市“平安校园AAAAA级学校”。

教师队伍建设 公开招聘艺术设计类专任教师2名、团委干事1名、辅导员3名。选派3名教师参加闽台联合培养培训班、12名专业骨干教师参加2016年国培项目、60名教师参加全国高职教育内涵建设高级研讨班（第六期）、30名专任教师到相关院校进修、1名优秀教师作为“访问学者”、3名教师参加第二批国家职业技能竞赛裁判员培训。1人取得博士学位、9人取得硕士学位，新增1名正高职称高级工程师、4名副教授、1名副研究员、5名讲师，教师学历和职称结构进一步优化。评选表彰先进教育工作者3名，优秀教师6名，表彰优秀电子教案10人次和教学能手10名。

（泉州工艺美术职业学院 供稿）

【德化职业技术学校】 概况 2016年，德化职业技术学校教职工132人，其中，研究生学历3人，

10 月 19 日，德化职业技术学校与敦煌艺术旅游中专学校缔结友好姊妹学校协议签订仪式在县职业技术学校举行　（图 / 德化职业技术学校）

省级工艺美术大师 2 人、省级工艺美术名人 2 人、省级陶瓷艺术大师 4 人、市级工艺美术大师 2 人、高级讲师 21 人、高级工艺美术师（高级技师）8 人、“双师型”教师 48 人；全日制中专学历学生 2014 人。开设工艺美术（陶瓷雕塑、陶瓷装饰、陶艺制作）、美术绘画（美术高考班）、美术设计与制作（广告设计、包装设计、花纸设计）、会计电算化、电子商务、计算机应用、学前教育、旅游服务与管理、中餐烹饪、观光农业经营等十个专业。2016 年，学生官礼帽参加 2016 年福建省中等职业学校职业技能大赛（艺术设计）荣获一等奖（全省第三名）。

推行现代学徒制　深化“师徒制”人才培养模式，推行“二元”（师傅和徒弟）主导的现代学徒制。其中《基于现代学徒制的校企合作协同育人模式研究》获 2016 年泉州市社会科学规划项目资助立项课题。

校企合作　遴选适合学校专业建设的陶瓷企业和电商企业作为学校重点建设的校外实训基地；选派专业教师进驻顺美集团、山花陶瓷有限公司、艺虹公司设立产品研发中心参加专业实践；在校内电子商务实训基地设立电子商务师培训中心；引进臻美达艺术品公司进入校园，建立“校中厂”；成立德化职校陶瓷体验中心。

服务产业特色专业群建设　2016 年，工艺美术专业群被省教育厅确认为服务产业特色专业群。通过专业群建设，进一步突出区域办学特色，提升服务发展能力。

交流学习　与甘肃敦煌艺术旅游中专学校缔结为友好姊妹学校，根据双方协议，两校加强专业建设和师资交流。2016 年 10 月，敦煌艺术旅游中专学校首批德化职校陶艺见习学习班 21 名学员在德化职校完成为期 2 个月的学习，实现德化陶瓷艺术和敦煌艺术的交流和融合。此外，广东省陶瓷职业技术学校、顺德李伟强职业技术学校、浙江台州路桥职业技术学校等也组织专业骨干教师和行政干部到学校来考察学习。通过对外交流，既展示职校的办学特色与成果，也借鉴兄弟学校的职业教育发展模式，提升职业教育水平。

（德化职业技术学校 县教育局 供稿）

特殊教育

【概况】　德化“小县大城关”战略的实施，94% 中小学生密集在城区，残疾儿童也几乎在城区，全县只有一家特殊教育学校。1 月 13 日，县特殊教育学校正式被省教育厅确认为“福建省特殊教育标准化学校”。根据特教发展趋势，增加招生类别，招生的范围逐渐向中重度智力残疾儿童转移，2016 年有听障学生 7 人，自闭症学生 11 人，智力残疾学生 75 人。其中，2016 年招收 8 名幼儿。

【县特殊教育学校】　送教上门　根据摸底调查结果以及残障少儿的地理位置及学校的承受能力，确定了 5 名极重度、多重残疾残障少儿作为送教上门的对象，选派教师每两周一次开展送教工作。

随班就读　成立了特殊教育资源与指导中心，制订了随班就读巡回指导工作方案。2016 年，县特殊教育学校校长赖礼光携随班就读工作服务小队两次走进结对帮扶单位盖德中心小学进行随班就读工作巡回指导。

教育科研　对培智教育的课程体系、作息时间进行了改革与调整，以“生活适应”作为核心课程，提高生存、生活能力。针对 2016 年 2 个九年级毕业班，一个聋班，一个轻中度智力残疾班，在对往届毕业跟踪调查的基础上，确立了开展以缝纫为主的职业教育；2016 年立项 1 个县级课题开始了正式研究，教师的多篇论文在CN、省、市级刊物上发表，有6名老师在市级以上业务技能竞赛如微课、优质课等中分获得一、二、三等奖。

经费保障　2016年，《特殊教育三年提升计划（2014-2016）》中提到的各项投入都已经到位；县特殊教育学校的“三免两补”（免学杂费、免教科书费、免住宿费、补助生活费、补助交通费）政策得到落实；2016年，县特殊教育学校寄宿生生活补助费在省级财政补助的基础上，地方财政配套3000元（按10个月计算），寄午的学生按寄宿生补助标准的一半给予补助。生均公用经费拨款标准也达到了普通初中的8倍。对于部分特别贫困的学生，积极与社会爱心人士联系，协调开展“献爱心，送温暖活动”，暑假期间借助双龙陶瓷爱心基金，组织教师上门为13名贫困学生分别送去了600～800元的助学金。春节期间，为20名学生送去了生活用品等慰问品。

社会各界参与特殊教育　以“感恩”为主题创设学校的校园文化，吸引更多的爱心人士参与到特殊教育中来。几年来，越来越多来自不同地方、不同行业的爱心人士、志愿者走进特校，为学生们送温暖、授课、开讲座，与他们互动交流。仅2016年1月至今，就有100多人次的志愿者进特校开展了多次的爱心活动。

（县教育局 县特殊教育学校 供稿）

继续教育

【概况】 2016年，县广播电视大学春季招收新学员77人，秋季招收新48人。增加电子商务和行政管理两个专科专业，现已开设九个本科专业、十一个专科专业；县老年大学设有政治经济、科技、卫生保健、文化、艺术、体育、远程老年教育等7个系，开设43个专业53个班8个学会，学员1530名。

【德化县广播电视大学】 评估验收　在硬件方面投入资金20多万元，完善教学设施设备，做好迎检材料，顺利通过省教育厅评估验收，被确认为成人学历教育合格办学站点。

招生工作　利用县每年招聘一批公办幼儿教师这个有利条件，加强学前教育专业的招生宣传；制作招生微信，在德化教育网、德化网发布招生信息；印制电大招生宣传资料夹报发放等，加强招生宣传；主动对接省政府对2014年退伍军人免费读专科、本科学历教育的优惠政策，及时与县民政局安置办联系，获取退伍军人的信息，再用电话与每个退伍军人联系。

社区教育　德化社区学院（挂靠在德化电大）积极发展社区成人教育，争取县委组织部、县财政局、县教育局联合下发《关于在全县继续实施培养“一村一名大学生计划”的通知》，继续实施“一村一名大学生计划”，2016年招收“一村一”农村行政管理专业（大专）51人。

【德化县老年大学】 办学条件　5月12日，县老干（年）活动中心大楼落成投入使用，设有健身房、门球场、乒乓球室、台球室、棋牌室、图书室、阅览室、南音室、电脑室、书画室、多功能厅等。6月，动工建设2间多功能教室、1间乒乓球室等，并配备一定教学设施，整体建设约需投入60万元。

学会建设　每年分别拨款2000元给8个学会（德育、摄影、诗词、南音、山歌、远教、教研、艺术团），用于日常活动开展，每个学会每学年至少开展四次研讨活动。2016年组织开展教学研讨活动8次，由科任教师授课，再由同系教师、办公室人员、部分学员共同讨论教学内容与方式，进一步提高教学质量。

“示范校”创建　12月，县老年大学获“全国示范性老年大学”称号，水口镇老校获“市级示范校”称号；县老年大学获批加入全国老年大学协会会员单位；连续六届获“市级文明学校”称号。

远程教育　2016年，重新确定27个远教试验点，县老教委视导组和老年大学经综合评定后，授予龙浔镇老年学校等15个收视点“老年远程教育示范点”牌匾及500元奖励。此举激发乡镇争优争先劲头，第二批报送评估示范点增至27所；县老教委与组织部、德化广电网络公司多次协商，按协议年内全县116个广电网络线路有架设到的镇、村要开通远程教育“云平台”（其中独立设点老校35所，与村党支部共享81所）。3月3日，邀请广电局网络专业人员就如何使用新网络远程平台做演示讲座，为学员掌握远程平台操作答疑解难。

公益活动　1月7日，南音班学员携带慰问物品，走进老年公寓，载歌载舞，为老人们送上一场“献爱心、送温暖”的慰问演出；琵琶班的学员多次携手“德化爱心小分队”，为农村留守老人、贫困家庭进行慰问演出；3月9日，联合民生银行、知名理发店开展关爱老人义剪公益活动；3月8日，到南埕

9月29日，县老年大学在唐寨山开展山歌演唱活动（图/县老年大学）

镇旅游景区开展“人人参与环保共创绿色瓷都”活动，捡拾丢弃在景区的垃圾等。

文体活动与获奖　4月21日，举办“庆七一”游园活动，千余名学员参与投篮、掷镖、门球、套圈等各项活动；竞技麻将班、钓鱼班、乒乓球班等常年组织竞技比赛活动；6月，在全省老年人健身球比赛中，文艺班选送节目《第11套健身球》荣获省级优秀奖；摄影班学员在县级以上报刊被选用的照片达300多幅。其中，郑光前、陈能与、郑步云、张圭如、林焕明等学员作品先后在《中国老年报》《福建老年报》《福建日报》《泉州晚报》《东南早报》《泉州广电报》《瓷都德化》等报刊发表。摄影班学员郭永回的《抗战瓷》获纪念中国人民抗日战争胜利七十周年全国诗词书画摄影大赛二等奖，被授予“中国摄影名家”称号；摄影班陈荣美的《倡导文明出行》在市旅游局和文明办举办的摄影大赛中获摄影佳作奖；太极拳教师林让文在市第二届“长峰太极杯”太极拳推手比赛中获男子56公斤级第一名；3月，绘画班学员陈启星在县广播电视大楼举办个人书画作品展，展出64幅融合德化山水、“兼工带画”的书画作品。

加强宣传　通过电台、电视、报刊、网站等媒体，多渠道发布老年教育工作信息和重要活动情况，扩大老年教育工作宣传范围。三级老校认真抓好“十大员”服务社会工作，福建老年报、泉州晚报社派记者专程到德化县采访老年教育（“十大员”）工作。9月30日福建老年报以“德化‘十大员’前世今生”、10月27日泉州晚报以“德化老年大学：不忘初心　勇立潮头”、泉州老年教育专栏以“十大员”点亮德化老年教育等标题，专题报道县老年教育（“十大员”）先进事迹。10月，省电视台记者到老年大学拍摄《德化县老年大学为老年人搭起筑梦空间》专题片，进一步扩大县老年教育工作影响力。

（县老教委 老年大学 供稿）

关心下一代工作委员会

【“百万大手牵小手”活动】　捐资助学活动　5月31日，“六一”国际儿童节到来之际，市关工委主任施永康、市老促会常务副会长颜伟劲一行到德化实验小学分校（中共德化支部旧址旁）看望慰问革命老区小学师生，送来了合计4万元奖教奖学金和价值5000元的图书。8月22日，县关工委向社会各界募捐爱心助学款141000元，资助2016年录取贫困大学生29人，资助贫困中学生177名。

科技培训工程　联合县教育局、妇联、团委、科协等单位，举办竹藤工艺、计算机、陶瓷摄影等实用技术培训班3期，免费培训青少年149人次。组织实施省关工委确定的“福建农村青年致富种子工程”，继续依托德化群芳、祥龙果农林专业合作社先后举办二期黄花梨栽培技术培训，400多名青年农民参加。

帮教转化工程　6月3日，县关工委联合县检察院、法院、综治办、妇联、团县委、司法局、教育局、公安局等部门，到县看守所与在押的20名未成年人开展面对面帮教慰问活动。坚持创新和完善与检察院等联手创造的“关检联手”的品牌帮教工作模式，被市关工委在《大手牵小手》报上全文转发。与检察院联手设立“涉罪未成年人帮教中心”，并在全省率先建立未成年人帮教救助基金。县关工委和检察院利用“涉罪未成年人帮教中心+就业技能培训基地”平台，对不具备有效监护条件的涉罪未成年人创设当地社会帮教条件，由县关工委、妇联的工作人员担任“帮教合适成年人”指导、督促法定代理人开展监护工作。德化县“关检联手”帮教模式被人民网、《福建日报》《海峡都市报》等媒体多次报道。

思想道德建设报告团　调整充实县关工委报告团成员，现共有9个单位（县关工委、法院、检察院、教育局、团县委、综治办、妇联、司法局、计生协会）65人组成报告团队伍。受邀作报告115场次（其中思想道德17场，心理健康14场，法制教育31场，师德教育5场，家庭教育25场，社区教育23场），受教育人数达6.17万多人次。

家庭教育工程　协同妇联组织家长儿童共同参与道德实践活动，普及科学家庭教育知识。到全县各个幼儿园巡回宣讲，举办讲座、咨询、培训65次。

网吧监督　协助县文体局对11家网吧进行专项整治行动，重点对网吧接纳未成年人上网、超时经营及网吧上网内容的监管。1月6日，召开“五老”志愿者网吧监督员工作座谈会，20位“五老”志愿者网吧监督员持证进网吧监督329次，劝阻未成年人进入网吧56人次。

“心理健康”工程　县未成年人思想道德建设报告团受邀到各校作心理健康专题讲座14场。全县各级关工委开展心理辅导、讲座、咨询活动148场次，参加活动的青少年36718人次。

“关爱特殊群体青少年”工程　2016年县关工委与县特校联办1期残疾人陶瓷雕塑技能培训班并补助培训费2000元给特校，参训人员50多人。县各级关工委组织针对特殊群体青少年为主题开展活动、慰问96场次，协助解决生活、学习等实际困难286次。

祭奠先烈　4月1日，县关工委牵头组织的城关中、小学部分师生和涉老单位的老领导、老革命、老同志共2000多人，参加了祭奠革命先烈活动暨开展“心向党、讲品德、见行动”主题教育活动启动仪式，缅怀为瓷都德化革命与建设贡献生命的英雄烈士们。

8月22日，县关工委举办2016年度爱心助学座谈会

（图/县关工委）

【青少年社会教育活动中心建设】 2016年新创建了三班镇泗滨村、浔中镇龙东社区“青少年社会教育活动中心”，目前共有包括龙浔镇宝美村、三班镇三班村、盖德镇、三班镇东山洋村、龙浔镇南门社区等9个活动中心。选址利用各村镇现有的闲置校舍、村镇活动场地或祠堂、闲房等进行改（扩）建，活动中心配备宣传教育栏、科技活动室、文艺活动室、图书阅览室同时还配有必要的器材、图书、设备等。

【组织建设】　全县建有各级关工委组织303个，民企关工委43个（其中三班镇6、龙浔镇17、浔中镇18、美湖1、葛坑1）。

（撰稿人：陈馨 审稿人：郑启梓）

教师队伍建设

【概况】　2016年，公开招聘新任教师58名，其中幼儿教师25名、小学（特校）教师31名、高中紧缺学科教师2名；招收编外合同教师50名，其中幼儿园教师13名、小学教师37名；新增高级教师岗位52个、中级岗位185个。8月，教育局党组对教育系统干部进行调整，对30名中小学（幼儿园）校长及教育局、进修学校14名中层干部进行岗位调整。全面实施教师资格制度，受理教师资格网上申报和现场确认101人次，办理高中、中职教师资格证书19件，初中、小学、幼儿园教师资格证书74件。2016年，全县共有70名教师退休，开展师资培训12个专题24个培训班，培训3937人次。

【课程改革试验】 健全课题管理机制 落实课题研究“学期汇报制度”，将全县各级各类课题纳入统一管理，建立健全课题申报立项、中期检查、结题验收等相关制度。建立课题立项培训会、中期检查反馈会、结题总结表彰会等“三会”制度。创新课题评审机制，确保课题择优推荐。5月，在全市率先采用“活页论证”异地评审方式，择优推荐省、市课题申报和评定县级立项课题，确保课题的推荐申报和立项评审公平、公正，择优推荐和立项，提高课题质量。2016年，全县申报课题143项（其中省规划2016年度课题43项、省“2016年度基础教育课程教学研究课题”17项，市、县“教育科学‘十三五’规划研究课题”83项）；成功立项课题77项（省级11项、市级12项、县级44项）；顺利结题课题88项（省级23项、市级19项、县级46项）。

加强课题过程指导 编制《课题研究指南》，引领课题科学申报。及时转发省、市《课题指南》，编制《德化县教育科学“十三五”规划研究课题指南》，引导全县中小学教师进行课题申报。做好课题开题论证指导，帮助课题组修改完善课题设计实施计划，提升研究实效。2016年，参与指导基层学校课题开题报告会、研讨活动29场次、46项课题。

课题研究成果推广 1月15日，召开全县“十二五”基础教育课题研究成果展示研讨会，部分省、市、县优秀课题的课题组进行经验交流和成果展示。6月2日，召开全县“十二五”课题结题表彰暨“十三五”规划（第一批）立项课题负责人培训会。加强省级课题《德化县陶瓷艺术特色教育研究》成果——德化陶瓷乡土教育读本《陶瓷》的运用推广。印发《优秀成果汇编》进行交流和推广。充分利用《德化教育》（每年4期）和《德化教科研简讯》（每年10期）两个平台，推广展示教育科研成功经验和优秀研究成果。

发挥“名师效应” 4月26日，召开县“重点名师工作室”领衔名师工作座谈会。5月，制定《德化县中小学重点名师工作室管理与考核实施办法》，填补德化县对“重点名师工作室”管理与考核的空白。执行《德化县中小学名师考核办法》各项内容，认真考查名师个人研修、团队学习、教学研讨、教育科研等各项工作，引导名师不断成长。积极搭建平台，组织名师开展“名师示范课”“名师交流研讨课”等活动，发挥6个“重点名师工作室”，50名省、市学科带头人和名教师的示范引领与辐射带动作用。2016年，展示“名师示范课”“名师交流研讨课”计47节。

10月9日，县丙申年祭孔暨孔子文化教育奖颁奖典礼在县文庙举行
（图/县教育局）

【教学指导】 借力高端引领 与省普教室、市教科所等教研部门进行高端对接，6月和11月，省普教室有关专家及省内中小学部分名师先后到德化县开展小学语文、数学、品社学科、幼儿园“送教下乡”活动以及中学语文、数学、英语“优化课堂教学 提升学科素养”研训活动2场，开设专题讲座7场，参与教师900多人。12月，与市教科所联合开展学语文、数学、幼儿园“送教下乡”活动3场，参与教师200多人。

开展教学视导 组织特级教师、教研员、名师等视导组成员深入基层学校开展教学视导工作。2016年，先后深入五中、八中、实小分校、尚思小学等中小学校开展教学视导活动4场，参与集体备课20多场次，听课420多节。其中，精心组织专门力量，深入尚思小学开展为期一个月的教学视导。

中、高考教学指导和校（园）际教研中心工作 加强中、高考复习备考工作指导。关注中、高考最新动态，认真研究考纲和考试说明，协助做好初中、高中毕业班省、市质检和中、高考协调组织工作。召开中高考质量分析会和初中、高中毕业班工作会，总结经验，查找问题，加强协作，凝心聚力，共同提高教育教学质量。深化校（园）际交流与协作，召开春秋两季4个层次的校（园）际教研中心工作会，促进教学质量整体提升。

健全质量监测体系 做好初中基础年段、小学三年级、小学毕业班统一考试和评卷制度，实现初中基础年段期末考试网上阅卷。做好期中、期末质量分析，定期召开各个层次的质量分析会，努力提高学业质量监测的权威性和科学性。2016年，开展全县性学业质量监测6场。

搭建师生成长平台 做好县级教师技能竞赛、“教坛新秀”“优课评选”等业务竞赛和评选活动4场，参与教师300多人次。做好学生学科竞赛工作，组织学生参加全国高中生数学、物理、化学学科知识竞赛，初中语文、英语阅读能力竞赛，初中、小学现场作文竞赛等学科竞赛11场，参与学生2080人次。

【教师培训】 落实年度培训计划下发《德化县2016年教师培训计划》，切实做好每一个核心班次的培训工作。先后举办县第三实验小学片区语文教师教学能力提升校本研修培训、中小学教师信息技术应用能力提升工程全员培训、县幼儿园“践行《指南》 提升质量”专项技能培训、县“十三五”第一期中小学教师全员培训、中美合作骨干英语教师培训、第二届名师高级研修、县首届名班主任培训、县高中班主任培训、高中学科教师专项培训、小学幼儿园新招聘教师岗前培训、初中化学教师专业提升培训、中小学校长高级研修等12个专题24个培训班，参训教师3937人次（含现代信息技术应用能力提升全员培训2842人次）。其中，采取“请进来”与“走出去”相结合的形式，邀请省普教室张弘，厦门市教科院李依铭、蔡敬辉、林才回，龙岗教师进修学校雷斌、李荣华、曾灵芝，泉州市小学语文学科领衔名师陈淑端、王朝云、李冬梅等39位专家、教授及名师到县为培训班的学员授课。先后组织中小学幼儿园学校管理队伍和一线教师赴南京、西安、深圳、福州等地参加异地培训。

12月16日，德化县顺利通过国家三类城市语言文字工作达标评估验收（图／县教育局）

推进研训一体 依托5个学科教师研训基地，以学科研训基地为载体，充分发挥基地校学科优势，聘请有关专家、名师深入基层学校积极开展名师教学展示、教学研讨交流和专题讲座等活动。2016年，先后在第三实小、实小分校、三班中心、三中、五中、六中等学校开展研训活动6场，参与教师610人。

推进教育信息化工程建设 开展现代信息技术应用能力提升全员培训，深化信息技术与学科教学的深度融合；推进录播教室的建设和使用，为学校学科教师教研和教师课堂素养评估提供良好的平台；促使各种APP的运用变成一种普遍的教学教研状态，互联网+教育或教育+互联网的形式正在从形式走向内容的深化。

做好福建师大网络学院校外学习中心日常工作 2016年招收新生46名；做好5个班在学学员日常学习辅导、考试等管理工作。5月，学校学习中心顺利通过省教育厅评估组的评估验收，6月，获得年度“支持服务奖”，1人被评为“先进个人”，2人被评为“优秀班主任”。

（撰稿人：许昌谋 审稿人：林义河）

综 述

【群众文化活动】 2016年，举办以“海丝扬帆·瓷都筑梦”为主题的第十六届瓷都广场文化活动，抓好文化艺术节的首场演出，增加南音文化、高甲戏等民俗文化演出专场；举办“博物馆文创作品展”“刘铭志陶瓷艺术个人展”“文化信息共享工程”摄影作品展等群众文化活动60多场次；组织少儿舞蹈节目《为健康加油》参加泉州市少儿文艺表演比赛，获舞蹈类一等奖；组织青年美术作者参加泉州市青年美术展；组织德化陶瓷企业及博物馆藏品到北京参加中法文化论坛附设的“艺术吧”“欧美同学会”陶瓷展览及沈阳的“赏瓷国明珠·2016中国白陶瓷艺术展”等陶瓷展览；深入葛坑、上涌、水口开展文化、科技、卫生“三下乡”活动；组织书法能手到三班、上涌、国宝等乡镇举办“迎新春、送春联”免费为农民书写春联活动；文艺创作“对联”一书正式出版；举办有舞蹈、乐器、声乐等项目的“暑假文化馆少儿艺术培训班”（免费开放），组织12名文化站工作人员及文化协管员参加省文化厅主办的全省文化站长培训班。

【非遗保护】 选送县非物质文化遗产代表性传承人陈文德、连德理、吴志勇创作的陶瓷雕塑作品《如意观音》《祥云弥勒》《托珠弥勒》，参加省文化厅组织的赴西班牙参加“福建文化展示月——福建传统工艺精品展”，被马德里中国文化中心永久性收藏；组织开展第二届县级“德化瓷烧制技艺”主要代表性传承人参评工作及“第七届泉州非物质文化遗产主要代表性传承人”的评选推荐工作；对全县业余高甲戏剧团、木偶戏剧团进行全面普查，形成“德化县民间戏剧（木偶戏）普查汇编”；坤恒、明玉、宴扬等3家陶瓷企业被授予首批市级非物质文化遗产生产性保护示范基地称号；杨梅刻纸被列为第五批市级非物质文化遗产代表性项目名录。

【文博事业】 开展对列入“海丝”申遗点——屈斗宫德化窑梅岭遗址周边的环境整治，在梅岭窑遗址出入道路口设置安全值班室，做好进入“海丝”申遗点保护范围人员的检查登记工作；完成“海丝”申遗点环境整治初步方案；推进申遗点河道两侧原古道清理和整治工作，关停遗产区内洗沙场，完成梅岭遗址通往内坂窑溪边古道及周边水

10月12日，第十六届瓷都广场文化活动在瓷都广场举办

（图／县文体新局）

11月17日，德化县第二届“德化瓷烧制技艺”主要代表性传承人考评现场操作在县职业技术学校进行（图／县文体新局）

碓、作坊场地的杂草清除工作；完成全国第一次可移动文物普查数据审核工作。

【文化创意产业培育】　新增省级文化产业示范基地1家（县山花陶瓷有限公司），争取到国家文化艺术基金扶持资金180万元，新增市级文化产业示范基地3家（德化县泰峰瓷坊艺术馆、德化县华达陶瓷有限公司、德化县建窑陶瓷研究所）；组织省市文化产业示范基地及市级以上非遗传承人9家参加厦门文博会展览工作。

【文化市场管理】　开展“迎中、高考文化市场专项检查”行动、“扫黄打非”、校园周边环境整治等文化市场专项整治行动6次；开展网吧、歌舞娱乐场等日常巡查，检查各类网吧、书店、音像市场及歌舞娱乐场所等300多家次，责令整改12家次，查缴盗版音像制品1900多片、各类盗版出版物（图书）1000多册，查处网吧违规经营2家，罚款12000元。

【基础设施建设】　图书馆完成电子阅览室的整合工作，采购电子信息化设备并完成安装，向广大读者开放；采购少儿图书2000多册，丰富藏书内容；与欧乐休闲吧共建移动书屋。

（撰稿人：陈燕婷）

档案

【依法治档】　规范行政权力运行　2016年，按照“职权法定”原则，对行政权力和公共服务事项进行全面梳理和调整，将原行政许可事项“档案馆延期向社会开放档案审批”和原公共服务事项“文件材料归档范围和档案保管期限表审批”调整为内部审批事项，并报县审改办批准，调整后保留行政审批事项1项，公共服务事项6项。

档案行政执法检查　改革档案行政执法检查方式，按执法检查“双随机”要求，从执法检查对象名录库中随机抽取检查对象和执法检查人员，对县教育局、林业局、盖德镇等10个单位进行随机抽查，针对检查中存在的问题现场提出整改意见，限期进行整改，并加强事后监管。

【监督指导】　重点建设项目业务指导　2016年，帮助彭村水库、厦沙高速公路德化段等省级重点建设项目建立健全文件材料归档、档案安全保管等规章制度，指导做好档案材料收集、分类、整理等工作；协助彭村水库规范整理文书档案52卷、基建档案437卷、设备档案115卷。

机构变动单位业务指导　对县人社局、农业局、卫计局等涉改单位及时跟进，做好零散文件清理鉴定、档案整理编目和清点移交等工作，接收原县公务员局、原县人社局、原县粮食局等5个涉改单位档案进馆，确保机构变动单位的档案完整与安全。

新农村建设档案工作　按照《农村土地承包经营权确权登记颁证档案管理办法》要求，指导市级试点乡镇南埕镇做好确权登记档案收集整理工作；指导葛坑镇葛坑村做好村史修编、档案资料和老照片收集、传统民俗活动视频采集等工作，“乡村记忆档案”示范项目建设进展顺利。

档案登记和电子目录报送工作　指导78个单位做好档案登记工作并完成档案电子目录数据报送接收工作，促进机关档案整理规范化。

【保管利用】　档案管理　做好档案保管设备维护、温湿度测记、防尘保洁、防火检查等日常工作，强化档案库房管理；加强档案数字化过程的保密管理，签订档案数字化工作保密协议和保密承诺书，做好增量文件级目录数据和电子档案的备份工作，建立档案登记和交接制度，确保档案实体与档案数字化成果的安全保密；安装视频监控系统，对档案数字化工作实施全程录像监控。

档案征集接收　开展镇村史料征集活动，征集到清朝康熙年代龙浔镇高阳《易氏家谱》《单氏族谱》，道光高阳《危氏族谱》及民国《高阳单氏族谱地图契约集》等珍贵档案资料，其中修编于康熙壬子年（1672 年）的《易氏家谱》成为年代最早的馆藏档案，馆藏档案资料时间跨度增加 228 年；征集《龙浔镇志》《大铭乡志》等反映德化政治、经济、文化、生活的档案资料 28 册；首次接收县法院诉讼专门档案 2802 卷，接收原县人社局、原县计生局、汤头乡政府等 10 个单位文书档案 871 卷，接收《德化传统瓷雕工艺》《德化名家名瓷》《德化推荐名瓷》等有关陶瓷档案资料 26 册，征集原县委书记颜美斯捐赠的珍贵照片 27 张。

档案查阅利用　简化利用手续，全年接待利用者 2330 人次、提供馆藏档案 4590 卷次、出具证明 3689 份；为重点项目建设征地拆迁、农村土地承包经营权确权、教师人事档案专项审核补充材料、退休人员工资调整、编史修志、纠纷调解等提供第一手资料；注重档案利用效果搜集，选送的《重拾老牌名酒桂冠》和《十年山林纠纷　档案一朝解决》二个档案利用典型事例入选省档案局编辑出版的《档案有什么用？》一书；发挥档案史料“存史、资政、育人”作用，更新爱国主义教育基地展厅展板及网上展厅，充实展柜资料、实物，不断完善和丰富爱国主义教育素材；指定专人做好展厅的日常管理及参观人员的接待和讲解工作。2016 年 150 多名社会各界人士到展厅参观。

档案抢救和开发　对馆藏档案进行全面清查，分门别类，制定抢救计划，采取相应抢救措施。对发生虫蛀和霉变的 826 卷档案进行薰蒸杀虫杀菌处理，对破损的康熙《易氏家谱》、民国《德化县高阳单氏族谱地图契约集》等珍贵档案资料进行修裱抢救；确定以《海丝瓷路》为重点档案开发项目，申报福建省 2016 年度国家重点档案专题开发项目，做好陶瓷生产、贸易和对外交流的档案资料的收集，挖掘陶瓷在海上丝绸之路起到的重要作用；编写的李鹏总理“德化名瓷　瓷国明珠”题词、《中国陶瓷—德化窑瓷器》特种邮票、乾隆版《德化县志》、日寇轰炸德化及日机坠毁事件、康熙高阳《易氏家谱》、《单氏族谱》，道光高阳《危氏族谱》及民国《德化县高阳单氏族谱地图契约集》等 5 种馆藏珍品资料介绍，被《泉州市档案馆馆藏珍品集锦》收录。

【信息化建设】　按照到期档案移交进馆若干规定的要求，全面推行档案实体、电子目录与电子档案同步接收制度，全年接收 10 个单位 10238 条电子目录和 8.93 万页电子档案，解决增量档案数字化难题；持续推进馆藏重点档案数字化工作，按规定办理项目自行询价审批手续，全文扫描 48.6 万页馆藏档案；总结和推广县陶管会档案室数字化试点经验，指导县人社局、市场管理局、商务局等单位开展档案室数字化工作，有序推进档案室数字化工程；指导县林业局做好林权登记档案电子目录数据录入和数字化工作，完成 2.53 万条电子目录数据录入和 5.06 万页档案全文扫描工作，为不动产登记档案资源整合打下基础。

【宣传教育】　“国际档案日”活动　以“6·9”国际档案日为契机，在瓷都广场开展以“档案与你相伴”为主题的宣传活动，通过档案法规宣传、家庭建档咨询、档案利用咨询和民生档案现场查询等形式，让社会公众了解档案法律法规知识，

6 月 8 日，县档案局组织 55 名中学生到县档案馆参观爱国主义教育基地展厅　　（图/县档案局）

进一步增强社会的档案意识；举办“档案馆日”活动，30多名来自社会各界的公众走进档案馆，体验档案和政府公开信息查阅服务流程，进一步了解档案馆和档案工作；55名中学生到爱国主义教育基地展厅参观，接受县史县情教育；在县档案馆一楼LED屏滚动播放“6•9”国际档案日宣传标语。

档案宣传　县电视台系列报道《德化县积极推进“乡村记忆档案”示范项目建设》《德化县开展“6•9”国际档案日宣传活动》《案助力民生与重点项目》《档案馆着力推进档案数字化建设》；《瓷都德化》报以《让记忆有根可寻》为题专题报道全县档案工作；《德化启动乡村记忆档案示范项目建设》被新华网、人民网、环球网、凤凰资讯等10多家知名网站转载。

（撰稿人：林新超　审稿人：陈文利）

德化电视台新采编播系统　（图／县广电局）

广播电视

【概况】　2016年，德化县电视台设有日播《德化新闻》《D1视野》，周播专题《陶瓷视界》《戴云风情》《九仙食谱》《瓷都艺苑》等；广播电台包含资讯、经济、音乐、生活以及与老百姓生活息息相关的停电、停水、气象预报等节目；“观音德化”网络广播电视台通过运用新技术、新应用，强力推广观音德化微信公众号，打造集新闻推送、视频直播、视频点播、网友互动为一体的新媒体平台；做好“村村响”及农村有线广播应急预警工作，推进防灾抗灾预警“一体化”建设；推动高山台广播电视节目无线数字化覆盖工程建设，提升农村广播电视基本公共服务的质量和水平。县电视台主持人被中国广播电视协会评为全国县级广播电视系统“十佳电视播音员主持人”等称号，在抢险抗洪宣传报道中，武警交通八支队赠予县电视台“军民同心抗台风，真情记录鱼水情”锦旗。

【新闻报道】　县电视台《德化新闻》采编播新闻2000多条次，《戴云风情》《陶瓷视界》《九仙食谱》播放专题156期，摄制各类汇报片、宣传片20多部；县广播电台开设现场直播栏目8个，与相关单位联办栏目12个。同时积极与中央、省市台沟通联系，精心报送选题，推介德化典型人物和工作亮点，提升世界瓷都•德化形象，全年制作播放新闻2000多条次，在市台播出新闻400多条次，在省台播出新闻200多条次，在中央台播放新闻20多条次，在财经频道、综艺频道《这箱有礼》《综艺盛典》《一锤定音》等栏目播出专题5期，创造县电视台创办以来上中央电视台最高纪录。

【电台节目】　新闻类栏目：《资讯60分》综合类新闻资讯节目，为大家传递最新的国内、国际新闻资讯。生活、服务类栏目：《新鲜早世界》介绍保健养生知识，养成科学的生活方式。《百姓热线》解决百姓的难点焦点问题；免费发布招聘求职、家政等各种信息。文化、休闲娱乐类栏目：《音乐传情》——倾听美妙的音乐，放飞美丽的心情，点歌交友送祝福。《一路好心情》——综合性娱乐节目，以轻松欢快的话题，为听众打造一个放松身心的平台。《咱厝的声音》——闽南顺口溜，咱厝的歌曲，瓷都人的乡情乡音。《小德乐未央》——全新的音乐伴随类节目，流行、经典、怀旧音乐的欣赏与互动。

【电视节目】　县电视台《德化新闻》进一步改进时政报道，减少会议报道，改进领导活动报道，强化新闻内容的延伸报道，更注重舆论引导、监督，把话筒镜头对准基层，多报道社会热点难点问题；《陶瓷视界》栏目派出专题摄制组到北京、福州、郑州等地跟踪拍摄，同时与全县生态旅游资源较为丰富的14个乡镇合作，开设《魅力乡村行》节目，丰富了《戴云风情》的内容，让自办栏目更加接地气，受众率更高；改版《D1视野》栏目，打造全新电视娱乐类栏目《D1前沿》；推行编播分离，开设《精彩世界》、《观点制胜》等栏目，大大提高了收视率。电台开设《百姓热线》《咱厝的声音》等栏目，进一步拉近了本土听众的距离。

【基础设施】 新媒体发展　推广观音德化微信公众号，打造集新闻推送、视频直播、视频点播、网友互动为一体的新媒体平台，开设小主持人培训班、书画艺术系列展等活动，策划“金曲榜中榜”活动，选拔本地闽南歌手，参与全市闽南歌曲大赛等，以活动带动流量；2016年来，观音德化月最高访问量近300万人次，最高同时在线观看视频人数3000多人，全年阅读量累计近1000万人次，视频在腾讯网站浏览量累计1000多万人次，2月份观音德化微信浏览量达到250多万人次，成为泉州政务信息传播的“超级黑马”；在建数字陶瓷影像博物馆、与索贝公司合作观音德化商城app和线上线下观音德化陶瓷艺术商城，扩大主流媒体的综合实力。

村村响管理维护　做好农村有线广播应急预警系统维护运行工作，确保在台风等自然灾害天气时村村响发挥好应急预警作用；组织工作人员对县、镇、村三级机房进行定期维护，全年及时修复村村响系统故障200多起。

无线覆盖工程　投入300多万元，完成九仙山、观音岐两座高山转播台的中央广播电视节目无线数字化覆盖工程建设，全县（包括偏远山村）可以免费收看中央和地方的16套电视节目及相关广播节目。

电视台演播室改造　投资300多万元，升级改造电视演播室，为活跃城乡文化生活提供一个新载体。

安全保障　完善应急预案和各项规章制度，保证九仙山、观音岐高山转播台和播出机房的安全播出；定期对制作、播出、供电等系统进行安全检查，排除事故隐患；定期对机器设备进行维护检修，保障安全播出效果，实现春节、两会等重要节日、重大活动期间的安全播出。

局网分营　6月13日，正式签订局网分营协议，完成广电网络资产、财务移交等工作，全市第一个完成县（市）级网络整合。

【电影发行放映】 落实原乡镇（公社）老放映员历史遗留问题，扎实做好农村公益电影放映工作，采取定期与不定期检查的方式按照计划表到村检查公益电影放映情况，确保公益电影放映落实到村。全年共完成2292场农村公益电影放映，完成“一个行政村一个月放映一场电影”的任务。

（撰稿人：林佳佳　审稿人：林合虎）

广电网络

【服务和运营建设】 致力消除“小前端”及“小黑锅”乱象。2016年，与市场监督管理局、文体、广电等部门联合，多次宣传小前端危害，并组织到酒店、娱乐休闲养生场所等场所的实地突击检查；按照“互联网+TV”党媒精准扶贫的“福广模式”，先后建设潘祠村和苏洋两个村的联网工作，目前，坂里村、西山村等在建设中；规范服务窗口行为，提高市民满意率。

【基础设施建设】 2016年度，德化分公司向集团申报工程立项批复118个，争取省市资金投资总额达到1000多万元。完成中心机房各项系统及设备的扩容升级调整；对中心机房的供配电系统进行整改，与广电局共投入100多万购买

10月14日，德化县首届“我要上电视”在瓷都广场举办

（图/福建广电网络德化分公司）

了 125KW 发电机及增设另一套 UPS 电源；完成县一乡主干光缆网络的优化扩容，由原来的树形网络结构优化为星型网络结构，实现每个乡镇机房有不少于 4 芯的主干光缆纤芯接入；投入 200 多万元进行村级联网。

【“智慧城市”建设】 德化县政法委、综治办将福建广电网络德化分公司建设村居综视治网格化管理视频监控项目作为标杆在全县进行推广，并列入首家推荐设计公司。县政法委、综治办先后将德化分公司承建的凤池社区、南门社区、浔中镇、英山村、宝美村确定为城市平安安防系统建设示范点；完成百德畔山云海智能小区项目建设工程，先后与“财富广场”房地产开发公司、裕正置业房地产开发公司签订智能化小区建设协议书；完成首个景区“桃花岛景区 WIFI 覆盖”项目，协助景区进入智慧旅游新时代；做好全县十八个乡镇、县水利局、县林业局的 2016 年水利视频会商专网专线；与县委组织部合作全县 264 个教学点（其中党员教学点 229 个、老年人教学点 35 个）建设，方便党员学习教育。目前，全县已安装建设 120 个教学点。

【宣传活动】 与县综治办联合制作 300 幅户外综治宣传广告牌，全县社区、村镇投放率 100%；8 月 19 日与县文体局联合举办“广电宽带杯”荧光夜走活动；10 月 15 日，承办县首届“我要上电视”大型公益活动，聘请德化电视台进行全场录制；组织“全闽共舞”辖区选拔赛，选送的德化教育局代表队代表泉州参加全省总决赛，获得第三名的好成绩；与县广播电视事业局商谈在云平台筹建“世界陶瓷之都－德化”板块。

（撰稿人：涂建署 审稿人：陈淑姿）

新闻出版

【出版物印刷市场监管】 2016 年，加强对印刷品市场的清理和整顿，特别对校园周边进行了严格清查。与 12 家报刊书籍、音像制品经营单位签订反盗版守法经营承诺书。

【版权知识宣传】 以“知识产权周”为契机，举办专题讲座、侵权产品销毁、知识产权保护座谈会及“知识产权知识宣传咨询活动”；参加市组织开展的 2016 年侵权盗版及非法出版物集中销毁活动，销毁盗版书籍和音像制品 2000 多件。

【版权服务】 县版权协会代理作品版权登记近 4000 多件，为企业节约成本 60 多万元；WIPO 版权及相关权常设委员会（SCCR）第 33 届会议期间，国家版权局、世界知识产权组织联合在瑞士日内瓦总部发布《版权保护促进中国德化陶瓷产业发展的研究》（英文版），向全球推广中国德化在陶瓷产业版权保护方面成功做法，让全世界共享“德化经验”。期间举办的中国德化陶瓷版权保护优秀成果展，以其“白如雪、薄如纸、明如镜、声如馨”的独特品质广受赞誉，并被世界知识产权组织、驻日内瓦代表团及大使馆等单位收藏；重新修订《中共德化县委 德化县人民政府关于深化科技体制改革 加快创新体系建设的实施意见》（德委〔2012〕151 号）文中关于版权登记奖励的有关条款，由鼓励登记数量向重视提高版权质量转变。

【版权执法】 2016 年，解决版权侵权纠纷 12 起，涉及侵权产品数量 9 万多件，案值 30 多万元，接待版权咨询 300 多人次。

（撰稿人：陈燕婷）

11 月 14—18 日，中国国家版权局在世界知识产权组织（WPIO）总部举办中国德化陶瓷版权保护优秀成果展 （图／德化报）

瓷都德化报社

【重点工作报道】 县委、县政府中心工作宣传报道 2016年，共编辑出版报纸50期，开设专栏18个，刊发专题报道文章200多篇。做好“两学一做”“精准扶贫 开创农业农村工作新局面”“党建1+3”“引领经济发展新常态 再续企业发展新辉煌”“党规党纪”“海丝明珠 世界瓷都”“美丽乡村，幸福家园”等专栏系列报道。其中《点线面统筹整合，大农业阔步前行》通版报道，全面深入报道县农业农村工作的新亮点和新成效，为省市拉练活动营造了浓厚的舆论氛围；《一个茶叶罐里的“三去一降”经济学》《一个产业成就瓷都发展梦》《实施精准扶贫，贫困户办起家庭农场》《当代“愚公”方石泉盘活荒山》《和谐“安征迁”的国宝答卷》等系列专题报道，展示县供给侧改革、精准扶贫、统筹城乡发展和服务重点项目等工作的显著成效。“海丝明珠 世界瓷都”专栏刊发了《德化陶瓷续写“丝路使者”新篇》专题专版报道，全面深度报道了以陶瓷为亮点，通过多项活动参与首届中法文化论坛这一盛事；中国国家版权局在世界知识产权组织（WIPO）总部举办中国德化陶瓷版权保护优秀成果展、故宫博物院藏德化窑瓷器研讨会暨《故宫博物院藏德化窑瓷器》首发式等等，均以专题形式全面深入报道了陶瓷版权保护优秀成果和悠久灿烂陶瓷文化的有效弘扬。

县委、县政府各项工作宣传报道 全方位、多角度，采用动态性报道与专刊、专版、专题报道相结合做好学习宣传贯彻党代会精神、防抗台风莫兰蒂和鲇鱼、十场务虚会、《瓷都德化》创刊20周年、德化敦煌合作结硕果、“白瓷之光—德化窑艺术陶瓷作品展”、陈云贵当代雕塑艺术展、传统企业与电商企业手拉手活动、加快重点项目建设百日大会战等重大主题的宣传报道。特别是在防抗台风期间，在一版开设“全力防御台风鲇鱼”“全力以赴 抢险救灾”等专栏，刊发《坚决打赢抢险救灾“攻坚战”》《灾情就是命令 灾区就是战场》《齐心协力战“鲇鱼”》等，报道市、县领导到一线指导防抗台风工作和德化县各条战线上防抗台风情况。

【特色文化报道】 通过开辟“瓷城名流”“瓷坛动态”“记得住乡愁”等专栏宣传陶瓷文化，关注海丝申遗，做好祭窑神、重走瓷帮古道、洞上陶艺村柴烧技艺传承、剪刻纸作品展、丁墘摆大龟、祭樟王和书香德化等特色文化宣传报道。

【典型人物报道】 开设“德化咱厝人”“抗灾重建先锋谱”“践行社会主义核心价值观”等专栏，挖掘长期扎根基层一线、坚守平凡岗位默默无闻、兢兢业业工作，践行“工匠精神”以及在急难险重工作中勇于担当或危急关头挺身而出的先进人物，通过讲述身边人、身边事来感染、带动广大党员干部干事创业激情，提振德化人共同建设好“五个瓷都”的精气神。特别是防抗台风时的“抗灾重建先锋谱”专栏，刊发了《水口镇：救灾生命线上的特殊队伍》《吴福联：风雨中冲在前 风雨后忙重建》《张华忠：带病坚守一线抗灾》等，专题报道奋战在防抗台风一线的各类先进典型。

（撰稿人：林婉清 审稿人：王双季）

地方志

【志书编纂】 《德化县志（1988—2007）》编纂 2016年4月26日，召开《德化县志（1988—2007）》评稿会，共收到涉及篇目设置、编写内容交叉重复、行文规范、资料欠缺等方面意见建议627条。5月9日，县方志办召

4月26日，《德化县志（1988—2007）》评稿会召开 （图/县方志办）

5月26日，县方志办在瓷都广场开展“德化县2016年地方志法规宣传月”活动　（图/县方志办）

开专题会议，对《德化县志（1988—2007）》评议稿会上提出的意见建议逐条落实到具体责任人，明确完成时间，同时制定任务完成倒排计划。至12月底，《德化县志（1988—2007）》评议稿经编辑人员修改交由总纂后，聘请省有关修志专家进行二审，已报送二审37卷，占92.5%；完成二审30卷，占75%。同时，由德化县方志办发函各相关单位征求意见。

乡镇志编纂与出版　3月份《上涌镇志》出版；完成《葛坑镇志》《春美乡志》终审工作；根据中指组办公室志书处处长陈旭对中国名镇志—《浔中镇志》审稿意见，组织有关编纂人员对《浔中镇志》进行修改并重新报审；继续抓好《南埕镇志》等总纂稿审核以及《美湖乡志》等其他9部在编乡镇志的编纂指导工作。完成《浔中村志》《丁墘村志》审稿。

部门（行业、专题）志书编纂与出版　2016年，出版《德化县教育志》《德化县地名志》；完成《德化县农业志》初审和《德化县建设志》（送审稿）审核工作；继续加快《德化陶瓷人物志》编纂进度；加强对《德化县财政志》《德化县工商联志》等其他在编部门志的编纂指导工作。完成《泉人修志录》德化方志工作者生平简介和《泉州市家风家训（族训）和乡规民约》《泉州侨界翘楚录》德化部分初稿的整理上报工作；协助县委办完成《八闽风情》德化篇的编纂工作。

旧志整理与出版　2016年，县方志办向省方志委申请将《德化县志》（嘉靖、康熙、乾隆、乾隆续志、民国）等五部旧县志整理列入《闽台方志集成》出版项目并获批准。同时，县方志办与省方志委联合申请《德化县志》（嘉靖、康熙）、（乾隆、乾隆续志）、（民国）三个书号四册共500套由社会科学文献出版社出版。上述出版项目均已委托省方志委完成招投标工作，与社会科学文献出版社签订出版印刷合同。

【年鉴编纂】　编纂出版《德化年鉴》（2014、2016卷）。《德化年鉴》（2014卷、2016卷）于6月、10月先后正式印刷出版。其中《德化年鉴》（2016卷）首次由方志出版社出版。同时《德化年鉴》（2017卷）稿件征集工作于12月上旬正式启动。

【资料库建设】　通过购买、交换、征集各类志书等形式，新增志书、图册等各类书籍740本，其中陶瓷资料18本。

【期刊出版】　2016年，编印出版《德化月志》（双月刊）共6期1560份。编发《德化方志》简报共6期300份。

【信息化建设】　方志网站维护管理　及时更新充实“德化方志网”栏目信息，先后上传《戴云山志》《大铭乡志》《上涌镇志》等3部部门志、乡镇志。

开通“德化方志”公众微信号　7月底，申请开通“德化方志”公众微信号，每个工作日上传1～2条有关德化县政治、经济、社会、文化、旅游方面的信息，为社会公众提供德化地方志信息服务。

【宣传工作】　地方志法规宣传月活动　5月26日上午，县方志办在瓷都广场举办以“学习贯彻《全国地方志事业发展规划纲要（2015—2020年）》，宣传展示史志成果，持续夯实法治基础”为主题的地方志法规宣传月活动。活动现场，以“德化县地方志工作成效”“德化县地方志工作回顾（图照）”“德化县部门志编纂成果”“德化县乡镇志编纂工作走在全省前列”等图文穿插形式的展板，展示近年来德化县地方志工作取得的成果，并向群众发放《地方志工作条例》《福建省实施〈地方志工作条例〉办法》等内容的宣传册400多册，免费赠送《德化县志》《德化县陶瓷志》《德化县姓氏志》《戴云山志》《德化民俗》等志书700多本。

地情信息　指定专人负责每月地情信息的收集整理，完善地情资料报送制度，使方志资料搜集工作做到常态化、规范化、制度化。

（撰稿人：曾丽茹　审稿人：许琼蓉）

10月14日，2016海上丝绸之路环泉州湾国际公路自行车赛选手经过赤水古街　（图/许华森）

体育工作

【全民健身活动】　2016年，体育场改建工程完工并正式对外开放；举办县第二十届全民健身节暨老年人健身节活动；联合县教育局举办全县中小学生田径运动会；举办“邮政杯”乒乓球混合团体赛、“协发光洋杯”中老年乒乓球男女团体赛、“红星美凯龙杯”城市乐跑、“百德杯”德化首届半程马拉松接力赛等全民健身活动100多场（次），参与人数10000多人次；10月，承办2016年海上丝绸之路环泉州湾国际公路自行车赛德化赛段的比赛。

【竞技人才培养】　深化体教结合办学模式，抓好日常训练，在泉州市锦标赛中，田径队获乙组团体第二名；跆拳道获女子团体冠军；游泳项目获女子团体第二名，男子团体第六名，击剑项目女子团体第二，男子团体第三。在2016年全国跆拳道锦标赛上，德化少体校输送的福建省队运动员陈成志继2014年后再次获男子58KG级冠军，成为德化第一个两次获全国锦标赛冠军的运动员。

【人才队伍建设】　加强社会体育指导员培训，输送人员参加国家一级、二级、三级社会体育指导员培训，邀请泉州市知名教练来德化举办篮球裁判员业务培训，提升举办全民健身体育活动的水平和能力。

【2016年海上丝绸之路泉州湾国际公路自行车赛德化赛段赛事】
会议部署　9月18日，环泉州湾国际公路自行车赛德化赛段筹备工作会召开，讨论德化赛段工作方案，研究部署具体工作；10月8日，德化部署环湾自行车赛德化赛段工作会召开，部署“环湾赛”德化赛段工作。

开赛情况　10月14日，2016海上丝绸之路环泉州湾国际公路自行车赛德化赛段开赛。共有15支专业队伍、100多名选手参赛。赛道路线从英山格至九仙山景区大门口，全程共计约37千米。最终来自哈萨克斯坦阿斯塔纳城市洲际队的车手斯塔诺夫·尼基塔以3小时15分47秒的成绩夺得第一赛段冠军，也是目前个人总成绩的第一名。另一名来自RTS—脉腾洲际车队的车手奥特加·拉米雷斯·毛里西奥一举夺得个人爬坡和个人冲刺总成绩第一名。

（撰稿人：陈燕婷）

责任编辑：邓纪烟

居民生活

【城镇居民收入与消费支出】 2016年，城镇居民人均可支配收入28887元，比上年增加7%，人均消费支出19526元，比上年增加6.70%。

【农村居民收入与消费支出】 农村居民人均可支配收入13015元，比上年增加8.80%，人均消费支出10784元，比上年增加7.90%。

【居民收支调查】 2016年，抽选15个调查点150户家庭户进行调查，其中国家样本点10个（浔中镇凤凰社区、富东社区、浔中村、后所村，龙浔镇丁溪村、丁墘村、宝美村，三班镇三班村、水口镇淳湖村、龙门滩镇苏洋村）、省级样本点5个（浔中镇金凤社区、龙浔镇金锁社区、葛坑镇湖头村，三班镇东山洋村、奎斗村）。

【流通和消费价格调查】 2016年，全县居民消费价格总指数（以2015年同期为100，下同）为101.7，其中：服务项目价格指数为100.4，消费品价格指数为102.4。

（撰稿人：李小燕 审稿人：曾荣华）

社会保障

【养老保险】 2016年，全面启动机关事业单位养老保险制度改革，在职参保人员7469人，基金收入25163万元，基金支出12229万元。完成机关事业单位退休人员基本养老金调整工作，人均月增资299.37元；企业职工养老保险，在职参保人员37290人，基金收入12907万元，基金支出11151万元。完成企业退休人员基本养老金调整工作，人均增资144.24元；城乡居民养老保险，114989人参保缴费，缴费率97.71%。征收保费1230.42万元，发放养老金4107.5万元。从2016年7月1日起，基础养老金标准从每人每月85元提到每人每月100元。全县被征地农民养老保障人数32794人，发放养老保障金595.48万元。

【医疗保险】 2016年，参保人员43624人，基金收入13394万元，基金支出13114万元。至2016年底，单病种付费病种数扩大到20个。“癫痫病”“支气管哮喘”“重性精神病”纳入城镇职工基本医疗保险门诊特殊病种；“糖尿病”“高血压”的特殊病种年度医保统筹基金最高支付限额由原来的3000元提高到4500元；自2015年10月1日起，普通门诊医疗费用统筹统筹基金年最高支付限额为2.3万元；住院医疗费用统筹基金最高支付限额37万元。整合城镇职工医保和新农合经办机构，组建“泉州市医疗保障基金管理中心德化管理部”，作为泉州市医疗保障基金管理中心的派出机构，规格为副科级，负责德化县区域内的医疗保障经办业务。

【失业保险】 2016年，参保人员17096人，基金收入480.57万元，459名失业人员享受失业保险待遇341.62万元。发放2015年度稳岗补贴23.86万元，4家企业申请2016年稳岗补贴48.91万元。

【工伤保险】 2016年，参保人员38274人，基金收入903万元，236人享受工伤保险待遇755万元。

【生育保险】 2016年，参保人员42468人，基金收入630.48万元，600人享受生育保险待遇617.50万元。

（县人社局 供稿）

【住房保障完善】 以林换房 按

照“以林权换收益、以收益换保障”林权改革思路，试行将村组集体商品林林地使用权、林木所有权和使用权（三权）依法流转到县办公司林场，进城农民工享受以8公顷流转30年以上置换1套50～90平方米限价房购买指标试点政策。截至目前，已开展试点4个，依法流转森林面积1666.67公顷，可置换进城农民工限价房购买指标212套。目前，已全面完成试点2个，试点面积940公顷，置换限价房117套，有效解决近600位进城农民工购房和住房问题。

旧村复垦优惠政策 试点开展农村土地整治和城乡建设用地增减挂钩改革，制定出台旧村复垦优惠政策。凡拆除农村旧宅每新增0.07公顷耕地指标就可以低于市场价1000～1500元/平方米的价格，在安置区购买1套65～90平方米的限价房。限价房价格仅按土地开发成本、建安造价、小区配套等成本费用确定，最低首付仅需4.6万元，每月只需交纳按揭款700多元，大大减轻安置群众进城购房压力。目前，已在城东建设旧村复垦城东安置区，总建筑面积42万平方米，建设套房3262套，概算总投资10.30亿元，可安置约1万人，现已配售旧村复垦安置房两批1879套。

安居工程试点建设 从2013年起，分近、中、远三期规划建设进城务工人员安居工程约7500套75万平方米，近期开工建设首批进城务工人员安居工程、城东新区（三期）、宝美项目等进城务工人员安居工程共566套，多渠道保障进城落户农民住房。只要符合“本县户籍的居民且需连续在城关务工3年及以上，外来户口人员需连续在城关务工5年及以上，并分别连续参加职工养老保险、医疗保险（或新农合）满3年和满5年且当前继续缴费的管理人员、技术人员及工人”等相关申购条件便可申请。目前，完成首批150套选房工作；第二批申购房源411套，经审查符合申购条件151户，已完成选房顺序号确认；剩余260套房源，作为第三批进城务工人员安居工程申购房源，正在进行审核意见汇总。

引导购房 在实施造福工程中，引导对象进城购房，73%的对象在城关购买商品房、安置房或二手房，解决近900名进城务工人员的居住问题。2016年在建省级造福工程集中安置区金城小区基础设施建设项目，将建成房屋500套，可解决1850名进城农民的居住问题。结合三班市级小城镇试点建设，在紫云小区、祥云小区建设限价商品房304套，吸引将近1100多名县内、县外务工人员、偏远地区群众前来购房居住。

【住房公积金管理】 *住房公积金归集* 2016年，新增归集单位46个，新增归集职工1343人，完成计划的122.09%。新增归集住房公积金2.67亿元，完成计划的139.02%。

住房公积金提取 2016年，共批准44650人次提取住房公积金18330.59万元，完成计划的135.13%。新增发放个人住房贷款622户、金额2.29亿元，完成计划的285.85%。个贷使用率108.61%。

住房公积金贷款 2016年，共发放贷款622笔，金额2.29亿元，个贷使用率达108.61%，累计发放贷款5869 笔，金额107472.60万元，贷款余额71249万元。全县新增非公企业及个体工商户35个，占全县新增单位数的 76.09%。自异地贷款业务2016年2月份开通以来，全县共受理异地贷款14笔，金额达576.3万元。

住房公积金增值收益 2016年，公积金实现业务收入2096.75万元，同比减少6.69%；实现增值收益 852.61万元，同比减少50.00%。

（泉州住房公积金德化管理部 供稿）

就业与劳动

【就业创业】 2016年，全县城镇新增就业7563人、新增农村劳动力转移就业5068人、城镇下岗失业人员再就业146人，安置城镇失业人员就业979人，城镇登记失业978人，城镇登记失业率1.33%；举办春季人才招聘交流会和人力资源招聘会，130多家企业参会，提供就业岗位3000多个，达成初步就业意向近千人；组织5家企业参加“厦漳泉第五届暨厦门市第十三届校企合作对接会”；组织32家企业到江西省景德镇陶瓷大学、福州大学厦门工艺美院招引人才，达成就业意向87人；组织恒忆陶瓷艺术股份有限公司、泉州市憨鼠网络科技有限公司参加第十一届台湾专业人才对接会，提供5个高层次管理岗位，6人达成协议；组织6家企业参加“第六届厦漳泉人才交流会”，提供岗位31个，达成就业协议75人。引进3名清华大学博士生到德化县2家陶瓷企业参加社会实践，帮忙解决陶瓷发展技术难题；接收31名省、市级 “三支一扶”高校毕业生到德化县就业。

2 月 17 日，由县人社局举办的春季人才交流招聘会在县二实小举行（图 / 县人社局）

扩大社会保险补贴覆盖面，促进“4050”（劳动年龄段中女 40 岁以上、男 50 岁以上的，本人就业愿望迫切、但因自身就业条件较差、技能单一等原因，难以在劳动力市场竞争就业的劳动者）人员、高校毕业生等 8 类人员就业；举办 SYB 创业培训 11 期，305 人参训。扶持建设“高校毕业生创业安成孵化基地”，补助资金 40 万元。组织实施大中专毕业生创业补贴及陶瓷类文创工作室补贴，一次性开业补贴最高 2 万元，创业资助每年最高 3000 元（最长 2 年、不超过租金 50%）。3 个大中专毕业生创业项目通过审核，获得市级补助 7 万元。申报省级创业导师 6 名。联合县委组织部、团县委举办人才沙龙 2 场。

【就业培训】 实行“四免一补”（免费培训、免费考试、免费发证、免费介绍就业，培训资金直补企业）政策，开展多行业、多形式、多渠道、全方位的就业培训，提高就业创业人员的技能水平及竞争力。全年培训各类劳动者 15421 人次，其中：就业技能培训 2206 人、岗位技能提升培训 2916 人、互联网创业从业人员培训 2083 人、育婴师 63 人。组织开展职业技能大赛 3 场（酒店、手拉坯、陶艺创新）。

【劳动关系与劳动工资】 7 月 1 日起，组织调整机关、事业单位工作人员工资标准和增加离退休人员离休费，涉及 7397 人，其中：在职 7362 人，人均月增资 381 元；离休（含 5.12 退休）35 人，人均月增资 465 元。组织开展规范公务员津补贴和事业单位实施绩效工资专项督查工作，核查 9808 人（在职 7220 人、离退休 2588 人）。动态管理乡镇补贴等专项补贴，做好年度考核晋升工资档次、职级工资、年终一次性奖金等工资审批。健全劳动关系三方协调机制，提高劳动合同签订率和集体合同覆盖面；逐步建立以工资集体协商为主要形式的企业工资决定机制和正常增长机制，落实工资指导线、人力资源市场工资指导价位和行业人工成本信息制度。全年共受理及审查工伤认定申请 260 起，作出工伤认证 251 件，不予认定工伤 1 件，驳回申请 4 件。开展企业薪酬试调查工作，调查样本企业 54 家。举办全县劳动关系业务培训班 2 次。

【劳动争议仲裁】 建立健全案件分类处理机制和柔性化调解机制，实现案件快立、快审、快调、快裁、快结。2016 年处理劳动争议案件 232 件，涉及 1473 人，案件金额 1608.28 万元。

【劳动监察】 2016 年走访检查企业 314 家，发出监察限期改正指令书 36 份，受理举报投诉案件 149 件，涉及劳动者 1795 人，追回被克扣拖欠工资 2006.94 万元，结案率 100%。向公安机关移送 3 件拒不支付劳动报酬案件，涉及劳动者 258 人，涉及金额 921.03 万元；2016 年，在水利、交通、建筑领域的政府性投资项目开展创建“无欠薪项目部”活动，创建率达 100%。4 月 22 日，联合县住建局举办德化县创建“无欠薪项目部”活动动员会暨专题培训会；出台《德化县劳动争议预防和处置工作意见》，明确各部门日常监管职责，强化部门联动配合，及时预防和妥善处置劳动争议。“两节”期间，成立“处置劳动争议应急案件领导小组办公室”，人社、公安、检察、法院、住建、市场监管、总工会等部门抽调人员集中办公，共同协调处理欠薪问题。加强与公安、检察、法院的配合，落实行政执法与刑事司法衔接工作，解决执行难问题。落实“110”联动 24 小时值勤制度，接处警 101 起；提高建筑领域工资预存保证金缴纳标准，县外市内、省内市外和省外企业分别按 3%、5%、10% 缴纳，收存建筑工程工资保证金 1785.71 万元。

（县人社局 供稿）

人口和计划生育

【概况】 2016 年，全县出生率 18.13‰，政策符合率 91.06%，出生性别比 111.92，免费孕前优检覆盖率 119.33%。

【计生管理】 严格落实 7 周及以上孕妇人工终止妊娠手术审批、B 超检查、出生医学证明发放实名登记等制度，依法严厉查处“两非”26 例、重大“两非”案件 1 例；加大流动人口管理力度，发挥小区“网格员”作用，实行流动人口小区“网格化”管理；贯彻执行省《条例》，对已做出征收社会抚养费决定尚未缴交完成的政策外生育对象，依法申请县法院强制执行，依法录入全国法院执行信息失信人员名单 187 人。完善乡、村两级计生例会制度；建设计生信息“村村通”工程，提高村级计生信息采集、录入、查询、统计等方面的应用水平；稳妥实施“全面两孩”政策，办理二孩服务登记 3703 本。

【计生扶助】 计划投入 175 万元，落实“安居、成才、致富、亲情、保障”2.10 万人次，前 9 个月完成投入 159 万元，帮扶 2.10 万人次；开展部分计划生育家庭奖励扶助行动，全县符合扶助条件对象 1175 名、贡献奖励对象 174 名、独生子女伤残死亡家庭特别扶助对象 13 名、农村二女夫妇奖励对象 5836 人，应发放奖励扶助资金 530.04 万元，已于 8 月底前全部发放到位。培育扶持独生子女户和二女户发展电子商务工作，对扶助对象在第三方知名平台开设网店、在“农村淘宝”平台上为村民提供代购代销服务的“村淘合伙人”年度总额排名靠前的给予奖励；小额贴息贷款和幸福工程资金给予扶助对象用于发展电子商务，对带动其他计生户致富的，在评先评优给予倾斜。

（县卫计局 供稿）

卫生

【公立医院改革】 坚持医疗、医药、医保“三医联动”，强化体制机制创新，，医改监测指标运行情况良好。2016 年，县两家公立医疗收入 3.34 亿元，其中药品耗材收入 12247.23 万元，收入占比 36.65%，比上年（下同）下降 4.98%；检查化验收入占比 30.4%。2016 年，县公立医院药占比（不含中药饮片）22.45%，下降 5.25 个百分点；出院者平均医药费用 5753.78 元；门（急）诊次均费用 158.18 元；百元医疗收入（不含药品收入）消耗的卫生材料 24 元。新农合 2016 年县内乡镇卫生院报销补偿比 95%、县医院 83%、县中医院 90%，县外医院补偿比 2 万元（含 2 万元）以下 55%、2 万元以上 60%。

【医疗基础设施建设】 2016 年争取上级补助资金 1662 万元，其中省级补助 400 万元用于县中医院能力提升工程建设，850 万元用于全县医学影像中心建设，74 万元用于疾控中心检验检测能力建设，中央预算内投资 98 万元用于上涌、葛坑卫生院环境改造，240 万元用于疾控中心实验室建设。6 月 26 日，县中医院完成整体搬迁，病床数达到 300 张；投入 70.6 万元修缮精神病医院并正式投入使用，开放病床 26 张。

【新农合保障】 2016 年度，全县 29.1 万人参加新农合保障，参合率 99.99%。2016 年，享受新农合补偿 144592 人次，实际补偿金额 13292.79 万元，较 2015 年同比

7 月 7 日，县卫计局在瓷都广场开展“全面实施两孩政策”宣传活动

（图 / 县卫计局）

4 月 26 日，县医院康复科医生照顾病人　（图 / 县卫计局）

增长 15.55%。其中，住院费用补偿 11775.15 万元，范围内政策补偿比（按未扣起付线计算）65.08%，实际补偿比 52.60%，住院补偿金额上年（下同）增长 15.28%；特殊病种门诊、普通门诊补偿分别为 1383.03 万元、134.61 万元，实际补偿比 69.36%、53.59%，增长 6.14%、2.74%。与人寿保险公司合作，创新推出“国寿农村小额意外伤害保险”，作为新农合的有益补充，解决参合群众在保障基本医疗之外的需求，2016 年 4.92 万人参加此项保险。

【乡镇卫生院管理】 全县 16 所乡镇卫生院中，已有三个较有规模的卫生院托管 4 个规模较小的卫生院，通过“院际托管”，院间人员若有外出进修或因公因私请假，内部便可协调代班事宜，墟日、下村巡诊和提供公共卫生服务时也可集中抽调。在三班、水口、赤水等卫生院成立公共卫生体检服务站，为周边人员较少的乡镇提供免费体检服务，协助体检 1.6215 万人；妇幼所分片包干负责对居住在城关的乡镇孕产妇和 0 ～ 6 岁儿童进行健康管理。抽调 4 名财务人员成立乡镇卫生院财务核算组，各卫生院只设兼职报账员 1 名，统一管理乡镇卫生院的财务收支。多渠道加大全县卫技人员招聘力度，尤其是落实公立医院自主公开招聘，采取更加灵活的“点对点”招聘方式，4 月到福医大“点对点”招聘，现场签约 22 人。

【公共卫生服务】 加强与广电部门合作，投入 13 万元开通卫计专栏，采取宣传标语、专题报道、制作短片等形式滚动宣传惠民政策、健康信息，提高群众健康意识。实行孕产妇、儿童健康管理一体化服务，组建浔中、龙浔两个孕产妇、儿童健康管理服务团队，由各乡镇卫生院妇幼人员每月一周在城关服务点轮班，办公地址分别设在县妇幼保健所三楼和龙浔社区服务中心二楼。同时聘用 8 名卫生专业技术人员作补充，实行分片包干，分别负责相关片区乡镇的孕产妇、儿童健康管理服务工作，为落实“全面二孩”政策提供服务支撑。

【卫生县城复审】 2016 年先后召开三次大型会议，动员部署迎接省市复审工作；先后两次调整充实创卫领导小组成员；县创卫办充分发挥督导作用，从软硬件建设到资料整理，全方位进行检查指导。6 月 27 日，德化顺利通过市爱卫办专家组的复审评估；8 月 23 日，顺利通过省爱卫办专家组的暗访。

（县卫计局 供稿）

民政

【社会救助】 城乡低保　城市、农村低保标准分别由 2015 年每人每月 441 元、265 元提高到 2016 年 492 元、295 元，城市三无人员、农村五保对象供养标准由 573 元、558 元分别提高到 640 元、582 元；社会散居孤儿养育标准为 600 元 / 人 • 月，福利机构集中供养孤儿的养育标准为 1000 元 / 人 • 月；城市、农村低保对象月人均补差分别由 242 元、142 元提高到 271 元、163 元。全县有 1116 名残疾人重新纳入低保范围。截至 2016 年 12 月底，全县城乡低保对象 2926 户 4252 人，年发放城乡低保金 1366.74 万元。

医疗和困难残疾人救助　全县筹集医疗救助资金 598.22 万元，累计救助城乡困难群众 3311 人次 243.15 万元。2016 年 1 月起，困难残疾人生活补贴在低保的基础上每人每月增加 50 元，一、二级重度残疾人的护理补贴分别提高到每人每月 100 元、50 元，对 80 周岁以上低保老年人（不含五保人员）开始发放高龄补贴每人每月 100 元。2016 年，发放困难残疾人生活补贴及重度残疾人护理补贴资金

336.70 万元。

慈善救助 2016 年，全县农村留守儿童 60 人、留守妇女 112 人、留守老人 2979 人。全面建立临时生活救助制度，发放临时救助金 1089 人次 208.51 万元；县慈善总会募集慈善基金 175.55 万元，开展助学、助困、助医等慈善公益活动，发放慈善资金 359.2 万元，救助 3849 人次。

【双拥优抚】 落实优抚安置政策 2016 年，发放抚恤补助资金 646.75 万元，年增长 22.47%，发放义务兵优待金 258 人 312.52 万元、立功受奖奖励金 82 人 13.59 万元、大学生一次性奖励金 57 人 15.6 万元，自主就业退役士兵一次性地方经济补助金 97 人 236.57 万元，随军待业家属生活补助金 9 人 6.16 万元；做好转业士官安置工作，将 5 名转业士官分别安置在县林业局、民政局下属事业单位和县殡仪馆、戴云水处理有限公司、戴云旅游开发有限公司；在春节、“八一”建军节期间，组织开展走访慰问优抚对象、驻德部队和泉州军分区，以及双拥共建 73159、8714 部队。

双拥共建 2016 年，全县双拥工作机构 52 个、军民共建点 19 个，与 73159、8714 部队建立跨地区军民共建；2016 年，县财政拨款 1000 多万元，支持部队完成 20 个项目建设；县人武部组织民兵抢险救灾、森林救火 11 次，出动民兵 500 余人次，灭火面积 22.67 多公顷，挽回经济损失 200 多万元；消防大队出警 195 次，出动消防车 346 辆次，消防官兵 1840 人次，抢救被困人员 30 人；武警中队出动兵力 625 人次，协助武装押解、警卫勤务、治安巡逻等。驻德部队主动参加地方公益活动，参加义务献血、植树造林活动，与学校、社区、机关等开展共建活动，帮助地方解决困难和问题。9 月下旬第 17 号台风“鲇鱼”来袭使德化发生严重灾情，武警交通部队、8714 部队立即派出 600 多名官兵，快速参与受灾最严重的水口镇、南埕镇的抢险救灾工作，解救被困群众 600 多人、清理塌方 32.7 万立方米、铺设涵管 30 节、抢通道路 39 千米、拓宽道路 17 千米，清理排水沟 5.5 千米。

7 月 25 日，县“互联网 +”居家养老综合服务项目启动（图 / 县老龄办）

【社区建设】 制定下发了《德化县 2016 年创建“美丽社区”活动实施方案》，县财政投入 100 万元，支持湖前、龙东社区创建“美丽社区”示范社区。新建了金凤社区省级社区综合服务场所、德新社区市级社区服务站，分别给予补助 30 万元、5 万元。将浔南社区确定为新型社区治理试点社区，给予补助 25 万元；在水口镇湖坂村、龙门滩镇霞碧村、盖德镇有济村创建市级农村社区示范点，每个给予补助 5 万元。

【社会组织发展】 全县行业协会、公益性团体、民办非企业单位、农民用水户协会等社会组织 300 个。加强社会组织监管，积极开展行业协会与行政主管部门脱钩工作，16 个行业协会完成脱钩工作。

基础设施建设 投资 80 万元，新建了 4 所农村幸福院。为 22 户居住危房、无房或借住房的农村低保对象建设安居房，补助资金 77 万元。整合现有的老年活动中心、托老所、老年灶、日间照料室等公共服务设施和场所，建设 9 所农村居家养老服务中心（站），补助资金 180 万元，为农村老人提供生活照料、家政服务、短期托养、文化娱乐等服务。

【区划地名服务】 2016 年城区两镇拆分新设 4 个社区，扩大 1 个社区，即：新设龙浔镇鹏都社区、鹏祥社区、大洋社区，浔中镇吉祥社区，扩大龙浔镇园丁社区。开展第二次地名普查补更工作，深入 18 个乡镇开展地名补查补更工作，补更资料 350 条，新增地名采集 170 条。完成与尤溪、大田、永泰 308.75 千米县级界线和 32 条 458.17 千米乡镇级界线联检工作。完成第二次全国地名普查试点工作，收录涉及 9 大类 39 个子类的陆域地名信息 5195 条（其中：地名基础信息 4678 条、历史信息 400 条、地名标志信息 64 条），拍摄照片 4830 张，编印地名表册 22 本；完成 53 条地名标准化处理；形成覆盖全县的 1:50000 比例尺的地名普查成果图；在国家地名数据库的基础上建成本级地名基础数据库。先后在城区增设标准地名牌 12 块，在盖德镇、赤水镇开展乡村设标试点工作。完成地名服务工程数字地名一期工程建设，采集、录入地名信息 7134 条。

【婚姻收养登记】 2016 年，全县办理国内婚姻登记 4340 对（其中：结婚登记 2991 对、离婚登记 651 对、补领结婚证 674 对、离婚证 24 本）做好承接省市下放涉外、涉港澳台婚姻登记工作，办理涉外、涉港澳台婚姻登记 5 例。依法解除收养登记 1 件。

【殡葬管理服务】 2016 年减免城乡低保、城镇“三无”、农村“五保”人员和重点优抚对象、革命“五老”人员的基本殡葬服务费用 20.38 万元，增加殡仪馆低价位骨灰盒销售品种，降低群众丧葬负担。遗体火化率和骨灰寄存率均达 100%。2016 年火化遗体 2073 具（其中：德化 1890 具、外地 183 具）。投资 400 多万元，完成火化设备设施环保技改尾气处理改造，公墓监控系统和骨灰信息管理系统建设，以及殡仪馆配套服务设施。推进移风易俗改革，开展豪华墓、大墓、“活人墓”专项整治工作，城关规划区内举办丧事、法事活动现象得到有效遏制。

【革命老区扶建】 2016 年下拨老区建设专项扶建资金 309 万元，支持建设老区革命遗址 4 个、基础设施建设项目 22 个、农业综合项目 5 个、老区科技示范项目 1 个，培育老区特色产业示范项目 3 个，帮助盖德镇下寮村实施老区跨越发展工程。

（县民政局 供稿）

【老龄事务】 概况　截至 2016 年 12 月底，全县有 60 周岁以上老年人 42230 人，占全县总人口 12.65%，其中女 ,21316 人，男 20914 人；60 ～ 64 周岁 14310 人，65 ～ 69 岁 10375 人，70 ～ 79 岁 11717 人，80 ～ 89 周岁 5349 人，90 ～ 99 周岁 475 人，百岁及以上老人 4 人：浔中镇石鼓村林蕉，女，1914 年 11 月出生（102 周岁）；水口镇毛厝村郑麺，女，1914 年 6 月 12 日出生（102 周岁）；龙浔镇丁墘村李英由，男，1916 年 10 月出生（100 周岁）；美湖镇上浾村林照高，男，1915 年 3 月出生（101 周岁）。独居或只与配偶居住老年人数 21062 人，入住养老机构的老年人 282 人，与家庭成员同住的有 20583 人，与亲戚同住的有 291 人，其他的有 12 人。全县共有 1619 名老年人享受城乡低保；有 34876 名老年人享受新型农村社会保险；有 327 名 90 周岁以上老人享受高龄补贴，2016 年发放高龄补贴金 17.77 万元；有 46 个村为老年人发放固定生活补贴，8429 名老年人享受固定生活补贴。已投入使用的养老机构 2 个，县老人公寓可容纳 285 个床位，入住老年人 280 人；龙门滩镇敬老院可容纳床位 30 个，入住老人 2 人。全县有 18 个乡镇老年活动中心；191 个行政村，17 个社区建立老年协会，有村（居）老年活动室 194 个。

老龄工作宣传　组织各乡镇挖掘身边真实、感人的孝道故事，积极推荐敬老孝亲典型人物参评“第三届温陵新孝典”活动，营造浓厚敬老爱老分氛围；向省、市、县有关刊物及电视台报送德化开展居家养老信息化服务平台建设和居家养老实体援助服务工作开展情况。10 月份，围绕“培育敬老家风，建设和睦家庭”主题开展宣传活动。

老年人优待政策　2016 年为老年人办理“福建省老年人优待证” 1416 张，其中 60 岁以上老年证 717 张，70 周岁以上老年证 698 张。为老年人外出旅游、乘坐公交车等方面提供方便。县 7 条城市公交线路，继续对 60 ～ 69 周岁的老年人实行半价优惠，对 70 周岁以上老年人实行免费的优待政策。

帮扶慰问活动　2016 年春节期间，慰问特困、失能、空巢、五保和基层老年工作者 1339 名，发放慰问金 27.79 万元。重阳节期间，走访慰问百岁、困难、空巢、失能老人 1009 名，发放慰问金 21.75 万元；慰问县老年公寓老人 250 名，每人发放毛毯 1 件；下拨 11 个村老年人协会总计 10 万元，用于补助基层老年协会添置老年活动设施；市老龄办慰问县受台风灾害的困难群众 40 名，发放慰问金 2 万元；市物价局从市级价格调节基金中拨出 15 万元，为县 500 名特困重度失能老人发放一次性临时价格补贴，每人 300 元。10 月 8 日，县委书记梁玉华、代理县长刘德旺、县人大常委会副主任张秋英分别到龙浔镇、浔中镇和水口镇、美湖镇慰问4名百岁老人和部分困难老人，为他们发放慰问金，并让随同慰问的医生为百岁老人做健康检查。

惠老办实事活动 为327名90～99周岁老年人发放每人每月50元的高龄补贴，总计17.765万元。为特困失能老人提供政府购买服务，经各乡镇调查摸底，确定符合条件且最需要帮助的特困失能老人130名。4月，下发2016年政府购买服务补助费46.8万元。4月起为特困失能老人开展政府购买服务：即由特困失能老人所在的村老年协会，每个月利用补助资金为特困失能老人购买生活必需品（如油、盐、米等），并组织2名以上互助组成员上门为特困失能老人开展互帮互助活动，帮助老年人解决生产、生活上的困难。2016年，县引进禾康智慧养老服务中心。依托禾康居家养老服务平台（968962），为县250名70周岁以上特困失能老人提供每人每月1次的政府购买助洁、助餐、助浴、助行等实体援助服务（90分钟／次，价值50元）。为3234名80周岁以上老年人提供20元／月（政府购买）的居家养老基础服务。

基层老龄工作 2016年，市老年协会下拨龙浔镇浔东社区、浔中镇龙东社区老年协会规范化建设补助资金各2万元；下拨三班镇、美湖镇斜山村、龙浔镇高阳村、葛坑镇富地村、龙门滩镇霞碧村老年协会老年活动设施补助资金各1万元。2016年，水口镇、浔中村为市“百村百座”老年活动中心建设责任单位。浔中村投入资金130多万元，室内建筑面积270平方米，室外建筑面积2000平方米，于2017年1月份完工。水口镇投入资金300万元，建筑面积1800平方米，2016年仍在建设之中；2016年第二批老年健身康乐家园的7个创建单位：杨梅乡杨梅村、水口镇湖坂村、龙门滩镇霞山村、龙门滩镇苏洋村、浔中镇乐陶村、雷峰镇瑞坂村、龙浔镇兴南社区7个村居经市老体协验收合格通过。目前7个创建点已有室内活动场地2620平方米，室外活动场地5550平方米，投入资金300多万元。

（撰稿人：宋志鹏 审稿人：徐春花）

民族宗教事务

【民族工作】 *落实帮扶资金* 2016年，以大溪畲族村纳入全省第四轮整村推进扶贫开发为契机，出台挂钩帮扶制度，安排县级财政每年不少于30万元、挂钩县直部门每年不少于3万元的扶贫开发资金；对接市委统战部落实帮扶大溪村特色产业发展资金33万元，县级民族补助款2万元，推进发展“一村一品”项目；协助大溪村争取灾后重建（“莫兰蒂”台风影响）资金108万元。

基础设施建设 2016年，争取中央和市级少数民族补助款14万元，补助瑞坂村公路建设1千米；争取市级少数民族补助资金6万元，补助大溪村部至黄洋角落水泥路混凝土路面建设2.5千米；争取省少数民族发展基金10万元，建设大溪村黄洋角落自来水工程。

龙塔畲族村建设 2016年，争取省、市级民族补助款20万元，县委书记吴深生到龙塔现场办公落实建设资金115万元，水利部门支持龙塔畲族村小流域治理项目220万元，各个建设项目已全面铺开，村寨门已完成，沿溪休闲道春节前竣工。

人才队伍建设 向市委统战部推荐2名少数民族精英进入市级民族专家学者库；利用各级换届时机，推荐少数民族人才进入各级班子，其中市人大代表1名、县人大代表2名，市政协委员1名、县政协委员3名。

【宗教工作】 *宗教活动场所安全管理* 下发《宗教工作目标管理责任书》，以“安全生产标准化提升工程”为抓手，加强宗教活动场所安全检查，落实宗教活动场所隐患排查治理整改。县民宗局1名干部被县政府评为“安全生产先进工作者”。

特色宗教活动 做好事前协调，事中监管，成功举办金液洞和圣天宫“吴公真仙羽化650周年庆典暨衍道斋醮法会”和仙峰寺、永安岩、大卿宫等较大型特色宗教活动6场。

宗教慈善活动 西天寺从香火钱中提取10%作为奖学基金；缨溪宫对境内60周岁以老人每人每月发放养老金100元；大卿宫、城关基督教堂捐资助学；宗教界出资3万元支持大溪村开展灾后重建，全年宗教界慈善公益捐赠125万元。

对外宗教交流 马来西亚组团2次到石牛山谒祖进香，促进法主公文化海外传播。

（撰稿人：黄文山 审稿人：叶剑华）

龙浔镇

【概况】 2016年，全镇工农业总产值109.2亿元，比上年（下同）增长6.5%；工业产值104.5亿元，增长3%，完成一般公共预算收入3.87亿元，增长2.3%。

【经济发展】 工业经济　全镇规模以上企业49家，2016年，完成产值90.43亿元，增长2.5%。恒忆陶瓷、阳光创艺登陆新三板，实现了德化“新三板”上市企业零的突破。顺美集团获评全省民营企业文化建设优势企业。苏玉峰、陈明良、赖礼同、陈明华、许瑞峰5人入选第三届“中国陶瓷艺术大师”，全省仅6名入选。

三农工作　英山珍贵淮山合作社探索淮山套种竹荪取得初步成功，0.67公顷套种试验基地带动农民增收15万元；江山美人庄园加快茶叶DIY体验中心、海上丝绸之路文化墙等基础设施建设；高阳生态梨园、蔬菜基地发展“众筹农业”“订单农业”，实现农产品专业化销售；“两违”现象得到有效遏制，截至2016年年底拆除违法建筑面积2.06万平方米，完成年度计划103%。水利工作扎实推进，完成宝美溪、高阳溪护岸及河底硬化建设设计2750米，验收山美水库工程岸长2268米；生猪养殖整治成果得到巩固。

第三产业　推进建设建窑电商创业孵化园、经纬电商园、芳盛电商园等电商园区10.5万平方米，获评全国淘宝镇，宝美、丁墘、丁溪获评全国淘宝村，电子商务蓬勃发展。知名房地产碧桂园、华骏东方城成功入驻，裕正·城市花园完成主体建设，金龙中心城恢复建设，商住环境不断优化。陶瓷街、浐溪休闲街、湖前食材街、坪埔夜市街、英山沿305国道陶瓷主题餐饮街五个特色街区建设加快推进，旅游服务能力不断提升。

【重点项目建设】 加快项目建设“百日大会战”，按时保质推进41个项目建设。其中，国际瓷艺城征迁工作进展顺利，完成协议签订，房屋全部腾空。瓷都大道大洋段征迁进行扫尾工作，成功突破丁墘小学征迁难题。浔阳路拓改工程完成征迁工作，浔阳桥改造建成通车。迎宾馆项目二期（宗地4）征收范围内房屋全部完成腾空验收。厦沙高速龙浔段主线贯通，完成安置地征收4.67公顷并动建。新华玉瓷项目完成投资3550万元，完成水田、杂地征收5.88公顷、腾空房屋1.82万平方米。龙浔中小企业创业园一期已入驻企业35家，其中13家建成投产；二期完成第一批9宗土地挂牌手续办理，第二批17宗地正在办理挂牌手续，累计完成投资3200万。招商选资方面，在建招商项目6个，新落地及在谈项目2个，意向投资6300万元。

【城乡统筹】 新设置垃圾收集箱、收集池170多处，新建垃圾中转站4座，发放宣传资料5万多份，签订“三包”责任书12500份，加大城中村、城乡结合部整治力度，完成宝美溪、丁溪、高阳溪沿溪河岸挡石墙砌筑及河道清淤3.1千米，顺利通过省级卫生县城测评，环境卫生有效改善。高阳美丽乡村8个建设项目有序推进，金城新村首批17幢房屋完成投资8000万元；英山村特色景观带建设稳步实施；龙鹏、湖前社区通过县级美丽社区考核验收。“两违”现象有效遏制，拆除违法建筑面积3.1万平方米，完成年度计划156%。土地确权有序开展，完成高阳、大坂、英山3个村土地确权指界。有效抗击“莫兰蒂”“鲇鱼”等台风灾害，9户列入省为民办实事工程住户改造完成，32 户中央首批下达危房改造任务全部开工。

【民生工程】 脱贫攻坚　实施“党支部+”扶贫机制，典型做法被《福建日报》《泉州晚报》大篇幅宣传报道。充分发动泉州留学生联谊会等社会力量，开展“海西春雨行动”减负扶贫、“养羊”造血扶贫、光伏产业扶贫，完成全年 76 户 174 人的脱贫目标。

基础设施建设　龙浔中心小学及六中扩建、丁墘中小学、第二中心幼儿园、鹏祥中小学、荣昌幼儿园、瓷都幼儿园、高阳小学等学校建设有序推进；中心小学获评市青少年科技教育工作先进集体，六中一级达标中学正式录取率居全县前列。中医院整体搬迁投用，“全面两孩”政策稳步实施。

社会保障　城乡低保基本实现应保尽保，新农保、新农合续保率分别达 99.63%、99.9%，镇敬老院、宝美公共租赁房室内装修及配套设施工程建设完成，慈善、灾害和关爱老年人、留守老人儿童、残疾人等社会救助体系更加完善。社区管理服务水平提升，获得市级新型社区治理试点、市级示范性青年之家等市级以上试点、荣誉 13 个。

文体发展　以屈斗宫为代表的德化窑遗址列入《国家大遗址保护“十三五”专项规划》；顺利完成海上丝绸之路环泉州湾国际公路自行车赛龙浔赛段承办任务；创建浔南社区省级社区室内健身室。7 月 1 日，龙浔镇综治办、南门社区居委会在瓷都广场联合举办“创建平安南门 共享幸福安宁”文艺汇演。

社会治理　镇区新安装高清摄像头 300 多个；“平安龙浔”深入创建，综治“三率”持续保持较高水平。安全生产责任有效落实，食品药品安全监管到位，黄标车淘汰任务按时完成。企业与职工工资集体协商工作扎实开展，劳资纠纷及时有效化解。双拥优抚、国防动员、民兵预备役工作取得良好成效。工青妇、地方志、民族宗教、档案等工作取得新进步。

（龙浔镇党政办 供稿）

12 月 6 日，龙浔镇政府开展“12·4”国家宪法日暨综治平安建设宣传活动　（图 / 龙浔镇政府办）

浔中镇

【概况】 2016 年，全镇土地面积 67.7 平方千米，镇区建成面积 12 平方千米，常住人口约 11 万人，其中户籍人口约 4 万人。全镇工农业生产总值 90.01 亿元，镇财政总收入 4.34 亿元，城镇居民人均纯收入 26987 元，农民人均纯收入 14700 元，规模以上企业 43 家。

【经济发展】 农林生产　坚持“特色化、规模化、产业化”，实施“合作社+基地+农户”发展模式，建立黑鸡放养、黑兔养殖、花卉培育以及食用菌、樱花、金线莲、中草药种植等特色农业基地，成立石鼓黑鸡、龙翰黑兔、石山食用菌等 20 多家种养殖专业合作社，培育了石鼓黑鸡、龙翰黑兔、石山食用菌等专业村；创建龙翰黑兔、石鼓黑鸡、祥意山茶油等省市农业知名品牌，黑鸡、黑兔通过原产地保护标志、无公害产品认证，“龙翰”黑兔、“绿都”获“福建省名牌农产品”称号；祥意山茶油被评为 2015—2017 年度福建省林业产业化龙头企业。投入 187.5 万元，实施省级重点乡镇水土流失治理项目。

工业经济　全镇有企业 500 多家，规模以上企业暨年产值 2000 万元以上企业 43 家。冠福公司荣膺“‘泉州制造 2025’年度十佳科技小巨人”，龙鹏集团入围 2016 年省科技小巨人领军企业培育名单，龙鹏、顺美被认定为 2015—2016 年度国家文化出口重点企业，顺美公司荣获全省民营企业文化建设优势企业，被列入省“旅游+工业”首批 33 家观光工厂，陶瓷制造 3D 打印技术应用被列入 2016 年省级龙头促进计划“三个

10月9日，县委书记梁玉华（左二）调研阳光小学、阳光幼儿园项目建设情况
（图/浔中镇政府办）

一批”项目，顺美、嘉顺被列为省级“两化融合”重点项目，冠鸿公司成为全市首家通过国家知识产权管理体系标准认证企业，三峰公司被列入市2016年产业集群龙头企业目录，坤泰全自动陶瓷滚压生产线、兰星全自动燃气陶瓷窑炉装备被列入市“数控一代”示范项目产品名单。

【重点项目建设】 2016年，全镇完成征地133.33多公顷，拆除房屋8万平方米，迁移坟墓2000多穴。推进彭村水库移民安置区、闽江防洪工程、红星·美凯龙、西门一期、王厝山片区、乐陶片区、凤洋整村改造、相垵连接线等项目征迁扫尾迁工作。

【城镇建设】 投入资金400多万元，实施龙翰村、土坂村市级“千村整治、百村示范”项目建设，硬化村庄角落公路5.75千米，整修房屋1800平方米，绿化美化堤岸1.2千米，架设路灯80盏；投入48万元，对缨溪流域进行河道治理，清淤、清障2.1千米；石山村规划建设集水上漂流、民宿餐饮、儿童游乐为一体的城郊“水上乐园”旅游区；凤洋村规划建设五凤山生态农业旅游观光园；举办首届石鼓美食节，投资20多万元，完成石鼓美丽乡村初步方案设计；祖厝村被列入泉州第一批市级“传统村落”；凤凰国际、优山美地、畔山云海、鹏祥花园等中高档商住区相继建成，美伦·山景叠苑、华峻·东方城项目一期工程基本完工，城乡统筹同步发展。

【社会事业】 教育事业　阳光小学、幼儿园主体已封顶进行内外装修工程；城东实验小学东校区完成地下室建设，城东中心幼儿园主体工程已建一层；世科小学扩建项目完成征迁工作，新寨小学、幼儿园完成立项。

计生工作　为23名考上大学的计生“二女”户发放助学金1.55万元；47名计生“二女户”享受中考照顾加分6分录取高中；县镇领导挂钩计生“三户”家庭57户，发放2.02万元；安排2户计生“二女户”进城购房，发放补助款4万元；帮助7名计生户申请贴息创业贷款21万元；帮助计生困难户发展经济，发放帮扶资金1.5万元；为723户计生家庭提供意外伤害保险7.23万元。

综治安全　2016年发生刑事案件548起，比上年（625起）下降14.05%，破获刑事案件145起，调处矛盾纠纷149起，调处成功率100%，没有发生群体性案件；落实安全生产主体责任三年行动，开展安全隐患排查8次，排查隐患点210处，设立进村交通安全警示牌26处、减速坎35处，建立“五小”车辆及驾驶人登记台帐6种共1.4万余辆。

老年工作　为6名特困重度失能老人提供政府购买服务每月300元；成立50多个生活、生产、经济等互助小组，成员870人；为3358名60岁以上老年人发放养老金335.8万元，为1326名60岁以上失地农民发放养老金138.89万元。

民政工作　为低保户、五保户、优抚对象、农村籍退役士兵、重度残疾人、义务兵发放各类生活补助金201.86万元；新农保续缴率97.39%，新农合的参合人数28984人，参合率103.71%，其中减免对象2279人，减免273480元。

“两违”整治　开展治违、拆违统一行动10多次，全镇累计拆除“违建”117宗，拆除建筑面积3.5万平方米。

其他工作　5个村完成农村土地确权登记调查摸底工作，进入权属调查阶段，其中仙境、龙翰、石山、祖厝、石鼓已完成指界工作；完成省为民办实事危房改造5户，发放补助金14.79万元，中央首批危房改造46户已全面开工，预计5月底完成；投入118万元，实施"一事一议"财政奖补项目，硬化村级角落道路3.2千米，建设村级老人活动中心600多平方米。

（撰稿人：张佰凌）

盖德镇

【概况】 2016年，全镇工农业总产值2.991亿元，比上年（下同）下降8%；财政总收入797.42万元，增长6.7%；农民人均收入12693元，增长7%。

【经济发展】 农林经济 加大对"三农"的支持力度，全镇一事一议项目9个，拨出财政奖补资金148.45万元。

林业工作 深化护林员管护机制改革，完成中央财政森林抚育182.27公顷，封山育林森林抚育66.67公顷，重点区位林分修复35.13公顷，生物防火林带造林18.93公顷，其它造林24.6公顷，生物防火林带抚育13.33公顷。

特色产业 优化产业资源整合，投入1080万元，在杜康坝流转土地63.2公顷、平整耕地41.6公顷，建设蓄水池等，种植有机农作物21.33公顷；发展"一村一品"特色种养业，有济村种植10.53公顷油菜花海和8.27公顷瓜果采摘园；凤山村种植佛手瓜9.07公顷、油茶14.13公顷、桂花21.33公顷；下寮村民养殖黑鸡3080羽、蜜蜂122箱，发展林下种植铁皮石斛5.2公顷、黄花远志10.27公顷、台湾榕1020株；有济村103.33公顷铁观音茶叶基地打造观音红新品牌。

【城乡建设】 重点项目建设 彭村水库移民安置，至4月30日，357份主协议全部完成签订，目前房屋拆除工作基本完成，做好土地征收、库区公路迎仙宫及廊桥文物复建等其他工作；厦沙高速征迁工作超前完成，征迁工作的遗留问题持续解决。

招商引资 发挥在外乡贤作用，统筹冠福集团人脉资源，冠林竹木公司与上海宏宇竹业公司、三明竹木公司合作，拟投资3亿元、流转土地40公顷，打造"竹文化创意产业园"，冠林竹木公司已与合作商达成初步意向。

项目对接 依托上级项目建设，成功对接项目16个，争取资金2320万元，已投资1288万元，完成小农水项目、水土流失治理项目、三福村、下寮村"千村示范、百村整治"项目，下寮村市级帮扶、老区重点帮扶项目和25.67公顷县级耕地开发项目有序推进。

美丽乡村建设 投入450万元，实施有济、三福美丽乡村示范点建设，完成房屋立面整治38座、道路硬化12千米；投入334万元，实施下寮、吾华、三福、有济、大乾村垃圾中转站及农村生活污水处理项目建设；投入409万元，完成省重点乡镇水土流失治理建设，新建水渠7.2千米、排水沟450米、排洪沟550米。

【民生事业】 精准扶贫 对辖区内49户132名贫困户建档立册，制定脱贫服务计划，结合"百企帮百村"和"民企联村"精准扶贫行动，实施领导干部结对帮扶机制，落实低保兜底、发放资金、困难救助、光伏扶贫等帮扶措施，发放扶贫慰问、补助资金9.3万元。

民政工作 新型农村合作医疗和新型农村社会养老保险参保率分别达到100%和97.51%；兑现低保、"五保"及孤儿生活保障资金92.05万元，发放退役士兵老年生活补助及义务兵优待金33.5万元、优抚对象补助资金30.15万元、绝对贫困生活补助资金27.75万元、残疾人补助资金12.2万元。

灾后重建 组织群众开展灾后自救，做好渠道、水沟和道路等清淤疏通，协调保险公司人员现场勘测受灾情况，争取水利、农业、民政、国土、住建等上级部门资金帮扶，确保群众尽快恢复生产、生活，全镇清理河道三条13处，修复饮水工程18处，完成管道铺设3千米，清理公路、村道溜方36处，修复塌方21处，清理屋后溜方43处，修复房间178间，农村危房改造15户，灾后重建17户。

土地确权 以福阳村为试点，开展农村土地承包经营权确权登记颁证工作，有序推进全镇其他村的土地确权、颁证。

计生工作 全年新出生婴儿417人，政策符合率达89%，出生人口性别比为118.2；落实计划生育奖励扶助政策，全镇513人享受奖扶政策（新增15人），兑现奖励扶助资金35.7万元；设立"生育关怀"基金，走访慰问计生困难户68户，发放生育关怀资金7.93万元。

综合治理 开展"七五"普法工作，完善人民调解工作机制，化解各类矛盾，全年调解纠纷34余件；抓好土地规划管理，及时制止违法占地16处，完成补充耕地任务；投入22万元，重新组建联防

10 月 9 日，盖德镇有济村圣天宫举行“吴公真仙羽化 650 周年”庆典活动

（图 / 盖德镇政府办）

队伍，完成有济村警务室、三福村治安岗、凤山村报警点建设，购买治安巡逻摩托车辆 2 辆，在镇区试点推行网格化服务管理，建设网格化视频监控平台；做好精神病人的跟踪随访工作，全镇查出精神病患者 21 名；做好金液洞、有济村徐吴二仙羽化 650 周年庆典活动筹备各项工作，制定安全应急预案，保证庆典活动顺利进行；做好群众来信来访工作，办理信访案件 6 件，实现全年无群体性事件。

【民俗文化发展】 注重挖掘发展传统民俗文化，道教胜地金液洞举行建洞 650 周年庆典，有济村圣天宫举行“吴公真仙羽化 650 周年”庆典活动。全国人大代表、中国道教协会副会长、龙虎山嗣汉天师府六十五代主持张金涛，特赐金匾并亲临现场为“圣天宫”揭牌。全国政协委员、福建省道教协会会长谢荣增，泉州市民族与宗教事务局局长胡晓泉，中国道教协会咨议委员会副主席、泉州市道教协会会长林舟及龙虎山嗣汉天师府法师数十人、台湾高雄市内门紫云宫代表，永春、安溪、尤溪等县二百多座分炉宫观代表等参加了圣天宫庆典活动。

（盖德镇党政办 供稿）

三班镇

【概况】 2016 年，全镇工农业总产值 21.08 亿元，比上年（下同）增长 5.4%，规模以上企业产值 17.44 亿元，增长 5.3%；工商税收 7300 万元，增长 7.35%；农民人均纯收入 1.4 万元，增长 5.26%。

【经济发展】 现代农业　向上争取 7 个“一事一议”项目财政奖补资金 57.26 万元；完成 9 个村土地权属调查；扶持德化黑鸡、黑羊、金线莲等“健康、绿色”种养基地 45 个；发展奎斗水上高尔夫、桥内槟榔芋、龙阙黑鸡农庄、天马山农场等特色农业和设施农业，融入休闲观光旅游发展圈；通过电商发展，拓宽“德化戴云黑鸡”等农产品销售渠道。

工业　省级重点项目中国茶具城投入 2.07 亿元，占投资计划 103.5%，完成 17 栋主体工程建设，营销中心竣工并投入使用；上寮工业区投入 5600 万元，完成 59.8 公顷工业区的林地、土地报批及林木砍伐，整理台地 46.67 公顷，意向入驻企业 50 多家，市政大道完成沿途配套设施规划设计等前期工作；观音海森林文化创意园完成项目策划、概念性规划、修建性规划、项目建设方案初步设计、可行性分析和初步招商选资等工作；110KV 变电站投入 200 多万元，基本完成征迁和台地平整工作；奎斗道畋智慧农业投入 1 亿元，平整土地 7.33 公顷，完善大棚基础建设 9.2 公顷，完成园区道路硬化 4500 平方米，建成智能控制中心和监控管理设备，种植棚内、外 9.2 公顷果蔬用于接待旅游团、游客采摘体验；紫云工业区投入 2500 万元，架设路灯 168 盏，新建厂房 1.1 万平方米，完成紫云工业区中路 2 千米路基填换，其他配套基础设施进一步完善；蔡径电商孵化园入驻电商 53 家，二期、三期、四期完成招商，五期正在装修中。

【小城镇建设】 投入 3.71 亿元，建设小城镇项目 19 个，其中新建 12 个，续建 7 个，完成年度计划的 115.28%；向上对接项目 7 个，争取资金 1490 万元，到位资金 850 万元；招商选资落地项目 2 个，总投资 1.6 亿元，到位资金 1500 万元。2016 年 9 月，荣获福建省第一批特色小镇（即瓷都茶具小镇）称号。

【城乡建设】 美丽乡村建设　奎斗村（美丽乡村示范带）投入

240万元，完成裸房外墙装修6000平方米和路面硬化，对主干道两侧房屋水沟进行浇筑、绿化，完成河道整治400米；泗滨村（市级扶贫村）投入135万元，完成泗滨桥危桥加固改造、1.2千米沿溪公路硬化、新建、更换路灯110盏，新建泗洲坝拦水工程及水渠疏浚，对房前屋后水沟进行清淤疏浚等，投入400万元，完成外立面装修1.5万平方米，道路硬化3.5千米，河道整治2千米，修缮老人活动中心；龙阙村（千村整治、百村示范村）投入180万元，完成蔡龙公路龙阙段拓宽硬化3千米和环境绿化配套设施，建成金钟山主亭、垃圾中转站主体工程建设及河道疏通整治2千米。

基础设施建设　完成道路拓宽、硬化14千米，危桥改造3座；完成一期土地整理项目验收，新增耕地3.53公顷；新建防火林带9.3千米，维修防火林带37千米；投入350万元实施河塘整治，投入20万元完成红洋水库标准化管理试点项目，投入100万元铺设镇区自来水管道工程，投入395万元铺设上寮污水管网3千米，投入25万元对各村水毁工程进行统一修复，投入67万元完成奎斗村水土保持项目。

【社会事业】　扶贫攻坚　确定贫困户141户，贫困人口372人，采取“合作社+贫困户”“企业+贫困户”、光伏扶贫、政策兜底等模式进行精准扶贫。其中，市县镇三级干部与贫困户结成帮扶对子，因户施策制定脱贫计划；实施精准扶贫专项贷款工程，对4家合作社进行授信，每家合作社结对帮扶10户贫困户；实施“造血式”脱贫工程，为5户贫困户争取创业贷款25万元，为泗滨、桥内争取到专项扶贫资金50万元。制定三班镇光伏产业精准扶贫项目实施方案，确定100多户贫困户、7个村集体（已筹集180万元）意愿入股建设光伏电站。

民生保障　加强“平安三班”和“六五”普法宣传，对三班、泗滨、东山洋、蔡径4个村进行网格化管理；稳步推进新农保、新农合、消防、道路交通、安全生产、社区矫正等工作；宣传全面两孩政策，为238余人办理生育登记，计生政策符合率90.68%；开展灾后重建工作，镇财划拨30万元用于各村救灾，及时抢通溜方、塌方道路，推进12户受灾房屋重建工作；扩建紫云小学，为15名考上本科学子发放奖学金1.9万元；做好市级文明单位创建工作。

【文化旅游】　泉州海丝申遗点梅岭古窑址，完成申遗保护方案，以修缮古窑场为中心，拍摄三班陶瓷文化专题宣传片，创建官方微信公众号，完成古代陶瓷交易遗址大兴商行外墙修缮工作，完善洞上陶艺村景区规划和配套基础设施建设，完成月记窑主体工程建设并进行招商，三班、泗滨、桥内等三个村列入第四批中国传统村落名录。

（撰稿人：周月彧　审稿人：黄凤山）

龙门滩镇

【概况】　2016年，全镇工农业总产值8.44亿元，其中工业总产值6.53亿元，农业总产值1.91亿元，农民人均纯收入13477元，公共财政总收入536.92万元，公共财政预算收入212.3万元。

【经济发展】　特色农业　龙门山综合生态蛋鸡养殖场合计投资600多万元，完成鸡舍、仓库、办公楼、宿舍楼等基础设施建设，已养殖3万多只生态蛋鸡，日产鸡蛋2000多斤；苏洋村上亭引进道畈智慧农业，项目第一期流转土地20公顷种植果蔬，第二期流转土地40多公顷，将于近期动工建设；高泉农民专业合作社投入100多万元扩大棘胸蛙养殖规模，新建幼蛙、成蛙

5月31日，中共龙门滩镇第十三次党员代表大会召开（图/龙门滩政府办）

池等面积3000平方米，现存栏棘胸蛙5万只。

生态林业　投入50万元，完成森林公园6.67公顷林分改造，苏洋村东际建立珍贵树种种植示范片，完成5公顷红豆杉、桂花等珍贵树种套种；人工更新造林面积92.33公顷，重点生态区位林分修复24.67公顷，珍贵用材树种造林18.67公顷，森林抚育100多公顷，实施珍贵树种入村。

【城乡建设】　美丽乡村建设　投资400多万元，完成湖心岛环岛亮化工程、安保工程，库区房屋立面装修1万平方米，建设景观带5千米，修建湖心岛观景平台1座；投入40万元，对苏洋村进行环境综合整治；投入90万元建设碧坑村传统村落，种植乡土名贵树种5200株和向日葵等观赏植物1公顷。碧坑村被列入第四批中国传统村落保护名录，霞山村被评为省级历史文化名村。

基础设施建设　累计投入800多万元，铺设、拓宽改造12条通村公路24.6千米；投入216万元，完成硕儒小流域水土流失综合治理，建设生态护岸2.4千米；投入72万元，建设大溪村生态护岸0.65千米；投入300万元进行农村环境综合治理，建设苏洋、霞山垃圾中转站，对霞山村霞溪3千米河道进行清淤，续建硕儒村污水管网5千米，建设生物氧化塘2座，新建垃圾屋、垃圾池30座，购置垃圾桶120个，安装一体式化粪池100个。

【社会事业】　灾后重建　全镇灾后重建户24户，3户进城购房，异地重建的21户均已全部开工，争取2017年春节前全部搬迁入住；投入400万元完成部分公路、水利设施修复。

社会保障　全镇纳入低保219人，发放低保金118多万元；新农合参合率100%，新农保续费人数6442人，续费率96.52%；开展慰问活动，发放慰问金额27万元。

教育、计生　组织实施《德化县乡镇教育工作督导评估方案》，强化控辍保学措施；建立人口“生育关怀”项目资金服务站；慰问贫困计生家庭48户2.8万元，6户诚信计生困难户得到小额贴息贷款18万元，3名贫困母亲获得幸福工程帮扶的免息贷款5万元，为661户计生家庭交纳意外伤害保险6.61万元，金秋助学28人1.31万元。

安全生产　重视生产安全、食品安全、森林防火、防汛抗旱、交通安全等工作，抓好责任制落实，健全监管网络，强化日常监督，全年未发生重大安全事故。

民生工程　落实支农惠农政策，确保各项补贴、奖扶资金拨付到位，累计发放农业补助资金150多万元；投入195万元，实施10个“一事一议”项目，改善农村的生产生活条件，受益群众12500人；内洋、碧坑村市级土地整理项目通过验收，第三、四批旧村复垦项目整改完成，等待验收，第五批旧村复垦测量工作有序开展。

（撰稿人：谢家怀　审稿人：涂世泽）

雷峰镇

【概况】　2016年，全镇工农业总产值5.51亿元，比上年（下同）增长9%；财政总收入1598.16万元，增长9.13%；农民人均收入13870元，增长10%。

【特色农业】　落实各项惠农政策，种植水稻619.67多公顷，淮山66.67多公顷，发放耕地地力保护补贴115.6万元，种粮大户补贴24.6万元；实施“一事一议”9个，财政奖补资金103.234万元；雷峰、瑞坂村市级土地整理项目通过市级验收，完成永久性基本农田划定和土地利用总体规划调整；第三、四批旧村复垦项目通过市级验收；三珍种养农民专业合作社和泉州雄益养殖有限公司被评为市级农业龙头企业。

【重点项目建设】　瓷都印象生态园完成投资2500万元，19.81公顷建设用地范围内安征迁工作全部完成，修建性规划及景观大道用地等相关手续正在报批，完成群众安置地用水、用电及排污等配套工程建设，20幢（40户）群众安置房全部搬迁入住；康泰养老休闲项目完成征安迁工作及林地审批手续，与美略（上海）建筑设计咨询有限公司签订商业规划和概念方案设计合同，完成项目商业规划初步方案成果，集中迁墓区（一期）建设竣工。

【城乡建设】　投入1135万元，完成蕉溪至李溪“单改双”拓宽项目，提级拓宽乡村道路14.8千米，完成瑞坂村道路硬化1千米；投入140多万元，改造修缮危房54座；开展“两违”专项整治，拆除“两违”6930平方米；投入120多万元，实施环境连片

2月24日，县委书记吴深生（左四）带队到潘祠村调研美丽乡村建设情况 （图/雷峰镇政府办）

整治，建设朱紫、李溪垃圾中转站2座。

【社会事业】 精准扶贫 “造血式”扶贫：依托合作社联合党支部平台，开展光伏扶贫扶持15户47人，种养殖扶持32户117人；“减负式”扶贫：引导各界人士、企业家等捐赠救助、挂钩帮扶，完成因病精准救助16户54人、因学精准救助5户21人、因灾精准救助1户5人；“造福式”扶贫：对接上级易地搬迁造福工程脱贫项目和资金，完成“易地搬迁”7户26人，扶贫小额信贷8户。2016年，全镇完成脱贫99户322人。

社会保障 2016年，全镇新农保缴费率98.70%，新农合参合率99.93%。

（撰稿人：曾丽凤 审稿人：陈永生）

南埕镇

【概况】 2016年，全镇农业总产值13810万元，财政收入964.58万元，农民人均纯收入12739元。

【经济发展】 农林业生产 发放特色种养业扶持奖励资金11.8万元，扶持发展红米、蜜柚、脐橙、黑鸡、倒刺鲃、鸭嘴鲟等，东风水库匙吻鲟养殖列入市山塘水库养殖试验项目；发展黄花远志、铁皮石斛、竹荪、台湾榕等林下种植33.33多公顷；探索发展大南埕休闲农业观光园，种植油菜花、荷花、向日葵等10公顷；开发木瓜坑种苗种植基地、高浉绿泰油茶基地等；组织实施农产品质量检测，抓好春秋季重大动物疫病防控工作。

生态旅游 推进石龙溪橡皮艇漂流、塔兜温泉、香林渔村、龙潭生态休闲旅游、桃花岛乡村旅游等项目组团发展；石龙溪橡皮艇漂流、塔兜温泉两个项目实施回收工作；香林渔村风景林项目，完成绿泰油茶农民专业合作社休闲木屋、餐厅、木栈道、游步道、雕像建设等；龙潭生态休闲旅游项目，完成控制性详细规划设计、旺内角落道路拓宽方案设计、征地、手续审批等前期工作，准备动工建设；东风水库生态游项目，与共赢天下有限公司达成投资意向；新蜗牛驿站竣工投入使用。

【城乡建设】 基础设施建设 县“6+4”重点项目南埕至蟠龙路段拓宽改造工程，完成路基拓宽，水泥路面铺设近10千米；县道329桂东线龙门滩至塔兜公路建设着手前期准备工作；实施连山、许厝、高浉库区后扶、2个市级土地整理以及第三、四、五批旧村复垦项目，配合县国土局开展基本农田调整工作。

美丽乡村建设 高浉村、枣坑村实施省美丽乡村“千村整治、百村示范”工程；落实“一清一保一机制”，加强保洁员队伍管理，实行定时定点清运，保持环境整洁；落实环保工作“一岗双责” “河长制”，加强36名河道专管员管理；

12月，南埕镇新貌 （图/南埕镇政府办）

淘汰黄标车12辆。

【社会事业】 精准扶贫 按程序识别贫困户124户392人，分别不同情况，将无劳动能力的110名贫困人口纳入低保，进行兜底扶贫；对有劳动就业能力的282名贫困人口，通过"党支部+合作社+贫困户"助贫模式，采取资金扶持、技术服务、提供就业机会、提供发展项目等措施，进行造血式扶贫；开展"雨露计划"培训4场次，受益贫困户40户；发放扶贫资金27.6万元，受益农户85户；市城镇集体工业联合社、县挂钩单位科级以上干部、镇科级干部、驻村工作队结对帮扶贫困户124户，发放帮扶资金5万多元，联系市一院等单位开展贫困户医疗义诊3场次，帮助5户省定贫困户重建住房，实现脱贫73户，占全镇贫困人口的58.9%；同时，推进扶贫村的开发建设，完成2014—2016年度市级扶贫开发重点帮扶村高洋村的扶贫任务，现进行2016年度市级扶贫开发重点帮扶村西山村的扶贫工作。

台风灾后重建 制订灾后重建工作方案，26户住房受灾户动工重建；16片23.07公顷需采取工程措施复垦的灾毁耕地，完成前期工作，准备进场施工；被冲毁的公路、水利、农业等设施全部动工修复，4座电站修复完成发电，桃花岛景区灾后重建基本完成；慰问受灾群众，发放慰问金及救灾物资23万元。

社会管理 开展综治平安入户访视活动，完善农村信访处理、调解机制，办理群众来信6件；做好精神病患者、社区矫正、社区安置帮教等重点人员的跟踪管控，严厉打击各种违法犯罪活动；开展安全生产宣传，组织安全生产大检查；做好78户造福工程危房改造补助申报工作，搬迁地灾户9户，完成省为民办实事危房改造4座；全镇新农保续缴率95.57%，新农合参保率101.2%。每季度发放低保、"五保"、孤儿、优抚对象等保障金23万多元。

（南埕镇党政办 供稿）

水口镇

【概况】 水口镇拥有"国家级森林公园""国家级地质公园""国家级水利风景区""国家级生态乡镇""国家AAAA级旅游景区""中国宜居小镇"等六块国字号生态品牌，获评省级乡村旅游休闲集镇、特色景观旅游名镇、历史文化名镇，镇域内的中共福建省委旧址（坂里），是省级爱国主义教育基地、省级党史教育基地。2016年全镇实现生产总值36742万元，比上年（下同）增长12.5%；公共财政总收入1402万元，增长0.5%；农民人均纯收入13270元，增长11%。

【经济发展】 旅游产业 投资170多万元推进石牛山国家AAAA级景区复评相关修缮建设项目15个。配合县政府收回石牛山景区经营权，做好石牛山景区交接、运营管理等工作，配合做好《石牛山景区总体规划》编制。抓紧抓实岱仙瀑布景区遭受台风损毁项目修复，并于11月10日重新对外开放。依法向县法院起诉要求解除石牛山度假山庄有限公司与福德公司签订的《租赁经营合同书》，全力配合县有关部门做好解除福德公司与县政府签订《福德石牛山国际旅游度假区合作开发合同》的应诉相关工作。

农林产业 扶持培育乡村民宿8家，新增市级森林人家、种养专业合作社示范社各1家，扶持壮大金线莲、黄花远志、铁皮石斛、竹荪、红菇、百香果、黄金蜜柚、德化梨种植基地，进一步丰富乡村旅游内涵。

【小城镇项目建设】 市政设施 2016年，水口镇被确定为市级小城市培育试点，策划上报项目42个、争取资金 2573万元，投资6000多万元，全面推进小城镇建设。投资300多万元，建设环岱仙湖休闲慢道2千米，并配套建设步行道、自行车道、休息亭、公厕等设施，投资40万元，建设沿岱仙湖仿木栏杆1100米；投资70多万元建成生态护岸3000立方米；投资130万元硬化湖坂村、久住村群众宅前宅后1.3万平方米；投资10多万元修建镇综合文化站1座，投资300多万元，建设水口镇老年人活动中心1座。

乡村路网 投资840万元，完成湖坂至祥光、白潭道路拓宽工程和榜上村金凤亭道路提级工程；投资140万元，拓宽亭坑至凤坪村道路4.1千米；投资700多万元，建设长47米、宽12.5米的湖兴桥1座。

公路养护改革 采取政府购买社会服务方式，推行公路养护改革试点，通过公开招投标，将全镇51条210.3千米的乡村道路，以每年51.7万元发包给养护单位。

环境整治 按照"五清楚"（分清楚、扫清楚、拆清楚、摆清楚、粉清楚）原则，细化卫生整治事项，制定卫生整治区域责任人，建立

“日清扫保洁、周清理运输、月考核检查、季综合评比”的工作机制，2016年全市“美丽乡村”环境卫生考评，两次位列全市前15名，村场、八逞、祥光两次位列全市前50名，榜上、湖坂各一次位列全市前50名。投入137万元，完成县级美丽乡村示范村湖坂村的房前屋后绿化亮化美化工程，11月13日，国务院南水北调办公室调研组到湖坂村调研，高度肯定水口创建工作。

7月20日，县委书记梁玉华（左四）到水口镇调研旅游产业发展情况

（图／水口镇政府办）

【重点工作】 灾后重建 受“莫兰蒂”“鲇鱼”台风袭击，镇域受灾严重，镇党委、政府成立领导小组，开展灾后重建工作，清理溜方5万多立方米，干砌挡土墙23处6200立方米，砌筑片石混凝土20处5800立方米，挖方2.2万立方米，填方8000立方米，在溜方、塌方等危险路段增设警示标志130多块；妥善安排倒房及严重损房群众的基本生活，18户重新动工建设，9户签订城关商品房购房合同，26户完成城东保障性住房选房；联系保险公司认定理赔倒伏水稻32.2公顷，耕地灾后自行复垦2.67公顷；完成8座进水电站、1座塘坝、500多米灌溉水渠和4个农村安全饮水工程修复。镇党委政府被评选为“2016年泉州抗灾重建一线感动人物”。

扶贫工作 实施发展生产、光伏发电、易地搬迁、乡村旅游、创业就业、爱心扶助、“党支部+”、社保兜底八大脱贫工程，参加“民企联村”精准扶贫活动，走访贫困户318人次，落实帮扶、慰问资金37.14万元，帮助制定帮扶措施156条，落实异地搬迁10人，完成省为民办实事项目农村危房改造5户，3户贫困户获得小额贴息贷款15万元入股石牛山金线莲生态种植专业合作社；牵头成立光伏项目合作社，引导湖坂、昆坂、梨坑3个村集体、8户贫困户投资70万元在镇政府顶棚建设100KV光伏发电站1座，亭坑村在村部建设光伏发电站1座。2016年，全镇脱贫68户205人，脱贫率53.5%，祥光村省级扶贫开发和亭坑村、昆坂村市级扶贫开发工作继续实施中。

土地确权 全镇16个村110个村民小组3659户、集体土地1334.85公顷，完成调查摸底108个村民小组，16个村基本完成权属调查工作，目前进行权属调查结果公示核实，中介机构正在制作内业资料。

【社会事业】 生态文明 坚守生态和环保底线，落实“河长制”，开展重点流域水环境治理；超额完成黄标车淘汰任务；实施“四绿”工程，完成造林绿化140公顷、森林抚育386.67公顷、竹林抚育900公顷、油茶林抚育266.67公顷，新增防火林带20.67公顷；加强对水库、山林巡查，打击非法电鱼及滥伐林木现象。被省第二护林联防区委会评为“2016年度护林联防先进单位”。

社会保障 全镇新农合参合率99.99%，城乡居民养老保险续保率97.4%，纳入低保户对象146户242人，基本实现应保尽保；组建78个互助组开展生产互帮、生活互助、发展互促和精神互慰等活动，走访困难群众、老人340多人次，发放慰问金10.7万元，为民办实事104件，恢复湖坂村幼儿园办学点，为2016年考上本一院校的22名大学生发放奖学金2.6万元。

社会管理 开展反邪教警示教育、打击赌博专项行动，做好边界联防工作；重视群众反映问题的办理、反馈，受理群众来信来访6件，办结反馈率100%；做好12名越战退伍老兵和4名社教人员稳控工作，妥善化解梨坑村群体事件；落实安全生产责任制，狠抓安全生产，做好防火、防汛等工作，防范重特大安全事故发生，安全社区创建工作顺利通过市复查；投资10多万元，新建应急维稳中心和景区警务室，加大巡逻力度，打击各类违法犯罪行为；提高基层民兵武装规范化建设水平，40名民兵应急分队在抢险救灾中发挥了作用；全面开展计生家庭意外伤害保险工作，生育关怀工作经验受到市县计生协会肯定。

（水口镇党政办 供稿）

9月15日，市长康涛（左三）到国宝乡指导防抗台风工作

（图／国宝乡政府办）

国宝乡

【概况】 2016年，全乡工农业总产值1.87亿元，其中农业总产值7600万元，农民人均纯收入12326元。

【经济发展】 旅游产业 聘请北京龙景设计院进行景区提升规划，做好单轨滑车项目的初步设计，完成云龙谷景区至下坑炉道路1:500地形图测绘和下坑炉道路提升改造线路初设，抓好景区卫生环境保洁，定期清理河道，修缮樱花岛茶楼；成立专项领导小组，引导佛岭村群众完成龙楼堂、福美堂等多座祖厝修缮，打通龙楼堂至福美堂的鹅卵石步行道，完成荷花观赏园鹅卵石步行道修复，种植一批桂花、杜鹃等观赏花卉，动员古堡西侧新建设的4座房屋进行立面改造；制定征安迁工作方案，抽调人员组建项目办、动迁组，启动一期观音寺建设用地的征收工作；建设戴云之战溪口纪念广场，修缮纪念遗留设施，铺设溪口古街沿溪鹅卵石步行道，建设紫藤花长廊1.3千米；利用南斗瓷厂旧厂房发展文化创意产业，修建瓷厂食堂450平方米；建设祥云村观音寺，发展农村民间信仰。

特色农业 完善佛岭村黑兔纯种繁育场的保种场办公室、仓库等设施，常年保持种兔4000只、商品兔5500只的存栏量；祥云村发展永德葡萄园种植，建设葡萄园区生态护岸、亲水平台，开展观光采摘，接待游客1万多人；戴祥泥鳅专业合作社种苗提供给全县其他养殖户，规模适中、经济效益较好；南斗村成立泉水叮咚农民专业合作社，流转土地8.67公顷，建设德化首家田螺养殖场和百香果种植基地，已完成2公顷多田螺养殖场地平整，明年三月即将投入生产；厚德村引进双寨花海观光园有限公司，完成土地流转20.67公顷。

【重点项目】 彭村水库征安迁工作 完成324户房屋协议签订，完成率100%；做好8批280个选房顺序号抽取工作；拆除房屋112座，完成率92.5%；开展淹没区内耕地、林地征收工作，完成耕地征收30.82公顷，占耕地总数52%，林地征收5.16公顷，占林地总数12.06%；动工建设格口、溪门大桥，彭村上坝公路、格口库区路、溪门库区路等工程；迁移坟墓30多座，对珍贵树木进行移植。

厦沙高速公路工程 补征工程建设用地3.19公顷；化解隧道爆破、房屋震损带来的民事纠纷；完成改水4处3.2千米、改路9处8500平方、改渠6处1.3千米等；做好群众安置工作，建设聚兴、温厝乾、剧乾仑、佛岭狮头、国宝六斗等五个安置点的安全饮水和电力配套设施，妥善处置85户零星安置群众的土地报批以及配套设施等工作。

【城乡建设】 道路建设 硬化格头溪门至罗城角落公路1.5千米、燕仔祖至仑坪1.2千米、上洋村牛心垅角落公路1.3千米、内坂村垵全尾角落公路1.2千米、厚德村刘山角落公路1.2千米、南斗村董坑洋角落公路600米；拓宽祥云村上云、下云桥梁2座；改造南斗村南昌、格口角落公路0.8千米、国宝村和上洋村环村路2.6千米。

水利设施 聘请水利专管员26人，管护浐溪、南斗溪河道22.6千米，完成生态护岸建设2.1千米，落实55千米渠道小农水管理，建设水渠工程4千米、排水沟2.4千米、排洪沟1.3千米、渠改管3.2千米；实施格头村剧乾仑、佛岭街道农村饮水“补缺提升”工程，保障群众用水安全。

“美丽乡村”建设 南斗村“两村一带”环境整治村项目累计投入114万元，完成村庄整体规划设计，架设主干道LED路灯120盏，建成拦河坝3座，组建1支4人卫生保洁队伍，完成河道清淤1.5千米，河岸边坡开挖400米，生态护岸建设300米；内坂村宜居环境建设累计投入74万元，完成房屋立面装修3座，架设路灯25盏，完成休闲广场和公厕场地平整工作，建设河岸护坡400米，添置垃圾箱、垃圾收集屋、环保型化粪池等保洁设施20个；完成全乡农危房改造21户、4200平方米，预计明年6月底全面完工。完成南斗村和祥云村2012年市级土地开发项目验收，新增耕地14.72公顷。

【社会事业】 扶贫工作 将建档立卡的贫困户72户242人，按“一户一策”制定帮扶台账，落实财政扶持资金3批23.3万元、县直6个挂钩单位27名科级干部帮扶贫困户8.1万元，帮助贫困户贷款2户10万元、扶贫小额信贷申请25万，开展雨露计划培训50人次，为17户贫困户提供黑兔养殖种源、技术和销售服务，现已脱贫38户137人。

抗灾救灾 全力抗击“9·9”特大暴雨和“莫兰蒂”“鲇鱼”台风，紧急转移群众133人次，组织群众清理屋后山体溜方56处1.2万多立方米，协助做好312户受灾户保险理赔事宜，完成干砌挡土墙11处3200立方米，修复路基掏空6000立方米，增设溜方、塌方等危险路段警示标志牌32块；落实灾后农房重建5户，其中2户完成一层房屋建设，1户开始桩基建设，2户进城购房。

土地确权 完成8份发包方调查表，做好2609份1997年二轮土地承包电子版数据录入和土地承包档案清理工作，完成厚德、国宝、祥云、内坂、上洋、南斗等6个村土地承包经营权权属调查工作。

农普工作 成立乡第三次全国农业普查工作领导小组，抽调力量，完成全乡普查小区划分、图纸绘制、纸质清查和系统录入工作。

社会保障 新农合参合率102.21%、新农保参保率98.89%，位居全县前列；落实低保、“五保”、孤儿179户197人，月保障金额5.68万元；完成全乡93名一二级残疾人基本服务状况和需求信息数据动态更新工作；投入58万元，建设祥云村“农村居家养老服务中心”和厚德村“幸福院”。

文化卫生 完善乡文化站、农民健身点等文体活动场所设施建设；完成环泉州湾国际公路自行车赛国宝赛段安保工作；“全面两孩”生育政策有序实施，计生工作位列全县第二名。

维稳工作 深化“平安国宝”建设，提升综治“三率”，稳步化解格头村与厚德村群体性事件；强化食品药品监管，抓好安全生产工作。

（撰稿人：林绍庄 审稿人：赖胜德）

赤水镇

【概况】 2016年，全镇实现工农业总值1.91亿元，比上年（下同）增长6.3%；农民人均纯收入1.26万元，增长7.2%。

【经济发展】 旅游产业 累计投资1.7亿元，九仙山酒店、美食街两个项目安征迁工作全部完成，转入施工图纸设计报批和动工建设阶段，游客量快速增长；“国家级避暑小镇”旅游目的地重要项目，邀请北京龙景园规划院设计，完善景区规划，努力将景区打造成戴云山下生态旅游经典品牌；预计总投资5000万元，分步实施项目建设，已投入1000多万元，完成景区河道整治、人工湖建设、环湖道路景观绿化和水泥路面铺设，初步完成景区三级瀑布观景石阶、玻璃栈道和观景平台建设，19座乡村民宿改造、修缮已通过设计。

特色农业 落实各项支农惠农政策，兑付农业三项补贴资金87.91万元，粮食作物播种面积866.67公顷。发挥赤水高山蔬菜质量有保证、无公害的优点，在海拔较高的锦洋、苏岭、吉岭、东里、戴云等村建设佛手瓜、树莓等特色品种的高山蔬菜基地，在城关开设“赤水高山蔬菜超市”，初步打出赤水蔬菜品牌；保护发展获“中国（福建）花王”和国家地理标志产品称号的猛虎十八学士茶花。

【招商引资】 农业招商 在西洋村引进渔乐园农业休闲旅游项目，拟投资5000万元，养殖5.33公顷鲃吻鲟（鸭嘴鱼）、2.67公顷四季采摘园；在苏坂村引进台湾客商建设台湾戴云顶农蔬果培育研究所，种植无公害水果、蔬菜，总投资2000万元，正在签订土地租赁协议。

项目对接 对接上级小型农田水利、土地开发整理、水土流失治

6 月 23 日，省委组织部调研组到赤水镇调研党建工作开展情况
（图 / 赤水镇政府办）

理、山美水库流域生态保护试点环境综合整治、市政垃圾中转站处理等 8 个项目，争取资金 1418 万元，实施戴云村土地开发整理项目，预计可新增耕地 20.38 公顷，将建成集农业发展、休闲观光于一体的省级示范项目。

【城乡建设】 完成镇区及省道 206 线沿线民房的立面改造 7.4 万平方米，优化古街店面广告牌、通讯、电路、排水排污管网、消防设施；实施绿化工程，开展堤岸、祖厝周边、祠堂前后、村头边角地等绿化美化活动；巩固生态环境，完成林分修复补植 10 公顷，人工造林 24.67 公顷；加强卫生整治，健全考核机制，建立保洁队伍，聘请保洁员 17 人、清运人员 2 人，配备垃圾收集清运车 1 辆，新建垃圾中转站 2 个，月投入保洁费用 1.5 万元；组建镇专职卫生巡查员 4 人，开展环境卫生督查；落实“河长制”，完善管理制度和考核办法，加强综合整治，优化全镇生态环境质量。

【社会事业】 保障工作 全镇 16619 人参加新型农村合作医疗保险，参合率 100.57%，被评为县新农合工作先进单位，9442 人参加新型农村社会养老保险，参保率 90%，续缴率 96%；完成苏坂、苏岭、吉岭村幸福院建设。

精准扶贫 与市中级人民法院对接，争取把镇法院大楼改造成特色民宿，将产生的效益作为镇 60 户贫困户的“兜底式”扶贫资金；东里村与得盛集团、岭边村与厦门德化经济促进会、锦洋村与电商物流协会、西洋村与浔益建筑、小铭村与福州市德化商会实行对接，结对帮扶，实施光伏、木槿花等扶贫项目，2016 年，全镇脱贫 50 户 150 人。

平安建设 实行综治信访维稳“一站式”服务，集中解决积案信访和突出问题；全镇接收社区矫正对象 58 名，刑事解教 99 名，实现人档齐全、分类管理、有效监管；强化食品药品安全监管，重点抓好非煤矿山、道路交通、建筑施工、旅游景区等各类安全隐患专项整治，遏制重特大事故发生。

计生工作 开展“六好”示范村（社区）创建活动，2016 年新创建东里、苏坂 2 个“六好”示范村，目前共有 5 个示范村；开展生育关怀行动，小额贴息贷款 6 户 18 万元，参加计生意外伤害保险 758 户 7.6 万元，开展金秋助学补助 12 人，享受农村奖励扶助政策 16 人，享受独生子女特别扶助政策 2 人，副科级以上干部挂钩帮扶计生“三户”38 人；开具执法文书 21 例，申请法院强制执行 10 例，征收社会抚养费 8.8 万元。

土地确权 开展确权工作宣传、培训和指导工作，完成 15 个村（社区）土地权属摸底调查资料录入、公示和 11 个村（社区）现场指界工作。完成厦沙高速公路赤水段征迁工作，岭边村安置地各项工程进展顺利。

（撰稿人：曾锦毅 审稿人：陈杰才）

美湖镇

【概况】 2016 年，全镇规模以上企业产值 20.55 亿元，比上年（下同）增长 6.7%；农业生产总值 1.81 亿元；农民人均纯收入 14529 元，增长 7%，一般公共预算总收入 780 万元（其中，一般公共预算收入 496 万元）。

【经济发展】 矿业 抓好海峡水泥、盖阳公路等项目建设安征迁扫尾工作，协助鑫阳矿业做好副坝房屋拆迁和 2# 尾矿库外农地“吃产”，协调解决省阳山铁矿新田矿区矛盾纠纷、阳春矿业劳务纠纷及海峡水泥公司与柴叶坑、金阶矿、燕钨间的经营纠纷；开展安全生产月活动，配强企业服务中心工作人员和涉矿村安全员，定时召开工作例会，每周开展1次安全检查，保持矿山生产安定稳定。

农业　扶持发展农民专业合作社39个、家庭农场10家、各类农业公司6家，其中：九龙茶叶专业合作社荣获省级示范合作社，泰丰园家庭农场荣获省级示范农场，新兴魔芋合作社和祥和农民专业合作社荣获市级示范合作社，九龙茶叶、来发米粉荣获QS质量体系认证，中和农场为县机械化水稻生产的典型；抓好上岸、美湖、洋田等3个省、市扶贫重点村的开发建设，争取各级扶贫资金851万元；思明区工商联（总商会）与上岸村建立“民企联村”结对帮扶关系，投入60万元建设6.67公顷樟树苗木基地；建立农产品农药残留快速检测站，完成农产品速测300多例，合格率100%；严格耕地保护，推进2016年县级土地开发项目建设，第四批旧村复垦项目正在报批；开展农村土地承包权确权颁证登记工作。

旅游业　投入545万元，拓宽硬化龙湖公路6.7千米，尝试种植油菜花、紫云英等时宜花海13.33公顷；完善樟树公园基础设施，动工建设树王文化馆；围绕“茶园+黑兔”主题，扶持九龙茶叶专业合作社，尝试发展生态休闲农业庄园；投入1150万元，完成大龙湖旅游项目的漂流河道、游客服务中心、下码头和龙湖客栈建设。

【宜居环境建设】　家园清洁行动　建立健全“户集、村收、镇运、集中处理”的生活垃圾处理机制，新建垃圾中转站1座，聘请保洁员14名、垃圾清运中转处理员1名。

综合整治　上漈村、阳山村“千村整治、百村示范”项目建设，建造垃圾池40个，动员群众改厕38座，完成32座旧房屋立面装修，绿化村中心片区857平方米；拆除“两违”面积6010平方米，完成全年任务的150.25%；投入资金40多万元，完成美湖村、洋田村农村环境综合整治项目，建设一体式化粪池400多套；淘汰黄标车30辆，有效淘汰量27辆，完成全年任务128.57%。

优化生态环境　全面落实“河长制”，清淤河道7千米，聘请专兼职水利工程建后管护人员18名；完成造林绿化174.47公顷，幼林、毛竹林、油茶林抚育343.68公顷；聘请护林员12名，查处野外违章用火8起，完成生物防火林带13.5千米、林带抚育23.1千米。

基础设施建设　2015年省级水土流失综合治理项目顺利通过验收，实施小农水和2016年市级农业综合开发等项目建设，新建灌溉水渠7.3千米、拦水堰3座、蓄水池4座；实施洋坑村饮用水源备用水库建设，硬化通角落公路14.1千米，加固桥梁2座，修砌溪岸5.3千米，新增污水处理设施1个。

【社会事业】　民生保障　为178户、405名低保对象发放低保金111.46万元，新农保续缴率98.11%；落实“一事一议”财政奖补项目5个、兑现奖补资金255.12万元；完成135户446人精准扶贫对象建档立卡，落实帮扶资金46.76万元，易地搬迁34人（国定13人、省定21人），确定各村光伏发电项目选址，计划年底前完成脱贫226人；灾后重建涉及17户，11户签订购房协议、1户开工重建，5户购买城东保障房对象完成抽签选房；走访慰问困难群众2433人次、发放慰问金31.21万元，为70岁以上老人赠送保温提锅、保温杯2000多个，为953名65周岁以上老人和高血压、糖尿病、精神病患者免费提供健康检查；稳步实施“全面两孩”政策，组织83名农村妇女免费参加宫颈癌检查。

综治工作　签订综治责任状12份，分发宣传单5000多份，落实严重精神障碍患者、社区矫正人员等24名重点人员监管和稳控，排查化解矛盾纠纷15件。进行省级文明乡镇申报工作。

（撰稿人：兰兴攀　审稿人：陈燕惠）

大铭乡

【概况】　2016年，全乡完成工农业总产值1.215亿元，比上年（下同）增长4.5%；公共财政总收入603.9万元，增长4.7%；农民人均纯收入10950元，同比增长8.42%。

【经济发展】　农林经济　推进“一乡一业”，全乡生姜种植规模扩大至133.33公顷，年产值4000万元；发展生姜加工企业，发动村民对生姜进行粗加工，生产姜片、姜粉，利用农村淘宝进行网上销售；委托泉州农香农场提炼生姜精油获得成功；做好生姜国家地理标志认证申报工作；通过土地开发、旧村复垦等办法，稳定粮食播种面积569.8公顷；完成绿色村镇、屏障39.87公顷，人工造林更新49.19公顷，省级财政补贴森林抚育239.53公顷，封山育林及防火林带抚育584.47公顷，新建防火林带9.16公顷；种植桂花、台湾樱花、紫薇等珍贵树种 133.33 多公顷，林下试种黄精中药材 1.33 多公顷。

【城乡建设】 乡村公路 投入 450 多万元，完成大铭中学至三琼路口 4.5 千米公路拓宽改造工程、大铭村登地角落 3 千米道路拓宽土方工程、上徐不者角落 0.5 千米、金黄村 0.6 千米水泥路硬化工程。

水利设施 继续实施 2015 年度小型农田水利项目建设（第七批财政预算资金）工程，总投资 168.18万元，预计年底可基本完工；2016 年度省重点乡镇水土流失治理工程项目已完成招投标，总投资 187.7 万元，9 月份开始动工，预计年底可基本完工。

美丽乡村建设 开展河网水生态专项整治，完成河道砌筑防洪堤 2.1 千米，河道清淤 3.5 千米，沿河道护岸种植桂花树 2000 株；投入 5 万多元，在大铭村沿河修建百米法治长廊。

环境卫生整治 组建环境卫生督查组、巡查组，投入资金安装一体式化粪池改厕改圈，建设垃圾屋 15 座，投资安装一体式化粪池 150 座，建垃圾中转站 1 个。市卫生督查中，5 次进入全市 50 名内，5 月份获得全市第 1 名。

【社会事业】 社会保障 全乡 5815 人参加新型农村合作医疗保险，参合率 100%；动员村民参加新型农村社会养老保险，2466 人参保，续缴率 99.83%；灾后重建安居工程（2 户）已完成主体工程建设；关爱留守老人，组织志愿服务队定期为留守老人免费理发、看病送药、代购生活用品等服务，德化憨鼠社区爱心小分队到联春、金黄、上徐村入户慰问困难户和 70 岁以上老人。

计生工作 开展“三高”综合治理，创新关爱留守老人“五关怀五促进”活动和“人口文化进祠堂”活动，打造和谐计生。

“平安大铭”建设 完成“智慧家庭”工程省级试点建设，2016 年大铭乡为德化县唯一一个刑事零发案的乡镇；进村入户开展综治“三率”宣传访视活动，免费向群众发放平安手电筒 1000 多支、保温饭盒 1000 多个、春牛图 1000 多张；落实安全生产工作“一岗双责、党政同责”的工作机制，安全社区创建工作顺利通过市专家评审组的复查验收。

精准扶贫 重新对低保户、贫困户重新进行排查摸底，全乡确定贫困户 67 户 164 人（省定 36 户 82 人、市定 31 户 82 人）；开展帮扶活动，共发放各类帮扶资金 20 多万元，市级贫困村琼溪村发展光伏项目，预计年可增加村财收入 2 万元；2016 年可实现脱贫 50 户 117 人。

土地确权 以二轮土地延包档案为基础，入户开展土地承包经营权调查，形成调查摸底表，全乡 7 个村全部完成并进行公示。

安全生产 落实安全生产目标管理责任制，开展交通、消防、防汛抗灾、森林防火、食品药品监管等安全生产大检查和“打非治违”工作，排查各类安全隐患 15 处，落实整改 15 处。

（大铭乡党政办 供稿）

春美乡

【概况】 2016 年，全乡实现工农业总产值 21303.7 万元，比上年（下同）增长 9%。其中，农业总产值 8329.4 万元，增长 10%；工业总产值 12974.3 万元，增长 8.5%；企业总产值 17969.3 万元，增长 8%；农民人均纯收入 12360 元，增长 8.5%；乡财自有收入 52.6 万元；2016 年春美信用社存款突破 1.3 亿元大关。

【重点项目】 2016 年投资 430 万元，完成工厂土地平整硬化及蓄水坝、挡土墙工程建设和工程机械购买，梁春村钾长石设计探矿完成露天探矿 200 平方米、钻孔 5 个、探硐 400 米，2013 年以来该项目共累计投资 1450 万元；引进泉州市契合工贸有限公司入驻城关，2016 年销售收入 1012 万元，纳税 133 万元；2016 年投资 800 万元扩建打石坑棘胸蛙养殖基地 7000 平方米；引导 2 农户在古春村蛇坑头角落，建设 700 平方米棘胸蛙养殖分场并开展养殖；春美至联三线公路列入县“十三五”规划预备重点项目，春美段 6.9 千米，完成道路设计方案，正在进行林业、国土项目报批，适时进行招投标。

【农林生产】 粮食生产 完成粮食播种面积 753.33 公顷（其中中稻 483 公顷），实现耕地“零撂荒”，粮食总产量 4450 吨；协调受损水稻出险理赔 25.86 公顷 3.5 万元。

林业生产 完成造林更新 48 多公顷，完成任务数 144%，其中人工造林 33.33 公顷、防火林带造林 14 公顷、乡村生态景观林 0.67 公顷；毛竹林抚育约 266.67 公顷，油茶林抚育约 133.33 公顷。

特色农业 打造“十八格”系列农特产品，做好黄花菜、油茶、生姜、竹笋等的加工、销售、兑现

9月28日，乡政府组织人员紧急抢修受第17号台风“鲇鱼”影响的道路 （图/春美乡政府办）

优惠政策等工作；开辟网上销售渠道、出台优惠政策、引进新品种试验种植、开发黄花菜盆景，提升“十八格”商标的知名度和黄花菜产品附加值，春美村村淘点获全县开业之星第五名，春美乡获全县2015年农村淘宝工作先进乡镇第二名；扩大黄花菜种植规模，依托德化县十八格农产品有限公司，投资90万元，新种植黄花菜20公顷，其中在上春村新建十八格农产品有限公司附属标准化黄花菜基地2公顷；培育新经济增长点，做大做强飞龙格农林发展专业合作社；投资50万元发展棘胸蛙、山羊、经济苗木等特色种养殖，已基本完成耕地流转，并引进山羊50只；投资30万元，在全乡零星“四旁”及非规划林地推广种植芳樟13.33公顷。

【城乡建设】 农水设施建设 投资178万元，实施第七批小型农田水利项目县建设工程，现已完成投资90万元；完成第三批农村土地整治、复垦3.46公顷，并通过市级验收，第四批农村土地整治、复垦1.35公顷，待上级验收；完成上春村盖竹尾27.07公顷耕地整理项目建设，新增耕地2.73公顷；完成双翰、春美等两个村市级土地开发整理项目建设，开发规模面积42.57公顷，整理面积5.9公顷，新增耕地31.12公顷；投资100万元开展原春美中学地质灾害点整治，该项目2016年完成工程量20%；投资15万元，解决春美村8个生产组共1000多人的安全饮用水问题；市级新农村建设试点示范村古春村，实施交通设施、特色农业、环境整治、荒田复垦等8个项目建设，概算总投资595万元，2016年完成投资380万元。

乡村道路改造 投资700万元，实施交通基础设施建设项目8个，涉及6个村，提级改造乡村两级公路17千米。

优化生活环境 投资300万元，建设春美文化公园（6.67公顷），目前完成黄花菜公园、山上森林公园建设，滨溪文化公园完成工程量85%；均溪春美镇区河段参与全市小流域赛水质活动，投入资金100万元，建设垃圾中转站1座，改水改厕30户，拆除鸡舍、猪圈5座，建设垃圾池25座，购买垃圾桶100个，河道清淤1.5千米。

【社会事业】 精准扶贫 宣传扶贫政策、制定脱贫计划，全乡26户建档立卡户，得到500至10000元的慰问或救助；利用小额信贷、“村企对接”、光伏扶贫等扶贫载体，9月份，南安市惠安泉港台商区商会到新阁村举办“台商区异地商会精准扶贫资金捐赠仪式”，给予新阁村30000元捐赠，并慰问了该村5户贫困户。

保障工作 抓好新农保和新农合工作，新农保缴费率99.21%；投资30万元，建设上春村居家养老服务中心，已完成主体工程建设；实施最低生活保障制度，实现应保尽保；开展科学普及和技术培训工作，提高广大群众特别是农民的科技意识和应用先进适用技术的能力；完成黄标车治理工作，5部黄标车全部淘汰清理到位。

人口和计划生育 探索新时期计划生育工作新思路，加强与大田县相邻乡镇的计生联动工作，提高计生工作整体水平。

土地确权 完成7个村2295户承包户的调查和公示，完成发包方信息及承包方信息的调查摸底和汇总，对“飞地”、帐实地块面积存在出入、承包关系复杂、公路及铁路建设征迁等问题，进行梳理并研究解决方案。

《春美乡志》编撰 完成多稿校对，通过市方志办审稿，近期可定稿出版。

（撰稿人：柳志杰 审稿人：赖传双 林国旺 曾华基）

上涌镇

【概况】 2016年，全镇工农业总产值6.31亿元，比上年（下同）增长0.64%，农业总产值1.69亿元，增长0.59%，财政总收入921万元，增长11.3%，农民人均可支配收入1.36万元，增长3.1%。

【项目建设】 名镇建设 6月，上涌镇被省政府命名为“历史文化名镇”，获省市级补助资金达850万元；投入750万元，完成镇区立面改造6万平方米、铺设人行道5500平方米，新建古街大门1座、历史文化名镇文化长廊150米；投资300万元，实施一期镇区污水处理系统建设；投资120万元，实施西溪村县级美丽乡村建设；《德化上涌杏仁古街沿街建筑立面修复方案》编制完成；辉阳村入选国家旅游扶贫试点村，曾坂村人选中国传统村落。

工程项目 提前完成下涌至汤头二级路（上涌段）工程建设；拓宽硬化村级道路10千米；完成总投资400万元的中央预算内坡耕地项目及总投资187.5万元的省级水土流失重点乡镇治理项目；投入200万元，完成工业区（一期）四级台地土地平整，进入土地“招牌挂”阶段；完成上涌至桂阳路段（上涌段）初步设计方案，完成总投资2980万元的上涌镇河道治理工程图纸设计；推进第五批土地整治工作。

【招商引资】 戴云山农业文化创意园完成土地报批；引进福建省鑫义展农业科技有限公司，投资1亿元发展连栋温室大棚种植和旅游农业生态园，首期投入600多万元，流转土地8公顷，现进行大棚设施建设中；引进福建乡缘发展有限公司，投资建设新型城镇化项目，已签订投资意向书，并完成公司注册。

5月26日，上涌镇政府到上涌中心小学开展“有爱·童行”活动

（图/上涌镇政府办）

【农业生产】 全镇有各类农业合作社75家，其中国家级示范社1家，省级示范社1家，市级示范社3家；省级农民创业示范基地累计投资2750万元，完成梨园道路、节水灌溉及水肥一体化等配套设施83.33公顷；以德化梨、上涌大米、娃娃鱼、食用菌等为代表的特色种养业规模发展；上涌稻田、辉阳梨花分别入选农业部“中国美丽田园”稻田景观和梨花景观；以被省发改委确定为农村产业融合试点示范乡镇（农业内部融合型）培育对象为契机，着力培育“六个农+”（农业+工业、农业+网络电商、农业+旅游、农业+畜牧业、农业+渔业、农业+林业），推进农村产业融合试点工作；上涌的德化梨、优质米、米粉、稻田鲤鱼等农产品在市场供不应求；完成12个村土地确权测量指界任务，并进行二次公示。

【社会事业】 教育卫生 德化二中高中复办，投入150万元优化教学环境，扩充教职工33名，新招高一新生108名；实施奖教奖学，镇政府为二中的教师、学生免费提供大米，每考上1名本一大学生，奖励科任教师5万元；人口计生工作获县2016年度计生工作考核第一名。

精准扶贫 完成全镇147户413人贫困户建档立卡，发放各类各级扶贫资金32.17万元，实现202名贫困人口脱贫；与市检察院扶贫对接，拟筹资500万元进行造血扶贫，其中400万元发展光伏发电项目，100万元发展大棚蔬菜项目。

抗洪救灾 受“莫兰迪”“鲶鱼”两次台风影响，全镇转移受灾人口280人，房屋倒塌67间，道路桥梁冲毁9处，直接经济损失3025万元。通过统一安置、就地重建、城关购房三种形式解决35户受灾户住房问题。

（撰稿人：黄金洪 审稿人：林志威）

汤头乡

【概况】 2016年，全乡工农业总产值2.25亿元，其中工业产值1.65亿元，比上年（下同）增长17.94%，农业产值0.598亿元，增长2.04%，农民人均纯收入12167.5元，增长6.99%。

【特色农业】 春秋农场、鲜丰果场、吉胜佛手瓜取得“三品一标”认证；实施“一村一品”工程，吉山和草村的佛手瓜、汤头和岭脚的水果、福山的“德福米”、汤垵和格中的油茶已初具规模；春秋农场建设园区道路3千米，硬化1.5千米，已投资金1300万元，2016年已种植刺葡萄33.33多公顷。

【项目建设】 汤头至下涌（汤头段）4.675千米的二级路建设，总投资3919万元，目前完成投资2939万元;贵滨溪山洪沟治理项目，总投资1278万元，目前已通过省、市专家评审，拟于明年动工实施。

【城乡建设】 投资173.5万元，完成草村至黄坑206线道路硬化2.5千米、格中清坑坂至湖仔角落水泥路硬化1千米；投入50万元，完成格中村富车等角落生产道路硬化、彭园角落3.2千米道路硬化、吉山北垅角落路灯建设、汤垵村级森林公园建设等6个项目；利用大型水库移民后期扶持基金，投资48万元，修复岭脚村苦茶坂水毁生产道路40米、挡土墙260米（1900立方米）；投资55万元，建设虎北溪堤岸防护工程660米（2640立方米）；完成总投资54万元的吉山村及草村村县级土地开发整理项目；完成总投资599万元的福山村市级土地开发及整理项目；完成总投资169万元的贵滨电站增效扩容技改工程投入生产，年增加乡财收入20万元；投入220万实施坡耕地治理；投入5.98万元进行水利管护。

汤头乡福山村刺葡萄基地　（图/汤头乡政府办）

【社会事业】 全乡“新农合”参合率100%，“新农保”续保率96.87%，投入29.7万元落实造福工程，帮助贫困户进行危房改；一事一议项目6个，财政奖补资金达62.7万元。全年投入计生经费30.1万元，生育关怀资金2万元，发放二女户安居工程款2万元，孕前优生健康检查对象补贴0.26万元，扶助二女户上大学6人。计生意外伤害保险参保率82.6%。

（撰稿人：陈菊花　审稿人：黄东胜、曾小玲）

葛坑镇

【概况】 2016年，全镇工农业总产值9.3亿元，比上年（下同）增长12.04%，规模以上工业产值7.72亿元，增长9.97%，农业总产值1.3亿元，增长10.17%，财政总收入755万元，增长12.50%，农民人均纯收入1.23万元，增长10%。

【经济发展】 农林生产　巩固打造巴西蘑菇省级无公害绿色农产品认证品牌，2016年种植3万平方米，年产值达280万元；申报油茶、水果、食用菌、种养殖、农村电商、“三黑”等现代农业项目20个，“一村一品”初具规模；新建阔叶白杨树速生丰产基地66.67公顷；林下种植铁皮石斛、黄花远志6.67公顷；新发展稻田养鱼、田螺养殖3.33公顷、新种锥栗12公顷、油茶林28公顷、苦菜6.67公顷、葛薯3.33公顷、百香果16公顷；成功养殖新引进的巴马香猪、藏香猪260头；发挥特色水果带优势，实施省道沿线“观光采摘体验游”。抓好龙塔总投资250万元面积73.33公顷的市级土地整理开发项目，实施大正、大岭两村220万元土地整理项目及下玲33.33多

葛坑街全景　　（图／葛坑镇政府办）

公顷土地整理项目扫尾验收流转工作；完成总投资230万元葛坑、龙际坡耕地治理项目；投资432万元，实施富地、大岭、邱村的农业综合开发项目。

工业经济　完成溪柄尾矿库扩容工程建设13.57公顷用地的安征迁工作，建成后将新增有效库容180万立方米，可延长服务年限12年；东洋金矿征地工作已接近尾声，预征土地7.74公顷；抓好大岭叶蜡石矿的生产管理及矿产品深加工项目的招商引资工作；完成水门凤卦及邱村2千米角落公路硬化；加强矿山环境整治，打击偷盗行为，协助解决企地矛盾，推进矿山企业与所在村“村企共建”，构建和谐矿区；2016年，双旗山矿业公司销售黄金558.33千克，产值1.485亿元；利润总额2116万元，上缴税费1088万元。

【项目建设】　**镇镇有干线葛坑段项目**　葛坑段全长8.1千米，总投资5100多万元，累计完成投资4800多万元，完成挖方72万立方米、填方69万立方米、挡土墙建设2.1万立方米，建成涵洞24道，完成征地36.67公顷，拆除房屋2735平方米，路面全线完工，预计春节前可通车。

厦沙高速葛坑段项目　厦沙高速葛坑段总长9.2千米，总投资5亿元，由A6、A7两个标段构成，涉及富地、龙际、大正、大岭4个村，境内大正隧道4千米，大岭隧道3千米，桥梁1座0.44千米，路基1.76千米。完成红线内16.67多公顷土地的丈量和7.8多公顷红线外施工便道、拌和场土地征用工作；采伐林木114.3立方米；清点茶果6166株；迁墓30座；发放各类安征迁补偿款720万元；大正、大岭两个7千米长的隧道全部贯通，完成桥梁工程量的98%；协调解决高速建设矛盾纠纷62起，项目建设平稳推进。

【城乡建设】　**基础设施建设**　投资250万元，实施葛坑镇区、龙际村部至坑口，邱村后洋至前洋小流域溪堤工程；投资150万元，实施水土流失重点乡镇整治项目；投资31万元，完成湖头村3500平方米宅前宅后道路硬化项目；投资104万元，实施葛坑敬老院建设项目；拓宽硬化11条通村角落道路11.35千米，规划建设饮水备用水源工程；抓好石壁仔、中学门口至溪坂水渠修筑工程；镇区公厕已建好投入使用；投资150万元，建设邱村老年活动中心；投资67万元，实施际头、湖头中小型水库移民扶助项目。

项目对接　向上级对接16个项目共6556万元。其中，镇镇有干线4500万元，高标准农田建设432万元，小型农田水利农村河塘生态水系整治430万元，市级土地开发整理250万元，市级土地整理160万元，大正村扶贫150万元，水土流失治理重点乡镇150万元，敬老院104万元，县级美丽乡村建设100万元，“千村整治，百村示范”90万元，卫生院（环境治理）50万元，中小型水库移民扶助67万元，基础设施建设扶贫49万元，长徐公路硬化10万元，以工代赈9万元，村级活动场所建设5万元。

畲族特色村龙塔村　投资468万元，进行中心区美丽乡村工程建设；扶持畲族绿生苗木专业合作社种植桂花树、深山含笑、茶花、罗汉松等珍贵稀有树种苗圃20多公顷。

市级帮扶村富地村　投入195万元，硬化村级角落道路5.5千米；投入4.6万元，改造桥梁2座；投入5万元，开通果园机耕路3千米；投入50万元建设垃圾中转站1座。筹措资金50万元拆借给企业，年增加村财收入5万元。新成立专业合作社1家，发动群众新种黄花远志4公顷、铁皮石斛2.67公顷、油茶林20公顷，改造低产油茶林33.33公顷，试种川芎0.33公顷，发展山羊养殖户3户养羊130头，村民增收300多万元。

【社会事业】 精准扶贫 全镇建档立卡贫困户98户261人，其中国定8户14人，省定48户138人，市定42户109人，通过一户一策帮扶，2016年度脱贫51户137人；鼓励贫困户异地造福搬迁；规范使用中央财政扶贫资金，将四批次16.9万元扶贫资金落实到56户建档立卡贫困户手中；为10户因学、因病的贫困户申报精准救助补助资金4.1万元；2016年度造福工程筛选新建69户259人，按照要求第一批上报33户121人；启动实施光伏扶贫项目，发动贫困户联合通过互助资金或小额扶贫贷款等方式集资入股。

灾后重建 抓好“莫兰蒂”、“鲇鱼”台风的防抗工作，做好村级公路灾后修通、水利设施修复、危桥重建等工作，共向上级争取资金约160万元，拨付救灾补助资金25万元；全镇1户灾后重建及28户农村危房改造得到落实。

民生工程 做好“新农保”工作，全镇参保率95%以上；开展扶贫助困，关爱留守老人慰问活动，走访困难群众156户，发放慰问金和慰问物资6.3万元；夯实计生工作基础，继续开展打击“两非”专项活动；创建“平安四区”（矿区、林区、边区、镇区），开展企地共建，加强 “平安葛坑”建设。

（撰稿人：陈儒林 审稿人：蒋声彬）

桂阳乡

【概况】 2016年，全乡农村经济总收入9097万元，比上年（下同）增长10%；财政总收入537万元，增长7%，其中一般预算收入339.6万元，增长20%；农民人均纯收入12515万元，增长11%。

12月29日，桂阳乡第十八届人民代表大会第一次会议召开

（图/桂阳乡政府办）

【经济发展】 农林业经济 创建首个大学生返乡创业基地，通过农产品订单合同形式，初步形成“线上淘宝网销和线下基地+发展合作农户”“创业基地+家庭农场+农户”的经营模式。引导现有的条件成熟的农业专业合作社走有机农业和众筹农业路子，大力发展“绿色有机”农业。引导推动土地向专业大户、家庭农场、农民合作社有序流转，目前共累计流转土地100多公顷，发展特色种养。初步形成了彭坑村5.33公顷的辣木种植、存栏近20000羽的黑鸡养殖、存栏70多头的驼鸟养殖、存栏300多只的八马香猪养殖基地，王春村红豆杉、桂花等珍贵苗木基地，安章村倒刺耙养殖基地等。通过农业产业基地的发展，吸引越来越多的农户投入到特色生态产业中来，拓宽了农民增收致富渠道。积极实施油茶产业培育工程，重点扶持桂阳、洪田两个示范村，对1333.33多公顷油茶林进行施肥抚育，新种油茶林53.33多公顷，采取“企业+基地+农户”相结合的经营模式，引导推进基地建设、品牌打造、市场培育，促进油茶产业健康发展。完成生态景观林建设0.67公顷，生物防火林带建设20.58公顷，人工造林更新36.17公顷。

矿业经济 东洋金矿项目进入采矿证办理和勘探阶段，尾矿库及井上、井下等项目完成初步勘察；洪鑫金矿正在办理采矿证审验等相关手续；大坪山瓷土矿勘探及相关手续办理完成，联系企业在桂阳创办瓷土粗加工厂；引导民间资本探寻新矿源，建立完善各类矿产资源开发储备库。

【城乡建设】 重点工程 推进镇镇有干线桂阳乡至联三线（上涌）公路建设，该公路建设里程12.917千米，已列入县2017年“6+4”提升工程重点建设项目，现已完成地质勘察。投资567万元，硬化、提级改造村级道路23.5千米；投资170万元完成溪堤改造2900米；投资30多万元开展农村改厕112户；投资40多万元完成王春村市级“美丽乡村”建设项目（完成角落水泥路硬化1千米，排洪沟建设2300米及环城路建设约1千米）；投资190多万元抓好桂阳村省级“千村整治、百村示范”重点村和县“美丽乡村”建设（完成桂溪堤岸河道清理整治、老年幸福院改造、村部装修、公厕新建、人行道铺设、沟渠整治、LED路灯安装项目）；投资223万元开展涌溪村移民后扶项目建设（建设宅前宅后道路硬化项目，铺设水泥路面总面积约5500平方米，铺设新村至山头岐生产道路硬化约2千米，硬化南山坑到新村公路3.2千米）。

宜居环境建设　主动对接新环戴云山乡村游线路，加强沿线乡村环境卫生整治，加强保洁队伍管理，开展农村生活垃圾治理专项整治行动，营造美丽乡村良好环境；落实最严格水资源管理制度和“河长制”，开展重点流域水环境、水土流失综合治理，继续抓好涌溪水库库区网箱养鱼清理工作；严厉打击“两违”；完成黄标车淘汰年度任务。

【社会事业】　精准扶贫　完成全乡贫困户101户313人建档立卡工作。实施“1+X”的产业扶贫项目，延伸“合作社+农户”模式，将产业与扶贫精准链接；认真承接落实县委统战部“533”工程（挂钩帮扶留守老人50户，乡村企业和种养专业户30户、病残灾户30户）；采用一户一策办法，积极与帮扶单位联系，统筹安排结对帮扶方式方法，帮助群众制定帮扶需求，落实精准帮扶助贫。一年来累计发放中央扶贫资金、挂钩单位扶持资金及乡配套帮扶资金28.7万元，完成小额扶贫贷款5户25万元，完成造福工程易地搬迁2户6人。积极引导贫困户投资光伏产业脱贫，经初步设计拟在桂阳村安排装机容量约20千瓦，投资15万元。2016年全乡139人实现脱贫。

土地确权工作　主动加强与县确权办沟通、配合，不折不扣抓好工作落实。目前已完成全乡68个村民小组1549户土地确权工作的权属调查和二版公示。

防抗台风和灾后重建　认真开展汛前检查，及时配齐防汛物资，组建抢险队伍，建立健全村级山洪灾害防御体系，完善防汛工作预案，有效抗击“莫兰蒂”“鲇鱼”台风。抓好灾后重建项目，确保7户住房重建户2017年春节前全部搬入新居。

农资监管　抢抓农时，全力做好春耕备耕工作，加强农资监管和价格监测，做好物资储备供应，确保农资质量安全。

老年工作　为80周岁以上老人购买每人每月20元的基础服务，为70周岁以上的特困失能老人购买每人每次50元、每次90分钟的实体援助服务。

社会保障、治理工作　新农合、新农保有效落实，计生服务水平提高；深化平安建设；加强矿山、道路交通、森林防火等安全生产工作。全年来，没有发生安全生产事故、群体性事件和越级上访。民兵预备役、精神文明、统计、科普、工青妇、民族宗教、防震减灾等工作取得新进步。

（撰稿人：郭海燕　审稿人：陈泽辉）

杨梅乡

【概况】　2016年，全乡工农业生产总值2.8亿元，其中工业总产值1.94亿元，比上年（下同）增长4.9%，农业生产总值0.86亿元，增长1.2%，公共财政总收入1865万元（其中预算收入685万元），农民人均纯收入1.02万元，增长9%。

【经济发展】　农业生产　“一亩良田”农业众筹杨梅基地到位资金150万元，添置农用机械17台，修缮部分农田设施，流转土地20多公顷，种植“香米”等珍贵品种稻米收获稻米10万斤，产值超50万元，正打造“三农三创”孵化基地；组织93名职业农民，邀请省有关专家分期进行农机操作、水稻种植、油茶管理等项目培训；土地确权请中介公司操作，六个村基本完成现场指界和登记，另外一个村因图纸未到尚未开展；全乡种植业基本稳定，黑羊、鸡、鸭为主的畜牧养殖业发展态势良好；农村淘宝服务点正式运营；林业完成植树造林任务，三八林场经营管理机制得到完善。

工业发展　京隆堂健康功能陶瓷生产状况良好，2016年税收有望突破200万元；美图铝业（福建）已投入3亿元，完成挤压车间、喷漆深加工车间、成品仓库、办公主楼等主要厂房建设，正式投产以来已完成出口产值5000多万元；祥龙矿业引进新股东，有望短期内恢复生产。

【城乡建设】　杨梅境内“镇镇有干线”9.1千米二级路建设，总投资7200多万元，已完成预算投资超92%，元旦前可建成通车；白叶村市级土地整理开发项目，计划投资320万元，完成招投标；完成云溪“非遗”展示平台建设，云溪国家级传统村落申报材料已交到省住建厅；向上对接项目3个，到位资金155万元，“千村整治、百村示范”正在施工扫尾；完成杨梅村、白叶村、西墘村的水利工程建设；丁荣银杏山庄发现稀有国家一级保护植物——钟萼木，市林业局将其列为市林业景观提升工程，投入200万元，力争两年内建成省级林业景观提升工程；规划建设“银杏杨梅”，拟投入50万元在丁荣银杏山庄和房前屋后、道路两侧等空地种植腰围5公分银杏19000株，苗木已预订，年内完成种植；完成农厕改造100个一体式化粪池建设；完成和顺村路灯工程建设；完成扶枫林龙溪景点紫藤花、荷花种植，正规划建设五级瀑布群游览线；“昔日知青”展览馆完成进馆道路硬化、展览场所（土堡）净化、堡内木质地板加固和卫生间等设施建设，正收集知青活动物件；完成旅游资源调查，计划投资25万元，聘请中介公司进行全乡旅游发展总体规划。

【精准扶贫】 制定出台《杨梅乡精准扶贫工作实施方案》，识别建档立卡的贫困户76户210人（享受“五保”、低保68人）。采取四种方式精准扶贫。“造血式”扶贫：25户贫困户每户给予3000元支持发展毛竹、油茶种植、家禽饲养，提升贫困户自身造血能力；帮助贫困户再就业3户，发展养殖业3户。“减负式”扶贫：发放贫困户助学补助11.5元，大病补助款19.6万元，因学致贫户6户18人、因病致贫户35户101人脱贫。“兜底式”扶贫：对丧失劳动能力、无法通过开发性扶贫措施脱贫的贫困户，全部纳入低保兜底，59人脱贫；“造福式”扶贫：承接中央、省、市易地搬迁造福工程脱贫项目和资金，坚持群众自愿原则，落实“易地搬迁”2户8人。

【社会事业】 开展环境卫生整治，市评比乡、村9次进入获奖名单；“平安杨梅”创建，保持刑事案件“零”发案；与尤溪县中仙乡签订边界联防协议，促进边界和睦相处；开展综治“三率”宣传访视月活动，上半年综治“三率”居全县第一；落实“二孩”政策，促进人口均衡发展；确定9户“造福工程”对象并落实上报、建设；确定雷潭、大蛇库区移民搬迁新址和选房方案，正在征求意见；新农保缴交率达96.12%；建成乡、杨梅村老年教育县级示范学校；完成107位老年人政府购买基础服务；完成9位老年人政府购买实体援助服务；“敬老月”走访慰问80岁以上老年人127位1.5万元；灾后重建22户贫困户受损房屋的修缮工作全部启动，3户完成修缮，堵塞的道路全部贯通，损毁的道路、农田水利设施正在抓紧修复；开展纪念建党95周年剪刻纸作品展，展出作品168幅，选送精品30幅到泉州市和闽台缘博物馆展出。

（撰稿人：陈坚标　审稿人：曾世超）

表10　　2016年度各乡镇九十岁以上人员情况表

序号	姓名	性别	出生年月	户籍所在地	序号	姓名	性别	出生年月	户籍所在地
1	陈玉位	女	1927.9	浔中村	14	曾　送	女	1927.3	世科村
2	苏文焕	男	1927.8	浔中村	15	郭星金	男	1927.3	世科村
3	郑　英	女	1927.5	浔中村	16	曾仁福	男	1927.12	凤凰社区
4	连　勉	女	1927.7	浔中村	17	郭正寅	男	1927.12	凤池社区
5	曾柳英	女	1927.4	乐陶村	18	陈　晓	女	1927.4	凤池社区
6	苏　枣	女	1927.8	乐陶村	19	吴淑贤	女	1927.11	凤池社区
7	郑金成	男	1927.1	龙岸村	20	李秋玉	女	1927.10	富东社区
8	陈　凡	女	1927.2	后所村	21	颜淑兰	女	1927.1	富东社区
9	曾昭汀	男	1927.6	石鼓村	22	刘淑贤	女	1927.1	富东社区
10	陈玉翠	女	1927.9	仙境村	23	陈　阵	女	1926.1.4	三班村
11	温秀葱	女	1927.2	仙境村	24	孙　俭	女	1918.3.15	三班村
12	曾纪益	男	1927.8	祖厝村	25	黄　格	女	1921.11.19	三班村
13	李清玉	女	1927.3	世科村	26	陈　远	女	1926.4.15	三班村

续表 10

序号	姓名	性别	出生年月	户籍所在地	序号	姓名	性别	出生年月	户籍所在地
27	颜　越	女	1926.8.15	三班村	67	雷　想	女	1926.2	大溪
28	徐秀明	女	1925.9.9	三班村	68	黄　出	女	1926.5	湖景
29	颜　环	女	1924.10.19	三班村	69	林　满	女	1926.2	苏洋
30	徐　银	女	1925.5.20	三班村	70	余宝英	女	1926.6	碧坑
31	冯　已	女	1926.11.15	三班村	71	黄素霞	女	1926.8	苏洋
32	颜正曲	男	1924.7.2	三班村	72	吴明德	男	1926.10	石室
33	陈　蕉	女	1926.8.16	泗滨村	73	张　明	女	1926.12	磻坑
34	查　树	女	1919.7.22	泗滨村	74	张　双	女	1926.12	村兜
35	池韵秋	女	1926.8.14	泗滨村	75	郑　要	女	1926.10.4	潘祠村坂仔
36	郑　燃	女	1926.4.20	泗滨村	76	郑　锻	女	1923.3.19	李溪村土楼
37	温　专	女	1919.6.2	泗滨村	77	罗　近	女	1925.9.25	李溪村雄坑
38	颜心镭	男	1922.9.11	泗滨村	78	陈利教	男	1924.4.9	瑞坂村新田
39	林　嫚	女	1926.8.15	泗滨村	79	林鹏展	男	1925.9.25	雷峰街
40	寇　清	女	1922.12.4	泗滨村	80	罗家日	男	1921.7.15	潘祠村大垵山
41	林　岚	女	1921.4.5	奎斗村	81	吴　叶	女	1926.9.14	蕉溪村龙园
42	刘　齐	女	1925.7.11	奎斗村	82	陈　条	女	1925.10.16	朱紫村
43	陈　清	女	1926.9.27	奎斗村	83	林　友	女	1926.5.21	长基村
44	叶金立	男	1926.9.5	儒坑村	84	郑　连	女	1925.3.29	长基村
45	庄光纺	男	1923.12.22	锦山村	85	黄国金	男	1922.1.7	雷峰街
46	杜　保	女	1926.10.3	锦山村	86	吴金塘	男	1919.8.1	雷峰街
47	叶　宝	女	1925.1.10	锦山村	87	陈炳亮	男	1924.1.25	雷峰街
48	陈　剑	女	1926.8.18	锦山村	88	陈　忠	女	1920.11.22	锦山村中洋316号
49	庄国帛	男	1914.11.20	锦山村	89	周　盛	女	1925.12.27	瑞坂村新田
50	张　饮	女	1924.11.21	龙阙村	90	肖　有	女	1925.11.13	双芹村前芹
51	林　幼	女	1926.8.12	龙阙村	91	颜　英	女	1926.8.16	蕉溪村坂尾
52	郑金北	男	1924.2.3	桥内村	92	吴　尾	女	1923.8.8	朱紫村
53	颜　环	女	1920.11.1	桥内村	93	陈　便	女	1923.11.26	肖坑村下洋
54	徐　格	女	1922.12.19	桥内村	94	陈　彬	男	1921.11.25	蕉溪村新厝
55	郑成玉	男	1925.9.4	桥内村	95	查　完	女	1926.4.9	朱紫村
56	单　胜	女	1925.6.4	蔡径村	96	陈　等	男	1925.10.6	蕉溪村美坂
57	庄素云	女	1926.6.6	蔡径村	97	周亨颜	男	1919.4.3	荐解村内洋
58	陈　奶	女	1924.4.26	岭头村	98	张诗乾	男	1921.9.25	长基村
60	张　买	女	1923.12	苏洋	99	周光湊	男	1926.12.21	双芹村后芹
61	温　期	女	1923.11	硕儒	100	张　潜	女	1922.5	南埕村
62	赖　卡	女	1924.2	朱地	101	罗　来	女	1926.12	南埕村
63	陈　勉	女	1924.5	霞山	102	陈　美	女	1926.10	南埕村
64	陈后兑	男	1925.4	苏洋	103	郭　蜂	女	1926.5	南埕村
65	郑　味	女	1925.10	霞碧	104	黄　枢	女	1927.7	南埕村
66	卢　每	女	1925.10	湖景	105	郭福德	男	1927.2	南埕村

续表 10

序号	姓名	性别	出生年月	户籍所在地	序号	姓名	性别	出生年月	户籍所在地
106	章　仕	女	1927.9	南埕村	144	赖　元	女	1923.3	佛岭村
107	梁　旺	女	1920.9	许厝村	145	童善张	男	1918.3	上洋村
108	梁华偏	男	1922.11	蟠龙村	146	陈　味	女	1923.6	格头村
109	梁上井	男	1926.1	蟠龙村	147	陈　旋	女	1922.12	格头村
110	林　森	女	1925.1	连山村	148	连合碧	男	1924.6	格头村
111	黄　荔	女	1926.4	连山村	149	林　杏	女	1924.1	南斗村
112	梁　来	女	1927.8	连山村	150	叶　茶	女	1924.3	内坂村
113	黄　八	女	1926.1	枣坑村	151	郑美坤	男	1924.2	佛岭村
114	张　炸	男	1926.5	枣坑村	152	颜　英	女	1925.3	格头村
115	许秀英	女	1927.10	枣坑村	153	林　候	女	1925.5	格头村
116	许　水	女	1919.3	八逞村	154	林允锨	男	1925.11	国宝村
117	黄绳愢	男	1920.1	八逞村	155	叶荣店	男	1925.7	佛岭村
118	黄　团	女	1921.5	祥光村	156	许　铅	女	1920.1	格头村
119	毛　锥	女	1918.9	梨坑村	157	苏　绵	女	1921.2	南斗村
120	杨　菜	女	1920.10	梨坑村	158	叶成发	男	1921.8	国宝村
121	黄正局	男	1919.8	梨坑村	159	陈标元	男	1925.4.2	戴云村新村
122	黄两成	男	1921.6	梨坑村	160	陈　已	女	1921.6.5	福全村
123	陈存崇	男	1917.10	昆坂村	161	周吉旋	男	1924.1.11	湖岭村湖岭洋
124	张　午	女	1918.9	昆坂村	162	许　凤	女	1921.1.30	猛虎村
125	林超才	男	1922.1	久住村	163	许情英	女	1918.7.16	赤水街
126	黄光镜	男	1924.1	昆坂村	164	林　买	女	1926.3.26	福全村后塘
127	张　雪	女	1924.1	坵坂村	165	陈成画	男	1922.11.1	猛虎村外洋
128	林　眼	女	1924.5	梨坑村	166	叶　存	女	1925.5.9	东里村下角落
129	林智恩	男	1924.6	久住村	167	许金凤	女	1924.4.20	赤水街
130	陈　论	女	1924.8	梨坑村	168	郑隆宜	男	1922.11.6	赤水街
131	柯三妹	女	1924.11	淳湖村	169	林金田	男	1926.7.18	阳山村
132	王天喜	男	1924.12	八逞村	170	涂　树	女	1923.6.23	阳山村
133	王　惕	女	1925.1	湖坂村	171	陈　忠	女	1925.7.9	阳山村
134	江盛阔	男	1925.4	祥光村	172	陈　将	女	1925.8.6	阳山村
135	陈　参	女	1926.3	樟镜村	173	涂　好	女	1926.9.10	阳山村
136	王　齐	女	1926.9	久住村	174	许　仁	女	1923.10.4	斜山村
137	陈宽桥	男	1926.2	祥云村	175	苏　快	女	1927.12.29	斜山村
138	郑水源	男	1926.5	厚德村	176	涂　枢	女	1927.12.30	斜山村
139	陈　朝	女	1926.1	格头村	177	苏　允	女	1916.4.26	洋田村
140	陈昌彩	男	1926.10	南斗村	178	王　添	女	1918.6.6	洋田村
141	张　利	女	1926.12	南斗村	179	黄　员	女	1924.8.25	洋田村
142	陈　权	女	1926.10	格头村	180	林进回	男	1925.8.13	洋田村
142	连金堂	男	1926.12	格头村	181	林恩定	男	1927.8.30	洋田村
143	连良才	男	1922.5	格头村	182	章相柳	男	1928.8.13	洋田村

续表 10

序号	姓名	性别	出生年月	户籍所在地
183	章　周	女	1928.8.13	洋田村
184	许金莲	女	1923.12.17	洋坑村
185	苏　绵	女	1927.5.12	洋坑村
186	陈　妹	女	1925.3.8	美湖村
187	林兴绰	男	1925.6.19	美湖村
188	苏　甜	女	1926.1.6	美湖村
189	林兴准	男	1926.11.19	美湖村
190	刘秋凉	男	1928.5.18	小湖村
191	许　味	女	1928.10.11	小湖村
192	涂　对	女	1928.12.29	小湖村
193	黄　石	女	1922.6.23	上岸村
194	赖　恋	女	1926.4.15	上岸村
195	许碧卯	男	1928.8.15	上岸村
196	陈　毛	女	1928.10.8	上岸村
197	许金春	男	1928.12.15	上岸村
198	林　闪	女	1924.12	琼山村
199	许　锻	女	1926.2	联春村
200	苏　利	女	1926.2	琼英村
201	许　金	女	1921.2	联春村
202	徐桂英	女	1926.3.28	尤床村曾村
203	苏江荣	男	1924.7.16	上春村店坑
204	梁国袍	男	1923.11.15	上春村割竹尾
205	芦　敬	女	1925.8.20	双瀚村下洋仔
206	章　捐	女	1926.4.19	双瀚村边竹垵
207	章玉山	女	1923.9.10	双瀚村鲤中
208	施桥治	女	1926.12.26	双瀚村边竹垵
209	苏开萼	男	1923.2.19	尤床村下洋
210	施春英	女	1926.9.25	尤床村下洋
211	涂珠璇	女	1926.12.26	梁春村陈庄
212	苏开仪	男	1926.6.11	上春村长潭尾
213	杨　传	女	1925.3.11	双瀚村上坪
214	邓秀营	女	1924.9.1	梁春村浤头
215	谢惠玉	女	1926.4.16	春美村横垄垅
216	赖　吾	女	1922.5.16	古春村牛寮
217	赖　庆	女	1923.10.10	古春村大坂洋
218	苏艾荣	男	1920.7.16	尤床村下洋
219	陈使海	女	1924.7.9	尤床村曾村
220	苏登万	男	1926.11.20	梁春村陈庄
221	卢大妹	女	1921.3.24	上春村飞龙格
222	郭伦乘	男	1927.1	下涌村
223	赖金泉	男	1927.1	东山村
224	陈　岁	女	1927.2	云路村
225	赖华义	男	1927.3	中洋村
226	陈　水	女	1927.6	下村村
227	赖荣苣	男	1927.7	曾坂村
228	陈　来	女	1927.11	刘坑村
229	周素琴	女	1927.11	上涌村
230	张　君	女	1927.11	门头村
231	曾发联	男	1927.11	曾坂村
232	赖　有	女	1927.12	上涌村
233	赖发淡	男	1927.9	曾坂村
234	周　炎	女	1927.8	岭脚村洋满前
235	苏　兴	女	1922.1.1	葛坑村
236	苏　波	女	1923.11.28	葛坑村
237	黄美玉	男	1927.6.23	下玲村
238	李生冰	男	1925.9.23	漈头村
239	李易位	男	1926.8.1	漈头村
240	吴　妹	女	1927.5.18	漈头村
241	李世来	男	1924.10.15	漈头村
242	肖　妹	女	1925.1.2	邱村村
243	陈其进	男	1921.7.12	大岭村
244	苏美堋	男	1924.9.5	富地村
245	林　月	女	1927.4.4	富地村
246	赖　宝	女	1923.9.12	龙漈村
247	兰顺仁	男	1927.8.12	龙塔村
248	苏永民	男	1921.8.15	葛坑镇直
249	周　菊	女	1923.7.7	桂阳乡桂阳村
250	黄　束	女	1924.8	桂阳乡彭坑村
251	陈　荣	女	1926.8.11	桂阳乡彭坑村
252	杨奇雌	男	1926.12.16	桂阳乡安章村
253	杨　科	女	1920.10.28	桂阳乡洪田村
254	李万学	男	1923.4.28	桂阳乡洪田村
255	李世金	男	1926.10.8	桂阳乡洪田村
256	林　叶	女	1925.10	桂阳乡洪田村
257	肖世宽	男	1918.12.18	桂阳乡陈溪村
258	周　凤	女	1926.10.15	桂阳乡陈溪村

人 物

2016 年度领导人名表

一、县四套班子领导

表 11

机构名称	职务	姓名	籍贯	任职起止时间
县委	书记	吴深生	漳州市平和县	2011.6—2016.6
		梁玉华（女）	惠安县	2016.6—
	副书记	欧阳秋虹（女）	南安市	2005.7—2016.6
		刘德旺	泉州市洛江区	2016.6—
		陈金忠（正处级）	雷峰镇瑞坂村	2015.11—
	常委	吴顺情	南安市石井镇	2011.7—
		温文英（女）	浔中镇浔中村	2011.7—2016.7
		叶长青	泉州市鲤城区	2011.7—2016.7
		方建生	泉州市洛江区	2011.7—2016.7
		王志安	南安市洪濑镇	2013.5—
		沈俊旭	漳州市诏安市	2014.3—2016.7
		刘惠煌	泉州市泉港区	2016.7—
		林祖传	美湖镇美湖村	2016.7—
		陈坚宏	永春县桃城镇	2016.7—
		林明义（女）	泉州市鲤城区	2016.7—
		黄晓东	惠安县	2016.7—
		石渊文	湖南省怀化市	2016.7—
县人大常委会	党组书记 主任	王传敬	水口镇上湖村	2015.11— 2015.12—
	党组副书记 副主任	徐明侃	盖德镇福阳村	2009.10— 2010.1—

续表 11

机构名称	职务	姓名	籍贯	任职起止时间
县人大常委会	党组成员 副主任	连继续	杨梅乡杨梅村	2011.7— 2011.12—
		张秋英（女）	龙浔镇丁墘村	2011.7—2016.7 2011.12—2016.12
		苏惠生	龙浔镇宝美村	2016.5— 2016.12—
	副主任	黄耀昆	南安市罗东镇	2011.12—2016.12
		郑荣尊	三班镇东山洋村	2016.12—
县政府	党组书记 县长	欧阳秋虹（女）	南安市	2011.6—2016.6 2011.12—2016.6
	党组书记 县长 副县长、代理县长	刘德旺	泉州市洛江区	2016.7— 2016.12— 2016.7—2016.12
	党组成员 常务副县长	吴顺情	泉州市南安市	2011.7—
	党组成员 副县长	林祖传	美湖镇美湖村	2011.4—2016.7 2011.4—2016.8
		苏毅君	春美乡古春村	2011.7—2016.7 2011.7—2016.8
		刘惠煌	泉州市泉港区	2013.5—2016.7 2013.5—2016.8
		苏锡培	龙浔镇宝美村	2012.8—
		张传晖（挂职）	三明市建宁县	2014.8—2016.8 2014.9—2016.8
		张秋英（女）	龙浔镇丁墘村	2016.7— 2016.12—
		陈维启	南安市码头镇	2016.5— 2016.6—
		赖有为	泉州市洛江区	2016.7— 2016.8—
		蒋文强	泉州市丰泽区	2016.7— 2016.8—
	党组成员 副处级干部	徐文福	盖德镇三福村	2014.7—
	副县长	陈祥端	雷峰镇李溪村	2011.7—
县政协	党组书记 主席	苏兴羽	春美乡古春村	2011.12—2016.7 2011.12—2016.12
		温文英（女）	浔中镇浔中村	2016.7— 2016.12—
	党组副书记 副主席	李金鼠	永春县东关镇	2010.1—2016.7 2010.1—2016.8
	党组成员 副主席	刘志阳	水口镇樟镜村	2011.12—
		张晓文	惠安县东桥镇	2016.7— 2016.12—
	副主席	陈明灿	水口镇昆坂村	2011.12—2016.12
		林文昌	盖德镇仙岭村	2011.12—
		颜鸿祺	三班镇泗滨村	2016.12—
	副处级干部	陈明灿	水口镇昆坂村	2016.12—

二、县委各部门

表 12

机构名称	职务	姓名	籍贯	任职起止时间
县委办	主任	刘振铭	美湖镇小湖村	2012.8—
	副主任 保密局局长 县委办主任科员	林让苗	美湖镇上漈村	2008.12—2016.12
	副主任	陈文锋	南埕镇连山村	2015.9—
		陈建军	龙浔镇高阳村	2013.7—2016.5
		叶长占	国宝乡国宝村	2016.5—
	副主任 宁夏吴忠市红寺堡区政府区长助理（挂职）	苏文忠	大铭乡联春村	2016.6— 2016.11—
	机要局（密码管理局）局长	郑世德	水口镇淳湖村	2011.5—
组织部	部长	方建生	泉州市洛江区	2011.7—2016.7
		黄晓东	惠安县	2016.7—
	副部长	赖诗坛	上涌镇桂林村	2013.9—2016.6
		彭钦毅	龙门滩镇霞碧村	2012.8—
		陈永忠	赤水镇苏岭村	2016.6—
宣传部	部长	陈坚宏	永春县桃城镇	2016.7—
	副部长	陈大孝	龙门滩镇硕儒村	2006.11—
		苏义和	汤头乡格中村	2004.1—
		郑清清	汤头乡岭脚村	2011.5—
统战部	部长	温文英（女）	浔中镇浔中村	2011.7—2016.7
		林祖传	美湖镇美湖村	2016.7—
	副部长	陈　峰（女）	赤水镇苏岭村	2011.5—
		林大利	大铭乡大铭村	2011.5—
		周启宗	赤水镇铭爱村	2015.8—
政法委（综治办）	书记	王志安	南安市洪濑镇	2013.5—
	副书记	林祖传	美湖镇美湖村	2013.5—2016.7
		赖有为	泉州市洛江区罗溪镇	2016.7—
		林华宏	桂阳乡桂阳村	2008.12—
		张昌联	上涌镇中洋村	2015.5—
		郭新福	上涌镇下涌村	2015.9—
	610 办主任	林华宏	桂阳乡桂阳村	2008.12—
	综治办主任	郭新福	上涌镇下涌村	2015.9—
台工办（外事侨务办）	主任	苏左丹	龙浔镇宝美村	2011.5—
	副主任	赖宝彬（女）	大铭乡琼英村	2012.8—

续表 12

机构名称	职务	姓名	籍贯	任职起止时间
台工办（外事侨务办）	外事侨务办主任	苏左丹	龙浔镇宝美村	2012.8—
	外事侨务办副主任	赖宝彬（女）	大铭乡琼英村	2012.8—
编办	主任	李仁殿	杨梅乡安村村	2015.8—
	副主任	赖秋凤（女）	三班镇龙阙村	2012.7—
		罗家渊	雷峰镇潘祠村	2015.10—
	事业单位登记管理局局长	吴明慧（女）	雷峰镇蕉溪村	2015.11—
县直党工委	书记	郑克昌	上涌镇云路村	2006.11—2016.8
		黄晓东	惠安县	2016.8—
	常务副书记	郑克昌	上涌镇云路村	2016.8—
	副书记、纪工委书记	张丽美（女）	雷峰镇长基村	2015.10—
非公企业和社会组织工委	书记	赖诗坛	上涌镇桂林村	2015.9—2016.5
		彭钦毅	龙门滩镇霞碧村	2016.5—
	副书记	黄秉文	水口镇承泽村	2015.10—
老干局	局长	黄华玲（女）	龙浔镇丁溪村	2015.8—
	副局长	赖素文（女）	大铭乡琼山村	2013.7—
文明办	主任	苏义和	汤头乡格中村	2004.1—
	副主任	赖诗造	汤头乡福山村	2015.10—
信访局	局长	陈建军	龙浔镇高阳村	2013.7—2016.5
		叶长占	国宝乡国宝村	2016.6—
	副局长	张玉霞（女）	龙浔镇丁墘村	2006.5—
党校（行政学校）	校长	方建生	泉州市洛江区	2015.11—2016.7
		黄晓东	惠安县	2016.7—
	常务副校长	李远平	南安市梅山镇	2015.8— 2015.11—
	副校长	赖清长	汤头乡吉山村	2011.5— 2015.11—
		李辉城	桂阳乡洪田村	2013.7— 2015.11—
党史研究室	主任	刘劲松	南埕镇南埕村	2015.5—
	副主任	陈艺斌	龙浔镇丁墘村	2012.8—
档案局（馆）	局（馆）长	郑文贤	雷峰镇长基村	2008.12—
	副局（馆）长	陈文利	葛坑镇葛坑村	2012.8—

三、县人大常委会工作机构

表 13

机构名称	职务	姓名	籍贯	任职起止时间
人大办	主任	陈能顺	国宝乡南斗村	2011.5—2016.6
		曾昭亮	浔中镇凤洋村	2016.6—
人事代表工委	主任	曾昭亮	浔中镇凤洋村	2011.5—2016.6
		寇文策	盖德镇下寮村	2016.6—
	副主任	林廉敬	桂阳乡桂阳村	2015.11—
环境与城乡建设工委	主任	苏兴坚	春美乡双翰村	2009.1—
	副主任	杨建春	龙门滩镇苏洋村	2013.7—
内务司法工委	主任	苏华廉	春美乡上春村	2015.5—
	副主任	徐文曙	盖德镇福阳村	2012.8—
农村经济工委	主任	林耀雄	浔中镇浔中村	2015.2—
	副主任	蒋世杰（挂职）	上涌镇传豪村	2016.6—
财政经济工委	主任	陈成模	葛坑镇葛坑村	2009.1—
	副主任	陈建辉（挂职）	南埕镇连山村	2016.6—
教科文卫工委（华侨民族宗教工委）	主任	陈文辉	浔中镇乐陶村	2011.5—2016.6
		陈能顺	国宝乡南斗村	2016.6—

四、县政府各部门

表 14

机构名称	职务	姓名	籍贯	任职起止时间
政府办	党组书记 主任	陈东明	龙浔镇丁溪村	2015.8— 2008.12—
	支前办主任	黄新颖（女）	龙浔镇丁墘村	2011.5—
	副主任	林埔填	龙浔镇丁溪村	2011.5—
		赖礼基（挂职）	上涌镇下涌村	2015.10—
		徐良春	盖德镇福阳村	2015.11—
		陈爱玲（女）	国宝乡内坂村	2016.6—
		童双利	国宝乡南斗村	2016.6—
		刘玉珊（挂职）	美湖镇小湖村	2016.6—
	纪检组长	陈传基	国宝乡祥云村	2015.11—

续表 14

机构名称	职务	姓名	籍贯	任职起止时间
发展和改革局	党组书记 局长	陈章武	葛坑镇水门村	2015.8—2016.5 2012.8—2016.5
		周益国	雷峰镇荐解村	2016.5— 2016.6—
	副局长	郑全谋	雷峰镇长基村	2011.5—
		连新明	杨梅乡杨梅村	2011.5—
		刘元春	仙游县大济镇	2015.10—
	纪检组长	黄榕生	龙门滩镇霞碧村	2015.10—
经济和信息化局	主任科员、党组成员 （主持工作）	温明源	龙门滩镇霞碧村	2015.10—2016.12
	副局长	周崇楚	赤水镇铭爱村	2015.5—
		黄长连	水口镇榜上村	2015.5—
	纪检组长	林荣成	上涌镇上涌村	2015.4—
商务局 （粮食局）	党组书记 局长	郑信东	永春县达埔镇	2015.4—2016.5 2015.5—2016.6
		苏奕垲	大铭乡联春村	2016.5— 2016.6—
	副局长	颜全胜	三班镇泗滨村	2015.5—
		苏玉卿	春美乡尤床村	2015.5—
	纪检组长	林进和	桂阳乡桂阳村	2015.10—
教育局	党组书记 局长	黄文和	漳州市平和县	2015.4— 2012.8—
	副局长	林丽芳 （女）	美湖镇上漈村	2008.12—
		杨奇成	桂阳乡安章村	2011.5—
		余德兴 （挂职）	南安市诗山镇	2015.10—
	纪检组长	陈汉雄	永春县岵山镇	2015.4—
科技和知识产权局	党组书记 局长	林耀心	浔中镇浔中村	2015.4— 2015.5—
	副局长	陈仁捷	国宝乡南斗村	2015.5—
	纪检组长	郑玉莲 （女）	三班镇三班村	2015.4—
公安局	市公安局副调研员 党委书记、局长	苏碧江	泉州市丰泽区	2012.6—
	党委副书记 政委	李健康	厦门市思明区	2012.5— 2012.6—
	副局长	黄永坚	上涌镇云路村	2011.5—
		林亮旺	杨梅乡云溪村	2011.5—
		林剑峰	盖德镇上地村	2012.8—
		薛　伟	福清市龙田镇	2012.9—
	纪委书记	郑丹平	水口镇久住村	2012.7—

续表 14

机构名称	职务	姓名	籍贯	任职起止时间
监察局	局长	许瑜亮	美湖镇上岸村	2012.8—
	副局长	温庆捷	浔中镇仙镜村	2015.9—
民政局	党组书记 局长	赖佳忠	三班镇龙阙村	2016.5— 2016.6—
	副局长	张玉树	上涌镇黄井村	2015.10—
		彭添福	龙门滩镇霞碧村	2015.11—
	纪检组长	苏文清	春美乡双翰村	2015.8—
司法局	局长	郑声威	水口镇淳湖村	2013.7—
	副局长	林国团	桂阳乡溪洋村	2006.5—
		蔡伟明	漳州市漳浦县大南坂镇	2012.5—
	纪检组长	林玉琴（女）	雷峰镇蕉溪村	2008.12—
财政局	局 长	赖发泽	汤头乡吉山村	2012.2—
	副局长	蒲贻水	春美乡上春村	2011.5—
		黄永怀	葛坑镇龙塔村	2012.8—
	纪检组长	吴荣枢	龙门滩镇朱地村	2012.8—
人力资源和社会保障局	党组书记 局长	陈琴堂	美湖镇阳山村	2015.4— 2006.11—
	副局长	连继任	杨梅乡杨梅村	2006.11—
		陈秋玉（女）	上涌镇上涌村	2008.12—
		岳丽君（女）	赤水镇赤水社区	2015.5—
		陈兴才	南埕镇连山村	2015.5—
	纪检组长	陈忠伟	赤水镇岭边村	2015.4—
公务员局	局长	陈琴堂	美湖镇阳山村	2015.5—
	副局长	岳丽君（女）	赤水镇赤水社区	2011.5—
		陈兴才	南埕镇连山村	2012.8—
		连继任	杨梅乡杨梅村	2015.5—
		陈秋玉（女）	上涌镇上涌村	2015.5—
国土资源局	党组书记 局长	陈荣斌	国宝乡南斗村	2012.8—
	副局长	郑志勇	永春县介福乡	2007.1—
		赖泽清	汤头乡吉山村	2011.5—
		郑友端	上涌镇桂格村	2012.8—
		毛寿群	水口镇毛厝村	2016.6—
	纪检组长	苏德志	春美乡古春村	2012.8—

续表 14

机构名称	职务	姓名	籍贯	任职起止时间
住房和城乡规划建设局（人民防空办公室）	党组书记 局长、主任	陈维启	南安市码头镇	2015.4—2016.5 2009.11—2016.6
	党组书记	张培基	水口镇亭坑村	2016.5—
	局长、主任	程德强	莆田市荔城区黄石镇	2016.6—
	副局长 副主任	林其逊	大铭乡大铭村	2002.3— 2015.5—
	副局长	张培基	水口镇亭坑村	2016.6—
		郭少壬	浔中镇浔中村	2011.5—
		吴友体	盖德镇有济村	2015.10—
	纪检组长	郭禾艳	汤头乡汤头村	2011.5—
交通运输局	党组书记 局长	陈德峰	龙浔镇丁溪村	2015.8— 2012.8—
	党组副书记	曾宪升	上涌镇曾坂村	2015.8—
	副局长	苏玉建	春美乡春美村	2011.5—
	纪检组长	黄榕生	龙门滩镇霞碧村	2016.5—
交通战备办公室	主任	曾宪升	上涌镇曾坂村	2015.10—
国动委经动办	主任	陈章武	葛坑镇水门村	2012.8—2016.5
		周益国	雷峰镇荐解村	2016.6—
农业局（农办）	党组书记 局长（主任）	张朝荣	上涌镇云路村	2015.4— 2015.5—
	副局长（副主任）	张玉彬	上涌镇黄井村	2011.5—
		陈智钦	雷峰镇格后村	2015.5—
		蔡成智	南埕镇西山村	2015.12—
		郑丽霞（女）	三班镇东山村	2016.6—
	纪检组长	黄成芽	赤水镇锦洋村	2008.12—
林业局	党组书记 局长	连硕卿	国宝乡格头村	2015.8— 2008.9—
	党组副书记	陆木庆	福安市上白石镇	2015.8—
	副局长	查福恩	雷峰镇蕉溪村	2008.8—
		赖景旻	大铭乡琼英村	2008.8—
	纪检组长	李金宝	盖德镇盖德村	2015.8—
林业实业公司	经理	欧阳锦彰	龙门滩镇苏洋村	2015.10—
水利局	党组书记 局长	洪忠建	南安市东田镇	2015.8—
	副局长	林思辉	桂阳乡涌溪村	2008.12—
		赖世源（挂职）	大铭乡琼英村	2016.6—
	纪检组长	曾华彪	上涌镇曾坂村	2011.5—

续表 14

机构名称	职务	姓名	籍贯	任职起止时间
文化体育新闻出版局	局长	陈金殿	雷峰镇瑞坂村	2006. 11—
	副局长	张志聪	永春县达埔镇	2008. 12—
		郑金勤	三班镇岭头村	2011. 5—
	纪检组长	郑秀亮（女）	三班镇三班村	2008. 12—
卫生和计划生育局	党组书记 局长	杨厚操	桂阳乡安章村	2015. 4—2016. 5 2015. 5—2016. 6
		连　婷（女）	国宝乡格头村	2016. 5— 2016. 6—
	党组副书记	郑全良	雷峰镇长基村	2015. 6—
	副局长	宋荣勋	盖德镇凤山村	2015. 5—
		林思燕	上涌镇上涌村	2015. 5—
		苏仁河	龙浔镇宝美村	2015. 5—
		张登相	雷峰镇长基村	2015. 5—
		蒋丽萍（女）	上涌镇黄井村	2015. 5—
	纪检组长	周双柔	南埕镇许厝村	2015. 4—
县方志办	主任 县政府办主任科员	王世言	汤头乡格中村	2011. 5—
	副主任	郑文欣	永春县桃城镇	2007. 3—
城镇集体工业联合社	副主任（主持工作）	张金章	水口镇村场村	2011. 5—
供销合作社联合社	主任	王丽红（女）	永春县桃城镇	2012. 8—
	副主任	李学谦	赤水镇赤水街	2012. 8—
		赖发熙	上涌镇曾坂村	2015. 11—
	纪检组长	林长钜	桂阳乡彭坑村	2015. 10—
教师进修学校	校长	赖礼锋	上涌镇下涌村	2011. 5—
	党支部书记	余德兴	南安市诗山镇	2012. 8—
	副校长	吴绍晋	盖德镇有济村	2011. 5—
地震办	主任	蒋双增	上涌镇黄井村	2015. 11—
行政服务中心管委会	主任 政府办主任科员	郑荣尊	三班镇东山洋村	2013. 7—2016. 6
	主任	郭昌筑	上涌镇下涌村	2016. 6—
	副主任	郑文欣（挂职）	永春县桃城镇	2015. 10—
		林兴钐	美湖镇美湖村	2016. 11—
国资办	主任	陈祥端	雷峰镇李溪村	2004. 8—
金融办	主任	赖礼基	上涌镇下涌村	2016. 7—
	副主任	赖发梓	水口镇榜上村	2016. 7—

续表 14

机构名称	职务	姓名	籍贯	任职起止时间
民族与宗教事务局	局长	周启宗	赤水镇铭爱村	2012.8—
审计局	局长	陈宝星	浔中镇乐陶村	2006.11—
	副局长	徐荣贵	盖德镇三福村	2004.12—
	纪检组长	林汉庚	盖德镇山坪村	2011.5—
统计局	局长	陈能慎	赤水镇猛虎村	2015.5—
	副局长	林玉燕（女）	赤水镇赤水社区	2008.12—
环境保护局	党组书记 局长	方文才	雷峰镇雷峰村	2015.9— 2013.7—
	副局长	李艳誉	桂阳乡洪田村	2006.11—
		林志鹏	厦门市同安区	2011.5—
	纪检组长	涂瑞挺	赤水镇西洋村	2015.8—
安全生产监督管理局（安全生产管理委员会办公室）	党组书记 局长（主任）	黄其树	南埕镇梓垵村	2015.8— 2008.12—
	副局长（副主任）	寇正吉	盖德镇下寮村	2011.5—
	纪检组长	郑进复	上涌镇云路村	2015.10—
市场监督管理局	党组书记 局长	甘建安	龙浔镇宝美村	2015.4— 2015.5—
	副局长	戴志辉	南安市码头镇	2016.12—
		苏进育	春美乡尤床村	2015.5—
		林国英	桂阳乡桂阳村	2015.5—
		曾俊华	浔中镇祖厝村	2015.5—
	纪检组长	方明辉	雷峰镇坂仔村	2015.4—
工商行政管理局	局长	甘建安	龙浔镇宝美村	2015.5—
	副局长	苏进育	春美乡尤床村	2011.8—
		林国英	桂阳乡桂阳村	2015.5—
		曾俊华	浔中镇祖厝村	2015.5—
质量技术监督局	局长	甘建安	龙浔镇宝美村	2015.5—
	副局长	曾俊华	浔中镇祖厝村	2010.8—
		苏进育	春美乡尤床村	2015.5—
		林国英	桂阳乡桂阳村	2015.5—
食品药品监督管理局	局长	甘建安	龙浔镇宝美村	2015.5—
	副局长	林国英	桂阳乡桂阳村	2014.8—
		苏进育	春美乡尤床村	2015.5—
		曾俊华	浔中镇祖厝村	2015.5—
行政执法局（副科级单位）	局长 龙浔镇主任科员	张文都	南埕镇枣坑村	2015.10—

续表 14

机构名称	职务	姓名	籍贯	任职起止时间
陶瓷产业园区管理委员会	党组书记 主任	郑文导	国宝乡厚德村	2015.8— 2012.8—
	副主任	苏文禄	春美乡古春村	2012.8—
		赖雄阳	汤头乡格中村	2012.8—
	纪检组长	张英森	龙浔镇丁墘村	2016.5—
公安局森林分局（副科级单位）	局长、公安局主任科员	郑文国	雷峰镇长基村	2008.8—
	教导员 林业局主任科员	林其辉	大铭乡大铭村	2006.5—
戴云山国家级自然保护区管理局（副处级单位）	局长	涂青云	盖德镇上坑村	2007.9—
	副局长	李文周	永春县达埔镇	2011.1—
		徐建国	三班镇蔡径村	2012.5—
	纪检组组长	苏瑞胜	春美乡上春村	2015.10—
广播电视事业局	局长 宣传部主任科员	林合虎	桂阳乡涌溪村	2012.8—
	副局长	许志峰	美湖镇洋坑村	2008.12—
		王世友	汤头乡格中村	2011.5—
	纪检组长	徐剑莹（女）	三班镇奎斗村	2006.11—
旅游事业局	局长、宣传部主任科员	颜如春	南安市省新镇	2012.8—
	副局长	陈添树	龙浔镇丁溪村	2012.8—
	纪检组长	陈志春	永春县湖洋镇	2012.8—
市政公用事业管理局	局长 规划建设局主任科员	张金演	龙门滩镇霞山村	2011.5—
	副局长	林玉泉	盖德镇大墘村	2012.8—
		姚晓晖	福州市鼓楼区	2012.8—
	纪检组长	王　斌	晋江市罗山镇	2015.10—
招商办	主任	林祖传	美湖镇美湖村	2011.4—2016.7
		赖有为	泉州市洛江区	2016.7—
	常务副主任	林埔填	龙浔镇丁溪村	2011.5—
效能办	主任	陈东明	龙浔镇丁溪村	2008.12—
	常务副主任	林埔填	龙浔镇丁溪村	2015.3—
重点办	主任	陈章武	葛坑镇水门村	2012.9—2016.5
		周益国	雷峰镇荐解村	2016.6—
	常务副主任	赖清长	汤头乡吉山村	2011.6—

五、县政协工作机构

表 15

机构名称	职务	姓名	籍贯	任职起止时间
政协办	主任	杨庆丰	龙门滩镇苏洋村	2012.8—
	副主任	郑素霞（女）	龙浔镇大坂村	2004.2—
		谢绍欣	龙门滩镇碧坑村	2012.8—
专委办	主任	郭玉旭	上涌镇下涌村	2012.8—
	副主任	苏永魁	春美乡古春村	2012.8—
提案与文史办	主任	许原培	水口镇八逞村	2011.5—2016.7
		林宜兴	盖德镇山坪村	2016.7—
经济科技与人口资源环境办	主任	陈敏坤	南埕镇连山村	2012.8—2016.7
		许原培	水口镇八逞村	2016.7—
	副主任	吴振伟	盖德镇有济村	2011.5—

六、县纪委及其工作机构

表 16

机构名称	职务	姓名	籍贯	任职起止时间
县纪委	书记	叶长青	泉州市鲤城区	2012.7—2016.7
		林明义（女）	泉州市鲤城区	2016.7—
	副书记	许瑜亮	美湖镇上岸村	2012.8—
		许金标	美湖镇洋田村	2016.7—
	常委	许荣生	泉港区峰尾镇	2011.5—
		蒋声耀	上涌镇后坂村	2015.9—
		童宝春	国宝乡上洋村	2015.9—
		张秋香（女）	龙浔镇丁墘村	2016.6—
纪委办	主任	周瑞佳	赤水镇铭爰村	2015.9—
案件审理室	主任	危泉美	雷峰镇肖坑村	2008.12—
信访室	主任	陈瑞海	三班镇奎斗村	2011.5—
组织和宣传部	部长	邓瑞珊	雷峰镇潘祠村	2016.3—
纪检监察干部监督室	主任	林中杰	水口镇久住村	2016.2—
党风政风监督室（县政府纠正行业不正之风办公室）	主任	林国棣	桂阳乡桂阳村	2016.2—
案件监督管理室	主任	杨厚国	桂阳乡安章村	2016.2—
第一纪检监察室	主任	陈泰山	国宝乡祥云村	2016.2—
第二纪检监察室	主任	陈华嵩	美湖镇阳山村	2016.2—
第三纪检监察室	主任	郑志春	永春县介福乡	2016.3—

七、法院 检察院 人武部

表 17

机构名称	职务	姓名	籍贯	任职起止时间
法院	党组书记 院长	洪志强	泉州市泉港区	2013.8—2016.7 2014.1—2016.7
		苏益铮	惠安县	2016.7— 2016.12—
	副院长、代理院长	苏益铮	惠安县	2016.7—2016.12
	副院长	苏德丰	龙浔镇宝美村	2003.3—
		黄德梅（女）	安溪县魁斗镇	2006.5—
		林金盛	浔中镇后所村	2011.5—
	纪检组长	颜丽荣（女）	三班镇泗滨村	2011.5—
	政治处主任	郑华峰	三班镇三班村	2013.9—
检察院	党组书记 检察长	林建平	莆田市仙游县榜头镇	2010.5—2016.7 2011.4—2016.7
		王声典	南安市溪美街道	2016.7— 2016.12—
	副检察长、代理检察长	王声典	南安市溪美街道	2016.7—2016.12
	副检察长	李文革	龙门滩镇苏洋村	2002.3—
		徐建伟	盖德镇福阳村	2011.5—
		蒋鸿滨	惠安县崇武镇	2014.3—
	纪检组长	林春荣	永春县介福乡	2011.5—
	政治处主任	冯忠锦	三班镇蔡径村	2011.5—
	办公室主任	徐福江	盖德镇凤山村	2011.6—
	反贪污贿赂局局长、专委	陈茂良	龙浔镇丁埯村	2011.6—2016.5 2016.5—
人武部	部长	沈俊旭	漳州市	2013.4—2016.5
	政委	石渊文	湖南省怀化市	2014.3—
	副部长	刘建光	漳州市南靖县	2015.5—
	政工科科长	王　峰	安徽省宿州市	2014.3—2016.5
		曹耀华	江西省余干市	2016.6—
	后勤科科长	游应涛	湖北省仙桃市	2015.5—
	军事科参谋	魏玉兴	山东省巨野县	2015.4—2016.5

八、县群团

表 18

机构名称	职务	姓名	籍贯	任职起止时间
总工会	主席	方建生	泉州市洛江区	2012.9—2016.7
		刘惠煌	泉州市泉港区	2016.9—
	党组书记 常务副主席	陈章琳	葛坑镇水门村	2013.7— 2013.8—
	副主席	连素琼（女）	国宝乡格头村	2016.11—
		林能斌	南埕镇南埕村	2015.9—
	纪检组长	郑金枪	龙浔镇宝美村	2015.10—
团县委	书记	陈国金	安溪县凤城镇	2015.9—
	副书记	林檀靓（女）	美湖镇上漈村	2015.11—
妇联	主席	出彩云（女）	泉州市泉港区	2015.9—
	副主席	黄金梯（女）	汤头乡汤垵村	2006.5—
		颜敏属（女）	三班镇泗滨村	2012.8—
工商联（商会）	主席、会长	苏建堆	龙浔镇宝美村	2011.5—
	党组书记 常务副主席 副会长	林大利	大铭乡大铭村	2011.5—
	副主席 副会长	苏光辉	春美乡古春村	2011.5—
		雷雪莲（女）	龙门滩镇大溪村	2012.8—
侨联	主席	颜鸿琪	三班镇泗滨村	2006.11—2016.6
		周建阳	浔中镇乐陶村	2016.6—
	副主席	郭晓军	盖德镇盖德村	2013.6—
科学技术协会	主席	徐永生	盖德镇三福村	2015.11—
	副主席	颜夏锌	三班镇泗滨村	2011.5—
计生协会	会长	林华武	大铭乡大铭村	2002.8—
	常务专职副会长	宋荣勋	盖德镇凤山村	2012.8—
	专职副会长	孙义仲	浔中镇乐陶村	2011.5—
	副会长	连 婷（女）	国宝乡格头村	2016.11—
文联	主席	周成灿	南埕镇许厝村	2011.5—
	副主席	苏梅华（女）	龙浔镇宝美村	2011.5—

续表 18

机构名称	职务	姓名	籍贯	任职起止时间
残联	理事长	徐华军	盖德镇三福村	2008.12—
	副理事长	徐玉萍（女）	三班镇奎斗村	2012.7—
贸促会（国际商会）	会长	颜光前	三班镇泗滨村	2012.8—
红十字会	副会长	李双良	龙浔镇丁溪村	2011.5—
老年大学	名誉校长	颜美斯	永春县达埔镇	2004.4—
	顾问	苏荣躇	大铭乡联春村	2012.4—
	校长	李孝仪	美湖镇美湖村	2004.4—
	常务副校长	许福海	美湖镇洋田村	2011.5—
	副校长	邱宏宜	浔中镇凤池社区	2012.4—
		林建农	浔中镇凤池社区	2012.4—
		赖素文（女）	大铭乡琼山村	2013.8—
老教委	主任	方建生	泉州市洛江区	2012.4—2016.7
	副主任	邱宏宜	浔中镇凤池社区	2012.4—
		陈天铸	龙浔镇丁溪村	2012.4—
关工委	主任	郑启梓	龙浔镇宝美村	2004.4—
	副主任	陈其乾	龙浔镇高阳村	2004.4—
		苏光彰	水口镇湖坂村	2004.4—
老促会	会长	林昌宝	水口镇久住村	2012.4—
	副会长	蒋恭祝	上涌镇传豪村	2007.11—
		周金秋	赤水镇湖岭村	2012.4—
老龄办	老龄办主任	赖佳忠	三班镇龙阙村	2016.6—
	专职副主任	徐春花（女）	三班镇奎斗村	2015.10—
新四军研究会	会长	林昌宝	水口镇久住村	2012.4—
	副会长	赵银贵	江苏省如东县	1994.12—

九、县直各系统党委

表 19

机构名称	职务	姓名	籍贯	任职起止时间
党群系统党委	书记	陈永忠	赤水镇苏岭村	2012.8—2016.5
	副书记	曾建清	浔中镇石鼓村	2015.10—
	纪委书记	黄文贤	葛坑镇下玲村	2016.12—
县政府综合系统党委	书记、政府办主任科员	郑剑平	三班镇三班村	2011.5—
	纪委书记	陈传基	国宝乡祥云村	2016.12—
发改系统党委	书记	林振兴	桂阳乡桂阳村	2012.8—
	纪委书记	黄榕生	龙门滩镇霞碧村	2016.5—
宣传系统党委	书记	陈大孝	龙门滩镇硕儒村	2011.5—
	副书记	苏莞尔（女）	龙浔镇宝美村	2011.5—
	纪委书记	林信用	水口镇樟境村	2016.12—
政法系统党委	书记	张昌联	上涌镇中洋村	2015.9—
	副书记	黄绳波	水口镇湖坂村	2016.5—
	纪委书记	林建忠	国宝乡南斗村	2016.12—
教育系统党委	书记	黄文和	漳州市平和县	2012.7—
	副书记	陈为正	赤水镇苏岭村	2011.5—
	纪委书记	陈汉雄	永春县岵山镇	2015.4—
农业系统党委	书记	张朝荣	上涌镇云路村	2011.5—
	副书记	张智慧	雷峰镇长基村	2011.5—
	纪委书记	黄成芽	赤水镇锦洋村	2016.12—
林业系统党委	书记	陆木庆	福安市上白石镇	2008.7—
	专职副书记	王天池	南埕镇高漈村	2012.7—
	副书记	连硕卿	国宝乡格头村	2008.12—
		林其辉	大铭乡大铭村	2012.7—
	纪委书记	李金宝	盖德镇盖德村	2016.12—
阳山铁矿党委	书记	黄宇真	龙浔镇丁垅村	2010.11—
	副书记	李志铭	安溪县凤城镇	1999.9—
		郑秀娟（女）	龙浔镇兴南社区	2010.4—
	纪委书记	郑秀娟（女）	龙浔镇兴南社区	2002.1—
国投公司党委	书记	郑义先	水口镇淳湖村	2004.12—
	副书记	曾春凤（女）	龙浔镇兴南社区	2012.8—
	纪委书记	梁瑞军	桂阳乡桂阳村	2016.12—

续表 19

机构名称	职务	姓名	籍贯	任职起止时间
地税局党委	书记	朱　翔	晋江市池店镇	2016. 4—
	副书记	苏少飞	春美乡上春村	2013. 3—
	纪委书记	张宗海	惠安县崇武镇	2013. 3—
国税局党委	书记	黄炳昌	惠安县黄塘镇	2011. 5—
	副书记	邱金传	永春县桃城镇	2014. 3—
供电公司党委	书记	高爱统	长乐市玉田镇	2013. 3—2016. 2
		黄世军	南安市洪濑镇	2016. 2—
	纪委书记	许茂林	赤水镇吉岭村	2015. 4—
市场监督管理局党委	书记	黄激文	南安市蓬华镇	2015. 4—
	副书记	赖杉建	三班镇龙阙村	2015. 9—
	纪委书记	方明辉	雷峰镇坂仔村	2016. 12—

十、省 市驻德单位

表 20

机构名称	职务	姓名	籍贯	任职起止时间
泉州工艺美术职业学院（副厅级单位）	书记	邱少煌	泉州市洛江区	2013. 10—
	院长、副书记	钟发亮	龙岩市上杭县	2013. 6—
	副院长	吴志伟	雷峰镇蕉溪村	2007. 9—
		董美斌	福州市台江区	2007. 9—
	正处级干部	林富儒	大铭乡大铭村	2013. 8—2016. 3
	陶瓷艺术系主任、党委委员	张南章	南埕镇南程村	2007. 9—
龙门滩管理处（副处级单位）	主任、副书记	苏荣薰	春美乡上春村	2014. 10—
	书记	颜建东	三班镇泗滨村	2006. 12—
	副书记、纪委书记	王惠力	惠安县崇武镇	2015. 4—
	副主任	苏中徽	春美乡双翰村	2006. 2—
		郑富智	国宝乡厚德村	2015. 3 —
		林民众	美湖镇洋田村	2015. 8 —
泉州出入境检验检疫局德化办事处（副处级单位）	主任	曾良焕	浔中镇浔中村	2011. 10—
	副主任	张婉珠（女）	南埕镇西山村	2010. 8—
国税局	局长	黄炳昌	惠安县黄塘镇	2011. 5—
	副局长	徐文益	盖德镇三福村	1994. 9—
		高建云	仙游县枫亭镇	2011. 11—
	纪检组长	邱金传	永春县桃城镇	2012. 9—
地税局	局长	朱　翔	晋江市池店镇	2016. 2—
	副局长	苏少飞	春美乡上春村	2012. 7—
		林国涵	桂阳乡梓溪村	2012. 7—
	纪检组长	张宗海	惠安县崇武镇	2012. 8—

续表 20

机构名称	职务	姓名	籍贯	任职起止时间
气象局	局长	颜新春（女）	三班镇泗滨村	2011.6—
	副局长	胡晓兵	山西省芮城县	2015.7—
		连志萍（女）	国宝乡格头村	2015.11—
	纪检书记	连明发	国宝乡格头村	2013.2—
公路分局	局长	蔡国珊	莆田市城厢区	2008.2—
	教导员	郭献积	南埕镇南埕村	2013.9—
	副局长	伊宏杰	南平市松溪县城关镇	2015.7—
		林鹏飞	永春县蓬壶镇	2015.6—
瓷研所	所长	李双展	浔中镇富东社区	2002.11—
	副所长	林志辉	水口镇樟镜村	2009.9—
消防大队	大队长	卢京明	龙岩市永定县	2015.7—
	教导员	陈万利	河南省平顶市	2013.6—
武警中队	中队长	钟根生	江西省吉安市	2015.8—
	政治指导员	陈棋豪	惠安县	2016.4—
国家统计局德化调查队	队长	曾荣华（女）	龙门滩镇碧坑村	2007.3—
	副队长	王生榜	永春县蓬壶镇	2007.3—
		李文讯（挂职）	晋江市内坑镇	2015.1—
		黄镜宇	龙浔镇兴南社区	2017.4—
葛坑国有林场	场长	林贤山	南安市溪美镇	2001.4—
	书记	林文锋	永春县蓬壶镇	2015.2—
	副场长	林根旺	安溪县福田乡	2011.1—
泉州住房公积金德化管理部	主任	郑素兰（女）	三班镇桥内村	2007.10—
九仙山气象站	站长	陈为德	上涌镇上涌村	2013.3—
	副站长	苏文元	龙浔镇宝美村	2008.8—
水文局	局长	陈志恒	雷峰镇瑞坂村	2013.12—
邮政局	局长	吴少洹	晋江市青阳镇	2014.10—
	副局长	赖宏文	汤头乡格中村	2009.4—

十一、在德金融机构

表 21

机构名称	职务	姓名	籍贯	任职起止时间
中国人民银行德化支行	行长	黄东晓	南安市罗东镇	2016.4—
	副行长	陈朝霞（女）	雷峰镇蕉溪村	2004.2—
		苏胜利	春美乡上春村	2009.2—
泉州银监分局德化监管办事处	主任	陈行泉	雷峰镇潘祠村	2008.5—
	副主任	陈丙林（女）	龙浔镇浔东社区	2016.6—
中国工商银行德化支行	行长	庄国华	泉州市泉港区	2015.8—
	副行长	林成传	龙浔镇兴南社区	2009.5—
		梁海生	龙浔镇兴南社区	2011.9—
		高聪颖	安溪县	2016.7—
中国建设银行德化支行	行长	林双庆	永春县	2013.5—2016.4
		陈德伦	晋江市磁灶镇	2016.4—
	副行长	陈建礼	雷峰镇蕉溪村	2010.8—
中国农业银行德化支行	行长	龚　兵	宁德市寿宁县	2015.1—2016.3
		张旭禹	惠安县崇武镇	2016.3—
	副行长	赖发军	上涌镇曾坂村	2010.12—
		苏少洪	春美乡春美村	2010.12—
		颜曼清	永春县达埔镇	2015.12—
		郑国灿	三班镇三班村	2015.12—
中国银行德化支行	行长	邱阿心	石狮市	2013.3—2016.11
	副行长（代为理职）	林紫峰	雷峰镇朱紫村	2011.10—
农村信用联社	理事长	林华选	大铭乡大铭村	2015.9—2016.1
		苏德胜	南安市	2016.2—
	监事长 纪委书记	林忠主	杨梅乡云溪村	2006.6—2016.12
	主任	林集琪	南安市	2015.5—
	副主任	苏丽琴（女）	龙浔镇浔东社区	2012.7—
		林凤彪	仙游县	2014.11—
	监事长	林华选	大铭乡大铭村	2016.12—
	纪委书记	林忠主	杨梅乡云溪村	2016.12—
泉州银行德化支行	行长	陈仁肇	上涌镇上涌村	2012.4—
	副行长	龚世明	莆田市城厢区	2012.4—
农业发展银行	行长	蒋光辉	泉州市	2016.5—
	副行长	赵　君	泉州市	2016.4—

续表 21

机构名称	职务	姓名	籍贯	任职起止时间
农商银行	行长	陈文阳	南安市金淘镇	2016.2—
	副行长	陈昆明	美湖镇阳山村	2013.2—
民生银行	行长	高树海	安溪县凤城镇	2015.12—
成功村镇银行	行长	吴志刚	南安市	2016.9—
	副行长	黄震荣	南安市	2016.9—
邮政储蓄银行德化支行	行长	刘旭龙	上涌镇刘坑村	2014.9—
中国人寿保险股份有限公司德化县分公司	经理	吴一鸣	泉州市鲤城区	2015.7—
	副经理	柯雪咏（女）	龙浔镇南门社区	2015.7—
中国人民财产保险股份有限公司德化支公司	书记	郑晶晶（女）	永春县桃城镇	2014.4—
	经理	郑晶晶（女）	永春县桃城镇	2013.4—
	副经理	李国嵩	龙浔镇英山村	2013.1—
		叶伟霞（女）	龙浔镇德新社区	2014.4—
大地保险股份有限公司德化县分公司	经理	李秀香（女）	浔中镇凤池社区	2007.10—

十二、企业

表 22

机构名称	职务	姓名	籍贯	任职起止时间
电信公司	总经理	李移林	安溪县	2014.4—
	书记	苏银生	龙浔镇宝美村	2014.11—
	副总经理	陈钢堤	龙浔镇丁墘村	2011.2—
		王天锡	安溪县	2014.4—
移动通信公司	总经理	李群雄	泉州市洛江区	2014.3—
联通公司	总经理	留荣立	晋江市	2014.11—2016.4
		陈劲斌	泉州市鲤城区	2016.4—
	副经理	叶金盛	德化县国宝乡	2016.6—
福建广电网络集团股份有限公司德化分公司	总经理	陈长安	泉州市丰泽区	2015.1—2016.7
	副总经理（主持工作）	邱敬措	南安市溪美镇	2016.7—
	副总经理	许秀霞（女）	美湖镇洋田村	2013.8—
铁塔公司	经理	李军军	南安市水头镇	2016.1—

续表 22

机构名称	职务	姓名	籍贯	任职起止时间
县国投公司	总经理	郑义先（挂职）	水口镇淳湖村	2004.8—
县国投公司	副总经理	涂瑞稳	赤水镇西洋村	2004.8—
县国投公司	副总经理	陈振渡	龙浔镇丁溪村	2004.8—
县国投公司	副总经理	曾春凤（女）	浔中镇兴南社区	2012.8—
电力国投公司	董事长、总经理 水利局主任科员	苏珠辉（挂职）	龙浔镇宝美村	2011.5—
电力国投公司	副总经理	曾福礼	闽清县省璜镇	2012.8—
物资公司	经理 县经济贸易局主任科员	许金昭（挂职）	美湖镇洋坑村	2015.10—
物资公司	副经理	连文溉	国宝乡格头村	2011.5—
供电有限责任公司	总经理	陈　琨	泉州市泉港区	2014.6—
供电有限责任公司	副总经理	黄金铭	龙门滩镇苏洋村	2010.6—
供电有限责任公司	副总经理	王祖家	龙岩市武平县	2011.4—
供电有限责任公司	副总经理	章煌辉	大田县济阳镇	2015.4—
汽车运输公司	经理	吴振麟	莆田市仙游县枫亭镇	2015.3—
汽车运输公司	书记	连吉新	国宝乡格头村	1993.2—
阳山铁矿有限责任公司	董事长	李志铭	安溪县凤城镇	2015.6—
阳山铁矿有限责任公司	总经理	江源泉	永定县高头乡	2015.6—
双旗山金矿有限责任公司	董事长	黄永怀（挂职）	葛坑镇龙塔村	2015.10—
双旗山金矿有限责任公司	书记、总经理	谢文清	安溪县	2009.3—
烟草专卖局（烟草公司）	局长	李贵星	永春县	2015.8—
烟草专卖局（烟草公司）	副局长	林文利	晋江市	2015.2—
烟草专卖局（烟草公司）	副经理	郑德群	永春县	2015.2—
新华发行（集团）有限责任公司	经理	徐才理	三班镇奎斗村	2009.7—

十三、乡镇

表 23

机构名称	机关类别	职务	姓名	籍贯	任职起止时间
龙浔镇	党委	副处级干部 书记	苏惠生	龙浔镇宝美村	2010.1—2016.5 2011.5—2016.5
			林金雪（女）	南埕镇南埕村	2016.5—
		副处级干部 副书记	刘永强	浔中镇蒲坂村	2013.6—2016.5 2012.8—2016.5
			郭小强	汤头乡汤头村	2016.5—
		副书记	蒋朝阳	上涌镇黄井村	2015.10—
			陈国跃	国宝乡南斗村	2015.10—
		企业党委副书记	陈孝杜	龙浔镇丁墘村	2015.10—
		纪委书记	吴一平	广东省潮州市	2016.5—
		组织委员	黄鹏辉	南埕镇望洋村	2016.5—
		宣传委员	陈能瀛	上涌镇上涌村	2016.5—
		秘书	甘文渊	浔中镇龙翰村	2011.5—
		统战委员	杨巧凤（女）	浔中镇浔中村	2016.5—
		委员、人武部部长	林明将	大铭乡大铭村	2015.10—
	人大主席团	主席	苏宏亮	龙浔镇兴南社区	2015.12—
	政府	副处级干部 镇长	刘永强	浔中镇蒲坂村	2013.6—2016.5 2012.8—2016.5
			郭小强	汤头乡汤头村	2016.5— 2016.12—
		副镇长	陈志雄	龙浔镇丁溪村	2012.8—
			黄德萍（女）	洛江区罗溪镇	2015.12—
			危文元	南埕镇前锋村	2016.12—
浔中镇	党委	副处级干部 书记	黄世兴	水口镇湖坂村	2016.5— 2012.8—
		副处级干部 副书记 宁夏吴忠市红寺堡区委常委（挂职）	涂德望	赤水镇小铭村	2016.5— 2016.5— 2016.11—
		副书记	周益国	雷峰镇荐解村	2012.9—2016.5
			陈为富	龙浔镇高阳村	2015.10—
			徐福前	盖德镇福阳村	2016.5—
		企业党委副书记	林贵扬	龙门滩镇村兜村	2011.5—
		纪委书记	周金燧	赤水镇铭爱村	2016.5—
		组织委员	涂瑞萍（女）	盖德镇上坑村	2016.5—
		宣传委员	陈孝模	水口镇昆坂村	2016.5—

续表 23

机构名称	机关类别	职务	姓名	籍贯	任职起止时间
浔中镇	党委	秘书、统战委员	林华实	杨梅乡云溪村	2015.10—
		委员、人武部部长	陈文渊	雷峰镇瑞坂村	2015.10—
	人大主席团	主席	徐陆平	龙门滩镇霞碧村	2011.6—
	政府	镇长	周益国	雷峰镇荐解村	2012.9—2016.5
		副处级干部、镇长 宁夏吴忠市红寺堡 区委常委（挂职）	涂德望	赤水镇小铭村	2016.5— 2016.12— 2016.11—
		副镇长	陈立峰	赤水镇赤水街	2015.12—
			苏沂尧	春美乡上春村	2016.12—
			郭庆宏	浔中镇世科村	2016.12—
盖德镇	党委	书记	郑德全	三班镇桥内村	2012.7—
		副书记	王传换	水口镇上湖村	2015.8—
			柯进福	永春县苏坑镇	2015.10—
			颜志忠	三班镇四滨村	2015.10—
		纪委书记	梁儒波	南埕镇蟠龙村	2016.5—
		组织委员	林振阳	杨梅乡云溪村	2016.5—
		宣传委员	陈为仙	雷峰镇瑞坂村	2016.5—
	党委	秘书、统战委员	许丽燕（女）	美湖镇洋田村	2015.9—
		委员、人武部部长	涂春雷	盖德镇上坑村	2016.5—
	人大主席团	主席	苏开良	春美乡上春村	2013.8—2016.5
			黄其兑	水口镇凤坪村	2016.12—
	政府	乡长	王传换	水口镇上湖村	2015.12—
		副乡长	张诗煊	南埕镇西山村	2012.9—
			林思荣	水口镇久住村	2015.12—
三班镇	党委	书记	张培基	水口镇亭坑村	2012.8—2016.5
			徐明侃	盖德镇福阳村	2016.5—
		副书记	林思毅	桂阳乡涌溪村	2015.8—
			张璋印	南埕镇西山村	2015.10—
			毛录闽	水口镇毛厝村	2016.5—
		纪委书记	曾碧婷（女）	浔中镇石鼓村	2016.5—
		组织委员	郑泓圻	三班镇桥内村	2016.5—
		宣传委员	许剑强	赤水镇永嘉村	2016.5—
		秘书、统战委员	许宝明	美湖镇上岸村	2015.10—
		委员、人武部部长	黄凤山	水口镇凤坪村	2016.5—
	人大主席团	主席	赖育朕	大铭乡琼溪村	2013.8—

续表 23

机构名称	机关类别	职务	姓名	籍贯	任职起止时间
三班镇	政府	镇长	林思毅	桂阳乡涌溪村	2015.12—
		副镇长	郑金端	国宝乡厚德村	2011.12—
			罗贵贤	南埕镇高漈村	2016.12—
			陈文彬	龙浔镇丁墘村	2016.12—
龙门滩镇	党委	书记	方华宇	雷峰镇雷峰村	2015.8—
		副书记	涂世泽	赤水镇西洋村	2015.8—
			陈　炜	永春县岵山镇	2015.10—
			陈能鹏	赤水镇岭边村	20160.5—
		纪委书记	郑声超	水口镇淳湖村	2016.5—
		组织委员	寇凝一	盖德镇下寮村	2011.5—
		宣传委员	颜杰毅	三班镇三班村	2015.10—
		秘书、统战委员	潘文剑	永春县达埔镇	2015.10—
		委员、人武部部长	陈建旺	永春县苏坑镇	2016.5—
	人大主席团	主席	蔡文兴	浔中镇凤池社区	2012.9—2016.5
			郑以文	三班镇三班村	2016.12—
	政府	镇长	涂世泽	赤水镇西洋村	2015.12—
		副镇长	苏晓峰	龙浔镇兴南社区	2016.12—
			彭珍珠（女）	浔中镇浔中村	2016.12—
雷峰镇	党委	书记	苏奕垲	大铭乡联春村	2012.7—2016.5
			连继续	杨梅乡杨梅村	2016.5—
		副书记	林亮国	杨梅乡云溪村	2011.5—
			林思泽	上涌镇上涌村	2011.5—
		计生副书记	许全福	美湖镇洋田村	2016.5—
		纪委书记	陈胜发	赤水镇赤水社区	2016.5—
		组织委员	黄发梓	水口镇榜上村	2016.5—
		宣传委员	郭仙仙（女）	汤头乡汤头村	2015.10—
		秘书、统战委员	陈忠顺	雷峰镇蕉溪村	2016.5—
		委员、人武部部长	吴金德	盖德镇有济村	2016.5—
	人大主席团	主席	吴勇民	盖德镇有济村	2015.12—
	政府	镇长	林亮国	杨梅乡云溪村	2011.6—
		副镇长	彭金键	龙门滩镇霞碧村	2012.9—
			陈允泰	春美乡新阁村	2015.12—

续表 23

机构名称	机关类别	职务	姓名	籍贯	任职起止时间
南埕镇	党委	书记	连婷（女）	国宝乡格头村	2012.7—2016.5
			李波宁	浔中镇浔中村	2016.5—
		副书记	李波宁	浔中镇浔中村	2012.8—2016.5
			林忠营	龙浔镇丁墘村	2016.5—
			林文滨	大铭乡大铭村	2012.8—
			许仙瑞	赤水镇永嘉村	2015.10—
		纪委书记	王往杰	浔中镇富东社区	2016.5—
		组织委员	蒋恭团	上涌镇传豪村	2015.10—
		宣传委员	郑梅英（女）	三班镇三班村	2011.5—
		秘书	周玉来	雷峰镇双芹村	2016.5—
		统战委员	周玉来	雷峰镇双芹村	2016.5—
		委员、人武部部长	苏清景	春美乡古春村	2015.10—
	人大主席团	主席	陈祖承	春美乡梁春村	2015.12—
	政府	镇长	李波宁	浔中镇浔中村	2012.9—2016.5
			林忠营	龙浔镇丁墘村	2016.12—
		副镇长	郑世保	上涌镇桂格村	2015.12—
			裴承祖	龙浔镇宝美村	2016.12—
水口镇	党委	书记	涂德望	赤水镇小铭村	2015.9—2016.5
			赖诗坛	上涌镇桂林村	2016.5—
		副书记	陈子苹	永春县岵山镇	2015.9—
			潘堡强	永春县达埔镇	2011.5—
			许从清	美湖镇洋坑村	2015.10—
		纪委书记	郭昌棠	汤头乡岭脚村	2016.5—
		组织委员	苏轩凤（女）	龙浔镇宝美村	2011.5—
		宣传委员	曾良贤	浔中镇浔中村	2011.5—
		秘书、统战委员	连文溉	国宝乡格头村	2015.9—
		委员、人武部部长	李自有	龙浔镇丁溪村	2015.10—
	人大主席团	主席	吴福联	盖德镇有济村	2012.9—
	政府	镇长	陈子苹	永春县岵山镇	2015.12—
		副镇长	尤少波	永春县蓬壶镇	2015.12—
			黄兴源	桂阳乡王春村	2015.12—
			陈建平	龙浔镇德新街	2016.12—

续表 23

机构名称	机关类别	职务	姓名	籍贯	任职起止时间
国宝乡	党委	书记	徐剑峰	三班镇奎斗村	2015.11—
		副书记	赖胜德	三班镇龙阙村	2015.8—
			郑进碧	三班镇奎斗村	2011.5—
			曾逸升	浔中镇石鼓村	2015.10—
		纪委书记	张其国	龙浔镇丁墘村	2016.5—
		组织委员	李文新	盖德镇盖德村	2016.5—
		宣传委员	张晴文（女）	水口镇亭坑村	2015.10—
		秘书、统战委员	徐巧珍（女）	盖德镇凤山村	2015.9—
		委员、人武部部长	肖友宗	上涌镇后宅村	2016.5—
	人大主席团	主席	彭建稽	龙门滩镇霞碧村	2015.12—
	政府	乡长	赖胜德	三班镇龙阙村	2015.12—
		副乡长	陈志华（女，科技）	水口镇昆坂村	2012.9—
			林思锐	上涌镇上涌村	2015.12—
			陈江艺	三班镇奎斗村	2016.12—
赤水镇	党委	书记	陈正忠	水口镇村场村	2015.8—
		副书记	郭小强	汤头乡汤头村	2015.9—2016.5
			陈敏坤	南埕镇连山村	2016.5—
			陈金玺（计生）	雷峰镇瑞坂村	2015.9—
			李添发	龙浔镇英山村	2015.10—
		纪委书记	郑双智	永春县仙夹镇	2016.5—
		组织委员	陈志明	浔中镇后所村	2016.5—
		宣传委员	王丽琼（女）	龙浔镇宝美村	2016.5—
		秘书、统战委员	苏剑秋	春美乡双翰村	2015.10—
		委员、人武部部长	颜杰臻	三班镇三班村	2016.5—
	人大主席团	主席	郑以文	三班镇三班村	2015.12—2016.6
			赖长城	上涌镇门头村	2016.12—
	政府	镇长	郭小强	汤头乡汤头村	2015.12—2016.5
			陈敏坤	南埕镇连山村	2016.12—
		副镇长	江作民	水口镇祥光村	2011.7—
			林一岚（女）	大铭乡大铭村	2015.12—
			江大坝	水口镇祥光村	2016.12—

续表 23

机构名称	机关类别	职务	姓名	籍贯	任职起止时间
美湖镇	党委	书记	林金雪	南埕镇南埕村	2012. 8—2016. 5
			郑宝林	三班镇桥内村	2016. 5—
		副书记	林恭兴	桂阳乡桂阳村	2015. 8—
			卢美纪	上涌镇西溪村	2015. 10—
			郑国洪	国宝乡厚德村	2015. 10—
		纪委书记	林加乐	桂阳乡涌溪村	2016. 5—
		组织委员	罗良全	南埕镇高漈村	2015. 10—
		宣传委员	陈玲玲（女）	上涌镇上涌村	2011. 5—
		秘书、统战委员	张光辉	雷峰镇长基村	2016. 5—
		委员、人武部部长	张利堤	水口镇亭坑村	2016. 5—
	人大主席团	主席	郭启建	龙浔镇宝美村	2015. 12—
	政府	镇长	林恭兴	桂阳乡桂阳村	2015. 12—
		副镇长	江宏墩	水口镇祥光村	2011. 6—
			庄勇生	三班镇龙阙村	2015. 12—
大铭乡	党委	书记	赖佳忠	三班镇龙阙村	2011. 5—2016. 5
			杨德源	桂阳乡安章村	2016. 5—
		副书记	杨德源	桂阳乡安章村	2015. 11—2016. 5
			林让苗	美湖镇上漈村	2016. 12—
			王文发	雷峰镇肖坑村	2015. 9—
		计生副书记	张炳滋	水口镇村场村	2016. 5—
		纪委书记	郑新接	上涌镇桂格村	2016. 5—
		组织委员	赖礼贯	上涌镇桂林村	2016. 5—
		宣传委员	陈仁杰	龙浔镇浔东村	2016. 5—
		秘书、统战委员	刘玉珊	美湖镇小湖村	2016. 5—
		委员、人武部部长	徐凤伟	浔中镇乐陶村	2012. 8—
	人大主席团	主席	曾华艺	上涌镇曾坂村	2015. 12—
	政府	乡长	杨德源	桂阳乡安章村	2015. 12—2016. 5
		代理乡长	戴志辉	南安市码头镇	2016. 5—2016. 12
		乡长	林让苗	美湖镇上漈村	2016. 12—
		副乡长	陈仁杰	龙浔镇浔东社区	2015. 12—
			陈清峰（科技）	美湖镇阳山村	2015. 12—
			郑　新（女）	三班镇桥内村	2015. 12—

续表 23

机构名称	机关类别	职务	姓名	籍贯	任职起止时间
春美乡	党委	书记	曾华基	上涌镇曾坂村	2015.8—
		副书记	林国旺	桂阳乡溪洋村	2015.9—
			林德东	国宝乡南斗村	2015.10—
			赖发进	上涌镇曾坂村	2015.10—
			林 郁	福州市仓山区	2016.11—
		纪委书记	许章槐	美湖镇上岸村	2016.5—
		组织委员	赖传双	汤头乡福山村	2011.5—
		宣传委员	邱宏伟	浔中镇凤池社区	2015.10—
		秘书、统战委员	张文琳	雷峰镇荐解村	2016.5—
		委员、人武部部长	苏基壁	春美乡上春村	2015.10—
	人大主席团	主席	张奕敬	龙浔镇丁墘村	2015.12—
	政府	乡长	林国旺	桂阳乡溪洋村	2015.12—
		副乡长	张文琳	雷峰镇荐解村	2015.12—
			吴楚莹（女）	雷峰镇蕉溪村	2015.12—
上涌镇	党委	书记	黄振宇	桂阳乡梓溪村	2011.5—
		副书记	郑宝林	三班镇桥内村	2015.8—2016.5
			林其粮	大田县湖美乡	2016.5—
			许启奋	赤水镇永嘉村	2015.10—
		计生副书记	苏宜发	龙浔镇宝美村	2016.5—
		纪委书记	钟志华	雷峰镇瑞坂村	2016.5—
		组织委员	曾宪鹏	浔中镇仙境村	2015.10—
		宣传委员	徐星火	浔中镇乐陶村	2016.5—
		秘书	林新柔	大铭乡大铭村	2015.10—
		统战委员	林新柔	大铭乡大铭村	2015.10—
		委员、人武部长	陈子杰	葛坑镇葛坑村	2015.10—
	人大主席团	主席	徐明晓	盖德镇福阳村	2015.12—
	政府	镇长	郑宝林	三班镇桥内村	2015.12—2016.5
			林其粮	大田县湖美乡	2016.12—
		副镇长	林朝阳	雷峰镇雷峰村	2015.12—
			林秀芳（女）	美湖镇洋田村	2016.12—
汤头乡	党委	书记	黄东胜	南安市码头镇	2012.9—
		副书记	黄金沙	水口镇昆坂村	2011.5—
			张奕宏	龙门滩镇磻坑村	2011.5—
			李仁浩	葛坑镇漈头村	2015.10—
			陈思煌（挂职）	南安市溪美镇	2016.11—

续表 23

机构名称	机关类别	职务	姓名	籍贯	任职起止时间
汤头乡	党委	纪委书记	陈公培	春美乡新阁村	2016. 5—
		组织委员	吴衍鸿	雷峰镇蕉溪村	2016. 5—
		宣传委员	曾全固	浔中镇祖厝村	2016. 5—
		秘书、统战委员	王丽明（女）	浔中镇乐陶村	2016. 5—
		委员、人武部部长	林修文	美湖镇上漈村	2015. 10—
	人大主席团	主席	徐文昌	盖德镇福阳村	2015. 12—
	政府	乡长	黄金沙	水口镇昆坂村	2011. 6—
		副乡长	曾全固	浔中镇祖厝村	2015. 12—
			郑剑华	永春县仙夹镇	2015. 12—
			李小霞（女）	浔中镇土坂村	2015. 12—
葛坑镇	党委	书记	林美兴	盖德镇林地村	2015. 8—
		副书记	蒋声彬	上涌镇黄井村	2015. 9—
			林承锻	桂阳乡桂阳村	2015. 10—
			林国明	水口镇上湖村	2016. 5—
		纪委书记	郑秀春（女）	三班镇桥内村	2016. 5—
		组织委员	叶义旭	国宝乡佛岭村	2016. 5—
		宣传委员	苏朝进	龙浔镇宝美村	2016. 5—
		秘书、统战委员	涂双金	盖德镇上坑村	2016. 5—
		委员、人武部部长	林国助	桂阳乡梓溪村	2011. 5—
	人大主席团	主席	赖长城	上涌镇门头村	2011. 6—2016. 5
			陈煌林	赤水镇苏坂村	2016. 12—
	政府	镇长	蒋声彬	上涌镇黄井村	2015. 12—
		副镇长	林振发	浔中镇浔中村	2015. 12—
			连俊强（科技）	国宝乡格头村	2015. 12—
			郭宏儒	美湖镇小湖村	2016. 12—
桂阳乡	党委	书记	苏宏斌	龙浔镇宝美村	2015. 12—
		副书记	王艳琦（女）	永春县苏坑镇	2015. 12—
			郑建新	龙门滩镇湖景村	2013. 7—
			苏添钦	春美乡双翰村	2015. 10—
		纪委书记	陈永生	葛坑镇葛坑村	2016. 5—
		组织委员	宋　健	莆田市城厢区	2011. 5—
		宣传委员	曾华丰	浔中镇仙境村	2011. 5—
		秘书、统战委员	叶剑华	国宝乡佛岭村	2016. 5—
		委员、人武部部长	蒋朝挥	上涌镇黄井村	2011. 5—

续表 23

机构名称	机关类别	职务	姓名	籍贯	任职起止时间
桂阳乡	人大主席团	主席	林传景	浔中镇后所村	2016.12—
	政府	乡长	王艳琦（女）	永春县苏坑镇	2015.12—
		副乡长	陈明全	龙浔镇丁溪村	2016.12—
杨梅乡	党委	书记	许金标	美湖镇洋田村	2011.5—2016.5
			黄全忠	汤头乡汤垵村	2016.5—
		副书记	黄全忠	汤头乡汤垵村	2011.5—2016.5
			苏开良	春美乡上春村	2016.5—
			陈国安	南埕镇连山村	2015.10—
			车桐鑫（挂职）	泉州市鲤城区	2016.11—
		计生副书记	曾华峰	浔中镇仙境村	2016.5—
		纪委书记	方萍萍（女）	雷峰镇坂仔村	2016.5—
		组织委员	陈海民	南埕镇连山村	2015.10—
		宣传委员	庄克强	浔中镇浔中村	2016.5—
		秘书、统战委员	方建辉	雷峰镇雷峰村	2015.10—
		委员、人武部部长	王杰生	雷峰镇肖坑村	2015.10—
	人大主席团	主席	黄其兑	水口镇凤坪村	2011.5—2016.5
			曾世超	浔中镇浔中村	2016.12—
	政府	乡长	黄全忠	汤头乡汤垵村	2011.5—2016.5
			苏开良	春美乡上春村	2016.12—
		副乡长	陈成法	龙浔镇大坂村	2011.5—
			庄克强	浔中镇浔中村	2015.12—

说明：1. 本表收录2016年12月底德化县县直各单位、县直各系统党委、各乡镇领导班子成员、县直各党组书记和副处级及以上非领导职务（各乡镇党委书记、乡镇长、人大主席和县直各单位主要领导人及副处级以上领导当年度有调整的也有收录）；一人在两个单位担任两个或两个以上领导职务的分别收录到相应单位；一人在某单位担任主要领导职务，在另一单位担任非领导职务的，由担任领导职务的单位同时将其非领导职务一并收录，担任非领导职务的单位不予收录

2. 县人大常委会主任、副主任，县人民政府县长、副县长的任职时间以在县人大会议上当选时间为准，县政协主席、副主席以在县政协会议上当选时间为准，各乡镇人大主席团主席，政府乡镇长、副乡镇长以在乡镇人大会议上当选时间为准

2016年度获得高、中级职称人员名单

【高级职称】

表24

姓名	工作单位	技术职务	任职资格时间
王文克	福建省佳美集团公司	高级工艺美术师	2016.2.4
李鸿洋	德化县建筑工程公司	建筑工程管理高级工程师	2016.2.4
蒋恭照	德化县永正建筑工程有限公司	建筑工程管理高级工程师	2016.2.4
赖开旭	厦门建兴工程管理有限公司德化分公司	建筑工程管理高级工程师	2016.2.4
郭绪明	德化县种子公司	高级农艺师	2016.5.25
苏春松	德化县植保植检站	高级农艺师	2016.5.25
郑向阳	德化县医院	基层主任医师	2016.11.24
陈卫红	德化县医院	基层中医主任医师	2016.11.24
陈继军	德化县医院	主任医师	2016.11.24
涂淑珠	德化县实验小学	中小学高级教师	2016.11.24
黄丽萍	德化县阳光小学	中小学高级教师	2016.11.24
叶枚举	德化县浔中中心小学	中小学高级教师	2016.11.24
李华炬	德化县龙浔中心小学	中小学高级教师	2016.11.24
许玉珍	德化县实验幼儿园	中小学（幼儿园）高级教师	2016.11.24
陈伯强	德化上涌中心卫生院	基层副主任医师	2016.12.5
颜丽玉	德化县计划生育服务站	副主任医师	2016.12.5
刘金土	德化县龙门滩镇卫生院	副主任医师	2016.12.5
李章灿	德化县中医院	副主任医师	2016.12.5
郑贤德	德化县龙门滩镇卫生院	中药副主任药师	2016.12.5
赖金仙	德化县医院	副主任护师	2016.12.5
张丽雪	德化县医院	副主任护师	2016.12.5
陈丽玉	德化县医院	副主任护师	2016.12.5

【中级职称】

表 25

姓名	工作单位	技术职务	任职资格时间
陈少耕	福建省汤头建筑工程有限公司	建筑电气工程施工工程师	2016. 1. 29
练发焰	福建省汤头建筑工程有限公司	建筑电气工程施工工程师	2016. 1. 29
林冰妹	福建省汤头建筑工程有限公司	建筑电气工程施工工程师	2016. 1. 29
赖瑞轩	福建省汤头建筑工程有限公司	建筑给水排水工程施工工程师	2016. 1. 29
连朝恭	福建省汤头建筑工程有限公司	建筑给水排水工程施工工程师	2016. 1. 29
刘平如	福建省汤头建筑工程有限公司	建筑给水排水工程施工工程师	2016. 1. 29
姚敦启	福建省汤头建筑工程有限公司	建筑给水排水工程施工工程师	2016. 1. 29
程利军	福建省汤头建筑工程有限公司	市政工程施工工程师	2016. 1. 29
杨　亮	福建省汤头建筑工程有限公司	市政工程施工工程师	2016. 1. 29
赖秀鈥	泉州世青建设工程检测有限公司	工程检测工程师	2016. 1. 29
陈小钰	福建省毅龙建筑工程有限公司	建筑工程施工工程师	2016. 2. 3
黄荣权	德化县大铭乡农业服务中心	农艺师	2016. 6. 30
林文栋	德化县桂阳乡农业服务中心	农艺师	2016. 6. 30
颜艳红	德化县种子公司	农艺师	2016. 6. 30
林思灿	德化县葛坑镇畜牧兽医站	兽医师	2016. 6. 30
郑巧霞	德化县动物疫病预防控制中心	畜牧师	2016. 6. 30
林文全	德化县医院	生物医学电子技术专业工程师	2016. 9. 6
陈必贤	德化县环境监测站	环境监测专业工程师	2016. 9. 6
彭彩燕	德化县市场监督管理执法大队	计量专业工程师	2016. 12. 1
王永鑫	德化县建设工程安全监督站	工程建设管理工程师	2016. 12. 1
黄仲霖	德化县建设工程质量监督站	工程建设管理工程师	2016. 12. 1
黄文理	德化县美湖镇村镇规划建设环保站	工程建设管理工程师	2016. 12. 1
郑甲强	德化县美湖镇村镇规划建设环保站	工程建设管理工程师	2016. 12. 1
刘晓明	德化县市政公用事业管理局	工程建设管理工程师	2016. 12. 1
连培校	德化县水口镇村镇规划建设环保站	工程建设管理工程师	2016. 12. 1

2016 年度新闻人物

"鲇鱼"全省雨量最大村党支部书记张华忠：带病引领村民自救

"天气好了，可是一点儿都不能松懈，村民自救很重要。"9 月 27 日至今，身患糖尿病的南埕镇塔兜党支部书记、县党代表张华忠，带领村两委班子奋战在抗灾救灾一线，还没睡过一个安稳觉，显然有些疲惫。10 月 1 日上午，他又操小路走访、排查村里各个受灾点，组织村民自救。

"不好了，水涨得很快！"28 日凌晨 2 时 45 分，张华忠接到在溪口值班的妇女主任危秀宝电话称，水位已到了石龙溪漂流售票处，停车场被淹没。3 时刚过，塔兜村过程雨量已达 330 毫米，成为"鲇鱼"台风期间全省雨量最大的一个村，进村道路受阻，塔兜村告急！

"我不放心，为了大家的安全，一定得去看一下。"张华忠不由分说，往溪口方向进发，不过几十米，公路出现了多处塌方和溜方，挡住了前进的去路，他只好操小路，边走边通知群众不能睡觉，提醒时刻要关注周围的变化。

"水位确实涨得很快，一定要坚守。"这时，张华忠看到漂流点外 30 米处出现一个很大的溜方点，堵住了通往村外的路。

凌晨 5 时，张华忠赶回塔兜，挨家挨户到村民家中走访，提醒大家注意安全。在巡查中，走在一块小板上的张华忠，脚下一滑，一头撞到石墙上，顿时头晕目眩，好在村民急忙过来扶起他。

"当时也不顾得疼，就是一直放心不下村民。"张华忠到上午 9 时才回到家里，没想到自己家门前的道路也塌方，随时会危及到房子，但也顾不上这些了。

进了家门，张华忠才发现自己虽然穿着雨衣，但全身已湿透，感觉全身发冷。他换身衣服后又分组以石龙溪为界，排查受灾点和人员安全以及村民生活是否有保障，并耐心劝导一些想不开的留守老人不要回家取东西，直到晚上 11 点多才回家。

"没电和手机信号，那就像没了手和脚，这会给村民生活带来很多不便。"29 日上午 9 时，雨时停时续，村里突然没电了，通讯信号也极弱。下午 3 时，张华忠立即组织一支应急小分队巡查各电路支线，清除障碍。到了下午 4 时 30 分，县供电公司抢修人员及时赶到，处理了压在高压线上的杉木后，于晚上 8 时恢复供电。

"塔兜村已成孤岛，只有先自救。"张华忠说，到了 29 日 9 时 45 分，他才抽空到一手机信号较好的高处向南埕镇党委政府汇报受灾情况：受损民房 25 座、房间 46 间，公路溜方 67 处约 5 万方、塌方 14 处 3.5 万方……

"希望出村道路快点打通。"30 日，张华忠组织人员和利用温泉景区的两台机械抢修道路，自己的病也越来越严重，却全然不觉。

直到 10 月 1 日，他又出发了……

相关链接：张华忠凝聚村党组织的力量，充分发挥"党支部+"模式的作用，依靠旅游业发展村集体经济，带领群众走向致富道路。2006 年当选为塔兜村主任的张华忠想方设法解决出行难问题。经过不懈的努力，在村财收入微薄的情况下，塔兜村完成了通向各个自然角落道路的拓宽和硬化。现阶段，塔兜大桥至温泉道路提级改造硬化项目也在紧锣密鼓地建设当中。张华忠坚持走发展旅游经济的路子。经过反复讨论、酝酿，最终决定以"党支部+"的模式来开发、发展，充分利用本地的有利资源，对塔兜温泉、石龙溪漂流开发利用。如今，石龙溪漂流、塔兜温泉的旅游设施正逐步完善，游客也越来越多，村集体经济也从 2009 年的五千元上升到 2015 年的 4 万元，村民的腰包也日益鼓起来。自 2009 年任党支部书记以来，为了让村民们真正享受到新农保政策带来的实惠，实现塔兜村群众"老有所养"，他把群众当作亲人，走村串户，挨家挨户向群众宣传解释，给群众算大账、算细账，让群众明白缴纳养老保险带来的实惠。针对村里的"空巢老人"和特困群体，想方设法多方筹措资金，为全村六十周岁以上老年人缴纳养老保险。塔兜村更是在 2011 年让百分之九十五以上村民用上自来水。

10 月 1 日上午，南埕镇塔兜村党支部书记、县党代表张华忠（右一）走访、排查村里各个受灾点，组织村民自救

（图 / 德化报）

吴福联：抢修道路运送物资 连续救援 30 小时

冒雨送物资进山 了解一线灾情

9 月 30 日上午，水口镇人大主席团主席、老党员吴福联奔忙在村场、樟镜、坵坂等村和公路塌方现场，他已三天没睡过一个安稳觉了。

9 月 28 日凌晨，台风“鲇鱼”雨大风急，水口镇山洪暴发，导致通往德化石牛山景区的两条公路多处山体滑坡、道路塌方，一时牵动着大家的心。

“2 时许，雨越下越大，我心里很着急。”吴福联和镇党委书记、镇长一同驻守镇政府，一夜未眠，看到雨势突然变大，他绷紧了每一根神经，“前一次‘莫兰蒂’台风带来的降雨，山体水分已经饱和，随时都会有灾害发生，希望乡亲们平安没事。”

3 时 29 分，手机铃声响起，梨坑村报告称山上暴发山洪，冲毁 2 座桥和 3 栋民房。

吴福联急忙组织民兵应急分队上山，但通往梨坑村的公路沿途多处出现山体滑坡，阻断进村道路。因雨势太大、道路受阻，一行人只能返回镇里。

天刚亮，吴福联和武警官兵、民兵应急分队共 30 余人再次开着铲车、带着工具上山，一路抢修，清理滑坡现场。可距离镇区 4 公里处，一处 50 米长道路被山洪冲毁，连路基都被冲垮。“仅凭我们的力量实在抢修不了，只能等待救援。”吴福联心急如焚。

沿线还有毛厝、承泽、昆坂 3 个村，水电中断，道路不通。他决定冒险一试，从塌方的道路涉险进村。

“看到村民有得吃，我的心才安定了些。”9 月 29 日上午 8 时许，吴福联带领 6 名武警战士和 6 名民兵组成的应急小分队，背上米、油等物资，冒着暴雨进山，徒步 5 公里挺进梨坑村，直到 11 时许才抵达梨坑村。

“真是面目全非，惨不忍睹。”吴福联为村里的灾情所震惊。他和武警战士、应急队员忙将物资交给村干部，“路还没通，我们得确保村民有住有吃”。

了解灾情、慰问完村民后，吴福联顾不上大雨又至，马不停蹄地沿着石牛山景区下山公路徒步勘查滑坡和塌方情况。

吴福联这次进山有三个目的，第一是了解梨坑村灾情，第二是慰问受灾村民，第三是查看村庄和道路的受损情况。“要尽快抢通公路！”勘查完地形，吴福联又匆忙往回走，他要赶紧将里面的情况通报给等待抢险的武警部队，争取尽快抢通主通道。他还和武警官兵及民兵小分队将被困梨坑村的两名游客接出来。

抢修道路 持续奋战多日

这已是吴福联连续救灾的第三天。从 9 月 27 日台风“鲇鱼”登陆前，水口镇开始准备防御工作开始，到昨天，吴福联还没睡过一个安稳觉。

28 日凌晨，水口镇山洪暴发，导致通往石牛山景区的两条公路多处山体滑坡、道路塌方，梨坑村 3 栋民房、2 座桥被突然暴发的山洪冲毁，一人遇难。

9 月 30 日，水口镇人大主席团主席、老党员吴福联（右一）带领应急小分队转移部分被困群众　（图 / 德化报）

凌晨 3 时 29 分，梨坑村打电话报告称，山上突然暴发山洪，洪水冲毁了村里的 2 座桥和 3 栋民房，一名村民未及逃脱被埋！3 时 42 分，吴福联急忙组织民兵应急分队上山，但山洪暴发，通往梨坑村的公路沿途多处出现山体滑坡，“根本上不去！”

因雨势太大、道路受阻，吴福联一行只能返回镇里。

28 日清晨 7 时刚过，吴福联和民兵应急分队 30 余人再次开着铲车、带着工具上山，开始抢通道路。抢修工作一直进行到当天下午 5 时许，道路抢通到距离镇区 4 公里处，一处 50 米长的道路被山洪完全冲毁，连路基也没了，“实在抢修不了，才停下来等支援部队”。到这时，吴福联已经连续 30 多个小时没有休息。28 日晚，抢修工作告一段落，吴福联才拖着疲惫的身子，回到镇政府休息。9 月 30 日，吴福联依然忙碌着。“雨停了，溪水退了，灾后重建工作正等着我。”

（撰稿人：陈明华 李宏图）

荣誉榜

先进集体

表 26 德化县荣誉称号名表

获奖单位	奖励名称	颁奖单位	颁奖时间
德化县	义务教育发展基本均衡县	国务院教育督导委员会	2016.2.5
	2015 年度社会管理综合治理先进县	市委、市政府	2016.2.15
	2016 年地质灾害防治高标准“十有县”	国土资源部	2016.12.6
县政府	2016 年中国版权金奖保护奖	世界知识产权组织、国家版权局	2016.12

表 27 获省部级及以上单位表彰的先进单位名表

获奖单位	奖励名称	颁奖单位	颁奖时间
县法院纪检组监察科	全国法院先进集体	最高人民法院	2016.1
县工商联	2015 年全国“五好”县级工商联	中华全国工商业联合会	2016.5
龙浔镇计生协会	全国乡级计生协会先进单位	中国计划生育协会	2016.5
中共德化县人民法院总支部委员会	全省法院系统先进党组织	省高级人民法院	2016.7
县司法局	2016 年度人民调解宣传工作先进集体	中华全国人民调解员协会	2016.7
龙浔镇党委	全省先进基层党组织	省委	2016.7
三班镇政府	德化三班瓷都茶具小镇	省政府	2016.9
南埕镇绿泰油茶农民专业合作社	国家农民合作社示范社（农业）	农业部	2016.12.27
县老年大学	全国示范老年大学	中国老年大学协会	2016.12
龙门滩镇碧坑村	国家级传统村落	住建部	2016.12

表 28 获市厅级及以上单位表彰的先进单位名表

获奖单位	奖励名称	颁奖单位	颁奖时间
美湖镇	福建省安全社区	省人民政府安全生产委员会	2016.1
龙浔镇政府	福建省安全社区	省人民政府安全生产委员会	2016.1
县报道中心	获评福建日报 2015 年度优秀报道组	福建日报报业集团	2016.3
县农村信用联社	2015 年全省农信系统业务增长十佳单位	省农村信用社联合社	2016.3
	省直机关工委先进基层党组织	省直机关工委	2016.6
县供电公司	福建省“五一劳动奖状”	省总工会	2016.4.25
	2015 年度全国“安康杯”竞赛优胜单位	全国安康杯竞赛组委会	2016.11
县龙浔镇团委	2015 年度“福建省五四红旗团委”	共青团福建省委	2016.5
浔中中心小学	中国少年儿童平安行动 2015 年度示范活动基地	全国少工委办公室、中国少年儿童新闻出版总社	2016.5

续表 28

获奖单位	奖励名称	颁奖单位	颁奖时间
中国电信德化分公司团支部	2015 年度“福建省五四红旗团（总）支部”	共青团福建省委	2016. 5
县水利局机关支部委员会	先进基层党组织	市委	2016. 6. 26
水口镇党委	2016 年度泉州市先进基层党组织	市委	2016. 6
县法院总支部委员会	先进基层党组织	市委	2016. 6
县农村信用合作联社营业部	“2016 年 -2018 年”省级青年文明号	省创建青年文明号活动组委会	2016. 7
县供电有限公司配电抢修班	2015 年度省级青年安全生产示范岗	共青团福建省委、省安全生产监督管理局	2016. 7
县依法治县领导小组办公室	2011-2015 年全省先进普法依法治理办公室	省委宣传部、省司法厅、省依法治省办	2016. 7
县供电公司运检部瓷都电力 QC 小组、检修五班 QC 小组	2016 年福建省优秀质量管理小组	省质量管理协会、省总工会	2016. 7
县供电公司配电抢修班	2015 年度福建省青年安全生产示范岗	共青团福建省委、省安全生产监督管理局	2016. 7
龙门滩镇	省级绿色乡镇	省住建厅	2016. 8
县检察院团支部	“2016—2017 年度省级青少年维权岗”创建单位	省创建“青少年维权岗”活动组委会	2016. 9
县总工会	全省县级工会经审工作规范化建设 A 级单位	省总工会	2016. 9
县丽玉生态农林专业合作社	福建省巾帼示范基地	省妇女联合会	2016. 10
浔中镇政府	全国淘宝镇	阿里研究院	2016. 10
	全国千强镇	中国中小城市经济发展委员会	2016. 11
龙浔镇政府	中国“淘宝镇”	阿里研究院第四届中国淘宝村高峰论坛（沭阳）	2016. 10
县检察院	《瓷都　爱廉说》获全省检察机关“十佳 H 5 廉政微片”	省检察院	2016. 11
县检察院控告申诉检察科	2013 — 2015 年度全省检察机关“文明接待室”	省检察院	2016. 11
龙门湖水利风景区	省级水利风景区	省水利厅	2016. 11
县委宣传部	2015 年度全省宣传文化系统舆情信息工作先进单位荣誉称号	省委宣传部	2016. 11
县交通局综合行政执法大队	2012-2015 年度全省交通运输系统先进集体	省人力资源和社会保障厅、福建省交通运输厅	2016. 12
泉州工艺美院	福建省 2016 年高校校园文化建设优秀成果三等奖	省委教育工委、省教育厅	2016. 12

先进个人

表 29　　获省部级及以上单位表彰的先进个人名单

姓名	工作单位	奖励名称	奖励单位	颁奖时间
黄志森	县林业局	2013-2015 年度全国森林防火工作先进个人	国家森林防火指挥部、国家林业局	2016. 3
林晓芳	县金珠陶瓷有限公司	2014-2015 年度全国青年岗位能手	共青团中央 、人力资源和社会保障部	2016. 5
林发庆	大铭乡大铭村	省优秀共产党员	省委	2016. 7
黄秉文	县委组织部	省优秀党务工作者	省委	2016. 7

表 30　　获厅级及以上单位表彰的先进个人名单

姓名	工作单位	奖励名称	奖励单位	颁奖时间
欧阳雅芳	县国土资源局	荣获“2011-2015 年全省国土资源信访工作先进工作者”荣誉称号	省国土资源厅	2016. 1
张碧花	县陶氏贸易有限公司、旗袍协会会长	福建省优秀巾帼志愿者	省妇联、省巾帼志愿者协会	2016. 3
李宏图	《瓷都德化》编辑中心	福建日报 2015 年度优秀通讯员	福建日报社	2016. 3
		作品《德化南埕，公社时代的记忆》获福建日报 2015 年度通讯员好新闻三等奖		
寇婉琼	县报道中心	优秀通讯员	福建日报报业集团	2016. 3
王双季	《瓷都德化》编辑中心	新闻宣传工作积极分子	福建日报报业集团	2016. 3
		第二十届福建对外新闻奖三等奖	省委对外宣传办公室、新闻工作者协会	2016. 9
颜松柳	县瓷言坊陶瓷工艺有限公司	第十三届“福建青年五四奖章”	省团委、省青年联合会	2016. 5
林素娟	县浔中中心小学	2015 年度“福建省优秀共青团员”	共青团福建省委	2016. 5
郑丽燕	德化职业技术学校	2015 年度“福建省优秀共青团员”	共青团福建省委	2016. 5
陈建德	县检察院	《11 名失足少年终圆大学梦》获 2014—2015 年度福建省政法综治优秀新闻作品报刊类三等奖	省委政法委员会、省社会管理综合治理委员会办公室、省新闻工作者协会	2016. 5
林明贵				
郑宝莲	盖德镇有济村妇代会	福建省最美家庭提名家庭	省妇联、省委文明办	2016. 5
葛和丰	县第三中学	福建省最美家庭提名家庭	福建省妇联、 中共福建省委文明办	2016. 5
许瑜亮	县纪委	市优秀共产党员	市委	2016. 6. 26
许金标				

续表 30

姓名	工作单位	奖励名称	奖励单位	颁奖时间
许鸿伟	县地税局	市“优秀党务工作者”	市委	2016.6
王柏琳	县离退休职工联合会	泉州市优秀党务工作者	市委	2016.6
陈　琨	县供电公司	优秀共产党员	市委	2016.6
寇婉芳	县法院	全省法院党建工作先进个人	省高级人民法院	2016.7
郑聪养				
林星魁	县供电公司	福建省百万职工“五小”创新大赛二等奖	省总工会	2016.7.19
郑声威	县司法局	2011-2015 全省法治宣传教育模范个人	省委宣传部、省司法厅、省依法治省办	2016.7
彭钦毅	县委组织部	市优秀共产党员	市委	2016.7
林嘉辉	葛坑镇湖头村	福建好人	省委文明办	2016.7
苏丽婷	泉州工艺美院	福建省高校优秀共产党员	省委教育工作委员会	2016.7
毛寿坤	邮储银行德化支行	2015 年度福建省银行与机构年轻干部挂职县级团委工作先进个人	共青团福建省委、福建银监局	2016.10.19
李丽婷	县检察院	“深入学习黄志丽，立足岗位做贡献”征文活动优秀奖	省委政法委	2016.10
冯桂滨	龙浔派出所	全省优秀人民警察	省公安厅	2016.10
陈诗达	地税局三班分局	全省地税系统先进个人	省人力资源和社会保障厅、省地税局	2016.11.8
周银珠	县妇联	福建省妇联系统先进工作者	省人力资源和社会保障厅、省妇联	2016.12
王丽红	县供销社	全省供销合作社系统先进工作者	省人力资源和社会保障厅、省供销社	2016.12
陈龙星	县农业局	2012-2015 年度全省农业系统“先进工作者”	省人力资源和社会保障厅、省农业厅	2016.12
叶诗苹	县直机关党工委	全省机关工委系统先进工作者	省人力资源和社会保障厅、省委省直机关工委	2016.12

德化县委、县政府2016年度表彰先进名单

【2016年度获表彰企业名单】

一、新三板上市先进企业2家

1. 德化恒忆陶瓷艺术股份有限公司
2. 泉州阳光创艺陶瓷股份有限公司

二、工业设计优秀企业2家

1. 福建德化五洲陶瓷股份有限公司
2. 福建泉州顺美集团有限责任公司

三、新增规模以上工业企业9家

1. 福建省德化县嘉威陶瓷有限公司
2. 德化东华陶瓷有限公司
3. 福建景图玻璃有限公司
4. 美图（福建）铝业有限公司
5. 福建省德化县华兴陶瓷有限公司
6. 泉州阳光创艺陶瓷股份有限公司
7. 福建省德化县紫云陶瓷工艺厂
8. 福建省德化县全丰陶瓷有限公司
9. 德化县四星投资有限责任公司

四、获得福建省著名商标的企业5家

1. 福建省德化县华茂陶瓷有限公司的“第10199720号图形”商标
2. 福建省德化县继裕陶瓷有限公司的“继裕及图”商标
3. 福建省德化县锦福陶瓷有限公司的“錦坤”商标
4. 福建省德化县兴业陶瓷有限公司的“第11662974号图形”商标
5. 德化县夏里巴人黑鸡养殖农民专业合作社的“岱仙山及图”商标

五、获得马德里商标国际注册的企业8家

1. 德化县宏顺陶瓷有限公司
2. 福建省泉州得盛集团有限公司
3. 福建省泉州市创意集团有限公司
4. 福建省德化臻南陶瓷有限公司
5. 福建省德化县继裕陶瓷有限公司
6. 福建省德化县兴业陶瓷有限公司
7. 福建省德化明英华陶瓷有限公司
8. 福建省泉州伟盛集团有限公司

六、参与省地方标准制定的企业5家

1. 福建冠福实业有限公司（第一起草单位）
2. 德化县质量计量检测所
3. 福建省日用陶瓷产品质量监督检验中心
4. 德化县电子商务协会
5. 福建省德化县唐丰陶瓷有限公司

七、获得产品质量认证的企业1家

福建省海峡水泥股份有限公司的建福、炼石、剑牌牌硅酸盐水泥

八、通过ISO 14000环境管理体系认证并取得认证证书的企业3家

1. 福建德化五洲陶瓷股份有限公司
2. 福建省海峡水泥股份有限公司
3. 泉州市宏盛集团公司

九、通过OHSAS18000职业健康安全管理体系认证并取得认证证书的企业3家

1. 福建德化五洲陶瓷股份有限公司
2. 福建省海峡水泥股份有限公司
3. 泉州市宏盛集团公司

【德化县2016年度企业工作先进乡镇名单】

龙浔镇　浔中镇　三班镇　美湖镇
葛坑镇　盖德镇　汤头乡

德化县2016年度纳税400万元以上企业集团名单

表31　　单位：万元

序号	集团名称	法人代表	缴纳税款
1	福建省泉州龙鹏集团有限公司	苏建堆	1767
2	冠福控股股份有限公司	林文智	1266
3	福建泉州顺美集团有限责任公司	郑泽洽	1214
4	福建省佳美集团公司	陈志翰	1084
5	福建泉州意顺集团有限公司	郭金煌	552
6	泉州市创意集团公司	温雅国	450

德化县2016年度自营出口创汇前十名企业名单

表32　　单位：万元

序号	企业名称	出口创汇
1	福建泉州顺美集团有限责任公司	2011
2	福建省德化协发光洋陶器有限公司	1669
3	福建省佳美集团公司	1091
4	福建省德化县三峰陶瓷有限公司	850
5	福建省德化县华茂陶瓷有限公司	534
6	福建省泉州龙鹏集团有限公司	519
7	美图（福建）铝业有限公司	507
8	德化恒瀚艺品有限公司	484
9	福建省德化县嘉威陶瓷有限公司	458
10	福建省德化佳旺达陶瓷有限公司	401

德化县2016年度纳税50万元以上企业名单

表33　　单位：万元

序号	纳税人名称	法人代表	税额
1	国网福建德化县供电有限公司	陈　琨	6056
2	德化县农村信用合作联社	苏德胜	4310
3	泉州建坤房地产开发有限公司	陈志民	3591
4	德化美伦房地产开发有限公司	李向阳	3309
5	泉州裕正置业有限公司	张宝忠	2050
6	德化华骏房地产开发有限公司	吴为民	1856
7	福建省汤头建筑工程有限公司	郑海容	1832
8	德化涌溪水电有限公司	李文章	1790
9	泉州德化厦沙高速公路有限公司	刘志平	1506
	其中：A1 中铁十七局集团第六工程有限公司	李永珑	271
	A2 中交第二航务工程局有限公司	王世峰	52
	A3 中铁十一局集团有限公司	何义斌	129

续表 33

序号	纳税人名称	法人代表	税额
9	A4 中铁一局集团有限公司	张为和	89
	A5 中铁二十三局集团第一工程有限公司	曹德岗	393
	A6 中交一公局厦门工程有限公司	白　著	295
	A7 四川公路桥梁建设集团有限公司	熊国斌	265
10	德化县银厦房地产开发有限公司	苏德县	1458
11	百德（泉州）置业有限公司	林连堆	1435
12	福建省德化协发光洋陶器有限公司	陆镇源	1353
13	冠福控股股份有限公司	林文智	1266
14	德化广安天然气有限公司	张子钢	1183
15	泉州市龙门滩引水工程管理处	苏荣薰	1147
16	福建省双旗山矿业有限责任公司	谢文清	1084
17	德化县影视城开发建设有限公司	苏良金	1077
18	德化县万佳房地产开发有限公司	苏银凯	1059
19	德化县国地房地产有限公司	林渊硕	987
20	泉州冠益置业有限公司	杨志洪	972
21	福建华夏金刚科技股份有限公司	林贵基	971
22	中国农业银行股份有限公司德化县支行	张旭禹	925
23	德化县顺尔美工艺品有限公司	郑鹏飞	892
24	德化县城镇房地产开发公司	连其文	862
25	福建省浔益建筑工程有限公司	陈钢梁	806
26	中国人民财产保险股份有限公司德化支公司	郑晶晶	780
27	德化县丘埕矿业有限公司	林碧栋	767
28	福建联美建设集团有限公司	林添茂	726
29	福建龙元天地房地产开发有限公司	陶永春	667
30	德化县群发水力发电厂	苏力克	658
31	福建省阳山铁矿有限责任公司	江源泉	655
32	德化春秋置业有限公司	叶文海	636
33	中国建设银行股份有限公司德化支行	陈德伦	625
34	德化县百盛房地产开发有限公司	陈书经	616
35	福建群盛集团有限公司德化分公司	林玉燕	611
36	福建省德化县三峰陶瓷有限公司	郑永章	573
37	福建省德化县佳美工艺品有限责任公司	苏尧鸿	571
38	福建省德化龙峰陶瓷有限公司	苏建堆	544
39	福建省永正建设发展有限公司	蒋淑梅	541
40	福建省八闽建设工程有限公司	许远新	513
41	福建省银厦建设工程有限公司	蒋耀坤	476
42	福建省银美建设工程有限公司	蒋文明	450

续表 33

序号	纳税人名称	法人代表	税额
43	德化县源益电力工程有限公司	郑瑞龙	444
44	德化县四星投资有限责任公司	苏尧政	437
45	龙元建设集团股份有限公司	赖振元	428
46	福建省高德工程建设有限公司	林忠清	421
47	德化恒忆陶瓷艺术股份有限公司	林鸿福	411
48	中国平安财产保险股份有限公司泉州中心支公司德化营销服务部	何建家	410
49	福建省德化县龙门爆破有限公司	吴贤卿	396
50	中铁十一局集团第一工程有限公司	魏加志	384
51	德化县民益建设投资有限公司	吴孝奇	383
52	中国工商银行股份有限公司德化支行	庄国华	370
53	福建省建茂房地产开发有限公司	李建雄	369
54	中华联合财产保险股份有限公司德化支公司	赖瑞昶	361
55	福建省德化县佳美彩印有限公司	苏尧鹏	346
56	景远（德化）建材有限公司	陈志武	341
57	福建省德化县华茂陶瓷有限公司	陈能谨	320
58	德化县祥泰建筑工程有限公司	郑志忠	317
59	德化县国有资产投资经营公司	曾春凤	317
60	中国银行股份有限公司德化支行	邱阿心	315
61	泉州阳光创艺陶瓷股份有限公司	郑金鼎	314
62	德化县物资公司	黄民贤	313
63	福建省德化县中昱陶瓷有限公司	危明理	308
64	福建省德化县宏顺发陶瓷工艺有限公司	颜晋钦	306
65	泉州银行股份有限公司德化支行	陈仁肇	305
66	福建省德化友盛陶瓷有限公司	颜竞峰	292
67	德化县医院	李松川	285
68	德化县宏顺陶瓷有限公司	曾新宇	282
69	德化县银河房地产开发有限公司	林炳炜	280
70	中国邮政储蓄银行股份有限公司德化县支行	刘旭龙	276
71	曼妮丝绸时装（德化）有限公司	林少民	270
72	中铁一局集团厦门建设工程有限公司	尚武孝	258
73	福建省德化真泰尔陶瓷有限公司	颜真革	252
74	德化东华陶瓷有限公司	郑荣文	248
75	福建省德化县兴业陶瓷有限公司	林东兴	247
76	福建德化五洲陶瓷股份有限公司	郭建洲	244
77	福建省德化必德陶瓷有限公司	林　鸿	242
78	福建省威尔陶瓷股份有限公司	危连进	241
79	中国移动通信集团福建有限公司德化分公司	李群雄	233

续表 33

序号	纳税人名称	法人代表	税额
80	福建省嘉顺艺品股份有限公司	陈金贵	227
81	德化县中冶房地产开发有限公司	孙文雄	227
82	福建省德化县成艺陶瓷有限公司	郑成全	226
83	福建省德化县宏达陶瓷有限公司	吴洁清	221
84	福建省德化臻峰陶瓷有限公司	李传芳	220
85	中国农业发展银行德化县支行	刘瑞渊	219
86	福建省德化县冠鸿陶瓷有限公司	李桂贤	215
87	福建省水利水电工程局有限公司	潘木枝	213
88	福建省德化县嘉威陶瓷有限公司	林罡华	212
89	福建省德化县优扬工艺品有限公司	郭春材	210
90	福建省德化县欣德益现代家用有限公司	赖清波	209
91	德化县自来水公司	陈焕颖	207
92	福建省德化明英华陶瓷有限公司	林建华	206
93	德化开元瓷业有限公司	苏银凯	202
94	福建省德化鑫阳矿业有限公司	李志铭	201
95	福建省德化县华晨陶瓷有限公司	危大沣	201
96	福建供销石油有限公司德化泉德加油站	郭海涛	201
97	中石化森美（福建）石油有限公司泉州德化城龙加油站	戴尽良	200
98	福建省德化世盛陶瓷有限公司	苏玉书	200
99	福建德化精艺陶瓷有限公司	徐贵阳	198
100	福建省德化环宇陶瓷有限公司	黄美罗	198
101	中国太平洋财产保险股份有限公司德化支公司	刘平燕	198
102	中国电信股份有限公司德化分公司	李移林	196
103	德化县万盛陶瓷有限公司	陈宏昆	195
104	福建省德化同鑫陶瓷有限公司	曾俩相	194
105	福建省德化县全丰陶瓷有限公司	曾文昌	193
106	泉州市德化县恒峰陶瓷有限公司	郑荣怀	190
107	福建省海峡水泥股份有限公司	李小明	187
108	德化豪晟艺品有限公司	陈建文	183
109	德化县泉龙工贸公司	赖更松	182
110	福州闽达建筑劳务有限公司	赵永鹏	180
111	福建省德化县昱晟工艺品有限责任公司	颜建煌	176
112	福建省毅龙建筑工程有限公司	陈国单	172
113	福建省德化县豪发陶瓷有限公司	曾昭波	171
114	福建省德化县腾艺陶瓷有限公司	曾昭腾	171
115	德化县建益瓷业有限责任公司	江恺洵	171
116	福建省德化县紫云陶瓷工艺厂	颜紫云	170

续表 33

序号	纳税人名称	法人代表	税额
117	福建省德化县鹏煌陶瓷有限公司	赖礼煌	168
118	福建省德化益盛彩印有限公司	林东营	165
119	福建省德化县晖德陶瓷有限公司	王光明	164
120	中国人寿保险股份有限公司德化县支公司	吴一鸣	160
121	浙江交工集团股份有限公司	邵文年	159
122	德化县畅德陶瓷配件有限公司	吴学畅	157
123	福建省德化佳旺达陶瓷有限公司	李家往	155
124	泉州德化县嘉欧利工艺品有限责任公司	颜丕云	154
125	德化县阳光房地产有限责任公司	苏建堆	154
126	福建省德化县晖龙陶瓷有限公司	张国平	151
127	福建泉州顺美集团有限责任公司	郑泽洽	150
128	德化县太阳鸟工艺品有限公司	邱振科	150
129	福建省安厦房地产开发有限公司	陈梓耀	150
130	德化万晖房地产开发有限公司	方朝晖	149
131	美图（福建）铝业有限公司	洪志顺	147
132	德化宏晟陶瓷有限公司	苏志勤	147
133	福建省德化业美陶瓷有限公司	苏朱坤	146
134	福建省德化汇远陶瓷有限公司	曾俩丰	145
135	德化县洪崎坂水电有限责任公司	黄玉堤	144
136	福建省德化县锦华陶瓷有限公司	颜东升	142
137	福建省德化博龙陶瓷有限公司	张金涵	140
138	德化鼎力机械有限公司	黄　平	140
139	福建省泉州市东海建筑有限公司	张金池	140
140	福建省德化县秦顺陶瓷有限公司	陈星煌	140
141	福建省八闽建设工程有限公司德化分公司	李志忠	138
142	福建九鼎建设集团有限公司	刘木火	138
143	泉州市汽车运输总公司德化公司	吴振麟	138
144	德化恒瀚艺品有限公司	林锦明	137
145	德化县顺德包装彩印有限公司	郑圻增	137
146	福建省德化必达陶瓷有限公司	林　鸿	136
147	福建省德化县继裕陶瓷有限公司	李文质	134
148	福建省泉州市契合工贸有限公司	陈敦添	133
149	德化县吉元瓷业有限责任公司	陈素梅	132
150	德化县万旗投资有限责任公司	李　斌	132
151	福建省德化意达陶瓷有限公司	郭华松	132
152	福建省泉州景玉纸业有限公司	邓玉堂	131
153	中国大地财产保险股份有限公司德化支公司	李秀香	130

续表 33

序号	纳税人名称	法人代表	税额
154	福建省德化县锦福陶瓷有限公司	吴学文	129
155	福建省德化县联达陶瓷有限公司	颜华智	128
156	福建省德化佳诚陶瓷有限公司	苏建源	127
157	福建省德化县宝晶瓷厂（普通合伙）	林友星	125
158	中国石化销售有限公司福建泉州德化添力加油站	林文雄	125
159	福建路桥建设有限公司	白京生	124
160	德化县兴业陶瓷科技有限公司	林毅铭	124
161	福建省德化正和陶瓷有限公司	郑进东	123
162	福建省德化县双龙陶瓷有限公司	陈梓耀	122
163	福建省德化县霞玲水电有限公司	黄联煌	121
164	福建省德化县鸿意达陶瓷工艺有限公司	郭金煌	120
165	德化县供水劳动服务部	陈焕颖	119
166	德化县京隆堂陶瓷有限责任公司	颜金启	119
167	福建省德化县祥晖陶瓷有限公司	苏银章	118
168	福建省德化县国有电力投资经营有限公司	曾福礼	117
169	福建省德化佳浩陶瓷有限公司	郑家坦	116
170	德化县源翔工艺有限责任公司	陈能千	114
171	德化县高圣工艺品有限公司	郑贵高	113
172	福建省德化县华兴陶瓷有限公司	苏锡坂	113
173	福建省德化县先达瓷厂	叶文贤	112
174	中建二局第二建筑工程有限公司	魏庆国	112
175	泉州德化芳盛工艺制品有限公司	苏明芳	112
176	厦门溢景园林绿化工程有限公司	陈　澍	112
177	泉州坤达礼品有限公司	吴珊珊	111
178	福建省德化县现代陶瓷有限公司	林思博	110
179	福建省德化荣信陶瓷有限公司	林朱石	109
180	泉州市泉德盛房地产开发有限责任公司	陈清阳	108
181	福建省德化县中天陶瓷有限公司	刘小燕	106
182	浙江交工集团股份有限公司	邵文年	106
183	福建省德化福杰陶瓷有限公司	林福文	106
184	福建省德化臻南陶瓷有限公司	苏昆仑	105
185	福建省德化县宏泉工艺品有限公司	苏宏伟	104
186	德化县星泓置业有限公司	李文凯	103
187	福建省德化百合工艺品有限公司	颜文谦	102
188	福建省德化县冠捷陶瓷有限公司	郭伙瑞	102
189	福建永东南建筑劳务有限公司福州分公司	黄修金	102
190	福建省德化县百货公司	曾宪胜	102

续表 33

序号	纳税人名称	法人代表	税额
191	福建省德化县东盛陶瓷有限公司	林东星	102
192	福建省德化县星星陶瓷有限公司	吴晓星	101
193	福建省德化县凯凯瓷业有限公司	王卫平	101
194	福建省德化新吉利工艺有限公司	颜志湧	101
195	泉州市德化广达工艺有限公司	郑丽珍	101
196	福建省德化新奇丽工艺有限公司	曾金钟	100
197	德化县上玖陶瓷创作有限公司	林瑞红	99
198	福建省德化县永德信陶瓷有限责任公司	郭山玉	98
199	中国人寿财产保险股份有限公司德化县支公司	吕云琼	98
200	福建省德化县臻晖陶瓷有限公司	苏启伟	96
201	德化县双溪水库水电有限公司	林绍锋	93
202	福建省德化多福陶瓷有限公司	郑福裕	91
203	德化全盛陶瓷有限公司	林文胜	90
204	福建省德化县盛煌陶瓷有限公司	连建宗	90
205	福建省德化县祥盛工艺有限公司	颜正苍	89
206	福建省德化县永煌陶瓷有限公司	林信增	89
207	福建省德化县豪达陶瓷有限公司	陈东南	89
208	德化县泉鑫出租汽车有限公司	陈志刚	88
209	德化县万德建筑工程有限公司	陈忠碑	88
210	福建省德化县金珠陶瓷有限公司	王佳耀	88
211	德化梅园国际大酒店有限公司	朱庆洪	87
212	德化县建筑工程公司	王文良	86
213	福建省德化稳定瓷业有限公司	卢允定	85
214	德化县鑫美陶瓷有限公司	苏生辉	85
215	福建省万旗科技陶瓷有限公司	张金池	85
216	福建省德化县驰宇陶瓷有限公司	张建榕	85
217	福建省德化县希尔凯陶瓷有限责任公司	王桂环	84
218	德化县德益水利电力勘察设计有限公司	黄永健	83
219	德化县帷盛发休闲用品有限公司	陈桂明	82
220	德化县昕涛陶瓷工艺厂	易　辉	82
221	德化县上春水电有限责任公司	陈章旺	82
222	福建省德化龙飞瓷土有限公司	林金成	80
223	福建省德化万顺捷陶瓷有限公司	苏国平	80
224	福建省德化县三诺陶瓷有限公司	孙建军	80
225	福建省德化县宝艺陶瓷有限公司	苏文勤	79
226	福建省德化艺飞工艺品有限公司	黄飞巧	79
227	福建省德化县鹏欣陶瓷有限公司	李文韧	78

续表 33

序号	纳税人名称	法人代表	税额
228	中国邮政集团公司福建省德化县分公司	吴少洹	78
229	福建省德化龙辉陶瓷有限公司	李成参	76
230	福建省德化县隆兴陶瓷有限公司	郭正沛	76
231	福建省德化县宝瑞陶瓷有限公司	苏璋珉	75
232	德化县万宝古建陶瓷有限公司	林主团	75
233	福建省德化县泉鑫陶瓷有限公司	苏志扬	75
234	厦门安托建筑劳务有限公司	乐　迪	74
235	林森建设集团有限公司	章关根	74
236	福建省德化县兴达瓷厂	陈斯顷	74
237	福建德化新耀华瓷业有限公司	颜光耀	74
238	福建省德化县富盈工艺有限公司	林炯雄	74
239	福建省德化县凯丰陶瓷有限公司	林友德	73
240	福建省德化县唐丰陶瓷有限公司	李建阳	73
241	福建兴宏昌铸造有限公司	赖景煌	73
242	福建省德化龙顺陶瓷有限公司	陈朝榜	72
243	德化县富东陶瓷工艺有限公司	林建全	72
244	福建省德化县飞腾陶瓷有限公司	颜杰林	71
245	福建省德化县铭发陶瓷有限公司	苏建文	70
246	福建省德化县悦盛工艺有限公司	颜少萍	70
247	德化县中医院	郑国进	70
248	福建省德化县豪鹏陶瓷有限公司	许光权	69
249	福建省德化县顺捷宏陶瓷有限责任公司	郑荣榆	69
250	福建省德化虹晨礼品有限公司	苏文渊	68
251	德化儒苑礼品有限公司	徐添福	68
252	德化县后井窑瓷业有限责任公司	苏德华	68
253	福建省德化县创新陶瓷有限公司	陈仁东	66
254	福建省德化佳汇陶瓷有限公司	陈继生	66
255	德化县城乡建设投资有限公司	蒋双卿	66
256	福建省德化县艺龙陶瓷有限公司	颜尤波	65
257	福建省德化县航宇陶瓷有限公司	张辉松	65
258	德化县泉德汽车运输有限公司	许从培	65
259	福建省德化杨梅电力有限公司	陈彩国	64
260	福建省德化县雅丽达陶瓷有限公司	颜志达	64
261	紫金财产保险股份有限公司泉州中心支公司德化营销服务部	危双跃	64
262	福建省德化县顺佳瓷厂	庄加基	64
263	福建省德化县宏艺陶瓷有限公司	林传统	63
264	福建省德化县长珑陶瓷有限公司	陈廷班	63

续表 33

序号	纳税人名称	法人代表	税额
265	福建景图玻璃有限公司	曾满婷	63
266	福建省德化煜坤陶瓷有限公司	曾新宇	63
267	福建省德化隆南陶瓷有限公司	李文溪	63
268	泉州农村商业银行股份有限公司德化县支行	陈文阳	63
269	福建省德化县威隆化工有限公司	吴志勇	63
270	德化县凯旋汽车服务有限公司	李春东	63
271	福建省德化县永川礼品有限公司	张清新	63
272	德化县德辉彩印包装有限公司	陈彩国	63
273	福建省德化县君福陶瓷有限公司	魏成云	62
274	福建省德化县浔达陶瓷有限公司	郭德新	62
275	泉州市亿利达陶瓷材料有限公司	黄永忠	62
276	泉州市烟草公司德化分公司	李贵星	62
277	德化县市政建设工程公司	郑渊明	61
278	江西宜春市政交通建设有限公司	甘树兵	61
279	福建省德化县昕宝陶瓷工艺品有限公司	苏瑞奎	61
280	福建省德化仟山艺品有限公司	苏春扬	60
281	德化县玉馨陶瓷研究所	孙仁杰	60
282	德化县松峰陶瓷工艺厂	郑春松	59
283	福建省德化县福盛工艺品有限公司	黄建斌	59
284	福建省德化县新飞陶瓷有限公司	郑瑞文	59
285	福建省德化县顺兴达陶瓷工艺有限公司	颜劲贵	58
286	德化县初溪水电有限责任公司	苏尧政	58
287	德化县有线广播电视网络有限公司	邱玮琨	58
288	福建省德化县艺韵陶瓷有限公司	陈能谟	58
289	德化县陶鑫建设发展有限公司	林加溙	58
290	德化县隆杰陶瓷工艺品有限公司	林建明	58
291	德化县中晟工艺有限责任公司	卓仕国	58
292	福建省德化县双德陶瓷有限公司	李碧钻	58
293	福建省德化县万里阳陶瓷有限责任公司	陈登科	58
294	福建省德化县龙源陶瓷有限公司	王荣华	57
295	北京公科飞达交通工程发展有限公司	李　丁	57
296	泉州农电服务有限公司德化分公司	黄金铭	57
297	德化县瓷国明珠酒店有限公司	陈秀江	57

续表 33

序号	纳税人名称	法人代表	税额
298	福建省德化县新创意工艺有限责任公司	曾晓红	56
299	泉州新华都购物广场有限公司德化瓷都店	陈耿生	56
300	德化县嘉顺建筑工程有限公司	颜爱民	56
301	福建省德化华厦陶瓷有限公司	刘建红	56
302	福建省德化第五瓷厂	温伟智	55
303	福建省德化县铭晟陶瓷有限公司	苏少名	55
304	福建省德化县佳福工艺品有限责任公司	陈文智	55
305	福建省德化县龙津林化有限公司	曾宪民	55
306	福建省德化明源陶瓷有限公司	颜建源	55
307	福建省德化县三顺艺品有限公司	苏建洪	55
308	福建省德化县灿东陶瓷有限公司	陈秀勉	54
309	德化县星艺陶瓷工艺厂	曾玉辉	53
310	德化县百龙水力发电站	赖加素	53
311	福建省德化铭丰金花纸有限公司	吕素妹	53
312	福建省德化新圣美陶瓷有限公司	曾国玺	53
313	福建省德化县瓷典陶瓷有限公司	郭群胜	53
314	德化县泰坤投资有限责任公司	陈章旺	52
315	德化县永兴抗磨材料厂	许水冰	52
316	福建省德化县豪顺丰陶瓷工艺有限公司	陈建文	52
317	福建省泉州得盛集团有限公司	颜竞峰	52
318	福建省德化县木材公司	苏玉春	52
319	江西大广实业有限公司	谢炜垚	52
320	德化县龙锦陶瓷有限公司	徐有爽	51
321	福建省德化县鹏明陶瓷有限公司	危培源	51
322	福建省德化县恒远礼品有限公司	林梓阳	51
323	德化县百联陶瓷厂	陈明吉	51
324	福建省德化县腾兴陶瓷有限公司	陈斯练	51
325	德化县德鸿陶瓷有限公司	方国栋	51
326	福建省求是电气工程有限公司	苏培植	51
327	福建省德化县百得隆陶瓷有限责任公司	陈桂华	50
328	福建省德化县有加陶瓷有限公司	曾俊崴	50
329	福建省德化县恒利陶瓷有限公司	苏碧珍	50
330	福建新大陆电脑股份有限公司	胡　钢	50
331	福建省东霖建设工程有限公司	林振聪	50

【德化县2016年度农业和农村工作先进单位、先进个人名单】

一、农业农村工作先进乡镇

第一名：南埕镇

第二名：上涌镇

第三名：浔中镇

二、现代特色农业示范典型

表34

1	休闲生态农业示范典型	福建省德化县江山美人茶业专业合作社
2	土地流转示范典型	德化喆畋生态农业发展有限公司
3	特色水产养殖示范典型	泉州龙鑫荣实业有限责任公司
4	水稻种植机械化示范典型	德化县协盈科技种养场
5	蛋鸡养殖示范典型	德化县龙门山综合生态养殖农场
6	种苗育苗种植示范典型	德化县金镇家庭农场
7	休闲观光综合农业示范典型	德化县老阿伯蔬菜种植农民专业合作社
8	五新种植示范典型	德化县葛坑德悬百香果农民专业合作社
9	回乡创业青年示范典型	德化县土不土农业发展有限公司
10	黑羊养殖示范典型	德化县绿优家庭农场
11	农产品营销示范典型	福建省德化协农农业专业合作社联合社
12	产业扶贫示范典型	德化县夏里巴人黑鸡养殖农民专业合作社
13	林业休闲观光园	德化县绿泰油茶农民专业合作社
14	棘胸蛙示范养殖	德化鑫华农林专业合作社
15	木材综合利用示范典型	德化县和德木竹制品厂
16	互联网＋花卉营销示范	德化康林苗圃
17	竹荪种植示范典型	德化县丽玉生态农林专业合作社
18	黄花远志种植典型	德化县绿佳农产品有限责任公司
19	林下中药材开发示范典型	德化县鹏发中草药培植农民专业合作社
20	多花黄精栽培示范典型	德化县金竹园生态农场

三、农业农村工作先进单位及先进个人

1．先进单位

德化县农业机械管理站

德化县人民政府防汛抗旱指挥部办公室

德化县森林消防大队一中队

德化县龙门滩镇硕儒村民委员会

德化县水口镇湖坂村民委员会

德化县汤头乡汤垵村民委员会

德化县农村信用合作联社

中国农业银行股份有限公司德化县支行

德化县气象局

德化县上涌镇人民政府

2. 先进个人

林恭旭　德化县财政局干部

陈汎万　德化县住房和城乡规划建设局科员

郑永南　德化县审计局科员

陈月萍　德化县商务局干部

赖发熙　德化县供销社副主任

郑世发　德化县广播电视事业局干部

苏俊基　德化县科技和知识产权局干部

温振星　德化县龙浔镇财政所负责人

吴晓东　德化县浔中镇畜牧兽医站干部

张育业　德化县龙浔镇人民政府干部

张志强　德化县水保办科员

杨巧凤　德化县龙浔镇统战委员

林恭兴　德化县美湖镇人民政府镇长

张　莉　德化县公安局森林分局办公室负责人

郑志学　戴云山国家级自然保护区管理局赤水管理所所长

李佳威　德化县林业局生态股干部

林其华　德化县南埕林业工作站站长

曾庆炬　德化县农业局经管站干部

陈凤培　德化县农业局干部

陈能鹏　德化县龙门滩镇党委副书记

德化协发光洋陶器有限公司　（图 / 王双季）

【文件选编】

德化县农村工作暨扶贫开发工作会议文件摘要

践行五大发展理念 全面推进脱贫攻坚

——在全县农村工作暨扶贫开发工作会上的讲话

吴深生

（2016 年 2 月 18 日）

同志们：

新旧交替，时岁更迭。假期刚过，我们立即召开全县农村工作暨扶贫开发工作会，主要是贯彻落实中央和省市农村工作会议、扶贫开发工作会议精神，尤其是中央 1 号文件精神，研究部署我县“三农”和扶贫开发工作。刚才，欧阳县长总结部署了工作；锡培副县长作了计生专题讲话，大家要抓早抓紧、认真落实。会上，还表彰了一批先进单位、先进个人。在此，我代表县委、县政府向受表彰的单位和个人表示热烈的祝贺！向辛勤工作在农村第一线的同志们致以诚挚的问候和新春的祝福！下面，我再讲三点意见。

一、审时度势，以“清醒的研判”传导共识、凝聚动力

“处大事贵乎明而能断，临大势贵在顺而有为。”今年是“十三五”的开局之年，只有认准方向、顺应大势，才能在新起点上推动“三农”和扶贫开发行稳致远、争先进位。

1. 遵循三农工作“大逻辑”。习总书记强调，重农固本，是安民之基。“十三五”时期，必须坚持把解决好“三农”问题作为全党工作重中之重。中央确立的“创新、协调、绿色、开放、共享”的发展理念，既有矢志创新的时代气息，也有一脉相承的深厚积淀，为“三农”发展规划了新蓝图。一是阐述了“六期同至”的新形势。全面建成农村小康社会的决胜期，巩固农业农村好形势的关键期，农业发展方式的转型期，提升农业竞争力的爬坡期，全面深化农村改革的攻坚期，推进城乡一体化的深化期。二是研判了“五个压力加大”的新挑战。保障粮食等主要农产品稳定供给的压力加大；破解“谁来种地”，加快培育新型农业经营主体的压力加大；提高农产品质量安全水平，确保“舌尖上的安全”压力加大；确保农业可持续发展的压力加大；统筹利用“两种资源两个市场”，确保国内农业产业安全的压力加大。三是指出了“五力齐发”的新机遇。加快补齐农业农村短板成为全党共识汇聚强大推动力；新型城镇化加快推进带来持续牵引力；城乡居民消费结构加快升级增添巨大带动力；新一轮科技革命和产业变革正在孕育兴起、注入强劲驱动力；农村各项改革全面展开提供不竭源动力。四是明确了“六个全面提升”的新任务。全面提升粮食等重要农产品供给保障水平、多种形式适度规模经营的引领水平、农业技术装备水平、农业生产经营效益水平、农产品质量安全水平、农业可持续发展水平。

2. *把握扶贫开发“大方向”*。扶贫开发事关国家长治久安，已进入啃硬骨头、攻坚拔寨的冲刺期，从中央到地方，都充分释放出坚决打赢脱贫攻坚战的强烈信号。一是顶层设计升格提级。去年11月底召开了堪称“史上最高规格”的中央扶贫开发工作会议，中央政治局常委与地方党政一把手全部出席，习近平总书记、李克强总理亲自作重要讲话，发出了脱贫攻坚的“总动员”、吹响了“冲锋号”；深入回答了如何解决好“扶持谁”“谁来扶”“怎么扶”“如何退”的问题；必须拿出硬办法，确保实现脱贫目标，决不让贫困地区和贫困人口在全面建成小康社会征程中落伍掉队。中央“一号文件”提出，要实行最严格的脱贫攻坚考核督查问责。二是刚性压力层层传导。中央扶贫工作会议一结束，汪洋副总理就来到福建调研考察，在宁德主持召开东部地区扶贫工作座谈会，明确要求东部地区率先脱贫。省、市两级对扶贫开发工作高度重视，相继召开专题会议，对当前和今后一个时期扶贫开发工作进行再分析、再研究、再部署，并层层签订脱贫攻坚责任书，为我们打赢脱贫攻坚战指明了方向、提供了遵循。全县各级各部门要深刻认识和把握打赢脱贫攻坚战的重要性和艰巨性、面临的矛盾和问题以及精准扶贫精准脱贫的基本方略、总体要求和重点任务，切实把思想和行动统一到中央和省市的部署要求上来，进一步增强责任感、使命感、紧迫感，扎扎实实做好我县脱贫攻坚各项工作。

3. *明晰德化发展“大短板”*。“十二五”期间，全县上下锐意进取、矢志拼搏，统筹城乡发展改革成效初显，农业生产能力提升、农民生活显著改善、农村社会和谐稳定，成为发展的“压舱石”和“稳压器”。形势向好，尤需谨慎。我们要清醒看到，农业依然是“四化同步”的短腿，土地经营方式粗放，规模化、设施化程度不高，产业化水平、精深加工水平低下，“靠天吃饭”的状况还没有得到根本改变，随着农产品价格“天花板”和成本“地板”双重挤压凸显，资源和环境双重约束趋紧，农业生产和价格补贴逼近“黄线”，产业提质增效的难度进一步加大；农村依然是“统筹城乡”的短板，土地、生态、水等优势资源有效转化为经济优势的力度不足，村庄空心化、设施薄弱化、务农人员老龄化“三化”依旧，农民增收难、新村建设难、民生改善难、服务管理难“四难”犹存，进城农民难以市民化、公共服务未能均等化等瓶颈仍未有效突破；贫困依然是“幸福瓷都”的短项，目前我县共有贫困户（含低保户）4297户9984人，对照国定标准（2300元）1486户3098人、省定标准（3000元）1966户4928人、市定标准（4000元）845户1958人，差距还很大，不仅数量相对较多，而且地处偏远、交通不便，脱贫形势严峻，攻坚任务艰巨。

“务农重本，国之大纲。”会不会遵循大逻辑，能不能有新作为，是对各级党组织和党员领导干部的重大考验。我们要牢固树立强烈的“补齐”意识，把“三农”作为重中之重的责任，把扶贫开发作为重大政治任务，以明确的导向、坚定的决心、过硬的措施，凝聚各方力量，破解发展难题，突破制约瓶颈，让“三农”这块希望的田野焕发勃勃生机、结出累累硕果。

二、务实求进，以“科学的理念”稳妥践行、谋求突破

“常制不可以待变化，一途不可以应无方。”理念是行动的先导，管全局、管根本、管方向、管长远，要贯彻落实创新、协调、绿色、开放、共享发展理念，激发动力、释放动能、加快发展，努力争创国家新型城镇化综合改革试点。

1. *坚持“创新强农”，持续培育动能*。农村改革已经进入攻坚期和深水区。“入之愈深，其进愈难。”必须紧跟上级深化农村改革的总体部署，加紧探索、大胆创新，最大限度释放统筹城乡发展试点改革的示范、突破、带动效应。

一要围绕解决“权怎么放”，推进农村产权改革。中央《深化农村改革综合性实施方案》针对五大关键领域，提出26个方面的改革举措，其中排在第一位的是深化农村集体产权制度改革。要不断巩固深化、总结提升我县在农村产权交易、林权“两换”、农村产权抵押贷款等方面取得的改革成果，努力形成更高效、可复制、能推广的鲜活经验和示范样板。要严格落实集体所有权、稳定农户承包权、放活土地经营权的基本方向，实施不动产统一登记制度，在全县开展土地承包经营权、农村宅基地、集体建设用地确权登记，推进城镇低效用地和低丘缓坡土地开发利用改革试点，稳妥推进宅基地置换和流转试点，规范开展农村土地综合整治；继续深化林权制度改革，探索建立森林资源收储机制，扩大林权“两换”流转规模，抓好县属公司林场改革，持续盘活林地林木资源。创新运行管护机制试点项目，探索实施水权交易制度，实现水资源使用效益最大化、效率最优化。

二要围绕解决“钱从哪来”，推进农村投融资改革。要优先保障财政对农业农村的投入，探索整合设立农业发展专项资金，强化投入精准性，确保力度不减弱、总量有增加。要加快发展村镇银行、小额贷款公司、融资担保公司等新型金融业态，发展农村普惠金融，鼓励民间资本进入农村金融服务领域，有针对性地创新农村金融产品和金融服务，扩大农村产权抵押贷款范围，降低融资成本，激活农村金融服务链条、打通金融服务“最后一公里”。要创新投入机制，充分发挥财政政策的导向功能和杠杆作用，积极探索农民出、村里筹、乡镇扶、上级补、社会帮的投入机制，逐步形成“多干多补、少干少补、不干不补”的政府投入模式，鼓励和引导金融资本、工商资本更多投向农业农村。

三要围绕解决“地如何种”，推进土地流转改革。发展现代农业要适度规模经营，土地流转是重要方式。要从我县农村劳动力转移就业程度较高的现状出发，既重视解决耕地抛荒问题，实施抛荒山垅田复耕项目；又持续抓好省级试点南埕镇农村土地承包经营权确权登记颁证工作并在全县推开，通过农村产权交易中心，推动土地规范有序加速流转，支持农户通过土地股份合作、土地托管、订单农业等方式适度规模经营，发展以合作社适度规模经营为基础的产业基地，建设现代农业示范园区，壮大专业大户、农业基地规模，探索建立家庭经营、集体经营、合作经营、企业经营“四种经营”共同驱动的规模经营模式。

2. *坚持“协调惠农”，持续焕发活力。*我县产业间、城乡间发展失衡问题突出。“千钧将一羽，轻重在平衡。”必须加强农业供给侧结构性改革，促进一、二、三产业融合叠加、互促共进，打造全产业链融合体。

一要注重“农＋城”，大力推进产城融合。充分发挥“大城关”的辐射带动作用，加快完善农产品流通体系，探索构建以城关为中心、跨区域的冷链物流体系，推动农产品物流枢纽平台扩容提质。要主动顺应城乡居民消费新常态，充分发挥城关周边乡镇地缘和自然优势条件，依据资源禀赋、地域特色以及乡情村情，科学布局、分类施策、稳步推进，大力推进城郊休闲农业发展，逐步形成“布局优化、主题突出、类型各异、优势互补、内涵丰富、功能完善、特色明显”的产业格局。要持续建设农特产品一条街，大力培育推广如“憨鼠购”“农业众筹”等模式，大力发展农产品“O2O”社区电商，服务城市居民生活。

二要强化“农＋工”，一、二产融合发展。摒弃农业就是“面朝黄土背朝天”的传统认识，坚持用工业化的理念发展农业。要大力发展农产品加工业，集聚农产品加工研发、仓储、物流、信息等服务，推广英山淮山、红米米粉、祥意茶油等产地加工或精深加工模式，叫响英山淮山和“茶油奶奶”。要强化关键技术研发攻关，推进农科教结合、产学研联姻，加快新品种新技术新成果转化应用，持续巩固发展壮大“三黑三黄三红三白三菌”“石冻王”棘胸蛙和铁皮石斛、黄花远志、金线莲“德化药材三宝”等特色农业。要加强农业农村人才培训，增强农民吸纳应用新技术和新成果的能力，提高农业科技贡献率。鼓励支持特色农产品申报商标注册和地理标志证明商标，积极争创“中国名牌”和“中国驰名商标”。要加快农业“五新”推广，推动先进适用的农业物质技术装备进村入户，全面提高农业机械化、自动化、信息化水平，减轻劳动强度，提高劳动生产率、资源利用率和土地产出率。

三要拓展“农＋游”，“接二连三”发展。绿水青山就是金山银山。在以旅游为代表的现代服务业蓬勃发展的今天，要认真做好结合文章，充分挖掘开拓农业生态、休闲、文化等多种功能，积极融入旅游业发展大潮。要坚持“点绿成金”，有效发挥“五区两园”等7块“国”字号生态品牌的辐射带动作用，积极举办特色推介活动和休闲农业节会，念好“山海经”、唱好“民俗戏”、打好“蔬果牌”，把农产品变成旅游产品，把农业优势转化为旅游优势、经济优势。要坚持“变闲为宝”，依托高山密林、溪流湿地，利用闲置房舍、农田鱼塘等既有资源，积极发展特色游、乡村游、观光游、体验游，大力发展创意农业、休闲农业、观光农业、生态庄园，鼓励现代农业基地景区化建设，打造民宿、“农家乐”“驴友之家”等旅游设施，促进现代农业与文化创意、休闲体验和乡村旅游融合发展、转型升级。

四要壮大“农＋社”，发挥引领带动作用。农民合作社是我县农业发展的生力军。要持续推广“党支部＋合作社＋基地＋农户”模式，扶持壮大龙头企业，通过直接投资、参股经营、签订长期合同等方式，探索发展“龙头企业＋农民合作社＋基地＋农户（家庭农场）”的农业综合体，壮大规模、打响品牌、提升效益。创新产业链和农户利益联结模式，围绕股份合作、订单合同的利益联结模式，鼓励龙头企业建立与农户风险共担的利益共同体；引导龙头企业创办或者入股合作社、合作组织；支持农民合作社入股或者兴办龙头企业，实现龙头企业与农民合作社深度融合，发挥龙头企业“联农带农”的激励作用。要积极发展行业协会和产业联盟，鼓励社会资本投入，提高农户对等协商的能力，探索建立新型合作社的管理体系，拓展农民合作领域和服务内容。

3. 坚持“绿色兴农”，持续厚植优势。清新空气、干净饮水、安全食品、优美环境已成为全社会关心关注的民生问题。必须坚持生态优先，走产品安全、资源节约、环境友好的可持续之路，为“三农”长远发展创造条件、留下空间。

一要注重产品质量安全。质量安全是现代农业的重要标志。近年来，随着社会大众对食品质量安全关注度越来越高，容忍度越来越低，我国时有发生的农产品质量安全事件，成为农业发展的“心头之痛”“大众之殇”。信心就是品牌、就是效益。要时刻把增强消费者信心放在突出位置，一方面抓好“产”，推广节水、护地、治污，构建绿色生产模式，加大畜禽养殖业等农业面源污染治理力度，推广低毒低残高效农药和绿色防控技术，推进现代生态循环农业发展，从源头上保障农产品质量安全；另一方面抓好“管”，健全从农田到餐桌的农产品质量安全过程监管体系，加大“三品一标”（无公害农产品、绿色食品、有机食品和农产品地理标志）认证，确保“舌尖上的安全”。

二要注重生态文明提升。绿色是德化的根本底色，生态是瓷都的最大优势。要大力创建国家级生态文明建设试点示范县，持续加强“五区两园”、生态公益林等林业重点区位保护和矿山生态环境恢复治理，扎实推进生态城市、生态村镇、绿色社区创建工作，继续开展“全县动员、全民参与、绿满德化、香遍瓷都”公益行动，持续完善天然林保护制度，规范人工商品林采伐，确保森林覆盖率和林木蓄积量有新提高。要扎实推进彭村水库、闽江防洪工程等重大水利项目，抓好水土流失治理以及山美水库流域生态环境保护试点，严格落实好“河长制”，深化重点流域水环境整治和闽江、晋江流域及浐溪上游的饮用水源地保护，真正让天更蓝、水更清、空气更清新、生活更舒心。

三要注重美丽德化建设。要以打造“海丝”最具中国山水艺术特质的生态旅游养生宜居之城为定位，持续融入“山魂、水魄、瓷韵、人文”城建理念，坚持疏解与承接同步推进、“瘦身”与“健体”双管齐下，坚定不移解决“城市病”，持续抓好市民素质、绿化美化、卫生保洁、交通秩序、市场规范等基础性工作，加快城市综合体、特色街区、停车场、农贸市场、公共文化等重点基础设施建设，探索推进“海绵城市”和地下管廊建设，持续提高城市发展的持续性、宜居性。山水田园是农民赖以生存的家园，是从乡村走出来、在城市追梦人的港湾，也是城市居民放松身心的乐园。要树牢“看得见青山绿水、记得住乡愁”理念，按照布局美、环境美、建筑美、生活美的要求，加快推进“美丽乡村”标准化建设，因地制宜、内外兼修，重点先行、以点带面，注意乡土味道，保留乡村风貌，注重嫁接生态文化、传承历史文化、挖掘民俗文化，积极融入农耕、饮食、休闲、养生等文化内涵，全力争创省级“美丽乡村”示范县。这里要特别强调一下，节前我县文明县城迎检期间，城区大街小巷干净整洁，交通秩序井然有序，绿化亮化错落有致，受到了市民群众的交口称赞。今后，要继续深入实施城市精细化管理，持续增加财政投入、健全责任体系、强化跟踪问效，进一步强化城乡卫生监督考评，加大道路沿线、河道两侧、背街小巷等区域垃圾清理和高峰时段的交通秩序管控疏导力度，力求文明县城创建成果机制化、常态化、长效化，真正把实事办好办实、办到市民群众的心坎上。

4. 坚持“开放助农”，持续增添后劲。当前，农业开发开放力度前所未有，“地不分南北、时无论冬夏”，只要有需求，农产品就能供应。必须顺势而谋、应势而动，加快形成进出有序、优势互补、互利共赢的农业对外开放格局，推动农业竞合提升、农村多姿多彩、农民紧跟时代。

一要大力推进农村电商发展。中央“一号文件”明确提出，要促进农村电子商务加快发展，形成线上线下融合、农产品进城与农资和消费品下乡双向流通格局。当下，“互联网+”气势如虹、不可阻挡，为传统产业转型发展带来了千载难逢的新契机。近年来，在党委政府大力扶持、陶瓷企业先行先试、青年创客争相“触电”的合力驱动下，我县陶瓷电商迅速崛起、脱颖而出，位列“中国电子商务百佳县”第7位、全省第2位，并成功举办了首届陶瓷电商峰会。当前，全社会对农村“土产品”情有独钟，但是我们的很多“土产品”因为渠道闭塞，一直“养在深闺无人识”。要全力搭乘“互联网+”顺风车，积极复制陶瓷电商成功经验，统筹整合、落实用好上级和我县各类优惠扶持政策，加快农村网络等基础设施和30个村级服务站建设，持续完善县乡村三级物流配送体系，加强对本地大学毕业生以及有电子商务从业经历、实践经验、创业意愿的青年农民的技能培训，切实打通“村淘”发展的“任督二脉”，真正“淘”出一个光明灿烂的未来。

二要持续完善产品营销体系。积极推行以订保销，引导龙头企业、专业合作社，采取“订单+生产”方式，将单兵作战的农户与种养能人、农业经纪人、龙头企业、合作社紧紧捆绑在一起，巩固老客户，发展新客源，实现企业、合作社与农户的互惠双赢，打造一支经得起市场风雨的“集团军”。加强农超对接销售，积极对接超市、农贸市场等散品主战场，让“德”字招牌农产品在县内外各大型商超占位列席、发光发亮。组织参加各类农产品展销会、博览会，开展节会促销，并打造诸如英山淮山节、大铭生姜王评比等展示活动，不断提升德化农产品的知名度和美誉度。

三要不断加强对外交流合作。融入国家“一带一路”战略和省自贸区建设、泉州海丝先行区建设大局，积极策划生成特色农业项目、生态旅游项目，大胆走出去招商选资，推动农业由自我发展、县内循环为主向全面开放合作转变。努力引进国内外农业种质资源、高新技术装备和农业科技创新人才。拓展与敦煌友好城市合作关系，交流取经、互通有无，将我县农特产品与敦煌瓜菜林果、优质肉羊等有机结合，在基地建设、技术培训、产品营销等领域开展合作。要充分发挥优势，在农业农村商贸、信息、旅游以及各种专业服务业方面加强合作，推动德台交流、山海协作、区域融合向更宽领域、更高层次拓展。

5. 坚持“共享富农”，持续增进福祉。全面小康是全体人民的小康，绝不能“富者累巨万，贫者食糟糠”。必须以共建共享为引领，努力让农民，尤其是贫困群众更多分享改革发展成果，感受更多获得感，不断提高幸福指数。

一要守底线、强基础，推动扶贫开发精准化。习总书记强调：“扶贫开发贵在精准，重在精准，成败之举在于精准。”要把脱贫攻坚作为第一民生工程，认真按照“扶持谁”“谁来扶”“怎么扶”的要求，聚焦用力、力求实效，做到扶真贫、真扶贫、真脱贫。要精准识别，坚持贫困标准、公开公正、规范建档，深入细致开展扶贫开发建档立卡“回头看”，确保对象准确，做到应进则进、应退则退，防止“富人戴帽，穷人落榜”。要精准施策，产业扶贫突出因地制宜，推广“基地托养”模式，对有劳动能力的扶持发展特色产业和转移就业，增强造血功能；保障扶贫突出全面覆盖，对丧失劳动能力的实施政策保障，对因病致贫的提供救助保障，增强兜底功能；搬迁扶贫突出积极稳妥，符合群众意愿，增强致富功能，确保贫困群众断“穷根”；科技扶贫包括光伏扶贫要因村施策、因户制宜，统筹考虑投入产出和空间布局，点面结合、稳步推开，使贫困村和农户的收入稳定、细水长流；社会扶贫要持续完善“党支部+老年协会+互助组+志愿者”关爱农村留守老人机制，推行“瓷海红心·公益党建行动”，广泛发动社会力量特别是人大代表、政协委员参与结对帮扶，推动技术培训、助残创业、走访慰问、慈善救助等常态化，引领形成“人人献爱心、同圆小康梦”的良好氛围。要精准管理，强化党政一把手“第一责任人”责任，健全“县负总责、乡镇抓落实、工作到村、帮扶到户”的长效机制，落实领导挂钩、干部驻村、山海协作、基地托养、社会参与等机制，实行最严格的脱贫攻坚考核督查问责，不能按期脱贫的将严肃追究责任，确保脱贫有效性和可持续性。

二要拓渠道、强扶持，推动增收致富长效化。充分利用现有的农业生产要素、农业资源和政策支持，帮助农民发展特色、优质、高效农业和适度规模经营，探索农业补贴同农业生产挂钩机制，实现有产有补、多产多补，打通务农的致富通道，使农民成为体面、有尊严的职业。要盘活闲置资产，扩大农村产权交易，引导农民投身休闲农业、乡村旅游、“村淘”等新业态，把房屋、土地等资源要素的内在价值转化为现实收益，不断提高农民财产性收入。要大力支持农民工返乡创业，综合运用创业投资引导、小额担保贷款等办法，落实定向减税和普遍性降费等政策，帮助他们解决开办经营和发展壮大过程中遇到的融资难题，进一步激发创新创业积极性，真正让农村留住农民、富裕农民。

三要破藩篱、促公平，推动公共服务均等化。推动基本公共服务从户籍人口向常住人口覆盖，让制度“红利”均等保障，实现人民群众对美好生活的向往。要集中财力扩充资源总量、提高供给能力，抓好医疗资源、教育规模、保障性住房的扩容提速，加快城区学校扩建扩容、中医院搬迁投用和城东保障性住房、进城务工人员安居工程、彭村水库移民安置区等建设。要坚持保基本、补短板、兜底线，完善全民医保体系，深化机关事业单位养老保险改革，完成新老农保衔接，规划建设县医院城东分院，巩固提升基本养老、基本医疗保障水平。要深化关爱农村留守老人机制，发挥“关爱老年人幸福基金”“党员互助基金”作用，加快居家养老服务中心、土坂老人活动中心建设，持续提升社会救助水平。要稳妥实施全面两孩政策，深化社区网格化服务管理和“平安德化”“法治德化”创建，抓好生产、交通、校园、消防、防汛抗灾、食品药品等安全监管，创建“安全发展县”，确保德化这方乐土和谐稳定、人民安居乐业。

三、守正出新，以“强烈的意识”合力攻坚、狠抓落实

农村是我们的家，农业是我们的根，农民是我们的亲人。我们要牢记使命，全力以赴，勇担当、敢作为、干实事，推动“三农”和脱贫攻坚各项任务落细、落实、落地。

1. 树牢“重农固本”意识，进一步转变工作职能。表面上看，搞农业的“政绩”并不“耀眼”，时间长、见效慢，但我们要安定民心、端好饭碗、全面建成小康社会，农业的基础地位就必须强化。要坚持顾大局、识大体，讲政治、守纪律，坚决贯彻落实中央和省市委的决策部署，按照“重中之重”要求，动真情、动真格，办实事、求实效，切实补齐“三农”短板。对上级惠农政策，要快速有效落实，并加大争取力度，争项目、争资金、争先行先试。立足我县实际和发展形势，调整完善我县的惠农补贴政策，加强财政支农项目统筹和资金整合，探索农业过桥资金模式，不撒“芝麻盐”，集中财力向重点工作、重点领域倾斜，确保财力用在“刀刃”上。各级领导干部要率先垂范、亲力亲为，协调解决涉农问题。各乡镇、各部门要对照年度计划，细化分解任务、压实工作责任，不折不扣落到实处。

2. 树牢“与时俱进”意识，进一步转变工作方式。当前，农村发展环境发生重大转变，不能“老马拉新车”，仅靠过去那点知识家底、靠传统的惯性思维和惯常做法干工作。要把熟悉乡情、村情、民情作为“第一课堂”，巩固深化“驻进帮”“四下基层”、群众路线教育实践活动成果，常态化深入田间地头，走进千家万户，使各项决策和工作更加接地气、符合群众意愿。要认真学习上级的新精神、新要求，学习农村政策法规，切实提高民主管理、依法办事的本领，提高带领群众发展经济、增收致富的本领，提高做好新形势下群众工作的本领，更好地承担起引领“三农”发展的重任。要善于从全局角度看发展的脉络，统筹运用改革的办法、市场的手段、法治的思维推动工作，善于借法、借势、借力，敢于冲破条条框框，破除思维定式，突破工作惯性，推进“三农”工作思路创新、政策创设、方法创造。

3. 树牢“三严三实”意识，进一步转变工作作风。新常态下，对党员干部的要求越来越严、问责的力度越来越大，有的干部以此为借口，不想干事、不敢干事，宁愿不做事、也不担事，工作等靠拖拉，对上级政策不跑不争，对新生事物不理不睬。我们要清醒地认识到，新常态下，越需要具备勇于担当的气魄、放眼长远的胸襟、临渊履冰的谨慎、务实苦干的作风。各级领导干部要时时处处体现担当，拿出“遇事不怕事，有事能扛事，干事定成事”的干劲、韧劲和闯劲，以“钉钉子”“咬定青山不放松”精神狠抓各项工作落实。要强化新一届村“两委”班子素质培训提升和实践锻炼，加强督促检查、跟踪问效。要全面从严治党，抓好县乡换届，落实党风廉政建设“两个责任”，自觉践行“三严三实”，严格执行《廉洁自律准则》《纪律处分条例》和八项规定精神，把纪律和规矩挺在前面，持之以恒纠正“四风”，始终做到党性坚强、党纪严明，以清纯简朴、风清气正的政治生态，为各项决策部署和目标任务落实到位提供坚强保障。

同志们，发展新理念正当其时，改革新举措正当其用。让我们以更加饱满的热情、更加过硬的作风、更加有效的措施，振奋精神、积极作为、不懈奋进，开创“三农”和脱贫攻坚新局面，为全面建成“实力、文化、美丽、幸福、清纯”的现代化瓷都做出新贡献！

落实新理念　引领新常态　奋力开创农业农村工作新局面

——在2016年农村工作暨扶贫开发工作会议上的讲话（节选）

德化县人民政府县长　欧阳秋虹

（2016年2月18日）

同志们：

今天，我们在这里召开全县农村工作暨扶贫开发工作会议，主要目的是贯彻落实中央和省、市农村工作和扶贫开发工作会议精神，回顾总结“十二五”农业农村工作，研究部署“十三五”和2016年工作。等一下，县委吴书记将作重要讲话，大家要认真学习领会，抓好贯彻落实。下面，我先讲三方面意见：

一、顺势而为，“十二五”农业农村工作取得明显成效

“十二五”时期，全县农业农村经历了一个重要的发展黄金期，县委、县政府以锐意改革的勇气、扎实稳健的举措推动上级各项决策部署落实，让广大群众感受到了更多看得见、摸得着的变化。主要表现在四个方面：

*（一）机制更活，改革统筹形成示范带动效应。*全县各级各部门发扬“敢拼敢赢”的德化精神，敢于担当，主动作为，锲而不舍推动改革统筹“开花结果”，一些领域走在省市前列。33项改革试点有序推进，建成全省首个县级农村产权交易中心并在全市推广，完成国家林地占补平衡试点和南埕镇农村土地承包经营权确权登记颁证省级试点任务，浔中、三班列入全国重点镇，龙浔、浔中列入省级机构改革试点镇，盖德、美湖实现撤乡设镇；244项重点任务扎实推进，118项投资性项目累计完成投资114.8亿元；跑项目、争资金力度加大，五年争取涉农资金11.45亿元、支农投入20.3亿元，分别是“十一五”的3.6倍、3.7倍。

*（二）产业更优，农业林业形成特色品牌体系。*出台实施“十百千万”工程，五年投入1.16亿元，扶持项目642个，名优特成为我县农林业发展的主渠道。**一是一批农特产品获得认可，**德化黑鸡、淮山、黄花菜、“十八学士”茶花列为国家地理标志保护产品，五年新增“三品一标”认证产品18个，国家和省名牌产品9个，建立市级以上农产品质量安全可追溯试点单位13家，打造了“三黑三黄三白三红三菌”“林下三宝”、棘胸蛙等特色品牌。**二是一批新型主体培育壮大，**建成农产品特色街，引进发展道畋智慧农业，创建众筹农业企业6家，市粮食行业协会牵手4家泉州大米加工龙头企业与一亩良田众筹合作社签约共建优质米产销基地，五年新增国家农业科技园区示范企业11家、国家和省级合作社示范社28家，省市级家庭农场示范场9家、龙头企业15家。2015年特色农林业产值9.8亿元，“十二五”年均增长12.18%。**三是一批农村电商蓬勃兴起，**建成农特产品114电商平台、“憨鼠购”社区电商020平台，全市首家农村淘宝县级服务中心落地德化，县农村电子商务中心成立运营，三班镇和4个村分别被认定为全国淘宝镇、全国淘宝村，获评电子商务进农村省级示范县。

*（三）百姓更富，农民生活形成富足安居局面。*始终坚持民生为重，五年财政民生支出68.39亿元，是“十一五”的2.7倍，年均增长20.1%；189件省市为民办实事项目全面完成。**一是有了更好的教育资源、更好的医疗条件，**五年教育事业共投入9.03亿元，新改扩建教师进修学校、职业技术学校、特殊教育学校及中学4所、小学11所、幼儿园9所，全县94%的学生集中在城区学校就读，“义务教育发展基本均衡县”通过国家认定；投入2.15亿元，建成县医院门诊病房综合大楼、中医院新院区综合大楼等一批医疗卫生设施。**二是有了更完善的社会保障、更舒适的居住条件，**新农合、新农保、被征地人员养老保障、户籍实现城乡一体化，各类社会救助体系不断健全，民生保障基本实现全覆盖；投入14.9亿元，建设城东旧村复垦安置房、进城务工人员安居工程、矿区搬迁、造福工程等各类保障性住房9188套，一大批农民实现“安居梦”。**三是有了更有力的扶贫举措、更有效的脱贫成果，**下派驻村干部138人，投入1.69亿元，扎实开展扶贫济困，丰泽区7个街道结对帮扶我县7个扶贫乡镇，扶

持省市县级扶贫村 138 个，实施扶贫项目 500 多个，完成造福搬迁 3835 户 1.58 万人，2014 年建档立卡以来 1.05 万人实现脱贫。**四是有了更好的就业、更多的收入，**一批敢想敢干的农民、返乡创业大学生、驻村干部积极投身大众创业、万众创新，目前全县有涉农企业 259 家、合作社 862 家、农场林场 110 家，带动农户 2.67 万户。2015 年农民人均可支配收入 11961 元，“十二五”年均增长 10.2%，增幅连续 3 年高于城镇居民收入。**五是农村精神文明建设也取得丰硕成果，**南埕镇首创的老年人义务互助模式全面推广，林秀香获评全国孝亲敬老之星，毛碧华获得全国道德模范提名奖，3 人荣登福建好人榜，两度荣膺国家文明县城。

（四）生态更美，美丽乡村形成串点成线布局。始终把生态立县、绿色 GDP 理念贯穿经济、社会、生态“三赢”发展全过程。**一是绿水青山成为看点，**五年投入 2.2 亿元，完成造林绿化 21.2 万亩、花卉种植 1.2 万亩、义务植树 325 万株；投入 15.1 亿元，全面落实“河长制”，抓好浐溪流域、重点流域水环境等治理，推进彭村水库、闽江防洪工程德化段等一批水利项目建设，塑造一批水生态景观，打造了“2 个 100%”“3 个第一”“10 块自然生态品牌”。（“2 个 100%”：即地表水水质、饮用水源水质达标率均为 100%；“3 个第一”：即全县森林覆盖率保持全市第一，2015 年度上半年城镇污水处理考评全省第一，县长环保目标责任书考核连续 5 年全市第一、连续 7 年考核优秀；“10 块自然生态品牌”：即国家生态县、国家生态文明建设示范区、国家森林公园、国家地质公园、国家级自然保护区、国家水利风景区、国家水土保持生态文明县和省级园林县城、省级森林县城、省重点生态功能区。）**二是戴云山筑成为亮点，**五年投入 3220 万元，改造乡镇立面 26 万平方米，形成了雷峰－南埕－水口、国宝－赤水－上涌两条示范线；同时，整合涉农资金 16.1 亿元，支持一批县级以上美丽乡村（社区）、美丽公路、美丽库区、美丽景观带、美丽田园示范创建，获评国家卫生县城、福建十大醉美县城。**三是乡村旅游成为热点，**各乡镇都能够立足实际，创新思路，大力开发各具特色的乡村旅游产品，打造了 3 个国家 AAAA 级、AAA 级景区，水口镇列入全国宜居小镇示范镇，南埕、水口 2 个镇和佛岭村获评省特色景观旅游名镇名村，5 个村入选省传统村落，云龙谷获评省四星级乡村旅游经营单位。

可以说，“十二五”时期我县不仅进一步提升了农业农村发展水平，也积累了新形势下做好“三农”工作的宝贵经验，为今后发展奠定了坚实基础。这凝聚着县四套班子的集体努力，离不开各级各部门的勤勉敬业，还有长期扎根基层一线的干部群众、农民企业家的艰辛付出，在此，我代表县政府向大家表示衷心的感谢和崇高的敬意！

2 月 18 日，德化县农村工作暨扶贫开发工作会议召开 （图／连江水）

德化县企业工作会议文件摘要

稳中求进 创新转型 加快突围

——在全县企业工作会议上的讲话

吴深生

（2016年2月18日）

各位企业家代表、同志们：

猴年新春，我们召开一年一度的企业工作会，主要是贯彻落实中央和省市经济工作会议精神，提振信心、政企携手，着力解决好新常态下“怎么看、怎么干”的问题，推动全县经济稳中有进、行稳致远，确保“十三五”开好局起好步。去年，面对前所未有的经济下行压力，我县主动适应新常态，全力化解各种困难，经济运行呈现缓中趋稳、稳中有进的态势，这是全县上下团结一心、奋力拼搏的成果，更是广大企业家咬紧牙关、负重前行的结果。在此，我代表县委向全县广大企业家表示衷心的感谢和崇高的敬意。刚才，欧阳县长就做好新一年的企业工作作了具体部署，请大家认真领会、抓好落实。下面，我再讲四点意见。

一、遵循大逻辑，以底线思维谋划发展

大盘谋局，首在度势。必须遵循新常态这一大逻辑，按照习总书记提出的战略思维、辩证思维、系统思维、创新思维、底线思维，把握新一年的发展大势，坚定稳中求进的信心与决心。

1. *切实把握上级的大势研判*。去年底，中央和省市先后召开经济工作会，从全局深入分析和研判了宏观大势。从国际看，世界经济将延续疲弱复苏态势，发达经济体总需求不足和长期增长率不高现象并存，新兴经济体总体增长率下滑趋势未能有效遏制，国际贸易保护主义抬头，贸易壁垒持续高筑；但要看到三个有利的积极因素，即美国等一些发达国家宽松货币政策转向正常化，新兴市场国家加快经济发展方式转变、推进结构性改革，全球大宗商品价格从泡沫化状态回归常态。从国内看，我国经济全面进入新常态，面临着“四降一升”的矛盾和问题，即经济增速下降、工业品价格下降、实体企业盈利下降、财政收入增幅下降、经济风险发生概率上升，这些问题不是周期性的，而是结构性的，不可能通过短期刺激实现V型反弹，可能会经历一个L型增长阶段；但要看到，我国经济发展长期向好的基本面没有变，经济韧性好、潜力足、回旋余地大的基本特征没有变，而且在适度扩大总需求的同时，加强供给侧结构性改革，并把降低企业税费负担作为改革重点，进一步释放市场活力，必将引领经济上一个新的台阶。

2. *清醒把握德化的发展现状*。当前，我们步入改革开放以来最为艰难的时期。从整体看，“总量不大、动力不足、转型不快”的局面仍未有效破题，投资增幅下滑、去年工业投资下降47.5个百分点，招商选资困难、缺乏打破原有增长格局的新项目，经济下行压力仍然较大。从产业看，“单科突出，总分不强”问题突出，陶瓷业整体需求疲软，矿产业面临亏损经营，水电业“看天吃饭”，农业综合效益偏低，三产增速低位徘徊。从企业看，面临“融资贵、用工难、市场缩、成本高、利润薄”五大困境，2015年全县规上企业109家，产值两位数增长的31.2%，个位数增长的27.5%，减停产的41.3%，并且出现“几家欢喜几家愁”的明显分化，龙头企业做不大，大企业不景气，中小微企业成长较快。困难是普遍的现实的，下行压力也不是德化独有。我们更应看到，去年我县已经制定了陶瓷业、矿业、旅游业转型升级路线图，出台产业转型升级等一系列政策，主要经济指标保持稳定增长，有的指标还位居全市前列，成功举办首届中国陶瓷电商峰会，荣膺“世界陶瓷之都”，被列入国家电商示范基地、国家智慧城市试点县，成功争取兴泉铁路途经德化并设立客货站点、城关至嵩口高速公路列入省规划，全县上下对新常态的认识更加清晰，应对困难的措施更加充分，这些都为今年发展奠定了扎实基础。纵观德化发展历程，每一次遭遇难题、面临危机，都是政企互动、党群一心、携手突围。只要我们鼓足信心、抢抓机遇，积极化解“难”，努力巩固“稳”，不断推动“进”，就能在新的一年里实现新发展、取得新突破。

3. *精准把握今年的思路重点*。中央和省市经济工作会，直指当前经济怎么看、怎么稳、怎么转的要害，要求落实创新、协调、绿色、开放、共享“五大发展理念”和宏观政策要稳、产业政策要准、微观政策要活、改革政策要实、社会政策要托底“五大政策支柱”以及去产能、去库存、去杠杆、降成本、补短板“五大重点任务”。这是经济新常态下的行动路线图，为我们攻坚克难指明了主攻方向，提供了方法论。具体到德化，就是要全面贯彻落实中央和省市一系列重大决策部署，围绕全面建成“实力、文化、美丽、幸福、清纯”的现代化瓷都总体目标，积极适应经济发展新常态，坚持稳中求进工作总基调，以提高发展质量和效益为中心，以改革开放创新为动力，以供给侧结构性改革加快产业转型升级，做大做强主导产业、特色产业和企业主体，培育经济新增长点，突出做好稳增长、调结构、强动力、惠民生、防风险，努力保持经济平稳较快发展，确保“十三五”发展开好局起好步。

二、抓住关键点，以战略定力推动发展

今年是全面建成小康社会决胜阶段的开局之年，也是推进结构性改革的攻坚之年。必须坚持问题导向，战略上把握好节奏和力度，战术上抓住要害和关键点，推动经济发展基本盘稳中有进、稳中向好。

1. *更大力度稳增长*。稳增长仍是今年的首要任务，要精准施策、精准发力，确保经济运行在合理区间和预期区间。**一要发挥投资的关键作用**。投资对稳增长的关键作用短期内还不能替代，当前投资品价格较低，也是增加投资的有利时机。要紧扣“有效”二字，坚持长中短期项目统筹、大中小项目配套、财政性和生产性项目齐抓，尝试PPP等投融资新模式，打好扩大有效投资组合拳。要对接市里开展“项目前期工作活动年”，组织力量攻坚，积极对接上级重大工程包、专项建设基金，集中力量抓审批申报、资金拼盘、用地保障等工作。要坚持行之有效的项目推进机制，抽调精兵强将充实一线，按照“五阶段”节点（立项许可、用地报批、初设、施工图、施工许可），实行时间倒排、任务倒逼、责任倒查，抓开工、促续建、快扫尾，确保143个在建重点项目年度投资77.11亿元，固投增长13%目标的实现。**二要发挥消费的基础作用**。用好上级出台的各项促销费扩内需的政策措施，在适应消费结构升级中培育新增长点。要立足大城关人口集中的优势，挖潜力、拓市场、稳预期，提高城乡居民收入，培育消费新热点、新模式；尤其要落实市里提出的“同等优先、手拉手”措施，鼓励多用本地企业优质产品，让本地企业承揽更多本土工程。要立足我县的产品供给现状，花大力气推动产品的升级换代、结构调整、质量提升，创新生产方式和商业模式，创造供给、引领需求、扩大消费，形成需求升级与产业升级相互促进的格局。要立足我县的资源优势，主动适应消费的新业态和新热点，大力发展绿色农业、生态旅游、健康养生等产业，有效承接沿海城市的市场需求和消费潜力。**三要发挥调度的促进作用**。困难年景，差距是一点点拉开的，决不能等到木已成舟再算总账，必须从年初开始就动态监控、精打细算，以旬保月、以月保季、以季保年。要目标任务清单化、时间要求节点化、主体责任层次化，传导稳增长压力，既抓大户又算细账，抓牢每个百分点、细微点，积少成多、多点支撑。要以“帮扶企业发展 促进项目落地”为抓手，发挥产业发展委员会、项目调度会作用，坚持问题导向，抓住关键、集中资源、精准施策，化解企业最突出的困难，突破项目“卡脖子”的问题，营造比学赶超氛围。

2. *更大力度调结构*。加快打造德化产业升级版，关键在于落实产业转型升级路线图，坚持“加减乘除”并举，做优一产、提升二产、突破三产。**一产要特色发展、壮大融合**。立足土地资源、生态优势，加快建设现代农业示范园区，发展家庭农场、专业大户、职业农民、“众筹农业”等新型经营主体，实施特色现代农业科技创新行动计划，壮大“三黑三黄三红三白三菌”“德化药材三宝”“石冻王”等特色现代农业规模，打响“德”字系列“绿色健康牌”。加快“接二连三”步伐，大力发展设施农业、精致农业、休闲农业、观光农业、体验农业、生态庄园，推动农产品精深加工、冷链物流、文化创意、电子商务、“美丽乡村”旅游等跨界融合、转型升级。在这方面，英山村积极做好淮山产业发展与乡村休闲旅游结合文章，最近又在推进江山美人庄园建设，值得各乡镇学习借鉴。每个乡镇致力打造一两个有特色的现代农业示范点，全县将呈现生机盎然、春色满园的局面。**二产要优化存量、创造增量**。擦亮用好世界陶瓷之都这张世界级“名片”，坚持“传统瓷雕精品化、工艺陶瓷日用化、日用陶瓷艺术化、新兴陶瓷规模化”发展方向，深入实施智能制造、服务型制造、提升质量品牌“三大行动”和科技、文化、品牌、创新“四轮驱动”，开展培育百家亿元企业、百名优秀企业家、百名省级陶瓷艺术大师“三百工程”和培训换脑、机器换工、电商换市、产品换新、管理换优、股改换骨“六换工程”，致力产业公地建设，大力发展陶瓷文化创意产业、“大师经济”，破解国际陶瓷艺术城建设难题，加快中国茶具城建设，塑造依靠创新驱动、发挥先发优势的产业集群和发展模式。要积极应对矿产业产能过剩局面，加快兼并重组、关小建大、延长链条，实施科技兴矿和技改挖潜，深度开发、综合利用、精深加工，提高附加值和市场契合度，寻找新的转型发展出路。**三产要加快速度、提升比重**。实施《旅游发展总体策划和近期行动计划》，加速九仙山、石牛山景区和要素市场建设，着力提高景区的可进入性；搭建项目规划与申报立项、旅游综合管理、旅游招商融资等平台，策划推动文化体验、工业旅游、康体旅游、温泉旅游、乡村旅游、悟道禅修等旅游项目，推动“一城、一环、两区”建设，打造“海西”“海丝”旅游目的地，让旅游业真正成为有人气、有效益、有品位的新经济增长点。着手建设“数据库”，实施“互联网+”行动计划，加快建设国家电子商务示范基地、陶瓷信息文化产业园、“中国陶瓷”在线交易平台和陶瓷全球购平台，探索跨境电商、农村电商“德化模式”，打造全国最大的陶瓷电子商务基地，促进互联网与实体经济融合发展。规划建设城东物流中心、城南物流园，探索互联网金融、消费金融、金融租赁等新型业态，培育引进工业设计中心、市场交易中介和法律、财务、信息等服务机构。推动政策落地，打通商品房、安置房、保障房的转换通道，分类施策、消化存量，探索适合德化县情、符合发展阶段的住房供给模式。

3. *更大力度增动力*。动力不足、后劲乏力，始终是困扰我县加速发展的关键问题。**一要深化改革开放**。敢于啃硬骨头，深入推进统筹城乡发展试点改革，积极争取各类“带帽性”、政策性改革试点，努力争创新型城镇化综合改革试点县。坚持简政放权、放管结合，持续推进行政审批制度改革、商事登记改革、不动产登记、政府购买服务和“五张清单”（政府行政权力、基本公共服务、政府部门责任、涉企收费项目、投资准入负面清单），探索“互联网+”政务服务，让数据“多走路”、企业“少跑腿”，用政府权力的“减法”换市场活力的“加法”。抢抓“一带一路”、福建21世纪海上丝绸之路核心区、泉州“海丝”先行区建设等战略机遇，强化与“海丝”沿线国家、地区以及港澳台、敦煌的交流合作，推动企业“走出去”开展合作、拓展市场。**二要突破招商选资**。始终保持清醒头脑和忧患意识，算总账、看长远，充分把握陶瓷文化历史积淀、生态旅游资源优势和厦沙高速、兴泉铁路带来的发展良机，围绕既有产业的强链补链、有中生新和空白产业的生成培育、无中生有，策划生成、建好“项目库”。要坚持问题导向，落实责任、创新机制、强化运作，增强在谈项目的谈判和落地实效，努力引进一批陶瓷文化创意、生态特色农业、健康饮料食品、休闲养生旅游、新能源新技术新材料等适合德化未来发展的项目，让传统产业“老树开出新花”，让新兴产业“新芽长成大树”。要用软环境补硬环境的不足，既鼓励支持本地企业投资有市场前景的项目，又下大力气拓展央企、外企、民企对接的领域，发挥异地商会的作用，实施“回归工程”，决不能因为工作做不到家、服务不到位，让好企业、好项目跑掉，更不能招来“女婿”、气走“儿子”，应该内外兼顾、舍得让利、精心服务，逐年突破、补齐短板、积累后劲。**三要加快创业创新**。“大众创业、万众创新”始终是推动发展的核心力量，要建好“人才库”“公共智库”，构建有效的综合创新生态系统，让更多人才、技术、资金更快汇聚到创新创业链上，“让创客在创新的风口上飞起来”。要加快培育科技领军人才、企业家人才、高技能人才队伍，采取“人才+项目+团队”引才方式，加强带团队、带项目、带资金的创业创新人才引进。要深化产权保护平台建设，支持发展新型研发机构，鼓励企业建设运营各类“技术研究院”，加快自动化生产线、数字化车间的研发推广，促进企业智能化发展。要突出整合线上服务平台、线下孵化载体、创业辅导体系、技术与资本支撑等四大要素，培育壮大“双创空间”，支持发展众创、众包、众筹、众扶，引导创二代、创三代涉猎科技型、创新型项目孵化培育，加快发现、支持和孵化真正有市场价值的创业创新项目。

4. *更大力度强服务*。政府支持企业是天职，要坚持“发展有所需、企业有所求、政府有所为”，暖企业的心、鼓企业的劲，松绑放手、造好环境。**一要提升精准服务水平**。工业品价格持续走低，生产经营成本持续上升，是造成企业经营困难的主要原因。中央已经明确要开展降低实体经济企业成本行动，省市正在制定行动方案。我们要及早对接落实，通过降低交易成本、人工成本、物流成本、财务成本以及降低税费、社会保险费和电价等，使企业经营成本有明显降低。要进一步梳理惠企政策，提高政策的针对性，增强普惠性，防止碎片化，对过去管用的要坚持，对新近出台的要落实，对安排不合理、成效不明显、企业不认可的，该转向的转向，该修订的修订。要多上门，“点对点”“面对面”掌握企业实情，帮助解决实际困难，对有市场、有订单但暂时遇到困难的企业，要想办法帮助其渡过难关；对有创新活力、有增长潜力的中小微企业，要集中资源、加大扶持，推动其上规模、上水平。**二要提升要素保障能力。**尽快实质性运作产业投资基金，创新财政资金使用办法，逐步从无偿补助向无偿与有偿相结合转变，从补建设向补运营、从补企业向补平台转变，更多采用以奖代补、股权投资、贷款贴息、分险化险、担保体系建设等措施支持企业。强化政银企三方协同，优化金融生态，拓宽企业融资渠道。进一步清理闲置用地、节约集约用地，加快城东、宝美、紫云等工业园区建设。力促海西天然气管网德化支线尽早供气。实施现代学徒制，发展“二元模式”职业教育和订单培训，建设综合性公共实训基地和中心。**三要提升风险防控等级。**今年一些企业可能会更加困难，要居安思危、未雨绸缪，“政、银、企、保、司”密切协作，加强动态监测，通过提供“过桥”资金、抵押物“戴帽过户”、融资应急保障，支持转续贷。要及时关注、高度警惕民间借贷风险，坚决打击恶意逃废债行为，有力有效防止经济风险向社会稳定领域扩散蔓延。要加强对各类风险的调查研究、实时预警、对症下药、综合施策，切实做好地方政府债务化解、社会治安防控特别是反恐处突、食品药品安全、安全生产等工作，力争把风险化解在源头、解决在萌芽状态。新常态下，我们要坚持金融安全、生产安全、生态安全、社会安全、政治安全统筹兼顾、一并抓好，切实做好应对各种风险挑战的思想准备和工作准备，为省、市安定稳定大局做出积极贡献。

三、把握窗口期，以创新精神突围发展

当前，经济发展进入新常态，也是企业加速转型的窗口期。企业如何面对新常态，关键要以全新的思维，走出“舒适地带”、摆脱“路径依赖”，创新发展、加快突围，开启新征程、新时代。

1. *要有危机意识*。有专家概括了企业危机的“四阶段论”，第一阶段，依靠原有积累维持经营，坐等经济回暖；第二阶段，现金储备用完了，开始用资产抵押贷款熬冬天；第三阶段，银行借不到钱了，就拼个人信用借高利贷拼死一搏；第四阶段，停产倒闭或成为“僵尸”企业。看不到危机，就是最大的危机。和以往危机不同，此轮“危机”，不能叫“危机”，而是一种常态，即新常态。从表观上看，体现在增速放缓、生意不好做；而从本质上看，是发展动力、发展模式、消费模式的转变，以要素驱动的旧实业逐渐出局，以创新为动力的新实业、以消费者为主导的新消费成为新方向。如果企业再固守陈规、不思求变，势必被淘汰出局；反应迟缓、畏首畏尾，亦要付出沉重代价。比如移动、联通、电信一天几百亿条的短信业务，转眼间就被微信抢得一干二净。世间没有不痛不痒的蝶变，也没有一帆风顺的转型。大家一定要有危机思维、忧患意识，咬紧牙关、忍着阵痛，主动调整、扬长避短、化危为机，才能在新一轮竞争中脱颖而出。

2. *要有机遇思维*。新常态蕴含新机遇，新机遇带来新发展。一方面，大数据和“互联网 +”背景下，生产生活方式发生重大改变，大众创业、万众创新成为新潮流，中央、省、市各级都出台系列鼓励扶持政策，力度空前。另一方面，新常态下，企业的洗牌、动力的更替、消费的改变，催生大量新技术、新业态、新模式，释放许多新商机、新人才、新市场。比如，六大新兴产业“财富第五波”潜力巨大，健康产业潜在价值达 14—16 万亿，文化产业达 11—16 万亿，节能环保业达 11—16 万亿，信息技术达 12—15 万亿，高端装备达 8—10 万亿，生态旅游达 5—6 万亿。这六大新兴产业，我们德化在健康、文化、节能环保、生态旅游这四个产业都具有较好基础和比较优势。“明者因时而变，知者随事而制。”企业家市场意识最强，洞察力最敏锐，最善于把握机遇，要放眼德化未来美好前景，敢为人先，积极参与，内外联合，引资引智，提早布局，抢分蛋糕，切实打好转型升级“突围战”。

3. *要有创新能力*。习总书记在多种场合下，用“苟日新、日日新、又日新”来激励创新。不创新，企业就会丧失竞争力，就难逃被市场淘汰的命运。新常态下要实现新发展，根本出路也在于加快产品、品牌、管理、模式等全方位创新。要围绕开发产品、提高质量、降低成本，引进和培养创新人才，与高校、科研院所共建研发中心，为自身为行业研发更多新技术、新工艺、新产品，并通过打造自动化生产线、数字车间，减少劳动用工、提高生产效率、提升产品质量。要实施以精品为基础的品牌战略，在产品个性化、差异化上下功夫，人无我有，人有我优，人优我特，实现生产经营的专一化、精品化、品牌化，增加优质产品供给，引领开拓市场。要重视企业治理现代化，不是说家族企业要放弃家族制，而是要在家族制基础上实行现代公司治理，把企业股份分配给家庭成员，有经营才能的参与企业经营管理，没有这方面才能的就不参与；有条件的企业，要通过股改，到海峡股权交易中心、“新三板”挂牌上市。要适应“生产走向相对集中，生产和产业组织呈现小型化、智能化、专业化”的新趋势，推动生产模式和组织方式变革，努力包装、策划、生成和建设真正有市场价值的创新创业项目，打造适合自己的新商业模式，助推企业能量释放、转型突围、发展壮大。

4. *要有抱团胸怀*。各位企业家都明白，市场竞争不只是单个企业的竞争，而是整个产业体系和配套能力的竞争，尤其是面对经济寒冬更应抱团取暖、齐心向前。当前，一些企业为了眼前利益，不惜相互压价、自相残杀，抄袭跟风、互相诋毁、抬高自己、排斥别人，形成恶性竞争，一些实力雄厚的企业也元气大伤。要坚持互利共赢战略，在追求自身利益时兼顾竞争对手的合理关切，避免同行业间相互压价和恶性竞争。要依托重点产业园区，将同类或产业链条关联密切的企业聚集发展，形成产业集聚新形态，摆脱“各自为战、小打小闹”局面，降低生产及物流成本，形成规模优势。龙头企业要“上下延伸”“主辅分离”，加强与其他企业协作配套，取长补短、降低成本；中小微企业要走“专、精、特、新”路子，逐步在研发设计、网上市场开发、新材料应用等培育优势，筑牢共同发展的根基。商会、同业公会、行业联盟要发挥作用、尽到职责，加强协调、引导协作、有效监督，打造互相褒扬谋发展、握指成拳拓市场的“利益共同体”。

5. *要有底线品质*。当前，经济形势确实很难，但再困难都不能当作失守诚信底线、法律底线的借口。我县大部分企业信誉一直很好，每年都能获得新增贷款，技改扩建有资金保证，实现了银企“双赢”。有些企业家宁可自己勒紧腰带，也不让工人空着口袋回家过年，变卖心爱的汽车和老旧厂房，优先支付工资和债务，获得广泛好评。但也有一些企业不讲诚信，比如拖欠工程款，不及时发放工人工资，不按时归还银行贷款和民间借款等，结果是形象受损、影响恶劣，有的寸步难行。去年炒得很热的“青岛大虾”事件，也给大家诚信经营敲响了警钟。一个企业最大的破产就是信用的破产，希望大家诚实守信、诚实经营。政府依法行政，不是为了多收一点税，而是要努力构建一种良好的经济秩序，为企业搭建一个公平竞争的平台，维护更多守法者的权益，促使企业自觉树立规范意识、法制意识，从而健康发展、茁壮成长。在此，也请广大企业家理解和支持政府部门的依法行政行为。企业是相对独立的经营实体，但是自主经营并不是闭门经营，既不能蛮干也不能盲干。新常态下，广大企业家也要用更多的时间和精力去研究经济形势和国家的政策法规，积极探寻创新创业的空间，巧妙运用政策要素等外力促进企业高效运营、永续发展。

四、提振精气神，以实干作风保障发展

形势越是严峻，任务越是艰巨，就越需要调动方方面面干事创业的积极性，上上下下拧成一股绳，心往一处想，劲往一处使，形成攻坚克难的强大合力。

1. *强化正面激励*。现在一些干部干事创业的积极性有所降低，对标看齐意识不强，怕出错、怕担责，不适应新常态提出的工作新要求。要加强对干部的思想教育，注重培养政治强、懂专业、善治理、作风正的领导干部，大胆使用那些敢于担当、攻坚克难、实绩突出的干部。要健全激励机制，完善容错纠错机制，旗帜鲜明给那些呕心沥血做事、不谋私利的干部撑腰鼓劲。对勇于作为的要表扬，对庸政懒政怠政的，要严肃约谈、大胆处理，决不能让“太平官”混日子；要结合县乡换届，对不担责、不想干、不会干的干部，坚决采取组织措施、纪律措施予以调整和处理，推进干部优进庸退、能上能下，把干部的士气调动起来，换出凝聚力、换出战斗力。

2. *提升执行能力*。再好的决策执行不好，也是空谈。要围绕新常态下“怎么看、怎么干、怎么干好”问题，持续开展“三比一看”活动，对县委、县政府的决策部署以及重大项目、重点工作、重点企业，都要有具体的执行方案和路线图，做到全年任务目标化、所有目标项目化、一切项目责任化、每项责任具体化。对于一些看准了的事情、瞄准了的项目，必须紧抓不放、“马上就办”，遇到矛盾问题不躲闪、不推托，勇担当、敢碰硬、能化解，坚定不移地向前推进；分管挂钩领导和牵头抓总部门，要跟踪协调督促，定期向县委、县政府报告工作进度、存在问题、推进建议。要通过“一月一协调一调度、一季一督查一通报”等方式，一级抓一级，提升督查的权威性，综合运用责任追究、绩效评估、通报批评等手段，严格兑现奖惩。

3. 加强舆论引导。预期是影响宏观经济和微观企业行为的重要变量，信心比黄金更重要。要进一步增强新常态下的舆论引导能力，用好各种新媒体，讲好德化新故事，增强投资者了解德化、投资德化的信心。要开展企业家素质提升培训专项行动，现场观摩、现身说法，讲行业动态、说转型前景，运用逆势而上、成功转型的典型案例，坚定企业转型闯关的信心和勇气，警醒"守摊守旧"还在观望的经营者、企业主。要加大对政策解读宣传，善于把握本质、主流和趋势，善于把握时、度、效，善于把握社会心理，深度分析，及时发声，澄清是非，引导企业家和社会正确看待经济运行矛盾、经济下行压力等问题，稳定市场预期，增强发展信心，为推进转型、加快发展营造良好氛围。

各位企业家、同志们，做好今年企业工作，意义重大、任务艰巨。让我们牢固树立创新、协调、绿色、开放、共享的发展理念，以更加坚定的信心、更加有力的举措、更加务实的作风，奋力推进全县经济平稳较快发展，确保实现"十三五"良好开局！

2月18日，德化县企业工作会议召开　（图／连江水）

审时度势　敢拼敢赢 在引领经济发展新常态中再续企业发展新辉煌

——在全县企业工作会议上的讲话（节选）

欧阳秋虹

（2016 年 2 月 18 日）

各位企业家、同志们：

春节刚过，我们就在这里隆重召开年度企业界盛会，目的是贯彻落实中央、省、市经济工作会议精神，及早谋划部署全年企业工作，力促全县企业把握大势、灵活应对、行稳致远，力争“十三五”开好局。等一下，县委吴书记将作重要讲话，大家要认真学习领会、抓好贯彻落实。下面，我先讲两点意见。

一、回顾 2015 年：我们敢拼敢赢、有为有效

过去一年，我们面临的困难比预料的多，经济下行压力持续加大，在县委的正确领导下，全县上下攻坚克难，取得的结果比预想的要好，这从各项经济运行指标得到了充分体现，2015 年全县工业用电 11.18 亿千瓦时，增长 8.1%；自营出口商品总值 2.28 亿美元，增长 1.9%；金融机构存贷款余额为 155.33 亿元、136.46 亿元，分别增长 20.7%、33.3%；一般公共预算总收入 15.3 亿元，增长 2.6%，其中一般公共预算收入 10.7 亿元，增长 7.0%。这些经济指标增幅都处在全市前列。主要表现在以下 3 个方面：

1、*在新常态中稳住了阵脚*。去年年初，我们最担心的是面对严峻经济形势，企业丢失信心、自乱阵脚。但事实充分说明，全县广大企业不但保持定力、稳住阵脚，而且灵活应变、度危求进，促使全县生产经营保持稳定。突出表现在 2 个方面：①应对的能力在提升：新产品、新材料、新技术不断推出。锦龙成功研发高耐热陶瓷，福杰成功研发特种电器、生物功能等高新陶瓷，真泰尔高强易洁日用精瓷、冠福高档镁玉瓷等新产品实现产业化。腾兴“玻璃陶瓷白光、荧光材料中试及产业化”完成中试。佳美主导修订的两项“陈设艺术瓷”国家标准获准发布实施；坤泰全自动陶瓷滚压生产线、兰星全自动燃气陶瓷窑炉装备被列入市“数控一代”示范项目产品名单，太古、坤达列入市“数控一代”运用推广示范项目。②发展的办法在增多：新业态、新模式、新活力竞相迸发。企业发展电商意识增强，全年网络零售交易额突破 16 亿元，增长 33%；戴玉堂、辉跃经典、甲馨、南埕 、唐丰 5 家电商企业分别获评中国日用陶瓷十佳网货品牌、中国工艺陶瓷十佳网货品牌。顺美、卓越 2 家企业列入省“旅游 + 工业”首批 33 家观光工厂。全国首个立足“互联网 + 陶瓷”的“瓷智汇”众创空间、顺美集团的瓷客部落、建窑青年电商创业孵化园、三班月记窑被认定为市级众创空间。大众创业、万众创新浪潮不断掀起，全县新办工业企业 870 家；新增规上工业企业 14 家、亿元企业 5 家；新增自营出口权企业 45 家；工业技改完成投资 11.79 亿元。

2、*在新常态中迈开了步子*。去年，全县广大企业科学把握新常态下经济发展新特征、新趋势，顺势而为、稳健前行，发展方式由规模速度型向质量效率型转变。**①科技创新方面**。冠福被认定为国家技术创新示范企业，顺美获批设立国家级博士后科研工作站，福杰陶瓷 LED 灯具荣获德国纽伦堡国际发明展金奖。佳美被认定为省首个陶瓷类重点实验室。顺美、顺尔美、嘉顺 3 个项目被列为省级“两化融合”重点项目。恒亿、友盛、坤泰 3 家企业被认定为市级企业工程技术研究中心。新增高新技术企业 3 家、省科技型企业 3 家、市科技小巨人企业 8 家。**②品牌建设方面**。新增国内注册商标 1075 件、马德里商标 3 件；新增中国驰名商标 1 件、省市商标 18 件；8 家企业被认定为省名牌企业。**③知识产权方面**。新增授权专利 1381 件，增长 76.2%；新增授权发明专利 42 件，每万人口发明专利拥有量达 3.01 件；获得专利质押贷款 2300 万元、专利贷款贴息 110 万元，居全市首位、全省前列。**④股权改革方面**。新增海峡股权交易中心挂牌企业 6 家，总数达 24 家，其中 5 家实现挂牌交易，占全市的 27.8%；3 家企业被确定为新三板挂牌后备企业，5家企业被确定为重点上市后备企业；恒忆、锦龙申请全国新三板挂牌交易。

3、*在新常态中增强了责任*。去年，全县广大企业在创造财富、吸纳就业、依法纳税上做出了不凡贡献。2015年全县税性收入12.26亿元，增长1%。工业纳税5.95亿元，其中陶瓷业纳税3.64亿元；矿业纳税0.68亿元；电力业纳税0.61亿元。建筑业纳税2亿元，增长70.3%。三产纳税3.83亿元，其中房地产纳税2.95亿元。新增纳税1000万元以上企业4家总数达24家，实现纳税额4.76亿元，增长13%；新增纳税500万元以上企业4家总数达40家，实现纳税额5.97亿元，增长9.7%。纳税前十名的企业分别是：厦沙高速5594万元、彭村水库4334万元、信用联社4108万元、供电公司3144万元、鑫阳矿业2748万元、银厦房地产2273万元、金龙置业1797万元、城镇房地产1773万元、建坤房地产1734万元、汤头建筑1701万元。

在企业积极应对新常态的同时，政府把服务企业发展放在工作的首位，想企业之所想、急企业之所急、解企业之所困，着力管好企业“围墙”以外的事情，让企业专注生产。

1、*倾力政策扶持*。坚持以企业需求为导向，打好政策“组合拳”，倾力帮扶企业稳增长、快转型。对接落实上级各项稳定工业经济增长政策，配套出台产业转型升级、智能制造、现代服务业、“互联网+”行动、提升品牌、发展高技术陶瓷等6份配套文件。争取市政府专门出台《关于促进德化县陶瓷行业健康发展六条措施》。研究制定重点产业转型升级路线图，出台规范矿业管理、稳定住房消费支持刚性住房需求、扶持企业出口等政策，深入实施科技小巨人企业培育、龙头企业引领计划、小微企业扶持、工业技改重点项目等计划，持续开展“手拉手”三年行动、“送政策进企业”等活动，全年累计兑现涉企资金1.66亿元；争取上级补助11.66亿元，增长27.3%。

2、*倾心打造环境*。过去一年，我们从品牌、平台、交通、城市、市场、社会六大方面入手，着力优化企业发展环境。**①致力于扩大区域品牌影响力**。全球唯一获评“世界陶瓷之都”。版权保护“德化经验”成为全球典范，入选国家知识产权强县工程试点。成功举办首届中国陶瓷电商峰会并成为创会会址。成为同时获评中国电商百佳县、中国电商百强县、国家电商示范基地的全国唯一陶瓷产区、全省唯一的县份，阿里研究院、淘宝大学在全国推广“政府推动型”德化电商经验。三班镇获评“中国茶具之乡”。**②致力于搭好企业发展平台**。健全企业创新公共服务平台，新建工艺陶瓷、功能陶瓷、陶瓷机械等技术服务机构3个。建设中青年陶瓷艺术大师新秀园，支持优秀青年人才创新创业。陶瓷产业园区列入第六批国家新型工业化产业示范基地，电子商务创业园列入省电子商务示范园区、省互联网孵化器。**③致力于激发市场主体活力**。深化行政审批制度改革，推行行政权力清单制度，审批服务提速提效，审批时限压缩至法定时限的35%以内。深化商事制度改革，全面实施“三证合一、一照一码”登记，新注册市场主体3991个，增长26.9%。**④致力于改善道路交通条件**。成功争取兴泉铁路途经德化并设立站点，德化城关至永泰嵩口高速公路列入海西高速公路网规划；投入3.07亿元完成北环路、车碓岭至观音岐道路建设和蒲坂路段沥青加铺，环城路形成闭合；投入16.86亿元超时序推进厦沙高速德化段建设，完成三班市政大道建设。**⑤致力于完善城市配套功能**。突出以城市功能为主的市政设施建设，25个市政提升工程项目完成投资18.98亿元，动工建设蒲坂高位水厂，完成高内坑生活垃圾卫生填埋场建设。城东综合停车场和城南物流园建设有序推进。城区学校扩容提质步伐加快，完成金锁小学及幼儿园、三班中心小学扩建，推进丁墘中学、阳光小学及幼儿园、城东幼儿园、后所小学东校区、第二实验幼儿园等新扩建工程。完成中医院新院区综合大楼、浔中社区卫生服务中心主体工程建设。现已开通城区公交线路达5条，运营车辆50部，基本实现城区道路全覆盖。列入国家智慧城市试点县并启动建设。**⑥致力于保障社会安定稳定**。强化重点行业、重点领域安全生产隐患整治，安全生产态势平稳。社会保持安定稳定，获评省第三轮首批平安县、省食品安全社会共治示范县，群众安全感连续9年居全市首位、连续5次进入全省前十位。

3、*倾情服务企业*。**①着力解难题**。充分发挥县陶瓷、矿业、土地管理、旅游发展委员会的作用，深化“三比一看”和“促进项目落地、帮扶企业发展”活动，召开16场现场办公会、10场专题调研座谈会、9场企业家座谈会、6场政银企对接会，解决企业难题243个。**②着力育人才**。成功争取全国首批中国国际电商中心培训学院泉州分院落户；实施“陶瓷艺术创业”“电商创客孵化”等人才试点项目。成功举办全国陶瓷技能大赛福建赛区选拔赛、海峡两岸大学生陶瓷工业设计大赛和德化首期在职工业设计培训班。健全大师评选机制，“学徒制”传承陶瓷技艺列入省级试点。加强职业培训，开展 SYB 创业培训 13 期 371 人，培训各类劳动者 15101 人、互联网创业从业人员 1039 人。③**着力拓市场**。坚持“线上与线下”结合，成立电商分销协会和物流协会；成功争取阿里全国首个国际站 LBS 试点落户，在 2015 年全国网商创业最活跃的 25 个县榜单中，位居全国第 9 位、全省第 2 位。组织 321 家企业参加广交会、德国法兰克福礼品展等国内外知名展会；成功举办世界瓷都·德化陶瓷（柴烧）艺术交流展、“百态观音·慈航普渡”德化瓷艺大师作品巡回展；积极与英蓝集团洽谈对接，推动陶瓷艺术大师参与中法文化论坛艺术陶瓷展览。④**着力保要素**。着力缓解企业“资金难”，政银企对接会解决企业信贷资金 1 亿多元；设立企业应急保障周转资金 1500 万元，帮助 12 家企业周转资金 1.18 亿元。着力缓解企业“留人难”，动工建设各类保障性安居工程 3395 套，完成首批 144 套进城务工人员安居住房和 951 套第二批农村土地整治安置房选房等工作。着力缓解企业“用地难”，争取上级土地指标 4987 亩，累计供应土地 6173 亩，建设工业园区 1635 亩。

有付出，就会有收获。在“三期叠加”的经济发展新常态下，我们能够取得这样的成绩，是县委正确领导、四套班子齐心协力、乡镇部门狠抓落实、广大企业克难奋进、全县上下鼎力支持的结果，在此，我谨代表县政府，向全县人民、全县企业家以及关心支持德化发展的各级领导、社会各界人士，表示衷心的感谢并致以崇高的敬意！

全县行政区划及地址码（一）

表 35　　（2016）

乡镇名称（地址码）	土地面积（平方公里）	所在地海拔高度(米)	村居（个）	村（居）名称及地址码
德化县	2232	480	214	
浔中镇 100	68	480	20	凤池社区 001　富东社区 002　龙东社区 003　东埔社区 004 凤凰社区 005　金凤社区 006　阳光社区 007　东顺社区 008 吉祥社区 浔中村 201　乐陶村 202　后所村 203　凤洋村 204 龙翰村 205　石鼓村 206　仙境村 207　祖厝村 208 石山村 209　蒲坂村 210　世科村 211
龙浔镇 101	40	490	19	浔东社区 001　德新社区 002　兴南社区 003　南门社区 004 金锁社区 005　龙鹏社区 006　湖前社区 007　园丁社区 008 浔南社区 009　龙井社区 010　鹏都社区　鹏祥社区 大洋社区 宝美村 201　丁溪村 202　丁墘村 203　大坂村 204 英山村 205　高阳村 206
三班镇 102	56	490	10	三班村 201　泗滨村 202　东山洋村 203　奎斗村 204 儒坑村 205　锦山村 206　龙阙村 207　桥内村 208 蔡径村 209　岭头村 210
龙门滩镇 103	216	420	12	硕儒村 201　霞碧村 202　碧坑村 203　苏洋村 204 磻坑村 205　石室村 206　湖景村 207　内洋村 208 村兜村 209　朱地村 210　霞山村 211　大溪村 212
雷峰镇 104	166	630	14	朱紫村 201　蕉溪村 202　潘祠村 203　坂仔村 204 雷峰村 205　格后村 206　溪美村 207　肖坑村 208 长基村 209　瑞坂村 210　李溪村 211　荐解村 212 上寨村 213　双芹村 214
南埕镇 105	241	300	12	西山村 201　高漈村 202　前锋村 203　半岭村 204 南埕村 205　塔兜村 206　枣坑村 207　许厝村 208 望洋村 209　连山村 210　蟠龙村 211　梓垵村 212
水口镇 106	260	240	16	亭坑村 201　丘坂村 202　凤坪村 203　上湖村 204 久住村 205　祥光村 206　八逞村 207　樟镜村 208 村场村 209　湖坂村 210　淳湖村 211　毛厝村 212 昆坂村 213　梨坑村 214　承泽村 215　榜上村 216
赤水镇 107	91	970	15	赤水社区 001　戴云村 201　东里村 202　苏坂村 203 猛虎村 204　湖岭村 205　岭边村 206　福全村 207 吉岭村 208　永嘉村 209　苏岭村 210　西洋村 211 锦洋村 212　小铭村 213　铭爱村 214

全县行政区划及地址码（二）

表 36

（2016）

乡镇名称（地址码）	土地面积（平方公里）	所在地海拔高度（米）	村居（个）	村（居）名称及地址码			
上涌镇 108	148	750	17	上涌村 201	黄井村 202	辉阳村 203	后坂村 204
				后宅村 205	刘坑村 206	下涌村 207	曾坂村 208
				云路村 209	西溪村 210	桂格村 211	传豪村 212
				桂林村 213	中洋村 214	下村村 215	门头村 216
				东山村 217			
葛坑镇 109	127	860	12	葛坑村 201	下玲村 202	湖头村 203	漈头村 204
				邱村村 205	水门村 206	大岭村 207	蓝田村 208
				富地村 209	大正村 210	龙漈村 211	龙塔村 212
盖德镇 110	92	550	14	盖德村 201	下寮村 202	有济村 203	下坑村 204
				福阳村 205	大墘村 206	上地村 207	吾华村 208
				三福村 209	上坑村 210	林地村 211	仙岭村 212
				凤山村 213	山坪村 214		
美湖镇 111	93	690	8	上岸村 201	小湖村 202	美湖村 203	上漈村 204
				洋坑村 205	洋田村 206	斜山村 207	阳山村 208
杨梅乡 200	107	620	7	杨梅村 201	白叶村 202	西墘村 203	上云村 204
				云溪村 205	安村村 206	和顺村 207	
汤头乡 202	125	850	7	汤头村 201	草村村 202	福山村 203	格中村 204
				岭脚村 205	汤垵村 206	吉山村 207	
桂阳乡 204	123	960	9	桂阳村 201	溪洋村 202	王春村 203	安樟村 204
				涌溪村 205	洪田村 206	彭坑村 207	梓溪村 208
				陈溪村 209			
国宝乡 206	63	690	8	国宝村 201	佛岭村 202	上洋村 203	南斗村 204
				祥云村 205	内坂村 206	厚德村 207	格头村 208
大铭乡 208	76	810	7	大铭村 201	联春村 202	金黄村 203	上徐村 204
				琼英村 205	琼山村 206	琼溪村 207	
春美乡 209	135	650	7	古春村 201	梁春村 202	上春村 203	春美村 204
				新阁村 205	尤床村 206	双翰村 207	

2016 年主要统计数字一览（一）

表 37

	单　位	2015 年实绩	2016 年实绩	2016 年比 2015 年增长 %
一、户籍人口				
1. 年末总户数	户	93703	95319	1.7
2. 年末总人口	人	332104	336374	1.3
其中：乡村人口	人	232603	233834	0.5
城镇人口	人	99501	102540	3.1
3. 年平均人口	人	330548	334239	1.1
4. 人口出生率	‰	15.7	18.1	上升 2.4 个千分点
5. 人口自然增长率	‰	12.1	14.4	上升 2.3 个千分点
二、综合经济				
1. 地区生产总值（GDP）	亿元	182.36	194.31	6.2
其中：第一产业增加值	亿元	9.55	10.28	1.6
第二产业增加值	亿元	109.22	112.56	3.9
第三产业增加值	亿元	63.59	71.46	10.8
2. 三次产业结构比	%	5.2:60.0:34.9	5.3:57.9:36.8	
三、农业				
1. 农业总产值	亿元	18.25	19.69	1.3
2. 全县耕地面积	万亩	24.06	24.36	1.2
3. 粮食播种面积	万亩	21.49	21.35	-0.7
4. 茶叶面积	万亩	2.36	2.43	3.0
5. 水果面积	万亩	16.65	16.95	1.8
6. 主要农产品产量				
（1）粮　食	万吨	8.18	7.02	-14.2
（2）茶　叶	吨	942	1072	13.8
（3）水　果	吨	76086	80599	5.9
（4）蔬　菜	吨	150809	169509	12.4

注：价值量的金额以现价计算，增长速度按可比价计算

2016年主要统计数字一览（二）

表38

	单 位	2015年实绩	2016年实绩	2016年比2015年增长%
（5）食用菌	吨	1290	1430	10.9
（6）肉　类	吨	17564	16842	-4.1
（7）蛋　品	吨	2913	2990	2.6
（8）水产品	吨	1770	1780	0.6
四、工业				
1. 工业总产值	亿元	256.56	268.66	6.9
其中：规模以上工业产值	亿元	220.23	233.28	7.3
规模以下工业产值	亿元	36.33	35.38	4.6
2. 规模以上工业经济效益综合指数	%	197.3	202.9	5.6
3. 主要工业产品产量				
铁矿石（铁精粉）	万吨	51.81	19.13	-63.1
黄金	千克	789	591	-25.1
陶瓷产品	亿件	23.43	24.25	3.5
机制纸及纸板	吨	18440	24180	31.1
发电量	亿千瓦小时	7.06	12.86	82.2
自来水供应量	万吨	1623	1615.8	-0.4
天然气供应量	万立方米	4802	4710	-1.9
五、建筑业				
资质以上建筑业总产值	亿元	12.74	13.48	5.8
六、固定资产投资总额	万元	978396	1116525	14.1
1. 项目投资	万元	763938	969780	26.9
2. 房地产开发	万元	214458	146745	-31.6

注：价值量的金额以现价计算，增长速度按可比价计算

2016 年主要统计数字一览（三）

表 39

	单　位	2015 年实绩	2016 年实绩	2016 年比 2015 年增长 %
七、交通邮电				
1．公路通车里程	公里	2791	2791	0.0
2．汽车数	辆	28120	33441	18.9
3．电信业务总量	万元	25415	24527	-3.5
4．邮政业务总量	万元	27115	50767	87.2
八、商业外经				
1．社会消费品零售总额	万元	605906	671344	10.8
2．出口商品供货总值	万元	1268605	1376430	8.5
其中：自营出口	万美元	22837	23734	4.0
3．合同利用外资	万美元	1172	852	-27.3
4．实际利用外资	万美元	779	1001	28.5
九、能源消耗				
1．全社会用电	万千瓦时	143918	146673	1.9
其中：工业用电	万千瓦时	111797	113339	1.4
2．规模以上工业增加值单位能耗（上升或下降）	%	3.90	-14.3	
十、财税金融				
1．一般公共预算总收入	万元	153083	156335	2.1
其中：一般公共预算收入	万元	107020	109485	2.3
2．一般公共预算支出	万元	248674	252933	1.7
3．税收总收入	万元	130787	125905	-3.7
4．年末各项存款余额	万元	1553280	1881555	21.1
5．年末各项贷款余额	万元	1364632	1679776	23.1
6．储蓄存款	万元	751641	831225	10.6

备注：规模以上工业增加值单位能耗自 2013 年起不公布绝对值，只公布降幅

2016 年主要统计数字一览（四）

表 40

	单 位	2015 年实绩	2016 年实绩	2016 年比 2015 年增长 %
十一、劳动工资				
1. 城镇单位职工人数	人	32972	28094	-14.8
2. 城镇单位在岗职工工资总额	万元	131599	138224	5.0
十二、物价				
1. 居民消费价格指数（CPI）	上年 =100	101.9	101.7	
2. 工业生产者出厂价格指数(PPI)	上年 =100	97.9	98.7	
十三、人民生活				
1. 农村居民人均可支配收入	元	11961	13015	9.1
2. 城镇居民人均可支配收入	元	26987	28887	7.7
3. 城镇单位在岗职工平均工资	元	44082	53049	20.3
十四、科教文卫等社会事业				
1. 申获专利数	件	1381	1412	2.2
2. 版权登记数	件	18589	17489	-5.9
3. 在校学生数	人	52047	55271	6.2
4. 学校教职员工数	人	3714	4092	10.2
5. 医院病床数	张	1063	1453	36.7
6. 专业卫生技术人员	人	801	825	3.0
7. 结婚登记总数	对	3108	2991	-3.8
8. 离婚登记总数	对	611	651	6.5
9. 实行计划生育手术人数	例	5619	1332	-76.3

2016 年主要统计数字一览（五）

表 41

	单　位	2015 年实绩	2016 年实绩	2016 年比 2015 年增长 %
十五、林瓷电矿概况				
（一）林业				
当年造林面积	亩	20431	2665	-87.0
当年幼林抚育面积	万亩	4.71	2.04	-56.7
主要林产品产量				
油茶籽	吨	1515	1791	18.2
松脂	吨	2539	3372	32.8
板栗	吨	412	440	6.8
竹笋干	吨	651	1103	69.4
毛竹及篙竹采伐	万根	412	425	3.2
木材采伐	万立方米	14.06	14.40	2.4
（二）陶瓷产业				
1. 企业单位数	个	1440	1460	1.4
2. 从业人员	人	83180	84420	1.5
3. 陶瓷工业产值	万元	1882018	1994940	6.2
4. 陶瓷占全县工业产值比例	%	73.4	74.3	
（三）电力				
年末装机拥有量	千瓦	284235	284235	0.0
年末拥有高压线路	公里	2009	2009	0.0
年末拥有低压线路	公里	3127	3127	0.0
发电量	万千瓦时	70638	128602	82.1
用电量	万千瓦时	143918	146673	1.9

主要统计指标解释

乡镇个数 指农村中经省、自治区、直辖市人民政府批准成立的乡一级行政区划的数量。不包括城关镇、城市街道办事处、工矿区。

村委会个数 指农村中经上级政府批准，按居住地区设立的基层群众性自治组织的个数。含城关镇中的村。

发展速度和增长速度 反映社会现象在时间上的变动程度的相对数。发展速度和增长速度都是人们在日常社会经济工作中经常用来表示某一时期内某动态指标发展变化状况的动态相对数。把对比的两个时期的发展水平抽象成为一个比例数，来表示某一事物在这段对比时期内发展变化的方向和程度，分析研究事物发展变化规律。以某一时期（报告期）水平同以前时期（基期）水平对比而得，用百分率或倍数表示。计算公式为：发展速度＝某指标报告期数值/该指标基期数值；增长速度＝（报告期水平－基期水平）/基期水平＝（某指标报告期数值/该指标基期数值）－1＝发展速度－1。

平均增长速度 我国计算平均增长速度有两种方法：一种是习惯经常使用的“水平法”，又称几何平均法，是以间隔期最后一年的水平同基期水平对比来计算平均每年增长（或下降）速度；另一种是“累计法”，又称代数平均法或方程法，是以间隔期内各年水平的总和同基期水平对比来计算平均每年增长（或下降）速度。在一般正常情况下，两种方法计算的平均每年增长速度比较接近；但在经济发展不平衡、出现大起大落时，两种方法计算的结果差别较大。

可比价格 指不同时期的价值指标对比时，扣除了价格变动的因素，以确切反映物量的变化。按可比价格计算总量指标有两种方法：一种是直接用产品产量乘某一年的不变价格计算；一种是用价格指数进行缩减。

各个计划时期 表内所用各个“时期”代表的年份如下：恢复时期为1950年到1952年；第一个五年计划时期（简称一五时期）为1953年到1957年；第二个五年计划时期（简称二五时期）为1958年到1962年；第三个五年计划时期（简称三五时期）为1966年到1970年；第四个五年计划时期（简称四五时期）为1971年到1975年；第五个五年计划时期（简称五五时期）为1976年到1980年；第六个五年计划时期（简称六五时期）为1981年到1985年；第七个五年计划时期（简称七五时期）为1986年到1990年；第八个五年计划时期（简称八五时期）为1991年到1995年；第九个五年计划时期（简称九五时期）为1996年到2000年；第十个五年计划时期（简称十五时期）为2001年到2005年；第十一个五年计划时期（简称十一五时期）为2006年到2010年；第十二个五年计划时期（简称十二五时期）为2011年到2015年。

索引

说明

一、本索引采用主题词分析法，按主题词首字汉语拼音字母顺序排列。
二、栏目、分目标题用黑体字。“特载”“大事记”“专记”“人物名录”“附录”文件夹内容不作索引。
三、索引主题词后的数字表示页码，数字后的 a、b、c 表示栏别左中右。
四、空一字起排的款目为上一主题的“附见”。

E

F

G

K

N

P

Q

R

S

T

W

X